Ihre Arbeitshilfen zum Download:

Die folgenden Arbeitshilfen stehen für Sie zum Download bereit:

Musterbriefe:
- Mieterhöhung für Wohn- und Geschäftsraum
- Widerspruch gegen eine Mietminderung
- Mondernisierung und Renovierung
- Ordentliche und fristlose Kündigungen

Musterformulare:
- Übergabeprotokoll für Wohn- und Geschäftsraum
- Vereinbarung über bauliche Veränderung
- Modernisierungsvereinbarung

Gesetze:
- Betriebskostenverordnung
- Trinkwasserverordnung

Den Link sowie Ihren Zugangscode finden Sie am Buchende.

Das Vermieter-Praxishandbuch

Stürzer/Koch/Noack/Westner

Das Vermieter-Praxishandbuch

10. aktualisierte Auflage

Haufe Group
Freiburg · München · Stuttgart

Bibliografische Information der Deutschen Nationalbibliothek

Die Deutsche Nationalbibliothek verzeichnet diese Publikation in der Deutschen Nationalbibliografie; detaillierte bibliografische Daten sind im Internet über http://dnb.dnb.de abrufbar.

Print: ISBN 978-3-648-12582-3 Bestell-Nr. 06264-0010
ePub: ISBN 978-3-648-12583-0 Bestell-Nr. 06264-0103
ePDF: ISBN 978-3-648-12584-7 Bestell-Nr. 06264-0154

Stürzer/Koch/Noack/Westner
Das Vermieter-Praxishandbuch
10. aktualisierte Auflage, 2019

www.haufe.de
info@haufe.de

Produktmanagement: Jasmin Jallad
Lektorat: Cornelia Rüping

Inhaltsverzeichnis

Abkürzungsverzeichnis

II. BV	Zweite Berechnungsverordnung
a. A.	anderer Ansicht
a. F.	alte Fassung
a. a. O.	am angegebenen Ort
AG	Amtsgericht
AGBG	Gesetz zur Regelung des Rechts der allgemeinen Geschäftsbedingungen (AGB-Gesetz)
AGG	Allgemeines Gleichbehandlungsgesetz
BayObLG	Bayerisches Oberstes Landesgericht
BerlVerfGH	Verfassungsgerichtshof des Landes Berlin
BetrKV	Betriebskostenverordnung
BGB	Bürgerliches Gesetzbuch
BGBl.	Bundesgesetzblatt
BGH	Bundesgerichtshof
BGHZ	Entscheidungen des BGH in Zivilsachen
BMF	Bundesministerium für Finanzen
BTDrucks.	Drucksache des Bundestags
BUrlG	Bundesurlaubsgesetz
BVerfG	Bundesverfassungsgericht
DWW	Deutsche Wohnungswirtschaft (Zeitschrift)
EGBGB	Einführungsgesetz zum BGB
GE	Das Grundeigentum (Zeitschrift)
GenG	Gesetz betreffend die Erwerbs-/Wirtschaftsgenossenschaften
GmbHG	Gesetz betreffend die Gesellschaften mit beschränkter Haftung
HeizKV	Heizkostenverordnung
HGB	Handelsgesetzbuch
HmbGE	Hamburger Grundeigentum (Zeitschrift)
KG	Kammergericht
LG	Landgericht
m. w. N.	mit weiteren Nachweisen
MDR	Monatsschrift des deutschen Rechts
MietAnpG	Mietrechtsanpassungsgesetz
MietNovG	Mietrechtsnovellierungsgesetz
ModEnG	Gesetz zur Förderung der Modernisierung von Wohnraum und von Maßnahmen zur Einsparung von Heizenergie
MV	Mustervertrag
NJW	Neue juristische Wochenschrift
NJW-RR	NJW Rechtsprechungsreport Zivilrecht
NMV	Neubaumietenverordnung

OLG	Oberlandesgericht
Owi	Ordnungswidrigkeit
p. a.	per anno (pro Jahr)
PrKG	Preisklauselgesetz
Rn.	Randnummer
StGB	Strafgesetzbuch
TA Lärm	Technische Anleitung zum Schutz gegen Lärm
TrinkwV	Trinkwasserverordnung
UmwG	Umwandlungsgesetz
WEG	Wohnungseigentumsgesetz
WiStG	Wirtschaftsstrafgesetz
WoBindG	Gesetz zur Sicherung der Zweckbestimmung von Sozialwohnungen (Wohnungsbindungsgesetz)
WoFG	Gesetz über die soziale Wohnraumförderung (Wohnraumförderungsgesetz)
WoGeV	Wohnungsgebieteverordnung
WoVermittG	Gesetz zur Regelung der Wohnungsvermittlung (Wohnungsvermittlungsgesetz)
WPM	Wertpapiermitteilungen
WuM	Wohnungswirtschaft und Mietrecht (Zeitschrift)
ZMR	Zeitschrift für Miet- und Raumrecht
ZPO	Zivilprozessordnung
ZVG	Zwangsversteigerungsgesetz

Vorwort

In einem Mietverhältnis kommt ganz überwiegend dem Vermieter die aktive Rolle zu; sei es bei Abrechnung der Betriebskosten, einer Mieterhöhung, einer Abmahnung oder letztlich der Kündigung des Mietverhältnisses und der Abrechnung der Mietkaution. Dazu gibt es zahlreiche Ratgeber, die den Vermieter über seine Rechte und Pflichten informieren. Trotzdem bestehen in der Praxis häufig Schwierigkeiten, die geschilderte Rechtslage umzusetzen und mit juristisch zutreffenden Formulierungen an den Mieter heranzutreten. Erschwerend kommt hinzu, dass Gesetzgeber und Rechtsprechung immer höhere Anforderungen an die Form und den Inhalt von Erklärungen stellen. Bereits kleine Formfehler können zum Rechtsverlust führen, zum Beispiel zum Ausschluss von Betriebskostennachforderungen oder zur Unwirksamkeit einer Kündigung.

Dieses Fachbuch ermöglicht es dem Vermieter, schon bei der Gestaltung des Mietvertrags die bestehenden Spielräume auszuschöpfen und die richtigen Entscheidungen zu treffen, zum Beispiel zur Frage befristeter oder unbefristeter Mietvertrag, Brutto- oder Nettomiete, Index- oder Staffelmiete; darüber hinaus die Bestimmung der zulässigen Miethöhe bei Neuabschluss eines Mietvertrags in Städten und Gemeinden, in denen die sogenannte Mietpreisbremse gilt.

Entsprechend dem chronologischen Ablauf eines Mietverhältnisses erläutern die Verfasser zu jedem wichtigen Thema die Rechtslage und bieten dem Vermieter praxisgerechte Formulierungsvorschläge an.

Bei sämtlichen Mustern, insbesondere bei den Mietverträgen, bitten wir zu beachten, dass diese nur den Stand von Gesetzgebung und Rechtsprechung zum Redaktionsschluss am 4.3.2019 berücksichtigen können. Da die Rechtsprechung aber insbesondere im Bereich der Formularmietverträge einem laufenden Wandel unterliegt, sollten bei Neuabschluss eines Mietvertrags immer nur die gerade aktuellen Vordrucke, zum Beispiel die Mietverträge und Musterschreiben des Haus- und Grundbesitzervereins München, verwendet werden, die von den Juristen des Hauses laufend der aktuellen Rechtsprechung angepasst werden und in der neuesten Fassung auch über das Internet bezogen werden können (www.haus-und-grund-muenchen.de, Link zu Mietverträgen und Musterschreiben).

Die Autoren

München, im März 2019

1 Wie lässt sich ein passender Mieter finden?

1.1 Die Suche nach dem richtigen Mieter

Die Suche nach einem Mieter wird vom Vermieter entweder selbst durchgeführt oder auf einen Dritten, zum Beispiel einen Makler oder den Hausverwalter, übertragen, wenn sich der Vermieter mit der oftmals zeitintensiven Suche nicht beschäftigen kann oder will. In aller Regel beginnt die Suche mit einer Vermietungsanzeige in den örtlichen Medien, die die Anzeige auf Wunsch des Kunden häufig auch ins Internet stellen. Beauftragt der Vermieter mit der Suche einen Makler, wird dieser vorab prüfen, ob er entsprechende Interessenten in seiner Kundenkartei vorgemerkt hat. Ist dies nicht der Fall, wird auch der Makler das Mietobjekt inserieren, die eingehenden Anrufe entgegennehmen, Besichtigungstermine mit Mietinteressenten vereinbaren und unter Umständen eine gewisse Vorauswahl treffen. Der Vermieter sollte aber darauf bestehen, dass von allen potenziellen Mietinteressenten Selbstauskünfte (siehe »Das Allgemeine Gleichbehandlungsgesetz: Was muss der Vermieter bei der Auswahl der Bewerber beachten?«) eingeholt und ihm vorgelegt werden. Ferner sollte sich der Vermieter auch die Entscheidung für einen bestimmten Mietinteressenten vorbehalten und darauf hinweisen, dass der Makler bzw. Hausverwalter ohne Rücksprache keine Zusagen geben darf.

Die Maklerprovision ist ein Erfolgshonorar. Das bedeutet, dass der Auftraggeber nur dann zur Zahlung verpflichtet ist, wenn infolge der Maklertätigkeit ein Mietvertrag zustande kommt. Anderenfalls hat der Makler auch keinen Anspruch auf Erstattung von Auslagen, zum Beispiel für Zeitungsannoncen etc., es sei denn, dass dies ausdrücklich vereinbart worden ist (§ 3 Abs. 3 S. 3 Gesetz zur Regelung der Wohnungsvermittlung [WoVermittG]).

Mit dem Mieter darf der Makler eine Provision maximal in Höhe von zwei Monatsmieten (ohne Betriebskostenvorauszahlung) zuzüglich der gesetzlichen Umsatzsteuer vereinbaren (§ 3 Abs. 2 WoVermittG). Daneben dürfen für etwaige Nebenleistungen keinerlei Vergütungen, insbesondere keine Einschreibgebühren, Schreibgebühren oder Auslagenerstattungen, vereinbart oder angenommen werden; es sei denn, die nachgewiesenen Auslagen übersteigen eine Monatsmiete.

Eine darüber hinausgehende Zahlung kann der Mieter nach den Grundsätzen der ungerechtfertigten Bereicherung zurückfordern (§ 5 WoVermittG).

Eine Provision steht dem Wohnungsvermittler (Makler) nicht zu, wenn er selbst Eigentümer, Vermieter oder Mieter der Wohnung ist. Keinen Provisionsanspruch hat ferner ein Wohnungsvermittler, der das Sondereigentum, das heißt die betreffende Wohnung, verwaltet (§ 2 Abs. 2 Nr. 2 WoVermittG). Dies gilt sogar dann, wenn die Wohnung von einem Gehilfen des Vermittlers verwaltet wird (BGH, Urteil vom 2.10.2003, III ZR 5/03, NJW 2004, 286).

Verwaltet der Wohnungsvermittler dagegen lediglich das gemeinschaftliche Eigentum (§§ 20 ff. WEG), sind Provisionsansprüche nicht ausgeschlossen (BGH, Urteil vom 13.3.2003, III ZR 299/02, WuM 2003, 338).

Provisionsansprüche sind auch ausgeschlossen,

- wenn der Mietvertrag über Wohnräume abgeschlossen wird, deren Eigentümer, Verwalter oder Vermieter eine juristische Person (zum Beispiel eine GmbH) ist, an der der Wohnungsvermittler (zum Beispiel Makler oder Hausverwalter) rechtlich oder wirtschaftlich beteiligt ist. Gleiches gilt, wenn eine natürliche oder juristische Person Eigentümer, Verwalter oder Vermieter von Wohnräumen ist und ihrerseits an einer juristischen Person, die sich als Wohnungsvermittler betätigt, rechtlich oder wirtschaftlich beteiligt ist.
- wenn durch den Mietvertrag ein Mietverhältnis über dieselben Wohnräume lediglich fortgesetzt, verlängert oder erneuert wird.
- Ferner kann seit Inkrafttreten des Mietrechtsnovellierungsgesetzes am 1.6.2015 (BGBl. Teil I, S. 610 ff.) vom Mieter keine Provision verlangt werden, wenn der Vermieter den Makler beauftragt hat bzw. der Makler überwiegend in dessen Interesse tätig geworden ist (sogenanntes Bestellerprinzip: »Wer bestellt, der bezahlt«). Eine von dieser Neuregelung abweichende Vereinbarung ist unwirksam.
- wenn der Mietvertrag über eine öffentlich geförderte Wohnung, zum Beispiel eine Sozialwohnung oder eine sonstige preisgebundene Wohnung (im Sinne des § 2 Abs. 3 WoVermittG) geschlossen wird.

! **Tipp**

Örtlich ansässige Makler können benannt werden vom:
Immobilienverband Deutschland IVD, Bundesverband der Immobilienberater, Makler, Verwalter und Sachverständigen e. V.
Littenstraße 10, 10179 Berlin
Tel.: 030 275726-0, Fax: 030 275726-49
www.ivd.net

Ist ein Mietverwalter vertraglich auch zum Abschluss von neuen Mietverträgen und zur Auswahl geeigneter Interessenten verpflichtet, muss er vor Abschluss eines Mietvertrags auch die Bonität des konkreten Mietinteressenten prüfen. Allein die Einholung einer Selbstauskunft reicht dazu nicht aus. Kommt die Vorlage einer Lohnabrechnung nicht in Betracht, zum Beispiel bei Selbstständigen und freiberuflich Tätigen, müssen eine Schufa-Auskunft sowie ein Einkommensnachweis eingeholt werden. Unterlässt der Verwalter eine sorgfältige Prüfung des Mietinteressenten, haftet er dem

Vermieter bei Scheitern des Mietvertrags auf Schadenersatz, zum Beispiel für uneinbringliche Mietrückstände.

Eine Haftung des Verwalters ist allerdings ausgeschlossen, wenn der Vermieter dem Abschluss des Mietvertrags trotz fehlender Unterlagen nicht widerspricht und sein Ja zur angefragten Vermietung erteilt (OLG Düsseldorf, Urteil vom 14.3.2013, I-12 U 55/12, GE 2013, 1274).

1.2 Das Allgemeine Gleichbehandlungsgesetz: Was muss der Vermieter bei der Auswahl der Bewerber beachten?

Das Gesetz zur Umsetzung europäischer Richtlinien zur Verwirklichung des Grundsatzes der Gleichbehandlung – Allgemeines Gleichbehandlungsgesetz (AGG), das im vorangegangenen Gesetzesentwurf noch als Antidiskriminierungsgesetz bezeichnet wurde, ist am 18.8.2006 nach langen politischen Diskussionen in Kraft getreten (BGBl. 2006, Teil I, S. 1897 ff.).

Ziel dieses Gesetzes ist, Benachteiligungen aus Gründen der Rasse oder wegen der ethnischen Herkunft, des Geschlechts, der Religion oder Weltanschauung, einer Behinderung, des Alters oder der sexuellen Identität zu verhindern oder zu beseitigen (§ 1 AGG). Praktische Bedeutung hat das AGG insbesondere im Arbeitsrecht und im Mietrecht.

1.2.1 Anwendungsbereich

Im Bereich der Wohnungsvermietung gilt das AGG nicht, wenn der Vermieter oder einer seiner Angehörigen Wohnraum auf demselben Grundstück nutzt (§ 19 Abs. 5 S. 2 AGG). Zu den Angehörigen zählen der Ehegatte (auch der getrennt lebende), die Eltern, die Geschwister, alle Verwandten in gerader Linie, das bedeutet Kinder, Enkel, Urenkel, Stiefkinder, Schwager/Schwägerin, Schwiegereltern, Neffen/Nichten.

Ferner findet das AGG keine Anwendung, wenn ein besonderes Nähe- oder Vertrauensverhältnis der Mietvertragsparteien oder ihrer Angehörigen begründet wird (§ 19 Abs. 5 S. 1 AGG). Unter welchen Umständen dies der Fall ist, ist im Gesetz nicht geregelt. Hier muss die dazu ergehende Rechtsprechung abgewartet werden.

Liegen diese Ausnahmetatbestände nicht vor, vermietet der Vermieter aber insgesamt nicht mehr als 50 Wohnungen, kommt das AGG nur eingeschränkt zur Anwendung, das heißt, der Vermieter muss nur die Diskriminierungstatbestände »Rasse« und »ethnische Herkunft« beachten (§ 19 Abs. 5 S. 3 AGG). Nicht eindeutig definiert ist im Gesetz, ob sich der Umfang von 50 Wohnungen nach dem vorhandenen oder nach dem vermieteten Bestand oder nach dem Angebot an vermietbaren Wohnungen bestimmt. Selbstgenutzte Einheiten bleiben jedenfalls außer Betracht. Nachdem das Gesetz nur auf die Wohnungen des Vermieters abstellt, gilt das AGG auch dann nur eingeschränkt, wenn der Vermieter die Vermietung an einen Makler oder eine Hausverwaltung übertragen hat, die mehr als 50 Wohnungen vermietet. Das beauftragte Unternehmen sollte jedoch nachfragen, ob der Auftraggeber insgesamt mehr als 50 Wohnungen zur Vermietung anbietet, und sich dies möglichst schriftlich bestätigen lassen.

Relevant sind bei Vermietern mit weniger als 50 Wohnungen lediglich Verstöße gegen die Diskriminierungstatbestände »Rasse« und »ethnische Herkunft«. Weil es keine verschiedenen menschlichen Rassen gibt, hat der Gesetzgeber wohl Diskriminierungen aufgrund äußerlicher Merkmale, zum Beispiel der Hautfarbe, gemeint. Der Begriff »Ethnie« bedeutet, dass Personen derselben Sprachgruppe, Kultur oder Religion angehören. Dementsprechend unterliegen dem Diskriminierungsverbot Benachteiligungen wegen dieser Merkmale.

Vermietet der Vermieter mehr als 50 Wohnungen, muss er den gesamten Katalog der Diskriminierungstatbestände des § 1 AGG beachten, das heißt neben Rasse und ethnischer Herkunft auch die Merkmale Geschlecht, Religion, Weltanschauung, Behinderung, Alter, sexuelle Identität. Der Gesetzgeber geht davon aus, dass es sich in diesem Fall bei dem Vermieter um ein sogenanntes Massengeschäft handelt, das typischerweise ohne Ansehen der Person zustande kommt bzw. bei dem das Ansehen einer Person nur eine nachrangige Bedeutung hat (§ 19 Abs. 1 Nr. 1 AGG).

Allerdings ist gemäß § 19 Abs. 5 S. 3 AGG ein Massengeschäft nur »in der Regel« nicht anzunehmen, wenn der Vermietungsumfang insgesamt unter 50 Wohnungen liegt. Die Zahl 50 stellt somit keine starre Grenze dar. Das bedeutet, dass im Einzelfall unter Würdigung der konkreten Umstände ein Massengeschäft auch bei weniger als 50 Wohnungen angenommen werden kann; umgekehrt muss die Vermietung von mehr als 50 Wohnungen nicht zwingend zur Annahme eines Massengeschäfts mit den entsprechenden Konsequenzen führen.

Unbeschadet dieses unklaren Abgrenzungskriteriums ist diese Wertung des Gesetzgebers realitätsfremd, da bei jeder Vermietung – egal ob es sich nun um Wohn- oder Geschäftsraum handelt und egal ob der Vermieter mehr oder weniger als 50 Wohnungen vermietet – die Person des Mieters immer eine vorrangige Bedeutung hat. Mit der Vermietung geht der Vermieter ein erhebliches finanzielles Risiko ein. Er überlässt dem Mieter eine Wohnung im Wert von meist mehreren hunderttausend Euro, darf aber nach dem Gesetz nur eine Kaution in Höhe von wenigen tausend Euro verlangen. Aufgrund der strengen Mieterschutzbestimmungen kann das Mietverhältnis nur unter besonderen Voraussetzungen gekündigt werden und bindet den Vermieter damit langfristig an die Person des Mieters mit allen Risiken, vor allem hinsichtlich Zahlungsausfällen und Schäden in der Wohnung. Selbst nach Vorliegen der Kündigungsvoraussetzungen muss der Vermieter häufig einen aufwändigen und langwierigen Rechtsstreit führen, um die Wohnung wieder frei zu bekommen. Allein in München betragen die – teils uneinbringlichen – Mietrückstände ca. 30 Millionen EUR.

Die Unterstellung des Gesetzgebers, dass eine Vermietung ab einer bestimmten Zahl von Wohnungen ein Geschäft wäre, welches ohne Ansehen der Person des Mieters zustande kommt, ist daher geradezu absurd. Auch insofern besteht erheblicher Klärungsbedarf durch die Rechtsprechung.

Auf Geschäftsraummietverhältnisse findet das AGG nur dann Anwendung, wenn der Abschluss des Mietvertrags für den Vermieter ein Massengeschäft im Sinne des § 19 Abs. 1 AGG ist. § 19 Abs. 2 AGG, wonach bei allen Wohnungsmietverhältnissen, das heißt, auch wenn es sich um Einzelvermietungen und nicht um ein Massengeschäft handelt, die Diskriminierungstatbestände »Rasse« und »ethnische Herkunft« zu beachten sind, gilt nicht für Geschäftsraummietverhältnisse. Dies bedeutet, dass bei der Vermietung von nur wenigen Geschäftsräumen das AGG keine Anwendung findet.

Wann eine gewerbliche Vermietung als Massengeschäft zu qualifizieren ist, wird die Rechtsprechung klären müssen, da im Bereich der Geschäftsraummiete auch § 19 Abs. 5 S. 3 AGG nicht gilt, der bei der Wohnungsvermietung ab einem Vermietungsumfang von 50 Wohnungen ein Massengeschäft unterstellt. Sofern die Vermietung als Massengeschäft zu qualifizieren ist, muss auch im Bereich der Geschäftsraummiete der gesamte Diskriminierungskatalog des § 1 AGG beachtet werden.

1.2.2 Verstöße gegen das AGG

Verstöße gegen die Bestimmungen des AGG können insbesondere bereits bei der Auswahl der Bewerber für eine Wohnung eintreten. Vermieter sollten schon bei der Vermietungsanzeige, zum Beispiel in einer Tageszeitung vermeiden, den Kreis der Bewerber für die angebotene Wohnung zu beschränken.

Beispiel !

Aus einem Inserat, mit der für eine Wohnung eine »ältere, alleinstehende Dame« gesucht wird, könnte sich der Vorwurf der Diskriminierung sowohl von jüngeren (Merkmal »Alter«) als auch von männlichen Bewerbern (Merkmal »Geschlecht«) herleiten lassen.

Ein Verstoß gegen das AGG in Form der Altersdiskriminierung liegt zum Beispiel vor, wenn der Vermieter die Untervermietung an einen 57-Jährigen mit der Begründung verweigert, er könne wegen des Alters des Untermieters nur erschwert einen Räumungstitel vollstrecken (AG Berlin, Urteil vom 13.8.2015, 106 C 117/15, NZM 2016, 195).

Das Benachteiligungsverbot bei der Vergabe von Wohnungen verbietet eine Ungleichbehandlung zum Beispiel aufgrund ausländisch klingender Namen auch schon bei der Auswahl derjenigen Mietinteressenten, die zu einem Besichtigungstermin eingeladen werden. Ein sogenanntes Testing-Verfahren, mit dem ein Vermieter daraufhin überprüft wird, ob er das Benachteiligungsverbot verletzt, indem ihm Bewerbungen von fiktiven Bewerbern übermittelt werden, die sich nur durch ein Kriterium unterscheiden, aufgrund dessen eine Benachteiligung vermutet wird (hier: deutsch bzw. ausländisch klingende Namen) ist zulässig und kann vor Gericht als Nachweis für die Benachteiligung verwendet werden (AG Hamburg, Urteil vom 3.2.2017, 811 b C 273/15, WuM 2017, 393).

Daher sollte der Anbieter (Vermieter, Hausverwalter, Makler) bei der Wohnungsbesichtigung keinerlei Äußerungen zu bevorzugten (»Wir vermieten nur an Ehepaare«) bzw. für ihn nicht infrage kommenden Zielgruppen (»Wir vermieten nicht an Ausländer«) abgeben; anderenfalls könnte ein Bewerber, der nicht zur bevorzugten bzw. zu einer nicht infrage kommenden Zielgruppe gehört, daraus den Vorwurf einer Diskriminierung konstruieren.

Der Anbieter sollte Bewerber auch keinesfalls im Voraus ablehnen und daher jedem Bewerber, das heißt auch solchen, die für ihn als Mieter – aus welchen Gründen auch immer – nicht infrage kommen, ein Selbstauskunftsformular übergeben und ihn bitten, es vollständig ausgefüllt und bis zu einem festen Termin zurückzuleiten. Werden die darin enthaltenen zulässigen Fragen nicht, nicht vollständig oder nicht rechtzeitig beantwortet, ist dies für den Anbieter bereits ein sachlicher Grund, den Bewerber ohne Verstoß gegen das AGG abzulehnen.

Sachliche Ablehnungsgründe können sich ferner aus den Angaben des Bewerbers in der Selbstauskunft bzw. aus daraus resultierenden Nachfragen, etwa beim Vorvermieter ergeben. Darunter fallen zum Beispiel:

- mangelnde Solvenz, kein für die Zahlung von Miete und Betriebskosten ausreichendes Einkommen, andere Bewerber mit besserer Solvenz,
- negative Auskünfte des Vorvermieters, der Bank des Mieters (Bankauskunft), der Schufa oder einer Auskunftei, bei der im Rahmen eines sogenannten Solvenz-Checks Daten über die Solvenz eines Bewerbers abgefragt werden können,
- unerwünschte Haustierhaltung, unerwünschte teilgewerbliche Nutzung der Wohnung,
- Uneinigkeit über Mietdauer, Miethöhe, Kaution/Bürgschaft, umlegbare Betriebskosten etc.

Bei der Vermietung von Wohnraum ist eine unterschiedliche Behandlung ferner zulässig im Hinblick auf die Schaffung und Erhaltung sozial stabiler Bewohnerstrukturen und ausgewogener Siedlungsstrukturen sowie ausgeglichener wirtschaftlicher, sozialer und kultureller Verhältnisse (§ 19 Abs. 3 AGG). Damit wollte der Gesetzgeber einer sogenannten Ghettobildung vorbeugen. Allerdings hat der Gesetzgeber auch hier unter anderem offengelassen, bei welchem Prozentsatz einer bestimmten Mieterschaft die Strukturen ausgewogen sind, sodass auch insofern die Rechtsprechung abgewartet werden muss.

Auch im laufenden Mietverhältnis können Benachteiligungen einer Mietpartei zum Vorwurf einer Diskriminierung führen, wenn sie sich nicht sachlich begründen lassen.

Beispiel !

In einem Mietshaus verbietet der Vermieter einem Mieter mit ausländischer Staatsangehörigkeit oder der alleinstehenden Mutter das Abstellen des Kinderwagens im Hausflur, während er dies einem deutschen Mieterehepaar mit Kindern erlaubt. Hier wäre das Verbot zum Beispiel dann sachlich begründet, wenn der Kinderwagen aufgrund baulicher Gegebenheiten vor der Wohnung des Ausländers bzw. der alleinstehenden Mutter den Durchgang behindert, während vor der Wohnung des Ehepaars genügend Platz ist.

Beispiel !

Ein Vermieter, der nur gegenüber ausländischen Mietern türkischer oder arabischer Herkunft, nicht aber gegenüber Mietern deutscher bzw. mitteleuropäischer Herkunft Mieterhöhungen ausspricht und erbetene Räumungsfristen ablehnt, verstößt gegen das AGG, wenn für die unterschiedliche Behandlung keine sachlichen Gründe (zum Beispiel Höhe der Miete) vorliegen. Nach Auffassung des AG Berlin haben die betroffenen Mieter wegen der unmittelbaren Benachteiligung einen Entschädigungsanspruch in Höhe von jeweils 15.000 EUR (AG Berlin, Urteil vom 19.12.2014, 25 C 357/14, GE 2015, 519).

Beispiel !

Ein homosexuelles Mieterpaar wird wegen laufend unpünktlicher Zahlung abgemahnt und gekündigt, während der Vermieter dies bei anderen Mietern hinnimmt. Hier würde ein sachlicher Differenzierungsgrund zum Beispiel dann bestehen, wenn das homosexuelle Mieterpaar erst vor kurzem eingezogen ist, während das Mietverhältnis mit den anderen ebenfalls unpünktlich zahlenden Mietern bereits über einen längeren Zeitraum störungsfrei läuft.

Gleiches kann für eine berechtigte Eigenbedarfskündigung gelten, bei der der Vermieter schon nach bisheriger Rechtsprechung eine soziale Auswahl unter den Mietern gleich geeigneter Wohnungen vornehmen muss. Trifft diese Kündigung zum Beispiel das homosexuelle Paar als Doppelverdiener weniger hart als die Familie mit Kindern, wäre der Vorwurf einer Diskriminierung unbegründet.

1.2.3 Rechtsfolge von Verstößen gegen das AGG

Bei einem Verstoß gegen das Benachteiligungsverbot kann der Benachteiligte die Beseitigung der Beeinträchtigung verlangen. Sind weitere Beeinträchtigungen zu besorgen, kann er auf Unterlassung klagen (§21 Abs. 1 AGG). Ferner kann der Benachteiligte grundsätzlich Ersatz des durch die Benachteiligung entstandenen Schadens verlangen (§21 Abs. 2 AGG). Die Höhe der Entschädigung für eine Diskriminierung nach §21 Abs. 2a AGG richtet sich nach der dreifachen Monatsnettomiete (AG Hamburg, Urteil vom 3.2.2017, a.a.O.).

Im Gegensatz zu den arbeitsrechtlichen Bestimmungen (vgl. §611a Abs. 2 BGB) schließt der Gesetzgeber im Mietrecht einen sogenannten Kontrahierungszwang, das heißt eine Verpflichtung zum Abschluss eines Vertrags (hier: Mietvertrags), nicht ausdrücklich aus. Daher könnte sich ein solcher Anspruch eines abgelehnten Bewerbers aus allgemeinen schadenersatzrechtlichen Bestimmungen ergeben, sofern die Wohnung noch nicht anderweitig vermietet ist. Wurde die Wohnung bereits vermietet, stellt sich diese Problematik selbstverständlich nicht mehr.

Wird einem Mietbewerber (hier: schwarzafrikanisches Paar) ein Besichtigungstermin verweigert mit der Bemerkung, die Wohnung werde nicht an »Neger ..., äh, Schwarzafrikaner oder Türken« vermietet, stellt dies eine Verletzung der Menschenwürde und des allgemeinen Persönlichkeitsrechts der Mietbewerber dar.

Für eine entsprechende Äußerung des Hausmeisters, der im Auftrag des Wohnungsverwalters die Besichtigungstermine durchführen soll, haftet auch der Verwalter auf Schadenersatz (zum Beispiel für Fahrtkosten) und unter Umständen auch auf Schmerzensgeld, wenn die Wahrnehmung von Besichtigungsterminen zu seinem Aufgabenkreis gehört und der Hausmeister dementsprechend als Verrichtungsgehilfe (§831 BGB) tätig wird (OLG Köln, Urteil vom 19.1.2010, 24 U 51/09).

1.2.4 Beweislastverteilung

Die Verteilung der Beweislast ist in §22 AGG geregelt. Danach muss zuerst der Mieter Indizien vortragen und auch beweisen, die eine Benachteiligung wegen der Diskriminierungsmerkmale des §1 AGG vermuten lassen.

Zum Beispiel muss der abgewiesene Bewerber mit ausländischer Staatsangehörigkeit vortragen und unter Beweis stellen, dass die Wohnung an einen Mieter mit deutscher Staatsangehörigkeit vermietet wurde und aufgrund von bestimmten Umständen, zum Beispiel wegen diskriminierender Äußerungen des Vermieters (»Ausländer machen häufiger Probleme«), die Vermutung besteht, dass die Ablehnung mit der

Ausländereigenschaft des Bewerbers zusammenhängt. Erst dann, wenn der Mieter derartige Indizien bewiesen hat, trägt der Vermieter die Beweislast dafür, dass keine Diskriminierung, sondern ein sachlicher Ablehnungsgrund vorgelegen hat.

Wann solche Indizien vorliegen, die zur Umkehr der Beweislast zulasten des Vermieters führen, wird die Rechtsprechung im Einzelfall entscheiden müssen.

1.2.5 Verjährungsfristen

Die Ansprüche wegen eines Verstoßes gegen die Bestimmungen des AGG müssen innerhalb einer Frist von zwei Monaten geltend gemacht werden. Nach Ablauf dieser Frist kann der Anspruch nur noch dann geltend gemacht werden, wenn der Benachteiligte ohne Verschulden an der Einhaltung der Frist verhindert war (§ 21 Abs. 5 AGG). Nachdem gemäß § 21 Abs. 3 AGG Ansprüche aus unerlaubter Handlung (§§ 823 ff. BGB) unberührt bleiben, könnte ein abgelehnter Bewerber bei Vorliegen dieser Voraussetzungen Schadenersatzansprüche auch auf die §§ 823 ff. BGB stützen, für die eine Verjährungsfrist von drei Jahren gilt.

1.2.6 Empfehlungen

Rein vorsorglich ist dem Vermieter bzw. dem Anbieter der Wohnung zu empfehlen, zu Bewerbungsgesprächen und Wohnungsbesichtigungen eine dritte Person hinzuzuziehen, die nicht Vertragspartner ist und daher im Streitfall als Zeuge aussagen kann. Zeuge kann zum Beispiel der angestellte Sachbearbeiter eines professionellen Vermieters sein. Ferner sollte sich der Anbieter nicht in ein persönliches Gespräch verwickeln lassen und sich ausschließlich zu Umständen äußern, welche die Wohnung selbst betreffen.

Letztlich sollte der Vermieter die sich aus der Selbstauskunft ergebenden Ablehnungsgründe auf dem Selbstauskunftsformular des abgelehnten Bewerbers dokumentieren, dieses zu den Akten der angebotenen Wohnung nehmen und für den Zeitraum der Verjährung möglicher Schadenersatzansprüche (drei Jahre) aufbewahren.

1.2.7 Übergangsregelung

Keine Anwendung findet das AGG hinsichtlich der Merkmale »Rasse« sowie »ethnische Herkunft«, wenn das Mietverhältnis bereits vor dem 18.8.2006 begründet worden ist, und hinsichtlich der übrigen Diskriminierungstatbestände, wenn das Mietverhältnis bereits vor dem 1.12.2006 begründet worden ist und keine vertraglichen Änderungen nach dem 18.8.2006 bzw. 1.12.2006 erfolgt sind (Übergangsregelung gemäß § 33 Abs. 2, 3 AGG).

1.3 Selbstauskunft des Mieters

Vor Abschluss eines Mietvertrags sollte sich der Vermieter über die persönlichen und wirtschaftlichen Verhältnisse des Mietinteressenten informieren. Mit einer Selbstauskunft des Mieters kann sich der Vermieter einen Überblick verschaffen, ob der Mietinteressent seinen Vorstellungen entspricht und ob dieser auch in der Lage ist, seinen vertraglichen Verpflichtungen, insbesondere zur Zahlung der Miete, nachzukommen. Die Erfahrung zeigt, dass die Zahlungsunfähigkeit des Mieters für den Vermieter zu erheblichen Mietausfällen führen kann. Hausverwaltungen, die mit der Vermietung von Wohn- oder Geschäftsräumen beauftragt sind, können sich mit einer Selbstauskunft gegenüber ihren Auftraggebern absichern.

Eine Verpflichtung des Mieters zum Ausfüllen der Selbstauskunft besteht nicht. Andererseits ist der Vermieter jedoch auch nicht verpflichtet, den Mietvertrag mit einem bestimmten Mietinteressenten abzuschließen. Daher werden Selbstauskünfte meist abgegeben, aber nicht immer wahrheitsgemäß ausgefüllt.

Welche Rechtsfolgen wahrheitswidrige Angaben nach sich ziehen können, hängt davon ab, ob die entsprechende Frage zulässig war. Grundsätzlich gilt: Zulässige Fragen muss der Mieter wahrheitsgemäß beantworten; anderenfalls kann der Vermieter den Mietvertrag wegen arglistiger Täuschung anfechten, vom Mieter die sofortige Räumung und wegen eines eventuellen Mietausfalls auch Schadenersatz verlangen. Dagegen darf der Mieter unzulässige Fragen unrichtig beantworten, ohne nachteilige Folgen befürchten zu müssen. Als unzulässig werden von der Rechtsprechung Fragen nach dem Bestehen einer Schwangerschaft, der Mitgliedschaft in einem Mieterverein oder der Anhängigkeit von staatsanwaltschaftlichen Ermittlungsverfahren angesehen.

Auskunftsformulare sollten daher nur zulässige Fragen beinhalten. Zulässig sind alle Fragen, die berechtigte, billigenswerte und schutzwürdige Interessen des Vermieters betreffen, insbesondere Fragen nach dem Familienstand, der beruflichen Tätigkeit, dem Arbeitgeber und den Einkommensverhältnissen.

Bei einer Kündigung wegen Zahlungsverzugs, die auf eine unrichtige Selbstauskunft zur Bonität und auf wiederholte Zahlungsrückstände gestützt wurde, kann eine Nachzahlung der offenen Mieten keine Heilung der Kündigung bewirken (AG München, Urteil vom 10.7.2015, 411 C 26176/14, ZMR 2016, 121).

Auch Fragen nach der Person und Anschrift des Vorvermieters, nach der Dauer des vorangegangenen Mietverhältnisses und nach der Erfüllung der dortigen mietvertraglichen Pflichten sind – ebenso wie Fragen nach den Einkommens- und Vermögensverhältnissen des Mietinteressenten – grundsätzlich geeignet, sich über die Bonität und die Zuverlässigkeit des Mietinteressenten ein Bild zu machen. Solche Fragen des neuen Vermieters sind zulässig, da sie nicht den Bereich der persönlichen oder intimen Lebensführung des Mietinteressenten betreffen, und müssen folglich wahrheitsgemäß beantwortet werden (BGH, Urteil vom 9.4.2014, VIII ZR 107/13, NZM 2014, 430).

Zulässig ist in der Selbstauskunft auch das Stellen von Fragen, die das derzeitige Mietverhältnis des Mietinteressenten betreffen, zum Beispiel ob dieses Mietverhältnis vom Vermieter gekündigt wurde. Eine falsche Antwort auf diese Frage stellt eine arglistige Täuschung dar, die den Vermieter zur Anfechtung bzw. fristlosen Kündigung des Mietverhältnisses berechtigt (AG Kaufbeuren, Beschluss vom 7.3.2013, 6 C 272/13, NJW-RR 2013, 849).

Legt der Mieter eine gefälschte Bescheinigung eines angeblichen früheren Vermieters vor, ist der Vermieter zur fristlosen Kündigung des Mietverhältnisses berechtigt (BGH, Urteil vom 9.4.2014, VIII ZR 107/13, NZM 2014, 430).

Sinnvoll sind auch Fragen nach den Gründen für den Wohnungswechsel sowie nach einer Kündigung des vorangegangenen Mietverhältnisses (AG Kaufbeuren, Urteil vom 7.3.2013, 6 C 272/13, NJW-RR 2013, 849). Die unrichtige Beantwortung dieser Frage durch den Mietbewerber berechtigt den Vermieter zur Anfechtung des Mietvertrags. Daneben ist der Vermieter zur fristlosen Kündigung des bereits geschlossenen Mietvertrags berechtigt (AG Kaufbeuren, a. a. O.). Ferner Fragen nach Namen und Anschrift des derzeitigen Vermieters. Rückfragen bei diesem geben oftmals Aufschluss darüber, wie das derzeitige Mietverhältnis gelaufen ist.

Die Frage, ob in letzter Zeit ein Insolvenzverfahren durchgeführt oder eine eidesstattliche Versicherung (früher: Offenbarungseid) abgegeben wurde, ist grundsätzlich zulässig, muss aber eine zeitliche Beschränkung beinhalten, da die Eintragung in das Schuldnerverzeichnis nach drei Jahren gelöscht wird (§ 915a Abs. 1 ZPO).

Sinnvoll ist ferner, dass der Mieter die Zustimmung zur Einholung einer Bankauskunft erteilt. Dadurch erhält der Vermieter Informationen zur Solvenz und Kreditwürdigkeit des Mieters, unter anderem darüber, ob die Bankverbindung bisher problemlos gelaufen ist, über eventuelle Kontoüberziehungen, Rückgaben von Schecks, Lastschriften etc.

Letztlich kann dem Mietinteressenten auferlegt werden, eine Selbstauskunft bei der regional zuständigen Stelle der Schutzgemeinschaft für das Kreditwesen (SCHUFA) einzuholen und dem Vermieter vorzulegen. Zu empfehlen ist dies insbesondere bei der Vermietung von Geschäftsräumen an eine juristische Person (zum Beispiel eine GmbH), wobei insofern auch ein Auszug aus dem Handelsregister eingeholt werden sollte.

ARBEITSHILFE ONLINE

MUSTER: Selbstauskunft

Selbstauskunft

Bitte zurücksenden an:
Herrn/Frau/Firma ....
Adresse ....
....
E-Mail ....

	Mietinteressent	Ehegatte/Mitmieter
Name		
Vorname		
Geburtsdatum		
Anschrift		
Telefon: privat/dienstlich		
E-Mail		
Arbeitgeber: Name, Anschrift		
Falls selbstständig: Angabe der Tätigkeit		
Gesamt**netto**einkommen monatlich/ jährlich		

Familienangehörige und sonstige im Haushalt lebende Personen (Name, Vorname, Geburtsdatum):

1. Ist Tierhaltung (außer Kleintiere) beabsichtigt? ( ) ja ( ) nein
Wenn ja, bitte Art und Umfang angeben.

2. Ist eine gewerbliche/berufliche Nutzung der Wohnung beabsichtigt?
( ) ja ( ) nein
Wenn ja, bitte Art und Umfang angeben.

3. Name und Anschrift des derzeitigen Vermieters:

4. Wurde das Vormietverhältnis wegen erheblicher Pflichtverletzungen, die rechtskräftig festgestellt oder unbestritten sind, vom Vermieter gekündigt?

5. Bestehen oder bestanden in den letzten fünf Jahren Verfahren zur Abgabe der Vermögensauskunft oder Insolvenzverfahren?
( ) ja ( ) nein
Wenn ja, welche?

Ich/wir erkläre(n), dass die vorstehenden Angaben vollständig und wahrheitsgemäß sind. Der Vermieter ist berechtigt, eine Bonitätsanfrage durchzuführen, sofern ihm keine ausreichenden Informationen über die Bonität des Mieters vorliegen und das Ergebnis für die Entscheidung über einen Vertragsabschluss relevant ist. Die Berechtigung ergibt sich aus Art. 6 Abs. 1b, 1f Datenschutzgrundverordnung, da die Auskunft über die Bonität des Mietinteressenten bei der Durchführung von vorvertraglichen Maßnahmen zur Wahrung der berechtigten Interessen des Vermieters an der Solvenz des künftigen Mieters erforderlich ist.

....

Datum (Mietinteressent/in) Unterschrift(en) (Mitinteressent/in)

Wichtiger Hinweis: Nach den aktuellen datenschutzrechtlichen Bestimmungen dürfen die Angaben in dieser Selbstauskunft erst nach Besichtigung der Wohnung abgefragt werden, wenn der Mietinteressent erklärt hat, die Wohnung anmieten zu wollen. Bei der Besichtigung kann nur die Angabe von Name, Vorname, Anschrift und einer Telefonnummer sowie das Vorzeigen des Personalausweises verlangt werden. Die Anfertigung einer Ausweiskopie ist nicht zulässig.

MUSTER: Bank-an-Bank-Auskunft

!

Bank-an-Bank-Auskunft

[Empfänger]

....

....

....

....

Telefaxnummer des Empfängers Ihre Anfrage vom Ihr Zeichen/Nr.

....

Unsere Zeichen Ort, Datum

....

Auskunft über

[Name, Anschrift]

....

( ) Anfrage im Eigeninteresse ( ) Anfrage im Kundeninteresse

Sehr geehrte Damen und Herren,

die nachstehende Auskunft erhalten Sie auf der Grundlage der »Grundsätze für die Durchführung des Bankauskunftsverfahrens zwischen Kreditinstituten«. Die Auskunft erstellen wir nach bestem Wissen; sie beruht ausschließlich auf Erkenntnissen, die der Auskunft gebenden Stelle vorliegen. Über Veränderungen, die nach Erteilung einer Auskunft bekannt werden, berichten wir nicht ohne neue Anfrage.

Wir weisen ausdrücklich darauf hin, dass die empfangenen Informationen nur für den angegebenen Zweck verwendet und nicht an Dritte weitergegeben werden dürfen. Das Weitergabeverbot gilt nicht für ein Kreditinstitut, das im Kundeninteresse angefragt hat. In diesem Fall ist der Empfänger darauf hinzuweisen, dass er die empfangene Information nur für den angegebenen Zweck verwenden und nicht an Dritte weitergeben darf.

I ( ) Es besteht keine Bankverbindung.
II ( ) Wir können keine Auskunft erteilen, weil uns die erforderliche Einwilligung unseres Kunden nicht vorliegt.
III ( ) Wir können keine Auskunft erteilen, weil uns unser Kunde eine Auskunftserteilung untersagt hat.
IV ( ) Wir erteilen Bankauskünfte nur an Kreditinstitute und eigene Kunden. Wir bitten Sie deshalb, über Ihre Bankverbindung an uns heranzutreten.

A. Allgemeine Angaben (zum Beispiel Gesellschafter, Kapital)

1 ( ) ....

B. Bankverbindung/Kontoführung

2 ( ) Bankverbindung besteht
( ) seit weniger als einem Jahr. ( ) seit mehr als einem Jahr.
( ) seit ....
3 ( ) Weitere Bankverbindungen bestehen zu
....
4 ( ) Wir sind Nebenverbindung.
5 ( ) Konten werden absprachemäßig geführt.
6 ( ) Bei uns werden ( ) geringe ( ) größere Umsätze getätigt.
7 ( ) Wir haben einen ( ) Blanko- ( ) gedeckten ( ) teilgedeckten Kredit gewährt, der ( ) voll ( ) nur selten ( ) teilweise in Anspruch genommen wird.
8 ( ) Überziehungen werden ( ) vorübergehend ( ) dauerhaft beansprucht.
9 ( ) Scheck-/Lastschriftrückgaben sind innerhalb der letzten 12 Monate vorgekommen.
10 ( ) Wechselproteste sind innerhalb der letzten 12 Monate erfolgt.

C. Allgemeine Beurteilung

11 ( ) Die Gesamtverhältnisse machen einen geordneten Eindruck.
12 ( ) Das Unternehmen hat sich gut entwickelt.

13 ( ) Nachteiliges ist nicht bekannt.
14 ( ) Eine allgemeine Beurteilung ist nicht möglich.
15 ( ) Die finanziellen Verhältnisse erscheinen angespannt.
16 ( ) Unseres Wissen ist .... Grundbesitz vorhanden.
17 ( ) Grundbesitz belastet.

D. Kreditbeurteilung

18 ( ) Der bisherige Umfang der Geschäftsverbindung lässt eine Stellungnahme zu dem angefragten Betrag nicht zu.
19 ( ) Gut für den angefragten Betrag.
20 ( ) Gut für den angefragten Betrag bei Rückführung in mehreren Raten.
21 ( ) Eingegangene Verpflichtungen gegenüber Dritten sind, soweit uns bekannt, bisher pünktlich erfüllt worden.
22 ( ) Der angefragte Betrag erscheint uns zu hoch.
23 ( ) Wir raten zur Vorsicht.

Angekreuzte Positionen

....

Ergänzende Bemerkungen:

....

....

Hinweis: Darf nicht als Fotokopie an Kunden weitergegeben werden.

Mit freundlichen Grüßen
HAUSBANK MÜNCHEN eG
Bank für Haus- und Grundbesitz

2 Worauf ist bei Abschluss des Mietvertrags zu achten?

2.1 Wohnraummietvertrag

Grundsätzlich können vertragliche Vereinbarungen von den Vertragsparteien frei ausgehandelt werden, sofern nicht zwingende gesetzliche Vorschriften entgegenstehen (siehe hierzu im Einzelnen Mietvertrag § 18. Sonstige Vereinbarungen). Strengere Regeln gelten, wenn die Vereinbarung bereits vorformuliert, das heißt nicht zur Disposition gestellt und dem Vertragspartner, zum Beispiel in Form eines Formularmietvertrags, zur Unterschrift vorgelegt wird. Derartige vorformulierten Klauseln stellen »Geschäftsbedingungen« im Sinne der §§ 305 ff. BGB (bis 31.12.2001: AGBG) dar, zu denen sich nach Inkrafttreten des AGBG am 1.4.1977 eine umfangreiche Rechtsprechung entwickelt hat. Seither wurden zahlreiche Klauseln aus unterschiedlichen Vordrucken, die von Vermietern und Hausverwaltungen jahrzehntelang unbeanstandet verwendet wurden, für unwirksam erklärt.

ACHTUNG

Beim Abschluss eines Mietvertrags ist es daher von größter Wichtigkeit, nur solche Formulare und Anlagen zu verwenden, deren Inhalt den Vorschriften der §§ 305 ff. BGB (bis 31.12.2001: AGBG) und der hierzu ergangenen Rechtsprechung genügt. Dem Vermieter können erhebliche wirtschaftliche Nachteile drohen, wenn sich während eines Prozesses herausstellt, dass eine bestimmte Klausel im Mietvertrag unwirksam ist und die erhobenen Ansprüche nicht stützen kann.

Der Hausverwalter, der vertraglich verpflichtet ist, die im Gebäude befindlichen Wohnungen im Namen des Eigentümers zu vermieten, macht sich gegenüber dem Eigentümer schadenersatzpflichtig (§ 280 BGB), wenn er eine Wohnung vermietet, ohne dem Mieter die Renovierungslast aufzuerlegen, zum Beispiel weil er nur einen mündlichen Mietvertrag geschlossen oder ein Formular ohne Renovierungsklausel verwendet hat (KG Berlin, Urteil vom 13.10.2006, 3 U 3/06, WuM 2008, 81).

Gleiches gilt, wenn der Verwalter einen Mietvertrag mit einer nach der Rechtsprechung des BGH unwirksamen Schönheitsreparaturklausel (zum Beispiel wegen starrer Renovierungsfristen) verwendet hat mit der Folge, dass der Mieter nicht zur Durchführung von Schönheitsreparaturen verpflichtet ist. Insofern kann den Vermieter jedoch ein Mitverschulden treffen, wenn er in der Lage war, den Mietvertragsentwurf vor Unterzeichnung zu prüfen und Klauseln auf ihre Wirksamkeit hin zu hinterfragen, dies aber unterlassen hat (LG Berlin, Urteil vom 29.2.2008, 53 S 145/07, WuM 2008, 280).

Anders ist die Rechtslage, wenn die Klausel im Zeitpunkt des Vertragsabschlusses noch wirksam war und erst später von der Rechtsprechung für unwirksam erklärt worden ist. In diesem Fall fehlt es an einem für einen Schadenersatzanspruch des Vermieters erforderlichen Verschulden des Hausverwalters.

Trotz der umfangreichen Rechtsprechung sind leider immer noch zahlreiche Formularmietverträge im Handel, die eine Vielzahl von Klauseln enthalten, die von der Rechtsprechung längst für unwirksam erklärt worden sind. Solche Klauseln spiegeln dem Vermieter oftmals weit gehende Rechte vor, die tatsächlich aber nicht bestehen und im Streitfall daher nicht durchsetzbar sind. Die Rechtsprechung lehnt es grundsätzlich auch ab, eine zu weit gehende und daher unwirksame Klausel durch Reduzierung des Inhalts auf ein zulässiges Maß zurückzuführen (Verbot der geltungserhaltenden Reduktion einer Formularklausel). Die Klausel wird daher insgesamt für ungültig erklärt und durch die gesetzliche Regelung ersetzt (§ 306 Abs. 2 BGB). Diese Rechtsfolge kann für den Vermieter zu erheblichen wirtschaftlichen Nachteilen führen.

! **Beispiel**

Eine Klausel über die Verpflichtung des Mieters zur Durchführung von Schönheitsreparaturen sieht einen Renovierungsturnus von drei Jahren für sämtliche Räume vor. Diese Fristen sind zu kurz bemessen, da der Renovierungsturnus nach ständiger Rechtsprechung nur für Küchen, Bäder und Duschräume drei Jahre, für die Wohn- und Schlafräume aber mindestens fünf Jahre und für die sonstigen Räume mindestens sieben Jahre betragen muss.

Wegen des Verbots der geltungserhaltenden Reduktion führt die Rechtsprechung diese Klausel nicht etwa auf einen zulässigen Inhalt, das heißt auf die zulässigen Renovierungsfristen von drei, fünf und sieben Jahren zurück, sondern erklärt die Klausel insgesamt für unwirksam. Dadurch tritt gemäß § 306 Abs. 2 BGB die gesetzliche Regelung des § 535 BGB an die Stelle der unwirksamen Klausel. Danach ist jedoch nicht der Mieter, sondern der Vermieter verpflichtet, die Mietsache in gebrauchsfähigem Zustand zu erhalten. Die Abweichung von den von der Rechtsprechung festgelegten Renovierungsfristen hat für den Vermieter somit die wirtschaftlich nachteilige Rechtsfolge, dass der Mieter zu keinerlei Schönheitsreparaturen verpflichtet ist.

Zu beachten ist ferner, dass auch eine für sich allein wirksame Klausel durch Aufnahme einer weiteren Klausel unwirksam werden kann.

Beispiel

!

Eine Renovierungsklausel mit zulässigen Renovierungsfristen wird durch eine Klausel ergänzt, wonach der Mieter auch bei Beendigung des Mietverhältnisses zur Durchführung von Schönheitsreparaturen verpflichtet ist.

Diese Ergänzung führt nach Auffassung der Rechtsprechung zu einem »Summierungseffekt«, der den Mieter unangemessen benachteiligt. Dies hat zur Folge, dass in einem solchen Fall auch die – für sich allein – wirksame Klausel ungültig wird und der Mieter zu keinerlei Schönheitsreparaturen verpflichtet ist – weder während der Dauer noch bei Beendigung des Mietverhältnisses (BGH, Urteil vom 25.6.2003, VII ZR 335/02, WuM 2003, 561; Beschluss vom 2.12.1992, NJW 1993, 532). An diesem Beispiel wird deutlich, dass bei Abfassung eines Mietvertrags nicht nur die Wirksamkeit einzelner Klauseln zu prüfen ist, sondern ferner auch darauf geachtet werden muss, dass die Kombination mehrerer Klauseln nicht zur Unwirksamkeit einzelner Bestimmungen führt.

Anhand des nachfolgend erläuterten Vertragsmusters werden Möglichkeiten der Vertragsgestaltung aufgezeigt, die nach dem derzeitigen Stand von Gesetzgebung und Rechtsprechung den Anforderungen der §§ 305 ff. BGB genügen und daher auch für eine mehrfache Verwendung geeignet sind.

MUSTER: Mietvertrag für Mietverhältnisse über Wohnraum

ARBEITSHILFE ONLINE

Mietvertrag
für Mietverhältnisse über Wohnraum

Zwischen ....

.... als Vermieter

und Herrn/Frau ....

.... als Mieter

wird folgender Mietvertrag geschlossen.[1)]

[1)] Als Mieter und Vermieter werden im Folgenden die Vertragsparteien auch dann verstanden, wenn sie aus mehreren Personen bestehen.

2.1.1 Die Parteien des Mietvertrags

Die Parteien eines Mietvertrags werden ausschließlich durch die Benennung im Mietvertrag festgelegt. Andere als die im Mietvertrag benannten Personen werden nicht Vertragspartner, selbst wenn sie – auf der Vermieterseite – Miteigentümer der Wohnung sind oder – auf der Mieterseite – in den Mieträumen wohnen.

Für beide Parteien ist die genaue Bezeichnung der Vertragspartner von größter Wichtigkeit, weil Unklarheiten über den Vertragspartner in der Praxis häufig dazu führen, dass Willenserklärungen (zum Beispiel Mieterhöhungen, Kündigungen), Mahnbescheide oder auch Klagen an eine Person adressiert werden, die tatsächlich nicht Vertragspartner ist und die Klage daher unter Auferlegung der Verfahrenskosten abgewiesen wird, unabhängig davon, ob die erhobenen Ansprüche begründet wären. Der Betreiber des Verfahrens erleidet dadurch nicht nur finanzielle Nachteile, sondern muss auch erhebliche Zeitverluste hinnehmen.

Unklarheiten über den Vertragspartner entstehen in der Praxis oftmals schon dadurch, dass Parteien, die im Rubrum des Mietvertrags genannt wurden, den Mietvertrag nicht unterschrieben haben oder umgekehrt Unterschriften von Personen vorliegen, die im Rubrum nicht bezeichnet sind. Der Mietvertrag sollte daher von allen, aber auch nur von den im Rubrum benannten Personen unterschrieben werden.

Welche Personen sollen in das Rubrum des Mietvertrags aufgenommen werden?
Unproblematisch ist dies, wenn sowohl auf der Seite des Vermieters als auch auf der Seite des Mieters nur eine Person infrage kommt, zum Beispiel weil die Wohnung im Alleineigentum einer Person steht bzw. der Mieter alleine in die Wohnung einziehen will. Besteht allerdings ein dingliches Recht, das heißt ein im Grundbuch eingetragenes Recht eines Dritten an der Wohnung (zum Beispiel Nießbrauch, Wohnrecht), stellt sich die Frage, ob der Eigentümer oder der dinglich Berechtigte Vermieter ist.

Beim Nießbrauch, der oftmals vereinbart wird, wenn Grundeigentum von den Eltern auf die Kinder im Wege der vorweggenommenen Erbfolge übertragen wird, ist nicht der Eigentümer, sondern der Nießbraucher Vermieter, sodass der Mietvertrag vom Nießbraucher abzuschließen ist. Gleiches gilt für den Erbbauberechtigten. Dagegen ist der Inhaber eines dinglichen Wohnungsrechts (§ 1093 BGB) grundsätzlich nicht zur Vermietung berechtigt. Als Vermieter ist somit der im Grundbuch eingetragene Eigentümer der Wohnung zu bezeichnen.

Nachlass-, Insolvenz- und Zwangsverwalter schließen Mietverträge im eigenen Namen ab, haften jedoch nicht mit dem eigenen, sondern nur mit dem verwalteten Vermögen. Gleiches gilt für den Testamentsvollstrecker, der jedoch auch als Stellvertreter für den bzw. die Erben handeln kann. Dagegen handelt der Nachlasspfleger als Vertreter unbekannter Erben.

Wird der Mietvertrag von einer mit der Hausverwaltung beauftragten Person abgeschlossen, sollte der Verwalter seine Stellung als Vertreter des Eigentümers offen legen, da er anderenfalls Gefahr läuft, selbst als Vertragspartner behandelt zu werden (vgl. LG Berlin, WuM 1987, 49, wonach die Angabe des Verwalters mit dem Zusatz »Hausverwaltung« im Rubrum des Mietvertrags nicht zu der Annahme zwingt, dass der Hausverwalter den Mietvertrag als Vertreter des Eigentümers für diesen abgeschlossen hat).

Überträgt der Eigentümer die Vermietung einer Wohnung einem gewerblichen Hausverwalter mit dem Recht zum Abschluss von Mietverträgen, ist der Mieter im Fall der Beendigung des Verwaltervertrags von einem rechtlosen Zustand bedroht. § 565 BGB, der dies bei einem gewerblichen Zwischenmietverhältnis durch Anordnung des gesetzlichen Übergangs des Mietverhältnisses auf den Eigentümer vermeiden soll, ist nicht anwendbar, wenn der Hausverwalter zum Abschluss des Mietvertrags im Namen des Eigentümers bevollmächtigt war, dann aber der Mietvertrag – infolge Versehens oder einer Eigenmächtigkeit des Hausverwalters – in eigenem Namen abgeschlossen worden ist (KG Berlin, negativer Rechtsentscheid vom 15.6.2000, AZ.: 16 RE-Miet 9892/99, DWW 2000, 228).

Wenn als Vertragspartner mehrere Personen infrage kommen, zum Beispiel weil die Wohnung im Eigentum mehrerer steht (Eigentümergemeinschaft, Erbengemeinschaft) oder in die Wohnung mehrere Personen einziehen wollen (Ehegatten, eheähnliche Gemeinschaft, Lebenspartnerschaft, Wohngemeinschaften), sollte Folgendes beachtet werden:

Bei einer Personenmehrheit auf der Vermieterseite sollten sämtliche an der Gemeinschaft (zum Beispiel Erbengemeinschaft oder BGB-Gesellschaft) Beteiligten mit Vor- und Nachnamen in den Mietvertrag aufgenommen werden. Bezeichnungen wie Erbengemeinschaft X oder Grundstücksgemeinschaft Y und Ähnliches sollten vermieden werden, weil sich dadurch Unklarheiten über die Vertragspartner, insbesondere bei einem Parteienwechsel innerhalb der Gemeinschaft oder Gesellschaft, ergeben können (vgl. KG Berlin, GE 1996, 923). Ein Mitglied einer Gemeinschaft bzw. Gesellschaft kann den Mietvertrag auch in Vertretung eines anderen (zum Beispiel auswärts wohnenden) Mitglieds mit unterzeichnen, jedoch sollte die Stellvertretung aus einem Vertretungsvermerk ersichtlich sein.

Unklarheiten können ferner den Bestand des Mietverhältnisses gefährden. Sind zum Beispiel im Rubrum des Mietvertrags zwei Personen als Vermieter genannt, unterschreibt aber nur einer den Mietvertrag, ist die für einen längerfristigen Mietvertrag erforderliche Schriftform gemäß § 550 BGB jedenfalls dann nicht gewahrt, wenn die Vollmacht des Unterzeichners nicht aus objektiven, außerhalb der Urkunde liegenden Umständen hervorgeht (OLG Rostock, Urteil vom 25.9.2000, AZ.: 3 U 75/99, ZMR 2001, 29). Dies hat zur Folge, dass ein auf bestimmte Dauer abgeschlossener Mietvertrag als auf unbestimmte Dauer geschlossen gilt und somit auch während der Laufzeit (frühestens zum Schluss des ersten Jahres) ordentlich gekündigt werden kann.

ACHTUNG

Ein Mietvertrag, der nur mit einem Beteiligten einer Eigentümergemeinschaft abgeschlossen wird, ist zwar voll wirksam, bindet aber die übrigen Miteigentümer nicht. Diesen steht es frei, ob sie den Abschluss des Mietvertrags genehmigen und damit auch die Vermieterstellung erlangen oder ob sie von dem Mieter die Herausgabe der Wohnung verlangen, da der Mieter ihnen gegenüber kein Recht zum Besitz hat. In diesem Fall drohen dem Vermieter jedoch erhebliche Schadenersatzansprüche, da er den Mietvertrag gegenüber dem Mieter dann nicht mehr erfüllen kann.

Bei einer Vermietergemeinschaft stellt der Abschluss eines Mietvertrags eine Verwaltungsmaßnahme im Sinne der §§ 709, 744, 2038 BGB dar, über die durch Mehrheitsbeschluss entschieden werden kann. Dieser hat auch Außenwirkung, sodass die Mehrheit die überstimmte Minderheit bei Abschluss des Mietvertrags vertreten kann und die Mehrheit nicht zuerst gegen die Minderheit auf Mitwirkung zum Vertragsabschluss klagen muss (BGHZ 1956, 47 ff.).

Bei einer Personenmehrheit auf der Mieterseite ist dem Vermieter aus haftungsrechtlichen Gründen grundsätzlich zu empfehlen, den Mietvertrag mit allen Personen abzuschließen, die in die Wohnung einziehen wollen. Dies hat für den Vermieter den Vorteil, dass in diesem Fall alle Personen als Gesamtschuldner für sämtliche Verbindlichkeiten in voller Höhe haften und sich das Pfandrecht des Vermieters auf sämtliche in die Wohnung eingebrachten Sachen erstreckt.

Wird der Mietvertrag dagegen nur mit einer Person abgeschlossen, so ist der Vermieter unter bestimmten Voraussetzungen dennoch verpflichtet, der Aufnahme weiterer Personen zuzustimmen. Diese kann er aber trotzdem nicht haftbar machen, wenn nach dem Auszug aus der Wohnung Schäden hinterlassen werden, zu deren Behebung die Kaution nicht ausreicht, und wenn der Mieter nicht mehr zahlungsfähig ist.

! **Tipp**

Ferner kann es für den Vermieter auch aus prozessualen Gründen vorteilhaft sein, wenn der Mietvertrag mit allen in der Wohnung lebenden Personen geschlossen wurde. In gerichtlichen Verfahren sind diese dann Partei und können somit nicht als Zeugen zugunsten des Mieters aussagen, wenn es zum Beispiel um den Nachweis einer angeblich mündlich getroffenen Vereinbarung zwischen Vermieter und Mieter geht.

Scheidet ein Mieter aus dem Mietverhältnis aus und/oder tritt ein anderer bzw. zusätzlicher Mieter in das Mietverhältnis ein, sollte ein entsprechender schriftlicher Nachtrag zum Mietvertrag angefertigt und von allen unterschrieben werden (siehe hierzu das Muster in Kapitel 11.8 Parteiwechsel).

Der Auszug von einem von mehreren Mietern aus der Wohnung und der Einzug einer anderen Person anstelle dieses Mieters hat auf das Mietverhältnis grundsätzlich keinen Einfluss, das heißt, der aus der Wohnung ausgezogene Mieter bleibt Vertragspartner; die neu eingezogene Person wird nicht Vertragspartner. Eine Ausnahme besteht bei Vermietung an eine Wohngemeinschaft. In diesem Fall nimmt die Rechtsprechung unter bestimmten Voraussetzungen an, dass das Auswechseln von Mitgliedern der Wohnungsgemeinschaft im Zweifel, das heißt beim Fehlen anderweitiger Vereinbarungen, Vertragsinhalt ist mit der Folge, dass die ausscheidende Person einen Anspruch auf Entlassung und die eintretende Person einen Anspruch auf Aufnahme in den Mietvertrag hat (vgl. zum Beispiel LG Hamburg, WuM 1985, 82; LG Freiburg, WuM 1985, 84; LG Braunschweig, WuM 1982, 188). Ist dieses Ergebnis nicht erwünscht, sollte durch eine zusätzliche Vereinbarung (zum Beispiel unter »Sonstige Vereinbarungen«) klargestellt werden, dass bei einem Wechsel von Mitgliedern innerhalb der Wohngemeinschaft kein Anspruch auf Abänderung des Mietvertrags besteht.

Von einem Vertragsabschluss mit allen in die Wohnung einziehenden Personen kann bzw. sollte abgesehen werden, wenn dies für den Vermieter keinen haftungsrechtlichen Vorteil bringt, zum Beispiel weil der miteinziehende Partner einkommens- und vermögenslos ist, dem Vermieter aus sonstigen, zum Beispiel persönlichen Gründen nicht zusagt oder absehbar ist, dass die Lebensgemeinschaft nur von kurzer Dauer sein wird. In diesen Fällen kann die Aufnahme des Partners in den Mietvertrag nachteilig sein, da dieser dann nach Auszug des Mieters in der Wohnung verbleiben und unter Umständen auch von seinem (unter bestimmten Voraussetzungen bestehenden) Recht Gebrauch machen kann, einen anderen Partner in die Wohnung aufzunehmen. Dies hat zur Folge, dass die Räume letztlich von Personen bewohnt werden, die nicht dem Willen des Vermieters entsprechen. Wäre der Mietvertrag dagegen nur mit dem vom Vermieter ausgewählten Mieter abgeschlossen worden, könnte dieser bei Beendigung der Lebensgemeinschaft das Mietverhältnis kündigen. Der Partner muss dann die Wohnung räumen, da er nicht Vertragspartner des Vermieters ist und daher kein eigenständiges Recht zum Besitz hat.

Die Entscheidung, ob der Mietvertrag nur mit einem oder mit allen in die Räume einziehenden Personen abgeschlossen wird, bedarf deswegen einer sorgfältigen Abwägung der geschilderten Vor- und Nachteile und ist anhand der konkreten Umstände des Einzelfalles zu treffen.

2.1.2 Die Mieträume

ARBEITSHILFE ONLINE

MUSTER: Mietvertrag für Mietverhältnisse über Wohnraum

§ 1 Mieträume

(1) Vermietet werden in dem Haus Nr. ..... an der/am ....
.... Straße/Platz in .... folgende Räume:
Die Wohnung im Vorderh. – Mittelgeb. – Seitengeb. – Rückgeb. .....ten Stock, re. – li. – mi. – Whg.-Nr.: .... bestehend aus ..... Zimmer(n), ... Küche, ... Kammer(n), ... Bad/WC, ... WC, ... Keller(anteil), ... Speicher(anteil), ... zum Zwecke der Benützung als Wohnung; dazu folgende zu anderen als Wohnzwecken dienende Räume und Flächen (zum Beispiel Garage, Stellplatz) .... zur Benützung als ....

(2) Der Mieter ist berechtigt, Wasch- und Trockenraum gemäß der Hausordnung mitzubenutzen.

(3) Dem Mieter werden vom Vermieter für die Mietzeit folgende Schlüssel ausgehändigt:
....

Die Mieträume sind im Mietvertrag vollständig anzuführen. Dies gilt insbesondere auch für mitvermietete Nebenräume, zum Beispiel Keller-, Speicherabteile, Hobbyräume, Gartenanteile und Ähnliches. Nachdem in der Praxis häufig Streit darüber entsteht, ob und in welchem Umfang solche Nebenräume und -flächen mitvermietet sind, empfiehlt es sich, diese möglichst genau zu bezeichnen und deren Lage und Umfang gegebenenfalls anhand einer dem Mietvertrag beizufügenden Skizze festzulegen. Werden dem Mieter bestimmte Räumlichkeiten nur zur Mitbenutzung überlassen (zum Beispiel gemeinschaftliche Wasch- oder Trockenräume), sollte auch dies schriftlich fixiert werden. Gleiches gilt, wenn Räume oder Flächen widerruflich überlassen werden sollen.

Sofern auch andere, nicht zu Wohnzwecken dienende Räume überlassen werden (Garage, Stellplatz), sollten Art und Umfang des vertragsgemäßen Gebrauchs ebenfalls schriftlich festgelegt werden. Eine Garage wird in der Regel zur Benutzung als »Abstellplatz für einen Pkw« überlassen. Damit ist klargestellt, dass deren Nutzung als Werkstatt oder zur ausschließlichen Lagerung von Gerümpel nicht vertragsgemäß ist.

Bei Überlassung einer Garage bzw. eines Stellplatzes muss vorab auch entschieden werden, ob die Garage als (untrennbarer) Bestandteil des Wohnraummietvertrags oder rechtlich selbstständig durch Abschluss eines eigenständigen Garagenmietvertrags vermietet werden soll.

Wird die Garage unter den Mieträumen des Wohnraummietvertrags angeführt, entsteht ein einheitliches Mietverhältnis über Wohnung und Garage mit der Folge, dass sich der für die Wohnung bestehende Kündigungsschutz auch auf die Garage erstreckt. Die separate Ausweisung der Miete für die Garage ändert daran nichts. In diesem Fall kann die Garage weder vom Vermieter noch vom Mieter separat, sondern nur zusammen mit der Wohnung gekündigt werden. Auch die für die Garage vereinbarte Miete kann nur im Rahmen einer Mieterhöhung für die Wohnung angehoben werden.

Wenn diese Rechtsfolgen nicht erwünscht sind, sollte die Garage im Wohnraummietvertrag keine Erwähnung finden und ein zusätzlicher Garagenmietvertrag abgeschlossen werden, in dem die rechtliche und wirtschaftliche Selbstständigkeit der Garagenvermietung zum Ausdruck kommt (siehe Kapitel 2.3). In diesem Fall kann die Garage unabhängig vom Bestand des Wohnraummietverhältnisses gekündigt und dementsprechend auch die Miete separat im Wege einer Änderungskündigung erhöht werden.

Zu bedenken bleibt, dass bei dieser Alternative auch der Mieter zur selbstständigen Kündigung der Garage berechtigt ist und der Vermieter in Gebieten mit geringer Nachfrage nach Garagen/Stellplätzen damit rechnen muss, dass er die vom Mieter gekündigte Garage ohne die dazugehörige Wohnung nicht neu vermieten kann. Vor der Entscheidung für eine bestimmte Vertragsgestaltung sollten daher die jeweiligen Vor- und Nachteile sehr sorgfältig abgewogen werden.

2.1.3 Mietzeit

ARBEITSHILFE ONLINE

MUSTER: Mietvertrag für Mietverhältnisse über Wohnraum

§ 2. Mietzeit

Das Mietverhältnis beginnt am ....

(1) ( )[2] Das Mietverhältnis läuft auf unbestimmte Zeit.

(2) ( )[2] Das Mietverhältnis wird auf die Dauer von ..... Jahren, also bis .... geschlossen, weil der Vermieter die Räume nach Ablauf der Mietzeit ( )[2] als Wohnung für sich[3] – seine Familienangehörigen[3] – Angehörige seines Haushalts[3] nutzen will, und zwar für ....
.... (Name/n)

( )[2] in zulässiger Weise beseitigen[3] – durch folgende Maßnahmen so wesentlich verändern[3)4)] – so wesentlich instand setzen[3)4)] will, dass die Maßnahmen durch eine Fortsetzung des Mietverhältnisses erheblich erschwert würden:

....

....

( )[2] an einen zur Dienstleistung Verpflichteten vermieten will.
Besteht kein solcher Befristungsgrund oder teilt der Vermieter dem Mieter diesen bei Vertragsschluss nicht schriftlich mit, gilt das Mietverhältnis als auf unbestimmte Zeit abgeschlossen (§ 575 Abs. 1 S. 2 BGB).

(3) Setzt der Mieter den Gebrauch der Mietsache nach Ablauf der Mietzeit fort, so gilt das Mietverhältnis nicht als verlängert. § 545 BGB findet keine Anwendung.

[2] Zutreffendes ist anzukreuzen; [3] Nichtzutreffendes ist zu streichen;
[4] Konkrete Angaben sind erforderlich, ggf. zusätzliches Blatt verwenden.

Das Mietverhältnis wird grundsätzlich unbefristet, das heißt auf unbestimmte Zeit, abgeschlossen. In diesem Fall ist die Kündigung spätestens am dritten Werktag eines Kalendermonats zum Ablauf des übernächsten Monats zulässig, wenn seit der Überlassung des Wohnraums noch keine fünf Jahre vergangen sind (dreimonatige Kündigungsfrist). Diese Frist gilt für den Mieter seit Inkrafttreten der Mietrechtsreform (1.9.2001) unabhängig von der Mietdauer. Für den Vermieter verlängert sie sich nach fünf und acht Jahren um jeweils drei Monate.

Diese gesetzlichen Kündigungsfristen gelten automatisch, sodass eine Wiederholung im Mietvertrag nicht erforderlich ist. Ferner kann von diesen Fristen nicht zum Nachteil des Mieters abgewichen werden, zum Beispiel durch Vereinbarung von längeren Kündigungsfristen. Eine kürzere Kündigungsfrist kann lediglich bei Wohnraum vereinbart werden, der nur zum vorübergehenden Gebrauch vermietet worden ist.

Ein befristeter Mietvertrag (Zeitmietvertrag) kann seit Inkrafttreten der Mietrechtsreform nur noch abgeschlossen werden, wenn der Vermieter nach Ablauf der Mietzeit

- die Räume als Wohnung für sich, seine Familienangehörigen oder Angehörige seines Haushalts nutzen will,
- in zulässiger Weise die Räume beseitigen oder so wesentlich verändern oder instand setzen will, dass die Maßnahmen durch eine Fortsetzung des Mietverhältnisses erheblich erschwert würden, oder
- die Mieträume an einen zur Dienstleistung Verpflichteten vermieten will.

Andere Gründe für eine Befristung des Mietverhältnisses, zum Beispiel ein beabsichtigter Verkauf der Wohnung nach Ablauf der Mietzeit, sind vom Gesetz nicht vorgesehen.

Besteht kein solcher Befristungsgrund oder teilt der Vermieter dem Mieter diesen bei Vertragsschluss nicht schriftlich mit, gilt das Mietverhältnis als auf unbestimmte Zeit abgeschlossen (vgl. § 575 Abs. 1 S. 2 BGB).

Mieter, Vermieter oder auch beide Parteien können jedoch für einen bestimmten Zeitraum auf ihr ordentliches Kündigungsrecht verzichten. Ein Verzicht durch den Mieter hat für den Vermieter den Vorteil, dass ein nochmaliger kurzfristiger Mieterwechsel vermieden wird. Ein Verzicht des Vermieters stellt für den Mieter sicher, dass er für eine bestimmte Zeit in der Wohnung bleiben kann, ohne eine ordentliche Kündigung des Vermieters, zum Beispiel wegen Eigenbedarfs, befürchten zu müssen.

In den Mietvertrag kann daher der Passus aufgenommen werden, dass der Mieter für ... Monate auf das Recht der ordentlichen Kündigung verzichtet.

Ein solcher individuell vereinbarter Kündigungsverzicht ist uneingeschränkt wirksam, das heißt ohne zeitliche Beschränkung und auch dann, wenn der Verzicht einseitig durch den Mieter erklärt worden ist (BGH, Urteil vom 22.12.2003, VIII ZR 81/03, WuM 2004, 157). Eine Grenze wird bei einem individuell vereinbarten Kündigungsausschluss nur durch § 138 BGB (Sittenwidrigkeit) gesetzt, zum Beispiel bei Ausnutzung einer Zwangslage einer Partei oder beim Vorliegen sonstiger Umstände, die der Vereinbarung das Gepräge eines sittenwidrigen Rechtsgeschäfts geben. Die individuelle Vereinbarung eines **dauerhaften** Ausschlusses der ordentlichen Kündigung ist daher grundsätzlich möglich. Ein solcher dauerhafter Kündigungsausschluss kann zustande kommen, wenn die Parteien in einem Formularmietvertrag das vorgesehene Kästchen »Kündigungsverzicht« ankreuzen, die vorgedruckte Passage »maximal vier Jahre« aber streichen, ohne eine konkrete Verzichtsdauer zu verzeichnen (BGH, Urteil vom 8.5.2018, VIII ZR 200/17, NZM 2018, 556).

Dagegen ist ein einseitiger formularmäßiger Kündigungsverzicht des Mieters unwirksam (BGH, Urteil vom 19.11.2008, VIII ZR 30/08, WuM 2009, 47). Ausnahme: Der Kündigungsausschluss wurde zusammen mit einer (nach § 557a BGB zulässigen) Staffelmiete vereinbart und seine Dauer beträgt nicht mehr als vier Jahre seit Abschluss der Staffelmietvereinbarung (BGH, Urteil vom 12.11.2008, VIII ZR 270/07, WuM 2009, 45).

Formularmäßig kann nur ein beiderseitiger Kündigungsverzicht für einen Zeitraum von maximal vier Jahren vereinbart werden (BGH, Urteil vom 6.4.2005, VIII ZR 27/04, WuM 2005, 346).

Zulässig ist eine Klausel, wonach die Kündigung von beiden Parteien erstmals zum Ablauf des Vierjahreszeitraums ab Vertragsschluss erklärt werden kann (BGH, Beschluss vom 23.8.2016, VIII ZR 23/16, WuM 2016, 656).

Formularmäßigkeit liegt vor, wenn der Vermieter beabsichtigt, eine bestimmte vertragliche Regelung mehrfach zu verwenden. Dann sieht die Rechtsprechung bereits das erste Mal nicht mehr als individuell, sondern als formularvertraglich an, egal, ob die Vereinbarung vorgedruckt (etwa im Formularmietvertrag) oder in sonstiger Weise (hand-, maschinenschriftlich oder per PC) vorliegt. Gleiches gilt, wenn die fragliche Klausel lediglich eine Leerstelle für die Eintragung der Zahlen vorsieht, der Vermieter diese Zahl (Dauer des Verzichts) selbst einträgt und dem Mieter nur Gelegenheit zur Lektüre und Prüfung gibt. Dies stellt nach Auffassung des BGH kein »Aushandeln« dar, das Voraussetzung für eine individuelle Vereinbarung ist.

Eine »geltungserhaltende Reduktion« einer unwirksamen Vereinbarung wird von der Rechtsprechung abgelehnt, zum Beispiel wird ein formularmäßig für fünf Jahre vereinbarter Verzicht nicht auf die zulässigen vier Jahre beschränkt. Bei Überschreitung des Zeitraums von vier Jahren, zum Beispiel weil eine Kündigung des Mieters erst »nach Ablauf von vier Jahren« möglich sein soll, ist der Kündigungsverzicht insgesamt unwirksam; der Kündigungsverzicht bleibt also nicht mit der höchstzulässigen Laufzeit von vier Jahren erhalten mit der Folge, dass der Mieter mit der gesetzlichen Kündigungsfrist von drei Monaten kündigen kann (BGH, Urteil vom 2.3.2011, VIII ZR 163/10).

ACHTUNG

Ein Kündigungsverzicht sollte daher immer nur einen Zeitraum von höchstens vier Jahren umfassen, da der Vermieter den ihm obliegenden Beweis des »Aushandelns« eines längeren Zeitraums in aller Regel nicht erbringen kann.

Dabei ist der Zeitraum zwischen Vertragsabschluss (nicht der Mietbeginn, der in der Regel etwas später liegt) und dem Zeitpunkt entscheidend, zu dem der Mieter den Mietvertrag erstmals beenden kann (BGH, Urteil vom 8.12.2010, VIII ZR 86/10).

Unwirksam ist daher eine Formulierung, wonach der Mieter erst nach Ablauf von vier Jahren kündigen darf, das heißt, der Mieter an den Mietvertrag vier Jahre zuzüglich seiner gesetzlichen Kündigungsfrist von drei Monaten gebunden bleibt.

Beispiel

!

Abschluss des Mietvertrags: 10.3.2017
Mietbeginn: 1.4.2017

- Kündigungsverzicht unwirksam, wenn Kündigung erst am 1.4.2021 erklärt werden kann, da die Vertragsbindung dann vier Jahre plus drei Monate (gesetzliche Kündigungsfrist) beträgt.
- Kündigungsverzicht auch unwirksam, wenn Kündigung zum 1.4.2019 erklärt werden kann. Auch hier beträgt die Vertragsbindung mehr als vier Jahre, da diese vom Zeitpunkt des Vertragsabschlusses (10.3.2017) gerechnet werden muss.
- Kündigungsverzicht wirksam, wenn Kündigung erstmals zum 28.2.2021 erfolgen kann (vier Jahre zwischen Vertragsabschluss und Beendigung des Mietverhältnisses werden nicht überschritten).

Eine Ausnahme bezüglich der maximalen Dauer eines Kündigungsverzichts von vier Jahren besteht bei der Vermietung von Studentenzimmern, die in einem für Studenten konzipierten Haus am Studienort gelegen sind. Hier kann bereits ein – auch beiderseitiger – formularmäßiger Kündigungsausschluss für zwei Jahre unwirksam sein, da einem Studenten ein besonderes Maß an Mobilität und Flexibilität zuzubilligen ist und er auf Unwägbarkeiten im Studienverlauf angemessen reagieren können muss (BGH, Urteil vom 15.7.2009, VIII ZR 307/08).

Eine unwirksame zeitliche Befristung eines Wohnungsmietvertrags, zum Beispiel weil kein gesetzlicher Befristungsgrund (etwa Eigenbedarf nach Mietende) vorliegt, kann in einen befristeten Kündigungsausschluss umgedeutet werden. Bei einer unwirksamen zeitlichen Befristung gilt der Mietvertrag gemäß § 575 Abs. 1 Satz 2 BGB als auf unbestimmte Zeit geschlossen. Die dadurch im Vertrag entstandene Lücke ist durch eine ergänzende Vertragsauslegung zu schließen. Dabei ist zu berücksichtigen, was die Parteien redlicherweise vereinbart hätten, wenn ihnen die Unwirksamkeit der Befristung bekannt gewesen wäre. Nachdem das von beiden Parteien verfolgte Ziel einer langfristigen Bindung an den Mietvertrag durch einen beiderseitigen Kündigungsverzicht erreicht werden kann, ist ein solcher Ausschluss der ordentlichen Kündigung für die Dauer der Befristung anzunehmen (BGH, Urteil vom 10.7.2013, VIII ZR 388/12).

Ein Verzicht des Vermieters auf bestimmte Kündigungsgründe, zum Beispiel auf das Recht, wegen Eigenbedarfs zu kündigen, bedarf gemäß § 550 S. 1 BGB der Schriftform, wenn der Verzicht für länger als ein Jahr gelten soll (BGH, Urteil vom 4.4.2007, VIII ZR 223/06, NJW 2007, 1742). Anderenfalls würde die Gefahr bestehen, dass die Beschränkung der Vermieterrechte einem Erwerber der Wohnung nicht zur Kenntnis gelangt. Sinn und Zweck des Formzwangs (§ 550 S. 1 BGB) ist es, es dem Grundstückserwerber, der in einen bestehenden Mietvertrag kraft Gesetz eintritt, zu erleichtern, sich über den Umfang der auf ihn übergehenden Bindungen zu unterrichten. Nehmen die

Vertragsschließenden wesentliche Bestandteile des Mietvertrags – dazu gehört auch der Verzicht auf die Eigenbedarfskündigung – nicht in die Vertragsurkunde selbst auf, sondern lagern diese in andere Schriftstücke aus, sodass sich der Gesamtinhalt der mietvertraglichen Vereinbarungen erst aus dem Zusammenspiel dieser »verstreuten« Bestimmungen ergibt, muss zur Wahrung der Urkundeneinheit die Zusammengehörigkeit dieser Schriftstücke in geeigneter Weise zweifelsfrei kenntlich gemacht werden, zum Beispiel durch Verbindung mit dem Mietvertrag oder durch Bezugnahme auf den Mietvertrag (BGH, a. a. O.).

Bei einem befristeten Mietvertrag bzw. vereinbarten Kündigungsverzicht ist der Mieter grundsätzlich an die vereinbarte Laufzeit oder den Verzicht gebunden und kann das Mietverhältnis daher schwieriger lösen als bei einem unbefristeten Mietvertrag. Dies sollte nicht überbewertet werden, da die Interessenabwägung, die beim Verlangen des Mieters nach vorzeitiger Entlassung aus dem Mietvertrag stattfinden muss, von den Mietgerichten oft äußerst großzügig zugunsten des Mieters ausfällt und der Vermieter vor einer nicht erwünschten Nachmieterproblematik steht. Dagegen kann der Vermieter den Mieter bei der Kündigung eines unbefristeten Mietvertrags auf die Einhaltung der Kündigungsfristen verweisen und muss sich grundsätzlich nicht mit Nachmietern auseinander setzen.

Abzuraten ist daher von der Aufnahme einer Ersatz- bzw. Nachmieterklausel in den Mietvertrag, da eine solche Klausel dem Mieter ein generelles Recht auf Stellung von Ersatz- bzw. Nachmietern einräumt, das vom Gesetz nicht vorgesehen ist und dem Mieter von der Rechtsprechung nur unter engen Voraussetzungen zugestanden wird.

Sinnvoll ist der Ausschluss der stillschweigenden Verlängerung des Mietverhältnisses gemäß § 545 BGB (§ 2 Abs. 3 Mustervertrag [MV]), da diese – häufig unbekannte – Vorschrift zu weitreichenden Nachteilen für den Vermieter führen kann.

! **Beispiel**

Der Vermieter hat dem Mieter das über zehn Jahre bestehende Mietverhältnis wegen Eigenbedarfs unter Einhaltung der gesetzlichen neunmonatigen Frist zum 31.12.2019 gekündigt. Der Mieter zieht nicht aus. Der Vermieter hat davon Kenntnis, erhebt aber erst Ende Januar 2020 Räumungsklage. Folge des § 545 BGB: Die Kündigung des Vermieters ist hinfällig, die Räumungsklage wird abgewiesen. Das Mietverhältnis hat sich nämlich gemäß § 545 BGB über den 31.12.2019 hinaus auf unbestimmte Zeit verlängert, da der Vermieter nicht innerhalb von zwei Wochen nach dem 31.12.2019 einer Fortsetzung des Mietverhältnisses nochmals ausdrücklich widersprochen hat. Zur Beendigung des Mietverhältnisses müsste der Vermieter daher nochmals unter wiederholter Einhaltung einer neunmonatigen Frist kündigen.

Der Ausschluss dieser Fortsetzungsfiktion des § 545 BGB ist daher sinnvoll und auch formularvertraglich zulässig (BGH, Urteil vom 15.5.1991, NJW 1991, 1750). Zu beachten ist jedoch, dass die Klausel nicht nur den Ausschluss dieser Bestimmung, sondern auch die Rechtsfolge des Ausschlusses enthalten muss, zum Beispiel durch den Hinweis, dass das Mietverhältnis nicht verlängert wird; anderenfalls ist die Klausel aus formellen Gründen unwirksam (OLG Schleswig, Rechtsentscheid vom 27.3.1995, NJW 1995, 2858).

Die Regelung in einem Mietvertrag, wonach das Mietverhältnis mit der Übergabe beginnt, ist hinreichend bestimmbar und genügt deshalb dem Schriftformerfordernis. Dementsprechend ist ausreichend, dass sich der Übergabetermin aus dem Übergabeprotokoll feststellen lässt (BGH, Urteil vom 2.11.2005, XII ZR 213/03).

2.1.4 Außerordentliche Kündigung

ARBEITSHILFE ONLINE

MUSTER: Mietvertrag für Mietverhältnisse über Wohnraum

§ 3. Außerordentliche Kündigung

Für die außerordentliche Kündigung gelten die gesetzlichen Kündigungsgründe (zum Beispiel bei Zahlungsverzug, Störung des Hausfriedens, vertragswidrigem Gebrauch der Mietsache). Diese sind im Kündigungsschreiben anzugeben.

Bei Mietverhältnissen über Wohnraum können weder für die außerordentliche noch für die ordentliche Kündigung vom Gesetz abweichende Kündigungsgründe vereinbart werden. Im Mietvertrag kann daher lediglich auf die gesetzlichen Kündigungsgründe verwiesen werden. Diese sind dann im Kündigungsschreiben anzugeben (§ 569 Abs. 4 BGB).

2.1.5 Miete

ARBEITSHILFE ONLINE

MUSTER: Mietvertrag für Mietverhältnisse über Wohnraum

§ 4. Miete

(1)	Die Miete beträgt monatlich	EUR ....
	zuzüglich	EUR ....
	Miete für Garage/Stellplatz[3)]	EUR ....
	Vorauszahlung auf die Betriebskosten für Heizung und Warmwasser	EUR ....
	Vorauszahlung auf die übrigen Betriebskosten gemäß § 2 Betriebskostenverordnung[5)]	EUR ....
	insgesamt monatlich	EUR ....

( )[2] [1] Die Miete liegt um mehr als 10 % über der ortsüblichen Vergleichsmiete. Dies ist gemäß § 556 g BGB (Mietpreisbremse) zulässig, weil

- ( )[2] [1] die Vormiete (Miete ein Jahr vor Beendigung des Vormietverhältnisses) bereits EUR .... betragen hat.
- ( )[2] [1] in den letzten drei Jahren vor Beginn des Mietverhältnisses Modernisierungsmaßnahmen durchgeführt wurden.
- ( )[2] [1] es sich um die erste Vermietung nach einer umfassenden Modernisierung handelt.
- ( )[2] [1] die Wohnung nach dem 1. Oktober 2014 erstmals genutzt und vermietet wird.

( )[2] Vereinbarung einer Indexmiete

Die Parteien vereinbaren, dass die Entwicklung der Miethöhe durch den vom Statistischen Bundesamt ermittelten Verbraucherpreisindex für Deutschland bestimmt wird. Steigt oder fällt dieser ab Beginn des Mietverhältnisses, kann jede Vertragspartei eine der prozentualen Indexänderung entsprechende Änderung der Miete verlangen. Die Miete muss jedoch, von Erhöhungen wegen baulicher Maßnahmen oder gestiegener Betriebskosten abgesehen, mindestens ein Jahr unverändert bleiben.

Das Gleiche gilt bei jeder erneuten Indexänderung nach einer Erhöhung oder Ermäßigung der Miete.

Während der Geltung dieser Vereinbarung ist eine Erhöhung bis zur ortsüblichen Vergleichsmiete (§ 558 BGB) ausgeschlossen. Eine Erhöhung wegen baulicher Maßnahmen (§ 559 BGB) kann nur verlangt werden, soweit der Vermieter diese aufgrund von Umständen durchgeführt hat, die er nicht zu vertreten hat.

( )[2] Vereinbarung einer Staffelmiete

Die Parteien vereinbaren, dass sich die Miete, ausgenommen Vorauszahlungen auf die Betriebskosten, wie folgt erhöht. Sie beträgt ab:

Datum	Miete für Wohnraum	Miete für Garage/Stellplatz[3]
....	EUR	EUR ....
....	EUR	EUR ....
....	EUR	EUR ....

Die Anzahl der Staffeln ist nicht begrenzt. Für weitere Staffeln bitte Zusatzblatt verwenden.

Die Miete muss mindestens ein Jahr unverändert bleiben. Während der Laufzeit der Staffelmiete ist eine Mieterhöhung bis zur ortsüblichen Vergleichsmiete (§ 558 BGB) sowie wegen baulicher Maßnahmen (§ 559 BGB) ausgeschlossen.

(2) Die monatlichen Vorauszahlungen auf die Betriebskosten werden nach Ablauf des jährlichen Abrechnungszeitraums nach den gesetzlichen Vorschriften abgerechnet und ausgeglichen. Der Verteilungsschlüssel ist nach dem Verhältnis der Wohn- und Nutzflächen, bei Eigentumswohnungen nach dem Verhältnis der Miteigentumsanteile vereinbart. Betriebskosten, die den Mieträumen nach erfasstem Verbrauch oder in sonstiger Weise konkret zugeordnet werden können (zum Beispiel Kabelgebühren, Grundsteuer bei Eigentumswohnungen), werden mit den jeweiligen Kosten abgerechnet.
Betriebskosten für Heizung und Warmwasser werden entsprechend der Heizkostenverordnung abgerechnet.

(3) Für Art und Umfang der Betriebskosten ist die Betriebskostenverordnung in ihrer jeweils geltenden Fassung maßgebend.

(4) Werden öffentliche Abgaben neu eingeführt oder entstehen Betriebskosten neu, so können diese vom Vermieter im Rahmen der gesetzlichen Vorschriften umgelegt und angemessene Vorauszahlungen festgesetzt werden.

(5) Nach Abrechnung über die Betriebskosten des vorangegangenen Abrechnungszeitraums kann jede Vertragspartei durch Erklärung in Textform eine Anpassung der Vorauszahlung auf eine angemessene Höhe vornehmen.

(6) Bei vereinbarter Betriebskostenpauschale ist der Vermieter berechtigt, Erhöhungen der Betriebskosten durch Erklärung in Textform anteilig auf den Mieter umzulegen. In der Erklärung muss der Grund für die Umlage bezeichnet und erläutert werden.

(7) Die gesetzlichen Rechte des Vermieters, nämlich Verlangen der Zustimmung zu einer Mieterhöhung bis zur ortsüblichen Vergleichsmiete (§ 558 BGB), Erhöhung der Miete wegen baulicher Änderungen (§ 559 BGB) oder wegen Erhöhung der Betriebskosten (§ 560 BGB), bleiben auch dann bestehen, wenn der Mietvertrag auf bestimmte Zeit abgeschlossen ist.

(8) Die Betriebskosten für vom Mieter selbst und auf eigene Kosten betriebene Heizungs- und Warmwasser-Bereitungsanlagen trägt der Mieter.
Der Verbrauch von Energie in den Mieträumen geht zulasten des Mieters.

(9) Die Miete ist spätestens am dritten Werktag eines jeden Monats an den Vermieter oder an die von ihm zur Entgegennahme ermächtigte Person oder Stelle, derzeit bei Kreditinstitut ...., IBAN DE......................., BIC .... im Voraus zu zahlen. Vorauszahlungen auf die Betriebskosten sind zugleich mit der Miete zu entrichten. Für die Rechtzeitigkeit kommt es nicht auf die Absendung, sondern auf den Eingang des Geldes an. Bei unbarer Zahlung genügt der Mieter seiner Verpflichtung zur rechtzeitigen Zahlung, wenn er nach dem normalen Verlauf mit rechtzeitiger Gutschrift auf dem vom Vermieter bestimmten Konto rechnen konnte.

1) Angaben nur erforderlich bei Wohnraum in Gemeinden mit wirksamer Beschränkung der Neuvertragsmiete (Mietpreisbremse); 2) Zutreffendes ist anzukreuzen; 3) Nichtzutreffendes ist zu streichen; 5) Bei preisgebundenem Wohnraum sind die Einzelpositionen nach Art und Höhe anzugeben.

Vor Vereinbarung einer bestimmten Miete sollten Erkundigungen über die Höhe der ortsüblichen Miete eingeholt werden, da nicht nur durch eine zu niedrige, sondern auch durch die Vereinbarung einer zu hohen Miete erhebliche Nachteile für den Vermieter entstehen können (unter anderem Rückforderungsansprüche des Mieters, Bußgeldverfahren). Entsprechende Erkundigungen können insbesondere bei den örtlichen Haus- und Grundbesitzervereinen eingeholt werden, die häufig auch über umfangreiche Vergleichsmietensammlungen verfügen. Ferner können die örtlichen Mietspiegel der Städte und Gemeinden als Orientierungshilfen dienen.

2.1.6 Miethöhe

Bei preisgebundenen Wohnungen, zum Beispiel Sozialwohnungen, ist bei Abschluss eines Mietvertrags die Höhe der Miete durch die sogenannte Kostenmiete (siehe Stürzer/Koch, »Vermieter-Lexikon«, 16. Auflage 2019, Stichwort »Kostenmiete«) begrenzt. Bei frei finanzierten Wohnungen kann die Miete grundsätzlich bis zur Grenze des § 5 Wirtschaftsstrafgesetz (WiStG) – Überschreitung der ortsüblichen Miete um mehr als 20 % – bzw. des Mietwuchers nach § 294 Strafgesetzbuch (StGB) – Überschreitung um mehr als 50 % – frei vereinbart werden.

Allerdings gilt in zahlreichen Städten und Gemeinden zusätzlich eine sogenannte Mietpreisbremse, das bedeutet eine Begrenzung der Neuvertragsmiete auf maximal 10 % über der ortsüblichen Miete. Mit dem am 5.3.2015 vom Deutschen Bundestag beschlossenen und am 1.6.2015 in Kraft getretenen Gesetz zur Dämpfung des Mietanstiegs auf angespannten Wohnungsmärkten und zur Stärkung des Bestellerprinzips bei der Wohnungsvermittlung (Mietrechtsnovellierungsgesetz, MietNovG) wurde den Bundesländern die Möglichkeit eingeräumt, für die Dauer von zunächst fünf Jahren Städte und Gemeinden auszuweisen, in denen aufgrund eines nachgewiesenen angespannten Wohnungsmarktes die Regelungen der Mietpreisbremse gelten.

Nach einem Urteil des LG Berlin (vom 23.10.2018, 63 S 293/17, GE 2018, 1527) liegt eine **umfassende Modernisierung** bereits bei einem Aufwand von mehr als **500 EUR/qm** vor, wenn die Wohnung durch den Einbau eines neuen Bades und einer Einbauküche sowie durch komplette Erneuerung der Elektrik sowie der Bodenbeläge in eine jüngere Baualtersklasse einzuordnen ist. Bei Ermittlung der Kosten müssen – anders als bei einer Modernisierungsmieterhöhung gemäß §§ 559 ff. BGB – die Kosten von bereits fälligen Instandsetzungsmaßnahmen (zum Beispiel undichte Fenster, defekte Sanitäreinrichtungen) nicht herausgerechnet werden. Maßgeblich sind somit **sämtliche** Kosten – unabhängig davon, ob es sich um Instandhaltungs- oder Modernisierungskosten handelt. Allerdings gilt die Befreiung von der Mietpreisbremse nur für die erste Vermietung nach der umfassenden Modernisierung. Bei der zweiten Vermietung gelten die Bestimmungen der Mietpreisbremse. Dabei genießt die bei der ersten Vermietung geltende Miete (Vormiete) jedoch Bestandsschutz, das heißt, der Vermieter muss die Miete nicht reduzieren, wenn die Vormiete um mehr als 10 % über der ortsüblichen Miete liegt. Er darf jedoch auch nicht mehr als die Vormiete verlangen, wenn diese über der ortsüblichen Vergleichsmiete plus 10 % liegt.

Der Vermieter bzw. dessen Vertreter, zum Beispiel Hausverwalter, Rechtsanwalt, Haus- und Grundbesitzerverein, sollte sich daher vor Abschluss eines neuen Mietvertrags informieren, ob der zu vermietende Wohnraum von der Mietpreisbremse betroffen ist.

Ausgenommen von der Mietpreisbremse sind:

- Neubauten, das heißt Wohnraum, der erstmals nach dem 1.10.2014 genutzt und vermietet wird.
- Bestandswohnungen, die umfassend modernisiert wurden, das heißt, wenn die Modernisierungskosten etwa ein Drittel des für eine vergleichbare Neubauwohnung erforderlichen Aufwands erreicht haben; dies wird bei Investitionen von circa 700 bis 1.000 EUR/qm Wohnfläche gegeben sein. Dabei muss die Wohnung auch in mehreren wesentlichen Bereichen (insbesondere Sanitär, Heizung, Fenster, Fußboden, Elektroinstallation, energetischer Zustand) verbessert worden sein.
  Vor Abschluss eines Mietvertrags sollte daher in jedem Einzelfall geprüft werden, ob die Stadt bzw. Gemeinde, in der die zu vermietende Wohnung gelegen ist, in die entsprechende Landesverordnung aufgenommen wurde und ob diese Landesverordnung wirksam ist (siehe zum Beispiel LG München I, Urteil vom 6.12.2017, wonach die Bayerische Verordnung vom 10.11.2015 mangels ausreichender Begründung unwirksam ist).
- Wohnraum, der nur zu vorübergehendem Gebrauch vermietet wird, möblierter Wohnraum innerhalb der vom Vermieter genutzten Wohnräume sowie Studenten- und Jugendwohnheime.

Liegen diese Ausnahmen nicht vor und befindet sich der zu vermietende Wohnraum in einer Stadt bzw. Gemeinde, für die nach der Verordnung des Bundeslandes die Vorschriften der Mietpreisbremse zu beachten sind, gilt Folgendes:

a) Bei Neuabschluss eines Mietvertrags über Wohnraum darf die vereinbarte Miete die ortsübliche Vergleichsmiete um maximal 10 % überschreiten. Gibt es in der Stadt/Gemeinde einen Mietspiegel, wird die zulässige Miete nach dessen Vorgaben zu ermitteln sein.

Beispiel !

Weist der örtliche Mietspiegel für die zu vermietende Wohnung eine ortsübliche Nettomiete von 9 EUR/qm aus, beträgt die höchstzulässige Miete 9,90 EUR/qm.

Fehlt ein Mietspiegel oder ist er auf das zu vermietende Objekt nicht anwendbar, zum Beispiel bei Einfamilienhäusern, muss die ortsübliche Miete anhand von Vergleichsmieten oder Sachverständigengutachten ermittelt werden. Maßstab für die zehnprozentige Überschreitung der ortsüblichen Vergleichsmiete ist grundsätzlich die Nettokaltmiete. Haben die Parteien eine Inklusiv- oder Teilinklusivmiete vereinbart, muss diese zunächst um den Betriebskostenanteil bereinigt werden.

b) Zulässige Überschreitung bei höherer Vormiete: Ist die Vormiete, das heißt die Miete, die der vorherige Mieter zuletzt schuldete, höher, so darf – unabhängig von der Mietspiegelmiete – eine Miete bis zur Höhe der Vormiete vereinbart werden (§ 556e Abs. 1 S. 1 BGB).

! **Beispiel**

Weist der örtliche Mietspiegel wie in obigem Beispiel eine ortsübliche Miete von 9 EUR/qm aus, schuldete der vorherige Mieter jedoch bereits eine Miete von 11 EUR/qm, darf auch die neu zu vereinbarende Miete 11 EUR/qm betragen.

Bei der Ermittlung der Vormiete bleiben Mietminderungen durch den Vormieter unberücksichtigt. Ferner solche Mieterhöhungen, die mit dem vorherigen Mieter innerhalb des letzten Jahres vor Beendigung des Mietverhältnisses vereinbart wurden. Damit wollte der Gesetzgeber verhindern, dass der Vermieter kurz vor einer Neuvermietung die Vormiete durch Vereinbarung mit dem Vormieter erhöht, zum Beispiel im Gegenzug durch Verzicht des Vermieters auf Schönheitsreparaturen bei Auszug.
Bezüglich der Vormiete hat der neue Mieter gegenüber dem Vermieter einen Anspruch auf Auskunft über die Höhe der vom Vormieter geschuldeten Miete (§ 556 g BGB).

c) Zulässige Überschreitung aufgrund von Modernisierungsmaßnahmen: Hat der Vermieter in den letzten drei Jahren vor Beginn des neuen Mietverhältnisses, das heißt in der Mietzeit des Vormieters oder nach dessen Auszug, Modernisierungsmaßnahmen im Sinne des § 555b BGB durchgeführt, die ihn zu einer Modernisierungsmieterhöhung berechtigt hätten – zum Beispiel Maßnahmen zur Verbesserung der allgemeinen Wohnverhältnisse oder zur Einsparung von Energie –, darf die ortsübliche Miete nicht nur um 10 %, sondern zusätzlich um den Betrag der Modernisierungsmieterhöhung (§ 559 Abs. 1 bis 3 BGB) überschritten werden.

! **Beispiel**

Die anteilig auf die Wohnung entfallenden Kosten einer Maßnahme, die zur Einsparung von Energie oder zur Verbesserung der Wohnverhältnisse geführt haben, zum Beispiel Wärmedämmung der Fassade, neue Heizungsanlage, Einbau eines Aufzugs oder eines neuen Bades, betrugen 10.000 EUR. Die sich daraus gemäß § 559 Abs. 1 bis 3 BGB errechnete jährliche Mieterhöhung beträgt 1.100 EUR (11 % aus 10.000 EUR); die monatliche Mieterhöhung liegt somit bei 91,66 EUR (1.100 EUR : 12). Hat die Wohnung zum Beispiel 80 qm, beträgt somit die

Modernisierungsmieterhöhung 1,15 EUR/qm (91,66 EUR : 80 qm). Diese darf auf die zulässige Höchstmiete aufgeschlagen werden.
Beträgt die Mietspiegelmiete für die zu vermietende Wohnung – wie in obigem Beispiel – 9 EUR/qm, liegt die zulässige Höchstmiete bei 11,05 EUR/qm (9 EUR/qm + 10 % + 1,15 EUR/qm).

Erreichen die Maßnahmen den Umfang einer »umfassenden« Modernisierung (siehe oben, Ausnahmen von der Mietpreisbremse) sind die Beschränkungen der Mietpreisbremse auf die zu vermietende Wohnung überhaupt nicht anwendbar, das heißt, die Miete kann von den Parteien grundsätzlich frei, also ohne Bindung an die Werte des Mietspiegels, vereinbart werden.

d) Auskunftsanspruch des Mieters: Bei Neuabschluss eines Mietvertrags ist eine Überschreitung der ortsüblichen Miete um mehr als 10 % nur zulässig, wenn sich der Vermieter auf einen gesetzlichen Ausnahmetatbestand berufen kann. Nach den Bestimmungen des am 1.1.2019 in Kraft getretenen Mietrechtsanpassungsgesetzes (MietAnpG) muss in diesem Fall der Vermieter dem Mieter über den konkret von ihm in Anspruch genommenen Ausnahmetatbestand Auskunft erteilen, das heißt, den Mieter spätestens durch eine entsprechende Formulierung im Mietvertrag (siehe § 4 Abs. 1 MV) darüber informieren, dass die Miete um mehr als 10 % über der ortsüblichen Miete liegt und dies gemäß § 556 g BGB zulässig ist, weil
   - die Vormiete (Miete ein Jahr vor Beendigung des Vormietverhältnisses) bereits so hoch war wie die nunmehr verlangte Miete oder
   - in den letzten drei Jahren vor Beginn des Mietverhältnisses Modernisierungsmaßnahmen durchgeführt wurden oder
   - es sich um die erste Vermietung nach einer umfassenden Modernisierung handelt oder
   - die Wohnung nach dem 1.10.2014 erstmals genutzt und vermietet wird.
e) Staffelmiete: Die Regelungen zur Mietpreisbremse finden auf jede Staffel Anwendung (§ 557a Abs. 4 S. 1 BGB). Maßgeblich für die Berechnung der zulässigen Miethöhe ist für alle Staffeln der Zeitpunkt, zu dem die jeweilige Mietstaffel fällig wird.
f) Indexmiete: Dagegen sind bei der Indexmiete die Bestimmungen der Mietpreisbremse nur auf die Ausgangsmiete anzuwenden (§ 557b Abs. 4 BGB). Unschädlich ist daher, wenn die zulässige Höchstmiete im Lauf des Mietverhältnisses aufgrund von Indexsteigerungen überschritten wird.
g) Verstöße gegen die Mietpreisbremse: Vereinbarungen über die Miethöhe sind unwirksam, soweit die zulässige Höchstmiete überschritten wird. Dies hat zur Folge, dass der Vermieter dem Mieter die zu viel gezahlte Miete nach den Vorschriften über die Herausgabe einer ungerechtfertigten Bereicherung (§§ 812 ff. BGB) zurückerstatten muss. Hat der Vermieter die gesetzlich vorgeschriebene Auskunft über das Vorliegen eines Ausnahmetatbestands nicht

oder erst nach Abschluss des Mietvertrags erteilt, kann er sich nicht auf den Ausnahmetatbestand berufen. Der Mietzinsanspruch besteht dann nur in Höhe der ortsüblichen Miete zuzüglich 10%. Der Vermieter kann die unterlassene Auskunft zwar mit heilender Wirkung für die Zukunft nachholen. Allerdings kann er sich dann erst zwei Jahre nach der Nachholung auf die zulässige Miete (zum Beispiel auf die höhere Vormiete) berufen.

h) Beweislast: Darlegungs- und beweispflichtig für einen Verstoß gegen die Mietpreisbegrenzung (mehr als 10% über der ortsüblichen Miete) ist der Mieter; der Vermieter dagegen für das Vorliegen eines gesetzlichen Ausnahmetatbestands, auf den er sich in Textform berufen hatte.

Weitergehende Erläuterungen zum Thema Mietpreisbremse finden Sie in Stürzer/Koch, »Vermieter-Lexikon«, 16. Auflage 2019 unter dem entsprechenden Stichwort.

Steigerungen der Miete während der Dauer des Mietverhältnisses können entweder offengelassen oder bereits bei Vertragsschluss im Voraus vereinbart werden. Enthält der Mietvertrag keine Vereinbarung über künftige Mieterhöhungen, richten sich diese nach den gesetzlichen Vorschriften der §§ 558 ff. BGB.

Künftige Mietsteigerungen können bei Vertragsabschluss nur durch eine Staffelmiete (§ 557a BGB) oder eine Indexmiete (§ 557b BGB) festgelegt werden. Andere bzw. abweichende Vereinbarungen sind unwirksam.

Ferner ist bei Abschluss einer Staffel- oder Indexmiete streng darauf zu achten, dass diese nach Form und Inhalt den jeweiligen gesetzlichen Vorschriften entspricht; andernfalls ist die Vereinbarung unwirksam, sodass Mieterhöhungen nur nach den allgemeinen gesetzlichen Vorschriften durchgeführt werden können.

Eine Staffelmiete muss die jeweils ab einem bestimmten Zeitpunkt zu zahlende Miete oder die jeweilige Erhöhung betragsmäßig, das heißt in Euro und nicht zum Beispiel in Prozent, ausweisen. Die Miete muss jeweils mindestens ein Jahr unverändert bleiben.

! **Beispiel**

Bei Beginn des Mietverhältnisses am 15.10.2019 darf die erste Staffelung nicht zum 1.10.2020, sondern erst zum 1.11.2020, die nächste Staffelung zum 1.11.2021 usw. vereinbart werden.

Während der Laufzeit einer Staffelmiete sind Mieterhöhungen nach § 558 BGB (bis zur ortsüblichen Vergleichsmiete) und § 559 BGB (wegen Modernisierung) nicht zulässig.

Die Zahl der Staffelungen sowie die jeweiligen Miethöhen können frei vereinbart werden. Auch bei preisgebundenen Wohnungen, zum Beispiel Sozialwohnungen, kann grundsätzlich eine Staffelmiete vereinbart werden. Für den Zeitraum der Mietpreisbindung darf aber die höchste Staffel die bei Vertragsschluss maßgebliche Kostenmiete nicht übersteigen (OLG Hamm, Beschluss vom 29.1.1993, DWW 1993, 78).

Für den Zeitraum nach Ablauf der Preisbindung können die Parteien jedoch schon während des Bestehens der Preisbindung, zum Beispiel bereits bei Abschluss des Mietvertrags, die Höhe der Staffelungen frei vereinbaren. Der Vermieter erhält dadurch Planungssicherheit bezüglich der künftig zu erzielenden Miete, der Mieter Klarheit über die auf ihn zukommenden Belastungen (BGH, Urteil vom 3.12.2003, VIII ZR 157/03, WuM 2004, 28).

In einem Mietvertrag über eine Wohnung, die nicht die gesetzlichen Voraussetzungen für preisgebundenen Wohnraum erfüllt, ist die Vereinbarung der Wohnungspreisbindung mit der Berechtigung des Vermieters zur einseitigen Erhöhung der Kostenmiete nach §§ 557 Abs. 4 und 558 Abs. 6 BGB unwirksam. Eine solche Vereinbarung ist nur dann wirksam, wenn die Einhaltung der Kostenmiete lediglich eine weitere Voraussetzung für die Zulässigkeit einer Mieterhöhung gemäß § 558 BGB (Erhöhung bis zur Vergleichsmiete) sein soll (BGH, Urteil vom 7.2.2007, VIII ZR 122/05, WuM 2007, 133).

Durch eine Indexmiete (§ 557b BGB) kann schriftlich vereinbart werden, dass die weitere Entwicklung der Miete durch die Änderung des vom Statistischen Bundesamt amtlich festgestellten Verbraucherpreisindex für Deutschland bestimmt werden soll.

Während der Geltung einer Indexmiete sind Mieterhöhungen nach § 558 BGB (bis zur ortsüblichen Vergleichsmiete) ausgeschlossen und Mieterhöhungen nach § 559 BGB (wegen Modernisierung) nur eingeschränkt möglich.

Eine den Anforderungen des § 557b BGB entsprechende Indexvereinbarung kann folgendermaßen gefasst werden: »Die Parteien vereinbaren, dass die Entwicklung der Miethöhe durch den vom Statistischen Bundesamt amtlich festgestellten Verbraucherpreisindex für Deutschland bestimmt wird. Steigt oder fällt dieser ab Beginn des Mietverhältnisses, kann jede Vertragspartei eine der prozentualen Indexänderung entsprechende Änderung der Miete verlangen. Die Miete muss jedoch, von Erhöhungen wegen baulicher Maßnahmen oder gestiegenen Betriebskosten abgesehen, mindestens ein Jahr unverändert bleiben. Das gilt bei jeder erneuten Indexänderung nach einer Erhöhung oder Ermäßigung der Miete.

Eine Mieterhöhung muss gegenüber dem Mieter durch Erklärung in Textform geltend gemacht werden. Dabei sind die eingetretenen Änderungen des Preisindex sowie die jeweilige Miete oder die Erhöhung in einem Geldbetrag anzugeben (§ 557b Abs. 3 S. 2 BGB). Die Angabe der **prozentualen Veränderung** der Indexdaten ist empfehlenswert, für die Wirksamkeit der Mieterhöhungserklärung aber **nicht** erforderlich (BGH, Urteil vom 22.11.2017, VIII ZR 291/16, WuM 2018, 36).

Während der Geltung dieser Vereinbarung ist eine Erhöhung bis zur ortsüblichen Vergleichsmiete (§ 558 BGB) ausgeschlossen. Eine Erhöhung wegen baulicher Maßnahmen (§ 559 BGB) kann nur verlangt werden, soweit der Vermieter diese aufgrund von Umständen durchgeführt hat, die er nicht zu vertreten hat.«

Die Indexzahlen bzw. Indexänderungen können beim jeweiligen Landesamt für Statistik und Datenverarbeitung erfragt werden.

Die prozentuale Indexänderung errechnet sich wie folgt:

(Neuer Indexstand in Punkten : alter Indexstand in Punkten × 100) – 100 = Indexänderung in Prozent

Bei der Indexmiete kann die Miete somit (frühestens) jährlich dem Lebenshaltungskostenindex angepasst werden.

Zur Durchführung der Mieterhöhung bei vereinbarter Indexmiete siehe Kapitel 5.3.

2.1.7 § 4 Abs. 2 – Vereinbarung von Vorauszahlungen

Vor Abschluss des Mietvertrags ist ferner zu klären, ob in der zu vereinbarenden Miete die Betriebskosten (mit Ausnahme der Heizungs- und Warmwasserkosten) enthalten sind (sogenannte Bruttokaltmiete) oder der Mieter neben der Miete eine abzurechnende Vorauszahlung auf die Betriebskosten leisten soll (sogenannte Nettokaltmiete). Gesetzliche Bestimmungen existieren insofern nur bezüglich der Kosten für Heizung und Warmwasser, die nach den Vorschriften der Heizkostenverordnung grundsätzlich getrennt auszuweisen und abzurechnen sind. Im Übrigen können die Parteien eine bestimmte Mietstruktur (brutto oder netto) frei vereinbaren. Dabei sollten folgende Vor- und Nachteile abgewogen werden:

Die Vereinbarung einer Bruttokaltmiete hat für den Vermieter den Vorteil, dass er nicht zur Abrechnung von Betriebskosten und ferner weder zur Gewährung von Einsicht in die entsprechenden Unterlagen noch zur Auskunft über die Höhe der Betriebskosten verpflichtet ist. Dies bedeutet für den Vermieter bzw. die Hausverwaltung einen geringeren Verwaltungsaufwand. Der Nachteil einer Bruttokaltmiete besteht darin, dass die Umlage von Betriebskostensteigerungen (zum Beispiel infolge erhöhter Müllgebühren) seit Inkrafttreten der Mietrechtsreform (1.9.2001) nicht mehr möglich ist.

ACHTUNG

Die Vereinbarung einer Bruttokaltmiete kann daher nur dann empfohlen werden, wenn der Vermieter mehr Wert auf einen geringen Verwaltungsaufwand als auf die Erstattung von Betriebskostensteigerungen legt.

Anderenfalls sollte eine Nettokaltmiete zuzüglich einer abzurechnenden Vorauszahlung auf die Betriebskosten vereinbart werden. Dadurch wird dem Mieter auch die von ihm oftmals unterschätzte Höhe der Betriebskosten transparent gemacht, was der einvernehmlichen Durchführung des Mietverhältnisses dienlich sein kann. Aus den vorgenannten Gründen und insbesondere infolge der seit geraumer Zeit drastisch gestiegenen Betriebskosten ist in den letzten Jahren eine deutliche Tendenz zur überwiegenden Vereinbarung von Nettokaltmieten zu beobachten.

Abzuraten ist von den – früher häufig vereinbarten – Pauschalen für bestimmte Betriebskostenarten (zum Beispiel Treppenreinigung 10 EUR, Lift 20 EUR). Diese können zwar erhöht werden (§ 560 Abs. 1 BGB), bieten aber gegenüber einer reinen Nettomiete keine praktisch relevanten Vorteile.

Zur Vermeidung von Unklarheiten sollten Betriebskosten entweder vollständig gemäß dem Katalog der Betriebskostenverordnung (BetrKV) (bis 31.12.2003: Anlage 3 zu § 27 II. BV) umgelegt oder in die Bruttokaltmiete einkalkuliert werden.

Bei Vereinbarung einer Nettokaltmiete ist unter § 4 Abs. 1 MV in der vierten Zeile ein Vorauszahlungsbetrag für die Betriebskosten (mit Ausnahme der Heizungs- und Warmwasserkosten) einzusetzen. Dessen Höhe muss angemessen sein, das heißt, sie muss zwar nicht exakt den tatsächlichen Kosten entsprechen, aber dennoch realistisch sein. Eine Aufschlüsselung der Vorauszahlungen auf die einzelnen Betriebskosten ist nicht erforderlich (BGH, Urteil vom 13.1.2010, VIII ZR 137/09, WuM 2010, 153; Beschluss vom 23.2.2010, VIII ZR 199/09, WuM 2010, 294). Sofern keine Erfahrungswerte vorliegen, zum Beispiel weil es sich um einen Neubau handelt oder mit dem Mietvorgänger keine Abrechnung von Betriebskosten vereinbart war, kann von einem monatlichen Vorauszahlungsbetrag von ca. 2 EUR/qm Wohnfläche ausgegangen werden, wobei allerdings in Abhängigkeit unter anderem von Lage, Größe und Ausstattung des Anwesens größere Abweichungen nach oben oder unten auftreten können.

Der Vermieter ist allerdings nicht verpflichtet, Vorauszahlungen auf die umlegbaren Nebenkosten so zu kalkulieren, dass sie in etwa kostendeckend sind. Nach den gesetzlichen Vorschriften ist dem Vermieter nämlich lediglich untersagt, unangemessen hohe Vorauszahlungen zu verlangen; nicht aber die umzulegenden Nebenkosten ganz oder zum Teil zu kreditieren. Dementsprechend können die Parteien von Vorauszahlungen sogar gänzlich absehen.

Der Begriff »Vorauszahlung« besagt nach allgemeinem Verständnis nur, dass dem Mieter die vorausbezahlten Beträge gutzubringen sind; nicht aber, dass die Summe der Vorauszahlungen den Abrechnungsbetrag auch nur annähernd erreichen wird. Somit darf der Mieter nicht darauf vertrauen, dass die vereinbarten Vorauszahlungsbeträge die anfallenden Betriebskosten abdecken und kann die Nachzahlung von Betriebskosten selbst dann nicht verweigern, wenn die tatsächlichen Betriebskosten um mehr als 100 % über den Vorauszahlungen liegen (BGH, Urteile vom 11.2.2004, VIII ZR 195/03, WuM 2004, 201 und vom 28.4.2004, XII ZR 21/02, ZMR 2004, 635). Insofern ist es Sache des Mieters, sich umfassend zu informieren und zu klärungsbedürftigen Punkten in den Vertragsverhandlungen Fragen zu stellen. Der Vermieter ist nicht verpflichtet, dem Mieter von sich aus seine Einschätzung der tatsächlichen Betriebskostenhöhe mitzuteilen (BGH, Urteil vom 28.4.2004, a. a. O.).

Eine Pflichtverletzung des Vermieters bei der Vereinbarung von Vorauszahlungen wäre ausnahmsweise nur dann zu bejahen, wenn besondere Umstände vorliegen. Dies wäre zum Beispiel der Fall, wenn der Vermieter bei Vertragsschluss die Angemessenheit der Nebenkosten ausdrücklich zugesichert oder diese bewusst zu niedrig bemessen hat, um den Mieter über den Umfang der tatsächlichen Mietbelastung zu täuschen und ihn auf diese Weise zur Begründung des Mietverhältnisses zu veranlassen. Dies muss allerdings der Mieter beweisen (BGH, Urteil vom 11.2.2004, a. a. O.)

Bei Vereinbarung einer Bruttokaltmiete wird unter § 4 Abs. 1 MV (vierte Zeile) kein Vorauszahlungsbetrag eingesetzt. Die Betriebskosten sind dann automatisch in der Miete (erste Zeile) enthalten mit Ausnahme der Heizungs- und Warmwasserkosten. Diese dürfen in der Miete nicht enthalten sein und müssen daher in jedem Fall getrennt ausgewiesen werden (siehe § 4 Abs. 1 MV [dritte Zeile]). Realistisch ist erfahrungsgemäß der Ansatz eines monatlichen Vorauszahlungsbetrags in Höhe von 0,50 bis 1 EUR/qm Wohnfläche, wobei dieser Wert infolge technischer Gegebenheiten und insbesondere des Heizverhaltens des Nutzers weit über-, aber auch unterschritten werden kann.

Der Ansatz dieses Vorauszahlungsbetrags kann nur dann unterbleiben, wenn der Nutzer die Energiekosten mit dem Energielieferanten selbst abrechnet, zum Beispiel bei Gasetagenheizungen oder Gasthermen, die über einen separaten Wohnungszähler laufen. In diesem Fall erfolgt zwischen Vermieter und Mieter jedoch auch keine Abrechnung der Heiz- und Warmwasserkosten, in der sonstige Betriebskosten der Heizungs- und Warmwasserbereitungsanlage (darunter unter anderem Wartung, Entkalkung) angesetzt werden könnten. Daher es sinnvoll, für diese Fälle eine Klausel in den Mietvertrag aufzunehmen, die den Mieter dazu verpflichtet, die Betriebskosten (unter anderem für Wartung, Entkalkung) der von ihm betriebenen Heizungs- und Warmwasserbereitungsanlagen selbst zu tragen (siehe § 4 Abs. 7 MV). Eine solche Klausel ist formularvertraglich zulässig, da sie nicht Kosten von Kleinreparaturen auf den Mieter abwälzt (siehe § 9 Abs. 3 MV), sondern lediglich Betriebskosten im Sinne der Ziffern 4, 5 der BetrKV (bis 31.12.2003: Anlage 3 zu § 27 II. BV) umlegt, zu denen unter anderem auch die Reinigung und Wartung, das heißt die Entkalkung von Etagenheizungen, gehört. Eine solche vertragliche Verpflichtung zur Übernahme von Wartungskosten ist im Hinblick auf die Regelung des § 2 BetrKV als **üblich** anzusehen (LG Düsseldorf, Urteil vom 23.10.2014, 21 S 353/13, ZMR 2015, 551).

Eine betragsmäßige Begrenzung ist nicht erforderlich bei Formularklauseln, die den Mieter nur zur Erstattung von Betriebskosten verpflichten, zum Beispiel zur Zahlung der Kosten der jährlichen Wartung einer Gastherme (Kosten der Heizungs- und Warmwasserversorgung im Sinne von § 2 Nr. 4, 5 BetrKV). Für die Umlage von Betriebskosten gibt es nämlich keine gesetzlichen Höchstgrenzen. Insofern hat der Vermieter lediglich das sogenannte Wirtschaftlichkeitsgebot (§ 556 Abs. 3 S. 1 BGB; siehe Kapitel 4) zu beachten (BGH, Urteil vom 7.11.2012, VIII ZR 119/12).

Die Entscheidung für eine bestimmte Mietstruktur sollte vor Abschluss des Mietvertrags sorgfältig getroffen werden, da die Vereinbarung für die gesamte Dauer des Mietverhältnisses verbindlich und eine Änderung ohne Zustimmung des Mieters nur in Ausnahmefällen (vgl. Kapitel 4.4) möglich ist.

Wird eine Nettomiete zuzüglich einer abzurechnenden Vorauszahlung vereinbart, sollten im Mietvertrag auch die Modalitäten der Abrechnung festgelegt werden. Als Abrechnungszeitraum kann entweder das Kalenderjahr oder das Jahr ab Beginn des Mietverhältnisses vereinbart werden. Der Maßstab für die Verteilung der Betriebskosten des Hauses auf die einzelnen Wohnungen (Verteilungsschlüssel) sollte grundsätzlich nach dem Verhältnis der Wohn- und Nutzflächen bzw. der Miteigentumsanteile (bei Eigentumswohnungen) festgelegt werden (§ 4 Abs. 2 MV).

Abzuraten ist von einer Verteilung nach Kopfzahlen, bei der die Anzahl der Gesamtnutzer des Anwesens, der Nutzer in der Wohnung sowie die Dauer der Nutzung angegeben werden müssen (LG Berlin, Urteil vom 24.2.2009, 63 S 304/08, GE 2009, 980). Nach der Rechtsprechung des BGH darf insofern die für die Verteilung maßgebliche Personenzahl nicht anhand des amtlichen Einwohnermelderegisters ermittelt werden, da dies nur unzureichend die Fluktuation der Mieter in dem Anwesen widerspiegle. Eine Umlage nach Kopfzahlen setzt deshalb voraus, dass der Vermieter – für bestimmte Stichtage – die tatsächliche Belegung der einzelnen Wohnungen feststellt. Dies ist für den Vermieter in der Regel mit einem erheblichen Verwaltungsaufwand verbunden und führt erfahrungsgemäß häufig auch zum Vorwurf der »Schnüffelei«, wenn der Vermieter – zwangsläufig – nachfragt, wie viele Personen sich in einer Wohnung dauernd aufhalten (BGH, Urteil vom 23.1.2008, VII ZR 82/07, WuM 2008, 151).

Ist eine bestimmte Betriebskostenart abgrenzbar und dem einzelnen Mieter zweifelsfrei zuzuordnen, weil sie – wie etwa die Grundsteuer – von Dritten (hier: Finanzbehörde) gegenüber dem Vermieter direkt für die einzelne Wohnung erhoben wird, so kann der Vermieter diesen Betrag direkt in die Betriebskostenabrechnung einstellen. Für die Anwendung eines (vertraglich vereinbarten) Umlageschlüssels ist in diesem Fall kein Raum (BGH, Urteil vom 17.4.2013, VIII ZR 252/12, WuM 2013, 358). Mit diesem Urteil hat der BGH seine frühere, wenig praxisgerechte Rechtsprechung (Urteil vom 26.5.2004, VIII ZR169/03, WuM 2004,403) aufgegeben, wonach auch solche Betriebskosten nach dem vertraglich vereinbarten Umlageschlüssel verteilt werden mussten.

Zu empfehlen ist dennoch eine eindeutige Regelung im Mietvertrag, dass solche konkret zuzuordnenden Betriebskosten vom allgemeinen Umlagemaßstab (Wohn-/Nutzfläche, Miteigentumsanteile) ausgenommen sind und mit ihrem konkreten Betrag in der Betriebskostenabrechnung angesetzt werden.

Unwirksam ist eine Formularklausel, wonach bei »vermieteten Eigentumswohnungen der Mieter den Betriebskostenanteil trägt, den die Verwalterabrechnung vorgibt, sowie die weiteren Betriebskosten, die außerhalb dieser Abrechnung unmittelbar auf die Wohnung entfallen, wie zum Beispiel Grundsteuer«. Diese Klausel ist unbestimmt und unklar und verstößt gegen das Transparenzgebot (§ 307 BGB), da sie dem Vermieter die Möglichkeit eröffnet, dem Mieter Kosten in Rechnung zu stellen, die keinerlei Beschränkungen unterliegen, insbesondere nicht dem Katalog der umlagefähigen Betriebskosten gemäß der Betriebskostenverordnung (LG Hamburg, Urteil vom 26.6.2008, 307 S34/0, WuM 2008, 727).

Unwirksam ist eine mietvertragliche Formularklausel, wonach die Betriebskosten im Verhältnis der Fläche des Mieters zu den »tatsächlich vermieteten Mietflächen im Objekt« oder nur nach der »bewohnten« Fläche erfolgen soll. Eine solche Klausel ist auch in einem gewerblichen Mietvertrag unwirksam, weil dadurch das Leerstandsrisiko auf den Mieter abgewälzt wird. Die Vertragslücke, die dadurch wegen der Unwirksamkeit des vertraglichen Umlegemaßstabs entstanden ist, ist durch ergänzende Vertragsauslegung (§§ 133, 157 BGB) grundsätzlich dahin zu schließen, dass die Umlage im Verhältnis zur gesamten Nutzfläche des Objekts vorgenommen werden soll (KG Berlin, Urteil vom 6.6.2016, 8 U 40/15, GE 2016, 971).

Zulässig ist dagegen eine Verteilung nach dem Verhältnis der »Wohnflächen«, wobei die Betriebskosten dann auf die gesamte Wohnfläche des Hauses aufgeteilt werden müssen, das heißt auf alle Wohnungen, vermietet oder nicht vermietet (KG Berlin, Urteil vom 8.7.2010, 12 U 26/09, DWW 2010, 264).

Besondere Vereinbarungen, zum Beispiel über die Verteilung nach dem zu erfassenden Verbrauch, können erforderlich sein, wenn sich in dem Anwesen auch verbrauchsintensive Gewerbeeinheiten befinden. In diesem Fall fordert die Rechtsprechung zunehmend einen sogenannten Vorwegabzug des auf die gewerblichen

Einheiten entfallenden Verbrauchs. Zur Rechtslage bei der Abrechnung in gemischt genutzten Gebäuden siehe Stürzer/Koch, »Vermieter-Lexikon«, 16. Auflage 2019.

Befindet sich in dem Anwesen ein Aufzug, ist eine Vereinbarung, wonach die Aufzugskosten auf die Mieter nach dem Verhältnis der Wohn- und Nutzflächen des Gebäudes umgelegt werden, auch formularvertraglich wirksam und stellt auch für die Erdgeschossmieter keine unangemessene Benachteiligung dar (BGH, Urteil vom 20.9.2006, VIII ZR 103/06, WuM 2006, 613). Dies gilt unabhängig von einem konkreten Nutzen des Aufzugs für die Erdgeschossmieter (zum Beispiel Erreichbarkeit von Keller oder Dachboden). Gleiches gilt für Gewerberaummietverhältnisse. Auch hier benachteiligt die formularvertragliche Beteiligung des Mieters von Erdgeschossräumen an den Aufzugskosten diesen nicht unangemessen. Gegen die Annahme einer unangemessenen Benachteiligung spricht bei Geschäftsraummietverhältnissen schon der Umstand, dass der Mieter eines im Erdgeschoss eines Geschäftshauses gelegenen Ladenlokals regelmäßig von der Größe und dem Kundenaufkommen eines großen Geschäftshauses, in dem Aufzugsanlagen benötigt werden, profitiert (OLG Düsseldorf, Urteil vom 27.3.2012, I-24 U 123/11, MDR 2012, 1025).

Betriebskosten dürfen im Mietvertrag keinesfalls als »Nebenkosten« bezeichnet werden, da im Gesetz nur die Betriebskosten, nicht aber die Nebenkosten definiert sind und eine solche Bezeichnung daher zur Unwirksamkeit der gesamten Vereinbarung führen kann mit der Folge, dass der Mieter zu keinerlei Zahlungen neben der Miete verpflichtet ist.

Die Vereinbarung einer Umlage von Betriebskosten ist nur dann hinreichend bestimmt geregelt, wenn die Betriebskosten entweder durch Aufzählung einzelner Betriebskostenpositionen bestimmt oder durch Verweisung auf die gesetzlichen Vorschriften der Betriebskostenverordnung (bzw. der II BV.) bestimmbar sind (BGH, Urteil vom 2.5.2012, XII ZR 88/10).

In der Wohnraummiete genügt zur Übertragung der Betriebskosten auf den Mieter die – auch formularmäßige – Vereinbarung, dass dieser »die Betriebskosten« zu tragen hat. Auch ohne Beifügung des Betriebskostenkatalogs oder eine ausdrückliche Bezugnahme auf § 556 Abs. 1 Satz 2 BGB und die Betriebskostenverordnung ist damit die Umlage der in § 556 Abs. 1 Satz 2 BGB definierten und in der Betriebskostenverordnung erläuterten Betriebskosten vereinbart (BGH, Urteil vom 10.2.2016, VIII ZR 137/15, WuM 2016, 211).

Nicht separat umlagefähig sind bei Wohnungsmietverträgen die Verwaltungskosten. Daher stellt eine in einem formularmäßigen Wohnraummietvertrag gesondert ausgewiesene Verwaltungskostenpauschale eine zum Nachteil des Mieters von § 556 Abs. 1 BGB abweichende und damit gemäß § 556 Abs. 4 BGB unwirksame Vereinbarung dar, sofern aus dem Mietvertrag nicht eindeutig hervorgeht, dass es sich bei dieser Pauschale um einen Teil der Grundmiete (Nettomiete) handelt (BGH, Urteil vom 19.12.2018, VIII ZR 254/17, WuM 2019, 92).

Zur eindeutigen Bestimmung von Art und Umfang der umgelegten Betriebskosten ist daher auch eine Verweisung auf die Begriffsbestimmung der BetrKV (bis 31.12.2003: Anl. 3 zu § 27 Abs. 1 II. BV; siehe § 4 Abs. 3 MV) ausreichend. Die Beifügung bzw. der Abdruck des Textes der Verordnung (Betriebskostenkatalog) ist zwar nicht notwendig, jedoch aus informatorischen Gründen zu empfehlen.

Dagegen setzt die wirksame Umlage von »sonstigen Betriebskosten« (§ 2 Nr. 17 BetrKV) die genaue Bezeichnung des Kostengegenstands im Mietvertrag voraus, zum Beispiel »Müllschlucker«, »Wartung von Feuerlöschern«, »Blitzableiter«, »Reinigen von Dachrinnen«, »Kosten der Gemeinschaftseinrichtungen«, Kosten, die dem Vermieter bei Prüfung der Betriebssicherheit einer technischen Anlage, zum Beispiel der Elektroanlage, entstehen (BGH, Urteil vom 14.2.2007, VIII ZR 123/06, WuM 2007, 198). Auch Kosten für die Öltankreinigung können an dieser Stelle (klarstellend) angeführt werden, obwohl sie zu den Heizkosten zählen (BGH, Urteil vom 11.11.2009, VIII ZR 221/08). Die pauschale Anführung von »sonstigen Betriebskosten« ist insofern nicht ausreichend (BGH, Urteile vom 7.4.2004, VIII ZR 146/03, WuM 2004, 292 und VIII ZR 167/03, WuM 2004, 290).

Für preisgebundene Wohnungen (zum Beispiel Sozialwohnungen) ist bereits gesetzlich geregelt, dass der Vermieter nur die im Einzelnen nach Art und Höhe aufgeführten Betriebskosten umlegen kann (§ 20 Abs. 1 S. 3 NMV).

Dies bedeutet, dass jede Betriebskostenposition benannt und ihr ein bestimmter Vorauszahlungsbetrag zugeordnet werden muss; anderenfalls darf der Vermieter für die zurückliegende Abrechnungsperiode keine bzw. nur die im Einzelnen angeführten Betriebskosten verlangen. Diesen Fehler kann der Vermieter jedoch für die Zukunft heilen, indem er eine Betriebskostenabrechnung erteilt, aus der sich die Höhe der auf die einzelnen Kostenpositionen entfallenden Beträge ergibt (OLG Oldenburg, Beschluss vom 14.3.1997, GE 1997, 1067). Ausreichend für die Überwälzung der Kosten des Wärmecontractings (§ 2 Nr. 4 BetrKV) ist eine mietvertragliche Klausel, wonach der Mieter die Kosten der gewerblichen Wärmelieferung zu tragen hat. Einer Aufschlüsselung des Preisgefüges zwischen Versorger und Vorlieferant bedarf es nicht (BGH, Beschluss vom 8.2.2011, VIII ZR 145/10, GE 2011, 609).

Beinhaltet eine mietvertragliche Vereinbarung über die Zahlung von Betriebskosten unter anderem auch die »eigenständige gewerbliche Lieferung von Wärme und Warmwasser«, sind auch die Kosten des Wärmecontractings umlagefähig (§ 2 Nr. 4 c, 5 b BetrKV).

Wirksam ist auch diese Klausel: »Werden öffentliche Abgaben neu eingeführt oder entstehen Betriebskosten neu, so können diese vom Vermieter im Rahmen der gesetzlichen Vorschriften umgelegt und angemessene Vorauszahlungen festgesetzt werden« (§ 4 Abs. 4 MV). Sie ermöglicht es dem Vermieter, neue, das heißt nach Abschluss des Mietvertrags entstandene Betriebskosten (zum Beispiel Prämien für eine nachträglich abgeschlossene Sach- oder Haftpflichtversicherung für das Gebäude, Kosten der gesetzlichen Trinkwasseruntersuchung, Prüfung von Rauchmeldern) auf die Mieter umzulegen.

Die Formulierung der Klausel genügt dem sogenannten Transparenzgebot. Dem Mieter wird durch den Wortlaut klar und verständlich aufgezeigt, dass er mit neu hinzutretenden Betriebskosten rechnen muss. Daher ist es nicht zu beanstanden, dass der Mieter erst durch den Erhalt der Nebenkostenabrechnung von den neu eingeführten Betriebskosten bzw. den neuen öffentlichen Abgaben erfährt. Auch die Bezugnahme der Klausel auf die gesetzlichen Vorschriften ist zulässig, da damit gerade verhindert wird, dass grundsätzlich nichtumlagefähige Betriebskosten auf den Mieter umgelegt werden. Die Kosten für zum Beispiel erstmals abgeschlossene Versicherungen sind neue Betriebskosten, wobei es nicht darauf ankommt, dass bei Abschluss des Mietvertrags bereits das (versicherte Schadens-)Risiko vorhanden war. Letztlich hängt die Umlagefähigkeit auch nicht davon ab, dass der Mieter durch die neu entstandenen Kosten Vorteile hat (BGH, Urteil vom 27.9.2006, VIII ZR 80/06).

Empfehlenswert ist der Hinweis, dass jede Vertragspartei nach einer Abrechnung der Betriebskosten eine Anpassung der Vorauszahlungen auf eine angemessene Höhe vornehmen kann (§ 4 Abs. 5 MV, vgl. § 560 Abs. 4 BGB).

Beim Abschluss eines befristeten Mietvertrags sind Mieterhöhungen nach der Rechtsprechung (OLG Stuttgart, Rechtsentscheid vom 31.5.1994, WuM 1994, 420) während der Laufzeit des Mietvertrags zwar auch dann möglich, wenn der Mietvertrag keinen Erhöhungsvorbehalt enthält. Da diese Rechtsprechung jedoch nicht unumstritten ist, ist die Aufnahme eines entsprechenden Erhöhungsvorbehalts in den Mietvertrag trotzdem sinnvoll (vgl. § 4 Abs. 6 MV); es sei denn, die Parteien sind sich darüber einig, dass Mieterhöhungen während der festen Laufzeit des Mietvertrags ausgeschlossen sein sollten.

Nach der gesetzlichen Bestimmung des § 556b Abs. 1 BGB ist die monatliche Miete zu Beginn, spätestens bis zum dritten Werktag des Monats zu bezahlen (vgl. § 4 Abs. 8 MV). Dabei muss der Mieter nach der neuen Rechtsprechung des BGH bis zum dritten Werktag lediglich die Leistungshandlung vorgenommen, das heißt, seiner Bank den Zahlungsauftrag für die Überweisung der Miete erteilt haben. Der Vermieter kann – entgegen der bisherigen Rechtsprechung – nicht mehr uneingeschränkt verlangen, dass die Miete bis zum dritten Werktag auf seinem Konto eingegangen sein muss

(BGH, Urteil vom 5.10.2016, VIII ZR 222/15). Bei einer Veranlassung der Überweisung am dritten Werktag des Monats ist diese spätestens am folgenden Banktag auszuführen (§ 675n Abs. 1 S. 3 BGB) und einen Tag später dem Empfängerkonto gutzuschreiben (§ 675s Abs. 1 S. 1 BGB). Daher kann der Vermieter eine Gutschrift vor dem fünften Werktag regelmäßig nicht erwarten (LG Berlin, Urteil vom 3.3.2017, 63 S 254/16, GE 2017, 952).

Formularklauseln in Wohnungsmietverträgen, die – abweichend von den gesetzlichen Bestimmungen – den **Eingang** der Miete auf dem Konto des Vermieters generell bis zum dritten Werktag bestimmen, sind nach Auffassung des BGH **unwirksam**. Eine solche Klausel würde dem Mieter das Risiko von Zahlungsverzögerungen im Überweisungsverkehr auferlegen, die durch den Zahlungsdienstleister verursacht wurden, und den Mieter damit unangemessen benachteiligen.

Hat der Mieter den Zahlungsauftrag ordnungsgemäß, das heißt unter Angabe der zutreffenden Bankdaten, spätestens am dritten Werktag des Monats erteilt und ist auch das Konto des Mieters ausreichend gedeckt, kann der Vermieter aus einem verspäteten Zahlungseingang keine Rechte (zum Beispiel Abmahnung, Kündigung) herleiten (BGH, a. a. O.)

Wirksam ist eine formularvertragliche Verpflichtung des Mieters zur Erteilung einer Einzugsermächtigung für Mieten und Nebenkosten, da – angesichts der erheblichen Rationalisierungsvorteile und der Kostenersparnis auf Seiten des Vermieters sowie der Möglichkeit des Mieters, Buchungen zu widerrufen – den Vorteilen für den Vermieter keine beachtlichen Nachteile des Mieters gegenüberstehen (OLG Brandenburg, Urteil vom 21.4.2004, 7 U 165/03, WuM 2004, 597).

Unzulässig ist allerdings ein Ausschluss der Widerrufsmöglichkeit. Gleiches gilt für Formulierungen, die beim Mieter den Eindruck erwecken, dass ihm die Möglichkeit des Widerrufs verwehrt ist, zum Beispiel »Der Mieter ist zur Erfüllung der Einzugsermächtigung verpflichtet« (OLG Brandenburg, a. a. O.; siehe auch BGH, ZMR 2001, 171; BGH, WuM 1996, 205, LG Köln, WuM 2002, 306).

Diese Formularklausel ist unwirksam: »Der Vermieter kann Zahlungen nach seiner Wahl zunächst auf die bisherigen Kosten und Zinsen und dann auf die ältesten Rückstände verrechnen. Das gilt auch dann, wenn der Mieter eine anderweitige Bestimmung getroffen hat« (OLG Düsseldorf, Urteil vom 8.5.2008, I-10 U 11/08, ZMR 2009, 275).

2.1.8 Kaution

ARBEITSHILFE ONLINE

MUSTER: Mietvertrag für Mietverhältnisse über Wohnraum

§ 5. Kaution

Der Mieter zahlt an den Vermieter eine Kaution gemäß § 551 BGB in Höhe von EUR ...., i. W. .... EUR zur Sicherung aller Ansprüche des Vermieters aus dem Mietverhältnis. Bei preisgebundenem Wohnraum ist die Kaution nur zur Sicherung von Ansprüchen des Vermieters aus Schäden an der Wohnung oder unterlassenen Schönheitsreparaturen bestimmt.

Die gesetzlichen Vorschriften über die Kaution (§ 551 BGB) betreffen lediglich die Anlage- und Verzinsungspflicht des Vermieters, bestimmen jedoch keine Verpflichtung des Mieters zur Leistung einer Kaution. Der Mieter ist zur Leistung einer Kaution daher nur verpflichtet, wenn und soweit dies ausdrücklich vereinbart wurde.

Die Kaution darf maximal das Dreifache der monatlichen Miete betragen. Vorauszahlungen auf Betriebskosten, über die gesondert abzurechnen ist sowie Pauschalen bleiben unberücksichtigt; das heißt, sie zählen nicht mit.

Der Mieter ist berechtigt, die Geldsumme in drei gleichen monatlichen Teilleistungen zu erbringen, wobei zu Beginn des Mietverhältnisses nur die erste Teilleistung fällig ist (§ 551 Abs. 2 S. 1 und 2 BGB). Über dieses Recht zur Teilzahlung muss der Vermieter den Mieter jedoch nicht aufklären, da grundsätzlich jeder für die Kenntnis der ihn schützenden Gesetze selbst verantwortlich ist (LG Dortmund, Urteil vom 13.5.2003, 1 S 365/02, WuM 2003, 498).

Daher muss die Klausel den Mieter nicht ausdrücklich, das heißt nicht wörtlich, auf sein Teilzahlungsrecht hinweisen. Eine Bezugnahme auf die entsprechende gesetzliche Vorschrift (§ 551 BGB bzw. § 550b BGB a. F.) ist ausreichend.

Auch eine Klausel, die keine Regelung hinsichtlich der Fälligkeit beinhaltet, ist wirksam. Durch die Klausel »Der Mieter hinterlegt eine Kaution in Höhe von .... EUR« wird das Recht des Mieters zu Teilleistungen weder ausgeschlossen noch eingeschränkt. Die Fälligkeit der Kautionsleistung beurteilt sich mithin nach der gesetzlichen Regelung (BGH, Urteil vom 30.6.2004, VIII ZR 243/03, WuM 2004, 473).

Selbst wenn die Klausel den Mieter – in unzulässiger Weise – nach ihrem Wortlaut zur vollständigen Zahlung der Kaution bei Beginn des Mietverhältnisses verpflichten würde, wäre sie nach der neueren BGH-Rechtsprechung nur bezüglich dieser Fälligkeitsregelung unwirksam. Hinsichtlich der grundsätzlichen Verpflichtung des Mieters zur Leistung der Kaution (in drei Raten) bleibt die Klausel wirksam (BGH, Urteil vom 25.6.2003, VIII ZR 344/02, WuM 2003, 495).

Gleiches gilt auch dann, wenn der Vermieter die Übergabe der Wohnungsschlüssel – unzulässigerweise – von der vollständigen Zahlung der Kaution abhängig gemacht und der Mieter diese auch tatsächlich geleistet hat (BGH, Urteil vom 30.6.2004, VIII ZR 243/03, WuM 2004, 473). Ferner bleibt eine Kautionsvereinbarung grundsätzlich selbst dann wirksam, wenn zusätzlich ein Verstoß gegen die Drei-Monatsmieten-Grenze vorliegt (BGH, Urteil vom 3.12.2003, VIII ZR 86/03, WuM 2004, 147) oder der Vermieter – unzulässigerweise – weitere Sicherheiten, zum Beispiel eine Bürgschaft, verlangt (BGH, Urteil vom 30.6.2004, a. a. O.).

Unwirksam sind Klauseln, die eine Verpflichtung des Mieters zur Anpassung der Kaution an eine gestiegene Miete bestimmen.

Bei preisgebundenem Wohnraum sollte ferner darauf hingewiesen werden, dass die Kaution nur zur Sicherung von Ansprüchen des Vermieters aus Schäden an der Wohnung oder wegen unterlassener Schönheitsreparaturen bestimmt ist (§ 9 Abs. 5 WoBindG).

Inhaber des Kautionskontos sollte der Vermieter sein. Der Vermieter ist auch unstreitig dazu berechtigt, eine Mietkaution auf seinen eigenen Namen anzulegen, wenn er angibt, dass er nicht auf eigene Rechnung, sondern auf Rechnung des Mieters anlegt (LG Ulm, Beschluss vom 19.12.2007, 1 S 164/07, DWW 2008, 96). Abzuraten ist von einer Anlage des Kautionsbetrags auf einem Konto, das vom Mieter geführt und dem Vermieter lediglich verpfändet wird. In diesem Fall haben Vermieter bei Unstimmigkeiten mit dem Mieter bei Beendigung des Mietverhältnisses (zum Beispiel wegen Schäden in der Wohnung) oftmals Schwierigkeiten, auf die Kaution zuzugreifen, wenn der Mieter der Auszahlung des Kautionsbetrags widerspricht. Häufig räumen Banken dann den Interessen »ihres« Kunden, das heißt des Mieters, den Vorrang ein und verweigern die Auszahlung der Kaution.

Nachteile drohen dem Vermieter bei einem verpfändeten Sparbuch auch dann, wenn über das Vermögen der Bank das Insolvenzverfahren eröffnet wird. In diesem Fall kann dem Mieter zwar ein Entschädigungsanspruch nach den §§ 3 und 4 des Einlagensicherungs- und Anlegerentschädigungsgesetzes (EAEG) in Höhe von 90 % seiner Einlage zustehen (maximal 20.000 EUR, §§ 3, 4 EAEG). Da es sich bei diesem gesetzlichen Entschädigungsanspruch aber um einen eigenständigen Anspruch handelt, setzt sich das an der ursprünglichen Sparforderung bestehende Pfandrecht des Vermieters nicht am Entschädigungsanspruch des Mieters fort (BGH, Urteil vom 18.3.2008, XI ZR 454/06, NZM 2008, 456). Der Vermieter muss den Mieter in diesem Fall somit auf Wiederauffüllung der Kaution in Anspruch nehmen.

Vereinbaren die Parteien, dass der Mieter anstelle einer Barkaution eine Bürgschaft (zum Beispiel einer Bank) stellt, ist der Abschluss einer selbstschuldnerischen Bürgschaft zu empfehlen. In diesem Fall verzichtet der Bürge auf die »Einrede der Vorausklage«. Dies bedeutet, dass der Vermieter sofort den Bürgen in Anspruch nehmen kann und nicht erst gegen den Mieter als Hauptschuldner vorgehen muss (§ 573 Abs. 1 Nr. 1 BGB).

Zudem kann jedenfalls individualvertraglich vereinbart werden, dass der Bürge auf sämtliche ihm zustehenden Einreden, insbesondere auch der Anfechtbarkeit und Aufrechenbarkeit (§§ 768, 770 BGB) verzichtet und auf erstes Anfordern durch den Vermieter zahlt. Bei einer Mietbürgschaft handelt es sich allerdings nicht automatisch um eine Bürgschaft »auf erstes Anfordern«; dies muss ausdrücklich vereinbart sein (OLG Köln, Urteil vom 5.6.2002, 13 U 162/02, ZMR 2003, 258).

Eine Bürgschaft auf erstes Anfordern kann nach Auffassung des LG Hamburg (Urteil vom 12.4.2001, 307 S 8/01, WuM 2003, 36) wegen der damit verbundenen hohen Risiken grundsätzlich jedoch nur von Kreditinstituten, Banken, Sparkassen und Versicherungen abgegeben werden (siehe Bub/Treier, Handbuch der Geschäfts- und Wohnraummiete, 3. Auflage II Rn. 445 a; vgl. BGH, NJW 1998, 2280). Dagegen kann eine Privatperson eine Bürgschaft auf erstes Anfordern nur ausnahmsweise eingehen, wenn sie mit Bürgschaften dieser Art vertraut ist, weil sie in entsprechender Funktion am Wirtschafts- und Geschäftsverkehr teilnimmt oder aber ausreichend über das besondere Risiko dieser Bürgschaftshaftung aufgeklärt worden ist.

Sind diese Voraussetzungen nicht gegeben, ist die Bürgschaft, die von einer Privatperson auf erstes Anfordern abgegeben worden ist, als einfache Bürgschaft zu behandeln. Eine daneben bestehende Vereinbarung, wonach die Bürgschaft auch »selbstschuldnerisch« sein soll, bleibt aber wirksam.

Daher kann der Vermieter zwar sofort den Bürgen in Anspruch nehmen und muss nicht erst gegen den Mieter als Hauptschuldner vorgehen, aber der Bürge ist nicht verpflichtet, auf »erstes Anfordern« zu zahlen, sondern kann Einwendungen gegen die zugrunde liegende Hauptschuld (Ansprüche des Vermieters aus dem Mietverhältnis) erheben (LG Hamburg, a. a. O.)

Ferner sollte vereinbart werden, dass die Bürgschaft auch verjährte Forderungen des Vermieters sichert (wie bei der Barkaution) und die Bürgschaft vom Bürgen nicht vor vollständiger Rückgabe der Mietsache bzw. einer bestimmten Zeit danach beendet werden kann. Bei zeitlicher Befristung der Bürgschaft auf einen bestimmten Zeitraum nach Beendigung des Mietverhältnisses muss berücksichtigt werden, dass der Bürge zwar für alle Verbindlichkeiten haftet, die vor Ablauf der Befristung fällig geworden sind (zum Beispiel für rückständige Mieten, Schadenersatzansprüche wegen unterlassener Schönheitsreparaturen selbst dann, wenn die Nachfrist erst nach Ablauf der Bürgschaft endet – vgl. § 767 Abs. 1 S. 2 BGB). Der Bürge haftet jedoch nicht mehr, wenn eine Forderung erst nach Ablauf der Befristung fällig wird, zum Beispiel eine Nachforderung aus einer Betriebskostenabrechnung, die mangels Vorliegen der entsprechenden Daten erst nach Ablauf der Befristung erteilt werden konnte.

Bei Wohnraummietverhältnissen besteht eine erhebliche Einschränkung, da die Bürgschaft eine Sicherheit im Sinne von § 551 BGB darstellt mit der Folge, dass die Begrenzung der gesamten, durch den Mieter zu leistenden Sicherheit auf das Dreifache der Monatsmiete auch für die Bürgschaft gilt. Eine unbeschränkte Bürgschaft ist aber nicht insgesamt unwirksam, sondern bleibt bis zur Höhe einer dreifachen Monatsmiete wirksam (OLG Hamburg, Urteil vom 31.1.2001, 4 U 197/00, ZMR 2001, 887).

Ein grundsätzlicher Nachteil der Bürgschaft gegenüber einer Barkaution besteht darin, dass der Nennbetrag der Bürgschaft während der gesamten Dauer des Mietverhältnisses unverändert bleibt. Dagegen wachsen bei der Barkaution die Zinsen der Kaution zu, führen somit zu einer Erhöhung der Sicherheit und gleichen zumindest einen Teil des Kaufkraftverlustes aus.

Eine Bürgschaft sichert auch grundsätzlich nur Ansprüche des Vermieters gegen den Mieter, nicht aber gegen einen eventuellen Rechtsnachfolger (zum Beispiel einen Erben) des Mieters, da mangels einer ausdrücklichen Vereinbarung nicht davon ausgegangen werden kann, dass der Bürge auch für ihm unbekannte Personen, die nach dem Tod des Mieters das Mietverhältnis fortsetzen bzw. kündigen, bürgen will. Dies ist nur der Fall, wenn der Bürge nach dem Bürgschaftsvertrag solche Verbindlichkeiten (zum Beispiel Mietzinsansprüche, die nach dem Tod des Mieters gegen dessen Erben entstehen) ausdrücklich übernommen hat (LG Münster, Urteil vom 23.4.2008, 14 S 7/07, WuM 2008, 481).

Ferner haftet der Bürge nicht für Verbindlichkeiten des Mieters, die nach Abschluss des Mietvertrags vertraglich begründet worden sind. Solche späteren Vereinbarungen, die die Rechtsstellung des Bürgen verschlechtern, indem sie seine Bürgschaft erweitern, sind ihm gegenüber unwirksam. Der Bürge haftet weiterhin nur im bisherigen Umfang (§ 767 Abs. 1 S. 2 BGB; OLG Frankfurt, Urteil vom 12.4.2006, 2 U 34/05, MDR 2006, 1164).

2.1.9 Garantiehaftung des Vermieters, Aufrechnung gegen die Miete, Zurückbehaltung der Miete

ARBEITSHILFE ONLINE

MUSTER: Mietvertrag für Mietverhältnisse über Wohnraum

§ 6. Garantiehaftung des Vermieters, Aufrechnung gegen die Miete, Zurückbehaltung der Miete

(1) Die verschuldensunabhängige Haftung des Vermieters für bei Mietvertragsabschluss vorhandene Sachmängel ist ausgeschlossen. § 536a Abs. 1 BGB findet insoweit keine Anwendung.

(2) Der Mieter kann gegen die Miete mit Forderungen aus den §§ 536a, 539 BGB oder aus ungerechtfertigter Bereicherung wegen zu viel gezahlter Miete nur aufrechnen oder ein Zurückbehaltungsrecht ausüben, wenn er seine Absicht dem Vermieter mindestens einen Monat vor Fälligkeit der Miete in Textform angezeigt hat. Mit anderen Forderungen aus dem Mietverhältnis kann der Mieter gemäß den gesetzlichen Bestimmungen aufrechnen. Mit sonstigen Forderungen kann der Mieter nur aufrechnen, wenn sie unbestritten, rechtskräftig festgestellt oder entscheidungsreif sind.

Gemäß § 536a Abs. 1 BGB haftet der Vermieter für alle Schäden, die dem Mieter als Folge eines schon beim Abschluss des Mietvertrags vorliegenden Mangels der Wohnung entstehen. Dabei kommt es weder auf die Kenntnis oder die Erkennbarkeit des Mangels noch auf ein Verschulden des Vermieters an.

Der Vermieter trägt nach dem Gesetz somit die Gefahr aller verborgenen Mängel in der Wohnung (zum Beispiel gesundheitsgefährdende Asbest- oder Formaldehydkonzentration – vgl. LG München I, Urteil vom 26.9.1990, 31 S 20071/89). Dieses unkalkulierbare Haftungsrisiko sollte der Vermieter durch eine entsprechende Vertragsklausel unbedingt ausschließen (vgl. § 6 Abs. 1 MV).

Ein solcher Haftungsausschluss ist nach der Rechtsprechung des BGH auch formularvertraglich wirksam, da es sich bei dieser verschuldensunabhängigen Garantiehaftung des Vermieters um eine für das gesetzliche Haftungssystem (»Verschuldensprinzip«) untypische Regelung handelt (BGH, Beschluss vom 4.10.1990, NJW-RR 1991, 74). Dies gilt selbst dann, wenn die Parteien bei Vertragsabschluss das Vorliegen von Mängeln, zum Beispiel eine gesundheitsgefährdende Schadstoffbelastung der Mieträume, für möglich gehalten haben und sich im Nachhinein herausstellt, dass das Ausmaß der Gesundheitsgefährdung die vertragsgemäße Nutzung der Mieträume völlig ausschließt (BGH, Urteil vom 3.7.2002, XII ZR 327/00, NZM 2002, 784).

Hat zum Beispiel ein nicht erkennbarer Konstruktionsmangel eines Fensterbeschlags nach mehrjähriger Benutzung dazu geführt, dass das Fenster aus dem Rahmen gefallen ist und dadurch Personen- und/oder Sachschäden verursacht worden sind, handelt es sich insofern um einen anfänglichen Mangel, für den der Vermieter nach den gesetzlichen Vorschriften verschuldensunabhängig haftet (Garantiehaftung). Maßgeblich für die Einstufung als anfänglichen Mangel ist nicht, wann durch den vorhandenen Mangel ein Schaden entstanden ist, sondern ob der Mangel selbst bei Vertragsabschluss vorhanden war. Entsteht ein Mangel erst später durch Verschleiß, kann er nicht als bereits im Zeitpunkt des Vertragsschlusses als latent vorhanden angesehen werden. Liegt der Mangel jedoch in einem Baufehler begründet, handelt es sich um einen anfänglichen Mangel, auch wenn er den Mietgebrauch erst später konkret beeinträchtigt oder für einen Schaden des Mieters ursächlich wird (BGH, Urteil vom 21.7.2010, XII ZR 189/08).

Unwirksam, weil für den Mieter überraschend, ist der formularvertragliche Haftungsausschluss, wenn er sich im Mietvertrag an einer ungewöhnlichen Stelle befindet, zum Beispiel unter der Überschrift »Aufrechnung, Zurückbehaltung«, an der der Mieter nicht mit einem Haftungsausschluss rechnen muss.

Der (zulässige) Ausschluss der Garantiehaftung im Formularmietvertrag sollte daher klar und deutlich insbesondere unter einer einschlägigen Überschrift geregelt werden.

Weitergehende Haftungsausschlüsse, zum Beispiel Ausschluss der Haftung für leichte Fahrlässigkeit des Vermieters, können formularvertraglich nicht wirksam vereinbart werden, da der Ausschluss von Schadenersatzansprüchen des Mieters wegen Sachschäden, die durch Mängel der Mietsache verursacht wurden, für die der Vermieter infolge leichter Fahrlässigkeit verantwortlich ist, nach § 9 Abs. 2 Nr. 2 AGBG (seit 1.1.2002: § 307 Abs. 2 Nr. 2 BGB) unwirksam ist (BGH, Beschluss vom 24.10.2001, VIII ARZ 1/01, NZM 2002, 116).

Aufrechnung gegen die Miete, Zurückbehaltung der Miete

Nach den gesetzlichen Bestimmungen kann der Mieter gegen eine Mietforderung des Vermieters uneingeschränkt, das heißt auch mit Gegenforderungen, die nicht aus dem Mietverhältnis herrühren, aufrechnen, soweit die allgemeinen Voraussetzungen der §§ 387 ff. BGB (Gegenseitigkeit, Gleichartigkeit, Fälligkeit) vorliegen. Dieses Recht kann vertraglich nur in engen Grenzen ausgeschlossen bzw. eingeschränkt werden.

Bei der Formulierung eines Aufrechnungsverbots bzw. einer Aufrechnungsbeschränkung ist daher Folgendes zu beachten:

- Das Recht des Mieters von Wohnraum, mit Schadenersatzansprüchen nach § 536a BGB (zum Beispiel aus Garantiehaftung (siehe oben) oder wegen Verzugs des Vermieters mit der Behebung eines Mangels), Aufwendungsersatzansprüchen (§ 539 BGB) oder Ansprüchen aus ungerechtfertigter Bereicherung wegen zu viel gezahlter Miete aufzurechnen oder wegen einer solchen Forderung ein Zurückbehaltungsrecht auszuüben, kann wegen § 556b Abs. 2 BGB nicht völlig ausgeschlossen, sondern nur dahingehend eingeschränkt werden, dass der Mieter seine Absicht der Aufrechnung dem Vermieter mindestens einen Monat vor Fälligkeit der Miete in Textform anzeigen muss (§ 6 Abs. 2 S. 1 MV).

- Die Aufrechnung des Mieters mit anderen Forderungen kann grundsätzlich ausgeschlossen werden, soweit es sich nicht um unbestrittene, rechtskräftig festgestellte oder entscheidungsreife Forderungen handelt (§ 309 Nr. 3 BGB – bis 31.12.2001: § 11 Nr. 3 AGBG; OLG Celle, WuM 1990, 103; siehe auch BGH, DWW 1993, 170).

Praktische Bedeutung hat eine solche Aufrechnungsbeschränkung insbesondere bei der fristlosen Kündigung wegen Zahlungsverzugs. Diese kann der Mieter unwirksam machen, wenn er unverzüglich nach der Kündigung (das heißt spätestens nach etwa zwei Wochen) die Aufrechnung erklärt. Eine Klausel, wonach die Aufrechnung einen Monat vor Fälligkeit der Miete angezeigt werden muss, führt jedoch dazu, dass der Mieter die Aufrechnung nicht mehr »unverzüglich« erklären und die Kündigung somit nicht mehr unwirksam machen kann.

2.1.10 Benutzung der Mieträume

MUSTER: Mietvertrag für Mietverhältnisse über Wohnraum

ARBEITSHILFE ONLINE

§ 7. Benutzung der Mieträume

(1) Der Mieter darf die Mieträume nur zu dem vertraglich bestimmten Zweck benutzen.

(2) Tierhaltung in den Mieträumen ist ohne Einwilligung des Vermieters nicht gestattet. Dies gilt nicht für Kleintiere im Rahmen des vertragsgemäßen Gebrauchs.

Die Klausel, wonach der Mieter die Mieträume nur zu dem vertraglich bestimmten Zweck benutzen darf (Abs. 1 MV), weist den Mieter ausdrücklich darauf hin, dass eine anderweitige Nutzung der Wohnräume (zum Beispiel zu gewerblichen Zwecken) unzulässig ist.

Enthält der Mietvertrag keine Bestimmung über die Tierhaltung in der Wohnung, geht ein Teil der Rechtsprechung davon aus, dass auch das Halten von Hunden und Katzen zum vertragsgemäßen Gebrauch einer Wohnung gehört und daher erst beim Auftreten von Störungen untersagt werden kann. Zu empfehlen ist daher, die Tierhaltung zumindest unter den Vorbehalt der Erlaubnis durch den Vermieter zu stellen (Abs. 2 MV).

Unwirksam ist ein Verbot jedenfalls dann, wenn es auch Kleintiere (Zierfische, Wellensittiche, Hamster und Ähnliches) erfasst (BGH, Urteil vom 20.1.1993, DWW 1993, 74).

Unwirksam ist auch ein Verbot, das nur bestimmte Kleintiere (zum Beispiel Ziervögel und Zierfische) von dem Zustimmungsvorbehalt ausnimmt (BGH, Urteil vom 14.11.2007, VIII ZR 340/06). Dagegen ist eine Klausel, die Kleintiere generell von dem Zustimmungsvorbehalt ausnimmt, wirksam. Dies gilt allerdings nicht, wenn sie die Haltung von Hunden und Katzen in der Mietwohnung generell untersagt. Eine solche Klausel benachteiligt den Mieter unangemessen, weil sie ihm eine Hunde- und Katzenhaltung ausnahmslos und ohne Rücksicht auf besondere Fallgestaltungen und Interessenlagen verbietet. Zugleich verstößt sie gegen den wesentlichen Grundgedanken der Gebrauchsgewährungspflicht des Vermieters (§ 535 Abs. 1 BGB). Ob eine Tierhaltung zum vertragsgemäßen Gebrauch im Sinne dieser Vorschrift gehört, erfordert eine umfassende Interessenabwägung im Einzelfall.

Ein Erlaubnisvorbehalt ermöglicht die von der Rechtsprechung geforderte Interessenabwägung. Allerdings darf der Vorbehalt die Zustimmung des Vermieters nicht ausdrücklich in das »freie Ermessen« des Vermieters stellen. Vielmehr muss die Ausübung des Ermessens an legitime berechtigte Vermieterinteressen und damit an nachprüfbare Voraussetzungen gebunden sein (zum Beispiel ungestörtes nachbarschaftliches Gemeinschaftsverhältnis, Hausfrieden und Ähnliches). Ein durch ein »freies Ermessen« schrankenloser Erlaubnisvorbehalt führt zu einer unangemessenen Benachteiligung des Mieters und damit zur Unwirksamkeit der Klausel, da hierfür keine berechtigten Interessen des Vermieters erkennbar sind (BGH, Beschlüsse vom 25.9.2012 und 22.1.2013, VIII ZR 329/11, WuM 2013, 220).

Eine Vereinbarung über ein Verbot der Haltung bestimmter Tierarten (zum Beispiel Hunde, Katzen) sollte aus diesem Grund nicht formularmäßig, sondern jeweils unter Berücksichtigung der Umstände des Einzelfalls individuell (zum Beispiel unter § 18. Sonstige Vereinbarungen) erfolgen.

2.1.11 Duldungspflicht des Mieters, Veränderungen der Mietsache

ARBEITSHILFE ONLINE

MUSTER: Mietvertrag für Mietverhältnisse über Wohnraum

§ 8. Duldungspflicht des Mieters, Veränderungen der Mietsache

(1) Maßnahmen des Vermieters, die zur Erhaltung des Hauses, der Mieträume oder zur Gefahrenabwehr notwendig oder zweckmäßig sind, hat der Mieter zu dulden. Er darf deren Durchführung nicht behindern.

(2) Bauliche oder sonstige den vertragsgemäßen Gebrauch überschreitende Veränderungen innerhalb der Mieträume oder an den darin befindlichen Einrichtungen und Anlagen darf der Mieter ohne Einwilligung des Vermieters nicht vornehmen.

Maßnahmen, die zur Erhaltung der Mietsache erforderlich sind, hat der Mieter nach § 554 Abs. 1 BGB uneingeschränkt zu dulden. Gleiches gilt für Maßnahmen zur Gefahrenabwehr (Abs. 1 MV). Maßnahmen zur Verbesserung und Modernisierung muss der Mieter nur unter den Voraussetzungen des § 554 Abs. 2 BGB dulden. Von dieser Bestimmung kann zum Nachteil des Mieters weder durch Formularvertrag noch durch individuelle Vereinbarung abgewichen werden (§ 554 Abs. 5 BGB). Entsprechende Regelungen können somit nicht empfohlen werden.

Veränderungen an der Mietsache ohne Einwilligung des Vermieters können dem Mieter grundsätzlich untersagt werden (siehe dazu ausführlich Kapitel 7). Von dieser Regelung müssen jedoch Maßnahmen im Rahmen des vertragsgemäßen Gebrauchs (zum Beispiel das Setzen von Dübeln in angemessenem Umfang) ausgenommen werden, da der Mieter hierzu auch ohne ausdrückliche Erlaubnis berechtigt ist (Abs. 2 MV).

2.1.12 Instandhaltung und Instandsetzung der Mieträume

ARBEITSHILFE ONLINE

MUSTER: Mietvertrag für Mietverhältnisse über Wohnraum

§ 9. Schönheitsreparaturen, Instandhaltung und Instandsetzung der Mieträume

(1) Der Mieter stellt den Vermieter von allen Ansprüchen auf Durchführung von Schönheitsreparaturen frei.

(2) Der Mieter verpflichtet sich, die Schönheitsreparaturen an Wänden und Decken der Küchen, Bäder und Duschräume, der Wohn- und Schlafräume, Flure, Dielen und Toiletten im Allgemeinen alle fünf Jahre, der sonstigen Räume im Allgemeinen alle sieben Jahre, jeweils gerechnet vom Beginn des Mietverhältnisses, fachgerecht auszuführen. Die Schönheitsreparaturen an den Innenseiten von Fenstern und Außentüren, an Innentüren sowie an Heizkörpern einschließlich Heizrohre sind im Allgemeinen alle zehn Jahre, jeweils gerechnet vom Beginn des Mietverhältnisses, fachgerecht auszuführen. Im Allgemeinen bedeutet, dass es sich bei den angegebenen Fristen nur um flexible Erfahrungssätze handelt, die der tatsächlichen Abnutzung anzupassen sind. Die Verpflichtung zur Ausführung von Schönheitsreparaturen besteht nicht, wenn und soweit dem Mieter Räume bei Mietbeginn unrenoviert ohne angemessenen Ausgleich übergeben worden sind.

(3) Der Mieter ist verpflichtet, die Kosten der Reparaturen der Installationsgegenstände für Elektrizität, Wasser und Gas, Heiz- und Kocheinrichtungen, Fenster- und Türverschlüsse sowie der Verschlussvorrichtungen von Fenster- und Rollläden zu tragen, falls die Kosten für die einzelne Reparatur 125 EUR und der dem Mieter dadurch entstehende jährliche Aufwand 6 % der Jahresbruttokaltmiete nicht übersteigt.

(4) Der Mieter ist verpflichtet, die Mieträume und die gemeinschaftlichen Einrichtungen pfleglich und schonend zu behandeln sowie die Mieträume entsprechend den technischen Gegebenheiten ausreichend zu heizen und zu lüften.
(5) Schäden in den Mieträumen hat der Mieter dem Vermieter unverzüglich anzuzeigen. Er verzichtet auf jeglichen Ersatz von Aufwendungen für Instandsetzungen, die – ausgenommen bei Gefahr in Verzug – vorgenommen werden, ohne vom Vermieter Abhilfe innerhalb angemessener Frist verlangt zu haben. Für einen durch nicht rechtzeitige Anzeige verursachten weiteren Schaden ist der Mieter ersatzpflichtig.
(6) Für Beschädigungen der Mieträume sowie der in den Mieträumen vorhandenen Anlagen und Einrichtungen ist der Mieter ersatzpflichtig, wenn und soweit sie von ihm sowie unter Verletzung der ihm obliegenden Obhuts- oder Sorgfaltspflicht von den zu seinem Haushalt gehörenden Personen, von seinen Untermietern oder Dritten, denen er den Gebrauch der Mietsache überlassen hat, von Besuchern, deren Erscheinen ihm zuzurechnen ist, von ihm beauftragten Lieferanten oder von ihm beauftragten Handwerkern schuldhaft verursacht werden.
Dem Vermieter obliegt der Beweis, dass die Schadensursache im Gefahrenbereich des Mieters gesetzt wurde. Dem Mieter obliegt sodann der Beweis, dass der Schaden nicht schuldhaft verursacht wurde.

Zu (1)

Nach der gesetzlichen Regelung (§ 535 BGB) ist – entgegen einem weit verbreiteten Irrtum – nicht der Mieter, sondern der Vermieter (im Rahmen seiner Erhaltungspflicht der Mietsache) zur Durchführung von Schönheitsreparaturen verpflichtet. § 9 Abs. 1 befreit den Vermieter von dieser gesetzlichen Verpflichtung. Eine solche **Freizeichnungsklausel**, die nicht den Mieter zur Durchführung von Schönheitsreparaturen verpflichtet, sondern nur den Vermieter von seiner gesetzlichen Instandhaltungspflicht, die auch Schönheitsreparaturen umfasst, entbindet, stellt – jedenfalls isoliert betrachtet – keine unangemessene Benachteiligung des Mieters im Sinne von § 307 BGB dar und ist daher grundsätzlich wirksam (LG Karlsruhe, Beschluss vom 23.6.2016, 9 T 56/16, NZM 2016, 638).

Wirksam ist die Vereinbarung eines neben der Grundmiete gesondert ausgewiesenen **Zuschlags**, wenn die Schönheitsreparaturen nicht vom Mieter, sondern vom Vermieter durchzuführen sind. Ein solcher separat ausgewiesener Zuschlag stellt die Mietvertragsparteien nicht anders, als wenn von Anfang an eine um den Zuschlag höhere Grundmiete vereinbart worden wäre. Der Zuschlag ist letztlich nur ein Hinweis auf die Mietpreiskalkulation des Vermieters und unterliegt als Preis(haupt)abrede nicht der AGB-Kontrolle (BGH, Beschluss vom 30.5.2017, VIII ZR 31/17, WuM 2017, 456).

Zu (2)
Der Mieter muss Schönheitsreparaturen nur ausführen, wenn und soweit er durch eine wirksame vertragliche Bestimmung dazu verpflichtet wurde. § 9 Abs. 2 verpflichtet den Mieter zur Durchführung der Schönheitsreparaturen in dem dort genannten Umfang.

Formularvertraglich kann der Mieter jedoch weder zur Anfangs- noch zur Endrenovierung verpflichtet werden.

Klauseln, die den Mieter zur Vornahme bestimmter Renovierungsarbeiten »bei Beginn« oder »bei Beendigung« des Mietverhältnisses verpflichten, sind unwirksam (zur Anfangsrenovierung vgl. OLG Hamburg, Rechtsentscheid vom 13.9.1991, DWW 1991, 333; zur Endrenovierung vgl. OLG Hamm, Rechtsentscheid vom 27.2.1981, DWW 1981, 149; OLG Frankfurt, Rechtsentscheid vom 22.9.1981, DWW 1981, 293).

Die laufenden Schönheitsreparaturen können auf den Mieter formularvertraglich nach Maßgabe eines (flexiblen) Fristenplans übertragen werden – nach der neuen Rechtsprechung des BGH allerdings nur dann, wenn dem Mieter zu Mietbeginn eine renovierte Wohnung überlassen wurde oder dem Mieter einer unrenovierten Wohnung ein angemessener Ausgleich gewährt wurde (BGH, Urteil vom 18.3.2015, VIII ZR 185/14). Ob ein vom Vermieter gezahlter Ausgleich angemessen ist, bestimmt sich nach den Umständen des Einzelfalls. Ein Nachlass im Umfang einer halben Monatsmiete ist jedenfalls dann nicht angemessen, wenn in drei von vier Zimmern Streicharbeiten vorgenommen werden müssen.

Der Grundsatz, wonach der Mieter formularvertraglich nicht zur Durchführung von Schönheitsreparaturen verpflichtet werden kann, wenn ihm zu Mietbeginn eine unrenovierte Wohnung (ohne angemessenen Ausgleich) überlassen wurde, gilt auch dann, wenn sich der Mieter durch zweiseitige Vereinbarung gegenüber seinem Vormieter zur Vornahme von Renovierungsarbeiten in der Mietwohnung verpflichtet hat, zum Beispiel anstelle einer Ablösezahlung für Einbauten oder Einrichtungsgegenstände. Eine derartige Vereinbarung ist nämlich in ihren Wirkungen von vornherein auf die sie treffenden Parteien, also den Mieter und den Vormieter, beschränkt. Sie hat deshalb keinen Einfluss auf die Wirksamkeit der im Mietvertrag zwischen Vermieter und neuem Mieter enthaltenen Verpflichtungen; insbesondere nicht dergestalt, dass der Vermieter so gestellt würde bzw. so zu behandeln wäre, als hätte er dem neuen Mieter eine renovierte Wohnung übergeben (BGH, Urteil vom 22.8.2018, VIII ZR 277/16).

Die frühere Rechtsprechung des BGH, wonach solche Vornahmeklauseln mit flexiblen Renovierungsfristen auch bei unrenoviert überlassenen Wohnungen (BGH, Beschluss vom 18.11.2008, VIII ZR 73/08, WuM 2009, 36) und selbst dann wirksam sind, wenn die Wohnung bei Vertragsbeginn renovierungsbedürftig war und der Anspruch des Mieters auf eine Anfangsrenovierung durch den Vermieter gemäß Vertrag ausgeschlossen ist (BGH, Urteil vom 20.10.2004, VIII ZR 378/03, WuM 2005, 50; Bestätigung von BGH, Rechtsentscheid vom 1.7.1987, VIII ARZ 9/86, WuM 1987, 306), ist daher überholt.

Die Fristen müssen sich ferner im üblichen Rahmen halten und auch die unterschiedliche Abnutzung der verschiedenen Räume berücksichtigen. Als angemessen kann dabei ein Zeitraum von fünf Jahren für Küchen, Bäder und Duschräume, Wohn- und Schlafräume sowie für Flure, Dielen und Toiletten sowie von sieben Jahren für die sonstigen Räume gelten.

Strittig ist, ob eine weitere Differenzierung bezüglich der verschiedenen Arten der Schönheitsreparaturen erforderlich ist, zum Beispiel durch Festlegung längerer Fristen für die Ausführung der Lackarbeiten (Streichen von Heizkörpern, Türen, Fenstern etc.).

Während der BGH dies nicht ausdrücklich verlangt (vgl. Rechtsentscheid vom 6.7.1988, NJW 1988, 2790; Urteil vom 3.6.1998, WuM 1998, 592), besteht bei den Mietgerichten die Tendenz, die Klausel als unwirksam anzusehen, wenn sie für Lackarbeiten eine kürzere Frist als sieben Jahre vorsieht (so zum Beispiel LG München II, Urteil vom 26.6.2001, 12 S 998/01, WuM 2001, 599).

Gegen die Fristen des Mustermietvertrags des Bundesjustizministeriums aus dem Jahr 1976 (3, 5, 7 Jahre) wird von einem Teil der neueren Rechtsprechung eingewendet, sie wären zu kurz und damit unwirksam, weil sich die Haltbarkeit der Dekorationsmaterialien, zum Beispiel der Farben, seit 1976 verbessert habe. Das LG Dresden hat daher zu dieser Frage ein Sachverständigengutachten eingeholt. In diesem Gutachten hat der Sachverständige ausgeführt, dass sich seit 1976 zwar die Umwelt- und Gesundheitsverträglichkeit sowie die Farbvielfalt der Dekorationsmaterialien verbessert haben, nicht aber deren Haltbarkeit. Eine Verlängerung der formularvertraglichen Renovierungsfristen ist daher nicht geboten (LG Dresden, Urteil vom 14.3.2014; 4 S 63/13, GE 2014, 1587).

In Formularmietverträgen dürfen die Renovierungsfristen nur als Richtlinie genannt werden, da dem Mieter der Nachweis offen bleiben muss, dass sich die Mieträume nach Ablauf der Fristen tatsächlich noch nicht in einem renovierungsbedürftigen Zustand befinden, zum Beispiel aufgrund längerer Abwesenheit des Mieters oder einer nur teilweisen Nutzung.

Zusätzliche Formulierungen, die beim Mieter den Eindruck erwecken, dass ein Spielraum hinsichtlich eines längeren Renovierungsturnus ausdrücklich ausgeschlossen ist und er die Räume spätestens nach Ablauf der genannten Fristen renovieren muss (zum Beispiel durch die Formulierung, wonach Schönheitsreparaturen mindestens alle ..... Jahre auszuführen sind; sogenannte starre Fristen), benachteiligen den Mieter nach neuerer Auffassung des BGH unangemessen und führen zur Unwirksamkeit der gesamten Schönheitsreparaturklausel (BGH, Urteil vom 23.6.2004, VIII ZR 361/03, WuM 2004, 463 im Gegensatz zu BGH, Rechtsentscheid vom 6.7.1988, NJW 1988, 2790, wonach eine solche Formulierung zulässig ist). Gleiches gilt dann, wenn die Verpflichtung des Mieters zur Durchführung der Schönheitsreparaturen sowie die für die Erfüllung maßgebenden starren Fristen zwar in zwei verschiedenen Klauseln enthalten sind, zwischen diesen Klauseln jedoch ein innerer Zusammenhang besteht und sie damit als einheitliche Regelung erscheinen (BGH, Urteil vom 22.9.2004, VIII ZR 360/03, WuM 2004, 660). Ferner, wenn die Klausel nur für bestimmte Arbeiten, zum Beispiel für Lackarbeiten an Türen und Fenstern, flexible Fristen bestimmt; nicht aber beispielsweise für Arbeiten an Wänden und Decken. In diesem Fall ist die Klausel insgesamt unwirksam. Bei der Verpflichtung des Mieters zur Vornahme von Schönheitsreparaturen handelt es sich nämlich nach Auffassung des BGH um eine einheitliche, nicht in Einzelmaßnahmen aufspaltbare Rechtspflicht mit der Folge, dass die Unwirksamkeit einer Bestimmung in der gebotenen Gesamtschau der Regelungen zur Unwirksamkeit der gesamten Klausel führt. Dies gilt auch dann, wenn die Ausführung der Arbeiten in verschiedenen, sprachlich voneinander unabhängigen Klauseln des Mietvertrags geregelt ist (BGH, Urteil vom 18.3.2015, VIII ZR 21/13, WuM 2015, 348; so auch bereits BGH, Urteil vom 13.1.2010, VIII ZR 48/09, WuM 2010, 85).

Um einen starren Fristenplan handelt es sich aber jedenfalls dann nicht, wenn der Vermieter bei einem entsprechenden Zustand der Wohnung zur Verlängerung der Fristen verpflichtet ist (BGH, Urteil vom 20.10.2004, VIII ZR 387/03, WuM 2005, 50). Gleiches gilt, wenn die Klausel in besonderen Ausnahmefällen eine Verlängerung oder Verkürzung der Fristen in das billige Ermessen des Vermieters stellt, da der Vermieter in diesem Fall über eine Fristverlängerung nicht nach Belieben entscheiden kann und seine Entscheidung für den Mieter nur dann verbindlich ist, wenn sie der Billigkeit (§ 315 Abs. 3 BGB) entspricht (BGH, Urteil vom 16.2.2005, VIII ZR 48/04, NZM 2005, 299).

Die Klarstellung, dass es sich nicht um sogenannte starre Fristen handelt, kann im Vertragstext zum Beispiel durch Formulierungen erfolgen, wonach Schönheitsreparaturen »in der Regel« oder »im Allgemeinen« alle ..... Jahre auszuführen sind. Solche Vornahmeklauseln mit flexiblen Renovierungsfristen sind auch bei unrenoviert überlassenen Wohnungen wirksam (BGH, Urteil vom 18.11.2008, VIII ZR 73/08, WuM 2009, 36).

Die Klausel darf den Mieter nur zur fachgerechten, jedoch nicht zur Ausführung durch einen Fachhandwerker verpflichten, da dem Mieter kostensparende – fachgerechte – Eigenleistungen nicht untersagt werden dürfen (BGH, Rechtsentscheid vom 6.7.1988, NJW 1988, 2790; OLG Stuttgart, Rechtsentscheid vom 19.8.1993, DWW 1993, 328). Daher ist eine formularvertragliche Klausel, wonach der Mieter verpflichtet ist, die

Schönheitsreparaturen »ausführen zu lassen«, unwirksam, da sie bei der maßgeblichen kundenfeindlichsten Auslegung dahingehend verstanden werden kann, dass der Mieter unter Ausschluss der Möglichkeit einer Selbstvornahme die Arbeiten durch einen Fachhandwerker ausführen lassen muss. Eine solche Formulierung führt zur Unwirksamkeit der gesamten Klausel, sodass der Mieter zur Durchführung von Schönheitsreparaturen nicht verpflichtet ist (BGH, Urteil vom 9.6.2010, VIII ZR 294/09).

Die Klausel darf den Mieter auch nicht zu Arbeiten verpflichten, die über den Begriff der Schönheitsreparatur hinausgehen. Die Schönheitsreparaturen umfassen nach der Definition des § 28 Abs. 4 S. 4 II. BV nur das Tapezieren, Anstreichen oder Kalken der Wände und Decken, das Streichen der Fußböden, Heizkörper einschließlich Heizrohre, der Innentüren sowie der Fenster und Außentüren von innen.

Eine Formularklausel, die den Mieter einer mit Einbaumöbeln versehenen Wohnung im Rahmen der Schönheitsreparaturabwälzung auch zum Anstrich der Einbaumöbel verpflichtet, ist insgesamt unwirksam, da der Anstrich von Möbeln weit über den Schönheitsreparaturenkatalog des § 28 Abs. 4 Satz 3 II. BV hinausgeht und damit eine unangemessene Benachteiligung des Mieters darstellt (LG Berlin, Beschluss vom 17.11.2015, 67 S 359/15, GE 2016, 127).

Das Abschleifen und Versiegeln von Parkettböden sowie das Reinigen und Erneuern von Teppichböden zählt nach Auffassung der überwiegenden Rechtsprechung jedenfalls bei Wohnräumen nicht zu den Schönheitsreparaturen (vgl. zum Beispiel OLG Hamm, Rechtsentscheid vom 23.3.1991, DWW 1991, 145; LG Stuttgart, NJW-RR, 1989, 1170).

Soll sich die Verpflichtung zur Durchführung von Schönheitsreparaturen auch auf die Kellerräume erstrecken, ist eine ausdrückliche Vereinbarung erforderlich (AG Langen, WuM 1997, 40; zum Beispiel unter § 18. Sonstige Vereinbarungen).

Eine Formularklausel, die den Mieter ausdrücklich zur Durchführung von Außenanstrichen verpflichtet (zum Beispiel die Außenseiten von Fenstern, Balkontüren, Loggien), ist insgesamt unwirksam. Die bloße Streichung der Textbestandteile, mit denen der in § 28 Abs. 4 S. 3 II. BV geregelte Gegenstandsbereich von Schönheitsreparaturen (Innenseite von Fenstern und Türen) überschritten wird, liefe der Sache nach auf eine – nach dem Gesetz unzulässige – geltungserhaltende Reduktion hinaus (BGH, Urteil vom 18.2.2009, VIII ZR 210/08).

Gleiches gilt, wenn die Formularklausel ohne Einschränkung das Streichen von Fenstern und Türen bestimmt. Daraus folgt nämlich, dass die Außenseiten nicht ausgeschlossen sind. Auch eine solche Klausel ist unwirksam und kann nicht teilweise (bezüglich der Innenseiten) erhalten werden. Dies hat zur Folge, dass der Mieter überhaupt keine Schönheitsreparaturen durchführen muss (BGH, Urteile vom 13.1.2010, VIII ZR 48/09 und vom 10.2.2010 VIII ZR 222/09, WuM 2010, 231).

Dagegen geht aus einer formularvertraglichen Regelung, mit der das Streichen der Türen ohne ausdrückliche Ausnahme der Außenseite der Wohnungseingangstür dem Mieter auferlegt wird, mit der erforderlichen Klarheit hervor, dass damit nur das Streichen der Türen im Innenbereich gemeint ist, wenn die anderen Regelungen in derselben Passage des Vertrags sich ausdrücklich nur auf Schönheitsreparaturen innerhalb der gemieteten Räume beziehen (BGH, Beschluss vom 20.3.2012, VIII ZR 192/11, WuM 2012, 312).

Zur Vermeidung von Unklarheiten sollte bei der Formulierung der Klausel darauf geachtet werden, dass die Verpflichtung des Mieters auf das Streichen der Innenseiten beschränkt ist.

Dementsprechend sollte der Mieter durch Formularklauseln nur zur turnusmäßigen Durchführung von Arbeiten verpflichtet werden, die unter den Begriff »Schönheitsreparaturen« fallen. Die Aufnahme darüber hinausgehender Arbeiten (zum Beispiel Abschleifen und Versiegeln von Parkettböden) kann die Wirksamkeit der Formularklausel gefährden und sollte daher nur durch eine individuell ausgehandelte Vereinbarung erfolgen (zum Beispiel unter § 18. Sonstige Vereinbarungen).

Abzuraten ist jedoch davon, eine Formularklausel über die Verpflichtung zur Durchführung von laufenden Schönheitsreparaturen durch eine Vereinbarung über die Verpflichtung zur Renovierung bei Auszug zu ergänzen. Die Kombination beider Klauseln kann nämlich nach Auffassung des BGH infolge des Summierungseffekts eine unangemessene Benachteiligung des Mieters darstellen und zur Unwirksamkeit beider Klauseln führen (BGH, Urteil vom 25.6.2003, VII ZR 335/02, WuM 2003, 561). Dementsprechend ist auch eine formularvertragliche Zusatzvereinbarung unwirksam, wonach der Mieter (neben den laufenden Schönheitsreparaturen) beim Auszug zum Entfernen der Tapeten und des Klebers an Wand und Boden verpflichtet ist (LG Saarbrücken, Urteil vom 21.7.2000, 13 B 65/00, NJW-RR 2001, 82).

Dies gilt nach der neuen Rechtsprechung des BGH auch dann, wenn die Wohnung dem Mieter in renoviertem Zustand übergeben worden ist und der Mieter während des Mietverhältnisses nicht zu laufenden, das heißt turnusmäßigen, Schönheitsreparaturen nach bestimmten Fristen verpflichtet ist. Auch eine »isolierte« Endrenovierungsklausel, wonach der Mieter die Wohnung in einem bestimmten Zustand (zum Beispiel weiß gestrichen) zurückgeben muss, benachteiligt den Mieter nach Auffassung des BGH unangemessen, da er die Wohnung bei Beendigung des Mietverhältnisses auch dann renovieren müsste, wenn er dort nur kurze Zeit gewohnt hat oder erst kurz vor seinem Auszug (freiwillig) Schönheitsreparaturen vorgenommen hat, sodass bei einer

Fortdauer des Mietverhältnisses für eine (erneute) Renovierung kein Bedarf bestünde (BGH, Urteil vom 12.9.2007, VIII ZR 316/06).

Das Abschleifen und Versiegeln eines Parkettbodens zählt nicht zu den Schönheitsreparaturen im Sinne von § 28 Abs. 4 S. 3 II. BV. Daher ist eine Formularklausel, die den Mieter neben Malerarbeiten zum Abschleifen und Versiegeln des Parketts verpflichtet, insgesamt unwirksam mit der Folge, dass der Mieter überhaupt keine Schönheitsreparaturen durchführen muss (BGH, Urteil vom 13.1.2010, VIII ZR 48/09).

Dies gilt auch, wenn eine sogenannte salvatorische Klausel vorsieht, dass die Arbeiten nur dann durchgeführt werden müssen, »sofern dies die Gesetzeslage bzw. die Rechtsprechung erlaubt«. Salvatorische Klauseln mit dem Inhalt »soweit gesetzlich zulässig« können nämlich in Allgemeinen Geschäftsbedingungen jedenfalls dann nicht wirksam vereinbart werden, wenn die Rechtslage nicht ernstlich zweifelhaft ist. Daran ändert auch ein Zusatz des Inhalts nichts, dass die Vertragsbedingung nach derzeitigem Stand von Gesetzgebung und Rechtsprechung nicht erlaubt ist, aber vorgreiflich für den nicht auszuschließenden Fall vereinbart wird, dass sich Gesetz oder Rechtsprechung ändern (BGH, Beschluss vom 5.3.2013, VIII ZR 137/12, NZM 2013, 307).

Auch die Erneuerung eines verschlissenen Teppichbodens zählt nicht zu den Schönheitsreparaturen (OLG Hamm, Rechtsentscheid vom 22.3.1991, 30 RE-Miet 3/90, DWW 1991, 145).

Die Unwirksamkeit der Gesamtregelung hat für den Vermieter die nachteilige Folge, dass der Mieter auch während der Dauer des Mietverhältnisses keine Schönheitsreparaturen ausführen muss.

Sogenannte Quotenabgeltungsklauseln, wonach der Mieter einen prozentualen, seiner Mietzeit entsprechenden Anteil an den Renovierungskosten zahlen muss, wenn er vor Ablauf der vertraglichen Renovierungsfristen auszieht und daher zur Durchführung von Schönheitsreparaturen nicht verpflichtet ist, sind nach der neuen Rechtsprechung des BGH unwirksam. Dies gilt unabhängig davon, ob die Wohnung dem Mieter zu Beginn des Mietverhältnisses renoviert oder unrenoviert überlassen wurde (BGH, Urteil vom 18.3.2015, VIII ZR 21/13).

Im Gegensatz zu seiner früheren Rechtsprechung, in der der BGH die Wirksamkeit solcher Klauseln mehrfach bestätigt hat (unter anderem Rechtsentscheid vom 6.7.1988, VIII ARZ 1/88 sowie Urteile vom 26.5.2004, VIII ZR 77/03, vom 6.10.2004, VIII ZR 215/03 und vom 16.6.2010, VIII ZR 280/09), sieht der BGH eine unangemessene Benachteiligung des Mieters nunmehr darin, dass der Vermieter die Renovierungsfristen aufgrund der eigenen Rechtsprechung des BGH (Urteil vom 5.4.2006, VIII ZR 178/05) flexibel gestalten muss und daher den auf den Mieter entfallenden Kostenanteil nicht mehr verlässlich ermitteln könne. Daher sei für den Mieter bei Abschluss des Mietvertrags jetzt nicht mehr klar und verständlich, welche Belastung gegebenenfalls auf ihn zukommt. Dies stelle eine unangemessene Benachteiligung des Mieters dar und führe zur Unwirksamkeit von Quotenabgeltungsklauseln (BGH, Urteil vom 18.3.2015, VIII ZR 21/13).

Eine unwirksame Abgeltungsklausel führt jedoch nicht zur Unwirksamkeit der allgemeinen Schönheitsreparaturklausel. Denn der Zweck der Abgeltungsklausel besteht darin, dem Vermieter, der von dem ausziehenden Mieter mangels Fälligkeit der Schönheitsreparaturen keine Endrenovierung verlangen kann, wenigstens einen prozentualen Anteil an den Renovierungskosten seit den letzten Schönheitsreparaturen während der Mietzeit zu sichern. Sie ergänzt deshalb lediglich die Verpflichtung des Mieters zur Durchführung von Schönheitsreparaturen für den Fall, dass die Renovierungspflicht noch nicht fällig ist. Eine Unwirksamkeit kann daher nicht auf die allgemeine Schönheitsreparaturklausel durchschlagen (BGH, Urteile vom 18.6.2006, VIII ZR 224/07, WuM 2008, 472 und vom 18.11.2008, VIII ZR 73/08, WuM 2009, 36).

Auch bei preisgebundenem Wohnraum darf der Vermieter den Mieter zur Durchführung von Schönheitsreparaturen verpflichten oder alternativ einen Mietzuschlag für die Kosten der von ihm zu tragenden Schönheitsreparaturen verlangen (§ 28 Abs. 4 S. 2 II. BV). Dabei verstößt eine individualvertragliche Übertragung der Anfangsrenovierung bei Bezug der Wohnung durch den Mieter nicht gegen die Bestimmungen des Wohnungsbindungsgesetzes, da dem Mieter damit keine Leistung auferlegt wird, die den Rahmen der Kostenmiete übersteigt. Dies gilt erst recht, wenn dem Mieter für die Übernahme der Anfangsrenovierung, die ihm letztlich selbst zugutekommt, ein Mietnachlass (hier: eine Monatsmiete) gutgeschrieben wird – unabhängig davon, ob dieser Nachlass für die vom Mieter für die Renovierung aufgewendeten Kosten ausreicht. Ein Erstattungsanspruch des Mieters für die getätigten Aufwendungen aus § 9 Wohnungsbindungsgesetz, wonach bei preisgebundenem Wohnraum die Vereinbarung einmaliger Leistungen durch den Mieter unwirksam ist, besteht in diesem Fall daher nicht (BGH, Beschluss vom 22.8.2018, VIII ZR287/17, GE 2018, 1585).

Der Mieter ist zur Leistung von Schadenersatz gemäß § 535, § 241 Abs. 2 und § 280 Abs. 1 BGB verpflichtet, wenn er eine in neutraler Dekoration, zum Beispiel mit weißem Anstrich, übernommene Wohnung bei Mietende in einem ausgefallenen farblichen Zustand, zum Beispiel mit rotem, gelbem oder blauem Anstrich, zurückgibt, der von vielen Mietinteressenten nicht akzeptiert wird und eine Neuvermietung der Wohnung praktisch unmöglich macht. Der Schaden des Vermieters besteht darin, dass er die für breite Mieterkreise nicht akzeptable Art der Dekoration beseitigen muss (BGH, Urteil vom 6.11.2013, VIII ZR 416/12). Während der Mietzeit darf der Mieter selbst bestimmen, in welchen Farben er die Räume streichen will, da in dieser Zeit seine ästhetischen Vorlieben überwiegen. Bei Ende der Mietzeit überwiegt dagegen das

Interesse des Vermieters, die Wohnung mit einer Dekoration zurückzuerhalten, die von möglichst vielen Mietinteressenten akzeptiert wird. Dementsprechend müssen die Räume nicht unbedingt »rein« weiß, jedoch mit einem zumindest neutralen Anstrich, beispielsweise hellbeige oder eierschalenfarben, zurückgegeben werden. Dies gilt auch dann, wenn die üblichen Renovierungsfristen noch nicht abgelaufen sind oder sich die Räume in einem eigentlich noch nicht renovierungsbedürftigen Zustand befinden (BGH, Urteil vom 6.11.2013, a. a. O.).Bedeutung hat diese Rechtsprechung daher vor allem bei Mietverträgen, die eine beispielsweise wegen starrer Renovierungsfristen unwirksame Renovierungsklausel enthalten. Dann hat der Vermieter zwar keinen vertraglichen Anspruch auf Durchführung bestimmter Malerarbeiten; jedoch wie in allen anderen Fällen einer Beschädigung der Mietsache einen gesetzlichen Schadenersatzanspruch gegen den Mieter.

Eine formularvertragliche Vereinbarung, wonach bei Streit über Höhe und Umfang von nicht oder nicht fachgerecht ausgeführten/erforderlichen Schönheitsreparaturen, Abnutzungen der Mietsache oder Mietschäden, die über den vertragsgemäßen Mietgebrauch hinausgehen, ein Schiedsgutachter – abschließend – entscheidet, sind gemäß § 307 BGB wegen unangemessener Benachteiligung des Mieters unwirksam (AG Leipzig, Urteil vom 8.5.2014, 166 C 3153/13, NJW-RR 2015, 268).

Zu (3)
Wie bei den Schönheitsreparaturen gibt es auch bei den sogenannten Kleinreparaturen keine gesetzliche Bestimmung, die den Mieter zur Durchführung von Reparaturen verpflichtet, die infolge von Verschleiß bzw. altersgemäßer Abnutzung entstanden sind.

Zur Durchführung solcher Reparaturen ist gemäß § 535 BGB vielmehr der Vermieter verpflichtet. Etwas anderes gilt nur, wenn der Mieter einen Schaden durch ein ihm zurechenbares Verschulden verursacht hat, zum Beispiel durch unsachgemäße Handhabung oder Gewalteinwirkung. Für einen solchen Fall bedarf es keiner vertraglichen Regelung, da der Mieter in solchen Fällen bereits nach den gesetzlichen Bestimmungen (§§ 823 ff. BGB) zum Schadenersatz verpflichtet ist.

Eine vertragliche Regelung ist jedoch erforderlich, wenn der Mieter abweichend von der gesetzlichen Regelung des § 535 BGB auch zur Durchführung von Verschleißreparaturen verpflichtet werden soll. Allerdings kann eine solche Vereinbarung formularvertraglich nur sehr eingeschränkt vereinbart werden. Nach den grundsätzlichen Entscheidungen des BGH (Urteil vom 7.6.1989, NJW 1989, 2247 und 6.5.1992, DWW 1992, 207) kann der Mieter durch eine formularvertragliche Kleinreparaturklausel nur zur Tragung von Kosten in einer bestimmten Höhe, nicht aber zur eigenverantwortlichen Vornahme von Kleinreparaturen verpflichtet werden. Ferner muss die Klausel sowohl eine gegenständliche als auch eine betragsmäßige Begrenzung beinhalten.

Gegenständliche Begrenzung bedeutet, dass die Verpflichtung des Mieters zur Zahlung von Reparaturkosten auf Teile der Mietsache beschränkt ist, die seinem häufigen und unmittelbaren Zugriff unterliegen, zum Beispiel Installationsgegenstände für Elektrik, Wasser, Gas, Heiz- und Kocheinrichtungen, Fenster- und Türverschlüsse, Steckdosen, Schalter, Wasserhähne, Mischbatterien; nicht dagegen die Strom-, Gas-, Heizungs- und Wasserleitungen, da diese nicht dem häufigen Zugriff des Mieters ausgesetzt sind.

Eine formularvertragliche·Kleinreparaturklausel, die ausdrücklich auch solche Teile der Mietsache umfasst, die nicht dem häufigen Zugriff des Mieters ausgesetzt sind (hier: Spiegel, Verglasung, Beleuchtungskörper usw.), benachteiligt den Mieter unangemessen und ist daher insgesamt unwirksam (§ 307 BGB; AG Zossen, Urteil vom 11.6.2015, 4 C 50/15, WuM 2015, 476). Gleiches gilt für brüchig gewordene Silikonfugen. Diese unterliegen einer gewissen Versprödung, die mit der Zeit zu Untergrundablösungen des Silikons und zur Undichtigkeit der Fugen führen. Deshalb werden Silikonfugen auch als Wartungsfugen bezeichnet, die regelmäßig im Intervall von zwei Jahren kontrolliert werden sollen und eine durchschnittliche Lebensdauer von (nur) ca. acht Jahren haben.

Daher sind Silikonfugen bereits begrifflich kein Installationsgegenstand und fallen deshalb nicht unter den Anwendungsbereich einer Kleinreparaturklausel (AG Berlin, Urteil vom 29.8.2017, 5 C 93/16, GE 2017, 1227).

Die betragsmäßige Begrenzung muss sich sowohl auf die einzelne Reparatur als auch auf die Gesamtbelastung des Mieters durch Kleinreparaturen in einem bestimmten Zeitraum beziehen. Als Höchstgrenze für die einzelne Reparatur darf derzeit (2019) ein Betrag von maximal 125 EUR vereinbart werden (siehe hierzu AG Braunschweig, Urteil vom 29.3.2005, 116 C 196/05, ZMR 2005, 717: 100 EUR zuzüglich der gesetzlichen Mehrwertsteuer, da dies ca. 1,5 Arbeitsstunden zuzüglich Anfahrtspauschale und Materialkosten entspricht, sowie AG Würzburg, WuM 2010, 56: 110 EUR, AG Neukölln, MM 2013, 30: 120 EUR, AG Schöneberg, Urteil vom 3.8.2017, 106 C 46/17, GE 2018, 463: 120 EUR). Unter diese Grenze fallen infolge der heutigen Kosten für Material und insbesondere für Arbeitszeit, Anfahrt etc. nur noch wenige Reparaturmaßnahmen. Von der Aufnahme eines höheren Betrags muss jedoch trotzdem abgeraten werden, weil dadurch die Wirksamkeit der Formularklausel als Ganzes gefährdet wird.

Höhere Beträge können nur im Einzelfall durch individuelles Aushandeln vereinbart werden. Gleiches gilt für die Vereinbarung einer Beteiligungspflicht des Mieters an Reparaturkosten in bestimmter Höhe. Eine derartige Beteiligungspflicht an den Kosten größerer Reparaturen kann formularvertraglich nicht wirksam vereinbart werden.

Generell abzuraten ist von der Vereinbarung von sogenannten Vornahmeklauseln, wonach der Mieter nicht zur Tragung von Kosten, sondern zur eigenverantwortlichen Durchführung bestimmter Reparaturen verpflichtet werden soll. In der Begründung des BGH-Urteils vom 6.5.1992 (a. a. O.) kommt zum Ausdruck, dass der BGH in der Verpflichtung des Mieters zur Vornahme von Reparaturen einen Verstoß gegen die zwingende Vorschrift des § 536 Abs. 4 BGB (Ausschluss des Minderungsrechts des Mieters) sieht. Von dieser Bestimmung kann nicht einmal durch individuelle Vereinbarung abgewichen werden, sodass Bedenken gegen die Wirksamkeit jeglicher Art von Vornahmeklauseln bestehen, unabhängig von der Art und dem Umfang der auf den Mieter übertragenen Reparaturverpflichtung. Während der Dauer des Mietverhältnisses anfallende Kosten für Verschleißreparaturen sollten daher bereits bei der Kalkulation der Miete berücksichtigt werden.

Dem Anspruch des Vermieters auf Erstattung der Kosten von Kleinreparaturen steht nicht entgegen, dass der Vermieter mehrere Reparaturen an verschiedenen Gewerken durch einen Handwerker durchführen lässt und der Handwerker darüber eine Gesamtrechnung stellt. Liegen die Beträge für die einzelne Reparatur unter der zulässigen Höchstgrenze für Kleinreparaturen, ist es unschädlich, wenn die Rechnung über sämtliche Arbeiten einen über dieser Grenze liegenden Betrag aufweist, da dem Vermieter eine gleichzeitige, das heißt kostensparende Ausführung mehrerer Reparaturen überlassen bleiben muss (AG München, Urteil vom 25.2.2015, 425 C 18161/14).

Zu (4)

Die Verpflichtung des Mieters, die Mieträume und die gemeinschaftlichen Einrichtungen pfleglich und schonend zu behandeln sowie die Mieträume ausreichend zu heizen und zu lüften, zum Beispiel um Schimmel vorzubeugen, ist Ausfluss der Obhutspflicht des Mieters.

Zu (5)

Schäden in den Mieträumen muss der Mieter dem Vermieter unverzüglich anzeigen (§ 536c Abs. 1 BGB). Unterlässt der Mieter die Anzeige, ist er dem Vermieter zum Ersatz des daraus entstehenden Schadens verpflichtet (§ 9 Abs. 4 S. 3 MV). Die Wirksamkeit einer Formularklausel dieses Inhalts wurde vom BGH mit Urteil vom 20.1.1993 (DWW 1993, 74) bestätigt.

Beseitigt der Mieter Mängel auf eigene Kosten, besteht ein Anspruch auf Kostenerstattung gegen den Vermieter nur dann, wenn er vor der Beseitigung Abhilfe innerhalb angemessener Frist verlangt, der Vermieter die Mängel aber trotzdem nicht beseitigt hat. Etwas anderes gilt nur für nicht aufschiebbare Maßnahmen bei Gefahr im Verzug (zum Beispiel bei einem Rohrbruch).

Zu (6)
Eine Klausel, welche die Haftung des Mieters für Beschädigungen der Mieträume auf weitere Personen ausdehnt, muss diesen Personenkreis genau bezeichnen und abgrenzen. Eine Klausel, wonach der Mieter auch für Untermieter, Besucher, Lieferanten, Handwerker usw. haftet, ist unwirksam (OLG München, WuM 1989, 128; BGH, NJW 1991, 1750).

Die Beweislast für die Verursachung von Schäden in der Wohnung kann nur sehr eingeschränkt zum Nachteil des Mieters geändert werden. Unwirksam ist die Vertragsklausel: »Dem Mieter obliegt der Beweis dafür, dass schuldhaftes Verhalten nicht vorgelegen hat« (OLG München, a. a. O.). Zulässig ist eine Beweislastregelung, nach der dem Mieter der Beweis für eine nicht schuldhafte Verursachung obliegt, nachdem der Vermieter bewiesen hat, dass die Schadensursache im Gefahrenbereich des Mieters gesetzt wurde.

2.1.13 Pfandrecht des Vermieters

ARBEITSHILFE ONLINE

MUSTER: Mietvertrag für Mietverhältnisse über Wohnraum

§ 10. Pfandrecht des Vermieters
Zur Sicherung seines Pfandrechts kann der Vermieter die Entfernung der seinem Pfandrecht unterliegenden Sachen nach den gesetzlichen Vorschriften auch ohne Anrufung des Gerichts verhindern und bei Auszug in Besitz nehmen.

Nach den gesetzlichen Vorschriften (§ 562 BGB) darf der Vermieter die Entfernung der seinem Pfandrecht unterliegenden Sachen auch ohne Anrufung des Gerichts verhindern und bei Auszug des Mieters in Besitz nehmen. Dieses Vermieterpfandrecht hat jedoch nur noch geringe praktische Bedeutung, da der Erlös aus einer Verwertung nach Abzug der Unkosten oftmals sehr gering ist und einer Verwertung häufig auch Rechte anderer entgegenstehen, wenn die in der Wohnung befindlichen Sachen zum Beispiel unter Eigentumsvorbehalt stehen, sicherungsübereignet, gemietet oder geleast sind.

Eine Klausel, wonach der Mieter dem Vermieter für den Fall der Untervermietung die ihm gegenüber dem Untermieter zustehenden Forderungen einschließlich des Pfandrechts zur Sicherheit abtritt, ist unwirksam (BGH, NJW 1991, 1750).

2.1.14 Betreten der Mieträume durch den Vermieter

ARBEITSHILFE ONLINE

MUSTER: Mietvertrag für Mietverhältnisse über Wohnraum

§ 11. Betreten der Mieträume durch den Vermieter

(1) Der Vermieter, ein von ihm Beauftragter oder beide sind bei Gefahr im Verzug berechtigt, die Mieträume zur Feststellung und Durchführung der zur Gefahrenabwehr notwendigen Arbeiten zu betreten.

(2) Will der Vermieter das Grundstück verkaufen oder ist das Mietverhältnis gekündigt, sind die in Abs. (1) bezeichneten Personen berechtigt, zusammen mit dem Kauf- bzw. Mietinteressenten die Mieträume nach Terminvereinbarung zur Besichtigung zu betreten.

Über den Umfang des Betretungsrechts des Vermieters gibt es keine gesetzlichen Bestimmungen. Es sind daher vertragliche Regelungen zu empfehlen. Ein jederzeitiges Betretungsrecht des Vermieters kann jedoch weder formularvertraglich noch individuell vereinbart werden, da eine solche Vereinbarung gegen das Grundrecht der Unverletzlichkeit der Wohnung (Art. 13 Abs. 1 GG) verstoßen würde (BVerfG, Beschluss vom 26.5.1993, WuM 1993, 377).

Formularvertraglich kann jedenfalls vereinbart werden, dass der Vermieter die Mieträume im Fall der Kündigung des Mietverhältnisses sowie des Verkaufs der Mietwohnung zusammen mit den jeweiligen Interessenten betreten darf (§ 11 Abs. 2 MV). Die Festlegung von bestimmten Wochentagen und Tageszeiten ist zulässig, sofern sich diese im üblichen und angemessenen Rahmen halten (wochentags zwischen 10.00 und 13.00 Uhr sowie 15.00 und 18.00 Uhr, samstags zwischen 10.00 und 13.00 Uhr; vgl. hierzu AG Köln, Urteil vom 27.9.2000, NZM 2001, 41, wonach auch der Samstag zu den Werktagen zählt). Nach Auffassung des AG München hat der Mieter die Besichtigung seiner Wohnung durch den neuen Eigentümer und Vermieter zu dulden, wenn dieser dem Mieter mit einer Frist von mindestens drei Tagen einen Termin zu üblichen Zeiten (Montag bis Samstag, 9.00 bis 13.00 Uhr und 15.00 bis 18.00 Uhr) benennt (AG München, Urteil vom 12.8.2016, 416 C 10784/16, ZMR 2017, 569). Darüber hinausgehende Zeiträume sowie eine Besichtigung an Sonn- und Feiertagen werden formularvertraglich nicht vereinbart werden können.

Ohne Vorliegen eines konkreten Anlasses kann dem Vermieter nach der Rechtsprechung des BGH – entgegen einer von Teilen der Instanzrechtsprechung vertretenen Auffassung (so zum Beispiel LG Stuttgart, ZMR 1985, 273; LG Frankfurt/M., Urteil vom 17.12.2012, 2-11 S 146/12) – nicht das Recht zugebilligt werden, die Mietsache auch ohne besonderen Anlass in einem regelmäßigen zeitlichen Abstand von ein bis zwei Jahren zu besichtigen. Dementsprechend ist auch eine Formularklausel, die dem Vermieter ein Betretungs- und Besichtigungsrecht ganz allgemein »zur Überprüfung des Wohnungszustands« und damit ein anlassloses Betretungsrecht zubilligt, wegen unangemessener Benachteiligung des Mieters (§ 307 Abs. 1 Satz 1 BGB) unwirksam (BGH, Urteil vom 4.6.2014, VIII ZR 289/13).

Da nach überwiegender Rechtsprechung vor Besichtigung der Mieträume durch den Vermieter grundsätzlich eine Terminvereinbarung mit dem Mieter erfolgen muss (vgl. zum Beispiel LG Göttingen, WuM 1982, 279), könnte die formularmäßige Bestimmung eines Betretungsrechts nach bloßer einseitiger Ankündigung durch den Vermieter problematisch sein. Auch die Festlegung bestimmter Zeiten im Mietvertrag kann nicht generell empfohlen werden, da auch dann eine Terminabsprache innerhalb dieser Zeit erfolgen muss und der Mieter unter Berufung auf diese Zeiten eine Besichtigung zu anderen Terminen generell ablehnen könnte.

2.1.15 Beendigung der Mietzeit

MUSTER: Mietvertrag für Mietverhältnisse über Wohnraum

ARBEITSHILFE ONLINE

§ 12. Beendigung der Mietzeit
Die Mieträume sind bei Beendigung der Mietzeit gesäubert und mit sämtlichen Schlüsseln zurückzugeben. § 9 Abs. (2) bleibt unberührt.

Fehlt eine vertragliche Vereinbarung zur Reinigung der Wohnung bzw. muss diese nur »besenrein« zurückgegeben werden, ist der Mieter nur zur Beseitigung von groben Verschmutzungen verpflichtet, wozu das Fensterputzen nicht gehört (BGH, GE 2006, 1158).

Formularvertragliche Klauseln über eine generelle Verpflichtung des Mieters zur Durchführung von Schönheitsreparaturen bei Beendigung des Mietverhältnisses sind unzulässig. Neben der gesetzlichen Verpflichtung zur Herausgabe der vollständig geräumten Mieträume einschließlich der Schlüssel kann der Mieter daher nur zur Rückgabe in sauberem Zustand verpflichtet werden.

Davon unberührt bleibt die Verpflichtung des Mieters zur Durchführung der Schönheitsreparaturen, wenn die Renovierungsfristen bei Beendigung des Mietverhältnisses abgelaufen sind bzw. zur Zahlung von anteiligen Renovierungskosten, wenn das Mietverhältnis vor Ablauf der Fristen endet (siehe § 9 Abs. 2 und 3 MV). Gleiches gilt für die Verpflichtung des Mieters zur Herstellung des ursprünglichen Zustands bei baulichen Änderungen.

Eine Formularklausel, die dem Mieter eine verschuldensunabhängige Haftung für den Verlust der Wohnungsschlüssel auferlegt, ist unwirksam (Beispiel: »Kommt der Mieter seiner Verpflichtung zur Rückgabe sämtlicher Schlüssel bei Beendigung des Mietverhältnisses nicht nach, ist der Vermieter berechtigt, auf Kosten des Mieters Ersatzschlüssel zu beschaffen, oder, soweit dies im Interesse des Nachmieters geboten ist, neue Schlösser mit anderen Schlüsseln einzubauen, soweit er den Mieter unter Fristsetzung zur Leistungserbringung gemahnt hat«). Nach den generellen Grundsätzen des Haftungsrechts kann Schadenersatz vom Mieter im Fall eines Verschuldens verlangt werden. Allein der Umstand, dass das Risiko des Verlusts von Schlüsseln regelmäßig der Sphäre des Vermieters entzogen und allein durch den Mieter beherrschbar ist, reicht nach Auffassung des OLG Brandenburg für eine solche Risikoabwälzung nicht aus (OLG Brandenburg, Urteil vom 21.4.2004, 7 U 165/03, WuM 2004, 597).

2.1.16 Vorzeitige Beendigung der Mietzeit

ARBEITSHILFE ONLINE

MUSTER: Mietvertrag für Mietverhältnisse über Wohnraum

§ 13. Vorzeitige Beendigung der Mietzeit

Endet das Mietverhältnis durch fristlose Kündigung des Vermieters aus Gründen, die der Mieter zu vertreten hat, haftet der Mieter für den Schaden, der dem Vermieter dadurch entsteht, dass die Räume nach dem Auszug des Mieters aus Gründen, die der Vermieter nicht zu vertreten hat, nicht oder nur zu einer niedrigeren Miete vermietet werden können. Die Geltendmachung eines weiteren vom Mieter zu vertretenden Schadens ist nicht ausgeschlossen.

Beruht eine fristlose Kündigung des Vermieters auf einer Vertragsverletzung durch den Mieter (zum Beispiel wegen Zahlungsverzugs, vertragswidrigen Gebrauchs der Mieträume), haftet der Mieter dem Vermieter auf Schadenersatz wegen Pflichtverletzung (§ 280 BGB in der seit 1.1.2002 geltenden Fassung). Das bedeutet, dass er insbesondere zur Zahlung eines Mietausfalls verpflichtet werden kann, der dem Vermieter durch einen vorübergehenden Leerstand der Räume oder infolge Vermietung zu einer niedrigeren Miete entsteht. Jedoch sollte die Geltendmachung eines weiteren Schadens, zum Beispiel für Inserate, Anwaltskosten etc., vorbehalten werden, da sich der vom Mieter zu ersetzende Schaden anderenfalls auf den Mietausfall beschränkt.

2.1.17 Personenmehrheit als Mieter

ARBEITSHILFE ONLINE

MUSTER: Mietvertrag für Mietverhältnisse über Wohnraum

§ 14. Personenmehrheit als Mieter

(1) Sind mehrere Personen Mieter (zum Beispiel Ehegatten), so haften diese für alle Verpflichtungen aus dem Mietverhältnis als Gesamtschuldner.

(2) Willenserklärungen müssen von oder gegenüber allen Mietern abgegeben werden. Die Mieter bevollmächtigen sich in stets widerruflicher Weise gegenseitig zur Entgegennahme oder Abgabe solcher Erklärungen. Diese Vollmacht gilt nicht für die Zustimmung zu einem Mieterhöhungsverlangen, für den Ausspruch von Kündigungen, für ein Verlangen auf Verlängerung des Mietverhältnisses, für Mietaufhebungs- und -änderungsverträge sowie für einen Verzicht auf das ordentliche Kündigungsrecht.

Wissenserklärungen, zum Beispiel Kündigungen oder Mieterhöhungen durch den Vermieter, müssen grundsätzlich gegenüber allen Mietern abgegeben werden. Gleiches gilt für Willenserklärungen des bzw. der Mieter. Formularvertragliche Klauseln, wonach eine Willenserklärung des Vermieters, die nur an einen Mieter adressiert ist, auch gegenüber den anderen Mietern als zugegangen gilt, ist wegen Verstoßes gegen § 308 Nr. 6 BGB unwirksam (sogenannte Erklärungs- bzw. Zugangsfiktionen).

Grundsätzlich zulässig sind dagegen sogenannte Empfangsvollmachten, wonach sich die Mieter gegenseitig zur Entgegennahme oder Abgabe solcher Erklärungen bevollmächtigen.

Die Willenserklärung des Vermieters muss zwar auch bei bestehenden Empfangsvollmachten an alle Mieter adressiert sein, jedoch genügt es, dass die Erklärung einem Mieter zugeht. Dies kann insbesondere von Vorteil sein, wenn der andere Mieter aus der Wohnung ausgezogen und sein neuer Wohnsitz unbekannt ist.

Die gegenseitige Bevollmächtigung ist bereits gemäß § 168 S. 2 BGB grundsätzlich frei widerruflich. Einen entsprechenden Hinweis muss die Klausel daher nicht unbedingt enthalten (BGH, Rechtsentscheid vom 10.9.1997, WuM 1997, 599).

Jedoch müssen von der gegenseitigen Bevollmächtigung Erklärungen der Mieter ausgenommen werden, die den Bestand des Mietverhältnisses (zum Beispiel durch Kündigung oder Aufhebung) oder die Leistungspflicht des Mieters (zum Beispiel Zustimmung zu Mieterhöhungen) betreffen (OLG Celle, WuM 1990, 103). Formularvertragliche Empfangsvollmachten sind daher nur wirksam, wenn sie unter Berücksichtigung dieser Grundsätze formuliert sind (vgl. § 14 Abs. 2 MV).

Unwirksam ist daher die Klausel: »Rechtshandlungen und Willenserklärungen eines Vermieters sind auch für die anderen Vermieter, eines Mieters auch für die anderen Mieter verbindlich.« Diese Klausel ist unwirksam, da sie jedem Mitmieter die Möglichkeit eröffnet, ohne Rücksicht auf die Belange der anderen Mitmieter den Mietvertrag in seinem Bestand selbst oder in elementaren Bestandteilen zu verändern, zum Beispiel Untermietverträge abzuschließen etc. (OLG Düsseldorf, Urteil vom 17.10.2006, I-24 U 7/06, ZMR 2008, 44).

2.1.18 Öffentlich geförderte Wohnungen

ARBEITSHILFE ONLINE

MUSTER: Mietvertrag für Mietverhältnisse über Wohnraum

§ 15. Öffentlich geförderte Wohnungen

Der Mieter verpflichtet sich, eine vom Vermieter in preisrechtlich zulässiger Weise geltend gemachte erhöhte Miete einschließlich Betriebskostenvorauszahlungen und etwaiger Umlagen vom Zeitpunkt der Zulässigkeit ab zu zahlen.

Die Erhöhung der Kostenmiete von öffentlich geförderten Wohnungen setzt Folgendes voraus: Die laufenden Aufwendungen des Vermieters müssen sich erhöht haben und dem Mieter muss eine den Vorschriften des § 10 WoBindG entsprechende Erhöhungserklärung zugegangen sein.

Die Erklärung des Vermieters hat die Wirkung, dass von dem Ersten des auf die Erklärung folgenden Monats an das erhöhte Entgelt an die Stelle des bisher zu entrichtenden Entgelts tritt. Wird die Erklärung erst nach dem 15. eines Monats abgegeben, so tritt diese Wirkung von dem Ersten des übernächsten Monats an ein. Dies gilt nach der gesetzlichen Regelung auch dann, wenn sich die laufenden Aufwendungen bereits zu einem früheren Zeitpunkt erhöht haben, zum Beispiel weil durch Gesetz oder Rechtsverordnung eine Erhöhung der Verwaltungs- oder der Instandhaltungskostenpauschale erfolgt ist.

Enthält der Mietvertrag jedoch eine sogenannte Gleitklausel, wonach die erhöhte Miete bereits ab dem Zeitpunkt der Zulässigkeit zu zahlen ist, so gilt die erhöhte Miete nicht erst ab Zugang einer Erhöhungserklärung des Vermieters, sondern bereits ab Erhöhung der laufenden Aufwendungen, zum Beispiel ab dem Zeitpunkt des Inkrafttretens der Verordnung über die Erhöhung der Verwaltungs- bzw. der Instandhaltungskostenpauschale. Dadurch bleibt dem Vermieter auch bei einer verspäteten Abgabe der Erhöhungserklärung der Erhöhungsbetrag erhalten. Die Erhöhungserklärung ist in diesem Fall nur Fälligkeitsvoraussetzung, nicht aber Wirksamkeitsvoraussetzung (LG Dortmund, Urteil vom 13.6.2002, 11 S 45/02, NZM 2003, 511).

Eine solche Gleitklausel kann auch formularvertraglich wirksam vereinbart werden (BGH, Urteil vom 5.11.2003, VIII ZR 10/03, WuM 2004, 25; LG Köln WuM 1992, 254). Gleiches gilt für eine Formulierung, die nur Mieterhöhungen gleitend anpasst und damit allein den Vermieter begünstigt, da das Gesetz (§ 5 Abs. 1 S. 2 NMVO) zugunsten des Mieters eine entsprechende Anpassungsregelung enthält (BGH, Urteil vom 3.3.2004, VIII ZR 153/03, NZM 2004, 379). Eine darauf gestützte rückwirkende Mieterhöhung kann auch der Grundstückserwerber für den vor dem Eigentumserwerb liegenden Zeitraum geltend machen (LG Hamburg, WuM 1992, 593).

Unzulässig ist eine solche Klausel jedoch, wenn sie den Vermieter von dem gesetzlich vorgeschriebenen Mieterhöhungsverfahren (insbesondere der Berechnung und Erläuterung einer Mieterhöhung) freistellt. Bei der Klausel: »Gilt die Kostenmiete des öffentlich geförderten Wohnungsbaus, so ist der Vermieter befugt, bei Änderung der Kostenmiete diese ab Zulässigkeit vom Mieter auch rückwirkend zu verlangen, ohne dass es des Verfahrens nach § 10 WoBindG bedarf«, handelt es sich nicht um eine zulässige Mietgleitklausel, sondern um eine Regelung der einseitigen Erhöhung der Kostenmiete durch den Vermieter. Die Freistellung des Vermieters von dem Verfahren nach § 10 WoBindG ist wegen unangemessener Benachteiligung des Mieters unwirksam, da dieses Verfahren dem Mieter das Nachvollziehen und die Nachprüfung der Berechtigung der einseitigen Mieterhöhung erheblich erleichtert. Gleiches gilt für die Vereinbarung der einseitigen Kostenmieterhöhung (BGH, Urteil vom 8.4.2009, VIII ZR 233/08, WuM 2009, 354).

2.1.19 Meldepflicht

ARBEITSHILFE ONLINE

MUSTER: Mietvertrag für Mietverhältnisse über Wohnraum

§ 16. Meldepflicht

Der Mieter ist verpflichtet, sich innerhalb von zwei Wochen nach Bezug der Wohnung bei der Meldebehörde anzumelden. Dazu stellt der Vermieter dem Mieter eine Wohnungsgeberbestätigung aus. Die amtliche Meldebestätigung hat der Mieter dem Vermieter innerhalb einer weiteren Woche vorzulegen.

Nach den gesetzlichen Bestimmungen muss der Mieter der zuständigen Behörde einen geänderten Wohnsitz melden und kann vertraglich ferner zur Vorlage der Meldebestätigung beim Vermieter verpflichtet werden.

2.1.20 Datenschutz

Seit 25.5.2018 gilt die Europäische Datenschutz-Grundverordnung (DSGVO) in Verbindung mit der gleichzeitig geänderten Fassung des Bundesdatenschutzgesetzes (BDSG). Diese neuen verschärften Datenschutzbestimmungen gelten auch für alle privaten Vermieter unabhängig von der Zahl der vermieteten Wohnungen.

Bei Abschluss des Mietvertrags muss der Mieter über die Erhebung und Verarbeitung von personenbezogenen Daten informiert werden, zum Beispiel durch eine Datenschutzklausel gemäß § 17 MV.

ARBEITSHILFE ONLINE

MUSTER: Mietvertrag für Mietverhältnisse über Wohnraum

§ 17 Datenschutz-Information

(1) Erhebung und Speicherung personenbezogener Daten sowie Art und Zweck und deren Verwendung

Zum Zwecke der Anbahnung, Durchführung und Abwicklung von Mietverhältnissen zwischen dem Vermieter und dem Mieter sowie den weiteren Bewohnern der Mietsache erhebt und verarbeitet der Vermieter als Verantwortlicher im Sinne des Art. 4 DSGVO die nachfolgend aufgeführten personenbezogenen Informationen:

- Vorname, Nachname, Anschrift
- E-Mail-Adresse, Telefonnummer (Festnetz und/oder Mobilfunk)
- Höhe der Miete und Betriebskosten
- Verbrauchsdaten und Betriebskosten gem. BetrKVO und HeizKVO
- Wohnfläche, Miteigentumsanteile, Anzahl der Bewohner, Anzahl der Wohnungen, Lage, Art, Ausstattung und Beschaffenheit der Mietsache

Die Datenverarbeitung ist nach Art. 6 Abs. 1 S. 1 lit. b DSGVO zu den genannten Zwecken für die Auftragserfüllung sowie für die beidseitige Erfüllung von Verpflichtungen aus dem Mietverhältnis erforderlich.

Die von dem Vermieter verarbeiteten personenbezogenen Informationen werden regelmäßig bis zum Ablauf der gesetzlichen Regelverjährungsfrist (§ 195 BGB) gespeichert, es sei denn, dass der Vermieter nach Artikel 6 Abs. 1 S. 1 lit. c DSGVO aufgrund von steuer- und handelsrechtlichen Aufbewahrungs- und Dokumentationspflichten (aus HGB, StGB oder AO) zu einer längeren Speicherung verpflichtet ist oder die betroffenen Personen in eine darüber hinaus gehende Speicherung nach Art. 6 Abs. 1 S. 1 lit. a DSGVO eingewilligt haben.

(2) Weitergabe von Daten an Dritte

Eine Übermittlung ihrer persönlichen Daten an Dritte zu anderen als den im Folgenden aufgeführten Zwecken findet nicht statt. Soweit dies nach Art. 6 Abs. 1 S. 1 lit. b DSGVO für die Abwicklung des Mietverhältnisses mit dem Mieter und weiteren Bewohnern der Mietsache erforderlich ist, werden deren personenbezogenen Informationen an Dritte weitergegeben.

a. Zum Zwecke der Abrechnung der Betriebskostenvorauszahlungen werden die Verbrauchsdaten für Heizung/Warmwasser und alle anderen Betriebskosten nach der Betriebskostenverordnung sowie die von dem Mieter geleisteten Vorauszahlungen an das von dem Vermieter oder dem Verwalter beauftragte Abrechnungsunternehmen weitergegeben.
b. Zum Zwecke der Erfüllung von Instandsetzungs- und Instandhaltungsverpflichtungen der Mieträumlichkeiten werden Name und Telefonnummer des Mieters bei Erforderlichkeit an Handwerker oder Sachverständige bzw. den jeweiligen Gebäudeversicherer und Haftpflichtversicherer des Grundstücks weitergegeben.
c. Zum Zwecke der Erfüllung von Rechtsansprüchen wird anderen Eigentümern und Mietern auf deren Verlangen Einsicht in die Betriebskostenabrechnung des Mieters und in sämtliche, ihr zugrunde liegenden Originalbelege gewährt.

Zur Wahrung eines berechtigten Interesses nach Art 6 Abs. 1 S. 1 lit. f DSGVO erfolgt die Übermittlung der Lage, Art, Größe, Ausstattung und Beschaffenheit der Mietsache, Höhe der Miete und Betriebskosten an Vermietervereinigungen zwecks Aufnahme in von diesen geführten Vergleichsmietensammlungen i. S. d. § 558 Abs. 2 BGB. Das berechtigte Interesse des Vermieters und der vorgenannten Dritten ergibt sich aus den gesetzlichen Voraussetzungen für eine Mieterhöhung (§§ 558, 558 a Abs. 2 Nr. 4 BGB). Zur Wahrung der Belange des Mieters erfolgt keine Weitergabe seines Namens.
Die weitergegebenen Daten dürfen von den vorgenannten Empfängern ausschließlich zur Führung der Vergleichsmietensammlung verwendet werden und nur an andere Mitglieder der Vermietervereinigung zum Zwecke der Überprüfung der Begründetheit und Geltendmachung von Mieterhöhungsverlangen gem. § 558 Abs. 2 BGB weitergegeben werden.
(3) Betroffenenrechte
Der Mieter und eventuelle weitere Bewohner der Mietsache haben das Recht:
- gemäß Art. 7 Abs. 3 DSGVO eine eventuell erteilte Einwilligung jederzeit gegenüber dem Vermieter zu widerrufen. Dies hat zur Folge, dass der Vermieter die Datenverarbeitung, die auf dieser Einwilligung beruhte, für die Zukunft nicht mehr fortführen darf;
- gemäß Art. 15 DSGVO Auskunft über die von dem Vermieter verarbeiteten personenbezogenen Daten zu verlangen. Insbesondere können diese Auskunft über die Verarbeitungszwecke, die Kategorie der personenbezogenen Daten, die Kategorien von Empfängern, gegenüber denen ihre Daten offengelegt wurden oder werden, die geplante Speicherdauer, das Bestehen eines Rechts auf Berichtigung, Löschung, Einschränkung der Verarbeitung oder Widerspruch, das Bestehen eines Beschwerderechts, die Herkunft ihrer Daten, sofern diese nicht bei dem Vermieter erhoben wurden, sowie über das Bestehen einer automatisierten Entscheidungsfindung einschließlich Profiling und gegebenenfalls aussagekräftigen Informationen zu deren Einzelheiten verlangen;
- gemäß Art. 16 DSGVO unverzüglich die Berichtigung unrichtiger oder Vervollständigung ihrer bei dem Vermieter gespeicherten personenbezogenen Informationen zu verlangen;

- gemäß Art. 17 DSGVO die Löschung der bei dem Vermieter gespeicherten personenbezogenen Informationen zu verlangen, soweit nicht die Verarbeitung zur Ausübung des Rechts auf freie Meinungsäußerung und Information, zur Erfüllung einer rechtlichen Verpflichtung, aus Gründen des öffentlichen Interesses oder zur Geltendmachung, Ausübung oder Verteidigung von Rechtsansprüchen erforderlich ist;
- gemäß Art. 18 DSGVO die Einschränkung der Verarbeitung ihrer personenbezogenen Daten zu verlangen, soweit die Richtigkeit der Daten von ihnen bestritten wird, die Verarbeitung unrechtmäßig ist, sie aber deren Löschung ablehnen und der Vermieter die Daten nicht mehr benötigt, sie jedoch diese zur Geltendmachung, Ausübung oder Verteidigung von Rechtsansprüchen benötigen oder sie gemäß Art. 21 DSGVO Widerspruch gegen die Verarbeitung eingelegt haben;
- gemäß Art. 20 DSGVO ihre personenbezogenen Daten, die sie dem Vermieter bereitgestellt haben, in einem strukturierten, gängigen und maschinenlesbaren Format zu erhalten oder die Übermittlung an einen anderen Verantwortlichen zu verlangen und
- gemäß Art. 77 DSGVO sich bei einer Aufsichtsbehörde zu beschweren. In der Regel können sich die betroffenen Personen hierfür an die Aufsichtsbehörde ihres üblichen Aufenthaltsortes oder des Wohn- bzw. Geschäftssitzes des Vermieters wenden.

(4) Widerspruchsrecht

Sofern personenbezogene Daten auf Grundlage von berechtigten Interessen gemäß Art. 6 Abs. 1 S. 1 lit. f DSGVO verarbeitet werden, haben der Mieter und weitere betroffene Personen das Recht, gemäß Art. 21 DSGVO Widerspruch gegen die Verarbeitung ihrer personenbezogenen Daten einzulegen, soweit dafür Gründe vorliegen, die sich aus ihrer besonderen Situation ergeben. Ein Widerspruch kann in jeder Weise bei dem Vermieter eingelegt werden, schriftlich, mündlich oder per Mail.

Nähere Informationen zum Datenschutz finden Sie in Stürzer/Koch, »Vermieter-Lexikon«, 16. Auflage 2019.

2.1.21 Sonstige Vereinbarungen

ARBEITSHILFE ONLINE

MUSTER: Mietvertrag für Mietverhältnisse über Wohnraum

§ 18. Sonstige Vereinbarungen

Weitere Vereinbarungen, zum Beispiel über Sammelheizung und Warmwasserversorgung, Zahlung der Zwischenablese- und -abrechnungskosten bei Ende des Mietverhältnisses, Wartung von Rauchmeldern, Zahlung von Betriebskosten nach Rechnungslegung, Direktabrechnung von Betriebskosten, Liftbenützung, Gartenbenützung und -pflege, Räum-, Streu- und Reinigungspflicht, ausreichenden Privathaftpflicht- und Hausratsversicherungsschutz, Verweisung auf einen eventuell abgeschlossenen Zusatzvertrag:

....

....

Der Abschluss von besonderen Vereinbarungen ist insbesondere dann zu empfehlen, wenn es sich um eine vom Durchschnittsfall der Wohnungsvermietung abweichende

Vermietung handelt (zum Beispiel bei Vermietung eines Einfamilienhauses mit Garten) oder die konkreten Umstände des Einzelfalls besondere Regelungen erfordern, zum Beispiel weil der Mieter mit Zustimmung der Vermieters bauliche Veränderungen in den Mieträumen vornehmen will.

Solche besonderen Vereinbarungen können im Formularmietvertrag direkt unter § 18 oder in Form eines Zusatzvertrags abgeschlossen werden. Insofern genügt eine Verweisung unter § 18 auf die mit »Zusatzvertrag zum Mietvertrag vom (Datum angeben)« überschriebene Anlage.

Bei Vermietung eines Einfamilienhauses (auch Reihenhaus, Doppelhaushälfte mit Garten) sind konkrete Vereinbarungen erforderlich, wenn der Mieter die Pflege des Gartens oder die Räum- und Streupflicht zum Beispiel auf dem Gehweg vor dem Anwesen übernehmen soll. Gleiches gilt auch für Mehrfamilienhäuser, wenn bestimmte Arbeiten (Gartenpflege, Räum- und Streupflicht, Reinigung der Treppe) von den Mietern abwechselnd in einem bestimmten Turnus durchgeführt werden sollen.

Gerade bei der Gartennutzung und der Gartenpflege durch den Mieter sind ausdrückliche und konkrete Regelungen im Mietvertrag über Art und Umfang der Benutzung sowie detaillierte Vereinbarungen über die Pflege des Gartens zu empfehlen. Ist die Gartenpflege nämlich ohne nähere Bestimmung auf den Mieter übertragen, lässt die Rechtsprechung dem Mieter für die Gartengestaltung einen großzügigen Spielraum und verpflichtet den Mieter nur zu einfachen Pflegearbeiten wie Rasenmähen. Soll der Mieter zu darüber hinausgehenden Arbeiten verpflichtet werden (zum Beispiel Schneiden von Büschen, Hecken und Bäumen, Reinigen von Terrassenplatten und Ähnliches), sollte dies im Mietvertrag ausdrücklich geregelt werden (vgl. hierzu LG Hamburg, Beschluss vom 29.9.2002, 316 T 66/02, ZMR 2003, 265).

Bei Vermietung eines Einfamilienhauses ist auch eine Vereinbarung nicht unüblich, wonach der Mieter anstelle einer Betriebskostenvorauszahlung (siehe § 4 MV) die Betriebskosten, soweit möglich, direkt zum Beispiel an Gemeinde, Stadtwerke oder Kaminkehrer bezahlt. Insofern sollte aber vorher abgeklärt werden, ob die entsprechenden Stellen mit einer Direktabrechnung mit dem Mieter einverstanden sind, da dies örtlich unterschiedlich gehandhabt wird. Ist dies nicht möglich, kann auch vereinbart werden, dass der Mieter die Betriebskosten nach jeweiliger Rechnungslegung an den Vermieter zahlt.

Über den Betrieb der Heizungs- und Warmwasserbereitungsanlage des Hauses kann vereinbart werden, dass der Mieter diese auf eigene Kosten und in eigener Regie betreibt (Lieferung des Heizöls, turnusmäßige Wartung und Pflege der Anlage).

Nimmt der Mieter in den Mieträumen mit Zustimmung des Vermieters bauliche Veränderungen (zum Beispiel die Neuverfliesung des Bades) vor, bedarf es klarer und eindeutiger Regelungen, insbesondere über die Haftung für Schäden im Zusammenhang mit den beabsichtigten Arbeiten sowie zu der Frage, ob und wenn ja, in welchem Umfang bzw. gegen wen (Vermieter, Nachmieter) Ablöseansprüche des Mieters bestehen oder ob solche Ansprüche generell ausgeschlossen werden. Entsprechendes gilt, wenn der Mieter in der Wohnung Einrichtungen oder Einbauten vornehmen oder vom Vormieter übernehmen will (zum Beispiel Einbauküche, -schränke, das Verlegen von Parkettböden, die Montage von Holzdecken und Ähnliches).

Die Verpflichtung des Mieters zum Abschluss einer Privathaftpflichtversicherung sollte die Vereinbarung enthalten, dass die Versicherung auch Mietschäden abdecken muss und sie während der gesamten Dauer des Mietverhältnisses aufrechtzuerhalten und dem Vermieter auf Verlangen nachzuweisen ist.

> ACHTUNG
>
> Problematisch sind besondere Vereinbarungen, wenn sie nicht nur die konkreten Umstände des vorliegenden Mietverhältnisses regeln, sondern den Mieter zu Leistungen verpflichten sollen, die über den Inhalt des Formularmietvertrags hinausgehen (etwa generelle Verpflichtung zur Durchführung von Schönheitsreparaturen bei Auszug, vgl. oben zu § 9 Abs. 2 MV). Solche Regelungen sind unwirksam, wenn sich aus den Umständen die Absicht einer mehrfachen Verwendung ergibt. Dies gilt unabhängig davon, ob sie vorgedruckt, hand- bzw. maschinenschriftlich oder per Computer abgefasst sind.

Die Wirksamkeit solcher über den Inhalt des Formularmietvertrags hinausgehenden Vereinbarungen würde ein individuelles Aushandeln jeder einzelnen Regelung mit dem Mieter voraussetzen, das heißt, die Regelungen müssten zur Disposition gestellt und dem Mieter Gelegenheit zur Beeinflussung des Inhalts gegeben werden. Ein Aushandeln setzt allerdings voraus, dass der Vermieter den in seinen Allgemeinen Geschäftsbedingungen enthaltenen gesetzesfremden Kerngehalt inhaltlich ernsthaft zur Disposition stellt und dem Mieter damit einen Einfluss auf die inhaltliche Ausgestaltung der Vertragsbedingungen tatsächlich einräumt. Allgemeine Geschäftsbedingungen, die der strengen Kontrolle nach den §§ 305 ff. BGB unterliegen, liegen daher nicht vor, wenn die Einbeziehung der vorformulierten Bedingungen in den Vertrag auf einer freien Entscheidung des Mieters beruht, der vom Vermieter mit dem Verwendungsvorschlag konfrontiert wird. Dazu ist erforderlich, dass der Mieter in der Auswahl der in Betracht kommenden Vertragstexte frei ist und insbesondere Gelegenheit erhält, alternativ eigene Textvorschläge mit der effektiven Möglichkeit ihrer Durchsetzung in die Verhandlung einzubringen (BGH, Urteil vom 17.2.2010, VIII ZR 67/09, NJW 2010, 1131).

Dies kann zum Beispiel dadurch erfolgen, dass der Vermieter dem Mieter im Gegenzug für die eingegangene Verpflichtung andere Vorteile gewährt (zum Beispiel durch Reduzierung der Miete) oder ihm bei anderen vertraglichen Vereinbarungen entgegenkommt (BGH, Urteil vom 18.3.2009, XII ZR 200/06, GE 2009, 647).

Das dürfte beim Abschluss von Mietverträgen durch Hausverwaltungen bzw. Mieter, die mehrere Objekte vermieten, schon aus Gründen der Praktikabilität nicht möglich sein.

Vermieter, die mehrere Mietobjekte – auch zeitlich nacheinander – vermieten, sollten daher in den Mietvertrag bzw. Zusatzvertrag grundsätzlich keine Verpflichtungen des Mieters aufnehmen, die das formularmäßig zulässige Maß überschreiten. Gleiches gilt für Hausverwaltungen, die Mietverträge für ihre Kunden in der Regel mit im wesentlichen gleichen Inhalt abschließen.

Zur Vereinbarung eines Kündigungsverzichts durch den Mieter, den Vermieter oder auch durch beide Parteien siehe § 2. Mietzeit im Mustervertrag.

Generell unwirksam sind besondere Vereinbarungen, die gegen zwingende gesetzliche Bestimmungen verstoßen. Solche Vereinbarungen können selbst durch individuelles Aushandeln nicht wirksam zustande kommen. Zwingende gesetzliche Bestimmungen liegen vor, wenn dies in der Vorschrift ausdrücklich bestimmt ist, zum Beispiel durch die Formulierung, dass »eine zum Nachteil des Mieters abweichende Vereinbarung unwirksam« ist.

Unwirksam ist auch eine formularvertragliche Vereinbarung über die Zahlung einer »Bearbeitungsgebühr«, da damit letztlich die Verwaltungstätigkeit des Vermieters bezahlt werden soll. Deren Kosten sind aber nicht umlagefähig (LG Hamburg, Urteil vom 5.3.2009, 307 S 144/08, ZMR 2009, 534).

Gleiches gilt für eine formularvertragliche **Mieterwechselpauschale**. Eine solche Klausel, wonach der neu einziehende Mieter verpflichtet ist, eine Mieterwechselpauschale an die Hausverwaltung zu zahlen, ist wegen Verstoßes sowohl gegen die Bestimmungen des Wohnungsvermittlungsgesetzes (§ 2 Abs. 2 Nr. 2) als auch wegen einer unangemessenen Benachteiligung des Mieters (§ 307 Abs. 1 Satz 1 BGB) unwirksam, weil damit in unzulässiger Weise Hausverwaltungskosten auf den Mieter abgewälzt werden sollen (AG Münster, Urteil vom 31.7.2015, 55 C 1325/15, WuM 2015, 618).

Besondere Vereinbarungen können daher nicht abgeschlossen werden unter anderem über: das Minderungsrecht des Mieters bei Mängeln der Mietsache (§ 536 Abs. 4 BGB); die Duldungspflicht des Mieters bei Modernisierungen (§ 554 Abs. 5 BGB); Beschränkungen des außerordentlichen Kündigungsrechts des Mieters (§ 569 Abs. 5 BGB); die Kündigungsbefugnis der Vermieters (§§ 569 Abs. 5, 573 Abs. 4 BGB); die Sozialklausel (§ 574 Abs. 4 BGB); Kündigungsfristen (§ 573c Abs. 4 BGB); die Untervermietung (§ 553 Abs. 3 BGB); Zahlung von Vertragsstrafen (§ 555 BGB); Leistung der Kaution (§ 551 Abs. 4 BGB); Erhöhung der Miete abweichend von den Vorschriften der §§ 557 ff. BGB (vgl. § 4. Miete MV).

Wirksam ist dagegen eine Klausel, wonach »zu der im Mietvertrag angegebenen Wohn- bzw. Nutzfläche im Sinne des Vertrags die vollen Grundflächen sämtlicher Räume gehören«. Diese Erläuterung des Wohnflächenbegriffs im Mietvertrag stellt keine überraschende oder für den Mieter unangemessen benachteiligende Klausel dar (LG Wuppertal, Urteil vom 11.11.2008, 16 S 66/08, NZM 2009, 397).

Unwirksam sind ferner folgende Klauseln:

Sogenannte salvatorische Ersetzungsklauseln, wonach bei Unwirksamkeit einer Klausel nicht die gesetzliche, sondern eine solche Regelung maßgebend sein soll, deren wirtschaftlicher Erfolg dem der unwirksamen Klausel soweit wie möglich entspricht, ist wegen des grundsätzlichen Verbots der geltungserhaltenden Reduktion unwirksam (§ 306 Abs. 2 BGB; LG Dortmund, AGBE I NR. XI).

Die Unwirksamkeit der salvatorischen Ersetzungsklausel hat aber nicht automatisch die Unwirksamkeit einer gleichzeitig vereinbarten salvatorischen Erhaltungsklausel zur Folge, da eine Ersetzungsklausel, wonach eine nichtige oder unwirksame Bestimmung durch eine solche zu ersetzen ist, die dem wirtschaftlich Gewollten in zulässiger Weise am nächsten kommt, ohne Weiteres gestrichen werden kann, ohne dass darunter der Sinn der weiteren Erhaltungsklausel leidet, nach der die Gültigkeit der übrigen Bestimmungen erhalten bleibt, falls einzelne Bestimmungen des Vertrags ganz oder teilweise nichtig oder unwirksam sind. Eine Erhaltungsklausel ist auch in gewerbemietrechtlichen Allgemeinen Geschäftsbedingungen unbedenklich und stellt auch für sich allein eine sinnvolle Regelung dar (BGH, Urteil vom 6.4.2005, XII ZR 132/03, ZMR 2005, 691).

Sogenannte Schriftformklauseln, die bestimmen, dass Änderungen des Vertrags nur dann wirksam sind, wenn sie schriftlich vereinbart wurden, verstoßen nicht generell gegen § 307 BGB; vielmehr kommt es auf die Ausgestaltung der Klausel im konkreten Fall an (so BGH, NJW 1991, 2559).

Allerdings haben nachträgliche individuelle Vereinbarungen Vorrang vor einer solchen Schriftformklausel. Dies gilt unabhängig von der Form der Vereinbarung, das heißt auch dann, wenn die Vereinbarung nur mündlich getroffen wurde, und sogar, wenn die Schriftformklausel bestimmt, dass mündliche Abreden unwirksam sind, zum Beispiel durch die Formulierung »Nachträgliche Änderungen und Ergänzungen bedürfen der Schriftform«. Dabei kommt es nicht darauf an, ob die Parteien eine Änderung der Allgemeinen Geschäftsbedingungen (hier: der Schriftformklausel) beabsichtigt haben oder sich der Kollision mit den Allgemeinen Geschäftsbedingungen bewusst geworden sind (BGH, Urteil vom 21.9.2005, XII ZR 312/02).

Eine qualifizierte Schriftformklausel, wonach bestimmte Abreden nur wirksam sein sollen, wenn sie schriftlich vereinbart werden, und auch die Abänderung dieser Schriftformklausel nur wirksam ist, wenn sie schriftlich erfolgt, verstößt jedoch nach Auffassung des OLG Brandenburg jedenfalls bei der Wohnraummiete gegen die §§ 305b, 307 BGB und ist daher als Formularklausel unwirksam (OLG Brandenburg, Urteil vom 4.7.2012, 7 U 204/11, GE 2012, 1375).

Unwirksam sind sogenannte Schriftformheilungsklausen, zum Beispiel: »Die Parteien verpflichten sich gegenseitig, ... jederzeit alle Handlungen vorzunehmen und Erklärungen abzugeben, die erforderlich sind, um dem gesetzlichen Schriftformerfordernis gemäß § 550 BGB, insbesondere im Zusammenhang mit dem Abschluss dieses Nachtrags sowie weiteren Nachträgen, Genüge zu tun und bis dahin den MIetvertrag nicht unter Berufung auf die Nichteinhaltung der Schriftform vorzeitig zu kündigen.«

Das Schriftformerfordernis bei langfristigen Mietverträgen soll nicht nur sicherstellen, dass ein Grundstückerwerber, der als Vermieter in ein langfristiges Mietverhältnis eintritt, dessen Bedingungen aus dem schriftlichen Mietvertrag ersehen kann. Es dient ferner dazu, die **Beweisbarkeit** langfristiger Abreden zwischen den ursprünglichen Mietvertragsparteien zu gewährleisten und diese vor der unbedachten Eingehung langfristiger Bindungen zu schützen. Im Hinblick auf diesen Schutzzweck des Gesetzes sind Schriftformheilungsklauseln mit der nicht abdingbaren Vorschrift des § 550 BGB nicht vereinbar. Dies gilt sowohl für **formularmäßige** als auch für **individuelle** Klauseln. Verstöße gegen die Schriftform führen deshalb stets zur ordentlichen Kündbarkeit des Mietvertrags (BGH, Urteil vom 27.9.2017, XII ZR 114/16, GE 2017, 1397).

Schriftformheilungsklauseln können deshalb für sich genommen eine Vertragspartei nicht daran hindern, einen Mietvertrag unter Berufung auf einen Schriftformmangel vorzeitig, zum Beispiel während dessen Laufzeit, ordentlich zu kündigen (BGH, Urteil vom 11.4.2018, XII ZR 43/17, GE 2018, 704).

Unwirksam ist eine Formularklausel über die Verlängerung der gesetzlichen Verjährungsfrist von sechs Monaten (§ 548 Abs. 1 BGB) für Ersatzansprüche des Vermieters wegen Veränderung oder Verschlechterung der Mietsache. Diese kurze Frist dient nach Auffassung des BGH der Rechtssicherheit und Rechtsklarheit. Eine Formularklausel, wonach diese Frist verlängert wird und die Frist ferner nicht mit der Rückgabe der Mietsache, sondern mit der Beendigung des Mietverhältnisses anläuft, erschwert in doppelter Hinsicht den Eintritt der gesetzlichen Verjährung. Zum einen wird die Frist verlängert und zum anderen wird der Beginn des Fristlaufs verschoben, indem nicht auf die Rückgabe der Mietsache, sondern auf das Ende des Mietvertrags abgestellt wird. Nachdem der Mieter nach Rückgabe der Wohnung keine Möglichkeit mehr hat, beweissichere Feststellungen zu treffen, und auch der Gesetzgeber mit der kurzen Verjährungsfrist beabsichtigt hat, schnellstmögliche Klarheit über das Bestehen von Ersatzansprüchen nach Rückgabe der Mietsache zu schaffen, stellt eine Klausel, die eine längere, zudem ab Beendigung des Mietverhältnisses anlaufende Verjährungsfrist bestimmt, eine unangemessene Benachteiligung des Mieters dar und ist daher unwirksam (BGH, Urteil vom 8.11.2017, VIII ZR 13/17).

Unwirksam ist eine Klausel, wonach der Vermieter bei Verletzung der Räumungspflicht durch den Mieter das Mietobjekt selbst öffnen und räumen lassen darf (LG Duisburg, Urteil vom 28.2.2012, 13 S 243/11, ZMR 2012, 550).

Unwirksam ist ferner eine formularmäßige Klausel in einem Wohnungsmietvertrag, in der der Mieter sein generelles Einverständnis mit zukünftigen Modernisierungsarbeiten erklärt (LG Leipzig, Urteil vom 20.2.2009, 8 O 3429/08, GE 2010, 847).

ARBEITSHILFE ONLINE

MUSTER: Individuelle Zusatzvereinbarung zum Mietvertrag über Einfamilienhaus, DHH, RH oder Ähnliches

Anlage zum Mietvertrag vom

....

[Datum]

zwischen

....

[Vermieter]

und

....

[Mieter]

(1) Die Heizungs- und Warmwasserversorgungsanlage betreiben die Mieter selbstständig und auf eigene Kosten. Sie übernehmen die Verantwortung für die Betriebsbereitschaft und -sicherheit und lassen die erforderlichen Wartungsarbeiten, insbesondere das Reinigen von Kessel und Brenner regelmäßig und fachmännisch (einmal jährlich vor Beginn der Heizperiode) durchführen. Gleiches gilt für eine notwendig werdende Reinigung des Öltanks.

(2) Der Mieter verpflichtet sich zur regelmäßigen und fachgerechten Gartenpflege (vor allem Rasenmähen, Zuschneiden der Bäume, Hecken und Sträucher, Bewässern bei Bedarf) sowie zur Durchführung der Räum-, Streu- und Reinigungspflicht innerhalb und außerhalb des Anwesens gemäß den städtischen/gemeindlichen Bedingungen.
Die Natursteinbeläge im Eingangsbereich sowie auf der Terrasse müssen mindestens einmal jährlich gegebenenfalls mit einem Hochdruckreiniger gereinigt werden.

(3) Das Mietobjekt ist den Mietern insbesondere nach Lage, Größe, Ausstattung und Zustand bekannt. Sie übernehmen das Mietobjekt wie besichtigt.

(4) Zusätzliche Bohrungen in keramische Beläge dürfen nur nach Absprache mit dem Vermieter erfolgen.
Bodenbeläge dürfen nur lose verlegt, nicht verklebt werden.

(5) Sämtliche Parkettböden wurden vor Beginn des Mietverhältnisses durch eine Fachfirma abgeschliffen und versiegelt. Bei Beendigung des Mietverhältnisses sind die Mieter auf Verlangen des Vermieters verpflichtet, die Böden in gleicher Weise abschleifen und neu versiegeln zu lassen.

(6) Die Kosten von Reparaturen und Erneuerungen an der Mietsache bis 300 EUR (inkl. USt.) im Einzelfall tragen die Mieter, wenn und soweit der dadurch den Mietern pro Mietjahr entstehende Gesamtaufwand 3 % der Jahresnettomiete nicht übersteigt.
Reparaturen, deren Kosten darüber hinausgehen, trägt in vollem Umfang der Vermieter.

(7) Den Mietern ist bekannt, dass eine Einbauküche nicht vorhanden ist. Sie sind berechtigt, eine Einbauküche auf eigene Kosten und Gefahr einzubauen.
Bei Beendigung des Mietverhältnisses sind die Mieter zur Herstellung des ursprünglichen Zustands verpflichtet. Ablöseansprüche bestehen nicht.

(8) Die Mieter übernehmen das im Öltank befindliche Öl (1.000 Liter) zum Tagespreis laut Rechnung der Firma .... und zahlen bei Schlüsselübergabe den Kaufpreis in Höhe von .... EUR. Bei Beendigung des Mietverhältnisses ist der Vermieter gleichermaßen verpflichtet, den Mietern das Restöl zum dann geltenden Tagespreis abzulösen.

(9) Die Mieter verpflichten sich, eine Haftpflichtversicherung abzuschließen, die auch Mietschäden abdeckt, diese während der Dauer des Mietverhältnisses aufrechtzuerhalten und dem Vermieter auf Verlangen nachzuweisen.

(10) Die Mieter verpflichten sich zur Erteilung einer Einzugsermächtigung für die laufenden Zahlungen, insbesondere Miete und Betriebskosten.
Die Mieter richten für die monatlichen Mietzahlungen und für die vierteljährlich fällig werdenden städtischen Gebühren Daueraufträge bei ihrer Bank ein.

(11) Hinweise
- Wegen der absoluten Dichtigkeit der isolierverglasten Fenster und Türen muss auf ausreichendes Lüften der Räume geachtet werden. Gleiches gilt für Kellerräume. Insofern ist beim Aufstellen von Mobiliar ein Abstand zu Außenflächen einzuhalten, um eine ausreichende Luftzirkulation zu ermöglichen.
- Der Rückstauverschluss des Gullys im Wäschekeller ist bei Nichtbenutzung geschlossen zu halten.
- Vor Beginn der Frostperiode müssen das Gartenwasser abgesperrt und die Leitungen entleert werden.

(12) Nachträgliche Änderungen und Ergänzungen des Mietvertrags bedürfen zur Rechtswirksamkeit der Schriftform.

(13) Diese Anlage ist wesentlicher Bestandteil des Mietvertrags.

......................................, den ....
[Ort, Datum]

....
[Vermieter]

....
[Mieter]

Mietinteressenten können verlangen, dass ihnen der gesetzlich vorgeschriebene Energieausweis des Gebäudes zugänglich gemacht wird, das heißt, die Interessenten können sich Kenntnis vom Inhalt des Ausweises verschaffen (Einzelheiten siehe Kapitel 6.2.9).

Der Formularmietvertrag für Wohnraum sollte nicht verwendet werden, wenn der Vertragszweck nicht im Wohnen durch den Mieter selbst, sondern in der Weitervermietung – sei es auch zu Wohnzwecken – liegt.

In folgenden Fällen wird das Mietverhältnis von der Rechtsprechung als Geschäftsraummietverhältnis qualifiziert, sodass der Formularmietvertrag für Geschäftsräume (siehe Kapitel 2.2) verwendet werden sollte. Ein Geschäftsraummietverhältnis (oder gewerbliches Mietverhältnis) liegt vor,

- wenn ein gemeinnütziger Verein ein Haus zur Förderung der Rehabilitation psychisch Kranker anmietet und einzelne Zimmer zur Verfolgung eines sozialen satzungsgemäßen Zwecks an die Kranken weitervermietet werden sollen (OLG Karlsruhe, Rechtsentscheid vom 24.10.1983, NJW 1984, 373; Weber/Marx, III/S. 101; OLG Braunschweig, Rechtsentscheid vom 27.6.1984, WuM 1984, 237; OLG Stuttgart, Rechtsentscheid vom 25.10.1984, WuM 1985, 80; vgl. auch BVerfG, WuM 1985, 335 sowie BayObLG, Beschluss vom 10.12.1984, WuM 1985, 51).
- wenn ein Verein ein Wohnhaus mietet, das von den Mitgliedern – dem ausschließlichen Vereinszweck entsprechend – zu Wohnzwecken benutzt wird (OLG Frankfurt, Rechtsentscheid vom 14.7.1986, DWW 1986, 241; Weber/Marx, VI/S. 30).
- wenn ein Studentenwerk Wohnungen zum Betrieb eines Studentenwohnheims anmietet (BGH, WuM 1982, 57).
- wenn eine Eigentumswohnung von einem Vermietungsunternehmen zum Zweck der Untervermietung zu Wohnzwecken angemietet wurde (»Bauherrenmodell«).
- wenn eine Eigentümergemeinschaft eine Eigentumswohnung anmietet, um den Hausmeister unterzubringen (BayObLG, WuM 1985, 51).
- wenn ein Unternehmen eine Wohnung vom Eigentümer anmietet, um sie bestimmungsgemäß an betriebsangehörige Personen weiterzuvermieten (BayObLG, Rechtsentscheid vom 30.8.1995, RE-Miet 6/94 WuM 1995, 645; OLG Karlsruhe, Rechtsentscheid vom 4.7.1983, DWW 1983, 200; Weber/Marx, Sammelband Nr. 82; BGH, NJW 1981, 1377; BGH, WuM 1985, 288). Gleiches gilt, wenn eine juristische Person (zum Beispiel eine GmbH) ein Reihenhaus anmietet, um es teils als Büroraum für ihren Geschäftsbetrieb zu nutzen und teils ihrem Geschäftsführer als Wohnung zur Verfügung zu stellen. Eine juristische Person kann nämlich Räume schon begrifflich nicht zu (eigenen) Wohnzwecken anmieten. Deshalb kommt es insofern auch nicht darauf an, ob das Haus vorwiegend als Geschäftsraum oder als Wohnung (für den Geschäftsführer) genutzt werden soll (BGH, Versäumnisurteil vom 16.7.2008, VIII ZR 282/07). Ein Mietverhältnis über **Wohn**raum, für das die Schutzvorschriften des Wohnraummietrechts gelten, liegt nur dann vor, wenn die Räume dem Mieter vertragsgemäß zur Befriedigung seiner eigenen Wohnbedürfnisse und/ oder der Wohnbedürfnisse seiner Familie dienen sollen. Daher kann ein Mietvertrag, nach dem nicht der Mieter selbst, sondern **Bedienstete** des Mieters zur Nutzung der Räume als Wohnung berechtigt sein sollen, nicht als Wohnungsmietvertrag bezeichnet werden. Für einen solchen Mietvertrag gelten nicht die

Schutzvorschriften (unter anderem über Kündigung, Mieterhöhung) des Wohnraummietrechts (KG Berlin, Beschluss vom 17.7.2017, 8 U 216/16, GE 2017, 1093). Gleiches gilt bei einem Mietvertrag mit einer ausländischen juristischen Person über ein Anwesen, auf dem von ihr circa 30 Personen untergebracht werden sollen (LG München II, Urteil vom 1.8.2014, 14 O 4835/13, ZMR 2015, 129; so auch LG Berlin, Urteil vom 8.10.2015, 25 O 119/15, ZMR 2016, 30, bei Anmietung einer Immobilie durch eine GmbH zur Überlassung des Objekts an deren Prokuristen zur überwiegenden Wohnnutzung).

- wenn ein karitativ tätiger gemeinnütziger Verein eine Wohnung zur Unterbringung von Personen anmietet, die vom Verein betreut und unterstützt werden (BayObLG, Rechtsentscheid vom 28.7.1995, RE-Miet 4/94 WuM 1995, 638) oder der Verein die Wohnung an einen seiner Mitarbeiter vermietet (BayObLG, Rechtsentscheid vom 30.8.1995, RE-Miet 5/94 WuM 1995, 642). Gleiches gilt, wenn ein sozialer Träger als Hauptmieter die Räume planmäßig an Bedürftige (zum Beispiel an Flüchtlinge) zu Wohnzwecken untervermietet; die Schutzbedürftigkeit der Endmieter ändert daran nichts (KG Berlin, Urteil vom 8.12.2014, 8 U 117/14, GE 2016, 257).

2.2 Geschäftsraummietvertrag

Die Abgrenzung zwischen Wohn- und Gewerberaumietverhältnissen kann im Einzelfall schwierig sein, insbesondere dann, wenn Wohnräume und Geschäftsräume zugleich vermietet werden. Da ein Mietverhältnis jedoch entweder dem Wohnraum- oder dem gewerblichen Mietrecht zuzuordnen ist, ist es wichtig, hier eindeutige Bestimmungen zu treffen, zum Beispiel durch Verwendung eines entsprechenden Vertragsformulars.

Die rechtlichen Auswirkungen sind je nach Qualifizierung erheblich: Im Wohnraummietrecht besteht Kündigungsschutz, das Mieterhöhungsverfahren ist formalisiert, die Vertragsfreiheit im Einzelnen eingeschränkt. Entscheidend ist grundsätzlich der Parteiwille, wie er regelmäßig im Mietvertrag zum Ausdruck kommt. Dies gilt natürlich nicht, wenn ein Geschäftsraummietvertrag lediglich zur Umgehung der Wohnraumschutzbestimmungen geschlossen wurde. Fehlt es an einer ausdrücklichen Vereinbarung, so kommt es darauf an, welches der Hauptzweck des Vertrags ist. Als Indiz kommt die Verwendung eines auf eine der beiden Nutzungsarten zugeschnittenen Vertragsformulars in Betracht, aber auch das Verhältnis der für die gewerbliche/freiberufliche Nutzung vorgesehenen Flächen zu den für Wohnzwecke bestimmten Flächen. Lässt sich bei dieser Einzelfallprüfung ein Überwiegen der gewerblichen Nutzung nicht feststellen, ist im Hinblick auf das Schutzbedürfnis des Mieters von der Geltung der Vorschriften zur Wohnraummiete auszugehen (BGH, Urteil vom 9.7.2014, VIII ZR 376/13, WuM 2014 S. 539).

Im Folgenden sollen einige Hinweise für die Benutzung des Musters gegeben werden. Vor allem bei Geschäftsraummietverhältnissen ist grundsätzlich darauf hinzuweisen, dass Muster mit Vorsicht und Zurückhaltung benutzt werden sollten. Entscheidend sind die Besonderheiten des Einzelfalls. Das Muster stellt lediglich ein Grundgerüst dar. Es liegt auf der Hand, dass die Vermietung eines Ladens in einem Einkaufszentrum, einer Gaststätte mit Einliegerwohnung oder eines Grundstücks zur Betreibung eines Schrottplatzes nicht mit gleichem Vertrag geregelt werden können.

Wird der Mietvertrag für längere Zeit als ein Jahr nicht in schriftlicher Form geschlossen, so gilt er für unbestimmte Zeit (§ 550 S. 1 BGB). Durch die Verweisung in § 578 Abs. 1 und 2 BGB gilt die Vorschrift auch für die Miete von Grundstücken und Geschäftsräumen.

Dies gilt auch für Untermietverträge. Schriftform setzt gemäß § 126 BGB die Einheitlichkeit der Urkunde voraus. Dies ist insbesondere bei Zusätzen oder Nachträgen zu beachten. Grundsätzlich muss der Vertrag in einer Urkunde enthalten sein. Besteht die Urkunde aus mehreren Blättern, muss deren Zusammengehörigkeit durch körperliche Verbindung oder in sonstiger Weise erkennbar gemacht werden. Bei Nachträgen ist die Rechtsprechung allerdings großzügiger, hier soll es genügen, wenn der Nachtrag durch klare und eindeutige Bezugnahme auf den Hauptmietvertrag erkennen lässt, dass es bis auf die Änderungen im Nachtrag bei den sonstigen Bestimmungen des Hauptmietvertrags, zum Beispiel Mieträume und Miete verbleiben soll.

Tipp !

Wird die Schriftform nicht eingehalten, so ist der Vertrag nicht unwirksam, sondern gilt für unbestimmte Zeit geschlossen; die Kündigung ist jedoch nicht für eine frühere Zeit als für den Schluss des ersten Jahres zulässig (§ 550 S. 2 BGB).

2.2.1 Die Parteien des Mietvertrags

MUSTER: Mietvertrag für Geschäftsraum

ARBEITSHILFE ONLINE

Mietvertrag
für Mietverhältnisse über Geschäftsräume

Zwischen ....

Steuernummer .... Vertragsnummer .... als Vermieter und

....

.... als Mieter wird folgender Mietvertrag geschlossen.

In Geschäftsraummietverträgen, in denen der Vermieter zur Mehrwertsteuerpflicht nach § 9 UStG optiert hat, ist er verpflichtet, für Mietverträge ab dem 1.1.2004 im Rubrum des Mietvertrags die Steuernummer und eine fortlaufende Nummerierung der

Verträge anzugeben. Verträge, die vor dem 1.1.2004 abgeschlossen wurden, müssen nicht um eine Nummerierung ergänzt werden. Sämtliche Mietverträge eines Mietobjekts, so auch die Wohnraummietverträge für dieses Anwesen, müssen laufend nummeriert werden, sofern für ein Mietverhältnis des Anwesens zur mehrwertsteuerpflichtigen Vermietung optiert wird. Als Steuernummer kann eine der folgenden eingetragen werden:

- vom Finanzamt gesondert zugeteilte Steuernummern für Zwecke der Umsatzbesteuerung,
- die vom BfF erteilte Umsatzsteuer-Identifikationsnummer,
- die vom inländischen Finanzamt erteilte Steuernummer (in der Regel Einkommensteuernummer).

Wichtig ist die genaue Bestimmung der Parteien des Mietverhältnisses. So ist bei einer Einzelfirma nicht nur die Firmenbezeichnung, sondern auch Name, Vorname und Privatanschrift des Inhabers der Firma aufzunehmen. Ist eine juristische Person (KG, OHG, GmbH) Mieter, empfiehlt es sich, sich einen aktuellen Handelsregisterauszug vorlegen zu lassen. Hierbei muss auch geprüft werden, ob der unterzeichnende Vertragspartner überhaupt vertretungsberechtigt ist. Vor allem bei einer GmbH sollte überlegt werden, ob eine persönliche Bürgschaft des Geschäftsführers oder Gesellschafters der GmbH zusätzlich erforderlich ist oder ob eine dieser Personen als Naturalpartei den Mietvertrag mit abschließt. Auch bei Personenmehrheiten, sei es auf Vermieter- oder Mieterseite, kommt es häufig zu Unklarheiten, wenn nicht alle im Rubrum genannten Personen den Vertrag unterschreiben. Hierauf ist besonders zu achten. Erbengemeinschaften sind nicht rechts- bzw. parteifähig. Die einzelnen Miterben müssen namentlich aufgeführt werden.

2.2.2 Die Mieträume

ARBEITSHILFE ONLINE

MUSTER: Mietvertrag für Geschäftsraum

§ 1. Mieträume

Vermietet werden in dem Haus Nr. ... an der/am .... Straße/Platz in .... folgende Räume: .... zum Betrieb einer/eines .... Wandflächen am oder im Haus außerhalb der Mieträume sind nicht vermietet. Die Benutzung dieser Wandflächen für Reklame oder sonstige Zwecke bedarf einer besonderen Vereinbarung. Das Gleiche gilt für Warenautomaten.

Folgendes Zubehör zu den Mieträumen wird mitvermietet: ....

Folgende Schlüssel wurden übergeben: ....

Hier sollte besonders darauf geachtet werden, eine konkrete Zweckbestimmung festzulegen. Der Vermieter hat nämlich dafür einzustehen, dass die Mieträume zu dem vertraglichen Zweck geeignet sind. Auch der Umfang des Konkurrenzschutzes richtet sich nach dem vereinbarten Vertragszweck.

Die Räume sind mangelhaft, wenn die vereinbarte Nutzung aufgrund öffentlich-rechtlicher Hindernisse, die sich auf die Beschaffenheit der Mieträume beziehen und nicht in persönlichen oder betrieblichen Umständen des Mieters ihre Ursache haben, nicht möglich ist. Eine Formularklausel, die dem Mieter zum Beispiel einer Gaststätte auferlegt, selbst für die entsprechenden behördlichen Genehmigungen zu sorgen und die entsprechenden Auflagen zu erfüllen, ist wegen Verstoßes gegen § 307 Abs. 2 Nr. 1, 2 BGB unwirksam, weil diese Klausel auch Umstände aus dem Risikobereich der Vermieters erfasst.

2.2.3 Mietzeit

ARBEITSHILFE ONLINE

MUSTER: Mietvertrag für Geschäftsraum

§ 2. Mietzeit

Das Mitverhältnis beginnt am ....

(1) Das Mietverhältnis läuft auf unbestimmte Zeit und kann von jeder Partei mit einer Frist von ..... Monaten zum Ablauf eines Kalendervierteljahres gekündigt werden.

(2) (Für Verträge von bestimmter Dauer)
Das Mietverhältnis wird auf die Dauer von ..... Jahren, also bis .... geschlossen. Wird es nicht spätestens ..... Monate vor Ablauf der Mietzeit gekündigt, so verlängert es sich jedes Mal um ein Vierteljahr – ein halbes Jahr – ..... Jahr(e)*.

(3) Die Kündigung bedarf der Schriftform. Für ihre Rechtzeitigkeit kommt es nicht auf die Absendung, sondern auf den Zugang des Kündigungsschreibens an.

(4) Setzt der Mieter den Gebrauch der Mietsache nach Ablauf der Mietzeit fort, so gilt das Mietverhältnis nicht als verlängert. § 545 BGB findet keine Anwendung.

* Nichtzutreffendes ist zu streichen.

Die meisten Vertragsparteien sind an einer längerfristigen Bindung interessiert. In diesem Fall ist durch vertragliche Vereinbarungen sicherzustellen, dass auch während des festen Laufs des Vertrags die Miete erhöht werden kann.

Dies ist möglich durch Vereinbarung einer Staffelmiete oder einer Wertsicherungsklausel (siehe Kapitel 5.4.1). Bei einer Staffelmietvereinbarung legen die Parteien bereits bei Beginn des Mietverhältnisses die zukünftige Mietpreisentwicklung fest. Obwohl die Vorschriften für Wohnraummietverhältnisse nicht anwendbar sind, sollte aus Gründen der Klarheit analog verfahren werden: Anzugeben ist also zum einen der jeweilige Beginn der Staffel und zum anderen die ab diesem Zeitpunkt zu zahlende Miete, nicht nur der Erhöhungsbetrag oder der Prozentsatz. Das Problem bei der Staffelmiete ist, dass niemand so recht die Mietentwicklung einschätzen kann. Sie eignet sich daher vorwiegend für Verträge mit nicht allzu langer Laufzeit.

Bei längerfristigen Verträgen schließen die Parteien meistens eine Wertsicherungsklausel ab. Hierbei ändert sich die Miete automatisch, wenn sich die Bezugsgröße ändert. Solche Klauseln gelten als genehmigt, wenn sie der Regelung in § 3 Abs. 1 Nr. 1 e PrKG folgen: Voraussetzung ist eine Vertragsdauer von mindestens zehn Jahren sowie die Verwendung einer zulässigen Bezugsgröße, zum Beispiel des vom Statistischen Bundesamt ermittelten Verbraucherpreisindex für Deutschland.

!

Beispiel

Hierzu ein Formulierungsvorschlag:

1. Falls und sobald der Verbraucherpreisindex für Deutschland ab Vertragsbeginn um mindestens 5 % steigt oder fällt, so steigt oder fällt die Miete im gleichen Verhältnis. Das Gleiche gilt, wenn, sobald und sooft nach einer Erhöhung oder Ermäßigung der Miete der Index wiederum um mindestens 5 % steigt oder fällt.
2. Sollte der gewählte Index nicht fortgeführt werden, so vereinbaren die Parteien schon jetzt, dass ein neuer Index gelten soll, der dem hier gewählten Index vergleichbar ist.

Oftmals vereinbaren die Parteien ein Optionsrecht zugunsten des Mieters. Das heißt, dass der Mieter bei Ablauf der Mietzeit durch einseitige Erklärung die Verlängerung der Mietzeit für einen weiteren bestimmten Zeitraum herbeiführen kann. Haben die Parteien für die Optionszeit keine gesonderte Bestimmung über die Höhe der Miete getroffen, bleibt es in der Regel bei der bisherigen Miete. Dies sollte bei der Einräumung eines Optionsrechts beachtet werden. Ist eine Indexklausel vereinbart, gilt diese weiter. Ist keine Möglichkeit der Mietanpassung vereinbart, sollte für den Fall der Ausübung der Option eine entsprechende Vereinbarung getroffen werden, zum Beispiel »Übt der Mieter die Option aus, erhöht sich die monatliche Miete ab …« oder: »… gilt folgende Staffelmietvereinbarung …«.

2.2.4 Miete

ARBEITSHILFE ONLINE

MUSTER: Mietvertrag für Geschäftsraum

§ 3. Miete

(1) Die Miete beträgt monatlich EUR ....
zuzüglich
Garagen- bzw. Stellplatzmiete EUR ....
Vorauszahlung auf die Betriebskosten für Heizung
Vorauszahlung auf die übrigen Betriebskosten gemäß § 2 Betriebskostenverordnung EUR ....
Zwischensumme EUR ....
Umsatzsteuer jeweils in der gesetzlichen Höhe (derzeit 19 %) EUR ....
insgesamt monatlich EUR ....

(2) Die monatlichen Vorauszahlungen auf die Betriebskosten werden nach Ablauf des jährlichen Abrechnungszeitraums abgerechnet und ausgeglichen. Den Verteilungsschlüssel bestimmt der Vermieter nach billigem Ermessen. Betriebskosten für Heizung und Warmwasser werden entsprechend der Heizkostenverordnung abgerechnet.

(3) Für Art und Umfang der Betriebskosten ist die Betriebskostenverordnung in ihrer jeweils geltenden Fassung maßgebend.

(4) Werden öffentliche Abgaben neu eingeführt oder entstehen Betriebskosten neu, so können diese vom Vermieter im Rahmen der gesetzlichen Vorschriften umgelegt und angemessene Vorauszahlungen festgesetzt werden.

(5) Der Vermieter ist berechtigt, eine Erhöhung der monatlichen Vorauszahlungen für Betriebskosten im Rahmen des Ergebnisses der vorangegangenen Abrechnung vorzunehmen.

(6) Der Vermieter ist berechtigt, Erhöhungen der Betriebskosten im Sinne von § 2 Betriebskostenverordnung in ihrer jeweils geltenden Fassung anteilig auf den Mieter umzulegen, sofern Vorauszahlungen auf die Betriebskosten ganz oder teilweise nicht vereinbart sind (Bruttokalt- bzw. Teilbruttokaltmiete).

(7) Die Betriebskosten für vom Mieter selbst und auf eigene Kosten betriebene Heizungs- und Warmwasser-Bereitungsanlagen trägt der Mieter.
Der Verbrauch von Energie in den Mieträumen geht zulasten des Mieters.

(8) Die Miete ist spätestens am dritten Werktag eines jeden Monats an den Vermieter oder an die von ihm zur Entgegennahme ermächtigte Person oder Stelle, derzeit bei Kreditinstitut ....
IBAN: DE .... BIC: .... im Voraus zu zahlen.
Vorauszahlungen auf die Betriebskosten sind zugleich mit der Miete zu entrichten. Für die Rechtzeitigkeit kommt es nicht auf die Absendung, sondern auf den Eingang des Geldes an.

(9) Bei Option des Vermieters zur Umsatzsteuer ist er berechtigt, vom Mieter die Zustimmung zur Erhöhung der Miete um den jeweiligen Steuerbetrag zu verlangen. Dies gilt auch dann, wenn der Vermieter rückwirkend, entsprechend den Steuervorschriften, zur Umsatzsteuer optiert.

Die Vorauszahlungen auf die Betriebskosten für Heizung sowie Warmwasser und auf die übrigen Betriebskosten sollten getrennt ausgewiesen werden. Dies ermöglicht übersichtliche Abrechnungen, insbesondere wenn die Kosten für Heizung und Warmwasser von entsprechenden Firmen abgerechnet werden.

Dem Muster ist eine Aufstellung der übrigen Betriebskosten gemäß § 2 BetrKV beigefügt. Nach der Rechtsprechung ist dies zwar nicht erforderlich, da über den Umfang der Betriebskosten manchmal Unklarheit herrscht, sollte diese Aufstellung Bestandteil des Mietvertrags werden.

Bei Geschäftsraummietverhältnissen ist es – anders als bei Wohnraum – möglich, dem Mieter weitere Nebenkosten aufzuerlegen. Dies bedarf jedoch einer detaillierten Individualvereinbarung. Dies gilt auch, wenn der Mieter sonstige Betriebskosten (Nr. 17 der Aufstellung umlegbarer Betriebskosten) übernehmen soll, zum Beispiel die Kosten von Gemeinschaftsanlagen oder von Wachdiensten.

Bei Geschäftsraummietverhältnissen können die Kosten der Verwaltung gemäß § 1 Abs. 2 Nr. 1 BetrKV auf den Mieter umgelegt werden.

ACHTUNG

Zur Zahlung der Mehrwertsteuer ist der Mieter nur bei einer ausdrücklichen Vereinbarung verpflichtet. Da die Betriebskosten Teil der Miete sind, ist auch auf diese Mehrwertsteuer zu zahlen. Optiert der Vermieter nach Beginn des Mietverhältnisses zur Mehrwertsteuer, ist der Mieter zur Zahlung der Mehrwertsteuer nur verpflichtet, wenn eine ausdrückliche vertragliche Vereinbarung dahin besteht und der Mieter seinerseits zum Vorsteuerabzug berechtigt ist.

In Mietverträgen für ein Grundstück muss eine sogenannte Vorfälligkeitsklausel (Zahlung der Miete spätestens am dritten Werktag) ausdrücklich vereinbart werden. Anderenfalls gilt nämlich die Bestimmung des § 579 Abs. 1 BGB, wonach die Miete am Ende der Mietzeit fällig ist oder, wenn die Miete nach Zeitabschnitten bemessen ist, nach Ablauf der einzelnen Zeitabschnitte. Für Mietverhältnisse über Geschäftsräume, die nach dem Inkrafttreten des Mietrechtsreformgesetzes am 1.9.2001 abgeschlossen worden sind, ist nunmehr geregelt, dass die Miete zu Beginn, und zwar spätestens bis zum dritten Werktag im Voraus zu zahlen ist (§ 556b Abs. 1, § 579 Abs. 2 BGB).

2.2.5 Kaution

ARBEITSHILFE ONLINE

MUSTER: Mietvertrag für Geschäftsraum

§ 4. Kaution

Der Mieter zahlt bei Vertragsabschluss an den Vermieter eine Kaution in Höhe von EUR .... – i. W. .... EUR – zur Sicherung aller Ansprüche des Vermieters aus dem Mietverhältnis. Die Kaution ist nach dem Zinssatz für Spareinlagen mit dreimonatiger Kündigungsfrist zu verzinsen, es sei denn, die Verzinsung ist durch besondere Vereinbarung ausdrücklich ausgeschlossen.

Bei Geschäftsraummietverhältnissen gilt die einschränkende Bestimmung des § 551 BGB nicht. Einzelvertraglich kann vereinbart werden, dass eine höhere Kaution als drei Monatsmieten zu zahlen ist, dass diese Kaution bereits bei Vertragsabschluss fällig ist und dass sie nicht verzinst wird. Ist allerdings zur Verzinsung keine ausdrückliche vertragliche Vereinbarung getroffen worden, muss die Kaution gemäß § 551 Abs. 3 S. 1 BGB verzinst werden. Bei Geschäftsraummietverhältnissen besteht auch die Verpflichtung des Vermieters, die Kaution auf einem Treuhandkonto anzulegen. Ferner kann vereinbart werden, dass die Kaution vor Mietbeginn geleistet wird. Zahlt der Mieter nicht, hat der Vermieter ein Zurückbehaltungsrecht.

Barkautionen sind allerdings bei Geschäftsraummietverhältnissen eher selten. In der Regel wird eine Bankbürgschaft gestellt. Hierbei ist zu beachten, dass die Bürgschaft unter Ausschluss der Einrede der Vorausklage und zeitlich unbefristet geleistet wird. Wenn ein Kreditinstitut bürgt, kann vereinbart werden, dass Zahlung auf erstes Anfordern erfolgt.

ACHTUNG

Manche Banken beschränken die Laufzeit der Bürgschaft auf die des Mietverhältnisses bzw. auf vier Wochen nach Ablauf des Mietverhältnisses. Hier muss der Bürge, also die Bank, rechtzeitig in Anspruch genommen werden. Besser ist es, wenn die Bürgschaft auf unbestimmte Zeit läuft.

2.2.6 Garantiehaftung

ARBEITSHILFE ONLINE

MUSTER: Mietvertrag für Geschäftsraum

§ 5. Garantiehaftung des Vermieters, Aufrechnung gegen die Miete, Zurückbehaltung der Miete

(1) Die verschuldensunabhängige Haftung des Vermieters für bei Mietvertragsabschluss vorhandene Sachmängel ist ausgeschlossen. § 536a Abs. 1 BGB findet insoweit keine Anwendung.

(2) Der Mieter kann gegen die Miete mit Forderungen nur aufrechnen, wenn diese unbestritten, rechtskräftig festgestellt oder entscheidungsreif sind. Gleiches gilt für die Ausübung eines Zurückbehaltungsrechts.

Die strengen Schutzvorschriften zugunsten des Mieters von Wohnraum gelten bei gewerblichen Mieten nur eingeschränkt. Auch hier sind die Bestimmungen der §§ 305 ff. BGB zu beachten. Weitergehende Haftungsausschlüsse sind nur unter Kaufleuten zulässig.

Ein genereller Ausschluss der Gewährleistungsrechte wie Aufrechnung oder Minderung ist nicht zulässig. Eine Einschränkung ist möglich, solange rechtskräftig festgestellte oder unstreitige Gegenforderungen ausgenommen sind und dem Mieter die Möglichkeit verbleibt, seine Rechte durch gesonderte Klage geltend zu machen. In Individualvereinbarungen und unter Vollkaufleuten sind weitergehende Ausschlüsse als im Muster möglich. Bei Formularmietverträgen ist aber Vorsicht angebracht. Die Rechtsprechung prüft in letzter Zeit derartige Klauseln besonders kritisch, das gilt auch für Geschäftsraummietverhältnisse.

2.2.7 Benutzung der Mieträume und Untervermietung

ARBEITSHILFE ONLINE

MUSTER: Mietvertrag für Geschäftsraum

§ 6. Benutzung der Mieträume

(1) Der Mieter darf die Mieträume nur zu dem vertraglich bestimmten Zweck benutzen. Will er sie zu anderen Zwecken benutzen, bedarf er der Erlaubnis des Vermieters.

(2) Der Mieter darf die Mieträume nur mit Erlaubnis des Vermieters einem Dritten zum Gebrauch überlassen, insbesondere untervermieten. Der Vermieter kann die Erlaubnis widerrufen, wenn ein wichtiger Grund vorliegt.

Wie zu § 1 des Musters bereits ausgeführt, ist es wichtig, eine möglichst genaue Zweckbestimmung zu treffen.

Die Änderung des Betriebs bzw. der Branche durch den Mieter ist vertragswidrig, wenn der Vermieter ein erhebliches Interesse an der Beibehaltung des Mietzwecks hat und dem Vermieter eine Änderung unter Berücksichtigung aller Umstände des Einzelfalls nach Treu und Glauben nicht zumutbar ist. Eine Geschäftserweiterung ist dann vertragswidrig, wenn dies dem Vertragszweck widerspricht.

Ein vertragswidriger Gebrauch liegt in solchen Fällen vor, wenn eine Umwidmung des Vertragszwecks erfolgt, zum Beispiel Nutzung eines Stalls zu gewerblichen Zwecken oder Nutzung von Gewerberaum als Wohnraum. Bei der hier vorgeschlagenen Formulierung ist eine Erlaubnis des Vermieters bei einer Änderung des vertraglich vereinbarten Zwecks erforderlich. Die Verweigerung der Erlaubnis des Vermieters kann nur aus sachlichen Gründen erfolgen, anderenfalls ist die Verweigerung rechtsmissbräuchlich.

Im Muster ist auch vereinbart, dass die Untervermietung der Erlaubnis des Vermieters bedarf. Dies ist bei Geschäftsraummietverhältnissen zulässig. Verweigert der Vermieter die Erlaubnis, hat der Mieter ein Sonderkündigungsrecht gemäß § 540 Abs. 1 S. 2 BGB.

Mieter, die sich aus einem längerfristigen Vertrag lösen wollen, gehen oft diesen Weg. Ein konkreter Antrag zur Untervermietung sollte beantwortet werden. Gibt der Vermieter keine Erklärung ab, kann das Schweigen als Verweigerung der Zustimmung gewertet werden, was ein Sonderkündigungsrecht des Mieters zur Folge hat. Für den Vermieter empfiehlt es sich in solchen Fällen, konkret nachzufragen und um Auskunft über Namen, Beruf und Adresse des Untermieters sowie Angaben zur beabsichtigten Nutzungsart der Räume, zur Höhe der Untermiete und zur Dauer des Untermietvertrags (jedenfalls bei Betriebspflicht) zu bitten. Ein formularmäßiger Ausschluss der Sonderkündigungsmöglichkeit des Mieters, falls die Genehmigung zur Untervermietung verweigert wird, dürfte nach überwiegender Meinung nicht zulässig sein.

Eine Formularklausel, wonach der Vermieter die Erlaubnis zur Untervermietung jederzeit widerrufen kann, ist unwirksam. Ein Widerruf ist nur aus wichtigem Grund möglich, zum Beispiel bei nicht vertragsgemäßem Gebrauch der zu überlassenden Sache, Änderungen des Vertragszwecks, Wettbewerb des Untermieters mit dem Vermieter oder anderen Mietern.

Ein Recht des Mieters, aus dem Vertrag auszuscheiden und einen Nachmieter zu stellen, besteht grundsätzlich nur, wenn eine entsprechende Nachmieterklausel vereinbart ist.

Bei der sogenannten echten Nachmieterklausel hat der Mieter nicht nur das Recht, bei Stellung eines geeigneten Nachmieters aus dem Vertrag auszuscheiden, sondern auch einen Anspruch gegen den Vermieter, dass dieser Nachmieter in den Mietvertrag für die restliche Mietdauer eintritt. Solche Klauseln werden dann vereinbart, wenn der Mieter erhebliche Investitionen auf die Mietsache erbracht hat.

Fehlt eine solche Vereinbarung, die für den Vermieter grundsätzlich nicht von Vorteil ist, hat der Vermieter nur bei besonders gelagerten Ausnahmefällen aufgrund des Gebots von Treu und Glauben die Verpflichtung, einen geeigneten Nachmieter zu akzeptieren. Der Vermieter darf allerdings nicht arglistig die Weitervermietung an einen zumutbaren, insbesondere solventen Nachmieter verweigern, wie der BGH (WPM 1984, 93) entschieden hat.

Es empfiehlt sich, im Fall einer Ersatzmietvereinbarung den weichenden Mieter zu einer Bürgschaft bis zum Ablauf seines Mietvertrags zu verpflichten.

2.2.8 Duldungspflicht des Mieters, Veränderung der Mietsache

ARBEITSHILFE ONLINE

MUSTER: Mietvertrag für Geschäftsraum

§ 7. Duldungspflicht des Mieters, Veränderungen der Mietsache

(1) Maßnahmen des Vermieters, die zur Erhaltung des Hauses, der Mieträume oder zur Gefahrenabwehr notwendig oder zweckmäßig sind, hat der Mieter zu dulden. Er darf deren Durchführung nicht behindern.

(2) Bauliche oder sonstige den vertragsgemäßen Gebrauch überschreitende Veränderungen innerhalb der Mieträume oder an den darin befindlichen Einrichtungen und Anlagen darf der Mieter ohne Einwilligung des Vermieters nicht vornehmen.

Grundsätzlich kann hier auf die Ausführungen zum Wohnraummietvertrag verwiesen werden. Auch bei Geschäftsraummietverhältnissen richtet sich die Duldungspflicht des Mieters nach § 555a Abs. 1 bis 3 BGB. Erhaltungsmaßnahmen hat er zu dulden. Die Duldung von Modernisierungs- und Verbesserungsmaßnahmen richtet sich nach § 555b bis § 555f BGB.

Diese Vorschriften, die bei Wohnraummietverhältnissen nicht abdingbar sind, bei Geschäftsraummietverhältnissen aber schon, sind in der Handhabung recht umständlich. Plant der Vermieter in absehbarer Zeit Modernisierungsmaßnahmen, sollte eine gesonderte Individualvereinbarung getroffen werden. Dabei kann eventuell eine Minderungsquote festgelegt werden. § 559 BGB, der den Vermieter von Wohnraum nach beendeten Modernisierungsarbeiten zu einer Mieterhöhung von jährlich 8 % der auf den Mieter entfallenden Kosten der Modernisierung berechtigt, ist bei Geschäftsraummietverhältnissen nicht anwendbar. Eine analoge Anwendung kann nur individuell vereinbart werden. Einfacher ist es, hier eine Staffelmiete zu vereinbaren, wobei die Staffelung auf den Umfang der Modernisierung Rücksicht nimmt.

Grundsätzlich ist der Mieter zu größeren baulichen Veränderungen nicht berechtigt (siehe MV). Innerhalb seines Mietgebrauchs hat der Mieter allerdings das Recht zu entsprechenden Maßnahmen, zum Beispiel Einziehen von Leichtbauwänden, Anbringen von Regalen und Ladeneinrichtungsgegenständen etc. Bei größeren baulichen Veränderungen seitens des Mieters sollten konkrete Vereinbarungen über Art, Umfang, Zeitpunkt und Kosten getroffen werden. Wichtig ist auch eine Regelung, was bei Beendigung mit den Einbauten geschehen soll (siehe hierzu Erläuterungen zu § 11 MV). Soll der Mieter nicht nur das Recht, sondern auch die Pflicht zu bestimmten Einbauten haben, muss dies in der Vereinbarung enthalten sein.

2.2.9 Instandhaltung und -setzung der Mieträume

ARBEITSHILFE ONLINE

MUSTER: Mietvertrag für Geschäftsraum

§ 8. Schönheitsreparaturen, Instandhaltung und Instandsetzung der Mieträume

(1) Der Mieter stellt den Vermieter von allen Ansprüchen auf Durchführung von Schönheitsreparaturen frei.

(2) Der Mieter ist verpflichtet, die Schönheitsreparaturen im Allgemeinen alle fünf Jahre, jeweils gerechnet vom Beginn des Mietverhältnisses, fachgerecht auszuführen. Die Schönheitsreparaturen an den Innenseiten von Fenstern und Außentüren, an Innentüren sowie an Heizkörpern einschließlich Heizrohre sind im Allgemeinen alle zehn Jahre, jeweils gerechnet vom Beginn des Mietverhältnisses, fachgerecht auszuführen. Im Allgemeinen bedeutet, dass es sich bei den angegebenen Fristen nur um flexible Erfahrungssätze handelt, die der tatsächlichen Abnutzung anzupassen sind.

(3) Endet das Mietverhältnis vor Ablauf des Renovierungsturnus und hat der Mieter im letzten Jahr vor der Beendigung die Schönheitsreparaturen nicht ausgeführt, trägt er einen prozentualen Anteil an den Renovierungskosten, die aufgrund des Kostenvoranschlags eines vom Vermieter auszuwählenden Malerfachgeschäfts ermittelt werden. Der prozentuale Anteil bemisst sich nach dem Verhältnis des Zeitraums seit Durchführung der letzten Schönheitsreparaturen während der Mietzeit zum vollen Renovierungsturnus. Ist seit Beginn des Mietverhältnisses noch kein voller Turnus verstrichen, bemisst sich der prozentuale Anteil an den Renovierungskosten nach dem Verhältnis des Zeitraums seit Beginn des Mietverhältnisses zum vollen Renovierungsturnus. Der volle Renovierungsturnus ist im jeweiligen Einzelfall unter Berücksichtigung der tatsächlichen Abnutzung gemäß Absatz (2) zu bestimmen.[1)]

(4) Der Mieter ist verpflichtet, die Kosten der Reparaturen der Installationsgegenstände für Elektrizität, Wasser und Gas, Heiz- und Kocheinrichtungen, Fenster- und Türverschlüsse sowie der Verschlussvorrichtungen von Fensterläden zu tragen, soweit die Kosten für die einzelne Reparatur 200 EUR und der dem Mieter dadurch entstehende jährliche Aufwand 7 % der Jahresbruttokaltmiete nicht übersteigen.

(5) Der Mieter verpflichtet sich, die Mieträume und die gemeinschaftlichen Einrichtungen pfleglich und schonend zu behandeln sowie die Mieträume entsprechend den technischen Gegebenheiten ausreichend zu heizen und zu lüften.

(6) Schäden in den Mieträumen hat der Mieter dem Vermieter unverzüglich anzuzeigen. Er verzichtet auf jeglichen Ersatz von Aufwendungen für Instandsetzungen, die – ausgenommen bei Gefahr in Verzug – vorgenommen werden, ohne vom Vermieter Abhilfe innerhalb angemessener Frist verlangt zu haben. Für einen durch nicht rechtzeitige Anzeige verursachten weiteren Schaden ist der Mieter ersatzpflichtig.

(7) Für Beschädigungen der Mieträume sowie der in den Mieträumen vorhandenen Anlagen und Einrichtungen ist der Mieter ersatzpflichtig, wenn und soweit sie von ihm sowie unter Verletzung der ihm obliegenden Obhuts- oder Sorgfaltspflicht von den zu seinem Betrieb gehörenden Personen, von seinen Untermietern oder Dritten, denen er den Gebrauch der Mietsache überlassen hat, von Besuchern, deren Erscheinen ihm zuzurechnen ist, von ihm beauftragten Lieferanten oder von ihm beauftragten Handwerkern schuldhaft verursacht werden.
Dem Vermieter obliegt der Beweis, dass die Schadensursache im Gefahrenbereich des Mieters gesetzt wurde. Dem Mieter obliegt sodann der Beweis, dass der Schaden nicht schuldhaft verursacht wurde.

1) *Beispiele:* Endet das Mietverhältnis nach vier Jahren, hat aber der Mieter die Wohnung nicht stärker abgenutzt, als es regelmäßig nach zwei Jahren zu erwarten wäre, besteht ausgehend von einem üblichen Renovierungsintervall von fünf Jahren aufgrund des konkreten Wohnverhaltens des Mieters Renovierungsbedarf voraussichtlich erst nach insgesamt zehn Jahren. In diesem Fall hat der Mieter daher vier Zehntel der Renovierungskosten zu tragen.
Endet das Mietverhältnis nach zwei Jahren, hat aber der Mieter die Wohnung so stark abgenutzt, wie es regelmäßig erst nach vier Jahren zu erwarten wäre, besteht ausgehend von einem üblichen Renovierungsintervall von fünf Jahren aufgrund des konkreten Wohnverhaltens des Mieters Renovierungsbedarf voraussichtlich bereits nach insgesamt zweieinhalb Jahren. In diesem Fall beträgt die vom Mieter zu zahlende Quote daher vier Fünftel der Renovierungskosten

Zur Kommentierung dieser Klausel kann ebenfalls grundsätzlich auf die Ausführungen zum Wohnraummietvertrag verwiesen werden.

WICHTIG

Nach der Rechtsprechung des BGH zu Wohnraummietverhältnissen können die laufenden Schönheitsreparaturen auf den Mieter formularvertraglich nur übertragen werden, wenn dem Mieter zu Mietbeginn eine renovierte Wohnung überlassen oder dem Mieter einer unrenovierten Wohnung ein angemessener Ausgleich gewährt wurde (BGH, Urteil vom 18.3.2015, VIII ZR 185/14). Weiter hat der BGH entschieden, dass die Quotenabgeltungsklauseln wie hier in § 8.3 bei Wohnraummietverhältnissen unwirksam sind. Dies gilt unabhängig davon, ob die Wohnung dem Mieter zu Beginn des Mietverhältnisses renoviert oder unrenoviert überlassen wurde. Bisher hat der für Geschäftsraummietverhältnisse zuständige Senat des BGH die Rechtsprechung des für Wohnraummietverhältnisse zuständigen Senats übernommen. Es ist also absehbar, dass auch bei Geschäftsraummietverhältnissen Schönheitsreparaturen vom Mieter nur noch verlangt werden können, wenn die Räume renoviert übergeben wurden oder ein angemessener Ausgleich gewährt wurde. Dies ist im Übergabeprotokoll oder in einer sonstigen Vereinbarung ausdrücklich festzuhalten. Im Übrigen führt die Unwirksamkeit der Quotenabgeltungsklausel nicht zur Unwirksamkeit der allgemeinen Schönheitsreparaturklausel, soweit diese für sich wirksam ist.

Die Schönheitsreparaturen sind nach dem Muster gemäß einem zeitlichen Turnus, einem sogenannten Fristenplan, durchzuführen. Zu achten ist darauf, dass auch bei Geschäftsraummietverhältnissen keine starren Fristen (zum Beispiel »die Schönheitsreparaturen sind alle fünf Jahre durchzuführen«) vereinbart werden. Wie auch bei Wohnraummietverträgen führt die Vereinbarung eines starren Fristenplans zur Unwirksamkeit (OLG Düsseldorf, Urteil vom 4.5.2006, 10 U 174/05, NZM 2006, 462; BGH NZM 2008, 890).

Endrenovierungsklauseln (zum Beispiel »der Mieter verpflichtet sich zur Durchführung sämtlicher Schönheitsreparaturen bei Beendigung des Mietverhältnisses«) sind auch bei Geschäftsraummietverträgen unwirksam (BGH, Urteil vom 6.4.2005, XII ZR 308/02, DWW 2005, 289). Diese Unwirksamkeit gilt unabhängig davon, ob die Mieträume bei Beginn des Mietverhältnisses vom Vermieter renoviert oder unrenoviert überlassen wurden. Darüber hinaus führt die Kombination einer Endrenovierungsklausel mit einem Fristenplan – auch wenn diese Klausel für sich allein wirksam wäre – wegen des dabei auftretenden Summierungseffekts zur Unwirksamkeit beider Klauseln. Von Endrenovierungsklauseln ist daher dringend abzuraten.

Diese Folgen können auch nicht durch eine Individualvereinbarung umgangen werden. Ein zur Unwirksamkeit einer Formularklausel führender Summierungseffekt durch das Zusammenwirken zweier – jeweils für sich genommen – unbedenklicher Klauseln kann auch dann vorliegen, wenn nur eine der beiden Klauseln formularmäßig, die andere hingegen individuell vereinbart wurde (BGH, Urteil vom 5.4.2006, VIII ZR 163/05, NZM 2006, 623).

Unwirksam ist jedenfalls bei Wohnraummietverhältnissen eine Klausel, die den Mieter verpflichtet, bei seinem Auszug alle von ihm angebrachten oder vom Vormieter überlassenen Tapeten zu beseitigen (BGH, Urteil vom 5.4.2006, VIII ZR 152/05, NZM 2006, 621). Vereinbarungen über die Erneuerung von Teppichböden oder das Abschleifen des Parketts sind nur individuell möglich. Wichtig ist hier ein angemessener Zeitraum für die Durchführung der Maßnahmen.

Im Muster ist eine Kleinreparaturklausel enthalten. Durch Individualvereinbarungen können bei Geschäftsraummietverträgen dem Mieter die Instandhaltungs- und Instandsetzungsarbeiten jedenfalls soweit auferlegt werden, als die Schäden und die Abnutzungen dem Mietgebrauch und dem Risikobereich des Mieters zuzuordnen sind. Die Gebäudesubstanz gehört hier nicht dazu. Unter Kaufleuten sind solche Regelungen auch in einem Formularvertrag möglich. Soll darüber hinaus dem Mieter die Wartungspflicht für einzelne Geräte auferlegt werden, bedarf dies einer entsprechenden Individualvereinbarung. Hier ist auch festzuhalten, dass der Mieter nur die reinen Wartungskosten, nicht aber Reparaturkosten zu übernehmen hat.

2.2.10 Pfandrecht des Vermieters

ARBEITSHILFE ONLINE

MUSTER: Mietvertrag für Geschäftsraum

§ 9. Pfandrecht des Vermieters

Zur Sicherung seines Pfandrechts kann der Vermieter die Entfernung der seinem Pfandrecht unterliegenden Sachen nach den gesetzlichen Vorschriften auch ohne Anrufung des Gerichts verhindern und bei Auszug in Besitz nehmen.

Auch hier kann auf die Ausführungen zum Wohnraummietvertrag verwiesen werden. Ein Urteil des LG Hamburg (NJW-RR 1986, 971) kann im Einzelfall hilfreich sein: Danach stehen Gegenstände, die der Geschäftsführer einer GmbH in die Mieträume eingebracht hat, unter der Vermutung, dass sie im Eigentum der GmbH sind (§ 1006 BGB). Will der Mieter diese Gegenstände vom Vermieterpfandrecht freihalten, muss er diese Vermutung widerlegen.

2.2.11 Betreten der Mieträume durch den Vermieter

ARBEITSHILFE ONLINE

MUSTER: Mietvertrag für Geschäftsraum

§ 10. Betreten der Mieträume durch den Vermieter

(1) Der Vermieter, ein von ihm Beauftragter oder beide sind bei Gefahr im Verzug berechtigt, die Mieträume zur Feststellung und Durchführung der zur Gefahrenabwehr notwendigen Arbeiten zu betreten.

(2) Will der Vermieter das Grundstück verkaufen oder ist das Mietverhältnis gekündigt, sind die in Abs. (1) bezeichneten Personen berechtigt, zusammen mit dem Kauf- bzw. Mietinteressenten die Mieträume nach Terminvereinbarung zur Besichtigung zu betreten.

Auch hier lässt sich auf die Ausführungen zum Wohnraummietvertrag verweisen. Die formularmäßige Vereinbarung eines laufenden Besichtigungsrechts ohne konkreten Anlass dürfte unwirksam sein.

2.2.12 Beendigung der Mietzeit

ARBEITSHILFE ONLINE

MUSTER: Mietvertrag für Geschäftsraum

§ 11. Beendigung der Mietzeit

Die Mieträume sind bei Beendigung der Mietzeit gesäubert und mit sämtlichen Schlüsseln zurückzugeben. § 8 Abs. (2) bleibt unberührt.

Grundsätzlich ist der Mieter dazu verpflichtet, Einbauten und Einrichtungen, mit denen er die Mietsache versehen hat, bei Beendigung des Mietverhältnisses zu entfernen. Dies gilt auch dann, wenn ihm der Vermieter die Vornahme der baulichen Änderungen gestattet hat.

Eine Ausnahme kann sich dann ergeben, wenn die baulichen Veränderungen erforderlich waren, um die Mieträume in einen vertragsgerechten Zustand zu bringen. Zur Vermeidung von Auslegungsschwierigkeiten empfiehlt es sich daher, hier eindeutige Vereinbarungen zu treffen. Sonst hat nämlich der Mieter auch gegen den Willen des Vermieters das Recht, seine Einbauten und Einrichtungen wegzunehmen (§§ 552 Abs. 1, 578 Abs. 2 BGB). Dieses Wegnahmerecht kann der Vermieter nur durch Zahlung einer angemessenen Entschädigung abwenden, sofern der Mieter kein berechtigtes Interesse an der Wegnahme hat.

Durch Individualvereinbarung kann der Mieter verpflichtet werden, Einbauten etc. entschädigungslos in den Mieträumen zu belassen, soweit dies nicht zu im Einzelfall unbilligen Ergebnissen führt. Vereinbart werden kann aber zum Beispiel ein Wahlrecht des Vermieters: entweder Übernahme der Einbauten etc. zum Zeitwert oder Entfernung der Einbauten durch den Mieter und Wiederherstellung des alten Zustands. Allgemeine Muster sind in solchen Fällen wenig hilfreich, es sollten konkrete Vereinbarungen für den Einzelfall getroffen werden.

2.2.13 Vorzeitige Beendigung der Mietzeit

ARBEITSHILFE ONLINE

MUSTER: Mietvertrag für Geschäftsraum

§ 12. Vorzeitige Beendigung der Mietzeit

Endet das Mietverhältnis durch fristlose Kündigung des Vermieters aus Gründen, die der Mieter zu vertreten hat, haftet der Mieter für den Schaden, der dem Vermieter dadurch entsteht, dass die Räume nach dem Auszug des Mieters aus Gründen, die der Vermieter nicht zu vertreten hat, nicht oder nur zu einer niedrigeren Miete vermietet werden können. Die Geltendmachung eines weiteren vom Mieter zu vertretenden Schadens ist nicht ausgeschlossen.

Auch hier kann zu den Ausführungen beim Wohnraummietvertrag verwiesen werden. Zwei in der Praxis leider immer häufiger auftretende Fälle sollen kurz behandelt werden: Der Mieter kommt mit der Zahlung von mindestens zwei Monatsmieten in Verzug, der Vermieter kündigt fristlos, der Mieter zieht aus. Der Mietausfall kann in diesem Fall als Kündigungsfolgeschaden geltend gemacht werden. Der Anspruch besteht so lange, bis eine Neuvermietung erfolgt ist oder das Mietverhältnis aufgrund von Befristung oder der Möglichkeit einer ordentlichen Kündigung beendet wäre. Da der Vermieter Schadenersatz verlangt, ist er gemäß § 245 Abs. 2 BGB verpflichtet, sich um einen Nachmieter zu bemühen. Wenn die Neuvermietung zu einer geringeren Miete erfolgt, besteht der Schadenersatzanspruch auch in der Differenz zwischen alter und neuer Miete.

Anders ist die Rechtslage, wenn der Mieter vorzeitig räumt, der Vermieter jedoch nicht fristlos kündigt, sondern zu einer geringeren Miete weitervermietet. Das OLG München (ZMR 1992, 251) hat die Klage des Vermieters auf Zahlung der Mietdifferenz unter Hinweis auf § 537 Abs. 2 BGB abgewiesen. Diese Bestimmung regelt, dass der Mieter die Miete dann nicht mehr zahlen muss, wenn ihm der Vermieter die Mietsache nicht mehr zur Verfügung stellen kann.

Dem ist der BGH entgegengetreten, da hier der Mieter rechtsmissbräuchlich handelt, wenn er ohne Rücksicht auf den Fortbestand des Mietverhältnisses auszieht, ohne die Miete zu zahlen. Nach Ansicht des BGH (WuM 1993, 346) handelt der Mieter jedoch dann nicht rechtsmissbräuchlich, wenn er davon ausgehen konnte, dass das Mietverhältnis beendet sei. Es empfiehlt sich daher, dass der Vermieter in solchen Fällen den Mieter auf seine Pflicht zur Weiterzahlung der Miete hinweist, ferner darauf, dass er versuchen wird, die Mietsache weiterzuvermieten und gegebenenfalls die Mietdifferenz geltend machen wird.

2.2.14 Personenmehrheit als Mieter

ARBEITSHILFE ONLINE

MUSTER: Mietvertrag für Geschäftsraum

§ 13. Personenmehrheit als Mieter

(1) Sind mehrere Personen Mieter, so haften diese für alle Verpflichtungen aus dem Mietverhältnis als Gesamtschuldner.

(2) Willenserklärungen müssen von oder gegenüber allen Mietern abgegeben werden. Die Mieter bevollmächtigen sich in stets widerruflicher Weise gegenseitig zur Entgegennahme oder Abgabe solcher Erklärungen. Diese Vollmacht gilt nicht für den Ausspruch von Kündigungen, für Mietaufhebungs- und -änderungsverträge sowie für einen Verzicht auf das ordentliche Kündigungsrecht.

Auch hier kann auf die Ausführungen zum Wohnraummietvertrag hingewiesen werden.

2.2.15 Datenschutz-Information

ARBEITSHILFE ONLINE

MUSTER: Mietvertrag für Geschäftsraum

§ 14 Datenschutz-Information

(1) Erhebung und Speicherung personenbezogener Daten sowie Art und Zweck und deren Verwendung

Zum Zwecke der Anbahnung, Durchführung und Abwicklung von Mietverhältnissen zwischen dem Vermieter und dem Mieter sowie den weiteren Bewohnern der Mietsache erhebt und verarbeitet der Vermieter als Verantwortlicher im Sinne des Art. 4 DSGVO die nachfolgend aufgeführten personenbezogenen Informationen:

- Vorname, Nachname, Anschrift
- E-Mail-Adresse, Telefonnummer (Festnetz und/oder Mobilfunk)
- Höhe der Miete und Betriebskosten
- Verbrauchsdaten und Betriebskosten gem. BetrKVO und HeizKVO
- Wohnfläche, Miteigentumsanteile, Anzahl der Bewohner, Anzahl der Wohnungen, Lage, Art, Ausstattung und Beschaffenheit der Mietsache

Die Datenverarbeitung ist nach Art. 6 Abs. 1 S. 1 lit. b DSGVO zu den genannten Zwecken für die Auftragserfüllung sowie für die beidseitige Erfüllung von Verpflichtungen aus dem Mietverhältnis erforderlich.

Die von dem Vermieter verarbeiteten personenbezogenen Informationen werden regelmäßig bis zum Ablauf der gesetzlichen Regelverjährungsfrist (§ 195 BGB) gespeichert, es sei denn, dass der Vermieter nach Artikel 6 Abs. 1 S. 1 lit. c DSGVO aufgrund von steuer- und handelsrechtlichen Aufbewahrungs- und Dokumentationspflichten (aus HGB, StGB oder AO) zu einer längeren Speicherung verpflichtet ist oder die betroffenen Personen in eine darüber hinaus gehende Speicherung nach Art. 6 Abs. 1 S. 1 lit. a DSGVO eingewilligt haben.

(2) Weitergabe von Daten an Dritte

Eine Übermittlung ihrer persönlichen Daten an Dritte zu anderen als den im Folgenden aufgeführten Zwecken findet nicht statt. Soweit dies nach Art. 6 Abs. 1 S. 1 lit. b DSGVO für die Abwicklung des Mietverhältnisses mit dem Mieter und weiteren Bewohnern der Mietsache erforderlich ist, werden deren personenbezogenen Informationen an Dritte weitergegeben.

a. Zum Zwecke der Abrechnung der Betriebskostenvorauszahlungen werden die Verbrauchsdaten für Heizung/Warmwasser und alle anderen Betriebskosten nach der Betriebskostenverordnung sowie die von dem Mieter geleisteten Vorauszahlungen an das von dem Vermieter oder dem Verwalter beauftragte Abrechnungsunternehmen weitergegeben.
b. Zum Zwecke der Erfüllung von Instandsetzungs- und Instandhaltungsverpflichtungen der Mieträumlichkeiten werden Name und Telefonnummer des Mieters bei Erforderlichkeit an Handwerker oder Sachverständige bzw. den jeweiligen Gebäudeversicherer und Haftpflichtversicherer des Grundstücks weitergegeben.
c. Zum Zwecke der Erfüllung von Rechtsansprüchen wird anderen Eigentümern und Mietern auf deren Verlangen Einsicht in die Betriebskostenabrechnung des Mieters und in sämtliche, ihr zugrunde liegenden Originalbelege gewährt.

Zur Wahrung eines berechtigten Interesses nach Art 6 Abs. 1 S. 1 lit. f DSGVO erfolgt die Übermittlung der Lage, Art, Größe, Ausstattung und Beschaffenheit der Mietsache, Höhe der Miete und Betriebskosten an Vermietervereinigungen zwecks Aufnahme in von diesen geführten Vergleichsmietensammlungen i. S. d. § 558 Abs. 2 BGB. Das berechtigte Interesse des Vermieters und der vorgenannten Dritten ergibt sich aus den gesetzlichen Voraussetzungen für eine Mieterhöhung (§§ 558, 558 a Abs. 2 Nr. 4 BGB). Zur Wahrung der Belange des Mieters erfolgt keine Weitergabe seines Namens.
Die weitergegebenen Daten dürfen von den vorgenannten Empfängern ausschließlich zur Führung der Vergleichsmietensammlung verwendet werden und nur an andere Mitglieder der Vermietervereinigung zum Zwecke der Überprüfung der Begründetheit und Geltendmachung von Mieterhöhungsverlangen gem. § 558 Abs. 2 BGB weitergegeben werden.

(3) Betroffenenrechte

Der Mieter und eventuelle weitere Bewohner der Mietsache haben das Recht:

- gemäß Art. 7 Abs. 3 DSGVO eine eventuell erteilte Einwilligung jederzeit gegenüber dem Vermieter zu widerrufen. Dies hat zur Folge, dass der Vermieter die Datenverarbeitung, die auf dieser Einwilligung beruhte, für die Zukunft nicht mehr fortführen darf;
- gemäß Art. 15 DSGVO Auskunft über die von dem Vermieter verarbeiteten personenbezogenen Daten zu verlangen. Insbesondere können diese Auskunft über die Verarbeitungszwecke, die Kategorie der personenbezogenen Daten, die Kategorien von Empfängern, gegenüber denen ihre Daten offengelegt wurden oder werden, die

geplante Speicherdauer, das Bestehen eines Rechts auf Berichtigung, Löschung, Einschränkung der Verarbeitung oder Widerspruch, das Bestehen eines Beschwerderechts, die Herkunft ihrer Daten, sofern diese nicht bei dem Vermieter erhoben wurden, sowie über das Bestehen einer automatisierten Entscheidungsfindung einschließlich Profiling und gegebenenfalls aussagekräftigen Informationen zu deren Einzelheiten verlangen;

- gemäß Art. 16 DSGVO unverzüglich die Berichtigung unrichtiger oder Vervollständigung ihrer bei dem Vermieter gespeicherten personenbezogenen Informationen zu verlangen;
- gemäß Art. 17 DSGVO die Löschung der bei dem Vermieter gespeicherten personenbezogenen Informationen zu verlangen, soweit nicht die Verarbeitung zur Ausübung des Rechts auf freie Meinungsäußerung und Information, zur Erfüllung einer rechtlichen Verpflichtung, aus Gründen des öffentlichen Interesses oder zur Geltendmachung, Ausübung oder Verteidigung von Rechtsansprüchen erforderlich ist;
- gemäß Art. 18 DSGVO die Einschränkung der Verarbeitung ihrer personenbezogenen Daten zu verlangen, soweit die Richtigkeit der Daten von ihnen bestritten wird, die Verarbeitung unrechtmäßig ist, sie aber deren Löschung ablehnen und der Vermieter die Daten nicht mehr benötigt, sie jedoch diese zur Geltendmachung, Ausübung oder Verteidigung von Rechtsansprüchen benötigen oder sie gemäß Art. 21 DSGVO Widerspruch gegen die Verarbeitung eingelegt haben;
- gemäß Art. 20 DSGVO ihre personenbezogenen Daten, die sie dem Vermieter bereitgestellt haben, in einem strukturierten, gängigen und maschinenlesbaren Format zu erhalten oder die Übermittlung an einen anderen Verantwortlichen zu verlangen und
- gemäß Art. 77 DSGVO sich bei einer Aufsichtsbehörde zu beschweren. In der Regel können sich die betroffenen Personen hierfür an die Aufsichtsbehörde ihres üblichen Aufenthaltsortes oder des Wohn- bzw. Geschäftssitzes des Vermieters wenden.

(4) Widerspruchsrecht

Sofern personenbezogene Daten auf Grundlage von berechtigten Interessen gemäß Art. 6 Abs. 1 S. 1 lit. f DSGVO verarbeitet werden, haben der Mieter und weitere betroffene Personen das Recht, gemäß Art. 21 DSGVO Widerspruch gegen die Verarbeitung ihrer personenbezogenen Daten einzulegen, soweit dafür Gründe vorliegen, die sich aus ihrer besonderen Situation ergeben. Ein Widerspruch kann in jeder Weise bei dem Vermieter eingelegt werden, schriftlich, mündlich oder per Mail.

(Siehe hierzu Kapitel 2.1.20)

2.2.16 Sonstige Vereinbarungen

ARBEITSHILFE ONLINE

MUSTER: Mietvertrag für Geschäftsraum

§ 15. Sonstige Vereinbarungen

Zum Beispiel über

- Mietpreisveränderungen (Preisgleitklausel, Staffelmiete) bei längerfristigen Verträgen
- Ausschluss der Kautionsverzinsung
- Stellung einer Bankbürgschaft als Mietsicherheit
- Zahlung von Nebenkosten, soweit Vorauszahlungen nicht vereinbart sind
- Umlage von Verwaltungskosten
- Zahlung der Zwischenablese- und Abrechnungskosten bei Ende des Mietverhältnisses
- Renovierungspflichten des Mieters abweichend von § 8 Abs. (2)
- Vornahme von Reparaturen/Wartungsarbeiten bzw. Kostentragung durch den Mieter abweichend von § 8 Abs. (3)
- Firmenschilder, Reklame, Automaten, Haftungsausschluss bei Beschädigung der vom Mieter angebrachten Leuchtschriften, Nasenschilder, Markisen und sonstigen Einrichtungen
- Räum-, Streu- und Reinigungspflicht, ausreichender Haftpflichtversicherungsschutz
- Verweisung auf einen abgeschlossenen Zusatzvertrag

....

....

....

Die nachfolgend abgedruckte Hausordnung ist Bestandteil des Vertrags.

Ist Teileigentum Gegenstand des Mietverhältnisses und wurde die bei Vertragsabschluss bestehende Hausordnung der Eigentümergemeinschaft dem Mietvertrag angefügt, geht diese der nachfolgend abgedruckten Hausordnung vor.

...., den ....

[Ort, Datum]

....

....

[Vermieter]

....

....

[Mieter]

In einem Zusatzvertrag sollten folgende Punkte individuell ausgehandelt und geregelt werden:

1. Verkehrssicherungspflicht: »Der Mieter übernimmt die Verkehrssicherungspflicht für die von ihm gemieteten Räume. Ferner übernimmt der Mieter die Räum- und Streupflicht auf Gehwegen und Zufahrten vor und zu den Mieträumen auf eigene Kosten. Der Mieter stellt den Vermieter von allen Ansprüchen von Dritten frei, die wegen der Verletzung der Verkehrssicherungspflicht erhoben werden.«

Hierbei handelt es sich nur um einen Formulierungsvorschlag, der den örtlichen Gegebenheiten anzupassen ist.
Auch bei der Überwälzung der Verkehrssicherungspflicht auf den Mieter verbleibt beim Vermieter noch eine Überwachungspflicht, bei deren Verletzung er ebenfalls haftet.

2. Konkurrenzschutz: »Konkurrenzschutz ist ausgeschlossen (zum Beispiel, weil es sich um Teileigentum in einer größeren Wohnungseigentumsanlage handelt)« oder: »Konkurrenzschutz wird gewährt für ... (zum Beispiel gleiche Branche ohne Nebenartikel, gleiche Fachrichtung)«.
   Falls im Mietvertrag keine Bestimmungen getroffen werden, gilt Konkurrenzschutz als gewährt, da dies Teil der Gebrauchsgewährleistungspflicht des Vermieters ist. Dies gilt auch für freie Berufe.
3. Betriebspflicht: »Der Mieter ist verpflichtet, den Laden während der üblichen Geschäftszeiten offen zu halten.«
   Der Mieter hat grundsätzlich keine Betriebspflicht. Falls der Vermieter zum Beispiel in einem Einkaufszentrum ein Interesse daran hat, dass der Mieter sein Geschäft betreibt, bedarf es einer ausdrücklichen Regelung.
4. Versicherungen: »Der Mieter ist verpflichtet, bei Beginn des Mietverhältnisses folgende Versicherungen abzuschließen und während der Mietzeit aufrechtzuerhalten: ...
   Er hat dies dem Vermieter auf Verlangen nachzuweisen."
   Eine Versicherungspflicht des Mieters besteht nur bei einer besonderen Vereinbarung. Hier sollte geprüft werden, inwieweit der Vermieter selbst bereits Versicherungsschutz hat.
5. Außenwerbung: »Die Außenfassade ist nicht mitvermietet« oder: »Dem Mieter ist gestattet, folgende Werbung anzubringen: ... Er hat vorher auf eigene Kosten die erforderliche behördliche Genehmigung einzuholen und ist verpflichtet, bei Beendigung des Mietverhältnisses die Werbung zu entfernen und den ursprünglichen Zustand der Fassade wiederherzustellen.«
   Es ist umstritten, ob der Mieter ohne vertragliche Genehmigung berechtigt ist, Werbung etc. an der Außenfassade anzubringen. Es ist verkehrsüblich, wenn Ärzte und andere Freiberufler mit einem Schild in üblicher Größe auf ihre Tätigkeit hinweisen.
6. Nutzerwechselgebühren bei Heizkosten sind Verwaltungskosten. Im Gegensatz zu Wohnraummietverhältnissen können diese Kosten bei Gewerberaummietverhältnissen dem Mieter auferlegt werden. Dies ist jedoch ausdrücklich zu regeln. Ferner wird empfohlen, diese Kosten auf einen bestimmten Betrag zu beschränken. Der Verweis auf die Betriebskostenverordnung ist nicht ausreichend.
7. Soweit auf den Mieter sonstige Betriebskosten gemäß § 2 Abs. 1 Nr. 17 der Betriebskostenverordnung umgelegt werden sollen, reicht der Gesetzestext nicht aus. Sollen solche sonstigen Betriebskosten umgelegt werden, muss dies im Einzelnen vereinbart werden (zum Beispiel Wartung einer Lüftungsanlage).

Arbeitshilfen online

Die zum Mietvertrag für Geschäftsraum gehörende Aufstellung der Betriebskosten und eine Hausordnung für Geschäftsräume stehen als Arbeitshilfen online zur Verfügung.

2.3 Garagenmietvertrag

Ein Wohnungsmietvertrag begründet keine (Neben-)Pflicht des Vermieters, seinem Mieter zusätzlich zu den angemieteten Wohnräumen einen Garagenstellplatz zur Verfügung zu stellen. Etwas anderes kann nur im Fall einer entsprechenden besonderen Vereinbarung im Wohnungsmietvertrag gelten. Auch eine vom Vermieter verwaltungsintern geführte Liste von Mietern, die sich für einen Garagenstellplatz interessieren, begründet keine Rechte der dort aufgeführten Mieter. Vielmehr ist es allein Sache des Mieters, für einen Stellplatz zu sorgen. Der Vermieter handelt somit nicht willkürlich, wenn er in freiem Ermessen selbst bestimmt, mit wem er einen Mietvertrag über einen Stellplatz abschließt (BGH, Beschluss vom 31.8.2010, VIII ZR 268/09, WuM 2010, 678).

Wird dem Mieter eine Garage bzw. ein Stellplatz zusammen mit einer auf demselben Grundstück befindlichen Wohnung überlassen, entsteht nach ständiger Rechtsprechung grundsätzlich ein sogenanntes einheitliches Mietverhältnis über Wohnung und Garage mit der Folge, dass auch die Garage dem Kündigungsschutz für Wohnraum unterliegt und nicht separat gekündigt werden kann. Gleiches gilt für Mieterhöhungen. Insofern kann auf die Ausführungen unter 2.1 (§ 1. Mieträume, MV) verwiesen werden.

Anders ist die Rechtslage, wenn sich aus dem Parteiwillen ergibt, dass die Überlassung der Garage unabhängig von dem Bestand des Wohnraummietverhältnisses sein soll. Dann existieren weder für die Kündigung noch die Höhe der Miete bzw. Mieterhöhungen gesetzliche Beschränkungen. Bei einem schriftlichen Wohnungsmietvertrag und einem separat abgeschlossenen Mietvertrag über eine Garage spricht nämlich eine tatsächliche Vermutung für die rechtliche Selbstständigkeit der beiden Vereinbarungen. Dies gilt auch dann, wenn die Garage zeitgleich mit der Wohnung angemietet und die Anmietung der Garage sogar mündlich zugesagt, im schriftlichen Wohnungsmietvertrag aber nicht erwähnt wurde (BGH, Urteil vom 12.10.2011, VIII ZR 251/10, ZMR 2012, 176). Auch eine Kündigungsfrist im Garagenmietvertrag, die von den Kündigungsfristen für Wohnraum abweicht, lässt auf den Willen der Parteien schließen, dass es sich um zwei rechtlich selbstständige Mietverhältnisse handeln soll. Dies gilt selbst dann, wenn Garage und Wohnung auf demselben Grundstück liegen und bei Mieterhöhungen Wohnraum- und Garagenmiete im gleichen Verhältnis angehoben wurden (BGH, Beschluss vom 9.4.2013, VIII ZR 245/13, WuM 2013, 421). Unbeschadet dessen sollte ein separater Garagenmietvertrag die klare und eindeutige Bestimmung enthalten, dass die Vermietung der Garage unabhängig von einem Mietverhältnis über andere Räume im selben Anwesen erfolgt (vgl. § 1 MV).

In Geschäftsraummietverträgen, dazu zählen auch Garagenmietverträge, in denen der Vermieter zur Mehrwertsteuerpflicht nach § 9 UStG optiert hat, ist er verpflichtet, für Mietverträge, die ab dem 1.1.2004 geschlossen werden, im Rubrum des Mietvertrags die Steuernummer und eine fortlaufende Nummerierung der Verträge anzugeben. Verträge, die vor dem 1.1.2004 abgeschlossen wurden, müssen nicht um eine fortlaufende Nummerierung ergänzt werden. Sämtliche Mietverträge eines Mietobjekts, so auch die Wohnraummietverträge für dieses Anwesen, müssen laufen nummeriert werden, sofern für ein Mietverhältnis des Anwesens zur mehrwertsteuerpflichtigen Vermietung optiert wird. Als Steuernummer kann eine der folgenden eingetragenen werden:

- vom Finanzamt gesondert zugeteilte Steuernummern für Zwecke der Umsatzbesteuerung.
- die vom BfF erteilte Umsatzsteuer-Identifikationsnummer,
- die vom inländischen Finanzamt erteilte Steuernummer (in der Regel Einkommensteuernummer).

Die Länge der Kündigungsfrist kann zwischen den Parteien frei vereinbart werden. Fehlt eine entsprechende Vereinbarung, kann ein unbefristetes Mietverhältnis über eine Garage von jedem Teil unter Einhaltung einer Kündigungsfrist von drei Monaten gekündigt werden. Die auf sechs Monate verlängerte Kündigungsfrist des § 580a Abs. 2 BGB gilt nicht für privat genutzte Garagen, da es sich bei Garagen nicht um Geschäftsräume im Sinne dieser Vorschrift handelt (AG Wuppertal, WuM 1996, 548).

Erfahrungsgemäß werden für Garagen in der Regel Bruttomieten, das heißt Mieten inklusiv sämtlicher Betriebskosten (ohne eventuelle Heizkosten), vereinbart.

Selbstverständlich können die Parteien auch vereinbaren, dass neben der Miete die anteilig auf die Garage/den Stellplatz anfallenden Betriebskosten vom Mieter zu entrichten sind. Eine solche Vereinbarung erscheint jedoch nur dann sinnvoll, wenn dem Mieter die anteilig auf die Garage bzw. den Stellplatz entfallenden Betriebskosten in nachvollziehbarer Weise dargelegt werden können (zum Beispiel bei Eigentumswohnanlagen durch die Wohngeldabrechnung der Hausverwaltung, in der die jeweiligen Betriebskosten für die Wohnung und die Garage/den Stellplatz getrennt ausgewiesen sind).

Empfehlenswert ist ferner ein Hinweis auf bestimmte Verhaltensregeln (§ 4 MV). Zur Wirksamkeit der Schönheitsreparaturklauseln in § 5 siehe die Ausführung zu § 8 beim Geschäftsraummietvertrag.

! **MUSTER: Garagenmietvertrag**

Garagenmietvertrag

zwischen ....
Steuernummer .... Vertragsnummer .... als Vermieter
und Herrn/Frau ....
.... als Mieter
wird folgender Mietvertrag geschlossen:

§ 1

Unabhängig von einem Mietverhältnis über andere Räume im Anwesen .... Straße/Platz in .... wird/werden* im Anwesen .... Straße/Platz in .... vermietet: .... Garagen(n)*/Abstellplatz/-plätze* Nr. .. zum Abstellen von Kraftfahrzeugen.

§ 2

Das Mietverhältnis beginnt am ....
Es kann gemäß § 580a Abs. 1 Ziffer 3 BGB von jeder Partei spätestens am dritten Werktag eines Kalendermonats zum Ablauf des übernächsten Monats gekündigt werden.

§ 3

Die Miete beträgt monatlich EUR .... inklusive/zuzüglich* Vorauszahlungen auf die Betriebskosten gemäß § 2 Betriebskostenverordnung inklusive/zuzüglich* MwSt. in der jeweils geltenden Höhe. Sie ist spätestens am dritten Werktag des Monats an den Vermieter oder an die von ihm zur Entgegennahme ermächtigte Person oder Stelle, derzeit auf Kto.-Nr. .... bei .... BLZ ...., zu zahlen. Für die Rechtzeitigkeit der Zahlung kommt es nicht auf die Absendung, sondern auf den Eingang des Geldes an.

§ 4

Der Mieter verpflichtet sich

- zur Einhaltung von Schritttempo bei der Zu- und Abfahrt,
- Reparatur-, Wartungs- und Pflegearbeiten weder in noch außerhalb der Garage bzw. des Abstellplatzes auf dem Grundstück des Vermieters auszuführen,
- die Garage bzw. den Abstellplatz nicht mit Feuer oder offenem Licht zu betreten,
- weder Betriebsstoffe noch feuergefährliche oder sonstige nicht zum Betrieb des eingestellten Kraftfahrzeugs notwendige Gegenstände in der Garage oder dem Abstellplatz zu lagern und den Motor nur zur Ein- und Ausfahrt in Betrieb zu setzen.

§ 5

1. Der Mieter ist verpflichtet, die Schönheitsreparaturen im Allgemeinen alle sieben Jahre, jeweils gerechnet vom Beginn des Mietverhältnisses, fachgerecht auszuführen.
   Endet das Mietverhältnis vor Ablauf des Renovierungsturnus und hat der Mieter im letzten Jahr vor der Beendigung die Schönheitsreparaturen nicht ausgeführt, trägt er einen prozentualen Anteil an den Renovierungskosten, die aufgrund des Kostenvoranschlags eines vom Vermieter auszuwählenden Malerfachgeschäfts ermittelt werden. Der prozentuale Anteil bemisst sich nach dem Verhältnis des Zeitraums seit Durchführung der letzten Schönheitsreparaturen während der Mietzeit zum vollen Renovierungsturnus. Ist seit Beginn des Mietverhältnisses noch kein voller Turnus verstrichen, bemisst sich der

prozentuale Anteil an den Renovierungskosten nach dem Verhältnis des Zeitraums seit Beginn des Mietverhältnisses zum vollen Renovierungsturnus.

2. Der Mieter ist verpflichtet, die Kosten der Reparaturen von Installationsgegenständen, Fenster-, Tür- und Torverschlüssen zu tragen, soweit die Kosten für die einzelne Reparatur sowie der dem Mieter entstehende jährliche Aufwand 150 EUR nicht übersteigen.
3. Schäden in den Mieträumen hat der Mieter dem Vermieter unverzüglich anzuzeigen. Er verzichtet auf jeglichen Ersatz von Aufwendungen für Instandsetzungen, die – ausgenommen bei Gefahr im Verzug – vorgenommen werden, ohne vom Vermieter Abhilfe innerhalb angemessener Frist verlangt zu haben.
4. Für Beschädigungen der Mietsache sowie der darin vorhandenen Anlagen und Einrichtungen ist der Mieter ersatzpflichtig, soweit sie von ihm oder durch Personen, denen er das Betreten gestattet hat, schuldhaft verursacht werden.
5. Dem Vermieter obliegt der Beweis dafür, dass die Schadensursache im Gefahrenbereich des Mieters gesetzt wurde. Dem Mieter obliegt sodann der Beweis, dass der Schaden nicht schuldhaft verursacht wurde.

§ 6

1. Die verschuldensunabhängige Haftung des Vermieters für bei Mietvertragsabschluss vorhandene Sachmängel ist ausgeschlossen. § 536a Abs. 1 BGB findet insoweit keine Anwendung.
2. Der Mieter kann gegen die Miete mit Forderungen nur aufrechnen, wenn diese unbestritten, rechtskräftig festgestellt oder entscheidungsreif sind. Gleiches gilt für die Ausübung eines Zurückbehaltungsrechts.

§ 7

Der Mieter darf die Garage bzw. den Abstellplatz nur zu den vertraglich bestimmten Zwecken benutzen. Untervermietung oder Überlassung der Garage oder des Abstellplatzes an Dritte ist ohne Einwilligung des Vermieters nicht gestattet.

§ 8

Bei Beendigung des Mietverhältnisses ist der Mieter verpflichtet, die Garage bzw. den Abstellplatz in gereinigtem Zustand mit sämtlichen dazugehörigen Schlüsseln zurückzugeben; § 5 Abs. (1) bleibt unberührt.

§ 9

(1) Erhebung und Speicherung personenbezogener Daten sowie Art und Zweck und deren Verwendung

Zum Zwecke der Anbahnung, Durchführung und Abwicklung von Mietverhältnissen zwischen dem Vermieter und dem Mieter sowie den weiteren Bewohnern der Mietsache erhebt und verarbeitet der Vermieter als Verantwortlicher im Sinne des Art. 4 DSGVO die nachfolgend aufgeführten personenbezogenen Informationen:

- Vorname, Nachname, Anschrift
- E-Mail-Adresse, Telefonnummer (Festnetz und/oder Mobilfunk)
- Höhe der Miete und Betriebskosten
- Verbrauchsdaten und Betriebskosten gem. BetrKVO und HeizKVO
- Wohnfläche, Miteigentumsanteile, Anzahl der Bewohner, Anzahl der Wohnungen, Lage, Art, Ausstattung und Beschaffenheit der Mietsache

Die Datenverarbeitung ist nach Art. 6 Abs. 1 S. 1 lit. b DSGVO zu den genannten Zwecken für die Auftragserfüllung sowie für die beidseitige Erfüllung von Verpflichtungen aus dem Mietverhältnis erforderlich.
Die von dem Vermieter verarbeiteten personenbezogenen Informationen werden regelmäßig bis zum Ablauf der gesetzlichen Regelverjährungsfrist (§ 195 BGB) gespeichert, es sei denn, dass der Vermieter nach Artikel 6 Abs. 1 S. 1 lit. c DSGVO aufgrund von steuer- und handelsrechtlichen Aufbewahrungs- und Dokumentationspflichten (aus HGB, StGB oder AO) zu einer längeren Speicherung verpflichtet ist oder die betroffenen Personen in eine darüber hinaus gehende Speicherung nach Art. 6 Abs. 1 S. 1 lit. a DSGVO eingewilligt haben.
(2) Weitergabe von Daten an Dritte
Eine Übermittlung ihrer persönlichen Daten an Dritte zu anderen als den im Folgenden aufgeführten Zwecken findet nicht statt. Soweit dies nach Art. 6 Abs. 1 S. 1 lit. b DSGVO für die Abwicklung des Mietverhältnisses mit dem Mieter und weiteren Bewohnern der Mietsache erforderlich ist, werden deren personenbezogenen Informationen an Dritte weitergegeben.

a. Zum Zwecke der Abrechnung der Betriebskostenvorauszahlungen werden die Verbrauchsdaten für Heizung/Warmwasser und alle anderen Betriebskosten nach der Betriebskostenverordnung sowie die von dem Mieter geleisteten Vorauszahlungen an das von dem Vermieter oder dem Verwalter beauftragte Abrechnungsunternehmen weitergegeben.
b. Zum Zwecke der Erfüllung von Instandsetzungs- und Instandhaltungsverpflichtungen der Mieträumlichkeiten werden Name und Telefonnummer des Mieters bei Erforderlichkeit an Handwerker oder Sachverständige bzw. den jeweiligen Gebäudeversicherer und Haftpflichtversicherer des Grundstücks weitergegeben.
c. Zum Zwecke der Erfüllung von Rechtsansprüchen wird anderen Eigentümern und Mietern auf deren Verlangen Einsicht in die Betriebskostenabrechnung des Mieters und in sämtliche, ihr zugrunde liegenden Originalbelege gewährt.

Zur Wahrung eines berechtigten Interesses nach Art 6 Abs. 1 S. 1 lit. f DSGVO erfolgt die Übermittlung der Lage, Art, Größe, Ausstattung und Beschaffenheit der Mietsache, Höhe der Miete und Betriebskosten an Vermietervereinigungen zwecks Aufnahme in von diesen geführten Vergleichsmietensammlungen i. S. d. § 558 Abs. 2 BGB. Das berechtigte Interesse des Vermieters und der vorgenannten Dritten ergibt sich aus den gesetzlichen Voraussetzungen für eine Mieterhöhung (§§ 558, 558 a Abs. 2 Nr. 4 BGB). Zur Wahrung der Belange des Mieters erfolgt keine Weitergabe seines Namens.
Die weitergegebenen Daten dürfen von den vorgenannten Empfängern ausschließlich zur Führung der Vergleichsmietensammlung verwendet werden und nur an andere Mitglieder der Vermietervereinigung zum Zwecke der Überprüfung der Begründetheit und Geltendmachung von Mieterhöhungsverlangen gem. § 558 Abs. 2 BGB weitergegeben werden.

(3) Betroffenenrechte

Der Mieter und eventuelle weitere Bewohner der Mietsache haben das Recht:

- gemäß Art. 7 Abs. 3 DSGVO eine eventuell erteilte Einwilligung jederzeit gegenüber dem Vermieter zu widerrufen. Dies hat zur Folge, dass der Vermieter die Datenverarbeitung, die auf dieser Einwilligung beruhte, für die Zukunft nicht mehr fortführen darf;
- gemäß Art. 15 DSGVO Auskunft über die von dem Vermieter verarbeiteten personenbezogenen Daten zu verlangen. Insbesondere können diese Auskunft über die Verarbeitungszwecke, die Kategorie der personenbezogenen Daten, die Kategorien von Empfängern, gegenüber denen ihre Daten offengelegt wurden oder werden, die geplante Speicherdauer, das Bestehen eines Rechts auf Berichtigung, Löschung, Einschränkung der Verarbeitung oder Widerspruch, das Bestehen eines Beschwerderechts, die Herkunft ihrer Daten, sofern diese nicht bei dem Vermieter erhoben wurden, sowie über das Bestehen einer automatisierten Entscheidungsfindung einschließlich Profiling und gegebenenfalls aussagekräftigen Informationen zu deren Einzelheiten verlangen;
- gemäß Art. 16 DSGVO unverzüglich die Berichtigung unrichtiger oder Vervollständigung ihrer bei dem Vermieter gespeicherten personenbezogenen Informationen zu verlangen;
- gemäß Art. 17 DSGVO die Löschung der bei dem Vermieter gespeicherten personenbezogenen Informationen zu verlangen, soweit nicht die Verarbeitung zur Ausübung des Rechts auf freie Meinungsäußerung und Information, zur Erfüllung einer rechtlichen Verpflichtung, aus Gründen des öffentlichen Interesses oder zur Geltendmachung, Ausübung oder Verteidigung von Rechtsansprüchen erforderlich ist;
- gemäß Art. 18 DSGVO die Einschränkung der Verarbeitung ihrer personenbezogenen Daten zu verlangen, soweit die Richtigkeit der Daten von ihnen bestritten wird, die Verarbeitung unrechtmäßig ist, sie aber deren Löschung ablehnen und der Vermieter die Daten nicht mehr benötigt, sie jedoch diese zur Geltendmachung, Ausübung oder Verteidigung von Rechtsansprüchen benötigen oder sie gemäß Art. 21 DSGVO Widerspruch gegen die Verarbeitung eingelegt haben;
- gemäß Art. 20 DSGVO ihre personenbezogenen Daten, die sie dem Vermieter bereitgestellt haben, in einem strukturierten, gängigen und maschinenlesbaren Format zu erhalten oder die Übermittlung an einen anderen Verantwortlichen zu verlangen und
- gemäß Art. 77 DSGVO sich bei einer Aufsichtsbehörde zu beschweren. In der Regel können sich die betroffenen Personen hierfür an die Aufsichtsbehörde ihres üblichen Aufenthaltsortes oder des Wohn- bzw. Geschäftssitzes des Vermieters wenden.

(4) Widerspruchsrecht

Sofern personenbezogene Daten auf Grundlage von berechtigten Interessen gemäß Art. 6 Abs. 1 S. 1 lit. f DSGVO verarbeitet werden, haben der Mieter und weitere betroffene Personen das Recht, gemäß Art. 21 DSGVO Widerspruch gegen die Verarbeitung ihrer personenbezogenen Daten einzulegen, soweit dafür Gründe vorliegen, die sich aus ihrer besonderen Situation ergeben. Ein Widerspruch kann in jeder Weise bei dem Vermieter eingelegt werden, schriftlich, mündlich oder per Mail.

§ 10

Besondere Vereinbarungen zum Beispiel über Räum-, Streu- und Reinigungspflichten, ausreichenden Haftpflichtversicherungsschutz, Zahlung von Betriebskosten, Leistung einer Kaution:

....

....

....

....

....

...., den ....

[Ort, Datum]

....

....

[Vermieter]

....

....

[Mieter]

* Nichtzutreffendes ist zu streichen.

2.4 Hausordnung

Durch eine Hausordnung kann nur das Zusammenleben der Mieter geregelt werden. Dem Mieter dürfen in der Hausordnung keine zusätzlichen vertraglichen Hauptpflichten auferlegt werden. Ferner kann die Hausordnung keine dem Mieter nach dem Gesetz oder der Rechtsprechung zustehenden Rechte wirksam einschränken. Sinn und Zweck einer Hausordnung ist es vielmehr, die sich bereits aus dem Mietvertrag ergebenden Verpflichtungen des Mieters zu konkretisieren und den Mieter durch ausdrückliche Hinweise über ein vertragsgerechtes Verhalten zu informieren. Damit soll ein reibungsloses Zusammenleben der Hausbewohner ermöglicht und ferner eine Beschädigung des Anwesens sowie eine Gefährdung der Sicherheit der Bewohner vermieden werden. Eine Hausordnung sollte daher Folgendes beinhalten:

1. Verpflichtung zur gegenseitigen Rücksichtnahme durch
   - Regelung über die Benutzung der Mülltonnen sowie über die Reinigungspflicht (zum Beispiel Treppenreinigung). Insofern ist jedoch zu beachten, dass die Übertragung einer solchen Nebenverpflichtung auf den Mieter durch eine Hausordnung nur dann wirksam ist, wenn die Hausordnung zum Bestandteil des Mietvertrags erklärt wurde.
   - Regelungen über die Benutzung der gemeinschaftlichen Räume und Flächen (zum Beispiel Waschraum, Treppenhaus). Zulässig ist zum Beispiel ein Verbot, Fußmatten vor der Wohnungseingangstür auszulegen (AG Neukölln, Urteil

vom 24.4.2003, 7 C 21/03, GE 2003, 1161) oder ein Schuhregal im Flur aufzustellen (AG Köln, WuM 1982, 86). Ferner ein Verbot des Abstellens von Fahrzeugen auf dem Hof des Anwesens.

- Zulässig ist auch ein Verbot, **Fahrräder** in die Wohnung zu verbringen. Ein Fahrrad ist ein Transportmittel. Daher stellt das Einstellen von Fahrrädern in der Wohnung (nicht: im zur Wohnung gehörenden Keller) kein wesentliches Element einer Wohnungsnutzung dar. Ein solches Verbot führt auch nicht zu einer unzulässigen Diskriminierung von Fahrradbesitzern gegenüber den Nutzern von Kinderwägen, Rollatoren und Rollstühlen. Diese Gegenstände können zwar das Treppenhaus mit ihrer Bereifung ebenso verschmutzen wie Fahrräder. Sie werden aber gebraucht, damit die jeweiligen Hausbewohner in ihre Wohnungen gelangen können. Ein Rollstuhl wird darüber hinaus aus gesundheitlichen Gründen in der Wohnung benötigt. Eine Privilegierung dieser Gegenstände muss daher nicht nur hingenommen werden, sondern ist eine zwingende Folge des AGG. Das Verbot dient nicht nur dem Schutz vor Verschmutzungen, sondern auch dazu, Treppenhaus und Aufzug vor Beschädigungen zu bewahren, und muss daher auch keine Ausnahmen für besonders teure Fahrräder vorsehen (LG München I, Urteil vom 23.11.2017, 36 S 3100/17 zum Wohnungseigentumsrecht). Dagegen kann dem Mieter nicht untersagt werden, in der Wohnung eine eigene Waschmaschine aufzustellen (statt die vom Vermieter im Keller zur Verfügung gestellte Maschine zu benutzen); insbesondere dann nicht, wenn der Mieter drei kleine Kinder mit entsprechendem Wäschebedarf hat (LG Aachen, Urteil vom 10.3.2004, 7 S 46/03, NZM 2004, 459, wonach entgegenstehende Mietvertragsklauseln unwirksam sind).
- Regelungen zur Vermeidung von Ruhestörungen. Diese sollten sich inhaltlich an den örtlich unterschiedlichen Immissionsschutzbestimmungen orientieren (zum Beispiel Landesimmissionsschutzgesetz, Hausarbeits- und Musiklärmverordnungen der Städte/Gemeinden), da zu weit gehende Einschränkungen zur Unwirksamkeit einer solchen Regelung führen können. Wann und wie lange musiziert werden darf, richtet sich nach den Umständen des Einzelfalls, insbesondere nach dem Ausmaß der Geräuscheinwirkung, der Art des Musizierens und den örtlichen Gegebenheiten. Eine Beschränkung auf zwei bis drei Stunden an Werktagen und eine bis zwei Stunden an Sonn- und Feiertagen, jeweils unter Einhaltung der üblichen Ruhestunden in der Mittags- und Nachtzeit, kann als grober Richtwert dienen. Ein nahezu vollständiger Ausschluss des Musizierens in den Abendstunden und am Wochenende ist nach Auffassung des BGH unzulässig, da gerade abends und am Wochenende Berufstätige und Schüler Zeit zum Musizieren haben. Daher kommt es bei der Bestimmung der einzuhaltenden Ruhezeiten grundsätzlich auch nicht auf die individuellen Lebensumstände des Nachbarn (hier: Nachtdienst als Gleisbauer) an (BGH, Urteil vom 26.10.2018, V ZR 143/17, WuM 2018, 784).

2. Verpflichtung zur Vermeidung von Schäden am Anwesen durch
   - Regelungen über die pflegliche Behandlung der Mieträume (zum Beispiel Vermeidung von Wasser-, Feuchtigkeits- und Frostschäden, Verstopfungen).
   - Regelungen über die vertragsgemäße Benutzung der Mieträume.
3. Verpflichtung zur Einhaltung der Sicherheit und Ordnung durch
   - Regelungen über die Lagerung von Brennstoffen und brennbarem Material
   - Regelungen über das Verhalten beim Verlust von Hausschlüsseln etc.

ARBEITSHILFE ONLINE

MUSTER: Hausordnung

Hausordnung

I. Die gebotene Rücksichtnahme der Hausbewohner aufeinander verpflichtet diese insbesondere zu Folgendem:

1. Zu größtmöglicher Sauberkeit und Reinlichkeit:
   Abfälle dürfen nur in (nicht neben) die hierzu bestimmten Tonnen oder Müllschlucker geleert werden. In den Müllschlucker dürfen Flaschen nicht, feuchte oder klebrige Abfälle nur in verpacktem Zustand (möglichst klein) geworfen werden. Sperrige oder leicht brennbare Abfälle sind aus dem Grundstück zu entfernen.
   Ist hinsichtlich der Treppenreinigung keine besondere Vereinbarung getroffen, sind die Zugänge zu den einzelnen Wohnungen sauber zu halten. Die Treppen sind je nach Beschaffenheit sachgemäß zu pflegen sowie wöchentlich einmal gründlich einschließlich Geländer und Treppenhausfenster zu putzen. Sind mehrere Parteien in einem Stockwerk, so haben sie mit der Treppenreinigung allwöchentlich zu wechseln.
   Erfüllt der Mieter die Reinigungspflicht nicht, so ist der Vermieter nach fruchtloser Mahnung berechtigt, die Reinigung auf Kosten des Mieters ausführen zu lassen.
   Teppiche, Vorlagen, Polstermöbel, Betten, Matratzen und andere Gegenstände dürfen weder im Treppenhaus noch vom Fenster herab oder auf Balkonen, sondern nur an den vom Vermieter hierfür bestimmten Stellen und nur werktags von 8.00 Uhr bis 12.00 Uhr und außerdem an Freitagen und Samstagen von 15.00 Uhr bis 17.00 Uhr gereinigt werden.
2. Zur Erhaltung der Ordnung im Haus:
   Für die Benutzer des Waschraums und der vorhandenen Einrichtungen gilt jeweils die nach dem Kalendereintrag reservierte Zeit. Der Waschraum mit dem Zubehör ist vor dem Verlassen zu säubern. Benutzereigene Gegenstände müssen entfernt werden.
   Das Abstellen von Gegenständen, insbesondere von Krafträdern, Mopeds, Fahrrädern, Kinderwagen auf dem Hof, in der Garagenauffahrt, in den Gängen des Kellers oder des Speichers und im Treppenhaus, ist ohne Einwilligung des Vermieters nicht gestattet.
   Für Unfälle oder Beschädigungen haften die Zuwiderhandelnden, für Kinder deren Eltern im Rahmen der gesetzlichen Vorschriften. Die Mitnahme von Krafträdern, Mopeds und Fahrrädern in die Wohnung ist unzulässig.
3. Zur Vermeidung von Ruhestörungen:
   Ruhestörende Haus- und Gartenarbeiten dürfen nur an Montagen mit Freitagen zwischen 8.00 Uhr und 12.00 Uhr sowie zwischen 15.00 Uhr und 18.00 Uhr, an Samstagen zwischen 8.00 und 12.00 Uhr sowie zwischen 15.00 und 17.00 Uhr ausgeführt werden, soweit örtlich geltende Lärmschutzverordnungen nichts anderes bestimmen.

Bei der Benutzung von Musikinstrumenten und von Tonübertragungs- und Tonwiedergabegeräten ist stets Zimmerlautstärke einzuhalten. Zwischen 22.00 Uhr und 7.00 Uhr darf die Nachtruhe nicht gestört werden.

II. Die Erhaltung des Hauseigentums verpflichtet den Mieter insbesondere zu Folgendem:

1. Zur pfleglichen Behandlung der Mieträume:
   Der Betrieb von Wasch- und Trockengeräten in den Mieträumen ist gestattet, wenn funktionssichere, fach- und standortgerecht angeschlossene Geräte benutzt werden.
   Im Übrigen ist das Waschen und Trocknen von Wäsche in den Mieträumen, ausgenommen Kleinwäsche, nicht gestattet, wenn und soweit Räume gemäß § 1 Abs. 2 des Mietvertrags mitbenutzt werden können.
   Gegenstände, die geeignet sind, eine Verstopfung zu verursachen, dürfen weder in das WC noch in Abflüsse verbracht werden. Abflüsse sind bis zum Fallrohr durchgängig zu halten. Verstopfungen des WC und der Abflüsse hat der Mieter auf eigene Kosten beseitigen zu lassen. Insoweit gilt § 9 Abs. 6 des Mietvertrags entsprechend.
   Fußbodenbeläge sind vom Mieter sachgemäß zu pflegen.
   Bei Frostgefahr hat der Mieter im Rahmen seiner Obhutspflicht Maßnahmen gegen das Einfrieren wasserführender Anlagen und Einrichtungen zu treffen.
   Bei Regen sind die Fenster, bei Hagel und Sturm die Läden und Rollläden zu schließen.
   Mit besonderer Sorgfalt ist bei Frost, Schneefall, Regen und Sturm auf das Schließen der Fenster in Keller- und Speicherabteilen zu achten. Für den jeweiligen Benutzer eines Gemeinschaftsraums, zum Beispiel des Wasch- und Trockenraums, gilt dies entsprechend.
   Jeder unnütze Verbrauch von Wasser oder Strom in gemeinschaftlich benutzten Gebäudeteilen ist zu vermeiden.
2. Zur Benutzung der Mieträume:
   Der Mieter hat die unbefugte Benutzung von Hauseinrichtungen durch die in § 9 Abs. 7 des Mietvertrags aufgeführten Personen zu unterbinden.
   Markisen dürfen nur mit Einwilligung des Vermieters angebracht werden.
   Namensschilder dürfen nur in einheitlicher Form und Größe angebracht werden.

III. Im Interesse der öffentlichen Sicherheit und Ordnung und der Sicherheit innerhalb des Hauses gilt insbesondere Folgendes:

In der Wohnung, im Treppenhaus und auf dem Speicher dürfen Vorräte an Brennmaterial und Brennstoffen, zum Beispiel Benzin, nicht gelagert werden.
Für die Lagerung von Heizöl gelten die jeweils einschlägigen gesetzlichen Vorschriften oder behördlichen Richtlinien.
Speicher und Keller dürfen nur mit geschlossenem Licht betreten werden. Sie sind nach jedesmaliger Benutzung wieder zu versperren. Keller- und Speicherfenster müssen nachts geschlossen, Garten- oder Vorgartentüren nachts versperrt werden.
Der Verlust von Schlüsseln ist dem Vermieter unverzüglich zu melden.
In den Speicherräumen dürfen leicht entzündliche Gegenstände, zum Beispiel Packmaterial, Papier- und Zeitungspakete, Matratzen, alte Kleider und alte Polstermöbel, nicht aufbewahrt bzw. aufgestellt werden. Größere Gegenstände, wie Möbelstücke, Reisekoffer und dergleichen, müssen so aufgestellt werden, dass die Speicher, insbesondere alle Ecken und Winkel,

leicht übersichtlich und zugänglich sind. Kleinere Gegenstände, zum Beispiel Kleider und Wäsche, dürfen nur in geschlossenen Behältnissen aufbewahrt werden.
Bei Ein- und Ausfahrt in die bzw. aus der Garage und Abstellplätzen ist Schrittgeschwindigkeit einzuhalten.
Die Aufzugsanlagen sind schonend zu benutzen. Bei Störungen ist der Vermieter unverzüglich zu verständigen.

3 Was ist bei Übergabe der Mieträume und bei Anlage der Kaution zu beachten?

3.1 Übergabeprotokoll

Der Sinn und Zweck eines bei Mietbeginn erstellten Übergabeprotokolls besteht darin, dass der Zustand der Mietsache beweissicher festgehalten wird (so BGH, NJW 1983, 446). Dem Vermieter, der für den ordnungsgemäßen Zustand der Mietsache bei Übergabe an den Mieter die Beweislast trägt (so OLG Düsseldorf, Urteil vom 16.10.2003, I-10 U 46/03, WuM 2003, 621), ist daher zur Erleichterung der Beweisführung dringend anzuraten, bei Beginn des Mietverhältnisses und Übergabe der Wohnung an den Mieter ein Übergabeprotokoll zu erstellen.

Werden nämlich bei Beendigung des Mietverhältnisses und Rückgabe der Wohnung Schäden an der Mietsache festgestellt (zum Beispiel Kratzer im Parkettboden, Schäden an sanitären Anlagen, Fenstern, Türen etc.) und behauptet der Mieter, diese Schäden hätten bereits bei seinem Einzug in die Mieträume vorgelegen, trifft den Vermieter die Beweislast dafür, dass er dem Mieter die Mieträume mangelfrei übergeben hatte.

Dieser Beweis kann mit einem vollständig ausgefüllten und vom Mieter unterschriebenen Übergabeprotokoll geführt werden. Ist darin kein Schaden vermerkt, spricht eine tatsächliche Vermutung dafür, dass der Zustand der Mietsache durch das Protokoll auch richtig wiedergegeben wird. Von Seiten des Mieters sind somit spätere Einwendungen ausgeschlossen und er kann insbesondere bei Vertragsende nicht geltend machen, dass die erst jetzt festgestellten Schäden bereits bei Mietbeginn vorhanden waren.

Kann der Vermieter diesen Beweis nicht führen, zum Beispiel weil ein Übergabeprotokoll nicht erstellt oder vom Mieter nicht unterschrieben wurde, kann er weder Schadenersatzansprüche gegen den Mieter durchsetzen noch die Kaution in Anspruch nehmen. Ein Nachweis durch Zeugen, die bei Übergabe der Wohnung an den Mieter anwesend waren, gelingt in der Praxis insbesondere dann nicht, wenn das Mietverhältnis länger gedauert hat und die Übergabe schon Jahre zurückliegt, da sich nach dieser Zeit kaum ein Zeuge glaubhaft an den damaligen Zustand der Mieträume erinnern wird.

Der Sinn und Zweck eines bei Mietbeginn erstellten Übergabeprotokolls besteht daher darin, dass der Zustand der Mietsache beweissicher festgehalten wird (so BGH, NJW 1983, 446). Ist im Übergabeprotokoll kein Schaden vermerkt und hat der Mieter dieses Protokoll unterschrieben, spricht eine tatsächliche Vermutung dafür, dass der

Zustand der Mietsache durch das Protokoll richtig wiedergegeben wird. Der Mieter ist daher mit späteren Einwendungen ausgeschlossen und kann insbesondere bei Vertragsende nicht geltend machen, dass die jetzt festgestellten Schäden (zum Beispiel ein Haarriss im Waschbecken) bereits bei Mietbeginn vorhanden waren.

Der Mieter kann sich nicht darauf berufen, dass in einem Übergabeprotokoll lediglich der Einbau einer Einrichtung, aber nicht die Verpflichtung zum Rückbau festgehalten ist. Durch ein Übergabeprotokoll wird nur der Istzustand der Wohnung bei Übergabe festgestellt. Die aus der Feststellung des Istzustands folgenden Verpflichtungen müssen nicht in das Protokoll übernommen werden. Die Verpflichtung des Mieters zur Herstellung des ursprünglichen Zustands ist somit unabhängig von einer entsprechenden Erwähnung im Übergabeprotokoll (LG Potsdam, Urteil vom 26.2.2009, 11 S 127/08, ZMR 2009, 761).

Macht der Mieter die Unrichtigkeit des Protokolls geltend, ist er hierfür beweispflichtig. Bietet der Mieter zum Beweis dafür, dass der Schaden bereits bei Beginn des Mietverhältnisses vorgelegen hat, Zeugen an, gelten auch insofern die vorstehenden Ausführungen. Deshalb muss der Mieter vortragen, wann diese Zeugen den beschädigten Gegenstand das erste Mal gesehen haben; anderenfalls dürfen diese Zeugen vor Gericht nicht vernommen werden, da ein sogenannter Ausforschungsbeweis unzulässig ist (OLG Düsseldorf, Urteil vom 27.3.2003, 10 U 64/02, GE 2003, 1080).

In das Übergabeprotokoll sollten daher sämtliche bei einer gemeinsamen Besichtigung der Räume festgestellten Mängel aufgenommen und möglichst genau beschrieben werden, zum Beispiel »2 cm langer Kratzer am oberen rechten Rand der Badewanne«. Dagegen ist die Formulierung »Schaden an der Badewanne« unzureichend und wird bei weiteren im Lauf des Mietverhältnisses eingetretenen Schäden keinen Beweis dafür bieten können, dass bei Beginn des Mietverhältnisses nur ein Kratzer vorhanden war.

Im Streitfall bietet das Übergabeprotokoll Beweis dafür, dass nur die darin angeführten Schäden vorgelegen haben und alle anderen bei Beendigung des Mietverhältnisses festgestellten Schäden während der Mietzeit und damit im Verantwortungsbereich des Mieters entstanden sind.

In dem Übergabeprotokoll sollten auch die Ausstattung sowie die Einrichtungen in der Wohnung (zum Beispiel Art der Bodenbeläge, Einbauküche, Elektrogeräte) festgehalten und deren Zustand beschrieben werden.

Hat der Mieter solche Ausstattungen und Einrichtungen vom Vormieter abgelöst, sodass diese in das Eigentum des Mieters übergegangen sind, sollte auch dieser Umstand im Übergabeprotokoll erwähnt werden, da die Gegenstände in diesem Fall nicht als mitvermietet gelten mit der Folge, dass den Vermieter bezüglich dieser Gegenstände keine Instandhaltungs-, Instandsetzungs- und Erneuerungspflichten treffen. Wurde dagegen bezüglich solcher sich in der Mietwohnung befindlichen Ausstattungen und Einrichtungen keine Vereinbarung zwischen dem Mieter und dem Vormieter getroffen und überlässt der Vermieter dem Mieter diese vom Vormieter zurückgelassenen Gegenstände, ist der Vermieter verpflichtet, diese während der Dauer des Mietverhältnisses auf seine Kosten in gebrauchsfähigem Zustand zu erhalten (§ 535 BGB). Will der Vermieter seine Erhaltungspflicht auch in diesem Fall auf den Mieter übertragen, ist der Abschluss einer individuellen Vereinbarung erforderlich (siehe Kapitel 2.1, MV § 9).

Die vorstehenden Ausführungen gelten entsprechend, wenn die Wohnung möbliert oder teilmöbliert überlassen wird. Auch hier sollten die Art, der Umfang und der Zustand der Möblierung sowie die Eigentumsverhältnisse schriftlich niedergelegt werden. In Ergänzung des Übergabeprotokolls kann es im Einzelfall auch sinnvoll sein, den Zustand der Wohnung bzw. einzelner Anlagen, Ausstattungen oder Einrichtungen zusätzlich durch Lichtbilder zu dokumentieren. Zur Unterzeichnung des Übergabeprotokolls ist der Mieter nicht verpflichtet. Verweigert der Mieter die Unterzeichnung des Protokolls, dann sollte ein unabhängiger Zeuge hinzugezogen werden, der mit seiner Unterschrift den im Protokoll festgestellten Zustand bestätigt. Wegen Mängel, die im Übergabeprotokoll vermerkt sind, kann der Mieter auch kein Kündigungsrecht in Anspruch nehmen, wenn er das Mietobjekt vorbehaltlos entgegengenommen hat (OLG Hamburg, Beschluss vom 12.4.2005, 4 U 162/04, ZMR 2005, 855).

Nach einem neueren Urteil des BGH soll der Mieter in einem Übergabeprotokoll zur Renovierung der Wohnung bei Beendigung des Mietverhältnisses verpflichtet werden können – unabhängig davon, ob eine vertragliche Schönheitsreparaturklausel wirksam ist oder die vereinbarten Renovierungsfristen abgelaufen sind.

Voraussetzung ist, dass die nach Vertragsabschluss abgeschlossene und in das Übergabeprotokoll aufgenommene Vereinbarung individuell erfolgt ist, das heißt, zwischen den Parteien ausgehandelt wurde und nicht für eine mehrfache Verwendung vorgesehen ist (so BGH, Urteil vom 14.1.2009, VIII ZR 71/08, wonach eine Individualvereinbarung folgenden Inhalts wirksam ist: »Herr X übernimmt die Wohnung in renoviertem Zustand. Er verpflichtet sich dem Vermieter gegenüber, die Wohnung ebenfalls im renovierten Zustand zu übergeben«).

Als Ergänzung zum Übergabeprotokoll für Wohnraum steht als Arbeitshilfe online ein Übergabeprotokoll für Geschäftsraum zur Verfügung.

ARBEITSHILFE ONLINE

MUSTER: Übergabeprotokoll für Wohnraum

Anlage zum Mietvertrag vom ....

Übergabeprotokoll

Die in § 1 des Mietvertrags aufgeführte Wohnung (Baujahr ....) ist abgeschlossen: ja – nein*

Sie besteht aus

..... Zimmer(n)	..... WC in der Wohnung	..... Speisekammer
..... Küche	..... WC im Hause	..... Abstellraum
..... Kochnische	..... Flur/Diele	..... Kelleranteil
..... Bad mit WC	..... Balkon(e)	..... Speicheranteil
..... Bad ohne WC	..... Loggia/Loggien	....
..... Dusche	..... Terrasse(n)	....

Ein Mitbenutzungsrecht besteht hinsichtlich des vorhandenen Waschraums – Trockenraums – Trockenplatzes – Gartens –* ....

....

Die Wohnung ist ausgestattet mit:

Zentralheizung – zentraler Warmwasserversorgung – Etagenheizung – Ofenheizung – Anschluss an Gemeinschaftsantenne/Breitbandnetz – Boiler(n) – Einbauküche – Kühlschrank – Gas-, Elektro-, Kombiherd – Parkettboden, Laminatboden, Teppichboden – Gegensprechanlage – * ....

....

....

Vermieter und Mieter haben die Wohnung einschließlich aller Anlagen und Einrichtungen gemeinsam besichtigt.

Folgende Mängel wurden festgestellt:

....

....

....

....

Zähler-Nummer	Zählerstände	
....	Gas:	Wasser: ....
....	Strom:	Heizung: ....
....	Öl:	Warmwasser: ....

Vorstehendes Übergabeprotokoll ergänzt den Mietvertrag.

...., den ....
[Ort, Datum]

....
....
[Vermieter]

....
....
[Mieter]
* Nichtzutreffendes ist zu streichen.

3.2 Anlage der Mietkaution

Bei Mietverhältnissen über Wohnraum ist der Vermieter gemäß §551 Abs. 3 BGB verpflichtet, die vom Mieter geleistete Barkaution getrennt von seinem Vermögen bei einem Kreditinstitut zu dem für Spareinlagen mit dreimonatiger Kündigungsfrist üblichen Zinssatz anzulegen.

Ein Verstoß gegen diese Anlagepflicht kann nach der neuen Rechtsprechung des BGH nicht nur zivilrechtliche Ansprüche des Mieters begründen, sondern auch den Straftatbestand der Untreue nach §266 StBG erfüllen (BGH, Beschluss vom 23.8.1995, NJW 1996, 65).

Der Vermieter kann jedoch frei entscheiden, ob er die Kaution auf einem Sparbuch anlegt, das auf seinen Namen lautet, oder ob er sich damit einverstanden erklärt, dass die Kaution auf den Namen des Mieters angelegt und das Sparbuch dem Vermieter verpfändet wird. Schlichtweg falsch und zur Verunsicherung der Vermieter führend ist die bisweilen von Kreditinstituten geäußerte Auffassung, die Kaution dürfe nur auf den Namen des Mieters angelegt werden. Sofern der Vermieter die Kaution getrennt von seinem Vermögen anlegt, entspricht er auch mit der Anlage auf seinen Namen vollumfänglich den gesetzlichen Bestimmungen.

Die Praxis zeigt, dass die Anlage der Kaution auf den Namen des Vermieters einer Anlage auf den Namen des Mieters (mit Verpfändung) vorzuziehen ist. Durch die Anlage auf den Namen des Vermieters hat dieser entsprechend dem Sicherungszweck der Kaution uneingeschränkt Zugriff, während es bei einer Kaution, die der Mieter bei seiner Bank auf seinen Namen angelegt hat, immer wieder vorkommt, dass das Kreditinstitut die Auszahlung der Kaution mit der Begründung verweigert, der Mieter – ihr Kunde – würde die vom Vermieter geltend gemachten Ansprüche bestreiten. Dies ist zwar wegen Verstoßes gegen den Sicherungszweck der Kaution zweifellos rechtswidrig, jedoch hilft es dem Vermieter nicht weiter, wenn er nun gegen das Kreditinstitut auf Auszahlung der Kautionssumme vorgehen muss.

Unbegründet sind ferner Einwendungen gegen die Kautionsanlage auf den Namen des Vermieters, die auf das Zinsabschlagsteuergesetz gestützt werden. Ist der Vermieter Kontoinhaber, kann zwar weder der Vermieter noch der Mieter dem Kreditinstitut einen Freistellungsauftrag erteilen. Dem Mieter entstehen aber keine Nachteile, da das Kreditinstitut dem Vermieter als Kontoinhaber jährlich eine Bescheinigung über die Höhe der einbehaltenen Zinsabschlagsteuer ausstellt, die der Vermieter dem Mieter zur Verfügung stellen muss.

Der Mieter kann dann in seiner Einkommensteuererklärung die einbehaltene Zinsabschlagsteuer ansetzen und bekommt – sofern die gesetzlichen Freibeträge nicht überschritten werden – die einbehaltene Zinsabschlagsteuer zurückerstattet bzw. angerechnet. Eine detaillierte Regelung über die Ausstellung der Steuerbescheinigung beinhalten der Erlass des Bundesfinanzministers vom 26.10.1992 sowie das BMF-Schreiben vom 9.5.1994.

Eine Hausverwaltung ist nicht verpflichtet, für jeden Mieter ein separates Kautionskonto zu führen. Ausreichend ist die Anlage auf einem als Sonderkonto bezeichneten Konto.

ARBEITSHILFE ONLINE

MUSTER: Anlage der Mietkaution für Wohnraum – Einzahlungsbestätigung

HAUSBANK MÜNCHEN eG
Postfach 15 04 04
80043 München

Firma
Mustermann GmbH
Musterstr. 1
12345 Musterstadt

München, 10.3.2019

Ihr Ansprechpartner
Kautions-Service-Team
Telefon: 089 55141-499
Telefax: 089 55141-298

MK 4: Kautions-Einzahlungsbestätigung
gemäß § 551 BGB auf Treuhand-Sparkonto Nr. 3333333

Sehr geehrte Damen und Herren,

wir bestätigen Ihnen hiermit, dass auf das oben genannte Sparkonto mit dreimonatiger Kündigungsfrist folgende Kautionszahlung geleistet wurde:

Grundkaution	EUR	1.800,00	(Valuta 10.3.2019)
Kontostand	EUR	1.800,00	
Kontoinhaber		Max Mustermann GmbH	
Objekt	1	Mustergasse 10 12345 Musterstadt	
Treugeber/Mieter	Paul Muster		
Mieternummer	12.3456		

Bezüglich der Zinsen wurde vereinbart: Die Zinsen (gegebenenfalls abzüglich Zinsabschlagsteuer im Rahmen der gesetzlichen Vorschriften) stehen dem Mieter zu. Sie wachsen der Mietkaution zu und sind zusammen mit dieser zur Auszahlung fällig.
Auszahlungen zulasten des oben angeführten Sparkontos sind nur gegen Vorlage des Originals dieser Bestätigung sowie einer rechtsgültigen, in unserem Haus hinterlegten Unterschrift möglich. Zur Weiterleitung an den Mieter fügen wir die Zweitschrift dieser Bestätigung bei.
Mit freundlichen Grüßen

HAUSBANK MÜNCHEN eG
Bank für Haus und Grundbesitz

....
[Unterschrift]

MUSTER: Zinsgutschrift und Steuerbescheinigung für ein Kautions-Treuhand-Sparkonto

!

HAUSBANK MÜNCHEN eG
Postfach 15 03 04
80043 München

Herrn und Frau
Mieter 1 und Mieter 2
Sonnenstr. 13
80331 München

München, 31.12.2018

Steuerbescheinigung

Für Mieter 1 und Mieter 2, Sonnenstr. 13, 80331 München (Gläubiger) werden für das Kalenderjahr 2018 folgende Angaben bescheinigt:
Einzelsteuerbescheinigung für Kautions-Treuhand-Sparkonto Nr. 12345678

Höhe der Kapitalerträge		EUR	16,50
Zeile 7 Anlage KAP			
Kapitalertragsteuer		EUR	4,12
Zeile 49 Anlage KAP			
Solidaritätszuschlag		EUR	0,22
Zeile 50 Anlage KAP			
Gutschrift	31.12.2018	EUR	12,16

Kapitalertragsteuer, Solidaritätszuschlag zur Kapitalertragsteuer wurden abgeführt an das Finanzamt München für Körperschaften **238-00139.**
*****Zinsen sind einkommensteuerpflichtig*****
*****Kontoführung erfolgt auf fremde Rechnung*****
Kautionskontoauszug für Konto Nr.: 12345678

Sparkonto Nr.	12345678	Kontoinhaber	Max Mustermann
Objekt-Nr.	1	Obj.-Bez.	Sonnenstr. 13
Mietername	Mieter 1	Mieter 2	
Mieternummer	987654321		

Auf vorstehend angegebenem Sparkonto wurden 2014 folgende Beträge gebucht:

Nominalwert/Kapital vom	31.12.2018	EUR	1.800,00
Umsätze	2016	EUR	–
Zinsen für den Zeitraum	1.1.2016–31.12.2018	EUR	16,50
Abgeführte Kapitalertragsteuer		EUR	4,12
Abgeführter Solidaritätszuschlag		EUR	0,22
Kontostand (Saldo) per	31.12.2018	EUR	1.812,16

HAUSBANK MÜNCHEN eG
Bank für Haus- und Grundbesitz
Diese Mitteilung ist maschinengefertigt und wird nicht unterschrieben.

4 Wie werden die Betriebskosten abgerechnet?

4.1 Die Betriebskostenabrechnung

Gemäß §556 Abs. 2 BGB können die Mietvertragsparteien vereinbaren, dass sich die Miete aus der Grundmiete und einer Vorauszahlung oder Pauschale für die Betriebskosten zusammensetzt. Fehlt eine entsprechende mietvertragliche Vereinbarung, handelt es sich bei der Miete um eine Inklusiv- bzw. Bruttomiete. Der Vermieter hat keinen Rechtsanspruch auf Änderung der im Mietvertrag festgelegten Mietstruktur. Wurde eine Inklusivmiete vereinbart, kann der Vermieter die Abrechnung der zwischenzeitlich gestiegenen Betriebskosten nicht verlangen.

Will der Vermieter also jährlich über die Betriebskosten abrechnen, so muss er im Mietvertrag einen Vorauszahlungsbetrag auf die Betriebskosten festlegen.

Betriebskosten sind die Kosten, die dem Eigentümer oder Erbbauberechtigten durch das Eigentum oder Erbbaurecht am Grundstück oder durch den bestimmungsmäßigen Gebrauch des Gebäudes, der Nebengebäude, Anlagen, Einrichtungen und des Grundstücks laufend entstehen (§ 1 Abs. 1 BetrKV vom 25.11.2003, BGBl. Teil I, S. 2347).

Nicht zu den Betriebskosten gehören (BGH, Urteil v. 19.12.2018, VIII ZR 254/17, WuM 2019, 92):

- **Verwaltungskosten,** das heißt die Kosten der zur Verwaltung des Gebäudes erforderlichen Arbeitskräfte und Einrichtungen (§ 1 Abs. 2 Nr. 1 BetrKV).
- **Instandhaltungs- und Instandsetzungskosten,** das heißt die Kosten, die während der Nutzungsdauer zur Erhaltung des bestimmungsmäßigen Gebrauchs aufgewendet werden müssen, um die durch Abnutzung, Alterung und Witterungseinwirkung entstehenden baulichen Mängel ordnungsgemäß zu beseitigen (§ 1 Abs. 2 Nr. 2 BetrKV).
- **Nicht** zu den Betriebskosten zählen ferner die Kosten, die dem Mieter durch die Benutzung der Wohnung laufend entstehen (zum Beispiel die Kosten des Energieverbrauchs innerhalb der Wohnung, wenn der Mieter selbst Vertragspartner des Energielieferanten ist).

Laufende Entstehung

Der Begriff der Betriebskosten setzt voraus, dass die Kosten dem Eigentümer **laufend** entstehen. Jedoch brauchen die Kosten weder in derselben Höhe noch in denselben Zeitabständen, beispielsweise jährlich, anzufallen. Auch Kosten, die turnusmäßig nur alle drei bis fünf Jahre entstehen, gehören zu den Betriebskosten (zum Beispiel Überprüfung des Aufzugs durch den TÜV, Eichung der Kalt- und Warmwasserzähler).

Einmalige oder in nicht voraussehbaren Zeitabständen entstehende Kosten fallen nicht unter den Begriff der Betriebskosten (zum Beispiel Kosten der Zwischenablesung der Heizung).

Betriebskostenkatalog gemäß § 2 BetrKV

Laufende öffentliche Lasten
Zu den umlagefähigen öffentlichen Lasten gehören gemäß § 2 Nr. 1 BetrKV die Grundsteuer, Realkirchensteuer, Deichabgaben sowie Beiträge zu Wasser- und Bodenverbänden. Der Vermieter darf die Grundsteuer in voller Höhe direkt in der Abrechnung ansetzen (BGH, Urteile vom 13.9.2011, VIII ZR 45/11, NZM 2012, 96 und vom 17.4.2013, VIII ZR 252/12, WuM 2013, 358).

Wasserversorgung
Hierzu gehören gemäß § 2 Nr. 2 BetrKV die Kosten des Wasserverbrauchs, die Grundgebühren, die Kosten der Anmietung oder anderer Arten der Gebrauchsüberlassung von Wasserzählern sowie die Kosten ihrer Verwendung einschließlich der Kosten der Eichung sowie der Berechnung und Aufteilung, die Kosten der Wartung von Wärmemengenreglern, die Kosten des Betriebs einer hauseigenen Wasserversorgungsanlage und einer Wasseraufbereitungsanlage einschließlich der Aufbereitungsstoffe.

Die nach § 14 Abs. 3 Trinkwasserverordnung (TrinkwV) notwendige turnusmäßige Untersuchung auf Legionellen betrifft Vermieter von Wohnungen mit zentraler Warmwasserversorgungsanlage. Da bei der Trinkwasseruntersuchung das Warmwasser auf Legionellen kontrolliert wird, erfolgt die Kostenumlage nicht bei den Kaltwasserkosten, sondern bei den Warmwasserkosten (siehe Kapitel 4.2.2) im Rahmen der Heizkostenabrechnung.

Entwässerung
Hierzu gehören die Gebühren für Haus- und Grundstücksentwässerung, die Kosten des Betriebs einer entsprechenden nichtöffentlichen Anlage und die Kosten des Betriebs einer Entwässerungspumpe (§ 2 Nr. 3 BetrKV).

Heiz- und Warmwasserkosten
(Siehe dazu Kapitel 4.2)

Aufzug
Hierunter fallen nach § 2 Nr. 7 BetrKV die Kosten des Betriebsstroms, der Beaufsichtigung, der Bedienung, Überwachung sowie Pflege der Liftanlage, der regelmäßigen

Prüfung ihrer Betriebsbereitschaft und Betriebssicherheit einschließlich der Einstellung durch eine Fachkraft sowie die Kosten der Reinigung der Aufzugsanlage. Insbesondere die Kosten für die nach der Betriebssicherheitsverordnung in bestimmten Prüfintervallen vorzunehmende Haupt- und Zwischenprüfung sind umlagefähig. Nicht ansatzfähig sind dagegen die Kosten für die Gefährdungsbeurteilung.

Weder die Reparaturkosten für den Lift noch der Instandhaltungsanteil in einem Vollwartungsvertrag können umgelegt werden. Ist eine Aufteilung der Kosten für einen Vollwartungsvertrag in umlagefähige Wartungskosten und Reparaturkosten nicht möglich, sind die anteiligen Reparaturkosten durch Schätzung zu ermitteln (ausführlich in Noack/Westner, »Betriebskosten in der Praxis«, 9. Auflage 2018, S. 45).

Umstritten war lange Zeit die Frage, ob die Kosten des Aufzugs grundsätzlich auch auf Erdgeschossmieter umgelegt werden können. Der BGH hat diese Frage mit Urteil vom 20.9.2006 (VIII ZR 103/06, NZM 2006, 895) geklärt. Unabhängig vom Nutzen hat auch der Erdgeschossmieter die anteiligen Aufzugskosten zu tragen. In seiner Entscheidung vom 8.4.2009 beurteilte der BGH (VIII ZR 128/08, WuM 2009, 351) den Sachverhalt dagegen anders, wenn der Lift sich in einem anderen Gebäudeteil befindet. In dem Fall war die Wohnung des Mieters mit dem Lift gar nicht erreichbar, weil sich der Aufzug in einem anderen Gebäudeteil befand. Somit scheidet hier die Umlage von Aufzugskosten aus.

Straßenreinigung und Müllbeseitigung
Umlagefähig sind sämtliche Straßenreinigungskosten, unabhängig davon, ob die Reinigung durch die Gemeinde, den Eigentümer oder einen von ihm beauftragten Dritten durchgeführt wird. Zu den Straßenreinigungskosten zählen auch Kosten für den Winterdienst.

Die Kosten für Reinigungsmittel sind ebenfalls ansetzbar, im Winter vor allem Streugut.

Die Wartungs- und Reparaturkosten von maschinellen Arbeitshilfen gehören auch zu den umlagefähigen Betriebskosten, wenn der Einsatz motorgetriebener Geräte gegenüber den Lohnkosten einer manuellen Reinigung deutlich günstiger ist (LG Berlin, Urteil vom 13.3.1986, 62 S 94/85, GE 1986, 1121; LG Hamburg, Urteil vom 13.7.1989, 7 S 185/88, WuM 1989, 640).

Zu den Kosten der Müllbeseitigung gehören namentlich gemeindliche Müllabfuhrgebühren oder die Kosten einer privaten Müllentsorgung. Auch die Kosten für den Betrieb von Müllkompressoren, Müllschluckern, Müllabsauganlagen und Müllmengenerfassungsanlagen können unter den Müllkosten direkt geltend gemacht werden

(§ 2 Nr. 8 BetrKV). Umlagefähig sind jedoch nicht nur solche Kosten, die zur Beseitigung des Mülls laufend entstehen.

Nach dem BGH sind sogar die Kosten für **Sperrmüll** umlagefähig (Urteil vom 13.1.2010, VIII ZR 137/09, WuM 2010, 153). Daher zählen zu den Kosten der Müllabfuhr auch die Kosten für das Abfahren von Sperrmüll, wenn diese laufend dadurch entstehen, dass Mieter unberechtigt Müll auf Gemeinschaftseigentum abstellen. Nach Ansicht des BGH können die Kosten für die Entfernung von Sperrmüll sogar dann umgelegt werden, wenn die Müllkosten durch rechtswidrige Handlungen Dritter ausgelöst wurden.

Kosten für die Miete von Abfallbehältnissen können nicht umgelegt werden, da die Mietvertragsparteien bei der Vereinbarung der Umlage von Müllgebühren regelmäßig das Vorhandensein eines Müllbehälters als selbstverständlich voraussetzen (LG Neuruppin, Urteil vom 23.1.2003, 4 S 241/02, WuM 2003, 153).

Gebäudereinigung und Ungezieferbekämpfung
Die Kosten der Gebäudereinigung umfassen sowohl Personalkosten als auch Sachkosten (zum Beispiel für Reinigungsmittel), jedoch nicht die Anschaffungskosten für Reinigungsgeräte. Neben diesen Kosten dürfen auch die Kosten für einen Mattenreinigungsdienst angesetzt werden (LG Berlin, Urteil vom 8.2.2007, 67 S 239/06, GE 2007, 1123).

Die Kosten der Ungezieferbekämpfung sind nur dann ansetzbar, wenn es sich um Kosten einer regelmäßigen und damit laufenden Bekämpfung handelt. Entstehen Kosten beispielsweise aufgrund behördlicher Anordnung einer regelmäßigen Ungezieferbekämpfung laufend, zum Beispiel die Material- und Personalkosten zur Rattenbekämpfung (AG Hamburg, Urteil vom 14.4.1999, 40A C 715/98, WuM 1999, 485), können diese umgelegt werden.

Gartenpflege
Hierzu gehören die Kosten der Pflege gärtnerisch angelegter Flächen einschließlich der Erneuerung von Pflanzen und Gehölze, der Pflege von Spielplätzen einschließlich der Erneuerung von Sand und der Pflege von Plätzen, Zugängen und Zufahrten, die nicht dem öffentlichen Verkehr dienen.

Die Gartenpflege umfasst das Rasenmähen und das Nachsäen, das Schneiden von Bäumen etc., zudem die Beseitigung von Unkraut, das Vertikutieren, die Abfuhr der Gartenabfälle sowie das Bewässern der Flächen. Sind die Park- bzw. Gartenflächen für die Öffentlichkeit zugänglich, können die Kosten der regelmäßigen Pflege dieser Flächen nicht umgelegt werden (BGH, Urteil vom 10.2.2016, VIII ZR 33/15, GE 2016, 387).

Die umstrittene Frage, ob die Umlage der Gartenpflegekosten voraussetzt, dass der Mieter die Gartenflächen auch nutzen kann, ist vom BGH (Urteil vom 26.5.2004, VIII ZR 135/03, WuM 2004, 399) entschieden worden. Danach kommt es für die Umlagefähigkeit nicht darauf an, ob der Mieter selbst einen unmittelbaren Nutzen an der Gartenfläche hat. Es reicht aus, wenn der Gartenanteil allgemein den Gesamteindruck des Anwesens günstig beeinflusst. Anders verhält es sich bei Gartenflächen, die dem Vermieter oder anderen Mietern zur alleinigen Nutzung überlassen sind. An den Kosten für die Pflege solcher Gartenanteile dürfen die »ausgeschlossenen« Mieter nicht beteiligt werden.

Ist der Mieter mietvertraglich zur Gartenpflege verpflichtet, kommt eine Umlage der Baumfällkosten nicht in Betracht, sofern der Vermieter nicht die Voraussetzungen für eine Ersatzvornahme geschaffen hat oder eine sonst unaufschiebbare Maßnahme zur Gefahrenabwehr vorlag (BGH, Beschluss vom 29.9.2008, VIII ZR 124/08, NZM 2009, 27). Führt der Eigentümer die Arbeiten selbst durch (Eigenleistung), kann er nach § 1 Abs. 1 Satz 2 BetrKV den Betrag (ohne Umsatzsteuer) ansetzen, den er an einen Dritten für diese Arbeit hätte bezahlen müssen (BGH, Urteil vom 14.11.2012, VIII ZR 41/12, NJW 2013, 456).

Beleuchtung
Nach § 2 Nr. 11 BetrKV gehören hierzu die Kosten des Stroms für die Außenbeleuchtung und die Beleuchtung der von den Bewohnern gemeinsam genutzten Gebäudeteile wie Zugänge, Flure, Treppen, Keller, Bodenräume, Waschküchen. Es handelt sich hierbei ausschließlich um Stromkosten für die Beleuchtung der Gemeinschaftsflächen. Die Kosten umfassen die Grundgebühr, der mittels Arbeitspreis errechnete Verbrauch und gegebenenfalls die Zählermiete. Leuchtmittel fallen dagegen nicht unter Betriebskosten, sondern unter nicht umlagefähige Instandhaltungskosten.

Die fälschliche Bezeichnung »Stromkosten« oder »Allgemeinstrom« kann bereits als formeller Fehler gewertet werden, weil nur Beleuchtungskosten angesetzt werden dürfen. Verwendet der Vermieter in der Betriebskostenabrechnung den Begriff »Allgemeinstrom«, ist nicht erkennbar, welche Kosten sich dahinter verbergen (AG Köln, Urteil vom 28.7.2009, 201 C 111/09, ZMR 2009, 933).

Schornsteinreinigung/Kaminkehrer
(Siehe Kapitel 4.2)

Sach- und Haftpflichtversicherung
Hierzu gehören namentlich die Kosten der Versicherung des Gebäudes gegen Feuer-, Sturm- und Wasser- sowie sonstige Elementarschäden, der Glasversicherung, der Haftpflichtversicherung für das Gebäude, den Öltank und den Aufzug gemäß § 2 Nr. 13 BetrKV. Nach dem BGH sind auch die Kosten eines in der Gebäudeversicherung mit-

versicherten Mietausfalls infolge eines Gebäudeschadens umlagefähig (Urteil vom 6.6.2018, VIII ZR 38/17, NZM 2018, 714). Für die formelle Richtigkeit einer Betriebskostenabrechnung genügt der Sammelbegriff »Versicherung« (BGH, Urteil vom 16.9.2009, VIII ZR 346/08, NJW 2009, 3575). Bei gewerblichen Mietverhältnissen können grundsätzlich auch die Kosten einer Terrorversicherung in Ansatz gebracht werden (BGH, Urteil vom 13.10.2010, XII ZR 129/09, NJW 2010, 864).

Hauswart/Hausmeister

Gemäß § 2 Nr. 14 BetrKV gehören hierzu die Vergütung, die Sozialbeiträge und alle geldwerten Leistungen, die der Eigentümer dem Hauswart für seine Arbeit gewährt, soweit diese nicht die Instandhaltung, Instandsetzung, Erneuerung, Schönheitsreparaturen oder die Hausverwaltung betreffen. Soweit der Hausmeister beispielsweise Gartenarbeiten oder die Treppenreinigung ausführt, sind diese Arbeitsleistungen nicht unter Gartenpflege oder Hausreinigung, sondern beim Hausmeister anzusetzen.

Nur die Kosten für die nachfolgend aufgelisteten klassischen Hausmeistertätigkeiten gehören zu den umlagefähigen Kosten:

- laufende Reinigungsarbeiten,
- Winterdienst,
- Gartenpflege,
- Bedienung und Überwachung der Heizung und der Wasserversorgung,
- Kontrolle der Gemeinschaftsflächen und -einrichtungen,
- Überwachung der Hausordnung,
- Betreuung und Bedienung des Aufzugs,
- Kontrolle der Wartungsfirmen.

Zu den Kosten des Hausmeisters zählen die Vergütung, die Sozialbeiträge, Zahlungen an die Berufsgenossenschaft (Unfallversicherung) und sämtliche geldwerten Leistungen, die der Eigentümer dem Hausmeister für seine Arbeit gewährt. Zu den Sachleistungen gehört insbesondere der Mietwert einer unentgeltlich oder verbilligt überlassenen Mietwohnung sowie anteilige Kosten für Telefon und Telefaxgebühren.

Wenn der Hausmeister neben den klassischen Hausmeistertätigkeiten verwaltungsbezogene Arbeiten ausführt (Wohnungsabnahme, Reparaturen und anderes), muss die Position Hausmeister in der Betriebskostenabrechnung entsprechend gekürzt werden (Vorwegabzug). Im Zweifel muss der Vermieter die vom Hausmeister durchzuführenden umlagefähigen Arbeiten mittels Vorlage des Hausmeistervertrags oder einer Leistungsbeschreibung darlegen (AG Köln, Urteil vom 21.2.2002, 222 C 466/01, WuM 2002, 615). Dementsprechend wurden vom LG Berlin (Urteil vom 10.5.2001, 67 S 312/00, GE 2001, 923) bei einem größeren Mietobjekt die umlagefähigen Hausmeisterkosten um 20 % gekürzt, da der Hausmeister nach den vertraglichen Vereinbarungen auch »Verwaltungsarbeiten und Kleinreparaturen« durchzuführen hatte. Erledigt der

Vermieter die Hausmeistertätigkeiten in Eigenleistung, kann er seine Zeit in der Betriebskostenabrechnung ansetzen.

Gemeinschaftsantenne

Hierzu gehören gemäß § 2 Nr. 15 BetrKV die Kosten des Betriebsstroms und die Kosten der regelmäßigen Prüfung der Betriebsbereitschaft der Antennenanlage einschließlich der Einstellung durch eine Fachkraft oder das Nutzungsentgelt für eine nicht zu den Gebäuden gehörende Antennenanlage sowie die Gebühren, die nach dem Urheberrechtsgesetz für die Kabelweitersendung entstehen. Nach § 20b Urheberrechtsgesetz, der durch das 4. Urheberrechtsänderungsgesetz vom 8.5.1998 (BGBl. Teil I, S. 902) eingefügt worden ist, besteht für Kabelweitersendungsvorgänge eine Gebührenpflicht. Hat der Vermieter die Gemeinschaftsantennenanlage gemietet oder geleast, können die Mietkosten angesetzt werden.

Breitbandnetz

Zu den umlagefähigen Kosten der mit einem Breitbandnetz verbundenen privaten Verteileranlage gemäß § 2 Nr. 15 b BetrKV gehören die laufenden monatlichen Grundgebühren für das Breitband unabhängig davon, ob ein Kabelnetzbetreiber oder ein Telefonanbieter das Breitbandnetz zur Verfügung stellt. Die einmaligen Kosten für die Einrichtung eines Breitbandanschlusses können nicht im Rahmen einer Betriebskostenabrechnung geltend gemacht werden. Diese Kosten berechtigen allerdings zu einer Mieterhöhung wegen Modernisierung gemäß § 559 BGB.

Einrichtungen für die Wäschepflege

Hierzu gehören die Kosten des Betriebsstroms sowie die der Überwachung, Pflege und Reinigung maschineller Einrichtung, der regelmäßigen Prüfung ihrer Betriebsbereitschaft und Betriebssicherheit gemäß § 2 Nr. 16 BetrKV. Zu den maschinellen Wascheinrichtungen gehören Wasch- und Trockenmaschinen, Schleudern und Bügelmaschinen.

Sonstige Betriebskosten

§ 2 Nr. 17 BetrKV ist ein Auffangtatbestand für Betriebskosten, die unter die allgemeine Definition der Betriebskosten fallen, aber nicht namentlich genannt werden.

Die sonstigen Betriebskosten dürfen aber nur auf den Mieter umgelegt werden, wenn die einzelnen Positionen im Mietvertrag genau bezeichnet wurden (BGH, Urteil vom 7.4.2004, VIII ZR 167/03, NZM 2004, 417). Nicht ausreichend ist die pauschale Anführung von »sonstigen Betriebskosten«.

Beispiele für nach der Rechtsprechung anerkannte sonstige Betriebskosten (weitere Beispiele für sonstige Betriebskosten mit Urteilen in Noack/Westner, »Betriebskosten in der Praxis«, 9. Auflage 2018, ab S. 133):

- Wartung von Feuerlöschgeräten (LG Berlin, Urteil vom 17.10.2000, 64 S 257/00, NZM 2002, 65),
- Centermanagement: Bei gewerblichen Mietverhältnissen sind die Kosten umlegbar, wenn in der mietvertraglichen Vereinbarung die einzelnen Leistungen aufgeschlüsselt sind. Unklare und mehrdeutige Bezeichnungen in Formularklauseln sind dagegen unzulässig (BGH, Urteil vom 6.4.2005, XII ZR 158/01, NZM 2005, 863).
- Kosten für das Reinigen der Dachrinnen (BGH, Urteil vom 7.4.2004, VIII ZR 146/03, WuM 2004, 292),
- Kosten für die Dachrinnenheizung, insbesondere Strom- und Wartungskosten,
- Kosten für die Prüfung von Blitzableiteranlagen,
- Wartung einer Lüftungsanlage,
- Kosten für eine Gemeinschaftseinrichtungen (zum Beispiel Sauna, Schwimmbad, Spiel- oder Hobbyraum),
- Kosten von Brandmeldeanlagen,
- Kosten der Druckerhöhungsanlage,
- Rauchwarnmelder: Die Kosten der Überprüfung von Rauchmeldern zählen zu den umlagefähigen Kosten. Gemäß DIN 14676 Nr. 6 ist bei Rauchmeldern eine jährliche Funktionskontrolle durchzuführen (AG Lübeck, Urteil vom 5.11.2007, 21 C 1668/07, ZMR 2008, 302). Die Kosten der Kontrolle der Betriebsfähigkeit und Betriebssicherheit sind nach dem BGH grundsätzlich ansatzfähig (Urteil vom 7.4.2004, VIII ZR 167/03, WuM 2004, 290). Das gilt auch für die Kosten eines Batteriewechsels (AG Lübeck, a. a. O.). Ob die Kosten für die Anmietung von Rauchwarnmeldern umgelegt werden können, ist in der Rechtsprechung umstritten. Nach Ansicht des LG Magdeburg (Urteil vom 27.9.2011, 1 S 171/11, NZM 2012, 305) können die Kosten für die Anmietung der Geräte umgelegt werden, wenn eine entsprechende mietvertragliche Vereinbarung vorliegt. Das LG Hagen lehnt die Umlage von Anmietkosten grundsätzlich ab (Urteil vom 4.3.2016, 1 S 198/15, DWW 2016, 175).
- Wartung von Pumpen,
- Wartung für eine Rauchabzugsanlage,
- Wartung von Sprinkleranlagen,
- Wartung einer Sprühwasser-Löschanlage,
- Kosten der Prüfung der Elektroanlage (BGH, Urteil vom 14.2.2007, VIII ZR 123/06, NJW 2007, 1059).

ACHTUNG

Nutzerwechselgebühren – Kosten der Zwischenablesung: Kosten der Verbrauchserfassung und der Abrechnung von Betriebskosten, die anlässlich des Auszugs eines Mieters vor Ablauf des Abrechnungszeitraums entstehen, sind keine Betriebskosten, sondern Verwaltungskosten, die in Ermangelung anderweitiger vertraglicher Regelung dem Vermieter zur Last fallen (BGH, Urteil vom 14.11.2007, VIII ZR 19/07, WuM 2008, 85).

4.1.1 Betriebskostenvorauszahlung oder Pauschale

Der Vermieter kann die Betriebskosten entweder in Form einer Betriebskostenpauschale oder als Betriebskostenvorauszahlung auf den Mieter abwälzen (§ 556 Abs. 2 BGB). Kalkuliert er die Betriebskosten in die Miete ein oder versäumt er schlicht, eine Vereinbarung zu treffen, sind die Betriebskosten in der Miete enthalten. Man spricht dann von einer Inklusivmiete oder Bruttomiete. Der Vermieter hat bei Vorliegen einer Inklusivmiete keinen Rechtsanspruch auf Änderung der **Mietstruktur**. Er muss dann allerdings auch keine Betriebskostenabrechnung vornehmen. Nur die Heiz- und Warmwasserkosten müssen gemäß § 6 HeizKV zwingend verbrauchsabhängig abgerechnet werden (Ausnahme: in einem vom Vermieter selbst bewohnten Zweifamilienhaus, § 2 HeizKV).

Der Gesetzgeber hat in den §§ 556, 556a und 560 BGB die Rechtsgrundlage für die Vereinbarung, Abrechnung und Veränderung von Betriebskosten geschaffen. Die Abrechnung von Betriebskosten kann jedoch nur mit mietvertraglicher Vereinbarung erfolgen. Auch im Gewerberaummietrecht ist eine vertragliche Vereinbarung über die Umlage von Betriebskosten zwingend erforderlich.

ACHTUNG

Grundsätzlich besteht kein Rechtsanspruch des Vermieters auf Änderung der Mietstruktur, sodass die Umstellung einer Bruttomiete auf eine Nettomiete zuzüglich einer Vorauszahlung auf die Betriebskosten nur einvernehmlich mit dem Mieter möglich ist.

Anspruch auf Umstrukturierung: Nach § 556a Abs. 2 BGB dürfen die Betriebskosten abweichend von der bisher getroffenen Vereinbarung künftig nach dem Maßstab umgelegt werden, der dem erfassten unterschiedlichen Verbrauch oder der unterschiedlichen Verursachung Rechnung trägt. Somit kann der Vermieter beispielsweise die Kosten der Wasserversorgung und der Entwässerung nachträglich auf den Mieter umlegen, wenn der Wasserverbrauch künftig durch neu eingebaute Wasserzähler erfasst wird.

Allerdings kann die Umstrukturierung nicht für das laufende Kalenderjahr, sondern nur vor Beginn eines Abrechnungszeitraums vorgenommen werden. Erfolgt die Umstrukturierung ausgehend von einer Bruttomiete, müssen die Kosten nun rechnerisch erfasst (durch Schätzung) und von der Bruttomiete in Abzug gebracht werden. Für die nun abzurechnenden Betriebskosten hat der Mieter eine Vorauszahlung zu leisten.

4.1.2 Abrechnungszeitraum

Gemäß §556 Abs. 3 S.1 BGB hat der Vermieter eine Betriebskostenabrechnung zu erstellen, wenn der Mieter eine monatliche Vorauszahlung auf die Betriebskosten leistet (Abrechnungspflicht).

Der Vermieter ist zur Abrechnung verpflichtet, wenn Abrechnungsreife vorliegt. Die Abrechnungsreife tritt mit dem Ablauf der Abrechnungsfrist ein.

Mit Abrechnungszeitraum wird der Zeitraum bezeichnet, über den die Abrechnung zu erteilen ist. Über die Betriebskostenvorauszahlungen ist jährlich abzurechnen (§556 Abs. 3 BGB). Hierbei handelt es sich um eine Höchstzeitspanne mit der Folge, dass die Abrechnung, welche über mehr als zwölf Monate geht, nicht ordnungsgemäß und somit nicht fällig ist (LG Düsseldorf, Urteil vom 18.3.1997, 24 S 554/96, ZMR 1998, 167; AG Köln, Urteil vom 28.10.1998, 213 C 156/96, WuM 2000, 213). Nur im Ausnahmefall, wenn beide Vertragsparteien einverstanden sind, kann eine Verlängerung der jährlichen Abrechnungsperiode vereinbart werden (BGH, Urteil vom 27.7.2011, VIII ZR 316/10, NZM 2011, 624). Kürzere Abrechnungszeiträume (Rumpfzeitraum) sind zulässig, zum Beispiel für die Zeit nach Einzug des Mieters bis zum Ende des für das Haus geltenden Abrechnungszeitraums (LG Berlin, Urteil vom 27.1.1987, 64 S 278/86, GE 1987, 281; LG Berlin, Urteil vom 23.4.1991, 64 S 458/90, GE 1991, 935). Liegen vernünftige Gründe vor, ist der Vermieter zur Änderung des Abrechnungszeitraums berechtigt, zum Beispiel bei Anpassung an die Abrechnungsperiode des Stromlieferanten (LG Berlin, Urteil vom 29.8.2002, 67 S 505/01, GE 2002, 1627).

Der Vermieter muss angeben, welche einzelnen Betriebskostenarten in welchem Abrechnungszeitraum angefallen sind. Der Vermieter braucht allerdings nicht nach dem Kalenderjahr abzurechnen, in Betracht kommt auch der Jahreszeitraum, innerhalb dessen regelmäßig die Abrechnungen der Versorgungsunternehmen erteilt werden, oder das Mietjahr (OLG Düsseldorf, Urteil vom 11.11.1997, 24 U 216/96, ZMR 1998, 219). Er darf aber nur die Betriebskosten in Rechnung stellen, die im Abrechnungsjahr angefallen sind. Erlaubt ist es hingegen, in einer Abrechnung für verschiedene Betriebskostenarten unterschiedliche Abrechnungszeiträume zugrunde zu legen.

Der Vermieter ist gemäß § 556 Abs. 3 S. 2 BGB verpflichtet, dem Mieter die Abrechnung der Betriebskosten spätestens bis zum Ablauf des zwölften Monats nach Ende des Abrechnungszeitraums mitzuteilen (Abrechnungsfrist).

Der Vermieter von Geschäftsräumen ist zur Abrechnung über die Betriebskosten innerhalb angemessener Frist verpflichtet. Nach dem BGH endet diese Frist regelmäßig zum Ablauf eines Jahres nach Ende des Abrechnungszeitraums. **Die Abrechnungsfrist ist allerdings bei Gewerbe keine Ausschlussfrist**. § 556 Abs. 3 S. 3 BGB findet auf Gewerberäume keine analoge Anwendung (BGH, Urteile vom 17.11.2010, XII ZR 124/09 und vom 27.1.2010, XII ZR 22/07, NJW 2010, 1065). Das bedeutet, dass der Vermieter von Gewerbeeinheiten mit der Nachforderung von Betriebskosten nach Ablauf der Abrechnungsfrist nicht ausgeschlossen ist. Allerdings ist der Gewerbemieter berechtigt, die laufenden Betriebskostenvorauszahlungen so lange zurückzubehalten, bis der Vermieter die säumige Betriebskostenabrechnung erstellt.

Nach § 556 Abs. 3 S. 2 BGB kommt es für den Fristbeginn auf die Mitteilung der Abrechnung an. Das bedeutet, dass es bei der Fristwahrung nicht auf die rechtzeitige Absendung der Abrechnung durch den Vermieter ankommt, sondern auf den Zugang beim Mieter innerhalb der Zwölfmonatsfrist. Da der Vermieter für den rechtzeitigen Zugang beweispflichtig ist, empfiehlt sich eine Zustellung per Einschreiben mit Rückschein oder per Boten.

Die Zuordnung von Betriebskosten zu einem bestimmten Abrechnungszeitraum richtet sich bei Wohnraummietverhältnissen grundsätzlich danach, zu welchem Zeitpunkt die in Rechnung gestellte Leistung erbracht worden ist (Leistungsprinzip) und nicht danach, zu welchem Zeitpunkt der Vermieter die Rechnung bezahlt hat (Abflussprinzip). Das bedeutet konkret, dass nur Kosten für Leistungen angesetzt werden dürfen, die im Abrechnungsjahr auch erbracht wurden (LG Hamburg, Urteil vom 27.6.2000, NZM 2001, 806).

Der BGH hat aber mit den Urteilen vom 20.2.2008 (VIII ZR 49/07, NZM 2008, 277 und VIII ZR 27/07, NZM 2008, 403) entschieden, dass der Vermieter auch nach dem Abflussprinzip abrechnen darf. Den §§ 556 ff. BGB ist nicht zu entnehmen, dass der Vermieter auf eine bestimmte zeitliche Zuordnung der Betriebskosten festgelegt ist. Auch das Abflussprinzip ermöglicht eine sachgerechte Umlage der Betriebskosten. Der für das Leistungsprinzip unter Umständen erforderliche zusätzliche Aufwand ist für den Vermieter nicht zumutbar. Diese Entscheidung ist bei vermieteten Eigentumswohnungen von außerordentlicher Bedeutung, da der Hausverwalter seine Jahresabrechnung nach dem Abflussprinzip erstellt. Nun kann der Vermieter ohne Bedenken die Jahresabrechnung für die Betriebskostenabrechnung seines Mieters verwenden.

4.1.3 Ausschlussfrist

Nach §556 Abs. 3 S.3 BGB ist die Geltendmachung von Nachforderungen durch den Vermieter nach Ablauf der Jahresfrist ausgeschlossen, es sei denn, der Vermieter hat die verspätete Geltendmachung nicht zu vertreten. Die Ausschlussfrist ist zwingend und vertraglich nicht abdingbar §556 Abs. 4 BGB.

Der Vermieter kann bei einer verspäteten Abrechnung weder Nachzahlungen beanspruchen, noch die Aufrechnung mit einer Nachzahlung erklären. Zahlt der Mieter die Nachforderung trotz Überschreiten der Abrechnungsfrist, weil ihm zum Beispiel die Rechtslage nicht bekannt war, kann er nach dem Urteil des BGH vom 18.2.2006 (VIII ZR 94/05, NZM 2006, 222) die Zahlung unter dem Gesichtspunkt der ungerechtfertigten Bereicherung zurückfordern.

Ausnahmen von der Ausschlussfrist bestehen dann, wenn der Vermieter die Verspätung nicht zu vertreten hat. Dies muss im Einzelfall geprüft werden. Außerhalb des Einflussbereichs des Vermieters liegen folgende Fälle, die somit als eine entschuldigte Verspätung gelten:

- Der Vermieter erhält kommunale Bescheide oder Steuerbescheide verspätet.
- Streitigkeiten des Vermieters mit Lieferanten.
- Versäumnis des Mieters, nach Mietende seine neue Anschrift bekanntzugeben.

Die Frist zur Abrechnung der Betriebskosten gemäß §556 Abs. 3 S.2 BGB wird nur dann gewahrt, wenn die Abrechnung dem Mieter noch innerhalb der Frist zugeht. Die rechtzeitige Absendung der Abrechnung durch den Vermieter genügt nicht. Bedient sich der Vermieter zur Beförderung der Abrechnung der Post, wird diese insoweit als Erfüllungsgehilfe des Vermieters tätig. In einem solchen Fall hat der Vermieter ein Verschulden der Post gemäß §278 BGB auch dann zu vertreten, wenn auf dem Postweg für den Vermieter unerwartete und nicht vorhersehbare Verzögerungen oder Postverluste auftreten (Urteil vom 21.1.2009, VIII ZR 107/08, WuM 2009, 236).

Wenn das Abrechnungshindernis schließlich behoben ist, dann ist der Vermieter gehalten, die Abrechnung umgehend, spätesten aber nach drei Monaten zu fertigen (BGH, Urteil vom 5.7.2006, VIII ZR 220/05, WuM 2006, 516).

Der Vermieter muss sich darum bemühen, die für die Abrechnung notwendigen Unterlagen rechtzeitig zu erhalten. Fraglich ist aber, ob auch Ursachen wie verspätete Heizungsabrechnung der Abrechnungsfirma oder verspätete Verwalterabrechnung dem

Vermieter zuzurechnen sind. Der Vermieter ist vielfach gar nicht in der Lage, zum Beispiel die Heizkostenabrechnung selbst fertig zu stellen.

Der Vermieter einer Eigentumswohnung hat über die Betriebskostenvorauszahlungen des Mieters grundsätzlich auch dann innerhalb der zwölfmonatigen Abrechnungsfrist abzurechnen, wenn zu diesem Zeitpunkt der Beschluss der Wohnungseigentümer über die Jahresabrechnung noch nicht vorliegt (BGH, Urteil vom 25.1.2017,VIII ZR 249/15, WuM 2017, 138). Der Verwalter einer Wohnungseigentümergemeinschaft ist als solcher nicht Erfüllungsgehilfe des Wohnungseigentümers nach § 278 BGB in Bezug auf dessen mietvertragliche Pflichten hinsichtlich der Abrechnung der Betriebskosten. Hier wird der Vermieter wohl nur entschuldigt sein, wenn er konkret darlegen kann, dass er die Abrechnung mit Nachdruck bei der Hausverwaltung oder dem Heizungsabrechnungsdienst angemahnt und mit Konsequenzen gedroht hat (BGH, Urteile vom 25.1.2017,VIII ZR 249/15, WuM 2017, 138 und vom 21.1.2009,VIII ZR 107/08, NJW 2009, 2197). Empfehlenswerterweise sollte der Mieter vor Fristablauf über diese Problematik informiert werden.

Die Ausschlusswirkung tritt aber auch ein, wenn der Mieter innerhalb der Abrechnungsfrist keine formal ordnungsgemäße Abrechnung erhält.

Eine Abrechnung ist dann formal ordnungsgemäß, wenn sie folgende Mindestangaben enthält:
- Zusammenstellung der Gesamtkosten,
- Angabe und Erläuterung des Umlageschlüssels,
- Berechnung der Einzelbeträge des Mieters,
- Abzug der Vorauszahlungen.

Bei einer nicht fristgerechten Abrechnung kann der Mieter gemäß § 273 BGB die Zahlung weiterer Betriebskostenvorauszahlungen verweigern, bis ihm die Abrechnung zugestellt wird (Zurückbehaltungsrecht).

Der BGH hat in seiner Entscheidung vom 9.3.2005 (VIII ZR 57/04, NZM 2005, 373) die Rechte des Mieters bei beendetem Mietverhältnis gestärkt. Nach BGH ist der Mieter, dessen Mietverhältnis beendet ist, nicht dazu gezwungen, den Vermieter auf Erteilung einer Abrechnung zu verklagen, bevor er Rückforderungsansprüche geltend macht. Vielmehr kann er die von ihm geleistete Vorauszahlung zurückverlangen, solange der Vermieter nicht durch eine ordnungsgemäße Abrechnung nachweist, dass die Vorschüsse durch die für den betreffenden Zeitraum angefallenen und vom Mieter zu erstattenden Nebenkosten verbraucht sind. Die Berücksichtigung der durch Schätzung ermittelten tatsächlichen Betriebskosten ist nicht nötig.

Kommt der Vermieter seiner Abrechnungspflicht nicht nach, kann der Mieter die vollständige Erstattung der geleisteten Abschlagszahlungen verlangen. Eine Schätzung der tatsächlich angefallenen Betriebskosten muss der Mieter dabei nicht berücksichtigen, da es Sache des Vermieters ist, die tatsächlichen Betriebskosten im Prozess vorzutragen.

Das Recht des Mieters, bei beendetem Mietverhältnis die Rückzahlung der Betriebskostenvorauszahlungen zu verlangen, setzt allerdings voraus, dass der Mieter nicht die Möglichkeit hatte, den Abrechnungsanspruch durch Geltendmachung eines Zurückbehaltungsrechts durchzusetzen (BGH, Urteil vom 26.9.2012, VIII ZR 315/11, NZM 2012, 832).

4.1.4 Korrektur der Abrechnung

Ändert der Vermieter Kleinigkeiten an einer formal ordnungsgemäßen Abrechnung, wird damit die formelle Richtigkeit der Abrechnung nicht berührt (LG Berlin, Urteil vom 12.7.1992, 65 S 533/90, GE 1992, 989). Liegen größere Mängel vor, wird die Abrechnung unwirksam (AG Köln, Urteil vom 19.9.2000, WuM 2001, 290). Korrigiert der Vermieter sie und lässt er dem Mieter eine neue Abrechnung zukommen, ist auf diese abzustellen. Erreicht den Mieter die Abrechnung aber erst nach der Jahresfrist, so ist die Abrechnung verspätet (AG Bergheim, Urteil vom 12.7.1993, 24 C 265/93, WuM 1993, 686). Eine fristgerechte Abrechnung kann jedenfalls dann nach Ablauf der Jahresfrist berichtigt werden, wenn die ursprüngliche Nachforderung verringert wird (LG Berlin, Urteil vom 10.5.2001, 67 S 312/00, GE 2001, 923).

Nach der Entscheidung des BGH vom 17.11.2004 (VIII ZR 115/04, NZM 2005, 13) kommt es für die Einhaltung der Abrechnungsfrist auf die materielle Richtigkeit der Abrechnung nicht an. Die Frist wird mit einer formell ordnungsgemäßen Abrechnung gewahrt. Inhaltliche Fehler können auch nach Fristablauf korrigiert werden. Die Gefahr, dass der Vermieter durch sogenannte Alibi-Abrechnungen kurz vor Fristablauf, die er später nachbessert, die gesetzliche Regelung unterlaufen könnte, besteht dadurch nicht.

So gestattet der BGH (Urteil vom 19.1.2005, VIII ZR 116/04, GE 2005, 36) eine Korrektur des Verteilerschlüssels nach Fristablauf. Hat der Vermieter nicht den vertraglich vereinbarten Umlageschlüssel angesetzt, handelt es sich um einen inhaltlichen Fehler, der auch nach Ablauf der Ausschlussfrist korrigiert werden darf. Führt die Korrektur zu einer höheren Nachforderung gegenüber dem Mieter, ist eine Berichtigung wegen § 556 Abs. 3 S. 3 BGB ausgeschlossen.

Die Ausschlussfrist soll für den Mieter die Sicherheit gewähren, dass er nach Fristablauf nicht mit (weiteren) Nachforderungen des Mieters rechnen muss. Dieser Zweck würde verfehlt, wenn bei Vorlage einer formell ordnungsgemäßen Abrechnung innerhalb der Frist ein darin enthaltener materieller Fehler noch nach Fristablauf zulasten des Mieters korrigiert werden könnte. Der Ablauf der Abrechnungsfrist hat deshalb zur Folge, dass die Nachforderung nach einer später erfolgenden inhaltlichen Korrektur das Ergebnis der fristgemäß vorgelegten Rechnung weder in den Einzelpositionen noch insgesamt überschreiten darf. Nur wenn der Vermieter die verspätete Geltendmachung bzw. verspätete Korrektur nicht zu vertreten hat, ist das Interesse des Vermieters vorrangig.

4.1.5 Inhalt der Abrechnung

Gemäß § 556 Abs. 3 S. 2 BGB hat der Vermieter dem Mieter die Abrechnung nach Ablauf des Abrechnungszeitraums mitzuteilen. Die Abrechnung hat schriftlich und getrennt für jedes Mietverhältnis zu erfolgen und muss jedem Mieter zugehen. Eine Bekanntmachung im Treppenhaus genügt nicht. An den Inhalt einer Betriebskostenabrechnung werden folgende Mindestanforderungen gestellt (BGH, Urteile vom 23.11.1981, VIII ZR 298/80, NJW 1982, 573, vom 14.2.2007, VIII ZR 1/06, NZM 2007, 244 und vom 20.7.2005, VIII ZR 371/04, NJW 2005, 3135):

- Zusammenstellung aller Gesamtkosten,
- Angabe und Erläuterung des Verteilerschlüssels,
- Berechnung des Anteils des Mieters,
- Abzug der Vorauszahlungen des Mieters.

Die Betriebskostenabrechnung muss klar, übersichtlich und rechnerisch nachvollziehbar sein.

Bei Geschäftsraummietverhältnissen, bei denen der Vermieter gemäß § 9 UStG zur Mehrwertsteuer optiert hat, ist der Vermieter verpflichtet, für Mietverträge seit 1.1.2004 seine Steuernummer sowie eine fortlaufende Nummerierung anzugeben. Dies gilt seit dem 1.1.2004 auch für Betriebskostenabrechnungen. Das heißt, dass alle Betriebskostenabrechnungen sowohl für Gewerbe- als auch für Wohnraum die Steuernummer und eine fortlaufende Nummerierung enthalten müssen, falls der Vermieter auf die Mehrwertsteuer optiert hat.

Kostenzusammenstellung

Bei der Aufstellung der Gesamtkosten sind Einnahmen und Ausgaben übersichtlich aufgegliedert darzustellen. Der Vermieter darf allerdings nur die Kosten ansetzen, die ihm tatsächlich entstanden sind. Auch ein betriebswirtschaftlich und juristisch nicht geschulter Mieter muss aus der Aufstellung die umgelegten Kosten klar erkennen und überprüfen können. Wie detailliert die Zusammenstellung der Gesamtkosten zu sein hat, ist in der Rechtsprechung streitig.

Die Aufstellung hat getrennt nach den jeweiligen Betriebskostenarten zu erfolgen, wobei nach Auffassung des Kammergerichts Berlin eine Zusammenfassung mehrerer Kosten, die einer Position zugeordnet werden können, auch möglich ist (Rechtsentscheid vom 28.5.1998, 8 RE-Miet 4877/97, WuM 1998, 474). Das Landgericht Berlin hat dagegen mit Urteil vom 4.5.1995 (67 S 32/95, WuM 1996, 154) entschieden, dass eine Betriebskostenabrechnung nur wirksam ist, wenn jede einzelne Ausgabe erkennbar dargestellt ist.

Der BGH hat mit Urteil vom 16.9.2009 entschieden, dass zum Beispiel die Kosten der Sach- und Haftpflichtversicherung in einer Summe unter der Position »Versicherung« abgerechnet werden dürfen (VIII ZR 346/08, WuM 2009, 669).

Die Zusammenfassung der Positionen »Wasserversorgung/Strom«, »Straßenreinigung/Müllbeseitigung/Schornsteinreinigung«, »Hausmeister/Gebäudereinigung« und »Hausmeister/Gebäudereinigung/Gartenpflege« ist mangels Vorliegen eines sachlichen Grundes grundsätzlich unzulässig. Die daraus folgende Unwirksamkeit der Abrechnung betrifft allerdings allein die derart zusammenhanglos in einer Position dargestellten Kosten (BGH, Urteile vom 22.9.2010, VIII ZR 285/09, WuM 2010, 688 und vom 24.1.2017, VIII ZR 285/15, WuM 2017, 471).

Die Gerichte stellen teilweise sehr hohe Anforderungen an die inhaltlich richtige Darstellung der Betriebskostenabrechnung. Aus diesem Grund sollte der Vermieter in der Betriebskostenabrechnung jede Einzelposition aufführen. Durch die Einführung der Ausschlussfrist besteht für den Vermieter außerdem nicht mehr die zeitlich unbegrenzte Möglichkeit, eine inhaltlich unzureichende Betriebskostenabrechnung nachzubessern. Stellt beispielsweise das Gericht fest, dass die Abrechnung mangels Nachprüfbarkeit unwirksam ist, kann der Vermieter eine Korrektur der Abrechnung nur vornehmen, wenn die Ausschlussfrist noch nicht abgelaufen ist. Das Risiko einer formell unwirksamen Betriebskostenabrechnung trägt grundsätzlich der Vermieter. Ist also die Ausschlussfrist abgelaufen, kann der Vermieter die Abrechnung weder berichtigen noch neu erstellen.

Angabe des Verteilerschlüssels

Weiterer zwingender Bestandteil der Abrechnung ist die Angabe des Verteilerschlüssels für das gesamte Anwesen und die jeweilige Mietereinheit. Werden mehrere Verteilerschlüssel verwendet, sind alle Umlageschlüssel zu benennen und zu erklären. Der Vermieter ist verpflichtet, anhand der gesamten Betriebskosten für das Anwesen darzustellen und zu erläutern, welcher Verteilerschlüssel, unter Umständen auch für einzelne Positionen, verwendet wird und wie sich der Anteil des Mieters errechnet.

Bei Vorliegen einer Wirtschaftseinheit (mehrere Häuser eines Eigentümers stehen auf einem Grundstück) kann der Vermieter die Betriebskosten nach einem einheitlichen

Verteilerschlüssel (zum Beispiel Wohnfläche) umlegen. Wenn allerdings einige der Betriebskosten nur auf bestimmte Häuser entfallen (zum Beispiel Liftkosten, wenn nur zwei von drei Häusern über einen Lift verfügen), können nur die darin wohnenden Mieter mit den Kosten belastet werden. Der Vermieter ist gehalten, in der Abrechnung darzustellen, welche Kosten nur für einige Häuser und welche für alle Häuser anfallen.

Mit Ausnahme der Kosten für Heizung und Warmwasser, die nach den Bestimmungen der Heizkostenverordnung (HeizKV) zu verteilen sind, können die Vertragsparteien den Umlageschlüssel für die Betriebskosten frei vereinbaren.

Seit dem 1.9.2001 hat der Vermieter von preisfreiem Wohnraum die Betriebskosten nach dem Anteil der Wohnfläche umzulegen (§ 556a Abs. 1 S. 1 BGB) wenn eine vertragliche Regelung fehlt. Allerdings sind gemäß § 556a Abs. 1 S. 2 BGB Betriebskosten, die von einem erfassten Verbrauch oder einer erfassten Verursachung durch die Mieter abhängen, nach einem Maßstab umzulegen, der dem unterschiedlichem Verbrauch oder der unterschiedlichen Verursachung Rechnung trägt.

ACHTUNG

Kaltwasserzähler: Wird der Verbrauch von Kaltwasser durch Kaltwasserzähler erfasst, ist der Vermieter nach dem Willen des Gesetzgebers dazu verpflichtet, verbrauchsabhängig abzurechnen. Fehlt eine Ausstattung zur Verbrauchserfassung, hat der Mieter aber keinen Anspruch gegenüber dem Vermieter, zum Beispiel Kaltwasseruhren einzubauen.

Wohn- und Nutzfläche

Seit dem 1.9.2001 ist die Wohnfläche als Verteilerschlüssel für die Betriebskosten gesetzlich festgelegt (§ 556a Abs. 1 BGB), wenn eine Bestimmung im Mietvertrag fehlt. Der Vermieter hat bei Anwendung des Flächenmaßstabs zunächst die Wohn- und Nutzfläche des Anwesens darzustellen und sodann darzulegen, wie der Mieteranteil unter Zugrundelegung seiner Wohn- bzw. Nutzfläche ermittelt wird. Die Wohnfläche ist anhand der Wohnflächenverordnung, die am 1.1.2004 in Kraft getreten ist, zu ermitteln.

Wird nach dem Flächenanteil abgerechnet, sind Erläuterungen erforderlich, wenn die Flächenangaben in den Abrechnungsjahren unterschiedlich sind, weil zum Beispiel das Dachgeschoss des Mietshauses zu Wohnzwecken ausgebaut wurde (BGH, Urteil vom 28.5.2008, VIII ZR 261/07, GE 2008, 855).

Ob die angegebene Fläche richtig ist, berührt dagegen allein die materielle Richtigkeit der Abrechnung. Weicht die im Mietvertrag vereinbarte Wohnfläche von der tatsächlichen Wohnfläche ab, so ist der Abrechnung der Betriebskosten die **tatsächliche** Wohnfläche zugrunde zu legen (BGH, Urteil vom 30.5.2018, VIII ZR 220/17, NZM 2018, 671). Der BGH hat seine frühere Auffassung, dass die vertraglich vereinbarte Wohnfläche gilt, solange die Abweichung nicht mehr als 10 % beträgt, aufgegeben (BGH, Urteil vom 31.10.2007, VIII ZR 261/06, WuM 2007, 700).

Personenzahl

Soweit keine zwingenden Vorschriften dagegen stehen, können die Vertragsparteien die Personenzahl als Verteilerschlüssel vereinbaren.

Für die Anwendung dieses Umlagemaßstabs spricht die Annahme, dass er gerechter sei als die Verteilung nach Wohnflächen. Diese Annahme muss sich aber nicht bewahrheiten. Es gibt keine Garantie dafür, dass zum Beispiel ein Einzelmieter grundsätzlich weniger Wasser braucht als ein Dreipersonenhaushalt.

Der Vermieter, der sich für die Personenzahl als Umlageschlüssel entscheidet, muss wissen, dass ein erheblicher Verwaltungsaufwand damit verbunden ist. Er muss stets die Anzahl der Bewohner überprüfen. Bei jedem Mieterwechsel kann sich die Personenzahl verändern. Er hat nicht nur die beim Einwohnermeldeamt gemeldeten Personen, sondern auch lang andauernden Besuch oder Untermieter zu berücksichtigen (BGH, Urteil vom 23.1.2008, VIII ZR 82/07, NZM 2008, 242). Zu- oder Abschläge für Säuglinge oder sonstige Besonderheiten, die mit den Lebensgewohnheiten der Bewohner zusammenhängen, sind nicht vorzunehmen (LG Mannheim, NZM 1999, 365).

Der Vermieter hat in seiner Abrechnung darzulegen und gegebenenfalls zu beweisen, in welchem Monat wie viele Personen in den einzelnen Wohnungen wohnten. Alles in allem lohnt sich der enorme Aufwand für den Vermieter allenfalls bei Anwesen mit nur wenigen Wohneinheiten.

Miet- oder Wohneinheiten

Ein Umlagemaßstab nach Miet- oder Wohneinheiten kommt dann in Betracht, wenn die Miet- oder Wohneinheiten annähernd vergleichbar und gleich groß sind oder wenn jede Mieteinheit den gleichen Nutzen hat. Dieser Verteilerschlüssel eignet sich beispielsweise für die Abrechnung der Kabelgebühren.

Verbrauchs- und Verursachungserfassung

Wurden Verbrauchserfassungsgeräte installiert, hat der Vermieter in der verbrauchsabhängigen Abrechnung Folgendes darzustellen:

- Gesamtverbrauch,
- Einzelverbrauch und
- die entsprechenden umzulegenden Kosten.

Für das ordnungsgemäße Funktionieren der Verbrauchserfassungsgeräte ist der Vermieter beweispflichtig. Wenn zum Beispiel gegen das Eichrecht verstoßen wurde, muss der Vermieter beweisen, dass die Geräte trotzdem einwandfrei funktioniert haben.

Wenn nicht alle Wohnungen mit Kaltwasserzählern ausgestattet sind, darf nicht verbrauchsabhängig abgerechnet werden, sondern muss die Umlage nach dem Flächenmaßstab erfolgen (BGH, Urteil vom 12.3.2008, VIII ZR 188/07, WuM 2008, 350).

Miteigentumsanteile

Bei vermieteten Eigentumswohnungen empfiehlt sich eine Abrechnung der Betriebskosten nach den Miteigentumsanteilen. Dieser Umlageschlüssel entspricht auch grundsätzlich der Billigkeit (OLG Brandenburg, WuM 1999, 173). Da das Sondereigentum und der Anteil am Gemeinschaftseigentum nicht zwingend übereinstimmen müssen, also das Verhältnis der Miteigentumsanteile nicht unbedingt das Verhältnis der nutzbaren Flächen widerspiegelt, ist es umstritten, ob die Umlage nach Miteigentumsanteilen billigem Ermessen entspricht. Auf jeden Fall kann eine Umlage nach Miteigentumsanteilen vorgenommen werden, wenn die Miteigentumsanteile mit den Nutzflächen übereinstimmen. Hiervon kann in der Regel ausgegangen werden. Nach dem AG Düsseldorf ist eine entsprechende Vereinbarung dieses Umlagemaßstabs auch in einem Formularvertrag zulässig (DWW 1991, 373). Fehlt eine entsprechende Vereinbarung im Mietvertrag, trägt der Vermieter die Beweislast, dass das Verhältnis der Miteigentumsanteile mit dem Flächenmaßstab übereinstimmt.

ACHTUNG

Wenn der Mietvertrag keinen Verteilerschlüssel vorsieht, findet der gesetzliche Umlagemaßstab gemäß § 556a Abs. 1 S. 1 BGB, der Flächenmaßstab, Anwendung. Werden große Wohnungen nur von einer Person und kleine Wohnungen von mehreren Personen bewohnt, kann das in besonderen Einzelfällen zu unangemessenen Ergebnissen führen. Nach dem BGH genügen aber bloße Zweifel an der Billigkeit des Flächenmaßstabs nicht, um eine Änderung des gesetzlichen Verteilerschlüssels zu rechtfertigen. Nur in besonderen Ausnahmefällen kann ein Anspruch des Mieters, zum Beispiel auf Abrechnung nach Personenzahl, bei krasser Unbilligkeit bestehen (BGH, Urteil vom 12.3.2008, VIII ZR 188/07, NZM 2008, 276).

Umlageschlüssel bei gemischt genutzten Anwesen/Vorwegabzug

Gibt es in einem Anwesen neben Wohneinheiten auch Gewerberäume (zum Beispiel Restaurants oder Läden im Erdgeschoss), ist zu prüfen, ob in der Betriebskostenabrechnung für Wohnraummieter ein Vorwegabzug für die auf die gewerblich genutzten

Geschäftsräume entfallenden Kosten vorzunehmen ist, bevor die Aufteilung auf die einzelnen Wohnungen erfolgt. Bei preisgebundenem Wohnraum heißt es: »Betriebskosten, die nicht für Wohnraum entstanden sind, sind vorweg abzuziehen.« Das bedeutet, dass zunächst ermittelt werden muss, welcher Anteil von den Gesamtkosten auf die gewerblichen Flächen entfallen. Die verbleibenden Kosten können dann auf die Wohnraummieter verteilt werden.

Bei preisfreiem Wohnraum ist es grundsätzlich nicht unbillig, Gewerbe- und Wohnflächen gemeinsam abzurechnen, da die gewerbliche Mitbenutzung eines Anwesens nicht zwangsläufig höhere Betriebskosten mit sich bringt. Maßgeblich sind Art und Umfang der gewerblichen Nutzung. Der Grund für die nach Möglichkeit getrennte Betriebskostenabrechnung liegt in der unterschiedlichen Kostenverursachung. So können zum Beispiel

- die Versicherungsprämien für den Gewerbeanteil höher ausfallen,
- der Wasserverbrauch beispielsweise bei einem Friseurgeschäft stärker ins Gewicht fallen

als bei einer reinen Wohnnutzung.

Hat der Vermieter in seiner Betriebskostenabrechnung Wohn- und Gewerbeflächen einheitlich abgerechnet, so muss der Mieter plausibel darlegen, dass die Gewerberäume erhöhte Kosten verursachen und er hierdurch benachteiligt wird (LG Düsseldorf, DWW 1990, 240).

Der Mieter trägt die Beweislast dafür, dass die Betriebskostenabrechnung ohne Vorwegabzug zu einer erheblichen Mehrbelastung der Wohnraummieter führt (BGH, Urteil vom 25.10.2006, VIII ZR 251/05, WuM 2006, 684).

Eine Vorwegerfassung kann ausnahmsweise auch entfallen, wenn die gewerblichen Kosten annäherungsweise denen einer Wohnraumnutzung entsprechen (KG Berlin, ZMR 1998, 627; LG Frankfurt/M., ZMR 1997, 642; AG Düren, WuM 2001, 47).

Bestimmte Betriebskostenpositionen, zum Beispiel Hausmeisterkosten, können Bestandteile enthalten, die nicht umlagefähig sind. Unter Hausmeisterkosten dürfen nur Kosten für »echte« Hausmeisterarbeiten angesetzt werden. Verrichtet der Hausmeister auch Reparaturen oder führt er Wohnungsabnahmen durch, so sind diese nicht umlagefähigen Kosten herauszurechnen (BGH, Urteile vom 20.2.2008, VIII ZR 27/07, NZM 2008, 403 und vom 11.9.2007, VIII ZR 1/07, WuM 2007, 575). Bislang war der BGH der Auffassung, dass der Vermieter nicht nur den bereinigten Betrag der Hausmeisterkosten anzugeben hat, sondern die Gesamtkosten sowie die Höhe des Abzugs für nicht umlagefähige Tätigkeiten, damit der Mieter ersehen kann, ob und in welcher Höhe nicht umlagefähige Kosten vorab abgezogen wurden. Diese Rechtsprechung hat der BGH mit Urteil vom 20.1.2016 (VIII ZR 93/15, NJW 2016, 866) aufgegeben. Danach genügt es nun, wenn der Vermieter bei der jeweiligen Betriebskostenart die bereinigten Gesamtkosten angibt.

Beispiel !

Hausmeisterkosten komplett 20.000 EUR. Da der Hausmeister auch Reparaturen im Gebäude vornimmt, ist ein Abzug von 20 % vorzunehmen. Es reicht aus, wenn in der Betriebskostenabrechnung die Hausmeisterkosten mit 16.000 EUR angegeben werden.

Um Rückfragen zu vermeiden, wird dennoch empfohlen, die Gesamtkosten, den vorgenommenen Abzug und die bereinigten Kosten in der Abrechnung zu erläutern.

Natürlich gibt es weitere zahlreiche Anwendungsfälle, bei denen ein Vorwegabzug vorzunehmen ist. Bei **gemischt genutzten Gebäuden** ist häufig der Gewerbemieter Verursacher erhöhter Betriebskosten (zum Beispiel Wasser und Müll bei Restaurant). In diesem Fall ist ebenfalls ein Vorwegabzug erforderlich. Das Urteil des BGH vom 20.1.2016 (a. a. O.) erleichtert dem Vermieter zwar die Darstellung in der Abrechnung. Bei Nachfragen muss er aber dennoch seinen Vorwegabzug erläutern.

Tipp !

Wenn ein Vorwegabzug erforderlich ist, geben Sie für die betreffende Betriebskostenposition die Gesamtkosten, den Abzug und die bereinigten Kosten bekannt. So kann der Mieter auf Anhieb erkennen, ob und in welcher Höhe ein Abzug vorgenommen wurde.

Bei gemischt genutzten Anwesen wird im Grundsteuerbescheid für Gewerberäume zumeist ein höherer Wert angesetzt als für Wohnräume. Teilweise wird die Auffassung vertreten, dass eine Vorverteilung der Grundsteuer im Verhältnis der Anteile der unterschiedlichen Nutzungen zu erfolgen hat (AG Köln, WuM 1990, 32; LG Frankfurt/M. WuM 1997, 630). Nach dem Urteil des BGH vom 10.5.2017 (VIII ZR 79/16, DWW 2017, 216) bedarf es für ein teils gewerblich und teils zu Wohnzwecken genutztes Grundstück hinsichtlich der Umlage der Grundsteuer keines Vorwegabzugs für die gewerblich genutzten Einheiten. Nach Ansicht des BGH werde die Grundsteuer nicht durch den Gewerbemieter verursacht. Bei der Grundsteuer handelt es sich um eine ertragsunabhängige Objektsteuer. Die Grundsteuer wird auf der Grundlage des Einheitswertes und des Grundsteuermessbetrags festgesetzt. Zwar findet bei der Festsetzung des Einheitswertes für ein gemischt genutztes Grundstück das Ertragswertverfahren Anwendung. Die Festsetzung des Einheitswertes erfolgt regelmäßig bezogen auf die Werteverhältnisse im Zeitpunkt der letzten Hauptfeststellung zum 1.1.1964 (bzw. in den östlichen Bundesländern zum 1.1.1935). Es kommt mithin nicht auf die Nutzung der Gewerbeflächen im Abrechnungszeitraum an, ob zum Beispiel zwischenzeitlich aus einem bescheidenen Laden mit geringer Miete ein hochpreisiges Geschäft mit hohem Mietniveau entstanden ist. Es fehlt also an der maßgeblichen Verursachung von Mehrkosten durch den Gewerbemieter.

4.1.6 Abzug der Vorauszahlungen

Wurden die Gesamtkosten mit den jeweiligen Verteilerschlüsseln korrekt dargestellt, muss der Vermieter die vom Mieter im Abrechnungszeitraum geleisteten Abschlagszahlungen ansetzen und vom ermittelten Abrechnungssaldo abziehen. Nach der neuesten Entscheidung des BGH vom 23.9.2009 (VIII ZA 2/08, WuM 2009, 671) ist eine Betriebskostenabrechnung auch formell ordnungsgemäß, wenn der Vermieter anstelle der tatsächlich geleisteten Vorauszahlungen die geschuldeten Vorauszahlungen (Sollvorschüsse) ansetzt. Selbst wenn die Vorauszahlungen fälschlicherweise mit null angesetzt wurden, liegt nur ein inhaltlicher Fehler vor (BGH, Urteile vom 13.12.2011, VIII ZR 286/10, WuM 2012, 98 und vom 15.2.2012, VIII ZR 197/11, WuM 2012, 416).

Sodann ist der nach Verrechnung mit den Vorauszahlungen festgestellte Saldo zu benennen:

- Entweder ergibt sich ein Guthaben zugunsten des Mieters
- oder eine Nachforderung des Vermieters.

Hat der Mieter keine Vorauszahlungen geleistet, obwohl er mietvertraglich dazu verpflichtet war, muss der Vermieter dennoch eine Betriebskostenabrechnung erstellen (KG Berlin, Urteil vom 25.1.2002, 8 W 420/01, NZM 2002, 671). Für die Zeit nach Ablauf der gesetzlichen Abrechnungsfrist steht dem Vermieter kein Anspruch auf Vorauszahlungen mehr zu. Er kann Betriebskosten dann nur noch aufgrund einer Abrechnung in der sich daraus ergebenden Höhe verlangen (BGH, Urteil vom 18.5.2011, VIII ZR 271/10).

Besonderheiten bei Mietminderung: Bemessungsgrundlage für eine Mietminderung ist die Bruttomiete einschließlich aller Betriebskosten (BGH, Urteil vom 6.4.2005, XII ZR 225/03, WuM 2005, 394; BGH, Urteil vom 20.7.2005, VIII ZR 347/04, WuM 2005,573). Der Mieter kann daher auch Betriebskostenvorauszahlungen bzw. -pauschalen entsprechend mindern.

Unbeschadet dessen kann eine Mietminderung sowohl ausschließlich auf die Nettomiete angerechnet werden als auch anteilig auf die Nettomiete und die Betriebskostenvorauszahlung. Im letztgenannten Fall ist jedoch der Jahresbetrag der geschuldeten Betriebskosten entsprechend zu reduzieren, das heißt, der Vermieter muss diese Minderung in der nachfolgenden Betriebskostenabrechnung berücksichtigen und den Abrechnungsbetrag (Summe aller Betriebskosten) entsprechend reduzieren, da der Mieter anderenfalls bei reduzierten Vorauszahlungen eine höhere Nachzahlung leisten müsste und damit den finanziellen Vorteil der Minderung wieder verlieren würde. Dementsprechend muss zunächst der endgültige Abrechnungsbetrag (Saldo) ohne Minderung ermittelt und dann um die Minderungsquote reduziert werden.

Für das rechnerische Gesamtergebnis spielt es keine Rolle, ob der monatliche Minderungsbetrag ausschließlich auf die Nettomiete angerechnet wird oder eine anteilige Anrechnung der Mietminderung sowohl auf die Nettomiete als auch auf die Betriebskostenvorauszahlung stattfindet. Die Praktikabilität und Übersichtlichkeit spricht jedoch dafür, dass der Vermieter den Minderungsbetrag ausschließlich bei der Nettomiete verbucht (BGH, Urteil vom 13.4.2011, VIII ZR 223/10, NZM 2011, 453).

4.1.7 Leerstand

Stehen in einem Anwesen Gewerberäume oder Wohnungen leer, weil beispielsweise die Neuvermietung nicht gelungen oder ein Umbau geplant ist, hat der Vermieter die auf diese Flächen entfallenden Kosten zu tragen (BGH, Urteil vom 16.7.2003, VIII ZR 30/03, NJW 2003, 2902). Der Vermieter darf die Gesamtfläche nicht um die freistehende Fläche verringern. Das Vermietungsrisiko trägt der Vermieter. Das gilt für alle Betriebskostenpositionen.

Der BGH hat mit Urteil vom 31.5.2006 (VIII ZR 159/05, NZM 2006, 655) entschieden, dass das Leerstandsrisiko des Vermieters auch für verbrauchsabhängige Betriebskosten wie die für Wasser, Abwasser und Müll gilt. Einen Anspruch auf Änderung des Umlageschlüssels wegen erheblichen Leerstands besteht nicht. Der Vermieter hat schließlich die Möglichkeit der einseitigen Umstellung auf eine verbrauchsabhängige Abrechnung der Betriebskosten gemäß § 556a Abs. 2 BGB. Der Vermieter übernimmt also den Anteil der leer stehenden Räumlichkeiten (OLG Hamburg, Urteil vom 22.8.1990, 4 U 51/89, WuM 2001, 343).

Werden die Betriebskosten nicht nach dem Flächenmaßstab, sondern nach Personenzahl umgelegt, treffen den Vermieter die anteiligen Kosten der leer stehenden Räumlichkeiten. Bei einer leer stehenden Wohnung ist nach dem BGH (Urteil vom 8.1.2013, VIII ZR 180/12, WuM 2013, 227) von einer Belegung mit einer Person auszugehen.

4.1.8 Einwendungen des Mieters/Ausschlussfrist

Der Mieter kann Einwendungen gegen die Betriebskostenabrechnung spätestens bis zum Ablauf des zwölften Monats nach Zugang der Abrechnung mitteilen (§ 556 Abs. 3 S. 5 BGB). Danach kann er Einwendungen nicht mehr geltend machen (Ausschlussfrist), es sei denn, er hat die verspätete Geltendmachung nicht zu vertreten. Die Einwendungsfrist läuft stets erst am Ende des Kalendermonats ab (LG Frankfurt/Oder, Urteil vom 20.11.2012, 16 S 47/12, WuM 2013, 40). Beispiel: Der Mieter erhält die

Betriebskostenabrechnung für 2018 am 10.11. 2019. Die Einwendungsfrist endet am 30.11. 2020.

Hinsichtlich des Fristbeginns ist zu beachten, dass die Einwendungsfrist nicht zu laufen beginnt, wenn der Vermieter eine formell unzulängliche Abrechnung erstellt hat. Hat der Vermieter eine größtenteils korrekte Abrechnung durchgeführt, beginnt die Frist mit Zugang der Abrechnung beim Mieter.

Erstellt der Vermieter eine neue Abrechnung, beginnt eine neue Frist zu laufen. Bei einer Änderung der Abrechnung beginnt die Einwendungsfrist hinsichtlich der geänderten Position von neuem.

Der Mieter hat die Einwendungsfrist gewahrt, wenn seine Mitteilung innerhalb der Jahresfrist dem Mieter zugeht. Er trägt die Beweislast für den rechtzeitigen Zugang.

Nach Fristablauf kann der Mieter grundsätzlich keine Einwendungen gegen die Abrechnung mehr geltend machen. Das hat zur Folge, dass die Abrechnung als ordnungsgemäß gilt. Der Mieter hat keinen Anspruch mehr auf eine ordnungsgemäße Abrechnung, wenn die Abrechnung formell nicht korrekt war. Der Saldo der Abrechnung ist für den Mieter bindend.

Zu den Einwendungen gegen eine Abrechnung, die der Mieter spätestens bis zum Ablauf des zwölften Monats nach Zugang einer formell ordnungsgemäßen Abrechnung geltend machen muss, gehört auch der Einwand, dass es für einzelne nach §556 Abs. 1 BGB grundsätzlich umlagefähigen Betriebskosten an einer Vereinbarung über deren Umlage fehlt. Zahlt der Mieter beispielsweise seit fünf Jahren die Kosten der Dachreinigung, obwohl eine mietvertragliche Regelung fehlt, kann der Mieter die fehlende mietvertragliche Vereinbarung nur innerhalb der zwölfmonatigen Einwendungsfrist rügen (BGH, Urteil vom 10.10.2007, VIII ZR 279/06, WuM 2007, 694).

Die Einwendungsfrist ist nur gewahrt, wenn der Mieter in der Jahresfrist konkrete Beanstandungen vorbringt. Allgemeine Äußerungen reichen nicht aus. Der Mieter hat innerhalb der Einwendungsfrist solche Mängel zu rügen, die sich auf eine dem Grund und der Kostenart nach zulässige Abrechnung beziehen.

Bei der dem Mieter zugestandenen Rügefrist handelt es sich um eine Ausschlussfrist. Er ist mit Einwendungen ausgeschlossen, die er nach Ablauf der Zwölfmonatsfrist erhebt. Der Mieter hat die verspätete Geltendmachung allerdings nicht zu vertreten, wenn

- der Mieter überraschend für längere Zeit krank wurde,
- der Vermieter ihm kein Einsichtsrecht ermöglicht hat,

- der Vermieter trotz zugesagter Kostenübernahme die geforderten Kopien nicht schickt,
- der Vermieter auf Nachfrage unrichtige Auskünfte erteilt,
- der Fehler in der Abrechnung für ihn nicht erkennbar ist.

Die Berichtigung inhaltlicher Fehler ist grundsätzlich zulässig, aber längstens innerhalb von zwölf Monaten nach Zugang der Abrechnung an den Mieter. Über diesen Zeitraum hinaus ist eine Änderung nur möglich, wenn der Vermieter weder den Fehler noch die verspätete Berichtigung zu vertreten hat.

4.1.9 Einsichtsrecht des Mieters/Belege

Gemäß § 29 Abs. 1 NMV steht dem Mieter preisgebundener Wohnungen ein Belegeinsichtsrecht zu. Bei preisfreiem Wohnraum wird diese Vorschrift analog angewendet. Das Einsichtsrecht erstreckt sich auf alle Unterlagen, auf denen die Abrechnung beruht. Dazu gehören im Einzelfall auch die Vollwartungsverträge, um Instandhaltungskosten ausgliedern zu können, oder Hausmeisterverträge, um Verwaltungskosten auszuschließen und auch gegebenenfalls die Einzelverbrauchsdaten anderer Nutzer, damit sich der Mieter Klarheit verschaffen kann, ob die Gesamtverbrauchswerte mit der Summe der Einzelverbräuche übereinstimmt (BGH, Urteil vom 7.2.2018, VIII ZR 189/17, NZM 2018, 458).

Der Vermieter ist verpflichtet, dem Mieter Einsicht in die vorhandenen Originalunterlagen zu gewähren. Gescannte Belege muss der Mieter nicht akzeptieren. Bei Eigentumswohnungen hat der Mieter das Recht, in die Einzelbelege direkt bei der Hausverwaltung Einsicht zu nehmen. Um die Belege prüfen zu können, darf der Mieter eine Person seines Vertrauens hinzuziehen oder einen Dritten mit der Einsichtnahme beauftragen.

Es ist umstritten, an welchem Ort die Belegeinsicht stattzufinden hat. Die herrschende Meinung geht davon aus, dass die Belegeinsicht am Sitz des Vermieters wahrzunehmen ist. Dies gilt zumindest dann, wenn die Wohnung des Vermieters oder das Büro des Hausverwalters sich am selben Ort wie die Mietwohnung befindet. Dem Mieter ist die Fahrt zum Sitz der Hausverwaltung zuzumuten, wenn er deren Räume leicht erreichen kann. Befindet sich der Wohnsitz des Vermieters nicht am Ort der Mietwohnung, kann der Mieter verlangen, dass ihm die Belege am Mietobjekt vorgelegt werden (LG Hanau, Urteil vom 18.6.1985, 2 S 53/85, WuM 1985, 346). Die dadurch entstehenden Kosten trägt der Vermieter.

Bei preisgebundenem Wohnraum hat der Mieter gemäß § 29 Abs. 2 NMV ein Recht auf Erteilung von Fotokopien. Der BGH hat mit Urteil vom 8.3.2006 (VIII ZR 78/05, NZM

2006, 1419) entschieden, dass der Mieter von preisfreiem Wohnraum grundsätzlich keinen Anspruch gegen den Vermieter auf Überlassung von Fotokopien der Abrechnungsbelege hat. Seiner Auffassung nach kann ein Vermieter ein berechtigtes Interesse daran haben, den Mieter auf die Einsichtnahme zu verweisen, um den zusätzlichen Aufwand für das Anfertigen von Fotokopien zu vermeiden und dem Mieter mögliche Unklarheiten im Gespräch sofort zu erläutern.

Nur ausnahmsweise, wenn dem Mieter die Einsichtnahme in die Unterlagen in den Räumen des Vermieters nicht zugemutet werden kann, hat der Mieter nach Treu und Glauben (§ 242 BGB) einen Anspruch auf Fotokopien (LG Frankfurt/Main, Urteil vom 7.9.1999, 2/11 S 135/99, NZM 2000, 27; OLG Düsseldorf, Urteil vom 22.4.1993, 10 U 193/92, WuM 1993, 411). Bei größerer Entfernung zum Vermieter hat der Mieter grundsätzlich einen Anspruch auf Übersendung der Kopien. Der Umzug des Mieters in eine andere Stadt und ein studienbedingter Aufenthalt im Ausland können nach Auffassung des BGH (Beschlüsse vom 19.1.2010, VIII ZR 83/09, WuM 2010, 296 und vom 13.4.2010, VIII ZR 80/09, NJW 2010, 2282) eine solche Unzumutbarkeit begründen.

Ferner hat der Vermieter dem Mieter unter dem Gesichtspunkt von Treu und Glauben Belegkopien zu übersenden, wenn der Verweis des Vermieters auf eine Einsichtnahme in die Belege im Ergebnis des jeweiligen Einzelfalls zu einer faktischen Vereitelung des Einsichtsrechts des – entfernt vom Aufbewahrungsort der Belege wohnenden – früheren Mieters führen würde. Auf eine Einsichtnahme durch hierzu regelmäßig nur gegen Honorarabrede bereite Rechtsanwälte oder durch einen erklärtermaßen hierzu sich nicht in der Lage sehenden Mieterverein braucht sich ein solcher Mieter nicht verweisen zu lassen.

Der Mieter hat dem Vermieter die Kosten für Fotokopien zu erstatten. Die Auslagen umfassen neben den Kosten für den Kopiervorgang auch die Personalkosten für die Anfertigung von Fotokopien sowie Versandkosten (Verpackung und Porto). Zur Abgeltung dieser Kosten werden pauschale Auslagen von 0,25 bis 0,50 EUR pro Kopie veranschlagt.

In entsprechender Anwendung des § 811 Abs. 2 S. 2 BGB kann der Vermieter die Versendung der Fotokopien von einem Kostenvorschuss abhängig machen (AG Oldenburg, Urteil vom 10.6.1992, 19 C 276/92 III, WuM 1993, 412; AG Brandenburg, Urteil vom 13.9.2002, 32 C 82/0, Grundeigentum 2003, 55).

4.1.10 Fälligkeit

Der Nachzahlungsanspruch des Vermieters aus einer Betriebskostenabrechnung ist grundsätzlich mit Zugang der Abrechnung fällig, wenn es sich um eine ordnungsgemäße und nachvollziehbare Abrechnung handelt.

ACHTUNG

Ordnungsmäßigkeit ist gegeben, wenn jedenfalls die Mindestangaben, die jede Betriebskostenabrechnung enthalten muss, vorhanden sind. Das bedeutet, dass die Gesamtkosten zusammenzustellen sind, die Verteilerschlüssel genannt und erläutert und die Vorauszahlungen in Abzug gebracht werden. Liegen nicht einmal diese Grundvoraussetzungen vor, löst die Abrechnung keine Fälligkeit aus.

Hat der Mieter eine ordnungsgemäße und nachvollziehbare Abrechnung erhalten, stellt sich die Frage, ob ein sich hieraus ergebender Nachzahlungsanspruch des Vermieters grundsätzlich mit Zugang der Abrechnung fällig ist.

- Nach häufiger Meinung tritt die Fälligkeit des Zahlungsanspruchs erst ein, wenn dem Mieter auf sein Verlangen hin prüffähige Unterlagen überlassen wurden oder er von einem ihm angebotenen Einsichtsrecht in die Belege Gebrauch gemacht hat (LG Duisburg, Urteil vom 16.10.2001, 13 S 208/01, WuM 2002, 32; AG Diez, Urteil vom 26.9.2001, 8 C 210/01, WuM 2001, 560).
- Nach Auffassung des AG Hamburg wird ein Nachzahlungsanspruch des Vermieters aus der Betriebskostenabrechnung grundsätzlich erst fällig, wenn dem Mieter die abstrakte Möglichkeit gewährt wurde, Einsicht in die Originalabrechnungsgrundlagen zu nehmen (AG Hamburg, Urteil vom 17.7.2002, 46 C 74/02, WuM 2002, 499).
- Das AG Potsdam ist der Ansicht, dass die Fälligkeit einer Betriebskostennachforderung voraussetzt, dass dem Mieter eine prüffähige Abrechnung zugegangen und ein angemessener Zeitraum abgelaufen ist, in dem der Mieter die Möglichkeit zur Überprüfung der Abrechnung hatte (Urteil vom 16.12.1999, 26 C 473/99, NZM 2001, 378).

Verwehrt der Vermieter dem Mieter die Einsicht in die Belege oder macht er sie ihm nicht zugänglich, ist ein Saldo aus der Betriebskostenabrechnung nicht durchsetzbar (OLG Düsseldorf, Urteil vom 23.3.2000, 10 U 160/97, ZMR 2000, 452).

Der BGH hat in seinen Entscheidungen vom 11.11.2004 (IX ZR 237/03, WuM 2005, 147) und vom 9.3.2005 (VIII ZR 57/04, NJW 2005, 1499) betont, dass der Gläubiger gemäß § 271 Abs. 1 BGB die Leistung sofort verlangen kann, wenn eine Zeit für die Leistung weder bestimmt noch aus den Umständen zu entnehmen ist. Der Anspruch des Vermieters auf Bezahlung der vom Mieter zu tragenden Betriebskosten wird daher grundsätzlich mit der Erteilung der – formell ordnungsgemäßen – Abrechnung fällig. Der Einritt der Fälligkeit setzt nicht voraus, dass nach Erteilung der Abrechnung zunächst eine angemessene Frist zu ihrer Überprüfung durch den Mieter verstrichen ist. Der Mieter hat das Recht, die Abrechnung in angemessener Zeit zu überprüfen. Je nach Umfang der Abrechnung und nach Einzelfall beträgt die angemessene Prüfungs- und Überlegungsfrist zwei bis drei Wochen (LG Berlin, Urteil vom 1.9.2000, 64 S 477/99, ZMR 2001, 33). Das AG Gelsenkirchen hat dem Mieter sogar einen Monat Zeit gelassen, um die Schlüssigkeit der Abrechnung prüfen zu können (Urteil vom 12.10.1992, 9 C 625/92, WuM 1994, 549).

Der Anspruch des Vermieters auf Zahlung einer Nachforderung aus einer Betriebskostenabrechnung verjährt nach drei Jahren (§ 195 BGB).

4.1.11 Das Gebot der Wirtschaftlichkeit

Mit der Mietrechtsreform wurde der Grundsatz der Wirtschaftlichkeit im Gesetz verankert (§ 556 Abs. 3 S. 1 BGB). Das bedeutet, dass nur solche Kosten umgelegt werden dürfen, die bei gewissenhafter Abwägung aller Umstände und bei ordentlicher Geschäftsführung gerechtfertigt sind. Zunächst muss der Vermieter prüfen, ob der Umfang der Betriebskosten unter Zugrundelegung eines objektiven Maßstabs gerechtfertigt ist. So können zum Beispiel wöchentliche Reinigungskosten für Müllbehälter oder Kellerschächte überflüssig und somit unwirtschaftlich sein.

Nach dem Urteil des BGH vom 28.11.2007 (VIII ZR 243/06, NZM 2008, 78) ist der Vermieter gehalten, auf ein angemessenes Kosten-Nutzen-Verhältnis Rücksicht zu nehmen.

Aber nicht nur der Umfang, sondern insbesondere auch die Höhe der einzelnen Betriebskostenpositionen kann strittig sein. Oft wird die Höhe der Hausmeisterkosten infrage gestellt. Um die Wirtschaftlichkeit des Hausmeisters zu prüfen, werden von der Rechtsprechung teilweise substantiierte Angaben des Vermieters zu den von diesem erbrachten Leistungen nach der Art der Tätigkeit und nach Stundenaufwand erwartet (AG Wetzlar, Urteil vom 25.3.2004, 39 C 2607/03, WuM 2004, 339; AG Frankfurt, Urteil vom 5.6.2002, 33 C 4255/01, WuM 2002, 376).

4.1.12 Haushaltsnahe Dienstleistungen

Sowohl Eigentümer, die ihre Wohnung selbst nutzen, als auch Mieter können für haushaltsnahe Dienstleistungen sowie Handwerkerleistungen gemäß § 35a Abs. 2 und 3 EStG eine Steuerermäßigung beantragen.

Handwerkerleistungen sind zum Beispiel Malerarbeiten in der Wohnung sowie die Erneuerung von Bodenbelägen oder sanitärer Einrichtungen. Der Steuerbonus beträgt 20 % aus maximal 6.000 EUR, somit maximal 1.200 EUR. Steuerlich berücksichtigt wird nur der Aufwand für Arbeit, Fahrt und Maschinenkosten inklusive Mehrwertsteuer, nicht aber für das Material.

Haushaltsnahe Dienstleistungen sind Leistungen, für die keine speziellen Fachkenntnisse erforderlich sind und die daher von Haushaltsmitgliedern grundsätzlich selbst erledigt werden können, zum Beispiel Gartenpflegearbeiten, Putztätigkeit, Haushaltshilfe. Die Steuerermäßigung für haushaltsnahe Dienstleistungen beträgt 20 % aus maximal 20.000 EUR, somit maximal 4.000 EUR.

Die Steuermäßigung kann ebenso für geleistete Betriebskostenzahlungen beantragt werden, allerdings auch nur für den Teil der jeweiligen Betriebskostenposition, der auf den Arbeitslohn sowie die Fahrt- und Maschinenkosten entfällt. Bei folgenden Betriebskostenarten können haushaltsnahe Dienstleistungen entstehen: Hausmeister, Gartenpflege, Hausreinigung, Kaminkehrer, Wartungsarbeiten, Liftwartung, Heizungswartung.

Der Vermieter trägt keine Verpflichtung, die Betriebskostenabrechnung so zu gestalten, dass für den Mieter eine steuerliche Abzugsfähigkeit gewährleistet ist (durch Trennung von Lohn- und Materialkostenanteil). Der Vermieter ist allerdings verpflichtet, auf Verlangen des Mieters eine entsprechende Bescheinigung über die haushaltsnahen Dienstleistungen auszustellen (ausführlich und mit Musterbescheinigung in Noack/Westner, »Betriebskosten in der Praxis«, 9. Auflage 2018, S. 153 ff.).

ARBEITSHILFE ONLINE

MUSTER: Abrechnung der Betriebskosten

[Absender]

....

[Empfänger]

....

.... *[Ort, Datum]*

Abrechnung über die Vorauszahlung für Betriebskosten bei Wohnraum

Sehr geehrte Frau XY,
Sehr geehrter Herr XY,

gemäß § 556 Abs. 3 BGB ist über die mietvertragsgemäß von Ihnen geleisteten Abschlagszahlungen auf die Betriebskosten jährlich abzurechnen.

Die auf Ihre Wohnung entfallenden anteiligen Betriebskosten für den Zeitraum vom .... bis .... errechnen sich wie folgt:

Allgemeine Angaben zum Objekt:

Gesamtwohnfläche des Objekts:	..... qm
Wohnfläche der Wohnung:	..... qm
Gesamtanzahl der Wohnungen:	..... Stück
Gesamtmiteigentumsanteile des Objekts:	...../1.000
Miteigentumsanteil Ihrer Wohnung:	...../1.000

Betriebskosten der Mieträume, auf die Abschlagszahlungen geleistet wurden	Kosten im gesamten Jahreszeitraum in EUR	Umlageschlüssel (z. B. qm; Miteigentumsanteile, Anzahl d. Wohnungen)	Anteilige Kosten/Jahr in EUR
1a) Grundsteuer bei Eigentumswohnung			....
1b) Grundsteuer bei Mietshaus	....	....	....
2) Wasserversorgung	....	....	....
3) Entwässerung	....	....	....
- Schmutzwasser	....	....	....
- Niederschlagswasser	....	....	....
4) Aufzug	....	....	....
5) Straßen- und Gehwegreinigung	....	....	....
- gemeindlich	....	....	....
- privat	....	....	....
6) Müllbeseitigung	....	....	....
7) Gebäudereinigung und Ungezieferbekämpfung	....	....	....
8) Gartenpflege	....	....	....
9) Allgemeinbeleuchtung	....	....	....
10) Kaminkehrerreinigung (falls nicht in Heizkosten enthalten)	....	....	....
11a) Gebäudehaftpflichtversicherung (u. a. auch für Aufzug, Öltank)	....	....	....
11b) Gebäudesachversicherungen (insb. gegen Feuer-, Sturm- und Wasserschäden, Glasversicherung usw.)	....	....	....

12) Hausmeister (nur echte Hausmeistertätigkeiten)	....	....	....
13) Gemeinschaftsantenne/Breitbandnetz-Verteilanlage/Satellitenanlage*	....	....	....
14) Einrichtung der Wäschepflege	....	....	....
15) Sonstige Betriebskosten (soweit vertraglich ausdrücklich vereinbart)	....	....	....

Zwischensumme EUR ....

Hiervon entfällt auf den Abrechnungszeitraum .... EUR ....

ein Anteil von ..... Monaten ./. 12 Monate

Heizungs- und Warmwasserkosten im Abrechnungszeitraum gemäß anliegender Heizkostenabrechnung EUR ....

Summe der Betriebskosten Ihrer Mieträume EUR ....

Hierauf haben Sie Abschlagszahlungen in Höhe von geleistet EUR ....

Es errechnet sich ein Guthaben*/eine Nachzahlung* von EUR ....

Das Guthaben wird Ihnen erstattet.
Die Nachzahlung bitte(n) ich/wir bei der nächsten Mietzahlung zusätzlich zu entrichten.
Die Abrechnungsbelege können nach Terminvereinbarung eingesehen werden.

Mit freundlichen Grüßen

....

[Ort, Datum, Unterschrift(en)]

* Nichtzutreffendes ist zu streichen.

4.2 Die Heizkostenabrechnung

Nach der Heizkostenverordnung (HeizKV) ist die Erfassung und Abrechnung der Heiz- und Warmwasserkosten gesetzlich vorgeschrieben. Nur in einem vom Vermieter selbst bewohnten Zweifamilienhaus kann von dieser Pflicht abgewichen werden (§ 2 HeizKV). Gemäß § 6 HeizKV hat der Vermieter die Verpflichtung, die Heiz- und Warmwasserkosten verbrauchsabhängig abzurechnen.

Grundsätzlich besteht für den Gebäudeeigentümer eine Wahlfreiheit des Abrechnungsmaßstabs. Er kann die Heizkosten mindestens zu 50 % und höchstens zu 70 % nach dem Wärmeverbrauch des Nutzers verteilen. Mit der Novelle der Heizkostenverordnung (seit 1.1.2009) ist diese Wahlfreiheit für bestimmte Gebäudetypen eingeschränkt worden.

Nach § 7 Abs. 1 HeizKV ist der Gebäudeeigentümer verpflichtet, eine Verteilung der Heizkosten nach dem Abrechnungsmaßstab 30 % Grundkosten und 70 % Verbrauchskosten vorzunehmen, wenn

- das Gebäude das Anforderungsniveau der Wärmeschutzverordnung vom 16.8.1994 nicht erfüllt,
- mit Öl- oder Gasheizung versorgt wird und
- die freiliegenden Leitungen für die Wärmeverteilung überwiegend gedämmt sind.

Liegen diese Bedingungen nicht oder nicht alle vor, besteht für den Gebäudeeigentümer weiterhin die Wahlfreiheit.

Wenn die Bedingungen erfüllt sind, muss nach dem Verteilungsschlüssel 70 zu 30 % abgerechnet werden. Hat der Gebäudeeigentümer die Heizkosten bislang nach einem anderen Verteilerschlüssel abgerechnet, so liegt seit dem 1.1.2009 ein sachlicher Grund vor, den Abrechnungsmaßstab zu ändern. In diesem Fall ist eine vorherige Mitteilung an den Nutzer nicht erforderlich. Rechnet der Vermieter die Heizkosten je zur Hälfte nach der Wohnfläche und nach dem gemessenen Verbrauch ab, obwohl das Gebäude die Voraussetzungen für die zwingende Abrechnung nach dem 70 %-Schlüssel erfüllt, hat der Mieter einen Anspruch auf Änderung des falschen Verteilungsschlüssels. Die Heizkostenverordnung verpflichtet den Mieter nicht, auf eine ohnehin fehlerhafte Abrechnung zu warten, um seinen Anteil dann ggf. (um 15 %) zu kürzen (BGH, Urteil vom 16.1.2019, VIII ZR 113/17).

Die Vertragsparteien haben außerdem die Möglichkeit, einen höheren Verbrauchskostenanteil zu vereinbaren (§ 10 Abs. 1 HeizKV). Dies setzt jedoch voraus, dass im gesamten Haus derselbe Maßstab vereinbart wurde.

Die übrigen Kosten (Grundkosten) sind nach der Wohn- oder Nutzfläche oder dem umbauten Raum zu verteilen. Es kann aber auch die Wohn- oder Nutzfläche oder der umbaute Raum der beheizten Räume zugrunde gelegt werden. Zur Berechnung des Grundkostenanteils muss ein gleicher Maßstab für alle Wohnungen angelegt werden.

Nach § 8 Abs. 1 HeizKV sind von den Kosten des Betriebs der zentralen Warmwasserversorgungsanlage mindestens 50 %, höchstens 70 % nach dem erfassten Warmwasserverbrauch die übrigen Kosten nach der Wohn- oder Nutzfläche zu verteilen.

Erfolgt die Abrechnung der Heizungs- oder Warmwasserkosten ausschließlich nach Flächenanteilen, liegt ein Verstoß gegen § 6 Abs. 1 HeizKV vor. Die Abrechnung ist nicht ordnungsgemäß und der Mieter kann die Zahlung einer Nachforderung verweigern bzw. von seinem 15-prozentigen Kürzungsrecht gemäß § 12 HeizKV Gebrauch machen.

Bei Leerständen von Wohnraum müssen diese in die Abrechnung mit einbezogen werden. Die anteiligen Kosten hat der Vermieter zu tragen.

4.2.1 Welche Kosten gehören in die Heizkostenabrechnung?

Gemäß § 7 Abs. 2 HeizKV gehören zu den Kosten des Betriebs der zentralen Heizanlage einschließlich Abgasanlage die Kosten der verbrauchten Brennstoffe und ihrer Lieferung, die Kosten des Betriebsstroms, die Kosten der Bedienung, Überwachung und Pflege der Anlage, der regelmäßigen Prüfung ihrer Betriebsbereitschaft und Betriebssicherheit einschließlich der Einstellung durch eine Fachkraft, der Reinigung der Anlage und des Betriebsraums, die Kosten der Messungen nach dem Bundes-Immissionschutzgesetz, die Kosten der Anmietung oder anderer Arten der Gebrauchsüberlassung einer Ausstattung zur Verbrauchserfassung einschließlich der Kosten der Eichung sowie der Kosten der Berechnung und Aufteilung. Zu den Heizungskosten gehören somit die folgenden.

Verbrauchte Brennstoffe

Diese Kosten umfassen auch diejenigen für Brennstoffzusätze und Anfeuerungsmaterial. Kosten für das Trockenheizen eines Neubaus können nicht angesetzt werden, da sie nicht laufend, sondern einmalig entstehen. Zu beachten ist, dass es auf den Verbrauch ankommt. Wird Heizöl verwendet, sind der Anfangs- und Endbestand des Öls im Tank zu ermitteln. Die Differenz ist der verbrauchte Brennstoff (BGH, Urteil vom 1.2.2012, VIII ZR 156/11, WuM 2012, 143).

Entscheidend ist also nicht der Zeitpunkt der Brennstoffrechnung, sondern der Zeitraum, in dem der Brennstoff verbraucht wurde. Der Vermieter darf also nur die im

Abrechnungszeitraum verbrauchten Brennstoffe (Leistungsprinzip) in der Heizkostenabrechnung ansetzen.

Unter dem Gesichtspunkt der Wirtschaftlichkeit hat der Vermieter das günstigste Angebot beim Brennstoff zu wählen. Zwar steht ihm eine gewisse Dispositionsfreiheit zu, die üblichen Kosten dürfen aber nicht um mehr als 20 % überschritten werden (AG Tempelhof, Urteil vom 27.5.1998, 2 C 516/97, GE 1998, 1465). Der Vermieter darf auch nur die tatsächlich entstandenen Kosten ansetzen, Mengenrabatte sowie Preisnachlässe sind zugunsten des Mieters zu berücksichtigen. Der Vermieter muss auf jeden Fall die Position »Brennstoffkosten« erläutern, damit der Mieter prüfen kann, ob Investitionskosten des Heizungsbetreibers darin enthalten sind.

Lieferung der Brennstoffe
Lieferkosten sind die Beträge, die der Brennstofflieferant dem Vermieter in Rechnung stellt, nicht aber dafür aufgewendete Eigenleistungen. Ob übliche und angemessene Trinkgelder angesetzt werden dürfen, ist streitig. Der Vermieter wird diese Kosten in der Regel nicht beweisen können.

Betriebsstrom
Hierzu gehören sämtliche Stromkosten, die für das Betreiben der Heizungsanlage anfallen, zum Beispiel der Strom für Pumpen, Brenner, elektrisch arbeitende Wärmefühler sowie elektrische Wärmepumpen. Weiterhin zählen dazu die Kosten für die Beleuchtung des Heizraums sowie für Strom, der im Rahmen der Überwachung, Pflege und Reinigung der Anlage verbraucht wird.

Die Kosten für den Betriebsstrom können auch dann auf den Mieter umgelegt werden, wenn es keinen Zwischenzähler gibt. In diesem Fall werden die Stromkosten entweder prozentual ermittelt oder sie lassen sich nach dem Anschlusswert der betroffenen Geräte errechnen. Die Stromkosten dürfen mit circa 3 bis 5 % der gesamten Heizkosten veranschlagt werden. Nach dem LG Berlin (Urteil vom 21.2.1978, 63 S 166/77) ist der Stromverbrauch mit folgender Formel zu errechnen:

!

Formel zur Berechnung des Stromverbrauchs

Anschlusswert der elektrischen Geräte × 24 Stunden × Anzahl der Heiztage × Strompreis = Betriebsstrom der Heizung

Bedienung, Überwachung und Pflege der Anlage
Hierzu gehören Sach- und Personalkosten einschließlich Sozialbeiträge, die dem Eigentümer laufend entstehen, vor allem beim arbeitsintensiven Betrieb einer Koks-Zentralheizung. Bei vollautomatischen Öl- oder Gasheizungen werden Bedienungskosten meistens nicht anerkannt, es sei denn, es handelt sich um eine größere Anlage.

Regelmäßige Prüfung der Betriebsbereitschaft und Betriebssicherheit einschließlich der Einstellung durch eine Fachkraft

Hierzu gehören die Kosten für einen Wartungsdienst (nicht die Reparaturen). Eine Wartung beinhaltet zum Beispiel das Überprüfen und Einstellen der Feuerungseinrichtungen, das Reinigen und Einstellen des Brenners, einschließlich neuer Dichtungen, Filter und Zerstäuberdüsen, das Überprüfen der zentralen regeltechnischen Einrichtungen, Probeläufe, Messungen der Abgaswerte und der Abgastemperaturen und die Kontrolle und das Nachfüllen des Wasserstandes.

Reinigung der Anlage und des Betriebsraums

Dazu gehören die Reinigung des Heizkessels durch Entfernung von Verbrennungsrückständen und Wasserablagerungen, insbesondere das Auswechseln kleinerer Teile, der Austausch eines Filtersatzes sowie beim Zerlegen und anschließenden Zusammenbau des Ölbrenners notwendige Dichtungen.

Reinigung des Öltanks

Die Umlage der Reinigungskosten ist seit der Entscheidung des BGH vom 11.11.2009 (VIII ZR 221/08, WuM 2010, 33) unstrittig. Der BGH hat zudem erklärt, dass die Kosten entweder im Jahr der Entstehung komplett oder auf mehrere Jahre verteilt umgelegt werden dürfen. Die Kosten der Beschichtung oder des Anstrichs des Öltanks gehören zu den Instandhaltungskosten. Bei den Kosten für die Spülung einer Fußbodenheizung handelt es sich auch nicht um umlegbare Betriebskosten, sondern um Kosten, die zur Instandhaltung zählen.

Messung nach dem Bundes-Immissionsschutzgesetz

Soweit die Messungen vom Schornsteinfeger durchgeführt werden, sind die Kosten umlegbar. Bei Zentralheizungen gilt die gesetzliche Verpflichtung zur jährlichen Überprüfung der Feuerungsanlage durch den Schornsteinfeger. Die Kosten für die Feuerstättenschau und den Feuerstättenbescheid gehören zu den umlagefähigen Kosten.

Ausstattung zur Verbrauchserfassung

Unter der Ausstattung zur Verbrauchserfassung sind zum Beispiel Wärmezähler und Heizkostenverteiler zu verstehen. Wenn diese Geräte gemietet oder geleast werden, dann gehören die Miet- oder Leasingkosten zu den Betriebskosten. Hinsichtlich der Mietkosten ist zu beachten, dass diese nur dann umgelegt werden können, wenn der Vermieter das Beteiligungsverfahren gemäß § 4 Abs. 2 S. 2 HeizKV durchgeführt hat. Der Vermieter muss den Nutzern unter Angabe der dadurch verursachten Mehrkosten mitteilen, dass er die Geräte zur Verbrauchserfassung mieten will. Die Anmietung ist unzulässig, wenn die Mehrheit der Nutzer binnen Monatsfrist widerspricht.

Eichkosten

Auch aperiodische Kosten, also Kosten, die zwar regelmäßig, aber in längeren zeitlichen Abständen anfallen, sind umlagefähig. Wenn kein Leasing- oder Mietvertrag hinsichtlich der Geräte zur Verbrauchserfassung besteht, ist der Vermieter gezwungen, diese nach Ablauf der Eichgültigkeit austauschen zu lassen. Im Zuge der Reform der Heizkostenverordnung zum 1.1.2009 wurden die Eichkosten erstmals auch im Gesetzestext als umlagefähige Heiznebenkosten verankert (§ 7 Abs. 2 HeizKV). Die Eichkosten für die Erfassungsgeräte sind nun ebenso umlagefähig wie die Austauschkosten anlässlich einer Eichung. Hierbei können die Kosten auf mehrere Jahre aufgeteilt werden (AG Koblenz, Urteil vom 28.5.1996, 42 C 970/96, DWW 1996, 252). Weiterhin umlagefähig sind Kosten für den Austausch von Flüssigkeitsampullen oder neue Batterien.

Berechnung und Aufteilung

Hierzu gehören die Kosten der Erstellung der Heizkostenabrechnung (zum Beispiel Kosten für den Wärmemessdienst). Hinzu kommen die Kosten für die Ablesung.

Belaufen sich die Kosten des Wärmemessdienstes auf etwa die Hälfte der Energiekosten der Abrechnungsperiode, ist die Heizkostenabrechnung fehlerhaft, solange der Vermieter nicht nachweist, dass am Markt keine weniger teure Wärmedienstleistung zu erlangen ist (AG Münster, Urteil vom 14.9.2001, 3 C 3188/01, WuM 2001, 499).

Seit 1.1.2009 gehören gemäß § 7 Abs. 2 HeizKV auch die Kosten der Verbrauchsanalyse zu den Kosten des Betriebs der zentralen Heizungsanlage. Bislang erhielt der Mieter erst nach Abschluss des Abrechnungszeitraums mit der Übersendung der Heizkostenabrechnung eine Rückmeldung über die Kosten seines Energieverbrauchs. Der Mieter durfte sich in den meisten Fällen wohl kaum an sein Heizverhalten im Einzelnen erinnern und entsprechende Rückschlüsse ziehen können. Damit der Mieter sein Heizverhalten zeitnah verändern und auf Energieeinsparung ausrichten kann, dürfen seit 1.1.2009 die Kosten der Verbrauchsanalyse auf die Mieter umgelegt werden. Die Verbrauchsanalyse soll die Entwicklung der Kosten für Heizung und Warmwasser der vergangenen drei Jahre wiedergeben.

Gewerbliche Lieferung von Wärme/Wärmecontracting

Die »eigenständige« Lieferung ist gegeben, wenn der Lieferant die Anlage im eigenen Namen und für eigene Rechnung betreibt und die Wärme ebenso liefert (Fernwärme). Der Vermieter ist berechtigt, von der Eigenerzeugung von Wärme (zum Beispiel Zentralheizung) auf Fernwärme umzustellen, ohne dass es der Einwilligung des Mieters bedarf.

Diese Umstellung auf Wärmecontracting wirft die Frage auf, ob der volle Wärmepreis in die Heizkostenabrechnung einfließen darf. Während bei der Eigenerzeugung von Wärme nur Verbrauchskosten angesetzt werden dürfen, enthält der Wärmepreis (bei der Fernwärme) nicht nur Verbrauchsanteile, sondern auch einen Anteil für die Abschreibung der Heizungsanlage sowie einen Gewinnanteil für das Wärme-Unternehmen.

Grundsätzlich ist die Umlage der Wärmekosten gemäß §§ 1, 7 der HeizKV zulässig. Der BGH hat in mehreren Entscheidungen folgende Grundsätze herausgestellt: Die Umstellung einer bei Abschluss des Mietvertrags vom Vermieter selbst betriebenen Heizanlage auf Wärmecontracting, also Betrieb durch einen Dritten, bedarf der Zustimmung des Mieters. Ausnahme: wenn der Mietvertrag eine entsprechende Regelung enthält und dem Mieter durch die Umstellung keine zusätzlichen Kosten entstehen. (BGH, Urteil vom 6.4.2005, VIII ZR 54/04, WuM 2005, 387; Urteil vom 15.3.2006, VIII ZR 153/05, WuM 2006, 256).

Wartung von Etagenheizung
Die Beseitigung von Wasserablagerungen erfolgt üblicherweise durch die Entkalkung oder die Reinigung der wasserführenden Teile, insbesondere des Kessels, der Heizkörper und der Leitungen. Zur Beseitigung von Verbrennungsrückständen gehört auch die Reinigung des Brennerraums, des Kessels und des Brenners sowie der Abgasanlage.

4.2.2 Warmwasserkostenabrechnung

Gemäß § 8 Abs. 2 HeizKV gehören zu den Kosten des Betriebs der zentralen Warmwasserversorgungsanlage die Kosten des Frischwassers, soweit sie nicht schon entsprechend § 2 Nr. 2 BetrKV in der Betriebskostenabrechnung berücksichtigt wurden, und die Kosten der Wassererwärmung entsprechend § 7 Abs. 2 HeizKV.

Zu den Kosten der Wasserversorgung gehören:
- Kosten des Wasserverbrauchs,
- Grundgebühren,
- Zählermiete,
- Kosten der Verwendung von Zwischenzählern,
- Kosten des Betriebs einer hauseigenen Wasserversorgungsanlage,
- Kosten des Betriebs einer Wasseraufbereitungsanlage einschließlich der Aufbereitungsstoffe,
- Kosten der Legionellenbeprobung.

Kosten der Trinkwasseruntersuchung
Seit dem 1.11.2011 besteht für nahezu alle Mehrfamilienhäuser mit zentraler Warmwasserversorgung eine Verpflichtung, das Trinkwasser turnusmäßig auf Legionellen überprüfen zu lassen. Bei den dadurch entstehenden Beprobungskosten handelt es

sich zweifelsohne um Betriebskosten, die dem Eigentümer durch den bestimmungsmäßigen Gebrauch des Gebäudes, der Nebengebäude, Anlagen und Einrichtungen laufend entstehen. Die regelmäßigen Untersuchungen gemäß § 14 Abs. 3 TrinkwV erfüllen die Kriterien für eine Zuordnung zu den Betriebskosten (BR-DR 530/10 S. 46). Sie entstehen durch den bestimmungsmäßigen Gebrauch der Warmwasserversorgungsanlage und sind weder Instandhaltungs- noch Verwaltungskosten. Es handelt sich um Kosten der Warmwasserbereitung, insbesondere um die Kosten der Überwachung der Anlage und der Prüfung der Betriebssicherheit (AG Baden-Baden, Urteil vom 3.6.2015, 19 C 243/14, WuM 2015, 625). Denn die Legionellenüberprüfung dient dazu, die Betriebssicherheit der Warmwasserversorgungsanlage sicherzustellen, damit der Mieter die Anlage gefahrlos benutzen kann. Je nachdem, um welche Warmwasserversorgungsanlage es sich handelt, finden die §§ 2 Nr. 5 a, 5 c, 6 a, 6 b oder 6 c BetrKV Anwendung.

Die Kosten für die Einrichtung der Probeentnahmestellen sind dagegen einmalige Kosten, die nicht als Betriebskosten angesetzt werden dürfen. Hierbei handelt es sich um Modernisierungskosten, die im Rahmen einer Mieterhöhung wegen Modernisierung gemäß § 559 BGB anteilig umgelegt werden können (siehe Kapitel 6.3).

! **Tipp**

Wir empfehlen, die Heiz- und Warmwasserkosten durch eine professionelle Abrechnungsfirma erstellen zu lassen, da diese hohe Anforderungen erfüllen muss und die Abrechnungskosten in voller Höhe auf die Bewohner umgelegt werden dürfen.

Arbeitshilfe online

! **MUSTER: Einzelabrechnung**

Einzelabrechnung

Franz Huber Franz Huber
Sonnenstr. 13
80331 München

Liegenschaft-Nutzer:	16-800-0531
Abrechnung erstellt am:	15.05.2019
Abrechnungszeitraum:	1.1.–31.12.2018

Frau
Lisa Mustermann
Halbreiterstr. 12
81479 München

AUFSTELLUNG DER GESAMTKOSTEN

Brennstoffkosten	**Datum**	**Liter**	**Betrag (EUR)**
Bezug	30.09.2018	16.014,00	10.218,06
Lieferung	31.12.2018	7.258,00	4.142,81
Verbrauch		**23.272,00**	**14.360,87**

Kostenart	**Datum**	**Betrag (EUR)**	**Betrag (EUR)**
Heizkostenübertrag			14.360,87
Gerätewartung	05.09.2018	382,70	
Betriebsstrom	31.12.2018	718,04	
Wartungskosten	02.03.2018	410,55	
Kaminkehrer	01.05.2018	146,62	
Verbrauchsabrechnung		1.255,75	
Heiznebenkosten Summe			**2.913,66**
Gesamtkosten			**17.274,53**

Ermittlung der Kosten für Warmwasser

Nach den Vorgaben gemäß § 9 HeizKV wurde für die Erwärmung des Warmwassers mittels Wärmezähler ein Wärmeverbrauch von 3.810,63 m³ ermittelt. Die Gesamtwärme beträgt 23.272 m³, das heißt, dass der Wärmeanteil für die Warmwasserversorgung 16,37 % des Gesamtverbrauchs beträgt.

Die Kosten für Warmwasser sind daher 16,37 % der einheitlich entstandenen Kosten von 15.616,62 EUR, also 2.556,44 EUR.

Hinzu kommen die folgenden Kosten nur für Warmwasser:

Miete für Warmwasserzähler	58,50 EUR
Kosten der Legionellenprüfung	495,00 EUR
Summe der Kosten für Warmwasser	**3.109,94 EUR**

ERMITTLUNG DER KOSTEN FÜR HEIZUNG

Gesamtkosten	17.174,00 EUR
abzüglich Aufbereitungskosten für Warmwasser	2.556,44 EUR
Summe der Kosten für Heizung	**14.717,56 EUR**

Verteilung der Kosten

Heizung	**14.717,56 EUR**	**Gesamteinheiten**	**Preis je Einheit**
30 % Grundkosten	4.415,26 EUR	1.228,04 m² Wohnfläche	3,5953 EUR/m²
70 % Verbrauchskosten	10.302,29 EUR	2.276,80 Stricheinheiten	4,5248 EUR/Einheit

Warmwasser	3.109,94 EUR		
50 % Grundkosten	1.554,97 EUR	1.228,04 m^2 Wohnfläche	1,2662 EUR/m^2
50 % Verbrauchskosten	1.554,97 EUR	304,85 m^3 (Gesamtverbrauch)	5,1007 EUR/m^3

IHRE ABRECHNUNG

Kosten der Heizung			
Nach Wohnfläche	91 m^2 ×	3,5953 EUR/m^2	327,17 EUR
Nach Einheiten	120 Einheiten ×	4,5248 EUR/Einheit	542,98 EUR
Summe Heizung			**870,15 EUR**
Kosten des Warmwasser			
Nach Wohnfläche	91 m^2 x	1,2662 EUR/m^2	115,22 EUR
Nach Einheiten	13 m^3 x	5,1007 EUR/m^3	66,31 EUR
Summe Warmwasser			**181,53 EUR**
Ihre Kosten			**1.051,68 EUR**
abzüglich Vorauszahlungen			*1.200,00 EUR*
Ihr Guthaben			**148,32 EUR**

IHRE ZÄHLERSTÄNDE

Heizung

Raum	**Gerätenummer**	**Ablesung**	**Bewertung**	**Verbrauch**	**Summe**
Küche	8773	10,1	1,442		
Bad	3541	21,5	0,826		
Schlafzimmer	7119	10,8	1,534		
Kinderzimmer	7099	18,2	1,534		
Wohnzimmer	2883	18,9	2,302		**120,0**

Warmwasser

Raum	**Zählernummer**	**Ablesung**	**Ablesewert alt**	**Verbrauch**	**Summe**
Küche	02/0	15,4	11,4	4,0	
Bad	03/0	11,7	2,7	9,0	13,0

Es besteht die Möglichkeit der Einsichtnahme in die Abrechnungsunterlagen nach Terminabsprache.

Erläuterungen zur Musterabrechnung

Die Musterabrechnung enthält die nach DIN 4713 Teil 5 erforderlichen Mindestangaben. Danach müssen folgende Mindestinformationen in der Heiz- und Warmwasserkostenabrechnung berücksichtigt werden:

1. **Allgemeine Daten**
   - 1.1 Name und Adresse des Nutzers
   - 1.2 Name und Adresse des Gebäudeeigentümers oder Name/Adresse der von ihm bevollmächtigten Hausverwaltung
   - 1.3 Liegenschaftsnummer
   - 1.4 Abrechnungszeitraum (maximal zwölf Monate); falls ein Nutzerwechsel stattgefunden hat, muss der Nutzzeitraum angegeben werden
   - 1.5 Datum der Abrechnungserstellung
2. **Kostenaufstellung**

   Es dürfen nur die Heiz- und Warmwasserkosten aufgelistet werden, die in dem Abrechnungszeitraum angefallen sind. §§ 7 Abs. 2, 8 Abs. 2 HeizKV zählt alle umlagefähigen Heiz- und Warmwasserkosten auf. Es dürfen nur die tatsächlich entstandenen und belegbaren Kosten aufgeführt werden.
   - 2.1 Brennstoffverbrauch und Brennstoffkosten
     - Bei leistungsgebundener Versorgung (zum Beispiel Gas oder Fernwärme): die bezogene Menge und Kosten
     - Bei nicht leistungsgebundener Versorgung (zum Beispiel Heizöl): Menge und Kosten des Anfangsbestands (= Endbestand Vorjahr), Zukaufmengen mit Datum und deren Kosten, Endbestand, Gesamtverbrauch und durchschnittlicher Preis pro Einheit
   - 2.2 Weitere Betriebskosten, zum Beispiel:
     - Betriebsstrom nach Verbrauch (bei Zwischenzähler) oder realitätsnahe Schätzung
     - Wartungskosten ohne Reparaturanteil
     - Bedienkosten
     - Reinigungskosten
     - Kaminkehrerkosten für Messungen nach dem Bundes-Immissionsschutzgesetz
     - Mietkosten für Messgeräte
     - Eichkosten für Wärme- oder Warmwasserzähler
     - Kosten der Ablesung und Abrechnung
     - Kosten der Verbrauchsanalyse

- Betriebskosten der Warmwasserversorgung sind neben der Wassererwärmung auch die Kosten für die Wasserversorgung, soweit sie nicht bereits in der Betriebsabrechnung angesetzt werden (Kosten für verbrauchtes Wasser, Grundgebühren und Miete für Hauptwasserzähler), Kosten für Zwischenzähler, Kosten des Betriebs einer hauseigenen Wasserversorgungsanlage und einer Wasseraufbereitungsanlage, Kosten der Trinkwasseruntersuchung.

3. **Kostentrennung bei verbundenen Anlagen**
   Handelt es sich um eine verbundene Heizanlage, das heißt, die Heizwärme und das Warmwasser werden in einer gemeinsamen Anlage erzeugt, müssen die Kosten in Heizkosten und Warmwasserkosten getrennt werden, damit sie jeweils getrennt auf die Nutzer verteilt werden können. Nach § 9 HeizKV ist die Heizwärme, die benötigt wird, um aus kaltem Wasser warmes Wasser zu erzeugen, mittels Wärmezähler zu erfassen.
4. **Kostenverteilung**
   Die Heizkostenverordnung schreibt zwingend vor, dass die Heiz- und Warmwasserkosten in Verbrauchskosten und Grundkosten aufgespalten werden, wobei mindestens 30 bis höchstens 50 % als Grundkosten nach einem festen Verteilerschlüssel auf die Nutzer verteilt werden dürfen.

   4.1 In der Musterabrechnung (Seite 1) entfallen 30 % der Heizkosten auf die Grundkosten und 70 % auf die Verbrauchskosten. Die Grundkosten werden sinnvollerweise nach dem Verhältnis der Wohnflächen verteilt. Die Verbrauchskosten werden entsprechend der abgelesenen Verbrauchseinheiten verteilt.

   Im Anschluss daran werden die folgenden Rechenschritte vorgenommen:

   4.2 Die Grundkosten der Heizung werden durch die Gesamtwohnfläche des Gebäudes geteilt. Der Preis pro Quadratmeter wird mit der Wohnfläche des jeweiligen Nutzers multipliziert. Es errechnen sich die anteiligen Grundkosten der Heizung.

   4.3 Die Verbrauchskosten der Heizung werden durch die Summe der insgesamt abgelesenen Stricheinheiten bzw. der Verbrauchseinheiten geteilt. Der Strichpreis wird anschließend mit dem Ablesewert des jeweiligen Nutzers (Anzahl der Striche) multipliziert. Es ergeben sich die anteiligen Verbrauchskosten des jeweiligen Nutzers.

   4.4 Die Warmwasserkosten werden auf dieselbe Weise ermittelt: Die Grundkosten für Warmwasser werden durch die Gesamtwohnfläche geteilt und mit der Wohnfläche des jeweiligen Nutzers multipliziert.

   4.5 Die Verbrauchskosten für Warmwasser werden durch die insgesamt verbrauchte Warmwassermenge geteilt und mit dem Ablesewert des jeweiligen Nutzers dividiert. Dies ergibt den anteiligen Verbrauchsanteil des Nutzers.

4.6 Nun werden die Heiz- und Warmwasserkosten addiert, die geleisteten Vorauszahlungen in Abzug gebracht und der Saldo dargestellt.

5. **Schätzungen**
Sollten Schätzungen erforderlich geworden sein (zum Beispiel wenn der Nutzer den Zutritt zur Wohnung für die Ablesung verweigert hat oder der Zähler defekt ist), müssen diese anhand nachvollziehbarer Kriterien erfolgen (siehe Kapitel 13.1). Die Schätzungsgrundlage ist in der Heizkostenabrechnung zu erläutern.

6. **Nutzerwechsel**
Findet während des Abrechnungszeitraums ein Nutzerwechsel statt, ist der Nutzzeitraum zusätzlich zum Abrechnungszeitraum anzugeben. Für den ausziehenden und den einziehenden Nutzer müssen ihre auf den jeweiligen Nutzzeitraum entfallenden Grund- und Verbrauchskosten detailliert dargestellt werden. Das verwendete Verfahren und die Daten aus der Gradtagszahlentabelle sind in der Heizkostenabrechnung abzugeben.
6.1 Heizkosten: Bei einem Nutzerwechsel sind die verbrauchsunabhängigen Heizkosten zunächst nach 4.2 zu ermitteln. Die anteiligen Grundkosten für die jeweilige Nutzdauer werden dann aber nach der Gradtagstabelle ermittelt. Für die Verbrauchskosten für die Heizung muss eine Zwischenablesung erfolgen. Findet keine Zwischenablesung statt, müssen auch die Verbrauchskosten nach Gradtagen verteilt werden.
6.2 Warmwasserkosten: Die Grundkosten für das Warmwasser werden bei Nutzerwechsel zeitanteilig berechnet. Für die Verbrauchskosten bedarf es einer Zwischenablesung. Bei Wohnungswechsel ohne Zwischenablesung des Warmwasserzählers sind die Verbrauchseinheiten für das Warmwasser ebenfalls zeitanteilig zu verteilen.

7. **Zählerstände**
In der Heizkostenabrechnung müssen die Zählernummern und Zählerstände benannt werden.

8. **Einsichtnahme**
Der Nutzer sollte bereits in der Heizkostenabrechnung auf sein Recht zur Einsichtnahme in die Abrechnungsunterlagen hingewiesen werden.

4.2.3 Was ist bei einem Mieterwechsel zu beachten?

Bei einem Mieterwechsel innerhalb eines Abrechnungszeitraums hat der Gebäudeeigentümer eine Zwischenablesung vorzunehmen (§ 9b Abs. 1 HeizKV). Bezüglich des verbrauchsabhängigen Anteils erfolgt die Verteilung sowohl bei den Heiz- als auch bei den Warmwasserkosten auf der Grundlage der Zwischenablesung.

Bezüglich des verbrauchsunabhängigen Anteils erfolgt die Verteilung bei den Heizkosten entweder nach Gradtagszahlen oder zeitanteilig und bei den Warmwasserkosten ausschließlich zeitanteilig gemäß § 9b Abs. 2 HeizKV, da der Warmwasserverbrauch nicht von der Jahreszeit abhängt. Die Gradtagszahlmethode darf nur bei Mieterwechsel, nicht bei einem fortlaufenden Mietverhältnis angewendet werden (LG Osnabrück, Urteil vom 17.7.2003, NZM 2004, 95).

Ist eine Zwischenablesung nicht möglich, sind die gesamten Kosten nach Gradtagszahlen oder zeitanteilig aufzuteilen.

ACHTUNG

§ 9b HeizKV enthält keine Regelung über die Kostentragung. Der BGH hat entschieden, dass die Kosten der Zwischenablesung und die Nutzerwechselgebühr vom Vermieter zu tragen sind, wenn keine anderweitige mietvertragliche Vereinbarung vorliegt (Urteil vom 14.11.2007, VIII ZR 19/07, WuM 2008, 85).

4.2.4 Gradtagstabelle

Was versteht man unter zeitanteilig oder dem Begriff »Gradtagszahlen«? Bei zeitanteiliger Berechnung wird für jeden Monat das Gleiche berechnet, also ein Zwölftel. Bei den Heizverbrauchskosten wäre eine zeitanteilige Berechnung nicht richtig, da die Mieter in den Wintermonaten ein anderes Heizverhalten haben als in den Sommermonaten.

Ein Mieter, der eine Wohnung nur von Februar bis April eines Jahres bewohnt, würde bei einer zeitanteiligen Berechnung zulasten der übrigen Hausbewohner und des Nachmieters bevorzugt werden. Denn der Wärmeverbrauch liegt schwerpunktmäßig in den Wintermonaten. Erfahrungsgemäß machen die Monate Dezember, Januar und Februar etwa 48 % des ganzjährigen Heizenergieverbrauchs aus.

Die Gradtagstabelle gewichtet Monate mit hohem Heizverbrauch stärker als Monate, in denen wenig Wärme benötigt wird. Damit werden Ungereimtheiten der rein zeitanteiligen Berechnung vermieden. Die Gradtagszahlen, denen ein Beobachtungszeitraum von 20 Jahren zugrunde liegt, berücksichtigen den unterschiedlichen Wärmebedarf in den verschiedenen Monaten.

Gradtagszahlentabelle			
Monat		**Promille je Monat**	**Promille je Tag**
September		30	30/30 = 1,00
Oktober		80	80/31 = 2,58
November		120	120/30 = 4,00
Dezember		160	160/31 = 5,16
Januar		170	170/31 = 5,48
Februar		150	150/28 = 5,35
Februar (29 Tage)		150	150/29 = 5,17
März		130	130/31 = 4,19
April		80	80/30 = 2,66
Mai		40	40/31 = 1,29
Juni Juli August		zusammen 40	40/92 = 0,43

Beispiel: Anwendung der Gradtagszahlenmethode

Die Abrechnung umfasst den Zeitraum 1.1.2018 bis 31.12.2018. Am 31.3.2018 zieht Mieter A aus. Der nächste Mieter B zieht am 1.4.2018 ein. Es erfolgte keine Zwischenablesung.
Lösung: Auf den Mieter A entfallen für Januar 170/1000 + Februar 150/1000 + März 130/1000 = 450/1000 der Heizkosten. Der Anteil für Warmwasser beträgt für A 3/12.
Der Mieter B trägt folgende Heizkosten: April 80/1000 + Mai 40/1000 + Juni/Juli/August 40/1000 + September 30/1000 + Oktober 80/1000 + November 120/1000 + Dezember 160/1000 = 550/1000; sein Warmwasserkostenanteil lautet 9/12.

4.3 Anpassung der Betriebskostenvorauszahlung

§ 560 Abs. 4 BGB stellt die rechtliche Grundlage für die Anpassung von Vorauszahlungen auf die Betriebskosten dar. Danach kann jede Mietpartei die Anpassung der Vorauszahlungen auf eine angemessene Höhe vornehmen. Es bedarf daher keiner zusätzlichen vertraglichen Regelung, die eine Anpassungsmöglichkeit für Vorauszahlungen vorsieht.

Ausgangspunkt für die Anpassung von Vorauszahlungen bzw. Abschlagszahlungen ist zunächst, dass die Vertragsparteien eine vertragliche Vereinbarung getroffen haben, nach der mieterseits die Zahlung von monatlichen Abschlagsleistungen auf die Betriebskosten zu erfolgen hat. § 556 Abs. 2 S. 1 BGB sieht vor, dass die Vertragsparteien die Betriebskosten entweder als Pauschale oder als Vorauszahlung vereinbaren können.

Ist eine sogenannte Inklusivmiete bzw. Bruttomiete vereinbart, kann über die Betriebskosten weder abgerechnet noch die Anpassung von Vorauszahlungen verlangt werden. Gleiches gilt, wenn der Mieter nur eine Pauschale zur Abgeltung der Betriebskosten zu zahlen hat.

Eine eindeutige vertragliche Grundlage, nach der die Mietpartei verpflichtet ist, monatliche Vorauszahlungen auf die Betriebskosten im Sinne der BetrKV zu leisten, ist daher wichtig. Darüber hinaus müssen die Vorauszahlungen in angemessener Höhe vereinbart werden (§ 556 Abs. 2 S. 2 BGB). Das bedeutet nicht, dass die Vorauszahlungsleistungen auch dem tatsächlichen Saldo entsprechen müssen. Rechtliche Probleme können sich jedoch dann ergeben, wenn die monatlichen Abschlagszahlungen erheblich zu niedrig angesetzt waren und die Mietpartei deshalb eine sehr hohe Nachzahlung zu leisten hat.

Nach dem BGH (Urteil vom 11.2.2004, VIII ZR 195/03, WuM 2004, 201) ist der Vermieter jedoch nicht verpflichtet, Vorauszahlungen auf die umlegbaren Betriebskosten so zu kalkulieren, dass sie in etwa kostendeckend sind. Nach den gesetzlichen Vorschriften ist dem Vermieter nämlich lediglich untersagt, unangemessen hohe Vorauszahlungen zu verlangen (§ 556 Abs. 2 S. 2 BGB). Dementsprechend können die Parteien von der Vereinbarung von Vorauszahlungen sogar gänzlich absehen. Der Begriff der »Vorauszahlung« besagt lediglich, dass dem Mieter die vorausbezahlten Beträge gutzubringen sind, nicht aber, dass die Summe der Vorauszahlungen den Abrechnungsbetrag auch nur annähernd erreicht.

Ein Mieter kann daher nicht darauf vertrauen, dass die vereinbarten Vorauszahlungen die tatsächlich anfallenden Betriebskosten auch abdecken. Der Mieter darf die Nachzahlung selbst dann nicht verweigern, wenn die tatsächlichen Betriebskosten um mehr als 100 % über den Vorauszahlungen liegen.

Wenn jedoch besondere Umstände den Schluss zulassen, dass der Mieter über den tatsächlichen Umfang der Kosten vom Vermieter getäuscht wurde, um ihn zum Abschluss des Mietvertrags zu bewegen, liegt eine Pflichtverletzung des Vermieters vor, zum Beispiel wenn der Vermieter bei Vertragsabschluss die Angemessenheit der Betriebskosten ausdrücklich zugesichert oder diese bewusst zu niedrig angesetzt hat (BGH, Urteil vom 11.2.2004, a. a. O.).

Nach Ablauf des Abrechnungszeitraums ist der Vermieter dazu verpflichtet, eine Abrechnung über die angefallenen Betriebskosten zu erstellen (siehe hierzu Kapitel 4.1).

Notwendigerweise ergibt sich aus der Betriebskostenabrechnung ein Saldo, der entweder ein Guthaben zugunsten des Mieters oder eine Nachzahlung zu seinen Lasten ausweist. Nach Ermittlung des Abrechnungsergebnisses stellt sich die Frage, ob die

Höhe der bisher geleisteten Vorauszahlungen auch weiterhin angemessen ist. § 560 Abs. 4 BGB sieht deshalb vor, dass jede Vertragspartei nach einer Abrechnung durch Erklärung in Textform eine Anpassung der Vorauszahlungen auf eine angemessene Höhe vornehmen kann. Voraussetzung dafür ist, dass eine Betriebskostenabrechnung erstellt und dem Mieter mitgeteilt wurde.

ACHTUNG

Es genügt nicht, wenn ein Wirtschaftsplan erhöhte Wohngeldleistungen vorsieht oder Mitteilungen über Gebührenerhöhungen vorliegen. Um die Vorauszahlungen anpassen zu können, muss eine Abrechnung erteilt worden sein.

Schuldet der Mieter eine Nachzahlung, so ist der Vermieter berechtigt, eine Anpassung bzw. Erhöhung der monatlichen Abschlagszahlungen auf die Betriebskosten zu verlangen. Der Erhöhungsbetrag hat sich an dem Saldo der Abrechnung zu orientieren und entspricht etwa einem Zwölftel des Saldos. Ein Sicherheitszuschlag von 10 %, um eventuell während des Abrechnungszeitraums entstehende Mehrkosten aufzufangen, ist jedoch nicht zulässig (BGH, Urteil vom 28.9.2011, VIII ZR 294/10, NZM 2011, 880).

Eine Anpassung der Vorauszahlungen auf Grundlage einer Betriebskostenabrechnung ist auch dann möglich, wenn bereits die folgende Abrechnungsperiode abgelaufen, aber noch nicht abgerechnet ist (BGH, Urteil vom 18.5.2011, VIII ZR 271/10, GE 2011, 1881).

Die Erklärung über die Anpassung der Vorauszahlung ist dem Mietvertragspartner in Textform (§ 126b BGB) mitzuteilen. Der Gesetzestext sieht keine Erklärungsfrist vor, deshalb wird die Anpassungserklärung grundsätzlich mit ihrem Zugang beim Vertragspartner wirksam. Es ist strittig, ab wann die erhöhten Vorauszahlungen fällig sind. Nach herrschender Meinung muss dem Mieter eine angemessene Prüfmöglichkeit gegeben werden, sodass die erhöhten Vorauszahlungen mit Beginn des auf die Erklärung folgenden übernächsten Monats fällig sind, in Anlehnung an § 560 Abs. 2 BGB. Die Zustimmung des Mieters ist, anders als bei einer Mieterhöhung gemäß §§ 558 ff. BGB, nicht erforderlich. Zahlt der Mieter den erhöhten Vorauszahlungsbetrag trotz wirksamer Erklärung des Vermieters nicht, so kann der Vermieter auf Zahlung klagen.

§ 560 Abs. 4 BGB regelt nicht nur die Voraussetzungen für eine Erhöhung der monatlichen Abschlagszahlungen, sondern umfasst umgekehrt auch die Reduzierung der Vorauszahlung. Der Mieter kann daher die Reduzierung verlangen, wenn sich aus dem Saldo der Betriebskostenabrechnung ergibt, dass die bisher geleisteten Abschlagszahlungen zu hoch angesetzt waren, dem Mieter somit ein Guthaben zusteht.

ARBEITSHILFE ONLINE

MUSTER: Erklärung zur Anpassung der monatlichen Vorauszahlungen auf die Betriebskosten

Sabine Richter
Franz Richter
Seidlstr. 25
80345 München

Susanne Neubert
Christoph Neubert
Arabellastr. 5/1. Stock
81925 München

München, 1.7.2019

Anpassungserklärung gemäß § 560 Abs. 4 BGB

Sehr geehrte Frau Neubert,
sehr geehrter Herr Neubert,

mit Schreiben vom 15.6.2019 haben Sie die Abrechnung über die Betriebskosten für den Zeitraum vom 1.1.2018 bis 31.12.2018 erhalten. Sie haben am 20.6.2019 Einsicht in die Belege genommen.
Aus dieser Abrechnung ergibt sich ein Nachzahlungsbetrag in Höhe von 370,50 EUR. Dieser Betrag entspricht einer monatlichen Unterdeckung von 30,88 EUR.
Wir dürfen Sie daher bitten, mit Wirkung ab 1.9.2019. Ihre bisherige monatliche Vorauszahlung von 120 EUR um 31 EUR zu erhöhen. Die künftige monatliche Vorauszahlung beträgt dann insgesamt 151 EUR zuzüglich der Miete in Höhe von 1.000 EUR wie bisher.
Bitte zahlen Sie die neue Gesamtmiete in Höhe von 1.151 EUR ab 1.9.2019 auf das Ihnen bekannte Konto.

Mit freundlichen Grüßen
Sabine Richter, Franz Richter

!

Tipp

Da § 560 Abs. 4 BGB nicht für gewerbliche Mietverträge gilt, empfiehlt sich bei einem gewerblichen Mietverhältnis die Vereinbarung einer entsprechenden Anpassungsklausel im Mietvertrag.
Mustertext: »Der Vermieter ist berechtigt, eine Erhöhung der monatlichen Abschlagszahlungen für die Betriebskosten im Rahmen des Ergebnisses der vorangegangenen Abrechnung vorzunehmen.«
Die Anpassung der Vorauszahlung muss nicht in einem separaten Schreiben erfolgen, sondern kann auch im Rahmen der Betriebskostenabrechnung selbst mitgeteilt werden.

4.4 Änderung der Mietstruktur

Bei Vertragsabschluss wird zwischen den Vertragsparteien die sogenannte Mietstruktur festgelegt. In der Praxis gibt es hierzu eine Vielzahl von Gestaltungsmöglichkeiten.

Von einer Brutto- bzw. Inklusivmiete spricht man, wenn als Miete ein einziger Betrag geschuldet ist, ohne dass für die Betriebskosten eine gesonderte Zahlung, sei es als Vorauszahlung oder Pauschale, vereinbart ist. Bei einer Nettomiete wird neben der vereinbarten Miete zusätzlich für sämtliche Betriebskosten eine Zahlung in Form einer Abschlagszahlung oder Pauschale erhoben. Wird neben der Miete für einzelne, jedoch nicht für alle umlegbaren Betriebskostenarten eine Pauschale oder Vorauszahlung geschuldet, so handelt es sich um eine Teilinklusiv- bzw. Teilbruttomiete.

Wird also die Mietstruktur bei Vertragsabschluss festgelegt, so stellt sich die Frage, ob und inwieweit diese während der Dauer des Mietverhältnisses geändert werden kann. Sind sich die Vertragspartner über eine Änderung der Mietstruktur einig, so kann jederzeit eine Umstrukturierung erfolgen, die aus Beweisgründen stets in Form einer schriftlichen Zusatzvereinbarung zum Mietvertrag erfolgen sollte.

4.4.1 Bei einem gewerblichen Mietvertrag

Bei gewerblichen Mietverhältnissen kann durch den Ausspruch einer sogenannten Änderungskündigung eine Veränderung der Mietstruktur herbeigeführt werden.

Läuft das Mietverhältnis auf unbestimmte Zeit, so kann durch Ausspruch einer Kündigung unter Einhaltung der vertraglich festgelegten oder gesetzlichen Kündigungsfrist unter gleichzeitigem Angebot eines neuen Vertrags die gewünschte Änderung erreicht werden. Ist der Vertrag allerdings auf bestimmte Zeit geschlossen, so kann eine Kündigung grundsätzlich nur zum Ablauf der vereinbarten Laufzeit erfolgen.

MUSTER: Änderungskündigung

ARBEITSHILFE ONLINE

Michael Graufuß
Möhlstr. 12
81675 München

Fortuna AG
Herrn Sebastian Grosser
Münchner Str. 19
85540 München

München, 10.6.2019

Änderungskündigung

Sehr geehrter Herr Grosser,

hiermit kündige ich Ihnen das gewerbliche Mietverhältnis über die Räume im Anwesen Münchner Str. 19, 85540 München unter Einhaltung der vertraglich vereinbarten Kündigungsfrist von sechs Monaten zum 31.12.2019.
Gleichzeitig biete ich Ihnen den Neuabschluss eines Mietvertrags ab 1.1.2020 zu folgenden geänderten Konditionen an:

Monatliche Miete	EUR 530
Vorauszahlung auf die Betriebskosten gemäß § 2 Betriebskostenverordnung	EUR 80
Insgesamt monatlich	EUR 610

(Weitere Vereinbarungen)
An das Angebot halte ich mich bis zum 30.6.2019 gebunden. Sollten Sie dieses Angebot nicht bis zum oben genannten Datum annehmen, sind Sie verpflichtet, das Mietobjekt zu räumen und in vertrags- und ordnungsgemäßem Zustand bis längstens 31.12.2019 zurückzugeben.

Mit freundlichen Grüßen
Michael Graufuß

4.4.2 Bei einem Wohnraummietvertrag

Für Wohnungen im frei finanzierten Wohnungsbau besteht eine Ausnahme von dem Grundsatz, dass eine Änderung der vertraglich vereinbarten Mietstruktur nur einvernehmlich erfolgen kann. § 556a Abs. 2 BGB bestimmt, dass der Vermieter Betriebskosten abweichend von getroffenen Vereinbarungen künftig nach einem Maßstab umlegen darf, der dem erfassten unterschiedlichen Verbrauch oder der unterschiedlichen Verursachung Rechnung trägt.

Die Verbrauchserfassung erfolgt in der Regel durch Zähler, zum Beispiel Wasserzähler. Die Erfassung der Verursachung hingegen schafft praktische Probleme. Hier ist insbesondere an Gewichtsmessungen bei der Müllbeseitigung oder der Erfassung der Benützungshäufigkeit von Aufzugsanlagen zu denken. Hierfür bedarf es jedoch in der Regel umfassender technischer Installationen, die mit erheblichen Kosten verbunden sind, was die Eigentümer vor solchen Neuerungen zurückschrecken lässt.

Vom Gesetzeswortlaut nicht gedeckt und deswegen nicht möglich ist eine künftige Verteilung der Betriebskosten nach Kopfanteilen oder Stockwerkslage, wenn bisher diese Kostenarten gar nicht oder nach dem Verhältnis der Wohn- und Nutzflächen des Anwesens abgerechnet wurden. Ebenso ist eine Umstrukturierung nicht möglich, wenn bei einer Pauschale oder bei einer Inklusivmiete künftig nach dem Verhältnis der Wohn- und Nutzflächen abgerechnet werden soll.

ACHTUNG

Verbrauchserfassung bzw. Verursachungsermittlung setzt die eindeutige Zuordnung von Betriebskosten zu einer Wohnung voraus. Werden Zähler eingebaut um zum Beispiel die Wasserkosten nach Verbrauch feststellen und abrechnen zu können, so ist an jeder Zapfstelle im Anwesen ein entsprechender Zähler zu installieren. Der Vermieter ist zu einer Umlage der Wasserkosten nach Verbrauch jedoch nicht verpflichtet, solange nicht alle Mietwohnungen eines Gebäudes mit Wasserzählern ausgestattet sind (BGH, Urteil vom 12.3.2008, VIII ZR 188/07, WuM 2008, 288).

Die Umstrukturierung wird durch eine einseitige empfangsbedürftige Erklärung in Textform (§ 126b BGB) mitgeteilt. »Textform« bedeutet nicht, dass die Erklärung eigenhändig unterzeichnet sein muss. Hauptanwendungsfall ist die Übermittlung von Erklärungen durch Telefax oder auch die Übermittlung von Fotokopien.

Die Wirksamkeit der Erklärung hängt nicht von der Zustimmung des Mieters ab und kann nur für künftige Abrechnungszeiträume erklärt werden. Ist zum Beispiel das Abrechnungsjahr identisch mit dem Kalenderjahr, so muss die Erklärung des Vermieters spätestens am 31. Dezember eines Jahres zugehen, damit die Änderung der Mietstruktur für die nächste Abrechnungsperiode wirksam wird.

In der Erklärung ist der Grund für die Umstrukturierung zu nennen und zu erläutern. Diejenigen Betriebskosten über die künftig abgerechnet werden soll, müssen benannt sowie der künftige Verteilerschlüssel mitgeteilt werden. Die Art der Verbrauchs- bzw. Verursachungserfassung ist ebenfalls zu erläutern.

Werden die neu abzurechnenden Betriebskosten bereits neben der Miete als Pauschale gezahlt, so wird die Pauschale künftig als Vorauszahlung anzusetzen sein. Sind die künftig abzurechnenden Kosten dagegen in der Miete enthalten (Inklusivmiete), so hat der Vermieter eine angemessene Vorauszahlung zu ermitteln. Gleichzeitig hat eine Reduzierung der Inklusivmiete um diesen Vorauszahlungsbetrag zu erfolgen. Bliebe die Miete gleich und würde der Vermieter zusätzlich eine Vorauszahlung verlangen, läge eine Mieterhöhung und somit Besserstellung des Vermieters vor.

Für die Umstellung einer Bruttowarmmiete auf eine Bruttokaltmiete besteht schon aufgrund der Heizkostenverordnung ein Anspruch.

Nach § 6 HeizKV ist der Vermieter verpflichtet, die Heiz- und Warmwasserkosten verbrauchsabhängig abzurechnen (siehe Kapitel 4.2).

Sind mit der Zahlung der monatlichen Miete auch die Heiz- und Warmwasserkosten abgegolten (Bruttowarmmiete), so verstößt dies gegen die Verpflichtung des § 6 HeizKV zur Abrechnung.

ACHTUNG

Die Vereinbarung einer Bruttowarmmiete verstößt regelmäßig gegen die Bestimmungen der HeizKV. Ein Verstoß gegen die HeizKV stellt jedoch keine Ordnungswidrigkeit dar und wird daher nicht geahndet.

Sowohl Mieter als auch Vermieter haben einen Anspruch auf Umstrukturierung, das heißt Aufteilung der Miete in einen Bruttokaltanteil zuzüglich der Vorauszahlung für Heizung und Warmwasser.

ARBEITSHILFE ONLINE

MUSTER: Änderung der Mietstruktur

Sabine Richter
Franz Richter
Seidlstr. 25
80345 München

Else Bauer
Martin Bauer
Elfriedenstr. 31
81827 München

München, 1.5.2019

Änderung der Mietstruktur, § 556a Abs. 2 BGB

Sehr geehrte Frau Bauer,
sehr geehrter Herr Bauer,

aufgrund des § 556a Abs. 2 BGB sind wir berechtigt, die Betriebskosten künftig abweichend von den getroffenen Vereinbarungen ganz oder teilweise nach einem Maßstab umzulegen, der dem erfassten unterschiedlichen Verbrauch oder der erfassten unterschiedlichen Verursachung Rechnung trägt.

Es handelt sich hierbei um folgende Betriebskosten:
1. Wasser
2. Abwasser
Diese Positionen werden künftig, das heißt mit Wirkung ab dem nächsten Abrechnungszeitraum (1.1.2020 bis 31.12.2020), nach Verbrauch abgerechnet.
Für die Verbrauchserfassung von Wasser wurden an jeder Entnahmestelle Zähler installiert.
Die Kosten für das Abwasser werden von der Gemeinde entsprechend dem Wasserverbrauch ermittelt.
Bisher haben Sie für diese Betriebskosten eine Pauschale in Höhe von monatlich 30 EUR gezahlt. Künftig wird diese Pauschale als Vorauszahlung angesetzt und nach Ablauf des Abrechnungszeitraums abgerechnet. Ihre Mietzahlung setzt sich mit Wirkung ab 1.1.2020 wie folgt zusammen:

Miete wie bisher	500,00 EUR
Zzgl. Vorauszahlung (bisher Pauschale) auf Wasser und Abwasser	30,00 EUR
Gesamt	530,00 EUR

Alternativ
Diese Positionen waren bisher in Ihrer Miete enthalten. Künftig werden hierauf Abschlagszahlungen in Höhe von monatlich 30 EUR neben der Miete erhoben. Die bisherige Miete wird um den Betrag der Vorauszahlung reduziert. Ihre Miete setzt sich mit Wirkung ab 1.1.2020 wie folgt zusammen:

Bisherige Miete	500,00 EUR
Neue Miete	470,00 EUR
Zzgl. Vorauszahlung auf Wasser und Abwasser	30,00 EUR
Gesamt	500,00 EUR

Mit freundlichen Grüßen
Sabine Richter, Franz Richter

Selbstverständlich können sich die Mietvertragsparteien auch dahingehend einigen, künftig von der vereinbarten Bruttokaltmiete oder Teilbruttokaltmiete abweichend eine neue Mietstruktur zu vereinbaren. Dies kommt insbesondere dann vor, wenn in Zukunft sämtliche Betriebskosten abgerechnet werden sollen (sogenannte Nettokaltmiete).

ARBEITSHILFE ONLINE

Arbeitshilfe online

Ein Muster zur Umstellung einer Bruttomietvereinbarung in eine Nettokaltmietvereinbarung steht als Arbeitshilfe online zur Verfügung.

4.5 Neueinführung von Betriebskosten

Mit Vertragsabschluss haben die Vertragsparteien die Mietstruktur festgelegt. Im Lauf eines Mietverhältnisses können sich jedoch Änderungen ergeben, die die Neueinführung von Betriebskosten erforderlich machen. Neben der Möglichkeit der einvernehmlichen Anpassung der vertraglichen Vereinbarungen können die neuen Betriebskosten dann an den Mieter weitergegeben werden, wenn im Vertrag ein entsprechender Vorbehalt formuliert ist bzw. die Umlage der Betriebskosten schon dem Grunde nach vereinbart war.

Die Umlage neuer Betriebskosten kann sich auch durch eine ergänzende Vertragsauslegung ergeben. Wurden Modernisierungsmaßnahmen durchgeführt, die neue Betriebskosten verursachen, zum Beispiel der Einbau eines Aufzugs oder die Installation von Kabelfernsehen, so sollen die Betriebskosten für diese Neuerungen dem Mieter weiter berechnet werden können, auch wenn ein vertraglicher Vorbehalt fehlt (OLG Köln, Urteil vom 13.7.1994, 16 U 9/94, ZMR 95, 69).

Nach einer Entscheidung des BGH (Urteil vom 27.9.2006, VIII ZR 80/06, WuM 06,612) können die Kosten für eine Sach- und Haftpflichtversicherung, die der Vermieter während des bestehenden Mietverhältnisses abschließt, anteilig auf den Mieter umgelegt werden, wenn im Mietvertrag die Kosten einer derartigen Versicherung als umlagefähige Betriebskosten bezeichnet sind und dem Vermieter das Recht eingeräumt ist, auch neu entstehende Betriebskosten auf die Mieter umzulegen. Betriebskosten können nicht nur auf Veranlassung des Vermieters neu entstehen, sondern auch durch gesetzliche Neuerungen. So ist seit 10.5.2012 eine Novelle der Betriebskostenverordnung in Kraft, die in § 2 Nr. 15 die Umlage von Kosten des Betriebs von »Breitbandnetz« (bisher »Breitbandkabelnetz«) und »Breitbandanschlüssen« (bisher »Breitbandkabelanschlüssen«) vorsieht. Darüber hinaus verursacht die Einführung der Trinkwasserverordnung seit 1.11.2011 neue Betriebskosten. Die Pflichten, die sich aus der Trinkwasserverordnung für Betreiber und Eigentümer ergeben, dienen letztendlich der Prüfung der Betriebssicherheit und Betriebsbereitschaft der Wasserversorgung. Deshalb sind sie auch zu den Wasserkosten im Sinne des § 2 Nr. 2, 4, 5, 6 BetrKV zu zählen. Problematisch kann die Umlage neuer Betriebskosten dann sein, wenn die Betriebskostenart nicht im Katalog der Betriebskostenverordnung enthalten ist. Das ist zum Beispiel der Fall bei Rauchwarnmeldern, und zwar für die Kosten von Gerätewartung oder Batterieaustausch. Hier ist eine Kostenumlage dann möglich, wenn diese als sonstige Betriebskosten gemäß § 2 Nr. 17 BetrKV explizit im Mietvertrag als umlagefähig genannt sind. Werden erst im laufenden Mietverhältnis die Mieträume mit Rauchwarnmeldern nachgerüstet, so fehlt in der Regel eine Vereinbarung, wonach diese Betriebskosten an den Mieter weitergegeben werden können. Da die Nachrüstungen in der Regel auf gesetzlichen Verpflichtungen beruhen, es sich daher um eine Modernisierungsmaßnahme im Sinne des § 555b Nr. 6 BGB handelt, sind nach unserer hier vertretenen Auffassung auch die dadurch neu entstehenden Betriebskosten umlagefähig. Eine höchstrichterliche Rechtsprechung hierzu steht noch aus.

Tipp !

Formulierungsvorschlag für die Einführung neuer Betriebskosten: »Werden öffentliche Abgaben neu eingeführt oder entstehen Betriebskosten neu, so können diese vom Vermieter im Rahmen der gesetzlichen Vorschriften umgelegt und angemessene Vorauszahlungen festgesetzt werden.«

Zusammenfassung

Entstehen im laufenden Mietverhältnis Betriebskosten neu, können diese dann weitergegeben werden, wenn

- es sich um solche handelt, die im Betriebskostenkatalog des § 2 BetrKV aufgezählt und im Mietvertrag als umlagefähig vereinbart sind bzw. eine Bezugnahme zum Betriebskostenkatalog vertraglich vereinbart ist.
- der Betriebskostenkatalog des § 2 BetrKV nicht oder nicht vollständig Vertragsinhalt ist. Dann kann eine Mehrbelastungsabrede die Umlage neuer Kosten ermöglichen; allerdings nur soweit diese von § 2 Nr. 1–16 BetrKV umfasst sind. Strittig ist insoweit, ob auch Betriebskosten im Sinne des § 2 Nr. 17 BetrKV umgelegt werden können, dies wird zum Teil bejaht (siehe Langenberg: »Betriebs- und Heizkostenrechnung«, 8. Auflage C 56).
- diese im Zuge duldungspflichtiger Modernisierungsmaßnahmen anfallen (BGH, Urteil vom 27.6.2007, VIII ZR 202/ 06, WuM 2007, 571, strittig für solche, die unter § 2 Nr. 17 BetrKV fallen).

ACHTUNG

Um tatsächlich neue Betriebskosten handelt es sich nur dann, wenn diese nach Vertragsabschluss erstmalig neu entstehen!

ARBEITSHILFE ONLINE

MUSTER: Ankündigung neuer Betriebskosten 1

Sabine Richter
Franz Richter
Seidlstr. 25
80345 München

Else Bauer
Martin Bauer
Elfriedenstr. 31
81827 München

München, 1.6.2019

Sehr geehrte Frau Bauer,
sehr geehrter Herr Bauer,

aufgrund der in den letzten Jahren vermehrt auftretenden Unwetter haben wir uns entschlossen, die bereits für das von Ihnen bewohnte Objekt, Elfriedenstraße 31, München, bestehenden Versicherungen, namentlich Gebäudesach- und Haftpflichtversicherung, um eine sogenannte Elementarversicherung ab 2020 zu ergänzen. Die Kosten belaufen sich auf 1.000 EUR jährlich.
Da es sich um Betriebskosten im Sinne des § 2 Nr. 13 der BetrKV handelt und diese daher umlagefähig sind, werden wir sie im Rahmen der jährlichen Abrechnung im Verhältnis der Wohnflächen umlegen.

Mit freundlichen Grüßen
Sabine Richter, Franz Richter

ARBEITSHILFE ONLINE

MUSTER: Ankündigung neuer Betriebskosten 2

Sabine Richter
Franz Richter
Seidlstr. 25
80345 München

Else Bauer
Martin Bauer
Elfriedenstr. 31
81827 München

München, 1.5.2019

Sehr geehrte Frau Bauer,
sehr geehrter Herr Bauer,

aufgrund der Bestimmungen der Bayerischen Bauordnung (Artikel 46) ist zwingend der Einbau bzw. die Nachrüstung von Wohnungen mit Rauchwarnmeldern vorgeschrieben. Der Einbau der Rauchwarnmelder jeweils in den drei Schlafzimmern, im Wohnzimmer und im Flur Ihrer Wohnung wird am 14.6.2019 erfolgen. Es handelt sich hierbei um eine Modernisierungsmaßnahme im Sinne des § 555b Nr. 6 BGB.
Nach Artikel 46 BayBO sind Sie als Nutzer bzw. Mieter grundsätzlich für die regelmäßige Prüfung der Betriebsbereitschaft zuständig. Da ich jedoch sichergehen möchte, dass sämtliche Rauchwarnmelder im Haus regelmäßig und einheitlich überprüft werden, habe ich diese Aufgabe an die Fa. RAUCHFIX übergeben. Diese wird die Wartung und Prüfung der Betriebsbereitschaft übernehmen.
Die hierfür anfallenden Kosten werde ich im Rahmen der Betriebskostenabrechnung, erstmals ab dem Abrechnungszeitraum 2020, an Sie weiterberechnen. Gemäß § 555c Abs. 1 Nr. 3 BGB teile ich Ihnen mit, dass die voraussichtlichen Kosten für diese Prüfung pro Gerät etwa 200 EUR betragen werden.
Die Überprüfung der Betriebsbereitschaft der Rauchwarnmelder obliegt Ihnen daher nicht.

Mit freundlichen Grüßen
Sabine Richter, Franz Richter

5 Wie werden Mieterhöhungen durchgeführt?

Viele Mieterhöhungsverlangen können bei Gericht bereits aus formellen Gründen nicht durchgesetzt werden. Das Gericht prüft in diesen Fällen also gar nicht, ob die neu verlangte Miete noch der ortsüblichen Vergleichsmiete entspricht.

5.1 Mieterhöhung bei Wohnraum

Während des Mietverhältnisses können die Parteien eine Erhöhung der Miete jederzeit einvernehmlich vereinbaren. Ausreichend ist, wenn der Vermieter den Mieter um Zustimmung zu einer Mieterhöhung auf einen bestimmten Betrag bittet (BGH NZM 2005, 736). Keine Vereinbarung liegt hingegen vor, wenn der Vermieter eine einseitige Mieterhöhungserklärung ausspricht, zum Beispiel »Ihre Miete wird ab … auf … festgesetzt«. Hier liegt auch dann keine Vereinbarung vor, wenn der Mieter zahlt (BGH, NJW-RR 2005, 1464).

Bei einer solchen Vereinbarung müssen die gesetzlichen Formbestimmungen nicht eingehalten werden. Grenze ist allerdings auch hier die Mietpreisüberhöhung (§ 5 WiStG). Danach sind unangemessen hoch solche Entgelte, die die ortsübliche Vergleichsmiete um mehr als 20 % übersteigen. Eine solche Vereinbarung sollte zu Beweiszwecken schriftlich geschlossen werden. In Ausnahmefällen kann sie auch durch schlüssiges Verhalten zustande kommen.

Dies wird insbesondere dann angenommen, wenn der Mieter mehrfach die erhöhte Miete bezahlt. Nicht ausreichend ist es, wenn die Einziehung der erhöhten Miete durch den Vermieter bloß geduldet wird. Teilweise wird angenommen, dass bereits die einmalige Zahlung bedeutet, dass das Angebot des Vermieters auf den Abschluss einer Mietabänderungsvereinbarung bezüglich der Miethöhe akzeptiert wird. Zur Absicherung sollte der Vermieter allerdings auf einer kurzen schriftlichen Bestätigung bestehen.

Ist eine solche Vereinbarung nicht möglich, kann der Vermieter Mieterhöhungen nur nach Maßgabe der §§ 558 BGB (Mieterhöhung bis zur ortsüblichen Vergleichsmiete, siehe hierzu im Folgenden), § 559 BGB (Mieterhöhung bei Modernisierung, Kapitel 6.4) oder § 560 BGB (Veränderung von Betriebskosten) verlangen.

Folgende Kurzcheckliste soll erste Anhaltspunkte liefern, um formale Fehler zu vermeiden:

1. Zwischen den Parteien muss ein Wohnraummietverhältnis bestehen,
2. welches nicht preisgebunden ist.
3. Die Mieterhöhung darf nicht vertraglich ausgeschlossen sein.

4. Und es darf keine Staffel- oder Indexmietvereinbarung bestehen.
5. Die Miete muss ein Jahr gleich geblieben sein und
6. die ortsübliche Vergleichsmiete darf nicht überschritten werden.
7. Die Kappungsgrenze von 20 bzw. 15 % in drei Jahren muss eingehalten werden.

Im Mieterhöhungsverlangen selbst müssen diese ganzen Voraussetzungen nicht dargelegt werden. Stimmt der Mieter allerdings der Mieterhöhung nicht zu, muss zu diesen Punkten in der Klage auf Zustimmung zur Mieterhöhung ein schlüssiger Sachvortrag erfolgen, sonst wird die Klage abgewiesen.

Zu 1.

Die Mieterhöhung bei Geschäftsraummietverhältnissen erfolgt nicht nach den Bestimmungen der §§ 556 ff. BGB, sondern nach den vertraglichen Vereinbarungen (siehe Kapitel 5.2.1). Bei Mischmietverhältnissen (Vermietung von Wohn- und Geschäftsräumen in einem Vertrag) ist der Parteiwillen entscheidend, wie er regelmäßig im Mietvertrag zum Ausdruck kommt. Fehlt eine solche Vereinbarung, so kommt es darauf an, welches der Hauptzweck des Vertrags ist.

Zu 2.

Bei öffentlich gefördertem Wohnraum ist eine Mieterhöhung nach § 558 BGB nicht zulässig. Hier darf nur die Kostenmiete verlangt werden.

Zu 3.

Der Ausschluss einer Mieterhöhung kann sich nicht nur aus einer ausdrücklichen vertraglichen Vereinbarung zum Beispiel im Mietvertrag ergeben, sondern auch aus den Umständen, zum Beispiel aus der Vereinbarung eines Mietverhältnisses auf bestimmte Zeit mit einer festen Miete oder dem Ausschluss des Kündigungsrechts des Vermieters für bestimmte Zeit. Nach Ansicht des OLG Stuttgart (Rechtsentscheid vom 31.5.1994, NJW-RR 1994, 1291) kann gleichwohl eine Mieterhöhung verlangt werden, wenn in einem befristeten Mietverhältnis über Wohnraum im Formularmietvertrag (Einheitsmietvertrag) unter »Miete« ohne jeden sonstigen Hinweis auf die Vereinbarung einer festen Miete handschriftlich lediglich ein bestimmter Geldbetrag eingesetzt worden ist. In einer solchen vertraglichen Regelung ist kein das Erhöhungsverlangen ausschließender Umstand zu erblicken.

!

Tipp

Da dieser Rechtsentscheid verschiedentlich auf Kritik gestoßen und eine Änderung der Rechtsprechung nicht auszuschließen ist, wird empfohlen, bei Abschluss eines Mietvertrags auf feste Zeit folgende Formulierung aufzunehmen: »Die gesetzlichen Rechte des Vermieters, nämlich Mieterhöhung bis zur ortsüblichen Vergleichsmiete (§ 558 BGB), wegen baulicher Änderung (§ 559 BGB) oder wegen Erhöhung der Betriebskosten (§ 560 BGB), bleiben auch dann bestehen, wenn der Mietvertrag auf bestimmte Zeit abgeschlossen ist.«

Zu 4.

Nach dem Auslaufen einer Staffelmietvereinbarung kann eine Mieterhöhung nach § 558 BGB verlangt werden. Hierbei ist jedoch die Jahresfrist zu beachten.

Zu 5.

Bei der Jahresfrist handelt es sich um eine Sperrfrist, die bei Zugang des Erhöhungsverlangens verstrichen sein muss. Die Frist beginnt mit dem Wirksamwerden der früheren Mieterhöhung. Dies gilt auch beim Neuabschluss eines Mietvertrags, das heißt, auch hier muss ein Jahr gewartet werden, bevor die Miete erhöht werden kann.

Beispiel !

Eine Mieterhöhung erfolgt zum 1. Juni eines Jahres. Ein neues Mieterhöhungsverlangen kann erst nach Ablauf eines Jahres, das heißt im Juni mit Wirkung zum 1. September, gestellt werden.

Ein vor Ablauf der Wartefrist zugegangenes Erhöhungsverlangen ist unwirksam (BGH NJW 1993, 2109). Die bisherige Miete muss also seit 15 Monaten, rückgerechnet vom Zeitpunkt des Eintritts der neu verlangten Mieterhöhung, unverändert geblieben sein.

Nicht von der einjährigen Wartefrist betroffen sind Mieterhöhungen nach den §§ 559, 560 BGB, also Mieterhöhungen, die aufgrund von Modernisierungen und Veränderungen bei den Betriebskosten vorgenommen werden. Dies gilt auch für Modernisierungsvereinbarungen (BGH WuM 2007, 703; WuM 2008, 355).

Beispiel !

Zum 1. Juli eines Jahres einigen sich die Parteien wegen des Einbaus neuer Fenster auf eine Mieterhöhung um 20 EUR. Der Vermieter muss mit einer Mieterhöhung auf die ortsübliche Vergleichsmiete die Jahresfrist nicht einhalten, er kann die Mieterhöhung, wenn die Voraussetzungen vorliegen, zum 1. Oktober des Jahres aussprechen. Was dann bei der Kappungsgrenze zu beachten ist, ist unter Ziffer 7 erläutert.

Die Wartefrist gilt auch beim Wegfall der Mietpreisbindung (Kostenmiete). Dies bedeutet, dass ab der letzten Mieterhöhung der Kostenmiete, soweit nicht deren Rechtsgrund unter die §§ 559, 560 BGB fallen würde, die Jahresfrist einzuhalten ist.

Zu 6.

Die ortsübliche Vergleichsmiete bildet die Obergrenze für eine Mieterhöhung nach § 558 BGB. Darunter versteht man die üblichen Entgelte, die in der Gemeinde oder in vergleichbaren Gemeinden für nicht preisgebundenen Wohnraum vergleichbarer Art, Größe, Ausstattung, Beschaffenheit und Lage einschließlich der energetischen Ausstattung und Beschaffenheit in den letzten vier Jahren vereinbart oder, von Betriebskostenerhöhungen abgesehen, geändert worden sind.

Behebbare Mängel der Wohnung werden bei Ermittlung der ortsüblichen Vergleichsmiete außer Acht gelassen. Bei der Ausstattung sind nur die vom Vermieter selbst zur Verfügung gestellten Wohnungseinrichtungen zu berücksichtigen, nicht etwa jene, mit denen der Mieter die Mietsache versehen hat, es sei denn, der Vermieter hat die vom Mieter verauslagten Kosten erstattet. Hat also der Mieter auf eigene Kosten ein Bad eingebaut, so sind zur Ermittlung der ortsüblichen Vergleichsmiete Wohnungen ohne Bad heranzuziehen.

Bei der »ortsüblichen Vergleichsmiete« im Sinne des § 558 BGB handelt es sich um einen unbestimmten Rechtsbegriff. Die exakte Ermittlung führt oft zu Schwierigkeiten für den Vermieter, der die Darlegungs- und Beweislast für die Höhe der Vergleichsmiete hat. Bestreitet der Mieter im Prozess die Ortsüblichkeit der neu verlangten Miete, muss der Vermieter Beweis antreten durch Einholen eines Sachverständigengutachtens oder Berechnung der Miete nach einem gültigen Mietspiegel.

Der maßgebliche Zeitraum für die Ermittlung der ortsüblichen Vergleichsmiete ist nicht der Wirksamkeitszeitpunkt eines Erhöhungsverlangens, sondern der Zugang beim Mieter.

Bei Überschreitung der ortüblichen Vergleichsmiete ist § 5 WiStG zu beachten. Danach handelt ordnungswidrig, wer vorsätzlich oder leichtfertig für die Vermietung von Räumen zum Wohnen unangemessen hohe Entgelte fordert. Unangemessen hoch sind Entgelte, die in Folge der Ausnutzung eines geringen Angebots an vergleichbaren Räumen die üblichen Entgelte um mehr als 20 % übersteigen, die in der Gemeinde oder in vergleichbaren Gemeinden für die Vermietung von Räumen vergleichbarerer Art, Größe, Ausstattung, Beschaffenheit und Lage in den letzten vier Jahren vereinbart oder, von Erhöhungen der Betriebskosten abgesehen, geändert worden sind.

Wird die Grenze von 20 % nicht eingehalten oder liegen die übrigen Voraussetzungen dieser Bestimmung vor, wobei der Mieter die Darlegungs- und Beweislast hat, steht dem Mieter ein Rückforderungsanspruch zu, soweit die Grenze von 20 % überschritten ist.

Zu 7.

Die Kappungsgrenze soll unangemessene Mieterhöhungen im Einzelfall verhindern. Sie beträgt 20 %. 15 % sind die Grenze, wenn die ausreichende Versorgung der Bevölkerung mit Mietwohnungen zu angemessenen Bedingungen in einer Gemeinde oder einem Teil einer Gemeinde besonders gefährdet ist. Die Landesregierungen werden gemäß § 558 Abs. 3 S. 3 BGB ermächtigt, diese Gebiete durch Rechtsverordnung für die Dauer von jeweils höchstens fünf Jahren zu bestimmen.

Die Kappungsgrenze ist auch beim Übergang vom preisgebundenen Wohnraum zum preisfreien Wohnraum einzuhalten.

Die Dreijahresfrist wird wie folgt berechnet: Für die Feststellung der Voraussetzungen des § 558 Abs. 3 BGB ist die Miete zugrunde zu legen, die drei Jahre vor dem Wirksamwerden des Erhöhungsverlangens geschuldet wurde. Auf die drei Jahre vor Zugang des Erhöhungsverlangens geschuldete Miete kommt es nicht an (OLG Celle, RE vom 31.10.1995, WuM 1996, 96; BGH NJW-RR 2004, 945).

Beispiel !

Der Vermieter verlangt die Zustimmung zur Mieterhöhung ab 1.7.2019. Die Ausgangsmiete, ab der die Kappungsgrenze zu berechnen ist, ist der 1.7.2016.

Erhöhungen nach den §§ 559 bis 560 BGB bleiben bei der Berechnung der Kappungsgrenze unberührt, wenn sie während der Dreijahresfrist erfolgt sind.

Beispiel !

Miete am 1.7.2016: 600 EUR
Modernisierungsumlage zum 1.7.2018 um 80 EUR auf 680 EUR, Kappungsgrenze für eine Mieterhöhung zum 1.7.2019: 600 EUR + 20 % + 80 EUR.

Nur Erhöhungen nach den §§ 559 bis 560 BGB sind jedoch hinzuzuzählen, also nur Modernisierungsumlagen sowie Modernisierungsvereinbarungen (BGH, WuM 2004, 344) und Betriebskostenerhöhungen, nicht jedoch innerhalb der Dreijahresfrist vorgenommene Mieterhöhungen gemäß § 558 BGB auf die ortübliche Vergleichsmiete.

Beispiel !

Miete am 1.7.2016: 600 EUR
Mieterhöhung gemäß § 558 BGB zum 1.10.2017 auf 680 EUR, Kappungsgrenze für eine Mieterhöhung zum 1.7.2019: 600 EUR + 20 %, also noch bis 720 EUR.

Wichtig: Im Erhöhungsverlangen ist die Modernisierungsumlage nicht gesondert auszuweisen; sie ist lediglich als durchlaufender Posten bei der Berechnung der Kappungsgrenze zu berücksichtigen. Anderenfalls liegt eine Änderung der Mietstruktur vor, die zur Unbegründbarkeit der Mieterhöhung führt, soweit die begehrte Miete unter Hinzurechnung der früheren Mieterhöhung die ortübliche Miete übersteigt (BGH WuM 2007, 707).

Hat der Mieter bisher eine Fehlbelegungsabgabe bezahlt und ist diese Fehlbelegungsabgabe aufgrund des Freiwerdens der Wohnung von der öffentlichen Bindung weggefallen, entfällt die Verpflichtung des Mieters zur Zahlung der Fehlbelegungsabgabe; in diesem Fall gilt keine Kappungsgrenze, soweit die Mieterhöhung den für die Fehlbelegungsabgabe bezahlten Betrag nicht übersteigt (§ 558 Abs. 4 BGB).

Ein Verstoß gegen die Kappungsgrenze hat nicht die Unwirksamkeit des Mieterhöhungsverlangens zur Folge, vielmehr reduziert sich das angestrebte Entgelt auf das zulässige Maß.

Von dem Jahresbetrag, der sich bei einer Erhöhung auf die ortsübliche Vergleichsmiete ergäbe, sind gemäß § 558 Abs. 5 BGB Drittmittel im Sinne des § 559a BGB abzuziehen(dies ist der Fall, wenn der Vermieter bei einer Modernisierungsmaßnahme öffentliche Mittel in Anspruch genommen hat). Im Fall des § 559a Abs. 1 BGB sind dies acht von 100 des Zuschusses.

Das Mieterhöhungsverlangen ist in Textform zu stellen. Durch das Gesetz zur Anpassung der Formvorschriften des Privatrechts und anderer Vorschriften an den modernen Rechtsgeschäftsverkehr ist § 126b BGB in das BGB neu eingefügt worden. Damit sind rechtsgeschäftliche Erklärungen in Textform möglich. Die Erklärungen müssen einem anderen gegenüber so abgegeben werden, dass sie in Schriftzeichen lesbar, die Person des Erklärenden angegeben und der Abschluss der Erklärung in geeigneter Weise erkennbar gemacht ist. Eine eigenhändige Unterschrift ist nicht erforderlich. Möglich ist also eine Übermittlung in Kopie, per Fax oder per E-Mail. Da der Absender einer Mieterhöhung den Beweis für den Zugang der Erklärung zu erbringen hat, ist jedoch Vorsicht geboten. Die sicherste Art der Zustellung erfolgt immer noch in Schriftform (Absender, Datum, Unterschrift) mithilfe eines Boten oder mit Zustellung durch den Gerichtsvollzieher. Der Vermieter hat den Nachweis einer wirksamen Zustellung zu führen.

ARBEITSHILFE ONLINE

MUSTER: Mieterhöhungsformular

[Absender]

....

[Empfänger]

Herrn/Frau

....

[Ort, Datum]

Zustimmung zur Erhöhung der Miete bis zur ortsüblichen Vergleichsmiete

Sehr geehrte Frau ....,
sehr geehrter Herr ....,

gemäß § 558 BGB kann der Vermieter die Zustimmung zu einer Erhöhung der Miete bis zur ortsüblichen Vergleichsmiete verlangen, wenn die Miete in dem Zeitpunkt, zu dem die Erhöhung eintreten soll, seit 15 Monaten unverändert ist. Mieterhöhungen wegen Modernisierungsmaßnahmen (§ 559 BGB) sowie gestiegener Betriebskosten (§ 560 BGB) werden nicht berücksichtigt.

Die Miete darf sich innerhalb von drei Jahren, von Erhöhungen nach den §§ 559 bis 560 BGB abgesehen, nicht um mehr als 20 % erhöhen.[1] Diese Kappungsgrenze gilt nicht, wenn eine Verpflichtung des Mieters zur Zahlung einer Fehlbelegungsabgabe wegen des Wegfalls der öffentlichen Bindung erloschen ist und soweit die Erhöhung den Betrag der zuletzt zu entrichtenden Fehlbelegungsabgabe nicht übersteigt.
Die Wohnung ist im Jahr .... fertig gestellt worden.
Ihre Miete ist, von Erhöhungen nach §§ 559 bis 560 BGB abgesehen, in dem Zeitpunkt, zu dem die Erhöhung eintreten soll, seit mindestens 15 Monaten unverändert. Die Erhöhungsbegrenzung, falls erforderlich, ist eingehalten.
Die übrigen Voraussetzungen sind erfüllt, wie Sie den Merkmalen der umseitig aufgeführten Wohnungen, die mit Ihrer Wohnung vergleichbar sind*/
der anliegenden Berechnung der Miete nach dem Mietspiegel der Stadt*/Gemeinde*
.... entnehmen können.
Ich/wir* bitte(n)* deshalb um Zustimmung zur Erhöhung Ihrer Miete bis spätestens zum Ablauf des zweiten Kalendermonats nach Zugang diese Verlangens auf monatlich

...... EUR pro qm Wohnfläche × .... qm Wohnfläche	=	EUR ....
zuzüglich Betriebskosten – wie bisher –*		EUR ....
....		EUR ....
Dieser Betrag entspricht einer Bruttokaltmiete/ Nettomiete* von		EUR .... pro qm Wohnfläche
zzgl. Kosten für Sammelheizung und Warmwasser – wie bisher –*		EUR ....
zuzüglich Kosten für Garage/Stellplatz – wie bisher –*		EUR ....
Neue Gesamtmiete	=	EUR ....

Nach erteilter Zustimmung ist die neue Gesamtmiete mit Beginn des dritten Kalendermonats nach Zugang dieses Erhöhungsverlangens zu zahlen.

Mit freundlichen Grüßen

....

[Unterschrift(en)]

* Nichtzutreffendes ist zu streichen; [1] Die Kappungsgrenze beträgt in bestimmten Gebieten 15 % (zum Beispiel im Stadtgebiet München seit 15.5.2013).
Anlage: Berechnung der Miete nach dem Mietspiegel (nur erforderlich, wenn ein qualifizierter Mietspiegel der Stadt/Gemeinde im Sinne des § 558d BGB vorliegt und dieser Mietspiegel Angaben für die Wohnung enthält)
Die Anlage ist wesentlicher Bestandteil des Mieterhöhungsverlangens.

Es empfiehlt sich, das Anschreiben als Einschreiben mit Rückschein zu versenden oder durch Boten zuzustellen. Bei Personenmehrheit auf Vermieter- oder Mieterseite muss die Mieterhöhung von allen Vermietern gegenüber allen Mietern abgegeben werden. Bevollmächtigung ist zulässig. Die Mieterhöhung stellt eine einseitige, rechtsgeschäftsähnliche Handlung dar. Wird sie von der Hausverwaltung vorgenommen, ist sie grundsätzlich unwirksam, wenn eine Vollmacht nicht vorgelegt wird und der Mieter die Erklärung unverzüglich zurückweist (§ 174 S. 1 BGB).

Ist einer von mehreren Mietern zwar aus der Wohnung ausgezogen, aber nicht aus dem Mietvertrag ausgeschieden, muss auch ihm das Mieterhöhungsverlangen unter der neuen Adresse, soweit bekannt, zugestellt werden. Ist eine neue Adresse nicht bekannt, kann die Mieterhöhung an die bisherige Wohnadresse zugestellt werden. Die Mieterhöhung muss also auch an diesen Mieter adressiert werden. In Ausnahmefällen kann sich der Mieter allerdings nicht darauf berufen, ein nur an ihn gerichtetes Erhöhungsverlangen sei unwirksam, weil es nicht auch an den vor Jahren ausgezogenen Mitmieter adressiert sei (BGH NZM 2004, 419).

Es ist besonders darauf zu achten, dass im Erhöhungsverlangen die tatsächliche Wohnfläche richtig angegeben wird. Übersteigt nämlich die in einem Mieterhöhungsverlangen angegebene und der Berechnung zugrunde gelegte Wohnfläche die tatsächliche Wohnfläche, so kann der Mieter unter dem Gesichtspunkt der ungerechtfertigten Bereicherung die Rückzahlung der in der Folgezeit aufgrund der fehlerhaften Berechnung überzahlten Miete verlangen, wenn die Abweichung der tatsächlichen von der angegebenen Wohnfläche mehr als 10 % beträgt (BHG, Urteil vom 7.7.2004, VIII ZR 192/03, NZM 2004, 699).

Es kommt also nicht darauf an, welche Wohnfläche die Parteien im Mietvertrag vereinbart haben. Die tatsächliche Wohnfläche ist auch dann zugrunde zu legen, wenn die Abweichung nach oben oder unten weniger als 10 % beträgt (BGH, Urteil vom 18.11.2015, VIII ZR 266/14, WuM 2016, 34). Ein Beschaffenheitsmangel, den der Mieter rückwirkend geltend machen kann, liegt allerdings nach wie vor erst bei einer Überschreitung von mehr als 10 % vor.

Stellt sich nachträglich heraus, dass die tatsächliche Wohnfläche über der bis dahin von den Parteien angenommenen oder vereinbarten Wohnfläche liegt, ist die Kappungsgrenze zu beachten.

!

Beispiel

Im Mietvertrag vereinbarte Wohnfläche 80 qm, Miete 800 EUR. Mieterhöhung um 15 % auf ortsübliche 11,50 EUR/qm, also 80 qm × 11,50 EUR = 920 EUR. Der Mieter stimmt der Mieterhöhung nicht zu. Im gerichtlichen Verfahren stellt sich heraus, dass die tatsächliche Wohnfläche 100 qm beträgt. Der Vermieter kann gleichwohl nicht eine Miete von 11,50 EUR/qm × 100 qm = 1.150 EUR verlangen, da die Mieterhöhung durch die Kappungsgrenze auf 920 EUR beschränkt ist.

Für die Ermittlung der ortsüblichen Vergleichsmiete ist in diesem Fall von einer Wohnfläche von 100 qm auszugehen.

Das Mieterhöhungsverlangen ist zu begründen (§ 558a BGB). Dabei ist die im Mietvertrag vereinbarte Mietstruktur beizubehalten, anderenfalls wird das Mieterhöhungsverlangen unwirksam.

Beispiel !

Im Mietvertrag ist eine Bruttokaltmiete inklusive Betriebskosten ohne Heizung vereinbart. Der Vermieter kann im Mieterhöhungsverlangen keine Nettomiete zuzüglich. Betriebskostenvorauszahlung fordern. Begründet werden muss ein konkreter Quadratmeterpreis. Es genügt also nicht, Zustimmung von 400 EUR um 20 % auf 480 EUR zu fordern. Vielmehr muss die Wohnfläche und die Miete pro Quadratmeter Wohnfläche angegeben werden.

Das Gesetz lässt vier Begründungsmittel zu, nämlich den Mietspiegel, Sachverständigengutachten, mindestens drei Vergleichsmieten oder eine Auskunft aus einer Mietdatenbank.

5.1.1 Mietspiegel

Das häufigste Begründungsmittel wird der jeweils für eine Gemeinde gültige Mietspiegel sein. Ein pauschaler Zuschlag auf alte oder veraltete Mietspiegel durch den Vermieter im Erhöhungsverlangen ist nicht zulässig. Bei ungewöhnlicher Steigerung der ortsüblichen Vergleichsmiete kann das Gericht einen sogenannten Stichtagszuschlag gewähren. Das Gericht ist befugt, aber nicht verpflichtet, im Rahmen seines Beurteilungsspielraums einen Zuschlag vorzunehmen, wenn ihm dies zur Bildung einer sachgerechten Einzelvergleichsmiete angemessen erscheint (BGH, Urteil vom 15.3.2017, VIII ZR 295/15, WuM 2017, 208). Der Vermieter ist nicht berechtigt, einen Zuschlag zur ortsüblichen Vergleichsmiete geltend zu machen, wenn der Mietvertrag eine unwirksame Klausel zur Übertragung der Schönheitsreparaturen enthält (BGH WuM 2008, 560).

Bei der Bezugnahme auf einen Mietspiegel, der Spannen enthält, reicht es aus, wenn die verlangte Miete innerhalb dieser liegt (§ 558a Abs. 4 S. 1 BGB). Das Hauptproblem für den Vermieter bei der Verwendung eines Mietspiegels ist, dass er im Erhöhungsverlangen die Bewertungsmerkmale (Rasterfelder) des Mietspiegels so eindeutig anzugeben hat, dass sich hieraus der von ihm für zutreffend gehaltene und seiner Berechnung zugrunde gelegte Quadratmetersatz ergibt. Die Angaben müssen so genau erfolgen, dass der Mieter selbst berechnen kann, welchen Tabellensatz bzw. welche Werte des Mietspiegels der Vermieter zugrunde legen will, insbesondere was Baujahr, Größe, Ausstattung und Lage sowie Zu- und Abschlagsmerkmale angeht.

Die Anforderungen der Gerichte sind hier höchst unterschiedlich. So hat der BGH Folgendes entschieden: Bei einem Tabellenmietspiegel, der ein Raster von Feldern enthält, in denen für Wohnungen einer bestimmten Kategorie jeweils eine bestimmte Mietspanne ausgewiesen ist, muss der Vermieter die Wohnung nicht mehr beschreiben. Vielmehr reicht in der Mieterhöhung die genaue Angabe des zutreffenden Rasterfeldes aus (BGH NZM 2008, 164). Voraussetzung ist, dass es sich um einen qualifizierten Mietspiegel handelt. Ist der Mieter der Ansicht, die Wohnung sei in ein anderes Mietspiegelfeld einzuordnen, ist dies keine Frage der Wirksamkeit, sondern der materiellen Begründetheit des Erhöhungsverlangens (BGH WuM 2009, 239). Teilweise haben die örtlichen Haus- und Grundbesitzervereine spezielle Mieterhöhungsformulare für den jeweils örtlichen Mietspiegel entwickelt, deren Verwendung dringend empfohlen wird. Im Zweifel sollte der Vermieter, einen vollständig ausgefüllten Mietspiegel zusammen mit der Mieterhöhung verschicken.

Erforderlich ist dies allerdings nicht. Es reicht aus, wenn der Mietspiegel allgemein zugänglich ist, zum Beispiel öffentlich kostenlos zu erhalten. Hierunter fällt auch die Veröffentlichung im Amtsblatt. Ausreichend ist auch das Angebot des Vermieters, dem Mieter auf Wunsch ein Exemplar des Mietspiegels im Kundencenter auszuhändigen. Allgemein zugänglich ist der Mietspiegel auch, wenn er durch die Interessenverbände der Mieter und Vermieter gegen die Zahlung eines geringen Betrags (hier: 3 EUR) abgegeben und zudem (vollständig) im Internet veröffentlicht wird (BGH WuM 2009, 352).

Wenn der Vermieter sein Zustimmungsverlangen bei einer Bruttokaltmiete oder Teilinklusivmiete mit einem Mietspiegel begründet, der nur Nettokaltmieten ausweist, bedarf es einer Umrechnung, um die Vergleichbarkeit der unterschiedlichen Mietstrukturen – Bruttomiete einerseits, Nettomiete andererseits – herzustellen.

Der BGH hat mehrfach entschieden, dass der Anspruch des Vermieters auf Zustimmung zu einer Erhöhung der Bruttokaltmiete, den er mit einem Mietspiegel begründet, der Nettomieten ausweist, anhand der zuletzt auf die Wohnung entfallenden Betriebskosten zu beurteilen ist. Einschlägig ist also die Betriebskostenabrechnung für den dem Mieterhöhungsverlangen vorangegangenen Abrechnungszeitraum, soweit diese bereits vorliegt (BGH WuM 2006, 39; WuM 2008, 689). Bei der Erhöhung einer Teilinklusivmiete braucht der Vermieter im Erhöhungsverlangen zur Höhe der in der Miete enthaltenen Betriebskosten allerdings dann keine Angaben zu machen, wenn auch die von ihm beanspruchte erhöhte Teilinklusivmiete die ortsübliche Nettomiete nach dem Mietspiegel nicht übersteigt (BGH WuM 2007, 707).

Nicht zulässig ist es nach Ansicht des BGH, zur Nettomiete des Mietspiegels einen durchschnittlichen (pauschalen) Betriebskostenanteil hinzuzurechnen, sofern der Mietspiegel solche Werte ausweist. Dies gilt jedenfalls für den Berliner Mietspiegel.

Inwieweit die Instanzgerichte dieser Rechtsprechung auch für andere Mietspiegel folgen, bleibt abzuwarten.

Grundsätzlich kann der Mietspiegel zur Begründung nur verwendet werden, wenn er auch Angaben über die entsprechenden Wohnungstypen enthält. In den Vorbemerkungen zu den einzelnen Mietspiegeln ist der Anwendungsbereich in der Regel dargestellt. Der BGH hat entschieden, dass der Vermieter zur Begründung eines Mieterhöhungsverlangens für ein Einfamilienhaus auf einen Mietspiegel, der keine Angaben zu Einfamilienhäusern enthält, dann Bezug nehmen kann, wenn die geforderte Miete innerhalb der Mietpreisspanne für Wohnungen in Mehrfamilienhäusern liegt (BGH NZM 2009, 27). Der BGH begründet dies damit, dass die Mieten für Einfamilienhäuser in der Regel über denen für Wohnungen in Mehrfamilienhäusern liegen.

5.1.2 Mietdatenbanken

Eine Mieterhöhung kann nunmehr auch durch eine Auskunft aus einer Mietdatenbank begründet werden. Eine Mietdatenbank ist eine zur Ermittlung der ortsüblichen Vergleichsmiete fortlaufend geführte Sammlung von Mieten, die von der Gemeinde oder von Interessenvertretern der Vermieter und der Mieter gemeinsam geführt oder anerkannt wird und aus der Auskünfte gegeben werden, die für einzelne Wohnungen einen Schluss auf die ortsübliche Vergleichsmiete zulassen (§ 558e BGB). Die praktischen Auswirkungen sind noch gering.

5.1.3 Sachverständigengutachten

Die Verwendung eines Sachverständigengutachtens ist wohl die teuerste Möglichkeit, ein Mieterhöhungsverlangen zu begründen. Das schriftliche Gutachten ist dem Mieterhöhungsverlangen beizufügen. Der Gutachter muss öffentlich bestellt oder vereidigt sein, das Gutachten ist mit Gründen zu versehen. Strittig ist, inwieweit ein Sachverständiger konkrete Vergleichswohnungen so benennen muss, dass diese nachprüfbar sind. Da es sich bei einem solchen Gutachten um ein Parteigutachten handelt, kann es vom Gericht im Prozess auf Zustimmung zur Mieterhöhung nicht als Sachverständigengutachten verwendet werden. Die Kosten eines solchen Privatgutachtens zur Begründung eines Erhöhungsverlangens sind daher auch nicht erstattungsfähig.

In der Regel prüfen die Gerichte die Ortsüblichkeit der neu verlangten Miete anhand des örtlichen Mietspiegels nach. Ein Gutachten sollte daher nur verwendet werden, wenn keine anderen Begründungsmittel zur Verfügung stehen.

5.1.4 Vergleichswohnungen

Die einfachste Begründungsmöglichkeit ist oft die mit Vergleichswohnungen. Es müssen mindestens drei angegeben werden, eine Höchstzahl ist vom Gesetz nicht bestimmt. Sie können auch aus dem eigenen Bestand des Vermieters stammen. Mindestangaben nennt das Gesetz nicht; die Vergleichswohnungen müssen lediglich »vergleichbar« sein. Hierzu gibt es eine umfangreiche Rechtsprechung. Die Vergleichsobjekte müssen mindestens so bezeichnet sein, dass sie der Mieter auffinden kann. Das ist möglich, wenn Straße, Hausnummer, Stockwerk und, sofern sich in einem Stockwerk mehrere Wohnungen befinden, die Lage innerhalb des Stockwerks (rechts, Mitte, links) angegeben sind. Die Angabe des Namens des Vermieters oder Mieters ist nicht erforderlich, zur eindeutigen Identifizierung der Wohnung aber manchmal durchaus sinnvoll.

Ferner sind die Daten der Mietbildung der Vergleichswohnungen, also die Quadratmeterzahl der Wohnfläche, sowie die monatliche Miete pro Quadratmeter anzugeben. Drei Vergleichsobjekte müssen über der neu geforderten Miete liegen, anderenfalls erfolgt eine Reduzierung auf die dritthöchste Vergleichsmiete.

Die Mietstruktur der zu erhöhenden Miete und der Miete für die Vergleichswohnung sollen übereinstimmen (brutto, netto, teilinklusiv). Anderenfalls sind umständliche Umrechnungen erforderlich, um die Vergleichbarkeit herzustellen. Es empfiehlt sich die Benennung von deutlich mehr als drei Vergleichswohnungen, um Schwierigkeiten zu vermeiden.

Die Vergleichswohnungen müssen in wesentlichen Punkten mit derjenigen, für die die Miete erhöht werden soll, übereinstimmen. Hierfür genügt eine überwiegende Übereinstimmung in den wesentlichen Kriterien. Nicht vergleichbar sind unterschiedliche Wohnungstypen zum Beispiel Appartement, Zwei- bis Dreizimmerwohnungen und Großwohnungen (ab ca. 120 qm) oder verschiedene Baualtersklassen (Altbau vor dem Ersten Weltkrieg, Neubau nach dem Zweiten Weltkrieg). Eine zeitliche Differenz von etwa zehn Jahren ist jedoch unschädlich. Nicht vergleichbar sind ferner Wohnungen mit Bad und Sammelheizung mit Wohnungen ohne diese Ausstattungsmerkmale.

5.1.5 Qualifizierter Mietspiegel

Neu eingeführt durch das Mietrechtsreformgesetz ab 1.9.2001 wurde der sogenannte qualifizierte Mietspiegel (§ 558d BGB). Dabei handelt es sich um einen Mietspiegel, der nach anerkannten wissenschaftlichen Grundsätzen erstellt und von der Gemeinde oder von den Interessenvertretern der Vermieter und der Mieter anerkannt worden ist. Er ist im Abstand von zwei Jahren der Marktentwicklung anzupassen. Nach vier

Jahren ist der qualifizierte Mietspiegel neu zu erstellen. Sind diese Bestimmungen eingehalten, so wird vermutet, dass die im qualifizierten Mietspiegel bezeichneten Entgelte die ortsübliche Vergleichsmiete wiedergeben. Ihm kommt somit eine Vermutungswirkung im Prozess zu. Es handelt sich um eine widerlegliche Vermutung, der Beweis des Gegenteils bleibt gemäß § 292 ZPO deshalb für beide Prozessparteien zulässig. Auf die Prüfung, ob ein Mietspiegel qualifiziert ist, kann nicht deshalb verzichtet werden, weil er vom Ersteller oder der Gemeinde als solcher bezeichnet wird. Die Partei, die mit der Verwendung des Mietspiegels nicht einverstanden ist, muss aber im Rahmen des Möglichen substantiierte Angriffe vortragen. Dann ist das Gericht zu einer Überprüfung verpflichtet (BGH, Urteil vom 21.11.2012, VIII ZR 46/12, WuM 2013, 110).

Neu durch die Mietrechtsreform eingeführt wurde auch die Bestimmung des § 558a Abs. 3 BGB. Enthält ein qualifizierter Mietspiegel Angaben über die Wohnung, so hat der Vermieter in seinem Mieterhöhungsverlangen diese auch dann mitzuteilen, wenn er die Mieterhöhung auf ein anderes Begründungsmittel (Mietdatenbank, Sachverständigengutachten oder Vergleichsmieten) stützt. Dies bedeutet, dass der Vermieter in der Mieterhöhung dem Mieter vorrechnen muss, wie hoch die Miete nach dem qualifizierten Mietspiegel ist, auch wenn er das Erhöhungsverlangen mit Vergleichsmieten begründet, die höher liegen.

Da in solchen Fällen mit einer Zustimmung nicht zu rechnen ist, muss der Vermieter im anschließenden Prozess die Vermutungswirkung des qualifizierten Mietspiegels widerlegen, um eine höhere Miete zu erhalten. Er muss den Beweis dafür erbringen, dass dieser Mietspiegel die ortsübliche Vergleichsmiete für die streitgegenständige Wohnung nicht wiedergibt. Dies wird nur in Ausnahmefällen möglich sein, sodass die Gemeinden mithilfe des qualifizieren Mietspiegels die Mietpreisentwicklung erheblich beeinflussen können.

Das Gericht ist jedenfalls nicht verpflichtet, zur Einordnung der Wohnung in die Mietspiegelspannen eines qualifizierten Mietspiegels ein Sachverständigengutachten einzuholen, auch wenn dies vom Vermieter beantragt wird (BGH, Urteil vom 20.4.2005, VIII ZR 110/04, WuM 2005, 394). Unterlässt der Vermieter diese Angaben nach dem qualifizierten Mietspiegel, ist das Erhöhungsverlangen unzulässig.

5.1.6 Überlegungsfrist, Klagefrist

Der Vermieter ist nicht verpflichtet, im Erhöhungsverlangen die Überlegungsfrist des Mieters oder den Wirksamkeitszeitpunkt des Mieterhöhungsverlangens anzugeben. Zur Vermeidung von Rechtsunsicherheit empfiehlt es sich jedoch dringend, entsprechende Angaben zu machen. Gemäß § 558b Abs. 2 S. 1 BGB hat der Mieter eine Überlegungsfrist bis zum Ablauf des zweiten Kalendermonats, der auf den Zugang des Erhöhungsverlangens folgt.

Stimmt der Mieter innerhalb dieser Frist nicht zu, so kann der Vermieter bis zum Ablauf von weiteren drei Monaten auf Erteilung der Zustimmung klagen (§ 558b Abs. 2 S. 2 BGB). Versäumt der Vermieter die Frist, bleibt es bei der bisherigen Miete. Ist die Zustimmung erteilt, so schuldet der Mieter die erhöhte Miete von dem Beginn des dritten Kalendermonats ab, der auf den Zugang des Erhöhungsverlangens folgt (§ 558b Abs. 1 BGB).

! **Beispiel**

Zugang des Erhöhungsverlangens: 5. Januar
Überlegungsfrist des Mieters: bis 31. März
Klagefrist des Vermieters: bis 30. Juni
Es empfiehlt sich eine Zustimmungserklärung oder eine Zweitschrift der Erhöhung mitzusenden. Es genügt, wenn die Erklärung die neue Miete und das Datum, ab dem sie zu zahlen ist, verbunden mit der Zustimmung des Mieters, enthält.
Die Zustimmung kann auch stillschweigend (konkludent) erteilt werden, wobei es auf die Umstände im Einzelfall ankommt, ob in der einmaligen vorbehaltslosen Zahlung bereits eine solche Zustimmung zu sehen ist (BGH NJW-RR 2004, 586). Jedenfalls ist eine solche Zustimmung in der mehrmals wiederholten vorbehaltslosen Zahlung der verlangten höheren Miete zu sehen.

Der Mieter kann die erklärte Zustimmung nicht nach Maßgabe der Bestimmungen über das Widerrufsrecht bei im Fernabsatz geschlossenen Verbraucherverträgen widerrufen.

Macht der Vermieter eine Mieterhöhung bis zur ortsüblichen Vergleichsmiete gemäß § 558 BGB oder eine Mieterhöhung bei Modernisierung nach § 559 BGB geltend, so kann der Mieter bis zum Ablauf des zweiten Monats nach dem Zugang der Erklärung des Vermieters das Mietverhältnis außerordentlich zum Ablauf des übernächsten Monats kündigen. Kündigt der Mieter, dann tritt die Mieterhöhung nicht ein (§ 561 Abs. 1 BGB). Gemäß § 561 Abs. 2 BGB ist eine hiervon abweichende Vereinbarung zum Nachteil des Mieters unwirksam.

! **Beispiel**

Zugang des Erhöhungsverlangens: 5. Januar
Sonderkündigungsrecht des Mieters: bis 31. März
Zugang der Kündigung: bis spätestens 31. März
Wirkung der Kündigung: zum 31. Mai

5.1.7 Wohnraum mit Staffelmiete

Gemäß § 557a Abs. 1 BGB kann die Miete für bestimmte Zeiträume in unterschiedlicher Höhe schriftlich vereinbart werden; in der Vereinbarung ist die jeweilige Miete oder die jeweilige Erhöhung in einem Geldbetrag anzugeben. Eine zeitliche Begrenzung besteht nicht.

Ob eine Bindung über einen längeren Zeitraum für den Vermieter sinnvoll ist, erscheint fraglich. Zum einen hat der Mieter ein Sonderkündigungsrecht, kann sich also aus der Vereinbarung lösen, der Vermieter bleibt hingegen daran gebunden und handelt sich womöglich, wenn er die Staffeln zu hoch ansetzt, ein Verfahren wegen Mietpreisüberhöhung ein. Zum anderen ist es sehr schwer, für längere Zeiträume eine Prognose über die Entwicklung der Miete zu geben. Während der Laufzeit einer Staffelmiete ist eine Erhöhung nach den §§ 558 bis 559b BGB (Mieterhöhung bis zur ortsüblichen Vergleichsmiete und Modernisierungsumlage) ausgeschlossen (§ 557a Abs. 2 S. 2 BGB).

Das Kündigungsrecht des Mieters kann für höchstens vier Jahre seit Abschluss der Staffelmietvereinbarung ausgeschlossen werden (§ 557a Abs. 3 S. 1 BGB). Übersteigt die Dauer des Verzichts in einem Formularmietvertrag den Zeitraum von vier Jahren, ist die Klausel insgesamt unwirksam, der Mieter kann also jederzeit mit einer Frist von drei Monaten kündigen. Zu Kündigungsverzichtsvereinbarungen siehe Kapitel 2.1.3.

Die Miete muss jeweils mindestens ein Jahr unverändert bleiben. Eine Staffelmietvereinbarung ist bei einem Verstoß hiergegen auch dann vollständig und nicht nur teilweise unwirksam, wenn nur bei einer von mehreren Zeitspannen die gesetzliche Jahresfrist nicht eingehalten ist. Die Miete oder die jeweilige Erhöhung muss ferner betragsmäßig ausgewiesen sein.

ARBEITSHILFE ONLINE

MUSTER: Vereinbarung einer Staffelmiete

Die Parteien vereinbaren, dass sich die Miete, ausgenommen Vorauszahlungen auf die Betriebskosten, wie folgt erhöht. Sie beträgt ab:

Datum	Miete für Wohnraum	Miete für Garage/Stellplatz
	EUR	EUR
	EUR	EUR
	EUR	EUR
	EUR	EUR
	EUR	EUR

Die Staffelmiete wird sinnvollerweise bei Abschluss des Mietvertrags vereinbart. Ein Anspruch auf Abschluss einer neuen Vereinbarung nach Ablauf besteht nicht. Der Vermieter kann in diesem Fall die Miete nur gemäß § 558 BGB erhöhen (Mieterhöhung bis zur ortsüblichen Vergleichsmiete), wenn auch die Voraussetzungen hierfür vorliegen.

Eine Erhöhungserklärung ist nicht erforderlich, da sich die jeweils zu zahlende Miete aus der Vereinbarung ergibt. Zahlt der Mieter nach Fälligkeit die erhöhte Miete nicht, sollte er daran erinnert werden. Anderenfalls könnte der Anspruch verwirken. So ist es einem Vermieter ergangen, der zweieinhalb Jahre später den Erhöhungsbetrag verlangen wollte. Das Gericht hat aufgrund der abgelaufenen Zeit einen stillschweigenden Verzicht, hilfsweise Verwirkung angenommen (LG München I ZMR 2003, 431).

5.1.8 Wohnraum mit Indexmiete

Die Vertragsparteien können gemäß § 557b Abs. 1 BGB schriftlich vereinbaren, dass die Miete durch den vom Statistischen Bundesamt ermittelten Verbraucherpreisindex für die Lebenshaltung aller privaten Haushalte in Deutschland bestimmt wird. Eine Mindestlaufzeit hierfür besteht nicht. Verwendet werden darf nur der oben genannte Index. Dieser wird ab dem Basisjahr 2000 nur noch für Deutschland ohne Trennung nach alten und neuen Bundesländern ausgewiesen.

ARBEITSHILFE ONLINE

MUSTER: Vereinbarung einer Indexmiete

Die Parteien vereinbaren, dass die Entwicklung der Miethöhe durch den vom Statistischen Bundesamt ermittelten Verbraucherpreisindex für Deutschland bestimmt wird. Steigt oder fällt dieser ab Beginn des Mietverhältnisses, kann jede Vertragspartei eine der prozentualen Indexänderung entsprechende Änderung der Miete verlangen. Die Miete muss jedoch, von Erhöhungen wegen baulicher Maßnahmen oder gestiegener Betriebskosten abgesehen, mindestens ein Jahr unverändert bleiben.

Das Gleiche gilt bei jeder erneuten Indexänderung nach einer Erhöhung oder Ermäßigung der Miete.

Während der Geltung dieser Vereinbarung ist eine Erhöhung bis zur ortsüblichen Vergleichsmiete (§ 558 BGB) ausgeschlossen. Eine Erhöhung wegen baulicher Maßnahmen (§ 559 BGB) kann nur verlangt werden, soweit der Vermieter diese aufgrund von Umständen durchgeführt hat, die er nicht zu vertreten hat.

Wie bereits aus dem Muster hervorgeht, kann während der Geltung einer Indexmiete eine Erhöhung nach § 558 BGB auf die ortsübliche Vergleichsmiete nicht vorgenommen werden. Eine Modernisierungsumlage nach § 559 BGB kann nur verlangt werden, soweit der Vermieter bauliche Maßnahmen aufgrund von Umständen durchgeführt hat, die er nicht zu vertreten hat.

ARBEITSHILFE ONLINE

MUSTER: Mieterhöhung bei vereinbarter Indexmiete

[Absender]

....

[Empfänger]

Herrn/Frau

....

[Ort, Datum]

Mieterhöhung bei vereinbarter Indexmiete (§ 557b BGB)

Sehr geehrte Frau ....,
sehr geehrter Herr ....,

gemäß § 557b Abs. 1 BGB können Vermieter und Mieter schriftlich vereinbaren, dass die Miete durch den vom Statistischen Bundesamt ermittelten Preisindex für die Lebenshaltung aller privaten Haushalte in Deutschland bestimmt wird (Indexmiete).
Eine solche Vereinbarung beinhaltet § ..... des Mietvertrags.
Im Zeitpunkt des Mietbeginns*/der letzten Mietanpassung* betrug der zugrunde gelegte Preisindex .... Punkte (alter Indexstand). Der Preisindex im Monat ...... (letzter veröffentlichter Indexstand) beträgt .... Punkte (neuer Indexstand).
Die Erhöhung des Preisindexes berechnet sich wie folgt: (Neuer Indexstand geteilt durch alter Indexstand mal 100) minus 100 = Indexerhöhung in Prozent
Somit errechnet sich folgende Indexerhöhung:
(Neuer Indexstand = .../. alter Indexstand .... × 100) – 100 = ... %
Ihre Miete ist, von Erhöhungen wegen Modernisierung oder gestiegener Betriebskosten (§§ 559 bis 560 BGB) abgesehen, seit mindestens einem Jahr unverändert. Sie beträgt, ohne Vorauszahlung auf die Betriebskosten, derzeit EUR ....
Sie erhöht sich um ...... % (Indexerhöhung) = EUR .... auf EUR ....
Die erhöhte Miete ist mit Beginn des übernächsten Monats nach dem Zugang dieser Erklärung zu entrichten (§ 557b Abs. 3 S. 3 BGB).

Mit freundlichen Grüßen

....

[Unterschrift(en)]

* Nichtzutreffendes ist zu streichen.

Die Erhöhung tritt nicht automatisch ein. Gemäß § 557b Abs. 3 BGB muss die Änderung der Miete schriftlich oder in Textform geltend gemacht werden. Dabei sind, wie im Formular vorgesehen, die eingetretenen Änderungen des Preisindex, die beim Statistischen Bundesamt oder beim jeweiligen Statistischen Landesamt erfragt werden können, sowie die jeweilige Miete oder die Erhöhung in einem Geldbetrag anzugeben. Die Mietänderungserklärung erfordert nicht die Angabe der prozentualen Veränderung der Indexdaten.

Die geänderte Miete ist dann mit Beginn des übernächsten Monats nach dem Zugang der Erklärung zu zahlen. Die Jahresfrist beginnt mit dem Beginn des Mietverhältnisses oder mit dem Zeitpunkt der letzten Mieterhöhung. Diese Frist muss mit dem Zeitpunkt der Fälligkeit der nächsten Mietänderung abgelaufen sein (§ 557b Abs. 3 BGB). Dies bedeutet, dass die Änderungserklärung bereits vor Ablauf der Jahresfrist zugestellt werden kann.

! **Beispiel**

Zugang der Erklärung erfolgt am 10. Januar eines Jahres.
Die neue Miete wird ab 1. März des Jahres wirksam.

Hierbei kommt es nicht darauf an, wann im Januar die Erklärung zugegangen ist. Die nächste Erhöhung ist dann zum 1. März des Folgejahres möglich, wenn die entsprechende Erklärung spätestens im Januar zugegangen ist. Zwar muss in der Erklärung der Zeitpunkt des Wirksamwerdens nicht genannt werden, zur Klarstellung wird dies aber empfohlen.

ACHTUNG

Wichtig ist, dass die Erklärung von allen Vermietern unterzeichnet wird und bei einer Mehrheit von Mietern an alle Mieter gerichtet ist.

Zu beachten ist, dass die Vorschrift auch bei Mietsenkungen anwendbar ist. Die Regelungen gelten insoweit sinngemäß. Entgegenstehende Vereinbarungen, zum Beispiel die Vereinbarung eines anderen Index, sind unwirksam.

Die Berechnung der prozentualen Erhöhung aufgrund der Indexsteigerung erfolgt gemäß der Formel im Muster.

5.2 Mieterhöhung bei Geschäftsräumen und Garagen

5.2.1 Erhöhung der Miete für Geschäftsräume

Bei der Vermietung von Geschäftsräumen bestehen lediglich vertragliche Mieterhöhungsmöglichkeiten. Eine gesetzliche Regelung in diesem Zusammenhang, wie sie für Wohnraummietverhältnisse gilt, besteht nicht.

Bei unbefristeten Geschäftsraummietverhältnissen kann daher unter Einhaltung der vertraglichen bzw. gesetzlichen Kündigungsfristen ohne Vorliegen eines berechtigten Interesses gekündigt werden. Anschließend wird ein neuer Mietvertrag mit einer höheren Miete vorgeschlagen.

Bei befristeten Geschäftsraummietverhältnissen dagegen ist eine Mieterhöhung nur möglich, wenn dies im Mietvertrag ausdrücklich festgelegt wurde, zum Beispiel durch Staffelmiete oder eine Wertsicherungsklausel bei Mietverträgen mit einer Laufzeit von zehn Jahren oder durch Leistungsvorbehalt bei Mietverträgen mit einer Laufzeit unter zehn Jahren.

ACHTUNG

Fehlt in einem befristeten Gewerbemietvertrag eine entsprechende Vereinbarung über die Mieterhöhung, besteht vermieterseits kein Rechtsanspruch auf Anhebung der Miete.

Bei einer Wertsicherungsklausel führt die Änderung der vereinbarten Bezugsgröße (Verbraucherpreisindex) automatisch zu einer Änderung der Miete. Die Wertsicherungsklausel kann nur bei Verträgen mit einer Laufzeit von mindestens zehn Jahren vereinbart werden.

In Verträgen, die mit einer kürzen Laufzeit als zehn Jahre vereinbart werden, kann ein Leistungsvorbehalt aufgenommen werden. Beim Leistungsvorbehalt ist die Änderung der vereinbarten Bezugsgröße Voraussetzung für eine Mietänderung, doch in welcher Größenordnung die Miete geändert wird, bestimmt in aller Regel ein Sachverständigengutachten.

ARBEITSHILFE ONLINE

MUSTER: Änderungskündigung für Geschäftsraum

Gustav Schobert
Ottilienstr. 1
81825 München

Novorta GmbH
Andrea Claussen
Oberhuberstr. 3
81827 München

München, ...

Mietobjekt: Oberhuberstr. 3, 81827 München
Änderungskündigung

Sehr geehrte Frau Claussen,

hiermit kündige ich das zwischen uns gemäß schriftlichem Mietvertrag vom .... bestehende unbefristete Mietverhältnis über die Ladenräume im Anwesen Oberhuberstr. 3, 81827 München zum ....
Allerdings biete ich Ihnen an, den Mietvertrag bis zum .... (oder auf unbestimmte Dauer) fortzusetzen, sofern Sie ab dem .... eine erhöhte Miete von .... bezahlen. Bitte teilen Sie mir bis zum .... mit, ob Sie mit der Vertragsänderung einverstanden sind.

Mit freundlichen Grüßen
Gustav Schobert

ARBEITSHILFE ONLINE

MUSTER: Mieterhöhung aufgrund einer Wertsicherungsklausel

Gustav Schobert
Ottilienstr. 1
81825 München

Kanther GmbH
Herrn Alexander Kanther
Sonnenstr. 13
89990 Musterstadt

Musterstadt, 10.3.2019

Mietobjekt Sonnenstr. 13, 89990 Musterstadt
Mietanpassung

Sehr geehrter Herr Kanther,

in dem mit Ihnen geschlossenen Mietverhältnis über die Ladenräume Sonnenstr. 13, 89990 Musterstadt wurde unter § 12 des Mietvertrags vom 1.9.2014 eine Wertsicherungsklausel vereinbart. Danach steigt oder fällt die Miete, sobald der Verbraucherpreisindex für Deutschland um mindestens 5 % ab Vertragsbeginn steigt oder fällt. Das Gleiche gilt, sobald und sooft nach einer Erhöhung oder Ermäßigung der Miete der Index wiederum um mindestens 5 % steigt oder fällt.
Der vereinbarte Verbraucherpreisindex (VPI) hat sich seit Vertragsbeginn in dem erforderlichen Umfang geändert:
Vertragsbeginn 1.1.2015: VPI 98,5
Januar 2019: VPI 103,4
Die prozentuale Veränderung errechnet sich nach folgender Formel:

Neuer Index – alter Index x 100 = prozentuale Veränderung
103,4 – 98,5 = 5 %

Der Verbraucherpreisindex hat sich um 5 % erhöht. Somit wird die derzeitige Miete von 2.500 EUR um 5 % (125 EUR) auf 2.625 EUR ab dem 1.4.2019 angehoben. Die Betriebskostenvorauszahlung bleibt unverändert.

Mit freundlichen Grüßen
Gustav Schobert

5.2.2 Erhöhung der Garagenmiete

Vorab ist zu prüfen, ob ein einheitliches Mietverhältnis über Wohnraum und Garage besteht oder ob zwei getrennte Vertragsverhältnisse vorliegen. Wurden Garage und Wohnung mit einem gemeinsamen Mietvertrag vermietet, handelt es sich um ein einheitliches Mietverhältnis über Wohnraum. Hat der Mieter zunächst eine Wohnung und zu einem späterem Zeitpunkt eine Garage ohne eigenen Garagenmietvertrag angemietet, handelt es sich gleichwohl um ein einheitliches Mietverhältnis, für das die Vorschriften für Wohnraummietverhältnisse gelten. Das bedeutet für die Erhöhung der Garagenmiete, dass § 558 BGB anzuwenden ist. Die Garagenmiete darf nur bis zur Kappungsgrenze (das sind maximal 15 bzw. 20 %) in einem Zeitraum von drei Jahren angehoben werden. Des Weiteren muss die Mieterhöhung für die Garage begründet werden, zum Beispiel mit Benennung von drei Vergleichsgaragen.

Handelt es sich dagegen um einen separaten Garagenmietvertrag, finden die Wohnraummietvorschriften keine Anwendung. Zur Durchsetzung einer Erhöhung der Garagenmiete kann der Vermieter bei einem unbefristeten Garagenmietvertrag eine Änderungskündigung aussprechen. Wurde im Garagenmietvertrag keine Kündigungsfrist vereinbart, gilt die gesetzliche Kündigungsfrist von drei Monaten.

6 Worauf muss der Vermieter bei Modernisierungen achten?

§ 555a BGB regelt die Duldungspflicht des Mieters sowie die Rechte und Pflichten der Vertragsparteien bei Erhaltungsmaßnahmen des Vermieters. Während der Mieter Maßnahmen, die der Erhaltung der Mietsache dienen, uneingeschränkt zu dulden hat (§ 555a Abs. 1 BGB), ist die Duldungspflicht bei Modernisierungsmaßnahmen eingeschränkt, sofern der Mieter Härtegründe geltend machen kann (§ 555d Abs. 2 BGB). Die Bestimmungen des § 555a Abs. 1 bis 3, § 555d Abs. 1 bis 6 BGB über die Duldung von Erhaltungs- und Modernisierungsmaßnahmen gelten auch für Geschäftsraummietverträge (§ 578 Abs. 2 BGB).

6.1 Erhaltungsmaßnahmen

Nach § 535 BGB trifft den Vermieter die Pflicht, die Mietsache dem Mieter in einem zum vertragsgemäßen Gebrauch geeigneten Zustand zu überlassen und sie während der Mietzeit in diesem Zustand zu erhalten (§ 535 Abs. 1 S. 2 BGB).

Unter Maßnahmen, die zur Erhaltung der Mietsache erforderlich sind, fallen solche, die der Instandsetzung bzw. Instandhaltung dienen. Dazu zählen Erneuerungen und das Auswechseln schadhafter Teile, des Weiteren die Behebung von Schäden, die durch Abnützung, Alterung oder Witterungseinflüsse entstanden sind. Wenn zum Beispiel ein 20 Jahre alter Bodenbelag erneuert oder eine 30 Jahre alte Badewanne ersetzt wird, handelt es sich jedenfalls um eine Erhaltungsmaßnahme. Gleiches gilt selbstverständlich für Notreparaturen. Für Instandsetzungs- bzw. Instandhaltungsarbeiten, die das Grundstück oder das Anwesen betreffen, besteht ebenfalls eine uneingeschränkte Duldungspflicht des Mieters.

Beabsichtigt der Vermieter, Erhaltungsmaßnahmen durchzuführen, so hat er diese dem Mieter rechtzeitig anzukündigen (§ 555a Abs. 2 BGB). Eine bestimmte Ankündigungsfrist sieht das Gesetz nicht vor, anders als bei Modernisierungsmaßnahmen (siehe Kapitel 6.3). Nur bei einer unerheblichen Einwirkung auf die Mietsache oder bei sofortiger zwingender Durchführung der Maßnahme entfällt die Ankündigungspflicht. Um sogenannte Notmaßnahmen handelt es sich, wenn Gefahr im Verzug besteht und die sofortige Durchführung zwingend erforderlich ist. Dies kann bei Rohrverstopfungen, Unwetterschäden oder auch bei Ausfallen der Heizung im Winter der Fall sein. Bei der Beurteilung der Rechtzeitigkeit kommt es immer auf die Umstände des Einzelfalls an (s. Hinz, NZM 2012, 780). Einer Zustimmung des Mieters zur Durchführung der Erhaltungsmaßnahme bedarf es nicht. Gleichwohl sollte der Mieter aufgefordert werden, den geplanten Arbeiten zuzustimmen, damit der Vermieter Planungssicherheit hat.

ARBEITSHILFE ONLINE

MUSTER: Ankündigung von Erhaltungsmaßnahmen 1

Karla Schwarz
Andreas Schwarz
Menzingerstr. 18/EG
82325 München

Sibylle Kluger
Manfred Kluger
Elektrastr. 5/6. Stock
81925 München

München, den 1.6.2019

Ankündigung einer notwendigen Erhaltungsmaßnahme am Anwesen Elektrastr. 5, 6. Stock, 81925 München

Sehr geehrte Frau Kluger,
sehr geehrter Herr Kluger,

aufgrund der extremen Witterungsverhältnisse der letzten Tage (orkanartige Böen, Platzregen) wurden zahlreiche Dachziegel beschädigt und abgedeckt, weshalb es zur Durchfeuchtung der Fassade und des Dachgeschosses kam. Zur Durchführung dringender Dach- und Fassadenarbeiten, die zur Behebung der entstandenen Schäden erforderlich sind, müsste den Handwerkern Zutritt in die von Ihnen bewohnte Dachgeschosswohnung gewährt werden.
Die Arbeiten werden am 12.6.2019 beginnen und voraussichtlich bis 15.6.2019 dauern.
Gemäß § 555a Abs. 1 BGB sind Sie verpflichtet, Erhaltungsmaßnahmen zu dulden, wir haben Sie daher aufzufordern, bis spätestens 6.6.2019 mitzuteilen, ob Sie den Zutritt zu Ihrer Wohnung zur Durchführung der Arbeiten dulden. Andernfalls müssten wir Sie auf Duldung der Maßnahmen verklagen.
Sollten Ihnen durch diese Arbeiten Aufwendungen entstehen, werden wir Ihnen diese in angemessenem Umfang ersetzen.
Sollten Sie in der vorgegebenen Zeit nicht anwesend sein, so hinterlegen Sie den Wohnungsschlüssel bitte bei einer Person Ihres Vertrauens oder beim Hausmeister. Bitte informieren Sie uns hierüber rechtzeitig.

Mit freundlichen Grüßen
Karla Schwarz, Andreas Schwarz

ARBEITSHILFE ONLINE

MUSTER: Ankündigung von Erhaltungsmaßnahmen 2

Karla Schwarz
Andreas Schwarz
Menzingerstr. 18/EG
82325 München

Sibylle Kluger
Manfred Kluger
Elektrastr. 5/6. Stock
81925 München

München, den 1.6.2019

Ankündigung einer Reparaturmaßnahme in der Wohnung Elektrastr. 5, 6. Stock, 81925 München

Sehr geehrte Frau Kluger,
sehr geehrter Herr Kluger,

wie anlässlich der Besichtigung am 20.5.2019 festgestellt, ist der in Ihrem Badezimmer vorhandene Warmwasserboiler defekt und muss nach den Feststellungen des Installateurs Herrn Fleck durch einen neuen Boiler ersetzt werden. Die Arbeiten werden etwa drei Stunden dauern.
Als Termine für die Arbeiten werden Ihnen folgende vorgeschlagen:

20.6.2019, 9.00 Uhr
27.6.2019, 14.00 Uhr
28.6.2019, 10.00 Uhr

Wir dürfen Sie bitten, einen dieser Termine bis 15.6.2019 zu bestätigen. Sollten Sie an allen Terminen verhindert sein, so bitten wir Sie, direkt mit der Firma Fleck einen zeitnahen Ersatztermin zu vereinbaren. Die Kontaktdaten der Firma Fleck lauten wie folgt:

Fa. Fleck, Herr Hans Fleck
Sonnenstr. 13
82131 München
Telefon: 089 0000

Alternativ
Bei Verhinderung bitten wir Sie, uns bis 15.6.2016 drei Alternativtermine für Juni/Juli 2019 in der Zeit zwischen 9.00 Uhr und 16.30 Uhr zu benennen.
Sollten Ihnen durch diese Arbeiten Aufwendungen entstehen, werden wir Sie Ihnen in angemessenem Umfang ersetzen.

Mit freundlichen Grüßen
Karla Schwarz, Andreas Schwarz

6.2 Der Energieausweis

Für Neubauten ist die Erstellung eines Energieausweises bereits seit Inkrafttreten der EnEV am 1.2.2002 vorgeschrieben. Für den Gebäudebestand ergibt sich eine entsprechende Verpflichtung der Haus- und Wohnungseigentümer seit 1.10.2007 aus der Neufassung der Energieeinsparverordnung. Danach ist ein Energieausweis bei Verkauf und Neuvermietung bzw. bei Verpachtung eines Gebäudes oder einer Wohnung erforderlich.

Wird ein Gebäude oder eine Wohnung weder verkauft noch neu vermietet und werden auch keine Mittel aus staatlichen Förderprogrammen für energetische Sanierungen in Anspruch genommen, muss auch kein Energieausweis erstellt werden.

Zur Erleichterung der energetischen Bewertung eines Gebäudes durch Miet- bzw. Kaufinteressenten beinhalten neue nach den Anforderungen der EnEV 2014 ausgestellte Energieausweise auf der Farb- und Vergleichsskala Effizienzklassen von A+ bis H. Aber auch daraus wird der Mieter bzw. Käufer die voraussichtlichen Energiekosten nicht abschätzen können, da diese auch und insbesondere von der (unterschiedlich teuren) Beheizungsart des Gebäudes bzw. der Wohnung (zum Beispiel Öl, Gas, Strom) abhängen.

6.2.1 Welche Gebäude benötigen keinen Energieausweis?

Anwesen, die unter Denkmalschutz stehen (Baudenkmäler), sind von der Ausweispflicht ausgenommen, ferner provisorische Gebäude mit einer Nutzungsdauer von bis zu zwei Jahren, Wohngebäude, die für eine Nutzungsdauer von weniger als vier Monate jährlich bestimmt sind, sowie Gebäude mit bis zu 50 qm Nutzfläche (§ 1 Abs. 2, § 16 Abs. 4 EnEV).

6.2.2 Ab wann ist ein Energieausweis erforderlich?

Für Wohngebäude, die bis 31.12.1965 fertig gestellt worden sind, ist der Energieausweis seit 1.7.2008, für neuere Wohngebäude seit 1.1.2009, für Nichtwohngebäude, zum Beispiel Geschäftshäuser, seit 1.7.2009 erforderlich.

Die Energieeinsparverordnung unterscheidet zwischen dem Verbrauchsausweis und dem Bedarfsausweis.

In dem – relativ einfachen und kostengünstig zu erstellenden – Verbrauchsausweis wird lediglich der tatsächliche Heizenergieverbrauch des Gebäudes in den letzten drei

Jahren dokumentiert. Aus den Heizkostenabrechnungen bzw. den Rechnungen der Energielieferanten wird der – von witterungs- und nutzungsbedingten Schwankungen bereinigte – Heizenergieverbrauch pro qm Fläche ermittelt und (in KWh-Stunden) in den Verbrauchsausweis aufgenommen.

Bei dem wesentlich aufwändigeren und entsprechend teureren Bedarfsausweis wird der Energiebedarf des Gebäudes errechnet. Dazu muss der energetische Zustand festgestellt werden, insbesondere die Wärmedämmwerte der Bauteile (unter anderem Außenwände, Fenster, Keller- und Speicherdecken) sowie die energetische Qualität der Heizungsanlage. Aus diesen Faktoren wird dann der theoretische Heizenergiebedarf des Gebäudes errechnet.

Die Ausweise enthalten auf vier Seiten die wesentlichen Gebäudedaten, den »Vergleichsbalken« (Energielabel) sowie Vergleichswerte und gegebenenfalls Modernisierungsempfehlungen.

Der Aussteller kann die benötigten Gebäudedaten vor Ort selbst erheben oder sich diese vom Eigentümer übermitteln lassen (§ 17 Abs. 5 EnEV).

6.2.3 Welcher Ausweis ist besser?

Der verbrauchsorientierte Ausweis hat den Vorteil, dass der zu erwartende Energieverbrauch anhand der Heizkostenabrechnungen der letzten drei Jahre ermittelt wird und diese Daten dem Eigentümer bzw. der Hausverwaltung oder dem Abrechnungsunternehmen häufig bereits vorliegen. Der Energieausweis kann daher kostengünstig erstellt werden. Nachteil: Der gemessene Verbrauch wird vom Nutzerverhalten beeinflusst. Ferner zeigt der Verbrauchsausweis nicht eventuelle energetische Schwachstellen des Gebäudes auf.

Hier liegt der Vorteil der bedarfsorientierten Variante. Zur Ermittlung eines realitätsnahen Verbrauchs muss aber die energetische Struktur zahlreicher Bauteile des Gebäudes, insbesondere Außenwände, Fenster, Dach sowie auch die Heizungs- und Warmwasserbereitungsanlage, sorgfältig untersucht werden. Liegen keine Kenntnisse über die verwendeten Baustoffe, die Schichtdicken und die Anlagentechnik vor, kommt es zur Errechnung eines realitätsfernen Energiebedarfs. Kritisch werden daher Angebote von Ausstellern gesehen werden müssen, die Bedarfsausweise zu günstigen Pauschalpreisen anbieten, dabei allerdings keine Prüfung des Gebäudes vor Ort durchführen, sondern sich die notwendigen Angaben auf umfangreichen Fragebögen vom Hauseigentümer bzw. der Verwaltung übermitteln lassen. Dies ist gemäß § 17 Abs. 5 EnEV zwar zulässig und reduziert die Kosten für den Ausweis. Allerdings ist zu befürchten, dass Angaben zu energetisch relevanten Bauteilen eines Hauses durch den Hauseigentümer selbst bzw. durch den Verwalter – in der Regel bautechnische Laien – zu einer hohen Fehlerquote und damit zur Ausstellung von Ausweisen mit unzutreffendem Inhalt führen.

Die Berechnung eines realitätsnahen Energiebedarfs wird in der Regel die Untersuchung des Gebäudes durch einen Fachmann, das heißt durch den Aussteller oder durch einen qualifizierten Bevollmächtigten, voraussetzen.

Aufgrund des unterschiedlichen Aufwands, der unter anderem von der Größe, Bauweise und dem Zustand des Gebäudes abhängt, wird der Aussteller die Kosten für einen Bedarfsausweis wohl auf Stundenbasis abrechnen müssen oder jedenfalls ein Pauschalangebot nur für ein konkretes Gebäude unterbreiten können.

! **Tipp**

Für Hauseigentümer, die lediglich ihre künftige gesetzliche Verpflichtung beim Verkauf oder der Vermietung des Hauses erfüllen und in absehbarer Zeit keine energetisch relevanten Maßnahmen durchführen wollen, ist die Ausstellung des preisgünstigen Verbrauchsausweises, gegebenenfalls auch auf »Vorrat«, durchaus sinnvoll.

Nach dem Ergebnis einer im Auftrag des Bundesministeriums für Verkehr, Bau und Stadtentwicklung (BMVBS) im Jahr 2010 durchgeführten Studie ist die Fehleranfälligkeit bei Bedarfsausweisen deutlich höher als bei Verbrauchsausweisen. Nur 29 % der geprüften Bedarfsausweise konnten den Energiebedarf eines Gebäudes annähernd zutreffend darstellen. Dagegen lagen bei Verbrauchsausweisen mit 66 % mehr als doppelt so viele innerhalb der zulässigen Toleranz. Verbrauchsausweise wichen auch nur maximal 26 % von dem tatsächlichen Energiebedarf ab. Dagegen wurde bei einzelnen Bedarfsausweisen eine Abweichung von bis zu 108 % festgestellt.

Für Eigentümer, die wissen wollen, wo die energetischen Schwachstellen ihres Hauses liegen und welche Energiesparmaßnahmen sinnvoll sind, ist hingegen die Erstellung eines Verbrauchsausweises nicht ausreichend, da dieser dazu keine Aussage trifft. In diesem Fall empfiehlt sich eine individuelle Energieberatung.

6.2.4 Wie lange gilt ein Energieausweis?

Beide Varianten des Energieausweises gelten zehn Jahre ab Ausstellungsdatum. Auch bei Änderungen am Gebäude muss grundsätzlich kein neuer Ausweis ausgestellt werden.

Tipp !

Hauseigentümer sollten sich im eigenen Interesse einen neuen Ausweis ausstellen lassen, wenn bauliche Maßnahmen am Gebäude, etwa neue Fenster, Montage einer Wärmedämmung oder Verbesserungen an der Heizungsanlage zu einer Verbesserung des energetischen Zustands führen, der in dem Energieausweis dokumentiert werden kann.

Erfahrungsgemäß fragen immer mehr Kauf- und Mietinteressenten nicht nur nach dem Kaufpreis bzw. der Nettomiete, sondern auch nach dem Energieverbrauch eines Objekts. Dieser Trend wird sich künftig angesichts weiter steigender Energiepreise verstärken. Der Energieverbrauch bzw. -bedarf des Gebäudes wird daher zunehmend Einfluss auf die Marktchancen eines Objekts gewinnen.

6.2.5 Unbefristetes Wahlrecht

Eigentümer von Gebäuden mit mehr als vier Wohnungen haben unabhängig vom Alter des Gebäudes ein zeitlich unbefristetes Wahlrecht zwischen den beiden Varianten des Energieausweises.

Gleiches gilt für Eigentümer von Ein-, Zwei-, Drei- und Vierfamilienhäusern, für die der Bauantrag nach dem 1.11.1977 gestellt worden ist. Ebenso für ältere Gebäude, wenn sie zwischenzeitlich entsprechend den Anforderungen der ersten Wärmeschutzverordnung energetisch saniert worden sind.

Mieter muss Daten zur Verfügung stellen

Dem Eigentümer liegen die Verbrauchsdaten jedoch nicht vor, wenn nicht er, sondern der Mieter Vertragspartner des Energielieferanten ist, zum Beispiel bei Gasetagenheizungen in einem Mehrfamilienhaus oder bei einer vom Mieter betriebenen Gas- oder Ölzentralheizung in einem Einfamilienhaus.

In diesem Fall ist der Mieter aber verpflichtet, dem Vermieter die für die Erstellung eines Verbrauchsausweises benötigten Verbrauchsdaten zur Verfügung zu stellen. Dies stellt eine Nebenpflicht aus dem Mietvertrag dar. Der Mieter kann die Übermittlung der Daten nicht unter Berufung auf das Bundesdatenschutzgesetz verweigern, da durch die Übermittlung keine persönlichen Daten preisgegeben werden und ferner das Interesse des Vermieters an der Erstellung eines Energieausweises mit relativ geringem finanziellen Aufwand das eventuelle Interesse des Mieters an einer Auskunftsverweigerung überwiegt (LG Karlsruhe, Beschluss vom 20.2.2009, 9 S 523/08).

6.2.6 Befristetes Wahlrecht

Eigentümer von Gebäuden mit bis zu vier Wohnungen, für die der Bauantrag vor dem 1.11.1977 gestellt worden ist und die noch nicht energetisch saniert wurden, endete die Wahlfreiheit am 30.9.2008. Nach diesem Termin ist für die Eigentümer solcher Gebäude zwingend der aufwändige Bedarfsausweis vorgeschrieben.

6.2.7 Gebäudebezogene Ausstellung

Ein Energieausweis kann nur für das Gebäude, nicht für einzelne Wohnungen ausgestellt werden (§ 17 Abs. 3 S. 1 EnEV). Eine Ausnahme besteht nur für den Fall, dass ein nicht unerheblicher Teil des Gebäudes nicht für Wohnzwecke oder wohnähnliche Zwecke genutzt wird. Insofern sind getrennte Ausweise für den Wohngebäudeteil und für den Nichtwohngebäudeteil zu erstellen.

Bei einer Wohnungseigentümergemeinschaft ist die Hausverwaltung verpflichtet, die Ausstellung eines Energieausweises in Auftrag zu geben. Der einzelne Wohnungseigentümer hat gegen die Eigentümergemeinschaft einen Anspruch auf rechtzeitige Bereitstellung des Ausweises. Die Kosten sind von der Eigentümergemeinschaft zu tragen.

6.2.8 Wer darf einen Energieausweis ausstellen?

Energieausweise für Bestandsgebäude dürfen gemäß § 21 EnEV von Personen mit baufachlicher Qualifikation ausgestellt werden, das heißt unter anderem von Architekten, Ingenieuren, Kaminkehrern und Handwerksmeistern mit entsprechender Qualifikation. Listen über ausstellungsberechtigte Personen werden von den jeweiligen Kammern (zum Beispiel Architekten-, Ingenieur-, Handwerkskammer) geführt. Dort können Hauseigentümer nachfragen, ob ein Anbieter des Ausweises ausstellungsberechtigt ist.

6.2.9 Welche Ansprüche haben Mieter und Mietinteressenten?

Vor Inkrafttreten der EnEV 2014 genügte es, dass der Energieausweis dem Interessenten »zugänglich« gemacht wurde, das heißt, ihm musste lediglich die Möglichkeit der Kenntnisnahme vom Inhalt des Energieausweises verschafft werden.

Seit 1.5.2014 muss der Energieausweis (bzw. eine Kopie) spätestens bei der Besichtigung vorgelegt werden. Die Vorlagepflicht wird auch durch einen deutlich sichtbaren

Aushang oder ein deutlich sichtbares Auslegen während der Besichtigung erfüllt. Nach Abschluss des Kauf- oder Mietvertrags muss dem Käufer bzw. Mieter der Energieausweis (oder eine Kopie) unverzüglich übergeben werden (§ 16 Abs. 2 EnEV 2014).

Ein Verstoß gegen diese Verpflichtung kann mit Bußgeld bis zu 50.000 EUR geahndet werden (§ 27 Abs. 2 Nr. 3 EnEV, § 8 Abs. 1 Nr. 2 EnEG).

Als Interessenten gelten nur Personen, die als künftige Mieter oder Käufer tatsächlich infrage kommen. Ein Einsichtsrecht für andere Personen sieht die EnEV nicht vor.

Tipp !

Bei Abschluss des Mietvertrags sollte sich der Vermieter vom Mieter durch dessen Unterschrift bestätigen lassen, dass diesem der Energieausweis übergeben wurde.

Wird vor dem Verkauf bzw. vor der Vermietung eine Immobilienanzeige in kommerziellen Medien (zum Beispiel Zeitungen, Zeitschriften, Internet) aufgegeben, hat der Verkäufer bzw. Vermieter sicherzustellen, dass die Immobilienanzeige folgende Pflichtangaben enthält (§ 16a EnEV 2014):

- die Art des Energieausweises (Energiebedarfs- oder Energieverbrauchsausweis),
- den im Energieausweis genannten Wert des Endenergiebedarfs oder -verbrauchs (Energiekennwert),
- die im Energieausweis genannten wesentlichen Energieträger (zum Beispiel Öl, Gas, Strom) für die Heizung der Wohnung
- bei Wohngebäuden das im Energieausweis genannte Baujahr sowie die genannte Energieeffizienzklasse (Energieeffizienz-Buchstabe).

Ausgenommen sind lediglich private kostenfreie Kleinanzeigen (zum Beispiel am schwarzen Brett im Supermarkt).

Diese Pflichtangaben aus dem Energieausweis müssen nicht nur Eigentümer, sondern auch **Makler** machen, die eine Immobilie zum Verkauf oder zur Vermietung anbieten; anderenfalls handeln sie wettbewerbswidrig und müssen mit Abmahnungen rechnen, zum Beispiel durch Wettbewerber oder Verbraucherschutzverbände. Zwar ergibt sich die Verpflichtung nicht aus den Vorschriften der EnEV, da Makler nach dem Wortlaut des § 16a EnEV nicht zum Adressatenkreis des Gesetzes gehören. Die Wettbewerbswidrigkeit besteht allerdings darin, dass den Verbrauchern ohne diese Angaben wesentliche Informationen vorenthalten werden und damit ein Verstoß gegen das Gesetz gegen den unlauteren Wettbewerb vorliegt (§ 5a Abs. 2 UWG; BGH, Urteil vom 5.10.2017, I ZR 229/16, I ZR 232/16, I ZR 4/17).

Ein Verstoß kann mit einem Bußgeld bis zu 50.000 EUR geahndet werden (§ 27 Abs. 2 Nr. 6 EnEV; § 8 Abs. 1 Nr. 2 EnEG).

Der Mieter kann aus den im Energieausweis genannten Werten keine Ansprüche auf Mietminderung wegen eines Mangels der Mietsache geltend machen, wenn die tatsächlichen Verbrauchswerte die im Energieausweis ausgewiesenen Werte übersteigen, da der Energieausweis und die Angaben aus den Energieausweisen, die in kommerziellen Medien genannt werden müssen, lediglich der Information dienen (§ 5a S. 3 EnEG). Die bloße Aushändigung eines Energieausweises durch den Makler kann daher nicht zu einer Beschaffenheitsvereinbarung im Sinne des § 434 BGB führen (OLG Schleswig, Urteil vom 13.3.2015, 17 U 98/14, NJW 2015, 2668).

Rechtswirkungen in Kauf- oder Mietverträgen können daher in der Regel nur dann entstehen, wenn die Vertragsparteien den Energieausweis ausdrücklich zum Vertragsbestandteil machen. Dies ergibt sich auch aus den Gesetzesmaterialien zur EnEV (BR-Drucks. 282/07, 118 ff.).

Der Vermieter sollte den Energieausweis daher keinesfalls zur Anlage oder zum Bestandteil des Mietvertrags machen, da die Angaben in diesem Fall als zugesicherte Eigenschaft gewertet werden könnten, was bei Abweichungen möglicherweise zu Ansprüchen des Mieters führt.

Wer den Energieausweis vorsätzlich oder leichtfertig nicht, nicht vollständig oder nicht rechtzeitig zugänglich macht, handelt ordnungswidrig und kann mit Bußgeld bis zu 15.000 EUR belegt werden (§ 27 Abs. 2 Nr. 1 EnEV, § 8 Abs. 1 Nr. 2 EnEG).

6.2.10 Können die Kosten für den Energieausweis umgelegt werden?

Die für die Erstellung des Energieausweises aufgewendeten Kosten stellen keine Betriebskosten im Sinne der Betriebskostenverordnung dar und können daher nicht auf den Mieter umgelegt werden.

Die Kosten können lediglich bei den Einkünften aus Vermietung und Verpachtung steuermindernd als Werbungskosten angesetzt werden.

!

Tipp

Selbstnutzer können versuchen, diese Kosten in der Steuererklärung als »haushaltsnahe Dienstleistung« anzusetzen. Insofern ist derzeit aber noch ungeklärt, ob die Finanzverwaltung bzw. die Finanzgerichte dies anerkennen.

ARBEITSHILFE ONLINE

MUSTER: Einsichtnahme des Energieausweises bei Vermietung/Verkauf

Einsichtnahme des Energieausweises bei Vermietung/Verkauf
Hiermit bestätige ich, dass mir der Energieausweis des Gebäudes
[Straße] ....
[Hausnummer] ....
zur Einsicht und Kenntnis vorgelegt wurde. Der Energieausweis ist kein Bestandteil des Mietvertrags/Kaufvertrags.
Der Energieausweis hat lediglich informativen Charakter, es können keinerlei mietrechtlichen Ansprüche aus dem Ausweis abgeleitet werden.
Die im Ausweis angegebenen Werte sind lediglich zur überschlägigen vergleichenden Beurteilung des gesamten Gebäudes vorgesehen. Sie erlauben keine Rückschlüsse auf den tatsächlichen Energieverbrauch, der insbesondere vom Nutzerverhalten beeinflusst wird.
Mit dem vorstehenden Text erkläre ich mich einverstanden.

....
[Ort, Datum]
....
[Unterschrift potenzieller Mieter]
....
[Ort, Datum]
....
[Unterschrift potenzieller Mieter]
....
[Ort, Datum]
....
[Unterschrift potenzieller Mieter]

6.2.11 Bußgeldvorschriften

Wer den Energieausweis vorsätzlich oder fahrlässig nicht, nicht vollständig oder nicht rechtzeitig zugänglich macht, handelt ordnungswidrig und kann mit einem Bußgeld bis zu 15.000 EUR belegt werden (§ 27 Abs. 2 Nr. 1 EnEV).

„Anlage 6 (zu § 16)
Muster Energieausweis Wohngebäude

ENERGIEAUSWEIS für Wohngebäude

gemäß den §§ 16 ff. der Energieeinsparverordnung (EnEV) vom [1]

Gültig bis:

Registriernummer [2]
(oder: „Registriernummer wurde beantragt am...")

1

Gebäude

Gebäudetyp		**Gebäudefoto (freiwillig)**
Adresse		
Gebäudeteil		
Baujahr Gebäude [3]		
Baujahr Wärmeerzeuger [3, 4]		
Anzahl Wohnungen		
Gebäudenutzfläche (A_N)	□ nach § 19 EnEV aus der Wohnfläche ermittelt	
Wesentliche Energieträger für Heizung und Warmwasser [3]		
Erneuerbare Energien	Art:	Verwendung:
Art der Lüftung/Kühlung	□ Fensterlüftung □ Schachtlüftung □ Lüftungsanlage mit Wärmerückgewinnung □ Lüftungsanlage ohne Wärmerückgewinnung	□ Anlage zur Kühlung
Anlass der Ausstellung des Energieausweises	□ Neubau □ Vermietung/Verkauf □ Modernisierung (Änderung/Erweiterung)	□ Sonstiges (freiwillig)

Hinweise zu den Angaben über die energetische Qualität des Gebäudes

Die energetische Qualität eines Gebäudes kann durch die Berechnung des **Energiebedarfs** unter Annahme von standardisierten Randbedingungen oder durch die Auswertung des **Energieverbrauchs** ermittelt werden. Als Bezugsfläche dient die energetische Gebäudenutzfläche nach der EnEV, die sich in der Regel von den allgemeinen Wohnflächenangaben unterscheidet. Die angegebenen Vergleichswerte sollen überschlägige Vergleiche ermöglichen (**Erläuterungen – siehe Seite 5**). Teil des Energieausweises sind die Modernisierungsempfehlungen (Seite 4).

□ Der Energieausweis wurde auf der Grundlage von Berechnungen des **Energiebedarfs** erstellt (Energiebedarfsausweis). Die Ergebnisse sind auf **Seite 2** dargestellt. Zusätzliche Informationen zum Verbrauch sind freiwillig.

□ Der Energieausweis wurde auf der Grundlage von Auswertungen des **Energieverbrauchs** erstellt (Energieverbrauchsausweis). Die Ergebnisse sind auf **Seite 3** dargestellt.

Datenerhebung Bedarf/Verbrauch durch □ Eigentümer □ Aussteller

□ Dem Energieausweis sind zusätzliche Informationen zur energetischen Qualität beigefügt (freiwillige Angabe).

Hinweise zur Verwendung des Energieausweises

Der Energieausweis dient lediglich der Information. Die Angaben im Energieausweis beziehen sich auf das gesamte Wohngebäude oder den oben bezeichneten Gebäudeteil. Der Energieausweis ist lediglich dafür gedacht, einen überschlägigen Vergleich von Gebäuden zu ermöglichen.

Aussteller

Ausstellungsdatum Unterschrift des Ausstellers

[1] Datum der angewendeten EnEV, gegebenenfalls angewendeten Änderungsverordnung zur EnEV [2] Bei nicht rechtzeitiger Zuteilung der Registriernummer (§ 17 Absatz 4 Satz 4 und 5 EnEV) ist das Datum der Antragstellung einzutragen; die Registriernummer ist nach deren Eingang nachträglich einzusetzen. [3] Mehrfachangaben möglich [4] bei Wärmenetzen Baujahr der Übergabestation

Energieausweis für Wohngebäude

6.3 Modernisierungsmaßnahmen

Was man unter Modernisierungsmaßnahmen versteht, wie der Vermieter diese anzukündigen hat und welche weiteren Rechte und Pflichten sich hieraus ergeben, regeln die §§ 555b ff. BGB.

Durch das Mietrechtsanpassungsgesetz (MietAnpG) vom 18.12.2018, zum 1.1.2019 in Kraft getreten, wurden neben umfangreichen Neuerungen in Bezug auf die Höhe von Neuvertragsmieten (siehe Kapitel 2.1.6) auch für Mieterhöhungen nach Modernisierungsmaßnahmen (§ 559 ff. BGB) wesentliche Neuregelungen eingeführt.

Überblick über die wesentlichen Änderungen bei Modernisierungsmieterhöhungen:

- **Senkung** der Modernisierungsmieterhöhung von bisher 11 % auf **8 %** (§ 559 Abs. 1 BGB).
- Einführung einer **Kappungsgrenze** bei Modernisierungsmieterhöhungen **innerhalb von sechs Jahren** (§ 559 Abs. 3a BGB):
  - **3 EUR/qm** Wohnfläche,
  - **2 EUR/qm** Wohnfläche, wenn die Miete weniger als 7 EUR vor Mieterhöhung beträgt.
- Kleine Modernisierung: für Maßnahmen, die nicht mehr als 10.000 EUR pro Wohnung betragen, gibt es ein vereinfachtes Verfahren (§ 559c BGB).

Nach den §§ 559 ff. BGB ist der Vermieter berechtigt, die für Modernisierungsmaßnahmen aufgewendeten Kosten im Rahmen einer Mieterhöhung zu berücksichtigen. Die jährliche Miete kann künftig nur noch um **8 %** (vorher 11 %) der für die Wohnung aufgewendeten Kosten erhöht werden. Dies gilt auch für eine Modernisierungsmieterhöhung im vereinfachten Verfahren (siehe Kapitel 6.3.4). Voraussetzung für die Geltendmachung einer Modernisierungsmieterhöhung ist zunächst, dass eine Modernisierungsmaßnahme im Sinne des § 555b BGB durchgeführt wurde. Des Weiteren muss es sich um eine Maßnahme im Sinne des § 555b Nr. 1, 3, 4, 5 oder 6 BGB handeln. Werden dagegen Maßnahmen nach § 555b Nr. 2 und Nr. 7 BGB durchgeführt, kann eine Mieterhöhung wegen Modernisierung nicht erfolgen. Bei Maßnahmen, die lediglich der **Erhaltung der Mietsache** (siehe Kapitel 6.1) dienen, ist eine Mieterhöhung ebenfalls nicht möglich.

6.3.1 Die Maßnahmen im Einzelnen

Modernisierungsmaßnahmen sind bauliche Veränderungen,

(1) durch die in Bezug auf die Mietsache Endenergie nachhaltig eingespart wird (energetische Modernisierung),
(2) durch die nicht erneuerbare Primärenergie nachhaltig eingespart oder das Klima nachhaltig geschützt wird,
(3) durch die der Wasserverbrauch nachhaltig reduziert wird,
(4) durch die der Gebrauchswert der Mietsache nachhaltig erhöht wird,
(5) durch die die allgemeinen Wohnverhältnisses auf Dauer verbessert werden,
(6) die aufgrund von Umständen durchgeführt werden, die der Vermieter nicht zu vertreten hat, und die keine Erhaltungsmaßnahmen nach § 555a sind oder
(7) durch die neuer Wohnraum geschaffen wird.

Energetische Modernisierung (§ 555b Nr. 1 und 2 BGB)
Einen wesentlichen Schwerpunkt der Mietrechtsreform 2013 stellte die energetische Modernisierung dar. Es handelt sich hierbei um bauliche Maßnahmen, durch die Endenergie oder nicht erneuerbare Energien eingespart werden (§ 555b Nr. 1 und 2 BGB).

Endenergie ist die zur Versorgung des Gebäudes notwendige Energiemenge. Maßgeblich ist hierbei die Übergabe der Energie an der Schnittstelle zur Gebäudehülle (BTDrucks 17/10485).

Primärenergie ist diejenige Energie, die durch vorgelagerte Prozesse, zum Beispiel Gewinnung, Transport oder Aufbereitung, zur Endenergie hinzukommt.

Auch wenn es sich bei der Einsparung von End- oder Primärenergie jeweils um Modernisierungen handelt, ist eine Unterscheidung dann von Bedeutung, wenn es um eventuelle Mietminderungen geht. Eine Mietminderung ist bei Maßnahmen, die der Einsparung von **Endenergie** dienen, nämlich für drei Monate ausgeschlossen (§ 536 Abs. 1 a BGB). Hingegen führen Maßnahmen, die der Einsparung von **Primärenergie** dienen, nicht zum Minderungsausschluss (siehe Kapitel 8; Näheres hierzu in Noack/Westner, »Mietminderung«, 2019, S. 67 ff.).

! **Beispiele**

Maßnahmen zur Einsparung von Endenergie

- Wärmedämmung des Daches und/oder der Fassaden sowie Warmwasserleitungen
- Einbau wärmedämmender Fenster oder Rollläden
- Austausch einer Heizungsanlage durch eine effizientere Anlage bzw. Erneuerung eines Heizkessels

- Maßnahmen zur Verbesserung des Jahresnutzungsgrads bzw. Wirkungsgrads einer Heizanlage
- Einbau von Lüftungsanlagen mit Wärmerückgewinnung
- Installation von Solar- oder Photovoltaikanlagen für die Einspeisung in das Gebäudenetz

§ 555b Nr. 1 stellt auf Einsparung im Hinblick auf die Mietsache ab, wohingegen eine Einsparung von Primärenergie gemäß § 555b Nr. 2 nicht auf die Mietsache abzielt.

Beispiel !

Der Vermieter gewinnt durch die Installation einer Photovoltaikanlag Energie in Form von Strom. Dieser Strom wird aber nicht in die Hausanlage eingespeist, sondern vom Vermieter durch anderweitige Einspeisung verkauft. Es handelt sich hier um eine Maßnahme zur Einsparung von Primärenergie, die jedoch in Bezug auf die Mietsache keine Energieeinsparung zur Folge hat.
Der Anschluss einer mit Gasetagenheizung ausgestatteten Wohnung an das aus Anlagen der Kraft-Wärme-Kopplung gespeiste Fernwärmenetz ist eine Maßnahme zur Einsparung von Energie, die der Mieter zu dulden hat. Zwar stellt der Anschluss an die Fernwärmeversorgung regelmäßig keine Wohnwertverbesserung dar, wenn die Räume bereits mit Gasetagenheizung ausgestattet sind, jedoch wird dadurch Primärenergie eingespart (BGH, Urteil vom 24.9.2008, VIII ZR 275/07, WuM 2008, 667).

Eine weitere Voraussetzung für das Vorliegen einer energetischen Maßnahme ist deren Nachhaltigkeit, das heißt, die Einsparung muss von Dauer sei, wobei eine bestimmte Quote der Einsparung nicht erforderlich ist.

Modernisierung gemäß § 555b Nr. 3 bis 5 und 7 BGB

Es handelt sich hierbei um Maßnahmen, die zur Verbesserung

- des Zuschnitts der Wohnung,
- des Schallschutzes,
- der Belichtung und Belüftung,
- der Einsparung von Wasser (Einbau von Wasserzählern),
- des Schutzes vor Diebstahl oder Gewalt,
- der Beheizung,
- der sanitären Einrichtungen,
- der Kochmöglichkeiten oder

zur Schaffung von Wohnraum dienen.

Wird ein Lift in das Anwesen eingebaut, eine Gegensprechanlage installiert oder werden Balkone neu errichtet, so liegt regelmäßig eine Gebrauchswerterhöhung der Mietsache vor.

§ 555b Nr. 6 BGB bezieht sich auf Maßnahmen, die der Vermieter, ohne dass er diese zu vertreten hat, aufgrund gesetzlicher Anordnung durchführen muss, wobei es sich nicht um Erhaltungsmaßnahmen handeln darf.

Als Beispiel können die unbedingten Anforderungen oder Nachrüstpflichten im Gebäudebestand gemäß den Bestimmungen in § 10 EnEV genannt werden. Sofern der Einbau von Rauchwarnmeldern oder Wasseruhren nach Landesrecht vorgeschrieben ist, liegt ebenfalls eine Maßnahme nach § 555b Nr. 6 BGB vor.

Die Abgrenzung zwischen einer Erhaltungs- und einer Modernisierungsmaßnahme kann im Einzelfall schwierig sein.

WICHTIG

Instandsetzung ist jede Maßnahme, die die Behebung von baulichen Mängeln vorsieht, insbesondere solcher Mängel, die durch Abnutzung, Witterungseinflüsse oder Einwirkungen Dritter entstanden sind. Ebenso fallen hierunter Maßnahmen, die den zum bestimmungsgemäßen Gebrauch geeigneten Zustand in den Wohnungen wiederherstellen.
Modernisierung ist jede Maßnahme, die den Substanz- oder Gebrauchswert der Mieträume oder des Gebäudes erhöht und dadurch eine komfortablere oder bessere Nutzung ermöglicht.

Ob eine Verbesserung, also Modernisierung vorliegt, beurteilt sich nicht nach subjektiven, sondern nach objektiven Kriterien (BGH, Urteil vom 20.7.2005, VIII ZR 253/04, NZM 2005, 697).

Problematisch ist in diesem Zusammenhang die Bewertung von Baumaßnahmen, bei denen Erhaltungsmaßnahmen mit Modernisierungen einhergehen, sogenannte gemischte Baumaßnahmen oder auch modernisierende Instandsetzung. Eine exakte Trennung der einzelnen Arbeiten ist oft nicht möglich.

! **Beispiele**

Es sollen alte, reparaturbedürftige Holzkastenfenster durch neue, isolierverglaste Kunststofffenster ausgetauscht werden. Einerseits müssen die alten Fenster erneuert werden, weil sie kaputt sind, andererseits werden durch den Einbau moderner Kunststofffenster ein besserer Lärmschutz und eine bessere Isolierung erreicht.
Wird an eine sanierungsbedürftige Fassade eine Wärmeisolierung angebracht, so sind Instandsetzungsarbeiten erforderlich. Zusätzlich bewirkt das Anbringen der Dämmung Einsparung von Heizenergie.

Tipp

!

Jedem sanierungswilligen Vermieter ist zu raten, bei gemischten Baumaßnahmen oder modernisierenden Instandsetzungen die erhöhten Anforderungen des § 555c BGB (Ankündigung von Modernisierungsmaßnahmen) zu beachten.

6.3.2 Duldungspflicht

Beabsichtigt der Vermieter, eine Modernisierungsmaßnahme durchzuführen, so ist der Mieter grundsätzlich zur Duldung verpflichtet (§ 555d Abs. 1 BGB).

ACHTUNG

Soll die Wohnung oder das Anwesen durch die beabsichtigte Verbesserung überdurchschnittlich gut ausgestattet werden, so liegt eine Luxusmodernisierung vor, die der Mieter nicht dulden muss (zum Beispiel Einbau von Hallenbad oder Sauna).

Die Duldungspflicht des Mieters unterliegt jedoch einer Einschränkung. Stellt nämlich die Maßnahme für den Mieter, seine Familie oder einen Angehörigen seines Haushalts eine Härte dar, die auch unter Würdigung der berechtigten Interessen sowohl des Vermieters als auch anderer Mieter in dem Gebäude sowie von Belangen der Energieeinsparung und des Klimaschutzes nicht zu rechtfertigen ist (§ 555d Abs. 2 S. 1 BGB), so ist der Mieter nicht zur Duldung der Modernisierungsmaßnahme verpflichtet.

ACHTUNG

Die zu erwartende Mieterhöhung sowie voraussichtliche künftige Betriebskosten bleiben bei der Abwägung im Rahmen der Duldungspflicht außer Betracht (§ 555d Abs. 2 S. 2 BGB). Bei Maßnahmen im vereinfachten Verfahren ist eine finanzielle Härte auch bei der Mieterhöhung nicht zu berücksichtigen (§ 559c Abs. 1 S. 3 BGB).

Bei der Interessenabwägung im Rahmen der Duldungspflicht sind nach dem Gesetzeswortlaut daher nur die Folgen der konkreten baulichen Maßnahme zu berücksichtigen. Hierbei können wie bisher auch das Alter und der Gesundheitszustand des Mieters, seiner Familie oder anderer Haushaltsangehöriger eine Rolle spielen.

Werden durch die baulichen Maßnahmen Zuschnitt und Größe der Wohnung wesentlich verändert, zum Beispiel wenn beim Einbau eines Lifts ein Zimmer der Wohnung wegfallen würde, kann die Abwägung der gegenseitigen Interessen unter Umständen dazu führen, dass die Modernisierungsmaßnahme vom Mieter nicht zu dulden ist.

Auch können im Rahmen der Interessenabwägung vorangegangene Aufwendungen des Mieters von Bedeutung sein. Hat der Mieter zum Beispiel auf eigene Kosten eine Nachtstromspeicherheizung einbauen lassen und der Vermieter möchte nunmehr eine neue Gaszentralheizung installieren lassen, ist danach zu unterscheiden, ob der Vermieter dem Einbau durch den Mieter zugestimmt und der Mieter seine Investitionen bereits abgewohnt hat. Wusste der Vermieter nichts von den Baumaßnahmen des Mieters bzw. sind diese längst wirtschaftlich abgeschrieben, kann der Mieter seine Verwendungen nicht als Härtegrund gegen das Modernisierungsbegehren des Vermieters vorbringen. Den Einbau von Rauchwarnmeldern durch den Vermieter hat der Mieter auch dann zu dulden, wenn er die Wohnung bereits selbst mit Rauchwarnmeldern ausgestattet hat (BGH, Urteil vom 17.6.2015, VIII ZR290/14 und NJW 2015, 2487).

Nach Auffassung des BGH kann ein Vermieter das Mietverhältnis kündigen, wenn der Mieter seiner Pflicht, Instandsetzungs- oder Modernisierungsarbeiten zu dulden, nicht nachkommt. Der Vermieter hat nicht erst vorher den Mieter auf Duldung zu verklagen (BGH, Urteil vom 15.4.2015, VIII ZR 281/13; WuM 2015, 416 f.).

Gemäß § 555d Abs. 3 BGB kann sich der Mieter jedoch nur dann auf Härtegründe berufen, wenn er diese bis zum Ablauf des Monats, der auf den Zugang der Modernisierungsankündigung folgt, in Textform dem Vermieter mitteilt. Hierbei hat der Mieter nicht nur Härtegründe im Hinblick auf die Duldung, sondern auch im Hinblick auf die zu erwartende Mieterhöhung mitzuteilen. Die Mitteilungspflicht des Mieters bezieht sich daher auch auf die Mieterhöhung. Hierdurch will der Gesetzgeber dem Vermieter Planungssicherheit für die Modernisierungsmaßnahmen verschaffen. Denn so weiß der Vermieter schon vor der Maßnahme, ob gegen die Mieterhöhung Härtegründe vorgetragen werden.

!

Beispiel

Bei form- und fristgerechter Modernisierungsankündigung des Vermieters im Juli muss der Mieter bis Ende August die Härtegründe vortragen. Versäumt es der Mieter die Härtegründe innerhalb der Monatsfrist mitzuteilen, kann er diese nur dann noch geltend machen, wenn er ohne Verschulden an der Einhaltung der Frist gehindert war. In diesem Fall hat er dem Vermieter unverzüglich die Umstände und die Gründe der Verzögerung in Textform mitzuteilen (§ 555d Abs. 4 BGB).

Als Gründe für die verspätete Geltendmachung können zum Beispiel Kur- oder Krankenhausaufenthalte bzw. schwere Erkrankung des Mieters vorgetragen werden.

Gründe, die der Mieter gegen die Mieterhöhung vortragen will, muss er bis spätestens zum Beginn der Modernisierungsmaßnahme vortragen (§ 555d Abs. 4 S. 2 BGB). Danach ist er mit dem Vortrag von Härtegründen ausgeschlossen.

Härtegründe, die der Mieter wegen der künftigen Betriebskosten erhebt, sind dagegen nicht zu berücksichtigen, da der Gesetzgeber nur Einwände gegen die »Mieterhöhung« zulässt.

Die Monatsfrist gilt dann nicht, wenn der Vermieter in der Modernisierungsankündigung keinen Hinweis auf die Form und die Frist des Härteeinwands erklärt hat (§ 555d Abs. 3 BGB). Nur in diesem Fall entfällt für den Mieter das Form- und Fristerfordernis.

Tipp !

Der Vermieter sollte unbedingt in der Ankündigung der Modernisierungsmaßnahme den Mieter auf die form- und fristgerechte Mitteilungspflicht hinweisen (siehe Kapitel 6.3.3). Wirtschaftliche Gründe muss der Mieter nämlich bereits in seiner Reaktion auf die Modernisierungsankündigung des Vermieters erklären, Berücksichtigung erfahren diese Gründe allerdings erst später, nämlich bei der Mieterhöhung.

Bei berechtigten wirtschaftlichen Einwänden ist die Modernisierungsmaßnahme vom Mieter zu dulden, eine Mieterhöhung jedoch ausgeschlossen. Bei Maßnahmen im vereinfachten Verfahren ist eine finanzielle Härte auch bei der Mieterhöhung nicht zu berücksichtigen (§ 559c Abs. 1 S. 3 BGB).

6.3.3 Ankündigungserklärung

Wie der Vermieter eine form- und fristgerechte Ankündigung von Modernisierungsmaßnahmen zu erklären hat, regelt § 555c BGB. Danach hat der Vermieter dem Mieter spätestens drei Monate vor Beginn der Maßnahme deren Art sowie voraussichtlichen Umfang, Beginn, die voraussichtliche Dauer und die zu erwartende Mieterhöhung, sowie voraussichtliche künftige Betriebskosten in Textform (§ 555c Abs. 1 BGB) mitzuteilen.

ACHTUNG

Textform bedeutet, dass die Erklärung, die einem anderen gegenüber abgegeben wird, in Schriftzeichen lesbar, die Person des Erklärenden angegeben und der Abschluss der Erklärung in geeigneter Weise erkennbar gemacht wird (§ 126b BGB). Im Unterschied zur Schriftform bedarf es bei der Textform nicht der eigenhändigen Unterschrift des Erklärenden. Hauptanwendungsfall der Textform ist die Übermittlung per Fax oder die Übersendung von Fotokopien. Ob die Textform gewahrt ist, wenn die Übermittlung per E-Mail erfolgt, ist noch nicht abschließend geklärt. Es soll jedoch ausreichen, wenn der Empfänger die Nachricht speichern und ausdrucken kann.

Da die Rechtsprechung zum Teil sehr hohe inhaltliche Anforderungen an die Ankündigung von Modernisierungsmaßnahmen stellte, hat der Gesetzgeber im Rahmen des Mietrechtsänderungsgesetzes 2013 die Anforderungen an die Ankündigung von Modernisierungen vereinfacht. So genügt es bei energetischen Maßnahmen im Sinne des § 555b Nr. 1 und 2 BGB, wenn der Vermieter auf allgemein anerkannte Pauschalwerte Bezug nimmt (§ 555c Abs. 3 BGB). Solche Werte finden sich zum Beispiel in der »Bekanntmachung der Regeln zur Datenaufnahme und Datenverwendung im Wohngebäudebestand« des Bundesministeriums für Verkehr, Bau und Stadtentwicklung vom 30.7.2009.

!

Beispiele

- Beabsichtigt der Vermieter, eine Wärmedämmung an dem Anwesen anzubringen, so kann er im Hinblick auf die Erläuterung zu Art und Umfang der Maßnahme auf entsprechende anerkannte Datensammlungen oder Gutachten Bezug nehmen. Gleichwohl entbindet diese Erleichterung den Vermieter nicht davon, die geplante Maßnahme so genau wie möglich zu beschreiben, damit sich der Mieter auf die bauliche Maßnahme einstellen kann.
- Sollen Einzelöfen durch eine Gaszentralheizung ausgetauscht werden, genügt es jedoch nicht, diese Maßnahme mit einem Satz anzukündigen. Vielmehr muss der Vermieter darstellen, in welchen Räumen an welcher Stelle die Heizkörper angebracht werden. Sonstige weitere Maßnahmen, Versetzen oder Durchbrechen von Wänden, Verlegen von Leitungssträngen etc. sind ebenfalls zu beschreiben. Es reicht nicht aus, wenn der Vermieter zur Erläuterung der Maßnahme lediglich auf ein in Anlage beigefügtes Kostenangebot eines Handwerkers verweist.
- Soll ein Badezimmer oder WC geschaffen werden, sind die Aufteilung und der Zuschnitt der Wohnung nach Durchführung der Arbeiten darzustellen, zudem, wie das Bad künftig ausgestattet sein wird. Unter Umständen sind Pläne vorzulegen, wenn sich durch die Maßnahmen Grundrissänderungen ergeben. Bei energetischen Maßnahmen müssen zudem die Einsparungen mitgeteilt werden, wobei der Bezug auf anerkannte Pauschalwerte genügt.

(Weitere Beispiele und Muster finden sich in Hopfensperger/Onischke: »Renovieren und Modernisieren«, 2014, S. 80 ff.)

Der voraussichtliche Umfang, der Beginn sowie die voraussichtliche Dauer der Arbeiten sollen so konkret wie möglich dargestellt werden. Beabsichtigt der Vermieter wegen der Modernisierung eine Mieterhöhung zu verlangen (§ 559 BGB), so hat er auch die zu erwartende Mieterhöhung mitzuteilen.

Die Mitteilungspflicht gilt auch für voraussichtliche künftige Betriebskosten, sofern sie durch die Maßnahme betroffen sind, zum Beispiel Kabelfernsehen, Rauchwarnmelder, Lifteinbau.

Bei der Ankündigung einer Mieterhöhung (nicht zu verwechseln mit der Mieterhöhungserklärung, die erst nach Abschluss der Maßnahmen ausgesprochen werden kann, siehe Kapitel 6.4) ist wie folgt vorzugehen:

Inhalt einer Modernisierungsankündigung (§ 555c BGB)

- Art und voraussichtlicher Umfang der Maßnahme sind zu erläutern,
- bei mehreren Maßnahmen getrennte Erläuterungen,
- bei energetischen Maßnahmen Bezugnahme auf Pauschalwerte bzw. Gutachten,
- voraussichtlicher Beginn und voraussichtliche Dauer,
- Hinweis auf Form und Frist des Härteeinwands (§ 555d Abs. 3 S. 1 BGB).

Bei beabsichtigter Mieterhöhung zusätzlich:

- Betrag der zu erwartenden Mieterhöhung; im vereinfachten Verfahren: Abzug der Pauschale für Erhaltungsmaßnahmen (30 %),
- bei mehreren Maßnahmen getrennte Darstellung,
- Benennung/Erläuterung des Verteilerschlüssels,
- Darstellung der Ermittlung der Kosten für die jeweilige Wohnung,
- Berechnung der zu erwartenden Mieterhöhung in Höhe von 8 % im Jahr (§ 559 Abs. 1 BGB),bei mehreren Maßnahmen jeweils getrennt,
- voraussichtliche künftige Betriebskosten; nicht erforderlich, wenn Mieterhöhung im vereinfachten Verfahren erfolgen soll.

In jedem Fall ist auch auf die Einhaltung der Ankündigungsfrist von (mindestens) drei Monaten zu achten.

ACHTUNG

Handelt es sich, wie so oft, um gemischte Baumaßnahmen oder modernisierende Instandsetzungen, bei denen sowohl Erhaltungs- als auch Verbesserungsmaßnahmen vorgenommen werden, so können selbstverständlich nur die Kosten für die Verbesserungsmaßnahmen für die zu erwartende Mieterhöhung in Ansatz gebracht werden. Die für die Erhaltungsarbeiten erforderlichen Kosten sind dagegen vom Vermieter zu tragen und müssen gegebenenfalls rechnerisch dargestellt werden. Auch können Kosten, die für eine energetische Modernisierung gemäß § 555b Nr. 2 BGB (Einsparung von Primärenergie; klimaschützende Maßnahmen) aufgewendet wurden, nicht als Mieterhöhung geltend gemacht werden (§ 559 Abs. 1 BGB).

Beabsichtigt der Vermieter keine Mieterhöhung durchzuführen, hat er gleichwohl die übrigen inhaltlichen Anforderungen an das Mitteilungsschreiben einzuhalten.

Wichtig ist in diesem Zusammenhang die Obliegenheit des Vermieters gemäß §555c Abs. 2 BGB, den Mieter auf Form und Frist des Härteeinwands nach §555d Abs. 3 S. 1 BGB hinzuweisen. Zwar ist diese Hinweispflicht nicht zwingend, der Hinweis hat aber zur Folge, dass der Mieter eventuelle Härteeinwände binnen Monatsfrist (siehe Kapitel 6.3.2) dem Vermieter gegenüber erklären muss. Versäumt der Vermieter diesen Hinweis in der Ankündigung der Modernisierungsmaßnahme, kann der Mieter die Einwände jederzeit noch erheben.

Eine Modernisierungsankündigung, die den formellen Vorgaben nicht gerecht wird, verpflichtet den Mieter nicht zur Duldung der Maßnahme (§555d Abs. 2 BGB).

Hat der Vermieter dem Mieter jedoch eine Modernisierungsankündigung unter Beachtung der gesetzlichen Vorgaben des §555c BGB mitgeteilt und weigert sich der Mieter trotzdem, die Arbeiten zu dulden, muss der Vermieter seinen Duldungsanspruch gerichtlich durchsetzen. Es empfiehlt sich daher, den Mieter aufzufordern, eine schriftliche Zustimmung zur Duldung der Modernisierungsmaßnahmen zu erteilen. Auch wenn die Durchführung der Maßnahme nicht von der Zustimmung der Mietpartei abhängt, ist es für den Vermieter wichtig, rechtzeitig zu wissen, ob die Maßnahme vom Mieter geduldet wird, sofern der Zutritt zur Wohnung erforderlich ist.

Eine Duldung durch den Mieter ist jedenfalls gegeben, wenn er den Handwerkern den Zutritt zur Wohnung ermöglicht. Nach Auffassung des KG Berlin (Urteil vom 16.7.1997, WuM 1992, 514) bedeutet Duldung im Sinne des §554 Abs. 2 BGB a. F. lediglich, dass sich der Mieter in Kenntnis der Modernisierungsabsicht des Vermieters passiv verhält.

Je nach den Umständen des Einzelfalls kann der Vermieter eine ordentliche oder auch fristlose Kündigung des Mietverhältnisses aussprechen, wenn der Mieter gegen seine Pflicht, Erhaltungs- oder Modernisierungsmaßnahmen zu dulden, verstößt (BGH, Urteil vom 15.4.2015, VIII ZR 281/13, WuM 2015, 416).

Modernisierungsmaßnahmen muss der Mieter auch dann dulden, wenn sie im Fall des Verkaufs der Wohnung schon vor der Grundbuchumschreibung von dem hierzu durch den Vermieter ermächtigten Käufer angekündigt und durchgeführt werden (BGH, Urteil vom 13.2.2008, VIII ZR 105/07, NZM 2008, 1218).

WICHTIG

Wenn eine Modernisierungsankündigung lediglich keinen Hinweis auf die Möglichkeit enthält, Härteeinwände vorzutragen, im Übrigen aber form- und fristgerecht erfolgt ist, ist der Mieter grundsätzlich zur Duldung verpflichtet. Härteeinwände kann er dann bis zum Beginn der Maßnahme geltend machen (§555d Abs. 5 BGB).

6.3.4 Ankündigung im vereinfachten Verfahren

Eine wesentliche Neuerung des zum 1.1.2019 in Kraft getretenen Mietrechtsanpassungsgesetzes stellt die Einführung eines vereinfachten Verfahrens für Modernisierungsmieterhöhung bis zu einer Investitionssumme von 10.000 EUR dar. Die entsprechenden Regelungen finden sich in § 559c BGB. Voraussetzung ist, wie auch beim »normalen« Verfahren gemäß § 559 BGB, dass eine **Modernisierungsmaßnahme** gemäß § 555b BGB vorliegt, wobei auch modernisierende Instandsetzungen hierunter fallen können; nicht dagegen Erhaltungsmaßnahmen (§ 555a BGB).

Das vereinfachte Verfahren soll es dem Vermieter ermöglichen, bei einer Investition bis zu **10.000 EUR pro Wohnung** eine Mieterhöhung gegenüber dem Mieter einfacher durchsetzen zu können.

Auch in diesem Verfahren hat der Vermieter eine **ordnungsgemäße Ankündigung** gemäß § 555c BGB durchzuführen. Eine Erleichterung für den Vermieter besteht jedoch darin, dass nicht alle Voraussetzungen des § 555c BGB zu beachten sind.

Inhalt der Ankündigung im vereinfachten Verfahren:

- Der Vermieter hat in der Ankündigung mitzuteilen dass er vom **vereinfachten Verfahren** gemäß § 559c BGB Gebrauch macht (§ 559c Abs. 5 Nr. 1 BGB).
- **Form und Frist** der Ankündigung gemäß § 555c Abs. 1: **3 Monate vor Beginn** der Maßnahme in Textform (siehe auch Kapitel 6.3)
- Mitteilung der Art sowie des voraussichtlichen Umfangs, des Beginns und der Dauer der Maßnahme (§ 555c BGB; siehe auch Kapitel 6.3.3)
- Mitteilung der zu erwartenden Mieterhöhung. Die **Mieterhöhung beträgt 8 %**, der für die Wohnung aufgewendeten Investitionskosten. Eine Erleichterung ergibt sich hier für den Vermieter, da er pauschal **30 %** von dem Investitionsvolumen in Abzug bringen kann, ohne dass er die für die Erhaltung erforderlichen Kosten erläutern und gesondert berücksichtigen muss (§ 559c Abs. 1 S. 2 BGB).

!

Beispiel

Die nach der Modernisierungsmaßnahme zu erwartende Mieterhöhung beträgt:
für die Wohnung aufgewendete Kosten: 10.000 EUR
abzüglich 30 % (pauschaler Abzug für Erhaltungsaufwand gemäß § 559c Abs. 1 S. 2 BGB),
somit: 10.000 EUR – 3.000 EUR = 7.000 EUR;
hieraus 8 % pro Jahr = 580 EUR,
monatlich zu erwartende Mieterhöhung somit: 46,67 EUR

Die Mitteilung der **künftigen Betriebskosten** ist nicht erforderlich (§ 559c Abs. 5 Nr. 2 BGB).

WICHTIG

Da es im Rahmen einer Mieterhöhung wegen Modernisierungsmaßnahmen sehr oft zu Streitigkeiten über den Betrag der in Abzug zu bringenden (fiktiven) Erhaltungskosten kommt, erlangt der pauschale Abzug von 30 % gemäß § 559c Abs. 1 S. 2 BGB vor allem im Rahmen des Mieterhöhungsverlangens durch den Vermieter Bedeutung (siehe auch Kapitel 6.4).

Die Hinweispflicht auf die Geltendmachung von **Härtegründen** ist, wie im normalen Verfahren auch, nicht zwingend, gleichwohl zu empfehlen. Allerdings kann sich der Mieter nur auf Härtegründe im Hinblick auf die Duldungspflicht berufen, nicht jedoch auf das Vorliegen einer finanziellen Härte.

6.3.5 Aufwendungsersatz

Der Vermieter hat dem Mieter Aufwendungen, die dieser infolge einer Erhaltungsmaßnahme machen musste, in angemessenem Umfang zu ersetzten. Der Vermieter ist auf Verlangen des Mieters auch zu Vorschusszahlungen verpflichtet (§ 555a Abs. 3 BGB). Gleiches gilt bei Modernisierungsmaßnahmen (§ 555d Abs. 6 BGB). Der Aufwendungsersatzanspruch des Mieters besteht daher nicht nur bei Modernisierungs-, sondern auch bei Erhaltungsmaßnahmen.

! **Beispiel**

Es kann sich um Kosten handeln, die für Reinigung, Einlagerung von Möbeln oder Schönheitsreparaturen infolge der Maßnahmen angefallen sind. Ist es dem Mieter nicht zumutbar, während der Erhaltungs- oder Modernisierungsarbeiten in der Wohnung zu wohnen, zum Beispiel wenn Bad und WC komplett ausgetauscht bzw. erneuert werden, kann er sogar Unterbringungskosten gegenüber dem Vermieter geltend machen.

Der Aufwendungsersatz besteht allerdings nur in angemessenem Umfang, das heißt, die vom Mieter geltend gemachten Kosten müssen tatsächlich objektiv erforderlich gewesen sein.

6.3.6 Sonderkündigungsrecht des Mieters

Dem Mieter steht gemäß § 555e BGB ein Sonderkündigungsrecht zu. Danach kann er nach Zugang der Modernisierungsankündigung das Mietverhältnis außerordentlich zum Ablauf des übernächsten Monats kündigen. Die Kündigung muss dann bis zum Ablauf des Monats erfolgen, der auf den Zugang der Modernisierungsankündigung folgt. Hat der Mieter von seinem Sonderkündigungsrecht Gebrauch gemacht, ist die

Maßnahme bis zum Ablauf der Mietzeit zu unterlassen. Das Sonderkündigungsrecht besteht nicht für Bagatellmaßnahmen (§ 555c Abs. 4 BGB).

Beispiel

!

Bei Zugang der Modernisierungsankündigung im März muss der Mieter bis spätestens Ende April kündigen. Kündigt der Mieter im April, wird das Mietverhältnis zum Ende Mai beendet.

MUSTER: Ankündigung einer Modernisierungsmaßnahme

ARBEITSHILFE ONLINE

Karla Schwarz
Andreas Schwarz
Menzingerstr. 18/EG
82325 München

Angela Percher
Simon Percher
Kreillerstr. 171/2. Stock
81825 München

München, 1.6.2019

Ankündigung von Modernisierungsmaßnahmen in Ihrer Wohnung/am Anwesen Kreillerstr. 171, 81825 München gemäß § 555b, c BGB

Sehr geehrte Frau Percher,
sehr geehrter Herr Percher,

wir beabsichtigen Maßnahmen durchzuführen,

(1) durch die in Bezug auf die Mietsache Endendenergie nachhaltig eingespart wird (energetische Modernisierung),
(2) durch die nicht erneuerbare Primärenergie nachhaltig eingespart oder das Klima nachhaltig geschützt wird,
(3) durch die der Wasserverbrauch nachhaltig reduziert wird,
(4) durch die der Gebrauchswert der Mietsache nachhaltig erhöht wird,
(5) durch die die allgemeinen Wohnverhältnisse auf Dauer verbessert werden,
(6) die aufgrund von Umständen durchgeführt werden, die der Vermieter nicht zu vertreten hat, und die keine Erhaltungsmaßnahmen nach § 555a sind oder
(7) durch die neuer Wohnraum geschaffen wird.

I.
Im Einzelnen handelt es sich um folgende Maßnahmen:
1. Anbringung einer Wärmedämmung an der Vorder- und Rückseite des Gebäudes (Maßnahme gemäß § 555b Nr. 1 und 2 BGB)
Die Fassaden des Gebäudes sollen nach den Vorgaben der EnEV mit einem Wärmedämmverbundsystem verkleidet werden. An den Fassaden müssen folgende Arbeiten durchgeführt werden:
[Beschreibung laut Kostenvoranschlag oder Architekt]
Es handelt sich dabei um einen Vollwärmeschutz des Typs ....., mit einer Stärke von ..... Der derzeitige Wärmedurchgangskoeffizient beträgt .... Der neue Wärmedurchgangskoeffizient nach Anbringung der Wärmedämmung beträgt .....
Zur voraussichtlichen Einsparung von Energie wird auf das Gutachten des Energieberaters Schmidt verwiesen, das als Anlage beigefügt ist.
2. Einbau eines Lifts vom Kellergeschoss bis zum 5. Stock (Maßnahme gemäß § 555b Nr. 4 und 5 BGB)
Es ist beabsichtigt, an die rückwärtige Fassade im Bereich des Treppenhauses einen Lift anzubauen. Es handelt sich um folgendes Fabrikat ..... Die Maße betragen .....
[ggf. Beschreibung ergänzen]
Haltestellen befinden sich in jedem Stockwerk. Hierzu wird jeweils die Außenfassade durchbrochen und mit einem Zugang über das jeweilige Stockwerk versehen.
[Beschreibung laut Kostenvoranschlag bzw. Erläuterungen eines Architekten oder Ingenieurs]
3. Errichtung eines Kinderspielplatzes (Maßnahme gemäß § 555b Nr. 5 BGB)
Im Hofbereich wird an der Nordostecke auf der bestehenden Grünfläche ein Sandkasten mit den Maßen ..... errichtet. Daneben wird ein Schaukel- und Klettergestell errichtet. Die Maße betragen ..... Die Spielgeräte entsprechen den einschlägigen Anforderungen ..... *[Zertifizierung mitteilen]* und stammen vom Hersteller .....

II.
Mit den Arbeiten zu I.1 wird voraussichtlich am 15.9.2019 begonnen.
Sie werden voraussichtlich am 15.10.2019 beendet sein.
Mit den Arbeiten zu I.2 wird voraussichtlich am 15.9.2019 begonnen.
Sie werden voraussichtlich am 30.10.2019 beendet sein.
Mit den Arbeiten zu I.3 wird voraussichtlich am 20.9.2019 begonnen.
Sie werden voraussichtlich am 31.9.2019 beendet sein.

III.
Die zu erwartende Mieterhöhung berechnet sich nach vorliegenden Kostenangeboten und dem hieraus auf Ihre Wohnung entfallenden Gesamtaufwand. Im Einzelnen:
1. Dämmung: voraussichtliche Kosten in Höhe von 20.000 EUR
(Kostenvoranschlag der Firma Huber vom 1.4.2019)
Voraussichtliche Kosten für Ihre Wohnung:
20.000 EUR : 1.200 qm (Summe aller Wohnflächen des Anwesens) = 16.67 EUR/qm × 63 qm (Wohnfläche Ihrer Wohnung) = 1.050,21 EUR,
hiervon 8 % = 84 EUR/Jahr = **7 EUR monatlich**

2 Aufzug: voraussichtliche Kosten in Höhe von 15.000 EUR
(Kostenvoranschlag der Firma Pax vom 3.5.2019)
Da der Gebrauchswert des Aufzugs je nach Stockwerklage unterschiedlich gewichtet ist, entspricht es billigem Ermessen, die Umlage der Kosten entsprechend zu verteilen. Da sich Wohnungen in den Stockwerken vom Erdgeschoss bis zum fünften Stock befinden, werden die Kosten folgendermaßen verteilt.
EG: 10 %, 1.500 EUR
1. OG: 13 %, 1.950 EUR
2. OG: 15 %, 2.250 EUR
3. OG: 17 %, 2.550 EUR
4. OG: 20 %, 3.000 EUR
5. OG: 25 %, 3.750 EUR
Voraussichtliche Kosten für Ihre Wohnung:
Ihre Wohnung befindet sich im 3. OG, deshalb:
2.550 EUR : 200 qm (Summe der Wohnflächen des 3. OG) = 12,75 EUR/qm × 63 qm (Wohnfläche Ihrer Wohnung) = 803,25 EUR,
hiervon 8 % = 64,26 EUR/Jahr = **5,36 EUR monatlich**
3. Spielplatz: voraussichtliche Kosten in Höhe von 2.000 EUR
(Kostenvoranschlag der Firma Toll vom 2.6.2019)
Voraussichtliche Kosten für Ihre Wohnung:
2.000 EUR: 1.200 qm (Summe aller Wohnflächen des Anwesens) = 1,67 EUR/qm × 63 qm = 105 EUR,
hiervon 8 % = 8,40 EUR/Jahr = **0,70 EUR monatlich**
Die zu erwartende monatliche Mieterhöhung für sämtliche Modernisierungsmaßnahmen beträgt
7 EUR + 5,36 EUR + 0,70 EUR = **13,06 EUR**

Alternativ
Eine Mieterhöhung mit der Maßnahme zu .... (Maßnahme beschreiben) ist für Sie nicht verbunden.

IV.
Die voraussichtliche Höhe der künftigen Betriebskosten für den Aufzug betragen monatlich 0,20 EUR/qm.
Die voraussichtliche Höhe der künftigen Betriebskosten für den Kinderspielplatz betragen monatlich 0,08 EUR/qm.
Bei einer Wohnfläche von 63 qm daher: 0,20 EUR × 63 qm = 12,60 EUR/Monat und 0,08 EUR × 63 qm = 5,04 EUR/Monat.

V.
Die Maßnahme zu I.1 (Anbringung einer Wärmedämmung) führt zu einer Einsparung der Endenergie im Anwesen. Im Hinblick auf die Art der Dämmung und deren Qualität verweisen wir auf die in Anlage beigefügten Beschreibungen des Herstellers/des Gutachtens vom .... bzw. der Datensammlung ....

VI.
Gemäß § 555c Abs. 2 in Verbindung mit § 555d Abs. 3 S. 1 BGB werden Sie darauf hingewiesen, dass Sie Härtegründe, die für Sie, Ihre Familie oder andere Angehörige Ihres Haushalts bestehen, die auch unter Würdigung der berechtigten Interessen sowohl des Vermieters als auch anderer Mieter in dem Gebäude sowie von Belangen der Energieeinsparung und des Klimaschutzes nicht zu rechtfertigen sind, bis zum Ablauf des Monats, der auf den Zugang der Modernisierungsankündigung folgt, also bis 31.7.2019, in Textform mitzuteilen haben. Härtegründe, die gegen die Mieterhöhung bestehen, sind ebenfalls innerhalb dieser Frist in Textform mitzuteilen.

VII.
Zum Zeichen Ihres Einverständnisses mit der Duldung der Arbeiten bitten wir um Unterzeichnung und alsbaldige Rückleitung beiliegender Zweitschrift, spätestens jedoch bis 25.6.2019. Wir werden bemüht sein, die Störungen, die mit der Durchführung der Maßnahmen verbunden sind, so gering wie möglich zu halten. Die genauen Termine werden Ihnen, sobald sie bekannt sind, mitgeteilt werden.

Mit freundlichen Grüßen
Karla Schwarz, Andreas Schwarz

Kenntnis genommen und einverstanden.

....

[Unterschriften]

ARBEITSHILFE ONLINE

MUSTER: Ankündigung einer Modernisierungsmaßnahme im vereinfachten Verfahren (§ 559c BGB)

Karla Schwarz
Andreas Schwarz
Menzingerstr. 18/EG
82325 München

Angela Percher
Simon Percher
Kreillerstr. 171/2. Stock
81825 München

München, 1.7.2019

Ankündigung von Modernisierungsmaßnahmen am Anwesen Kreillerstr. 171, 81825 München gemäß §§ 555c in Verbindung mit § 559c BGB (vereinfachtes Verfahren)

Sehr geehrte Frau Percher,
sehr geehrter Herr Percher,

wir beabsichtigen Maßnahmen durchzuführen,

- durch die in Bezug auf die Mietsache Endendenergie nachhaltig eingespart wird (energetische Modernisierung),
- durch die nicht erneuerbare Primärenergie nachhaltig eingespart oder das Klima nachhaltig geschützt wird,
- durch die der Wasserverbrauch nachhaltig reduziert wird,
- durch die der Gebrauchswert der Mietsache nachhaltig erhöht wird,
- durch die die allgemeinen Wohnverhältnisse auf Dauer verbessert werden,
- die aufgrund von Umständen durchgeführt werden, die der Vermieter nicht zu vertreten hat, und die keine Erhaltungsmaßnahmen nach § 555a sind, oder
- durch die neuer Wohnraum geschaffen wird.

Im Einzelnen handelt es sich um folgende Maßnahme:
Anbringung einer Wärmedämmung an der Vorder- und Rückseite des Gebäudes: Die Fassaden des Gebäudes sollen nach den Vorgaben der EnEV mit einem Wärmedämmverbundsystem verkleidet werden. An den Fassaden müssen folgende Arbeiten durchgeführt werden:
(Beschreibung laut Kostenvoranschlag oder laut Architekt)
Es handelt sich dabei um einen Vollwärmeschutz des Typs ..... mit einer Stärke von ..... Der derzeitige Wärmedurchgangskoeffizient beträgt: ..... Der neue Wärmedurchgangskoeffizient nach Anbringung der Wärmedämmung, beträgt ..... [eventuell jeweils Bezugnahme auf Pauschalwerte].
Zur voraussichtlichen Einsparung von Energie wird auf das Gutachten des Energieberaters Schmidt verwiesen, das in Anlage beigefügt ist.
Mit den Arbeiten wird voraussichtlich am 15.10.2019 begonnen.
Sie werden voraussichtlich am 15.11.2019 beendet sein.
Die zu erwartende Mieterhöhung berechnet sich nach vorliegenden Kostenangeboten und dem hieraus auf Ihre Wohnung entfallenden Gesamtaufwand.
Im Einzelnen:
Dämmung: voraussichtliche Kosten in Höhe von 20.000 EUR (Kostenvoranschlag der Firma Huber vom 1.4.2019).
Der auf Ihre Wohnung entfallende Gesamtaufwand beträgt:
20.000 EUR : 1.200 qm (Summe aller Wohnflächen des Anwesens) = 16,67 EUR/qm;
Ihre Wohnung hat eine Wohnfläche von 63 qm; somit: 16,67 EUR × 63 qm = 1.050,21 EUR.

Die zu erwartende Mieterhöhung im vereinfachten Verfahren gemäß § 559c BGB beträgt:
Gesamtaufwand für Ihre Wohnung 1.050,21 EUR abzüglich 30 % (315,06 EUR) = 735,15 EUR, davon 8 % = 58,81 EUR/Jahr = **4,90 EUR/Monat**
Gemäß § 555c Abs. 2 in Verbindung mit § 555d Abs. 3 S. 1 BGB werden Sie darauf hingewiesen, dass Sie Härtegründe, die für Sie, Ihre Familie oder andere Angehörige Ihres Haushalts bestehen, die auch unter Würdigung der berechtigten Interessen sowohl des Vermieters als auch anderer Mieter in dem Gebäude sowie von Belangen der Energieeinsparung und des Klimaschutzes nicht zu rechtfertigen sind, bis zum Ablauf des Monats, der auf den Zugang der Modernisierungsankündigung folgt, in Textform mitzuteilen haben.
Zum Zeichen Ihres Einverständnisses mit der Duldung der Arbeiten bitten wir um Unterzeichnung und alsbaldige Rückleitung beiliegender Zweitschrift.
Wir werden bemüht sein, die Störungen, die mit der Durchführung der Maßnahmen verbunden sind, so gering wie möglich zu halten. Die genauen Termine werden Ihnen, sobald sie bekannt sind, mitgeteilt werden.

Mit freundlichen Grüßen
Karla Schwarz, Andreas Schwarz

6.4 Mieterhöhung nach Modernisierung gemäß § 559 BGB

§ 559 BGB findet keine Anwendung auf Geschäftsraummietverträge. Wenn der Vermieter einer Gewerbeeinheit beabsichtigt, eine Mieterhöhung wegen Modernisierungsmaßnahmen geltend zu machen, so bedarf es einer ausdrücklichen Vereinbarung mit der Mietpartei.

6.4.1 Voraussetzung der Erhöhung

Der Vermieter von Wohnraum kann gemäß § 559 Abs. 1 BGB die Miete erhöhen, wenn er Modernisierungsmaßnahmen im Sinne des § 555b Nr. 1, 3, 4, 5 oder 6 BGB durchgeführt hat. Eine Mieterhöhung wegen Maßnahmen, die zur Einsparung von Primärenergie oder zum Klimaschutz durchgeführt werden (§ 555b Nr. 2 BGB) oder durch die neuer Wohnraum geschaffen wird (§ 555b Nr. 7 BGB), ist dagegen nicht möglich. Die Mieterhöhung beträgt **8 %** der für die Wohnung aufgewendeten Kosten (§ 559 Abs. 1, 3 BGB).

§ 559 Abs. 2 BGB sieht vor, dass Kosten, die für Erhaltungsmaßnahmen erforderlich waren, nicht zu den Modernisierungskosten zählen und daher in Abzug zu bringen sind. Können die Erhaltungskosten nicht ermittelt werden, ist es aber auch ausreichend, den ersparten Instandsetzungsaufwand zumindest durch Angabe einer Quote von den aufgewendeten Gesamtkosten nachvollziehbar darzulegen bzw. zu schätzen (§ 559 Abs. 2 BGB; BGH, Urteil vom 17.12.2014, VIII ZR 88/13, WuM 2015, 165ff).

Eine Mieterhöhung ist ausgeschlossen, soweit sie auch unter Berücksichtigung der voraussichtlich künftigen Betriebskosten für den Mieter eine Härte bedeuten würde, die auch unter Würdigung der berechtigten Interessen des Vermieters nicht zu rechtfertigen ist (§ 559 Abs. 4 BGB).

ACHTUNG

Bei der im Rahmen des § 559 Abs. 4 BGB vorzunehmenden Abwägung sind nur die Interessen des Mieters, nicht diejenigen von weiteren Bewohnern zu berücksichtigen – anders als bei der Interessenabwägung im Rahmen der Duldung (§ 555d Abs. 2 BGB)! Des Weiteren sind Gegenstand der Abwägung nur die Mieterhöhung und eventuelle künftige Betriebskosten. Es werden nur wirtschaftliche Interessen des Mieters berücksichtigt.
Im vereinfachten Verfahren (§ 559c Abs. 1 S. 3 BGB) kann sich der Mieter nicht auf das Vorliegen finanzieller Härte berufen!

Der Härteeinwand des Mieters ist dann nicht möglich, wenn die Mietsache lediglich in einen Zustand versetzt wurde, der allgemein üblich ist, oder die Modernisierung aufgrund von Umständen durchgeführt wurde, die der Vermieter nicht zu vertreten hatte (§ 559 Abs. 4 BGB); das ist beispielsweise bei zwingenden Nachrüstungen der Fall.

Der Härteeinwand des Mieters muss darüber hinaus rechtzeitig, das heißt bis zum Beginn der Arbeiten, erfolgt sein (§ 555d Abs. 5 S. 2 BGB).

6.4.2 Berechnung der Mieterhöhung

Die Mieterhöhung beträgt 8 % der auf die Wohnung aufgewendeten **Modernisierungskosten**. Das bedeutet, dass bei gemischten Baumaßnahmen die Kosten für Instandsetzung- bzw. Instandhaltungsarbeiten herauszurechnen sind (§ 559 Abs. 2 BGB). Zu den umlagefähigen Kosten zählen nur die für die Maßnahme notwendigen Kosten (BGH, Urteil vom 17.12.2008, VIII ZR 41/ 08). Beispiele:

- Honorar von Architekten oder Ingenieuren, wenn deren Hinzuziehung erforderlich war; dies ist in der Regel nur bei größeren Baumaßnahmen der Fall, zum Beispiel bei Balkonanbau oder Lifteinbau,
- Kosten für Baugenehmigung, Gerüst,
- Aufwendungsersatzansprüche von Mietern, die im Zusammenhang mit der Modernisierung erforderlich wurden, zum Beispiel für Unterbringung oder Wiederherstellung eines vertragsgemäßen Zustands der Wohnung (Anstrich nach Fenstereinbau, Reinigung),

- Eigenleistungen des Vermieters, allerdings ohne Mehrwertsteuer (Eisenschmid in Schmidt-Futterer § 559 Rn. 58).

ACHTUNG

Mietminderungen, die Mieter während Modernisierungsmaßnahmen zu recht gemäß § 536 Abs. 1 BGB geltend machen, zählen nicht zu den ansatzfähigen Kosten. Es handelt sich hierbei gerade nicht um Kosten, die für die Wohnung aufgewendet wurden (Eisenschmid in Schmidt-Futterer, § 559 Rn. 65).

Danach folgt die **Gesamtaufstellung der Kosten** für die Modernisierungsmaßnahmen, unter Umständen getrennt nach einzelnen Gewerken. Werden **Drittmittel** in Anspruch genommen, so sind die Vorgaben des § 559a BGB zu beachten. Werden Modernisierungsmaßnahmen des Vermieters durch öffentliche Fördermittel in Form eines zinsverbilligten Darlehens gefördert, kann der Vermieter die Miete im Förderzeitraum nach § 558 BGB nur bis zu dem Betrag erhöhen, der sich nach Abzug der Zinsverbilligung von der ortsüblichen Vergleichsmiete ergibt (BGH, Urteil vom 1.4.2009, VIII ZR 179/08, WuM 2009, 353; siehe auch Noack/Westner, »Miete und Mieterhöhung«, 2015, S. 195 ff.).

Der Erhöhungsbetrag verringert sich um den Jahresbetrag der Zinsermäßigung, der sich für den Ursprungsbetrag des Darlehens aus dem Unterschied im Zinssatz gegenüber dem marktüblichen Zinssatz für erststellige Hypotheken zum Zeitpunkt der Beendigung der Maßnahme ergibt (§ 559a BGB).

! **Beispiel**

Modernisierung von vier gleichgroßen Wohnungen: Kosten 12.000 EUR
Zinsverbilligtes Darlehen 6.000 EUR zu einem Zinssatz von 2 %, Jahreszins somit 120 EUR; marktüblicher Zinssatz 4 %, Jahreszins somit 240 EUR. Zinsersparnis somit 240 EUR – 120 EUR = 120 EUR; 8 % aus 12.000 EUR = 960 EUR. Hiervon ist die Ersparnis in Höhe von 120 EUR abzuziehen, sodass 840 EUR als jährliche Mieterhöhung für vier Wohnungen verbleiben. Erhöhungsbetrag je Wohnung daher jährlich: 840 EUR : vier Wohnungen = 210 EUR bzw. 17,50 EUR monatlich je Wohnung statt 20 EUR (siehe Stürzer/Koch, »Vermieter-Lexikon«, 16. Auflage 2019, Stichwort »Mieterhöhung bei Wohnraum«).

Als Nächstes ist der **Verteilerschlüssel** mitzuteilen, wenn sich die Maßnahme auf mehrere Wohnungen oder das gesamte Anwesen bezieht. Bei Fassadendämmungen sind diese Kosten zum Beispiel nach Wohneinheiten oder Größe der Wohnungen aufzuteilen. Wichtig ist es, hierbei einen Verteilerschlüssel zu wählen, der angemessen und gerecht ist. Bei Einbau eines Lifts zum Beispiel kann die Verteilung nach der Wohnfläche unangemessen sein, da ein Erdgeschossbewohner unter Umständen keinen oder nur geringen Nutzen von dem Lifteinbau hat. Hier kann eine Kostenaufteilung nach Stockwerkslage gerechter sein.

Von den auf diese Weise ermittelten Kosten für die einzelne Wohnung können 8 % im Jahr auf die Miete umgelegt werden. Die monatliche Mieterhöhung errechnet sich somit wie im folgenden Beispiel.

Beispiel

!

Kosten für die Fassadendämmung: 12.000 EUR.
Insgesamt zehn gleich große Wohneinheiten im Anwesen ergeben Kosten pro Wohnung von 12.000 EUR : 10 = 1.200 EUR. Erhöhung pro Jahr 8 % hieraus = 96 EUR. Dies ergibt eine monatliche Mieterhöhung in Höhe von 96 EUR : 12 Monate = 8 EUR pro Wohnung.

6.4.3 Geltendmachung der Mieterhöhung (§ 559b BGB)

Die Mieterhöhung kann erst nach Abschluss der Modernisierungsarbeiten und Vorliegen der Schlussrechnung geltend gemacht werden (BGH, Urteil vom 17.12.2015, VIII ZR 88/13. WuM 2015, 165). Anders als bei einer Mieterhöhung auf die ortsübliche Vergleichsmiete (§ 558 BGB), bedarf es hier keiner Zustimmung des Mieters. Zahlt der Mieter die Mieterhöhung nicht, kann der Vermieter auf Zahlung klagen. Die Mieterhöhung nach § 559 BGB führt zu einer dauerhaften Anpassung der Miete. Diese gilt auch dann, wenn sich die Investitionen des Vermieters schon amortisiert haben. Die Mieterhöhung ist nur wirksam, wenn in ihr die Erhöhung aufgrund der entstandenen Kosten berechnet und entsprechend erläutert wird (§ 559b Abs. 1 BGB).

In der Mieterhöhungserklärung sind zunächst die Modernisierungsmaßnahmen darzustellen. Je nach Art der Modernisierung sind die Erläuterungen unterschiedlich. So kann zum Beispiel bei Energiesparmaßnahmen auf anerkannte Pauschalwerte Bezug genommen werden (§ 559b Abs. 1 S. 2 BGB).

Gemäß § 559b BGB ist die Mieterhöhung in Textform zu erklären.

ACHTUNG

Zwingende Inhalte der Modernisierungsmieterhöhung:

- Mitteilung des Gesamtaufwands,
- Erläuterung der Modernisierungsmaßnahme,
- bei energetischer Modernisierung Bezugnahme auf Pauschalwerte/Gutachten,
- Erläuterung des Verteilerschlüssels,
- nachvollziehbare Berechnung des Erhöhungsbetrags.

Der Mieter schuldet danach die Mieterhöhung mit Beginn des dritten Monats, der auf den Zugang der Erklärung folgt. Diese Frist verlängert sich um sechs Monate, wenn der Vermieter dem Mieter die Modernisierungsmaßnahme nicht form- und fristgerecht angekündigt hat (§ 555c Abs. 1, 3, 4, 5 BGB) oder wenn die tatsächliche Mieterhöhung die angekündigte um mehr als 10 % übersteigt (§ 559b Abs. 2 BGB). Diese Verlängerung der Wirksamkeit der Mieterhöhung gilt auch für den Fall, dass eine Modernisierungsankündigung ganz unterblieben ist (BGH, Urteil vom 6.10.2015; VIII ZR 76/15).

! **Beispiel**

Zugang der Mieterhöhung im August, Mieterhöhung zum 1. November (Beginn des dritten Monats nach Zugang): Hat der Vermieter keine form- und fristgerechte Ankündigung gemacht bzw. übersteigt die tatsächliche Mieterhöhung die angekündigte Erhöhung um 10 %, verlängert sich die Frist um sechs Monate; im Beispiel wirkt die Mieterhöhung dann zum 1. Mai des nächsten Jahres (Beginn des neunten Monats nach Zustellung).

Einer Mieterhöhung wegen Modernisierung steht nicht entgegen, dass der Vermieter den Beginn der Modernisierungsarbeiten weniger als drei Monate vorher angekündigt und der Mieter der Maßnahme widersprochen hat (BGH, Urteil vom 19.9.2007, VIII ZR 6/07, WuM 2007, 630).

6.4.4 Besonderheiten für das vereinfachte Verfahren (§ 559c BGB)

Das vereinfachte Verfahren bei der Modernisierungsmieterhöhung kann nur dann in Anspruch genommen werden, wenn die geltend gemachten Kosten für die einzelne Wohnung 10.000 EUR nicht übersteigen. In der Mieterhöhungserklärung ist anzugeben, dass die Mieterhöhung im vereinfachten Verfahren berechnet wird.

Berechnung der Mieterhöhung

Bei der Berechnung der Mieterhöhung für Modernisierungsmaßnahmen muss der Vermieter keine Erläuterung für fiktive Kosten, die für Erhaltungsmaßnahmen erforderlich gewesen wären, vornehmen. Vielmehr sieht § 559c Abs. 1 S. 2 BGB vor, dass als Kosten, für erforderlich gewesene Erhaltungsmaßnahmen, pauschal **30 %** der für die Wohnung geltend gemachten Kosten in Abzug zu bringen sind.

! **Beispiel**

Modernisierungskosten in Höhe von 10.000 EUR für eine Wohnung
10.000 EUR abzüglich 30 % (3.000 Euro) = 7.000 EUR,
davon 8 % = 560 EUR/Jahr, die monatliche Mieterhöhung beträgt somit 560 EUR : 12 = 46, 67 EUR

Berücksichtigung von Drittmitteln

Wie in Kapitel 6.4.2 ausgeführt, sind nach § 559a BGB Drittmittel bei einer Modernisierungsmieterhöhung grundsätzlich in Abzug zu bringen. Im vereinfachten Verfahren dagegen sind gemäß § 559c Abs. 1 S. 3 BGB Vorteile aus zinsvergünstigten oder zinslosen Darlehen nicht zu berücksichtigen.

Härteeinwand

Der Mieter kann sich im vereinfachten Verfahren nicht auf das Vorliegen finanzieller Härte berufen. Gemäß § 559c Abs. 1 S. 3 BGB findet § 559 Abs. 4 BGB keine Anwendung.

Sperrfrist

Es gilt eine Sperrfrist **von fünf Jahren**. Der Vermieter darf innerhalb von fünf Jahren nach Zugang der Mieterhöhungserklärung beim Mieter keine Mieterhöhungen wegen Modernisierungsmaßnahmen geltend machen, wenn der Höchstbetrag von 10.000 EUR ausgeschöpft ist (§ 559c Abs. 4 S. 1 BGB). Ist der Betrag von 10.000 EUR durch für die Wohnung aufgewendete Kosten noch nicht ausgeschöpft, kann eine Mieterhöhung jederzeit noch im vereinfachten Verfahren durchgeführt werden).

Diese Sperrfrist gilt nicht, wenn

- der Vermieter in diesem Zeitraum Modernisierungsmaßnahmen aufgrund **gesetzlicher Verpflichtungen** durchzuführen hat und er diese Verpflichtung bei Geltendmachung der Mieterhöhung im vereinfachten Verfahren nicht kannte oder kennen musste (§ 559c Abs. 4 S. 2 Nr. 1 BGB; zum Beispiel Vorgaben nach EnEV).
- eine Modernisierungsmaßnahme aufgrund eines Beschlusses der Wohnungseigentümer durchgeführt wird, der **frühestens zwei Jahre** nach Zugang der **Mieterhöhungserklärung** beim Mieter gefasst wurde (§ 559c Abs. 4 S. 2 Nr. 2 BGB)

Beispiel !

Fassadendämmung im Februar 2019 abgeschlossen, Mieterhöhung am **10.3.2019 zugegangen**, Mieterhöhung zum 1.6.2019 wirksam.
Beschlüsse über Modernisierungsmaßnahmen der WEG, die nach dem 10.3.2021 gefasst werden, unterliegen nicht mehr der Sperrfrist.

Anrechnung früherer Modernisierungsmieterhöhungen

Um zu vermeiden, dass ein Vermieter nach einer Modernisierungsmieterhöhung im »normalen« Verfahren zusätzlich eine Erhöhung nach dem vereinfachten Verfahren geltend macht, werden alle Mieterhöhungen wegen Modernisierungsmaßnahmen der letzten fünf Jahre angerechnet (§ 559c Abs. 2 BGB). Die Kosten, die für eine weitere Modernisierungsmaßnahme geltend gemacht werden, reduzieren sich um die Kosten, die in einem früheren Verfahren für Modernisierungsmaßnahmen geltend gemacht wurden.

! **Beispiel**

Anbringung einer Dachdämmung am Anwesen: Die für die Wohnung geltend gemachten Kosten betragen 5.000 EUR. Mieterhöhung wegen dieser Maßnahme zum 1.8.2019 in Höhe von 33,33 EUR monatlich (8 % aus 5.000 EUR = 400 EUR : 12).
Der Vermieter beabsichtigt, 2020 eine Mieterhöhung gemäß § 559c BGB (vereinfachtes Verfahren) wegen Fenstermodernisierung durchzuführen. Gesamtkosten für die Wohnung: 6.000 EUR.
6.000 EUR zuzüglich 5.000 EUR (Kosten der Modernisierung für die Wohnung aus dem Jahr 2019) = 11.000 EUR Gesamtkosten der Modernisierungen für die Wohnung innerhalb von fünf Jahren.

Da die Gesamtkosten den maximalen Betrag von 10.000 EUR übersteigen, ist eine Mieterhöhung im vereinfachten Verfahren wegen Fenstermodernisierung **nicht** möglich! Gegebenenfalls kann eine Mieterhöhung im »normalen« Verfahren durchgeführt werden.

6.4.5 Kappungsgrenzen für Modernisierungsmieterhöhungen

Den Begriff der Kappungsgrenze kennt man bisher nur im Zusammenhang mit der Mieterhöhung bis zur ortsüblichen Vergleichsmiete (§ 558 Abs. 3 BGB). Nunmehr hat der Gesetzgeber auch eine Kappungsgrenze für Mieterhöhungen aufgrund von Modernisierungsmaßnahmen eingeführt, die seit 1.1.2019 gilt. Danach darf bei Modernisierungsmieterhöhungen die monatliche Miete innerhalb von **sechs Jahren** nicht um mehr als **3 EUR/qm** Wohnfläche erhöht werden. Beträgt die monatliche Miete vor der Mieterhöhung weniger als **7 EUR/qm** Wohnfläche, beträgt die Kappungsgrenze **2 EUR/qm**. Mieterhöhungen wegen Anpassung an die ortsübliche Vergleichsmiete gemäß § 558 BGB und Betriebskostenerhöhungen gemäß § 560 BGB werden hierbei nicht berücksichtigt (§ 559 Abs. 3a BGB).

! **Beispiele**

1. Wohnung mit 60 qm Wohnfläche, derzeitige Miete 500 EUR = 8,33 EUR/qm
Kosten der Modernisierung 2019: 15.000 EUR,
davon 8 % = 1.200 EUR : 12 = 100 EUR monatlich = 1,67 EUR/qm
Mieterhöhung um 1,67 EUR/qm ist möglich.
2. Fall wie oben: 2020 wird eine weitere Mieterhöhung wegen Modernisierung durchgeführt, diese beläuft sich auf 2 EUR/qm.
Es gilt: Innerhalb von sechs Jahren wurden zwei Modernisierungserhöhungen durchgeführt, die Summe der Erhöhungen beträgt: 1,67 EUR/qm + 2 EUR/qm = 3,67 EUR/qm
Da um maximal 3 EUR/qm monatlich erhöht werden darf, kann jetzt nur noch eine Erhöhung um 1,33 EUR/qm erfolgen. Den Betrag von 0,67 EUR/qm hat der Vermieter zu tragen bzw. kann dieser nicht als Mieterhöhung geltend machen.

3. Wohnung mit 50 qm Wohnfläche, derzeitige Miete 325 EUR = 6,50 EUR/qm
Kosten der Modernisierung: 18.000 EUR,
davon 8 % = 1.440 EUR : 12 = 120 EUR = 2,40 EUR/qm
Es gilt: Innerhalb von sechs Jahren darf nur um 2 EUR/qm erhöht werden, wenn die monatliche Miete vor Erhöhung weniger als 7 EUR/qm betragen hat. Dies ist vorliegend der Fall; der Vermieter kann daher nur um 2 EUR/qm erhöhen.
Die neue Miete beträgt somit: 2 EUR × 50 qm= 100 EUR + 325 EUR = 425 EUR

WICHTIG

Diese Kappungsgrenzen gelten auch für Mieterhöhungen im vereinfachten Verfahren (§ 559c BGB). Allerdings erlangen diese Grenzen nur wenig praktische Bedeutung, denn im vereinfachten Verfahren können als Mieterhöhung maximal 560 EUR/Jahr und somit 46, 67 EUR monatlich geltend gemacht werden (10.000 EUR abzüglich 30 % = 7.000 EUR, davon 8 % =560 EUR/Jahr). Bei einer 50 qm großen Wohnung beträgt die Mieterhöhung somit 0,93 EUR/qm. Nur bei sehr kleinen Wohnungen bzw. Appartements könnte die Kappungsgrenze auch im einfachen Verfahren erreicht werden.

6.4.6 Sonderkündigungsrecht

Dem Mieter steht gemäß § 561 BGB ein Sonderkündigungsrecht nach Geltendmachung einer Mieterhöhung gemäß § 559 BGB zu. Danach kann er das Mietverhältnis bis zum Ablauf des zweiten Monats nach dem Zugang der Erklärung des Vermieters außerordentlich zum Ablauf des übernächsten Monats kündigen. Kündigt der Mieter, so tritt die Mieterhöhung nicht ein.

Beispiel !

Zugang der Modernisierungserhöhung im April, Kündigung spätestens bis Ende Juni: Kündigt der Mieter im Juni, so ist das Mietverhältnis Ende August beendet.

ARBEITSHILFE ONLINE

MUSTER: Beispiel für eine Modernisierungserhöhung (§§ 559, 559b BGB)

Karla Schwarz
Andreas Schwarz
Menzingerstr. 18/EG
82325 München

Angela Percher
Simon Percher
Kreillerstr. 171/2. Stock
81825 München

München, 10.8.2019

Mieterhöhung wegen Modernisierung, §§ 559, 559 b BGB

Sehr geehrte Frau Percher,
sehr geehrter Herr Percher,

die mit Schreiben vom 4.1.2019 angekündigten Modernisierungsmaßnahmen im Anwesen Kreillerstr. 171 sind zum 31.7.2019 abgeschlossen worden.

I.
Im Einzelnen wurden folgende Maßnahmen **am Anwesen** durchgeführt:
[Beschreibung und Erläuterung der Maßnahmen]
1. Wärmedämmung der Fassaden, Kosten: 10.000 EUR
2. Errichtung eines Kinderspielplatzes, Kosten: 1.000 EUR
Die Modernisierungskosten betragen insgesamt 11.000 EUR.

Auf Ihre Wohnung entfällt ein Anteil von:
1. *Alternative*
(Betrag von 1.) 10.000 EUR : 20 Wohneinheiten = 500 EUR
(Betrag von 2.) 1.000 EUR : 20 Wohneinheiten = 50 EUR
Gesamt: 550 EUR
2. *Alternative*
(Betrag von 1.) 10.000 EUR : 1.200 qm (Summe aller Wohn- und Nutzflächen des Anwesens) × 63 qm (Wohnfläche Ihrer Wohnung) = 525 EUR
(Betrag von 2.) 1.000 EUR : 1.200 qm (Summe aller Wohn- und Nutzflächen des Anwesens) × 63 qm (Wohnfläche Ihrer Wohnung) = 52,50 EUR
Gesamt: 577,50 EUR

II.
Im Einzelnen wurden folgende Maßnahmen **in Ihrer Wohnung** durchgeführt:
[Beschreibung und Erläuterung der Maßnahmen]
1. Einbau eines Bades, Kosten: 3.000 EUR
2. Anbringen von sechs Rollläden à 320 EUR im Wohn-, Kinder- und Schlafzimmer, Kosten: 1.920 EUR

Die Modernisierungskosten für Ihre Wohnung betragen insgesamt 4.920 EUR. Erhaltungskosten sind nicht in Abzug zu bringen, da keine angefallen sind bzw. erforderlich gewesen wären.

III.
Es ergibt sich folgende monatliche Mieterhöhung:
Alternative I.1
Die auf Ihre Wohnung aufgewendeten Modernisierungskosten betragen: 550 EUR (I.1) + 4.920 EUR (II) = 5.470 EUR
hiervon 8 % = 437,60 EUR/Jahr
ergibt eine monatliche Erhöhung von 36,47 EUR.
Alternative I.2
Es ergibt sich folgende monatliche Mieterhöhung:
Die auf Ihre Wohnung aufgewendeten Modernisierungskosten betragen: 577,50 EUR (I.2) + 4.920 EUR (II) = 5.497,50 EUR
hiervon 8 % = 439,80 EUR/Jahr
ergibt eine monatliche Mieterhöhung von 36,65 EUR.

IV.
Des Weiteren erhöhen sich Ihre monatlichen Abschlagszahlungen auf die Betriebskosten gemäß § 4 Abs. 2 Ihres Mietvertrags um ..... EUR, da künftig auch die Betriebskosten für ..... *[zum Beispiel den neuen Lift, Rauchwarnmelder, Kabelfernsehen]* im Rahmen der Betriebskostenabrechnung gemäß § 2 BetrKV umgelegt werden.
Ihre neue Miete ab 1.11.2019 beträgt:
Nettokaltmiete: .... EUR
Betriebskostenvorauszahlung gem. § 2 BetrKV: .... EUR
insgesamt: .... EUR
Die Rechnungsbelege können nach Terminvereinbarung eingesehen werden/liegen diesem Schreiben als Anlagen bei.

Mit freundlichen Grüßen
Karla Schwarz, Andreas Schwarz

ARBEITSHILFE ONLINE

MUSTER: Beispiel für eine Modernisierungserhöhung im vereinfachten Verfahren (§ 559c BGB)

Karla Schwarz
Andreas Schwarz
Menzingerstr. 18/EG
82325 München

Angela Percher
Simon Percher
Kreillerstr. 171/2. Stock
81825 München

München, 10.8.2019

Mieterhöhung wegen Modernisierung im vereinfachten Verfahren (§ 559c BGB)

Sehr geehrte Frau Percher,
sehr geehrter Herr Percher,

die mit Schreiben vom 4.1.2019 angekündigte Modernisierungsmaßnahme im Anwesen Kreillerstr. 171 ist zum 31.7.2019 abgeschlossen worden.
Im Einzelnen wurde folgende **Maßnahme in Ihrer Wohnung** durchgeführt:
Anbringen von sechs Rollläden à 320 EUR im Wohn-, Kinder- und Schlafzimmer – Kosten gesamt für Ihre Wohnung: 1.920 EUR
Die Mieterhöhung berechnet sich wie folgt:
1.920 EUR abzüglich 30 % (Pauschale für Erhaltungsaufwand: 576 EUR) = 1.344,00 EUR, hiervon 8 % = 107,52 EUR/Jahr = 8,96 EUR monatliche Mieterhöhung
Ihre **neue Miete ab 1.11.2019** beträgt:
EUR .... Nettokaltmiete
+ EUR .... Betriebskostenvorauszahlung wie bisher
= EUR .... insgesamt

Die Rechnungsbelege können nach Terminvereinbarung eingesehen werden/liegen diesem Schreiben als Anlagen bei.

Mit freundlichen Grüßen
Karla Schwarz, Andreas Schwarz

6.5 Modernisierungsvereinbarungen

Durch das Mietrechtsänderungsgesetz vom 1.5.2013 wurde § 555f BGB neu eingeführt, wonach nunmehr auch gesetzlich geregelt ist, dass die Vertragsparteien Vereinbarungen über Erhaltungs- und Modernisierungsmaßnahmen treffen können. Voraussetzung ist, dass eine solche Vereinbarung nach Abschluss des Mietvertrags getroffen wird und für die Vereinbarung ein besonderer Anlass besteht. Nicht zulässig sind daher generelle Vereinbarungen zu Erhaltungs- oder Modernisierungsmaßnahmen, ohne dass ein konkreter Einzelfall vorliegt.

Inhaltlich können insbesondere

- die zeitliche und technische Durchführung der Maßnahmen,
- Gewährleistungsrechte und Aufwendungsersatzansprüche des Mieters sowie
- die künftige Höhe der Miete

geregelt werden. Diese Aufzählung ist nicht abschließend, die Vertragsparteien können auch andere Regelungsinhalte in eine Modernisierungsvereinbarung aufnehmen. Vereinbarungen im Sinne des § 555f BGB können auch zum Nachteil des Mieters vom Gesetz abweichende Regelungen enthalten. Wegen eines eventuell bestehenden Widerrufsrechts des Mieters aufgrund des Gesetzes zur Umsetzung der Verbraucherrechterichtlinien wird auf Kapitel 11.7 verwiesen (Mietaufhebungsvereinbarung).

ARBEITSHILFE ONLINE

Arbeitshilfe online

Das Muster einer solchen Modernisierungsvereinbarung steht als Arbeitshilfe online zur Verfügung.

7 Was ist bei baulichen Änderungen des Mieters zu bedenken?

Beabsichtigt der Mieter, bauliche Veränderungen in der Mietwohnung durchzuführen, benötigt er die Einwilligung des Vermieters. Eingriffe in die bauliche Substanz sind dem Mieter regelmäßig nicht gestattet. Von der Zustimmungspflicht durch den Vermieter sind folgende Maßnahmen ausgenommen:

- Einrichtungen, die zum normalen Mietgebrauch gehören, wie Einbauküche, Raumteiler,
- Vorrichtungen wie Nägel, Dübel, Gardinenstangen, zusätzliche Steckdosen, Jalousie, Austausch des WC-Beckens etc.,
- Einrichtungen wie Teppichboden, Anbringen einer Holzdecke, Einbau einer Dusche.

Beispiele für zustimmungspflichtige Maßnahmen:

- Montage einer Parabolschüssel,
- Ausbau des Speichers zu Wohnzwecken,
- Einbau einer Gasetagenheizung,
- Einbau einer Sauna,
- Umrüstung der Heizung von Strom auf Gas,
- Anbringen einer Balkonverkleidung.

Nimmt der Mieter ohne Zustimmung des Vermieters bauliche Veränderungen vor, verletzt er seine Obhutspflicht und ist zum Schadenersatz verpflichtet. Der Vermieter kann entweder sofort die Wiederherstellung des ursprünglichen Zustands verlangen oder sich ausdrücklich vorbehalten, dies bei Mietende zu fordern. Bei Beendigung des Mietverhältnisses hat der Mieter die Wohnung wieder in den ursprünglichen Zustand zu versetzen (vgl. Kapitel 12.3).

Ist der Vermieter mit den vom Mieter beabsichtigten Maßnahmen einverstanden, sollte eine schriftliche Vereinbarung zwischen den Mietparteien getroffen werden. Diese sollte Folgendes beinhalten:

- Was ist beabsichtigt? Genaue Beschreibung und Bezeichnung der geplanten Maßnahme
- Wer trägt die Kosten?
- Wer hat Gewährleistungsrechte dem Handwerker gegenüber geltend zu machen?
- Darf die Einrichtung bei Mietende in der Wohnung bleiben?
- Welcher Ablösebetrag wird fällig? Es empfiehlt sich, einen bestimmten Abschreibungssatz pro Jahr festzulegen (zum Beispiel 10 % pro Jahr).

7.1 Vereinbarung über eine Parabolantenne

Das Anbringen einer Parabolantenne gehört nicht mehr zum vertragsgemäßen Gebrauch und ist somit eine zustimmungspflichtige Maßnahme. Allerdings hat die Rechtsprechung in einem Grundsatzurteil (OLG Frankfurt, RE vom 22.7.1992, NJW 1992, 2490) entschieden, dass der Vermieter die Zustimmung zur Parabolantenne erteilen muss, wenn folgende Voraussetzungen vorliegen:

- Das Haus hat weder Kabelanschluss noch eine Parabolantenne und es ist ungewiss, ob ein solcher Anschluss verlegt werden soll.
- Alle Kosten trägt der Mieter (Einbau und Rückbau).
- Die Montage wird von einem Fachhandwerker durchgeführt.
- Der Vermieter bestimmt den Montageort.
- Der Vermieter kann vom Mieter den Abschluss einer privaten Haftpflichtversicherung verlangen.

In Ausnahmefällen kann der Anspruch des Mieters abgelehnt werden, wenn beispielsweise ein denkmalgeschütztes Anwesen durch die Parabolschüssel verunziert werden würde.

Ist das Anwesen bereits mit einem Kabelanschluss ausgestattet, kann der Vermieter die Montage einer Parabolschüssel untersagen. Das Grundrecht auf Informationsfreiheit ist nur unwesentlich beeinträchtigt, wenn der Mieter sein Informationsinteresse weit gehend durch die in das Kabelfernsehen eingespeisten Programme decken kann.

Anders ist die Situation zu beurteilen, wenn ein ausländischer Mieter im Kabelfernsehen keinen Heimatsender empfangen kann. Nach dem Rechtsentscheid des OLG Karlsruhe vom 24.8.1993 (WuM 1993, 525) muss der Vermieter die Montage einer Parabolantenne trotz Kabelanschluss unter folgenden Voraussetzungen zu dulden:

- Im Kabelprogramm befindet sich kein Heimatsender des Mieters.
- Dem Einbau der Parabolantenne stehen keine Vorschriften des Baurechts oder Denkmalschutzes und keine Rechte Dritter entgegen.
- Der Vermieter bestimmt den Montageort.
- Der Einbau wird von einem Fachmann durchgeführt.
- Sämtliche Kosten trägt der Mieter.
- Das Haftungsrisiko ist durch eine Privathaftpflichtversicherung des Mieters und zusätzliche Kaution abzusichern.

ARBEITSHILFE ONLINE

MUSTER: Vereinbarung über eine Parabolantenne

Vereinbarung

zwischen

- [Vermieter] -

und

- [Mieter] -

1. Der Vermieter erklärt sich damit einverstanden, dass der Mieter auf dem Dach (genaue Beschreibung des Montageorts) eine Parabolantenne anbringt.
2. Die Montage der Parabolantenne ist von einem Fachmann auszuführen.
3. Der Mieter trägt alle Kosten dieser Maßnahme.
4. Der Mieter hat vor Anbringung der Parabolantenne den Nachweis des Abschlusses einer Privathaftpflichtversicherung, die das Risiko einer Beeinträchtigung anderer durch die Parabolantenne abdeckt, zu erbringen.
5. Der Mieter hat bis zum .... eine Kaution in Höhe von 500 EUR an den Vermieter zu zahlen. Diese Kaution dient als Sicherheit für die Kosten der Entfernung der Parabolantenne bei Auszug des Mieters.

....

[Ort, Datum]

....

[Unterschrift Vermieter]

....

[Ort, Datum]

....

[Unterschrift Mieter]

7.2 Vereinbarung über bauliche Veränderungen im Rahmen der Barrierefreiheit

Seit dem 1.9.2001 gibt es eine Ausnahme von dem Grundsatz der Zustimmungspflicht durch den Vermieter. Nach § 554a BGB kann ein behinderter Mieter die Zustimmung zu bestimmten Maßnahmen verlangen, die für eine behindertengerechte Nutzung der Wohnung erforderlich sind (Barrierefreiheit). Als Maßnahmen kommen zum Beispiel der Einbau eines Treppenlifts, eines behindertengerechtes Bades oder verbreiterter Türen infrage. Die Zustimmung ist auch zu erteilen, wenn nicht der Mieter, sondern seine Angehörigen oder der Lebensgefährte eine behindertengerechte Nutzung beansprucht.

Eine Behinderung im Sinne dieser Vorschrift bedeutet eine erhebliche und dauerhafte Einschränkung der Bewegungsfähigkeit. Dies gilt unabhängig davon, ob die Behinderung bereits bei Mietbeginn vorhanden ist oder erst während der Mietzeit durch Unfall oder aufgrund Alters entsteht. Der Vermieter kann den Nachweis verlangen, dass die beanspruchte Maßnahme für die behindertengerechte Nutzung der Wohnung auch tatsächlich erforderlich ist. Unter Umständen ist über den Grad der Behinderung Auskunft zu erteilen.

Der Vermieter kann seine Zustimmung zu der Maßnahme verweigern, wenn sein Interesse an der unveränderten Erhaltung des Gebäudes das Interesse des Mieters an einer behindertengerechten Nutzung der Wohnung überwiegt. Bei der Interessenabwägung sind sämtliche Umstände wie Art und Schwere der Behinderung, Umfang der Maßnahme, Bauzeit, bauordnungsrechtliche Probleme, Statik, Beeinträchtigung der übrigen Hausbewohner und vieles mehr zu berücksichtigen.

Vermieter hat allerdings die Möglichkeit, seine Zustimmung zu den geplanten Maßnahmen von der Erfüllung von Auflagen abhängig zu machen. Er kann den Abschluss einer privaten Haftpflichtversicherung durch den Mieter verlangen. Außerdem besteht der Anspruch des Vermieters, gemäß § 554a Abs. 2 BGB eine zusätzliche Mietsicherheit (Kaution) zu verlangen, damit sein Anspruch auf Rückbau bei Vertragsende finanziell abgesichert ist. Dieser Anspruch besteht unabhängig von einer bereits nach § 551 BGB geleisteten Kaution. Die Sonderkaution ist gemäß § 551 Abs. 3 BGB zu verzinsen. Der Vermieter muss die Mietsicherheit getrennt von seinem Vermögen anlegen. Die Höhe der Sonderkaution richtet sich nach den zu erwartenden Rückbaukosten, das heißt nach den Kosten, um die Mietsache in den ursprünglichen Zustand zurückzuversetzen. Die Höhe der Rückbaukosten kann dabei geschätzt werden.

ARBEITSHILFE ONLINE

MUSTER: Vereinbarung der baulichen Veränderung wegen Barrierefreiheit

Vereinbarung

zwischen

- [Vermieter] -

und

- [Mieter] -

1. Der Mieter beabsichtigt aufgrund der 80 %igen Schwerbehinderung seines Sohnes in die Mietwohnung ...., ... ein behindertengerechtes Bad einzurichten. Da sich die Wohnung in der .... Etage befindet, wird er zusätzlich einen Treppenlift einbauen.
2. Der Vermieter erteilt seine Zustimmung zu vorgenannten Maßnahmen unter folgenden Voraussetzungen: Der Umbau muss durch einen anerkannten Fachbetrieb unter Berücksichtigung der einschlägigen Vorschriften durchgeführt werden.
3. Der Mieter muss vor Umbaubeginn den Abschluss einer privaten Haftpflichtversicherung nachweisen, die Schäden durch die Baumaßnahme und durch die Nutzung der in Ziffer 1 genannten Maßnahmen abdeckt.
4. Der Mieter hat vor Umbaubeginn, spätestens bis zum ...., eine Sonderkaution als zusätzliche zu der bereits gemäß Mietvertrag geleisteten Kaution zu leisten. Die Höhe der Kaution beträgt .... EUR, da der Sachverständige .... die Rückbaukosten mit dieser Summe veranschlagt hat. Die Sonderkaution wird entsprechend § 551 BGB verzinslich angelegt. Die Zinsen wachsen der Kaution zu.
5. Bei Beendigung des Mietverhältnisses ist der Mieter verpflichtet, die in Ziffer 1 genannten Einrichtungen auf seine Kosten zu entfernen und den ursprünglichen Zustand wiederherzustellen.

....

[Ort, Datum]

....

[Unterschrift Vermieter]

....

[Ort, Datum]

....

[Unterschrift Mieter]

8 Was ist bei Mietminderung und Gewährleistungsansprüchen zu tun?

Nach Überlassung der Mietsache richten sich die Rechte und Pflichten der Vertragsparteien in Bezug auf Mängel der Mietsache nach den Bestimmungen der §§ 535 ff. BGB.

Der Vermieter hat die Mietsache in einem zum vertragsgemäßen Gebrauch geeigneten Zustand zu überlassen und sie während der Mietzeit in diesem Zustand zu erhalten (§ 535 Abs. 1 S. 2 BGB). Den Vermieter trifft daher grundsätzlich die Instandsetzungs- bzw. Instandhaltungspflicht der Mieträume. Verstößt der Vermieter gegen die Verpflichtung, den Gebrauch der Mietsache zu gewähren und sie in vertragsgemäßem Zustand zu erhalten (§ 535 Abs. 1 BGB), liegt ein Mangel vor. Der Mieter ist bei Vorliegen eines Mangels grundsätzlich berechtigt, Gewährleistungsansprüche geltend zu machen. Als Gewährleistungsansprüche stehen dem Mieter folgende Rechte zu:

- Mietminderung (§ 536 BGB),
- Schadenersatzanspruch (§ 536a Abs. 1 BGB),
- Aufwendungsersatzanspruch (§ 536a Abs. 2 BGB),
- außerordentliches Kündigungsrecht (§ 543 Abs. 2 Nr. 1 BGB).

8.1 Zurückweisen einer Mietminderung

Hat die Mietsache zum Zeitpunkt der Überlassung an den Mieter einen Fehler, der ihre Tauglichkeit zum vertragsgemäßen Gebrauch aufhebt, oder entsteht während der Mietzeit ein solcher Fehler, so ist der Mieter für den Zeitraum, in dem die Tauglichkeit aufgehoben ist, von der Entrichtung der Miete befreit.

Für die Zeit, während der die Tauglichkeit gemindert ist, hat der Mieter nur eine angemessen herabgesetzte Miete zu entrichten (§ 536 Abs. 1 BGB). Das Gleiche gilt, wenn eine zugesicherte Eigenschaft der Mietsache fehlt oder später wegfällt (§ 536 Abs. 2 BGB). Eine unerhebliche Minderung der Tauglichkeit bleibt jedoch außer Betracht (§ 536 Abs. 1 S. 3 BGB).

Die Mietminderung tritt kraft Gesetzes ein und muss vom Mieter nicht geltend gemacht werden. Sie kann nicht zum Nachteil eines Wohnraummieters wirksam ausgeschlossen oder eingeschränkt werden (§ 536 Abs. 4 BGB, siehe Kapitel 2.1).

Ein Mangel liegt grundsätzlich vor, wenn der Istzustand der Mietsache vom Sollzustand abweicht. Hierbei sind nicht nur tatsächliche, sondern auch rechtliche

Umstände maßgeblich, sofern sie auf die Gebrauchstauglichkeit der Mietsache erhebliche Auswirkungen haben.

In der Praxis spielt hierbei die Frage, ob ein Vermieter verpflichtet ist, die Mietsache an neuere Standards anzupassen, eine große Rolle. Grundsätzlich gilt der Grundsatz »angemietet wie besehen und besichtigt«. Ein Mieter kann daher nur einen dem Baujahr entsprechenden Standard der Mietsache verlangen, eine Nachrüstungspflicht seitens des Vermieters besteht grundsätzlich nicht (BGH, Urteile vom 17.6.2009, VIII ZR 131/08, WuM 2009, 457, vom 31.10.2007, VIII ZR 261/06, WuM 2007, 700 und vom 6.10.2004, VIII ZR 355/03, NJW 2005, 218).

Allerdings kann der Mieter einer nicht modernisierten Altbauwohnung mangels abweichender Vereinbarung einen Mindeststandard erwarten, der ein zeitgemäßes Wohnen ermöglicht und den Einsatz der für die Haushaltsführung allgemein üblichen elektrischen Geräte erlaubt (BGH, Urteile vom 10.2.2010, VIII ZR 343/08, WuM 2010, 235 und vom 26.7.2004, VIII ZR 281/03, WuM 2004, 527).

8.1.1 Ausschlussgründe einer Mietminderung

Selbst wenn die gesetzlichen Voraussetzungen für eine Minderung der Miete gegeben sind, kann das Minderungsrecht des Mieters dennoch ausgeschlossen sein.

Energetische Modernisierung (§ 555b Nr. 1 BGB)
Durch das Mietrechtsänderungsgesetz, mit Wirkung zum 1.5.2013 in Kraft getreten, wurde eine Neuregelung aufgenommen (§ 536 Abs. 1a BGB). Danach wird das Minderungsrechts des Mieters bei einer energetischen Modernisierungen nach § 555b Nr. 1 BGB für drei Monate ausgeschlossen (§ 536 Abs. 1 a BGB; siehe Kapitel 6.3). Zu beachten ist hierbei, dass der Minderungsausschluss grundsätzlich auch dann eintritt, wenn Erhaltungsmaßnahmen zugleich der energetischen Modernisierung dienen.

Typische Maßnahmen zur Einsparung von Endenergie:

- Wärmedämmung des Dachs und/oder der Fassaden sowie Warmwasserleitungen,
- Einbau wärmedämmender Fenster oder Rollläden,
- Austausch einer Heizungsanlage durch eine effizientere Anlage bzw. Erneuerung eines Heizkessels,
- Maßnahmen zur Verbesserung des Jahresnutzungsgrads bzw. Wirkungsgrads einer Heizanlage,
- Einbau von Lüftungsanlagen mit Wärmerückgewinnung,
- Installation von Solar- oder Photovoltaikanlagen für die Einspeisung in das Gebäudenetz.

Beispiel !

Die Fassaden eines Anwesens werden wärmegedämmt, gleichzeitig wird der schadhafte Putz ausgebessert. Die Wärmedämmung stellt eine energetische Modernisierung im Sinne des § 555b Nr. 1 BGB dar, der Mieter kann daher während dieser Arbeiten, längstens jedoch drei Monate, die Miete nicht mindern. Die Ausbesserung des Putzes, die mit der energetischen Modernisierung einhergeht, führt nicht zum Aufleben des Minderungsrechts.

Problematisch sind allerdings diejenigen Fälle zu beurteilen, in denen neben energetischen Maßnahmen andere, nicht mit diesen in Zusammenhang stehende Erhaltungsmaßnahmen durchgeführt werden.

Beispiel !

Es wird eine Wärmedämmung an der Fassade angebracht, gleichzeitig wird das schadhafte Dach repariert. Die Dachreparatur steht hier nicht in unmittelbaren Zusammenhang mit der Fassadendämmung, es wird lediglich die Tatsache genutzt, dass ein Gerüst aufgestellt ist.

In solchen Fällen soll es gemäß der Begründung zum Mietrechtsänderungsgesetz darauf ankommen, welche Beeinträchtigung auf welche Maßnahme entfällt. Das Gericht soll die Anteile dann nach § 287 ZPO schätzen.

Zu beachten ist, dass bei einer vollständigen Unbewohnbarkeit des Mietobjekts, das heißt, wenn eine Minderung von 100 % vorliegen würde, der Minderungsausschluss nicht greift.

Beispiel !

Während der Wintermonate wird die Heiz- und Warmwasseranlage des Gebäudes energetisch nachgerüstet. Der Mieter kann mangels Heizung und Warmwasser die Wohnung nicht nutzen. Er muss eine Ersatzunterkunft beziehen. Die Nutzung ist daher nicht lediglich beeinträchtigt, sondern die Wohnung ist vollständig unbewohnbar. Der Mieter hat keine Miete zu zahlen, der Minderungsausschluss greift nicht.

Unerheblichkeit des Mangels (§ 536 Abs. 1 Satz 3 BGB)

Der Mieter kann die Miete dann nicht mindern, wenn zwar ein Mangel an der Mietsache vorliegt, aber die Gebrauchstauglichkeit der Mieträume zum vereinbarten Vertragszweck nur unerheblich beeinträchtigt ist (§ 536 Abs. 1 Satz 3 BGB). Dies kann dann vorliegen, wenn der Mangel mit geringen Kosten und wenig Zeitaufwand behoben werden kann oder die Geltendmachung einer Mietminderung gegen den Grundsatz von Treu und Glauben (§ 242 BGB) verstoßen würde (BGH Urteil vom 30.6.2004, XII ZR 251/02, WuM 2004, 531). Dies ist anhand der jeweiligen Umstände des Einzelfalls zu prüfen.

Kenntnis vom Mangel

Ein Ausschlussgrund für das Minderungsrecht des Mieters kann sich daraus ergeben, dass dieser den Mangel kennt. Hierbei ist zwischen verschiedenen Zeitpunkten der Kenntnisnahme durch den Mieter zu unterscheiden. Der Mieter kann zum Zeitpunkt des Abschlusses des Mietvertrags Kenntnis von einem Mangel haben, der Mieter kann nach Vertragsabschluss – nämlich bei der Übergabe der Mietsache an ihn – Kenntnis von einem Mangel erlangen oder es kann sich während der Laufzeit des Mietverhältnisses ein Mangel ergeben. Danach, zu welchem Zeitpunkt der Mieter den Mangel erkennt, richten sich die Voraussetzungen für das Minderungsrecht und die weiteren Gewährleistungsansprüche (§ 536b BGB; siehe auch Noack/Westner, »Mietminderung«, 2019, S. 49 ff.).

Schadensverursachung durch den Mieter

Hat der Mieter selbst einen Schaden an der Mietsache verursacht, kann er sich nicht auf Gewährleistungsrechte wie Mietminderung oder Schadenersatz berufen. Zudem besteht ein außerordentliches Kündigungsrecht des Mieters nicht, wenn er die Störung des vertragsgemäßen Gebrauchs, zum Beispiel einen Wasserschaden, selbst zu vertreten hat. Das Gleiche gilt für die Fälle, in denen Personen, die sich mit Einverständnis des Mieters in den Mieträumen aufhalten (Besucher, Familienangehörige oder Handwerker), einen Schaden verursachen.

ACHTUNG

Vereitelt der Mieter die Reparaturmaßnahmen oder erschwert er sie unzumutbar, verliert er ebenfalls seine Gewährleistungsansprüche.

8.1.2 Minderung

Liegt ein Mangel im Sinne des § 536 BGB vor oder fehlt eine zugesicherte Eigenschaft, so ist der Mieter nur zur Entrichtung einer angemessen herabgesetzten Miete verpflichtet. In einer Entscheidung vom 6.4.2005 (XII ZR 225/03, WuM 05/384) hat der BGH klargestellt, dass als Bemessungsgrundlage für eine Minderung ausschließlich die Bruttomiete infrage kommt. Hierbei ist unerheblich, ob die Betriebskosten als Vorauszahlung oder Pauschale geschuldet sind. Es ist also immer von der Gesamtmiete auszugehen. Ausgangspunkt für die Mietminderung ist daher sowohl bei Wohnraum- als auch bei Geschäftsraummietverhältnissen immer die Bruttomiete.

Für die Berechnung der Minderungsquote kommt es entscheidend auf das Maß der Einschränkung der vertragsgemäßen Gebrauchstauglichkeit der Mietsache an, entsprechend zahlreich und umfangreich ist die hierzu ergangene Rechtsprechung.

!

Beispiel

Ereignet sich ein Wasserschaden, der vermieterseits zu vertreten ist, etwa weil das Dach undicht ist, oder gehen von Bauarbeiten im Haus erhebliche Lärmbelästigungen aus, sind die Rollladengurte abgenutzt oder ist die Gegensprechanlage kaputt, ist der Mieter zur Minderung berechtigt.

Liegt dagegen ein Mangel vor, der vom Mieter verursacht oder zu vertreten ist, zum Beispiel Feuchte- und Schimmelschäden, weil der Mieter nicht ausreichend die Wohnung beheizt oder lüftet (siehe Kapitel 9.5), oder kannte er den Mangel bei Annahme und mindert nunmehr die Miete, kann der Vermieter die Minderung zurückweisen. Die Ablehnung der Minderung hat sowohl im Hinblick auf die Höhe – wenn der Mieter schon einen Teil von der Miete abgezogen hat oder eine bestimmte Minderungsquote ankündigt – als auch im Hinblick auf die Ursache zu erfolgen. Gleichzeitig ist der Grund für die Ablehnung mitzuteilen. Das Schreiben sollte gegebenenfalls darüber hinaus eine Fristsetzung zur Nachzahlung der zu Unrecht einbehaltenen Miete enthalten.

ARBEITSHILFE ONLINE

MUSTER: Widerspruch gegen eine Mietminderung wegen Schadensverursachung durch Mieter

Michael Graufuß
Möhlstr. 12
81675 München

Lara Meinekens
Dirk Meinekens
Menzelstr. 4 a/2. Stock
81679 München

München, 1.7.2019

Widerspruch gegen Ihre Mietminderung

Sehr geehrte Frau Meinekens,
sehr geehrter Herr Meinekens,

mit schriftlichem Mietvertrag vom 1.1.2006 haben Sie die Wohnung im Anwesen Menzelstr. 4 a, 81679 München angemietet. Gemäß § 3 dieses Mietvertrags sind Sie verpflichtet einen monatlichen Mietzins in Höhe von 800 EUR zu bezahlen.
Mit Schreiben vom 20.5.2019 teilen Sie mit, dass Sie im Schlafzimmer an der Westwand und im Bereich der Fensterlaibungen Feuchte- und Schimmelflecken festgestellt haben. Sie teilen des Weiteren mit, dass Sie wegen dieser Mängel mit Wirkung ab 1.6.2019 die Miete um 80 EUR bzw. 10 % monatlich mindern werden.
Am 10.6.2019 habe ich die von Ihnen gerügten Mängel besichtigt und festgestellt, dass diese tatsächlich vorhanden sind, jedoch nicht bauseitig verursacht und daher auch nicht von mir als Vermieter zu vertreten sind.

Ich musste feststellen, dass die Heizkörper im Schlafzimmer nicht in Betrieb und die Fenster verschlossen waren. Darüber hinaus hatten Sie Wäsche zum Trocknen aufgehängt.
Die Ursache der festgestellten Mängel liegt daher in Ihrem falschen Heiz- und Lüftverhalten begründet und ist daher allein von Ihnen zu verantworten.
Ich widerspreche deswegen ausdrücklich der von Ihnen vorgenommenen bzw. angekündigten Mietminderung in Höhe von 80 EUR bzw. 10 % und fordere Sie auf, die festgestellten Schäden durch geeignete Maßnahmen wie ausreichendes Heizen, Lüften und Streichen der betroffenen Stellen zu beseitigen. Des Weiteren werden Sie aufgefordert, in Zukunft für ein adäquates Raumklima zu sorgen, damit solche Schäden nicht mehr auftreten.
Sie werden aufgefordert, die zu Unrecht einbehaltene Miete für den Monat Juni in Höhe von 80 EUR bis spätestens 15.7.2019 nachzuzahlen, anderenfalls werde ich die Rückstände gerichtlich geltend machen.
Des Weiteren behalte ich mir die Geltendmachung von Schadenersatz für Schäden vor, die durch ihr vertragswidriges Verhalten entstanden sind.

Mit freundlichen Grüßen
Michael Graufuß

ARBEITSHILFE ONLINE

MUSTER: Widerspruch gegen eine Mietminderung wegen Kenntnis des Mieters

Michael Graufuß
Möhlstr. 12
81675 München

Lara Meinekens
Dirk Meinekens
Menzelstr. 4 a/2. Stock
81679 München

München, 1.7.2019

Widerspruch gegen Ihre Mietminderung

Sehr geehrte Frau Meinekens,
sehr geehrter Herr Meinekens,

mit schriftlichem Mietvertrag vom 1.1.2006 haben Sie die Wohnung im Anwesen Menzelstr. 4 a, 81679 München angemietet. Gemäß § 3 dieses Mietvertrags sind Sie verpflichtet einen monatlichen Mietzins in Höhe von 800 EUR zu bezahlen. Mit Schreiben vom 15.6.2019 teilen Sie mit, dass Sie die Miete ab Juli 2019 um 13 % mindern werden, da Sie sich durch die Immissionen, die von der Gaststätte im Nachbarhaus ausgehen, belästigt fühlen.
Hiermit widerspreche ich ausdrücklich der angekündigten Mietminderung sowohl dem Grunde als auch der Höhe nach. Bereits bei Anmietung der Wohnung befand sich die Wirtschaft »Zum Goldenen Hirsch« im Nachbargebäude. Sie wussten daher bei Anmietung, dass sich diese Gaststätte in unmittelbarer Nachbarschaft befindet, und konnten damit rechnen, dass hiervon Beeinträchtigungen ausgehen werden. Darüber hinaus wohnen Sie nunmehr

seit über 13 Jahren in der Wohnung und haben daher auch das Umfeld akzeptiert, ohne sich darüber zu beschweren.
Sie werden daher aufgefordert, auch in Zukunft die vereinbarte Miete in voller Höhe zu bezahlen. Sollten Sie dieser Aufforderung nicht nachkommen, sehe ich mich gezwungen, weitere Schritte zu veranlassen.

Mit freundlichen Grüßen
Michael Graufuß

8.2 Ablehnen von Schadens- und Aufwendungsersatzansprüchen

Gemäß § 535 BGB trifft den Vermieter grundsätzlich die Instandsetzung- bzw. Instandhaltungspflicht der Mieträume. Tritt während der Dauer des Mietvertrags ein Mangel an der Mietsache auf, der in den Verantwortungsbereich des Vermieters fällt (etwa ein Defekt an der Klingelanlage, am mitvermieteten Herd, Ausfall der Warmwasserversorgung), so kann der Mieter vom Vermieter die Wiederherstellung des ursprünglichen Zustands bzw. Reparatur verlangen.

In der Praxis wird jedoch der Vermieter oft mit Rechnungen von Handwerkern konfrontiert, die nicht er, sondern der Mieter veranlasst hat, indem er Handwerker ohne vorherige Absprache mit dem Vermieter beauftragt hat. Auch wenn es sich um eine Reparaturmaßnahme handelt, die in den Verantwortungsbereich des Vermieters fällt, kann der Mieter nicht so ohne weiteres Reparaturen in Auftrag geben und die Erstattung seiner Aufwendungen vom Vermieter verlangen (BGH, Urteil vom 16.1.2008, VIII ZR 222/06, NZM 08, 279).

Voraussetzung für einen entsprechenden Schadenersatz- bzw. Aufwendungsersatzanspruch des Mieters ist gemäß § 536a BGB, das Vorliegen eines Mangels, der bei Vertragsschluss schon vorhanden ist oder später aufgrund eines Umstandes entsteht, den der Vermieter zu vertreten hat oder mit dessen Beseitigung sich der Vermieter in Verzug befindet (§ 536a Abs. 1 BGB).

ACHTUNG

Erstattung von Aufwendungen kann der Mieter nur verlangen, wenn sich der Vermieter in Verzug mit der Mangelbeseitigung befindet oder die umgehende Beseitigung des Mangels zur Erhaltung oder Wiederherstellung des Bestands der Mietsache notwendig war (§ 536a Abs. 2 BGB; sogenannte Notreparaturen, zum Beispiel Stromausfall am Wochenende oder Wasserrohrbruch).

Stellt der Mieter einen Mangel an der Mietsache fest, so hat er dem Vermieter zunächst diesen Mangel anzuzeigen und ihn unter Fristsetzung zur Mängelbeseitigung aufzufordern. Erst wenn der Vermieter hierauf untätig bleibt, kann der Mieter den Mangel selbst beheben lassen und die hierdurch entstandenen Aufwendungen erstattet verlangen. Bei sogenannten Notreparaturen, zum Beispiel bei einem Wasserrohrbruch oder Ausfall der Heizungsanlage am Wochenende im Winter, kann der Mieter grundsätzlich auch ohne Verzugsetzung des Vermieters tätig werden. Diese Notmaßnahmen stellen jedoch die Ausnahme dar.

ACHTUNG

Das Recht des Mieters, wegen eines Mangels an der Mietsache die Miete zu mindern, setzt, anders als Schadenersatz- bzw. Aufwendungsersatzansprüche, keinen Verzug des Vermieters mit der Mangelbeseitigung voraus. Neben dem Recht zur Minderung kann dem Mieter daher auch ein Schadenersatzanspruch unter den vorgenannten Voraussetzungen zustehen (§ 536a Abs. 1 BGB). Unabhängig vom Bestehen eines Gewährleistungsrechts des Mieters ist der Vermieter bei Vorliegen eines Mangels bzw. Schadens an der Mietsache zu deren Beseitigung verpflichtet (§ 535 Abs. 1 BGB).

ARBEITSHILFE ONLINE

MUSTER: Widerspruch gegen einen Aufwendungs- und Schadenersatzanspruch

Sabine Richter
Franz Richter
Seidlstr. 25
80345 München

Marlies Grieber
Stefan Grieber
Schumannstr. 7 a
81679 München

München, 1.7.2019

Widerspruch gegen Ihren Aufwendungs- und Schadenersatzanspruch

Sehr geehrte Frau Grieber,
sehr geehrter Herr Grieber,

mit Schreiben vom 20.6.2019 verlangen Sie die Erstattung von 65 EUR gemäß der beigelegten Rechnung des Handwerkers Dieter Schnell vom 3.5.2019 für den Austausch eines Rollladengurts im Schlafzimmer sowie die Erstattung entgangenen Gewinns in Höhe von 100 EUR. Sie behaupten, dass Sie für die Dauer der Reparaturmaßnahme in der Wohnung Ihre Boutique schließen mussten und deshalb nichts verkaufen konnten.

Hiermit weisen wir sowohl Ihren Aufwendungs- als auch Schadenersatzanspruch zurück. Sie hätten uns vor Beauftragung des Handwerkers über den Mangel informieren und uns die Möglichkeit geben müssen, den Mangel zu besichtigen und gegebenenfalls selbst beheben zu lassen. Dies haben Sie versäumt. Beim Austausch eines Rollladengurts handelt es sich auch nicht um eine Notreparatur, die keinerlei Aufschub duldet. Die Kosten des von Ihnen beauftragten Handwerkers sowie der von Ihnen behauptete entgangene Gewinn sind daher von Ihnen zu tragen.
Künftig werden Sie aufgefordert, uns rechtzeitig über entstandene Mängel in Kenntnis zu setzen.

Mit freundlichen Grüßen
Sabine Richter, Franz Richter

9 Wann ist eine Abmahnung gerechtfertigt?

Im Lauf eines Mietverhältnisses kann es dazu kommen, dass der Mieter gegen vertragliche und/oder gesetzliche Pflichten verstößt. Der Vermieter kann darauf mit Kündigung, Abmahnung oder Unterlassungsaufforderung reagieren. Zum Teil setzt der Ausspruch einer Kündigung jedoch eine erfolglose Abmahnung voraus (siehe Kapitel 11). Die Abmahnung hat den Sinn und Zweck, dem Mieter die Möglichkeit zu geben, sein vertragswidriges Verhalten einzustellen oder zu ändern, ohne gleich mit Sanktionen rechnen zu müssen.

Eine gesetzlich vorgeschriebene Form für die Abmahnung existiert nicht.

ACHTUNG

Die Abmahnung ist eine einseitige empfangsbedürftige Willenserklärung und sollte aus Beweisgründen schriftlich gegenüber der Mietpartei ausgesprochen werden. Zum Zwecke des Nachweises empfiehlt sich die Zustellung durch einen Boten oder per Einschreiben mit Rückschein. Darüber hinaus sollte die Abmahnung zeitnah ausgesprochen werden.

Beispiel !

Zahlt der Mieter seine Mieten für die Monate Januar und Februar verspätet, in der Folgezeit jedoch pünktlich, so kann eine Abmahnung erst im Monat November für die Anfang des Jahres erfolgte verspätete Zahlung keinerlei rechtliche Wirkung mehr entfalten.

Inhaltlich muss das Schreiben die Verstöße des Mieters so konkret wie möglich beschreiben, wobei hier im Fall verspäteter Mietzahlung der Hinweis auf die Fälligkeit, in der Regel der dritte Werktag, aufgenommen werden soll. Als Vorbereitung auf eine Kündigung sollte die Abmahnung auch die Monate bezeichnen, in denen die Zahlungen verspätet bzw. nicht erfolgten. Des Weiteren soll das Eingangsdatum bei verspäteten Zahlungen mitgeteilt und/oder die ausstehenden Beträge benannt werden, um es dem Mieter zu ermöglichen, sein vertragswidriges Verhalten abzustellen.

Strittig ist, inwieweit in der Abmahnung auch die Konsequenzen, zum Beispiel eine Kündigung, für den Fall weiterer verspäteter Zahlung mitgeteilt werden müssen. Um bei einer späteren Kündigung keine rechtlichen Nachteile zu erleiden, empfiehlt es sich jedoch auch die rechtlichen Konsequenzen, die weitere Vertragsverstöße nach sich ziehen können, in der Abmahnung mitzuteilen.

9.1 Abmahnung wegen verspäteter Mietzahlung

Die meisten Mietverträge sehen für die Fälligkeit der Mietzahlung durch den Mieter eine Regelung vor, wonach der Mieter die Miete bis spätestens zum dritten Werktag eines jeden Monats im Voraus an den Vermieter zu zahlen hat. Nach den gesetzlichen Bestimmungen (§ 556b Abs. 1, §§ 269, 270 BGB) muss der Mieter die Miete zu Beginn, spätestens aber bis zum dritten Werktag des jeweiligen Monats entrichten. Nach einer neueren Entscheidung des BGH vom 5.10.2016 (VIII ZR 222/15) bedeutet dies, dass der Mieter bis zu diesem Zeitpunkt lediglich die sogenannte Leistungshandlung vorgenommen haben muss, das heißt, seiner Bank den Zahlungsauftrag für die Überweisung der Miete erteilt haben muss. Für den Vermieter bedeutet dies, dass die Miete nicht zwingend am dritten Werktag auf dem Konto des Vermieters eingegangen sein muss – entgegen bisheriger Rechtsauffassung. Ein Mieter genügt daher seiner Zahlungsverpflichtung, wenn er spätestens am dritten Werktag den Zahlungsauftrag erteilt und sein Konto ausreichend gedeckt ist. Die vorgenannte Entscheidung betrifft derzeit nur Mietverhältnisses über Wohnraum.

Geht die Miete daher erst am vierten Werktag oder später beim Vermieter ein, befindet sich der Mieter nicht unbedingt in Verzug mit seiner Zahlungsverpflichtung und verstößt nicht zwingend gegen seine vertragliche bzw. gesetzliche Verpflichtung zur pünktlichen Mietzahlung. Zusammen mit der Miete sind auch die Betriebskostenzahlungen (Pauschale oder Vorauszahlung), die neben der Miete vertraglich geschuldet sind, fällig.

ACHTUNG

Hat der Mieter den Zahlungsauftrag ordnungsgemäß, das heißt unter Angabe der zutreffenden Bankdaten, spätestens am dritten Werktag des Monats erteilt und ist auch das Konto des Mieters ausreichend gedeckt, kann der Vermieter aus einem verspäteten Zahlungseingang keine Rechte, zum Beispiel Abmahnung oder Kündigung, herleiten. Bei der Berechnung der Zahlungsfrist ist der Samstag nicht mitzurechnen.

Ein Verstoß gegen die Pflicht zur pünktlichen Mietzahlung kann in unterschiedlicher Weise begangen werden. Entweder zahlt der Mieter die geschuldete Miete gar nicht, nur einen Teilbetrag davon oder verspätet. Befindet sich der Mieter mit der Zahlung der Miete für zwei aufeinander folgende Termine oder eines nicht unerheblichen Teils der Miete in Verzug oder zahlt er in einem Zeitraum, der sich über mehr als zwei Termine erstreckt, Mieten in Höhe eines Betrags, der die Miete für zwei Monate erreicht, nicht, so kann der Vermieter außerordentlich fristlos kündigen (§ 543 Abs. 2 Nr. 3 BGB, siehe Kapitel 11.3). Eine vorherige Abmahnung ist grundsätzlich nicht nötig.

In allen anderen Fällen bedarf es für den Ausspruch einer Kündigung grundsätzlich der vorherigen Abmahnung.

ARBEITSHILFE ONLINE

MUSTER: Abmahnung wegen verspäteter Mietzahlung

Sabine Richter
Franz Richter
Seidlstr. 25
80345 München

Anneliese Schmidt
Albert Schmidt
Wörthstr. 28/3. Stock
81667 München

München, 1.7.2019

Abmahnung wegen verspäteter Mietzahlung

Sehr geehrte Frau Schmidt,
sehr geehrter Herr Schmidt,

in § 3 unseres Mietvertrags vom 1.8.2004 ist vereinbart, dass die Miete spätestens am dritten Werktag eines jeden Monats im Voraus zu zahlen ist. In der Vergangenheit haben Sie jedoch die Mieten wie folgt verspätet gezahlt:

Monat Mai 2019, Eingang am 15.5.2019
Monat Juni 2019, Eingang am 20.6.2019

Sie werden aufgefordert, Ihre Mietzahlungen künftig pünktlich zu leisten, anderenfalls müssen Sie mit dem Ausspruch einer ordentlichen, gegebenenfalls einer fristlosen Kündigung rechnen.
Darüber hinaus behalten wir uns vor, den durch Ihre verspätete Zahlung entstandenen Zinsverlust geltend zu machen.

Mit freundlichen Grüßen
Sabine Richter, Franz Richter

Alternativ können Sie auch das folgende Schreiben verwenden.

ARBEITSHILFE ONLINE

MUSTER: Abmahnung wegen nicht eingegangener Mietzahlung

Marion Schreiber
Richard Schreiber
Ickstattstr. 28
80469 München

Maurice Christiansen
Schmuckerweg 1
81825 München

München, 1.7.2019

Abmahnung wegen nicht eingegangener Mietzahlung

Sehr geehrter Herr Christiansen,

gemäß § 3 unseres Mietvertrags vom 15.9.2009 schulden Sie die Mietzahlung spätestens am dritten Werktag eines jeden Monats im Voraus. Für die Monate Januar und Februar 2019 haben Sie die Mieten nur teilweise entrichtet. Sie schulden monatlich 700 EUR, gezahlt haben Sie jedoch lediglich jeweils 600 EUR.
Sie werden aufgefordert, die ausstehenden Mieten für die Monate Januar und Februar 2019 in Höhe von je 100 EUR, insgesamt 200 EUR, unverzüglich, spätestens jedoch bis 20.7.2019 nachzuzahlen.
Sollten Sie in Zukunft wieder gegen Ihre Verpflichtung, die Miete pünktlich und in voller Höhe zu zahlen, verstoßen, so müssen Sie mit dem Ausspruch einer ordentlichen, gegebenenfalls einer fristlosen Kündigung rechnen.
Des Weiteren behalten wir uns vor, den durch Ihre Nichtzahlung entstandenen Zinsverslust geltend zu machen.

Mit freundlichen Grüßen
Marion Schreiber, Richard Schreiber

9.2 Abmahnung wegen unerlaubter Tierhaltung

Über die Frage, ob die Haltung von Tieren zum vertragsgemäßen Gebrauch einer Mietsache gehört oder nicht, wird viel gestritten. Hier ist grundsätzlich zu unterscheiden, ob der Mietvertrag entsprechende Regelungen enthält und wenn ja, ob diese Regelungen wirksam sind. Sieht ein Mietvertrag keinerlei Regelungen zur Tierhaltung vor, so zählt die Haltung von Kleintieren in der Regel noch zum vertragsgemäßen Gebrauch der Mietsache. Im Übrigen bedarf es einer umfassenden Abwägung, ob die Haltung von Haustieren dem vertragsgemäßen Gebrauch entspricht (BGH, Urteil vom 14.11.2007, VIII ZR 340/06).

Die meisten Formularverträge sehen Regelung zur Tierhaltung vor. Ist danach die Tierhaltung generell uneingeschränkt verboten, so ist die entsprechende Formularklausel wegen Verstoßes gegen § 307 BGB unwirksam (BGH, Urteil vom 20.1.1993, VIII ZR 10/92, NJW 93, 1061). Eine Allgemeine Geschäftsbedingung, die dem Mieter untersagt, Hunde und Katzen zu halten, ist wegen unangemessener Benachteiligung des Mieters unwirksam (BGH, Urteil vom 20.3.2013, VIII ZR 168/12, WuM 2013, 295). Individualvereinbarungen, die ein Verbot der Haltung bestimmter Tiere, zum Beispiel Hunde, Katzen oder Reptilien, vorsehen, sind jedenfalls wirksam, sofern dem Mieter die Haltung von Kleintieren wie beispielsweise Hamster, Ziervögel, Hasen und Meerschweinchen gestattet wird.

Die herrschende Meinung vertritt die Auffassung, dass die Haltung von Kleintieren zum vertragsgemäßen Gebrauch der Mietsache im Sinne des § 535 Abs. 1 BGB gehört und daher nicht untersagt werden kann. Strittig ist in diesem Zusammenhang auch die Beurteilung der Frage, ob Katzen und kleinere Hunde zu den Kleintieren zählen.

Tipp !

Um Streit zu vermeiden, sollte bei der Abfassung des Mietvertrags darauf geachtet werden, individuelle Regelungen zur Hunde- bzw. Katzenhaltung zu treffen. Auch sollten Regelungen, die in einer Hausordnung bzw. Gemeinschaftsordnung enthalten sind, oder auch Beschlüsse, die die Wohnungseigentümergemeinschaft in Bezug auf Tierhaltung getroffen hat, im Mietvertrag berücksichtigt werden. Die Kleintierhaltung kann nicht verboten werden.

Problematisch sind auch die Fälle, in denen im Mietvertrag die Tierhaltung unter Erlaubnisvorbehalt steht. Hier stellt sich die Frage, ob der Vermieter die Erteilung der Erlaubnis nach freiem Ermessen abgeben darf oder nicht. Der Ermessensspielraum des Vermieters ist jedenfalls durch einen eventuellen Rechtsmissbrauch eingeschränkt. Dieser kann zum Beispiel dann vorliegen, wenn der Vermieter einem Mieter die Hundehaltung gestattet hat, einer anderen Mietpartei dies aber ohne ausreichende Begründung untersagt. Es empfiehlt sich jedenfalls, in derart gelagerten Fällen für die Verweigerung der Erlaubnis nachvollziehbare, vernünftige Gründe anzugeben.

Beispiel !

Wenn die Haltung eines Blindenhundes im Hause gestattet wurde, kann einem anderen Mieter die Haltung eines Hundes, ohne dass bei diesem ein vergleichbares berechtigtes Interesse vorliegt, untersagt werden; ist das Mietverhältnis wegen Eigenbedarfs befristet und ist die Person für die der Eigenbedarf vorgesehen ist, Allergiker, so kann unter diesem Hinweis auch die Hunde- bzw. Katzenhaltung oder sogar die Haltung eines (Klein-)Tieres gänzlich untersagt werden.

Die Zustimmung zur Hundehaltung kann vom Mieter ausnahmsweise dann verlangt werden, wenn er auf das Tier angewiesen ist, zum Beispiel bei einem Blindenhund. Der Haltung eines Kampfhundes muss der Vermieter jedoch unter keinen Umständen zustimmen.

Ist die Tierhaltung gestattet worden, so kann zu einem späteren Zeitpunkt bei Vorliegen eines wichtigen Grundes die Genehmigung widerrufen werden. Als Gründe können in Betracht kommen: konkrete Belästigungen oder Gefährdungen der Mitbewohner, Gefährlichkeit der Tierrasse oder des betreffenden Tieres. Auch bezieht sich die Erlaubnis zur Haltung eines Hundes in der Regel nur auf ein Tier, die Aufnahme von weiteren Hunden bedarf dann wiederum der Erlaubnis des Vermieters.

Handelt der Mieter einem zulässigen Tierhaltungsverbot zuwider, so kann der Vermieter die Beseitigung des Tieres und Unterlassung der Tierhaltung (§ 541 BGB) verlangen, da es sich um einen vertragswidrigen Gebrauch der Mietsache handelt. Daneben steht dem Vermieter in besonders schwerwiegenden Fällen auch die Möglichkeit offen, eine Kündigung des Mietverhältnisses gemäß §§ 543, 569 Abs. 3 BGB auszusprechen.

Sowohl der Unterlassungsanspruch als auch der Ausspruch einer außerordentlichen fristlosen Kündigung setzen eine vorausgegangene vergebliche Abmahnung durch den Vermieter voraus.

Aus Beweisgründen ist die Abmahnung schriftlich mit Darstellung des vertragswidrigen Verhaltens dem Mieter gegenüber auszusprechen. Die Zustellung sollte ebenfalls durch Boten oder per Einschreiben mit Rückschein erfolgen.

ARBEITSHILFE ONLINE

MUSTER: Abmahnung wegen unerlaubter Tierhaltung 1

Michael Graufuß
Möhlstr. 12
81675 München

Larissa Klamm
Bernd Fröhlich
Sperberstr. 8
81827 München

München, 1.7.2019

Abmahnung wegen unerlaubter Tierhaltung

Sehr geehrte Frau Klamm,
sehr geehrter Herr Fröhlich,

mit schriftlichem Mietvertrag vom 15.9.2006 haben Sie die Wohnung im Anwesen Sperberstr. 8 angemietet. Im Zusatzvertrag zu diesem Mietvertrag haben wir individualrechtlich die Haltung von Hunden ausgeschlossen.
Gleichwohl haben Sie sich nunmehr seit 1.5.2019 einen Hund der Rasse Bullterrier mit einer Größe von ca. 70 cm angeschafft. Aufgrund der Rasse/Größe Ihres Hundes und seines auffälligen, aggressiven Verhaltens kam es bereits zu Beschwerden seitens der Mitbewohner. Im Einzelnen wurden folgende Vorfälle bekannt:

- Am 20.5.2019 wurde Frau Müller, als sie sich mit ihren Kindern im Treppenhaus befand, von Ihrem Hund angeknurrt. Der Hund hatte die Zähne gefletscht und versetzte durch sein aggressives Verhalten Mutter und Kinder in Angst und Schrecken.
- Am 7.6.2019, als Sie gerade mit Ihrem Hund zum Gassigehen das Haus verließen und Ihnen der Hausmeister Herr Fleißig begegnete, zerrte Ihr Hund so vehement an der Leine und bellte unaufhörlich, dass Herr Fleißig befürchten müsste, dass sich der Hund von der Leine reißt und ihn anfällt.

Das Auftreten und die Verhaltensweise des Hundes führen zu Ängstigungen unter den Mitbewohnern, sie fühlen sich nicht mehr sicher und leben in ständiger Angst, dass Ihr Hund jemanden angreifen und verletzen könnte.
Darüber hinaus sind die »Hinterlassenschaften« Ihres Hundes im Hof, Garten und auf dem Kinderspielplatz vorzufinden, dies führt zu Ärgernissen bei den Bewohnern. Zudem stellen diese Verunreinigungen eine Gesundheitsgefährdung für die Kinder dar, die in diesen Bereichen spielen.
Sie werden hiermit wegen unerlaubter Hundehaltung abgemahnt und aufgefordert, den vorbezeichneten Hund abzuschaffen und künftig keinen Hund mehr zu halten. Für die Beseitigung des Hundes habe ich Ihnen Frist bis

31.7.2019

zu setzen. Sollten Sie sich nicht an diese Aufforderung halten, müssen Sie mit einer Klage auf Unterlassung bzw. mit dem Ausspruch einer Kündigung rechnen.

Mit freundlichen Grüßen
Michael Graufuß

Sie können – abhängig vom Einzelfall – auch ein Anschreiben nach folgendem Musterbrief verwenden.

ARBEITSHILFE ONLINE

MUSTER: Abmahnung wegen unerlaubter Tierhaltung 2

Michael Graufuß
Möhlstr. 12
81675 München

Sandra Stauder
Tobias Stauder
Keplerstr. 1
81679 München

München, 1.7.2019

Abmahnung wegen unerlaubter Tierhaltung

Sehr geehrte Frau Stauder,
sehr geehrter Herr Stauder,

mit schriftlichem Mietvertrag haben Sie eine Wohnung im Anwesen Keplerstr. 1, 81679 München angemietet. Ausweislich § 6 dieses Mietvertrags ist mit Ausnahme der Kleintierhaltung im Rahmen des vertragsgemäßen Gebrauchs die Haltung von Tieren in den Mieträumen ohne Einwilligung des Vermieters untersagt.
Anlässlich einer Wohnungsbegehung am 4.6.2019 musste ich feststellen, dass Sie in Ihrer Wohnung fünf Katzen, mehr als sechs Kaninchen und zahlreiche Ziervögel halten. Zwar ist die Kleintierhaltung grundsätzlich dem vertragsgemäßen Gebrauch zuzuordnen, vorliegend ist die Anzahl der Tiere jedoch nicht mehr vom vertragsgemäßen Gebrauch gedeckt. Sie wohnen in einem Appartement, das nur über ein Zimmer, Küche und Bad, insgesamt 40 qm Wohnfläche, verfügt. In diesen beengten Verhältnissen ist eine artgerechte Tierhaltung nicht möglich. Zudem wird durch die intensive Tierhaltung die Wohnung überverhältnismäßig abgenutzt und beschädigt. Folgende Beschädigungen wurden anlässlich der Besichtigung bereits festgestellt:

- Großflächige Verfleckungen des Teppichbodens
- Tiefe Kratzer an Türen und Türlaibungen im unteren Bereich,
- ....
- ....

Die Haltung dieser vielen Tiere führt bereits zu Geruchsbelästigungen, die von den anderen Mitbewohnern als störend empfunden werden. Sie werden daher abgemahnt und aufgefordert, die unerlaubte, nicht mehr vertragsgemäße Tierhaltung einzuschränken und künftig im Rahmen des vertragsgemäßen Gebrauchs zu halten. Nach Einschätzung des Tierschutzvereins kann unter den gegebenen Umständen der artgerechten Tierhaltung von einer Katze, einem Hasen und zwei Ziervögeln zugestimmt werden.

Der Umfang der Tierhaltung lässt auch den Schluss zu, dass sie Tiere züchten, um sie dann weiterzuveräußern. Auch darin liegt ein erheblicher Vertragsverstoß, da sie die (Klein-)Tierhaltung als Gewerbe betreiben und dadurch Einkünfte erzielen.
Für die Beseitigung der übrigen Tiere wird Ihnen Frist bis

31.7.2019

gesetzt.
Für den Fall der Nichtbefolgung der Abmahnung und Fristsetzung müssen Sie mit einer Unterlassungsklage und dem Ausspruch einer (fristlosen) Kündigung rechnen.

Mit freundlichen Grüßen
Michael Graufuß

9.3 Abmahnung wegen unzulässiger Gebrauchsüberlassung an Dritte

Die gesetzliche Grundlage zur Bewertung eines Anspruchs des Mieters auf Zustimmung zur Untervermietung findet sich in §§ 540, 553 BGB. Der Mieter ist danach grundsätzlich nicht berechtigt, ohne die Erlaubnis des Vermieters den Gebrauch der Mietsache einem Dritten zu überlassen, insbesondere sie weiterzuvermieten. Verweigert der Vermieter die Erlaubnis zur Untervermietung, so steht dem Mieter grundsätzlich das Recht zu, das Mietverhältnis außerordentlich mit der gesetzlichen Frist zu kündigen, sofern nicht in der Person des Dritten ein besonderer Grund liegt (§ 540 Abs. 1 S. 2 BGB).

Das Sonderkündigungsrecht des Mieters entsteht auch dann, wenn der Vermieter generell die Erlaubnis zur Untervermietung verweigert, ohne dass der Mieter bereits einen konkreten Interessenten benannt hat (LG Berlin, Urteil vom 12.6.2001, 64 S 13/01, ZMR 2001, 969).

Ebenso besteht ein Sonderkündigungsrecht, wenn der Vermieter nicht innerhalb der vom Mieter gesetzten angemessenen Frist eine Erklärung zu dem vom Mieter vorgeschlagenen konkreten Untermieter abgibt. Dagegen stellt es keine generelle Verweigerung der Untervermietungserlaubnis dar, wenn der Vermieter auf Anfrage des Mieters keine Antwort abgibt, solange der Mieter keinen konkreten Interessenten benennt (OLG Celle, Urteil vom 5.3.2003, 2 W 16/03, NZM 03/396).

Dritte im Sinne des §§ 540, 553 BGB sind nicht die nächsten Familienangehörigen oder Bedienstete, das heißt, die Aufnahme von Eltern, Kindern oder Personal in die Wohnung kann grundsätzlich auch ohne Zustimmung des Vermieters erfolgen. Nimmt der Mieter Besucher in die Wohnung auf, auch für einen längeren Zeitraum, so handelt es sich ebenfalls nicht um Untervermietung.

Gestritten wird oft darüber, wann zugunsten des Mieters ein berechtigtes Interesse zur Untervermietung (§ 553 Abs. 1 BGB) vorliegt und er deshalb einen Anspruch auf Erlaubniserteilung gegenüber dem Vermieter hat. Voraussetzung ist nach dem Gesetzeswortlaut, dass ein berechtigtes Interesse erst nach Abschluss des Mietvertrags entstanden ist. Auch die dauerhafte Aufnahme des Lebensgefährten bedarf der Erlaubnis des Vermieters. Auf die Erteilung der Erlaubnis zur Aufnahme eines Lebensgefährten in die Wohnung hat der Mieter in der Regel einen Anspruch (BGH, Urteil vom 5.11.2003, VIII ZR 371/02, WuM 03, 688). Ein Mieter, der bei Abschluss des Mietvertrags bereits beabsichtigt, eine dritte Person mit in die Wohnung aufzunehmen, um zum Beispiel die Mietkosten zu reduzieren, hat jedoch keinen Anspruch auf die Erlaubnis des Vermieters.

Die Rechtsprechung ist bei der Annahme des Vorliegens eines berechtigten Interesses sehr großzügig. Bei einer Interessenbewertung sind jedoch, wie so oft, die Umstände des Einzelfalls, persönliche als auch wirtschaftliche, maßgeblich. Allerdings genügt es nicht, wenn der Mieter ohne nachvollziehbare Gründe nennen zu können, nur den Wunsch hat, eine dritte Person mit in die Wohnung aufzunehmen. § 553 BGB gibt dem Mieter keinen Anspruch auf Erteilung einer generellen, nicht personenbezogenen Untermieterlaubnis (BGH, Beschluss vom 21.2.2012, VIII ZR 290/ 11, GE 2012, 825).

! **Beispiel**

Ein Anspruch auf Erteilung der Erlaubnis zur Untervermietung kann vorliegen, wenn der Mieter zeitlich begrenzt beruflich abwesend ist und er zur Vermeidung doppelter Kosten für die Haushaltsführung seine Wohnung oder auch nur einen Teil davon untervermieten möchte.

Der Vermieter kann die Erlaubnis zur Untervermietung verweigern, wenn in der Person des Dritten ein wichtiger Grund liegt, zum Beispiel persönliche Feindschaft, oder berechtigte Gründe vorliegen, die befürchten lassen, dass der Dritte den Hausfrieden nachhaltig stört. Auch die Überbelegung der Wohnung oder sonstige Gründe, die dem Vermieter die Überlassung unzumutbar machen würden, berechtigen diesen zur Verweigerung der Erlaubnis (§ 553 Abs. 1 S. 2 BGB).

Ist dem Vermieter die Überlassung nur bei einer angemessenen Mieterhöhung zuzumuten, so kann er die Erteilung der Erlaubnis (Untermieterzuschlag) von der Zahlung einer erhöhten Miete abhängig machen. Über die Höhe des Untermietzuschlags selbst enthält das Gesetz keine Regelung (§ 553 Abs. 2 BGB).

Wird eine Wohnung vom Mieter über ein Vermietungsportal wie beispielsweise »airbnb« (Medizin-)Touristen angeboten, so stellt dies eine vertragswidrige Nutzung dar. Die Weitergabe der Wohnung dient dann vorwiegend kommerziellen Zwecken und ist vom vertragsgemäßen Gebrauch nicht mehr gedeckt (BGH, Urteil vom 8.1.2014, VIII ZR 210/13, WuM 2014, 142).

ACHTUNG

Die Erlaubnis des Vermieters zur Untervermietung bzw. die berechtigte Aufnahme von Personen in die Mieträume führt nicht dazu, dass diese als Mitmieter in den Mietvertrag eintreten. Die Parteien des Mietvertrags ändern sich durch eine zulässige Untervermietung nicht.

ARBEITSHILFE ONLINE

MUSTER: Abmahnung wegen unzulässiger Gebrauchsüberlassung der gesamten Wohnung an Dritte

Marion Schreiber
Richard Schreiber
Ickstattstr. 28
80469 München

Michael Wagner
Elbestr. 5/2. Stock
81677 München

München, 8.7.2019

Abmahnung wegen unzulässiger Gebrauchsüberlassung an Dritte

Sehr geehrter Herr Wagner,

mit schriftlichem Mietvertrag vom 15.7.2011 haben Sie die Zweizimmerwohnung im Anwesen Elbestr. 5/2. Stock als alleiniger Mieter angemietet.
Wie wir nunmehr feststellen mussten, sind Sie aus der Wohnung ausgezogen und haben die Wohnung ohne unsere Erlaubnis an Herrn Manfred Herbst zur alleinigen Nutzung überlassen.
Darüber hinaus ist anstelle Ihres Namens an der Klingel und am Briefkasten der Name Manfred Herbst angebracht.
Die Überlassung Ihrer Wohnung an dritte Personen ist ohne Erlaubnis des Vermieters nicht zulässig.
Wir fordern Sie auf, die unerlaubte Überlassung der Wohnung unverzüglich, spätestens jedoch bis 31.7.2019 einzustellen und künftig zu unterlassen.
Sollten Sie dieser Aufforderung nicht nachkommen, so müssen Sie mit dem Ausspruch einer fristlosen Kündigung rechnen.

Mit freundlichen Grüßen
Marion Schreiber, Richard Schreiber

ARBEITSHILFE ONLINE

MUSTER: Abmahnung wegen unerlaubter Untervermietung eines Teils der Wohnung

Marion Schreiber
Richard Schreiber
Ickstattstr. 28
80469 München

Michael Wagner
Elbestr. 5/2. Stock
81677 München

München, 8.7.2019

Abmahnung wegen unerlaubter Untervermietung

Sehr geehrter Herr Wagner,

mit schriftlichem Mietvertrag vom 15.7.2011 haben Sie die Dreizimmerwohnung im Anwesen Elbestr. 5/2. Stock als alleiniger Mieter angemietet. Wie wir nunmehr feststellen mussten und uns auch vom Hausmeister bestätigt wurde, haben Sie in Ihre Wohnung zwei weitere Personen aufgenommen. Laut Mitteilung des Einwohnermeldeamts handelt es sich hierbei um Herrn Peter Kurz und Frau Renate Kurz.
Eine Untervermietung ist ohne Erlaubnis des Vermieters nicht gestattet. Eine entsprechende Erlaubnis haben Sie auch nicht eingeholt. Wir sind auch nicht bereit, eine solche zu erteilen.
Wir fordern Sie daher auf, die unerlaubte Überlassung der Wohnung/Untervermietung unverzüglich, spätestens jedoch bis 31.7.2019, einzustellen und künftig zu unterlassen.
Sollten Sie dieser Aufforderung nicht nachkommen, so müssen Sie mit dem Ausspruch einer (fristlosen) Kündigung rechnen.

Mit freundlichen Grüßen
Marion Schreiber, Richard Schreiber

ARBEITSHILFE ONLINE

MUSTER: Abmahnung wegen entgeltlicher Überlassung der Wohnung an Touristen

Marion Schreiber
Richard Schreiber
Ickstattstr. 28
80469 München

Michael Wagner
Elbestr. 5/2. Stock
81677 München

München, 8.7.2019

Abmahnung wegen entgeltlicher Überlassung der Wohnung an Touristen

Sehr geehrter Herr Wagner,

mit schriftlichem Mietvertrag vom 15.7.2011 haben Sie die Dreizimmerwohnung im Anwesen Elbestraße 5/2. Stock als alleiniger Mieter angemietet. Wir mussten nunmehr feststellen, dass Sie diese Wohnung auf dem Vermietungsportal »airbnb« Touristen für eine tageweise Anmietung anbieten. Dass es sich hierbei um die an Sie vermietete Wohnung handelt, ist anhand der ins Internet gestellten Fotos eindeutig zu erkennen.
Zur Vermeidung einer Kündigung haben wir Sie aufzufordern, diese vertragswidrige Gebrauchsüberlassung unverzüglich zu unterlassen, die Anzeige im Portal »airbnb« zu löschen und künftig keine Anzeigen mehr zu schalten.
Sollten Sie dieser Aufforderung nicht nachkommen, so müssen Sie mit dem Ausspruch einer (fristlosen) Kündigung rechnen.

Mit freundlichen Grüßen
Marion Schreiber, Richard Schreiber

9.4 Abmahnung wegen Störung des Hausfriedens, Lärm-/Ruhestörungen oder Rauchens

Zum vertragsgemäßen Gebrauch der Mietsache zählt es grundsätzlich, wenn der Mieter Radio hört, fernsieht, Haushaltsgeräte bedient, ein Musikinstrument spielt oder sonstige Arbeiten in der Wohnung oder im Garten verrichtet. Selbst wenn die Betätigung von Geräten mit Geräuschentwicklungen verbunden ist, ist dies vom vertragsgemäßen Gebrauch der Mietsache grundsätzlich noch gedeckt (BGH, Urteil vom 10.9.1998, V ZB 11/98 WuM 1998, 738). Eine Einschränkung dieser Rechte ergibt sich jedoch einerseits aus den Ruhezeiten und andererseits aus der Verpflichtung zur gegenseitigen Rücksichtnahme.

Regelungen zu den Ruhezeiten finden sich in den Hausordnungen. So wird zumeist die Mittagsruhe von 13.00 Uhr bis 15.00 Uhr und die Nachtruhe von 22.00 Uhr bis 7.00 Uhr festgelegt. An Sonn- und Feiertagen ist ebenfalls ganztägig auf Einhaltung von Zimmerlautstärke zu achten. Darüber hinaus können Immissionsschutzgesetze der Länder oder Verordnungen entsprechende Beschränkungen vorsehen. Doch auch außerhalb von Ruhezeiten hat der Mieter darauf zu achten, dass die Zimmerlautstärke nicht überschritten wird. Dies ist bei Ausübung eines Musikinstruments bzw. der Betätigung von Haushaltsgeräten nicht immer möglich. Hier muss eine gerechte Interessenabwägung erfolgen. So ist ein generelles Musizierverbot unwirksam, andererseits kann eine zeitliche Beschränkung der Musikausübung vereinbart werden.

! **Tipp**

Schwierig ist der Nachweis zu führen, dass die Intensität einer Belästigung durch Geräusche nicht mehr vertragsgemäß ist und somit ein Verstoß gegen die Hausordnung vorliegt. In diesem Zusammenhang lassen sich Lärmmessungen durchführen, wobei die Lärm-Richtwerte (TA-Lärm) einen ungefähren Anhaltspunkt für noch zulässige Lärmbelästigungen geben können.

Bei Feiern oder Partys sind ebenfalls die Ruhezeiten einzuhalten. Es gibt kein Gewohnheitsrecht, wonach jeder Mieter einmal im Jahr zum Beispiel anlässlich seines Geburtstages auch während der Ruhezeiten feiern darf. Ein Recht auf Lärm existiert nicht (OLG Düsseldorf, Urteil vom 15.1.1990, 5 Ss [Owi] 475/89 [Owi] 197/89 I, NJW 1990, 1676).

Verstöße gegen die Ruhezeiten und die Hausordnung stellen ein vertragswidriges Verhalten des Mieters dar, das nach ergebnisloser Abmahnung zur Erhebung einer Unterlassungsklage oder zum Ausspruch einer ordentlichen bzw. fristlosen Kündigung berechtigt (siehe Kapitel 11).

Inhaltlich werden an die Abmahnung wegen Störung des Hausfriedens hohe Anforderungen gestellt. Es genügt danach nicht, wenn der Mieter ganz allgemein aufgefordert wird, sich an die Ruhezeiten zu halten. Vielmehr sind die einzelnen Verstöße nach Datum, Uhrzeit, Art und Intensität der Belästigung in das Abmahnschreiben aufzunehmen. Wenn der Vermieter nicht selbst im Anwesen wohnt, ist er in besonderem Maß auf die Mithilfe der übrigen Bewohner oder Nachbarn angewiesen. So ist dem Vermieter zu raten, die Mitbewohner aufzufordern, sogenannte Lärmprotokolle zu erstellen, die möglichst genau und konkret die Verstöße festhalten. Auch kann es im Einzelfall notwendig und sinnvoll sein, Anzeige bei der Polizei wegen Ruhestörung zu erstatten. Die missbilligten Störungen müssen so greifbar beschrieben werden, dass für den Mieter nachvollziehbar ist, welches Verhalten der Vermieter als vertragswidrig ansieht; der pauschale Hinweis auf Störungen der Nachtruhe reicht dazu nicht aus. Gleiches gilt für eine nachfolgende Kündigungserklärung. Auch darin muss das vertragswidrige Verhalten nach der Abmahnung in Hinblick auf Art, Ort und Zeit hinreichend beschrieben werden (LG Berlin, Urteil vom 17.10.2014, 63 S 166/14, GE 2015, 323).

ACHTUNG

Der Vermieter ist für die behaupteten Vertragsverstöße beweispflichtig, deshalb sollte er sich nicht nur um detaillierte Darstellung der Verstöße, sondern auch um die Beweisbarkeit, zum Beispiel durch Zeugen, bemühen.

ARBEITSHILFE ONLINE

MUSTER: Abmahnung wegen Störung des Hausfriedens oder Lärm-/Ruhestörungen

Gustav Schobert
Ottilienstr. 1
81825 München

Claudia Langer
Axel Neuberger
Freischützstr. 79/7. Stock
81927 München

München, 1.7.2019

Abmahnung wegen Ruhestörung

Sehr geehrte Frau Langer,
sehr geehrter Herr Neuberger,

mit schriftlichem Mietvertrag vom 15.8.2012 haben Sie die Wohnung im 7. Stock links im Anwesen Freischützstr. 79, 81927 München angemietet.
Mir liegen zahlreiche Beschwerden von Mitbewohnern des Anwesens über Sie wegen erheblicher Ruhestörungen vor. Im Einzelnen handelt es sich hierbei um folgende Vorkommnisse:
Am 30.6.2019 in der Zeit zwischen 22.00 und 24.00 Uhr haben Sie durch lautes Abspielen von Tonwiedergabegeräten die Nachtruhe nicht nur Ihrer unmittelbaren Nachbarn, sondern auch der Parteien, die in anderen Stockwerken wohnen, erheblich gestört. Ab 24.00 Uhr haben Ihre Gäste laut polternd Ihre Wohnung verlassen und sind mit Gejohle durch das Treppenhaus gegangen. Zudem wurde Ihre Wohnungstür beim Weggehen der Gäste jedes Mal zugeknallt, sodass es im ganzen Haus zu hören war.
Die übrigen Mieter des Anwesens wurden durch diese Vorkommnisse erheblich in der Nachtruhe gestört und wiederholt aus dem Schlaf gerissen.
Dieses Verhalten stellt ein vertragswidriges Verhalten dar. Sie werden daher aufgefordert, künftig derartige Störungen zu vermeiden, die Ruhezeiten zu beachten und sich an die Hausordnung zu halten.
Für den Fall weiterer Vorkommnisse teile ich Ihnen schon jetzt mit, dass Sie mit dem Ausspruch einer ordentlichen bzw. außerordentlichen fristlosen Kündigung rechnen müssen.

Mit freundlichen Grüßen
Gustav Schobert

ARBEITSHILFE ONLINE

MUSTER: Abmahnung wegen Rauchens/Geruchsbelästigung

Gustav Schobert
Ottilienstr. 1
81825 München

Rolf Michaelsen
Seiffertstr. 25
81929 München

München, 1.7.2019

Abmahnung wegen Rauchens/Geruchsbelästigung

Sehr geehrter Herr Michaelsen,

mir liegen Beschwerden von Mitbewohnern des Anwesens Seiffertstraße 25 vor, die sich über Ihr rücksichtsloses Verhalten beklagen. Es kommt wiederholt vor, dass Sie im Treppenhaus oder auch im Keller, wenn Sie sich dort aufhalten, rauchen. Der Zigarettenrauch und Geruch breitet sich über das gesamte Treppenhaus aus und dringt zum Teil in die Wohnungen ein. Der Gestank bleibt auch längere Zeit im Treppenhaus haften, sodass beim Betreten des Hauses dieser sofort wahrnehmbar ist. Auch konnte die Hausmeisterin wiederholt Zigarettenkippen im Vorgarten und im Eingangsbereich feststellen. Diese Verschmutzungen sind unschön und veranlassen unnötige Reinigungsarbeiten.
Das Rauchen in der Wohnung ist zwar grundsätzlich vom vertragsgemäßen Gebrauch gedeckt, nicht jedoch das Rauchen in Gemeinschaftsbereichen. Obwohl Mitbewohner Sie diesbezüglich des Öfteren schon gebeten haben, das Rauchen im Treppenhaus zu unterlassen, haben Sie diese Bitten mit abfälligen Bemerkungen und Nichtbefolgen abgetan.
Ich habe Sie daher aufzufordern, künftig das Rauchen in Gemeinschaftsräumen und -bereichen zu unterlassen sowie dafür Sorge zu tragen, Zigarettenkippen nicht auf dem Grundstück zu entsorgen.
Sollten Sie auch künftig den Hausfrieden nachhaltig stören, behalte ich mir den Ausspruch einer Kündigung vor.

Mit freundlichen Grüßen
Gustav Schobert

9.5 Abmahnung wegen Verstoßes gegen die Sorgfaltspflichten

Dem Mieter obliegt eine allgemeine Sorgfalts- und Obhutspflicht bezüglich des Mietgegenstands. Das bedeutet, der Mieter hat die Mietsache nicht nur im Rahmen seines vertragsgemäßen Gebrauchs zu nutzen, sondern auch pfleglich zu behandeln und Schäden, soweit möglich, von ihr fernzuhalten. Dies umfasst die Reinigung, das regelmäßige Lüften und ausreichende Beheizen der Wohnung, aber auch die Mitteilung an den Vermieter, wenn er Schäden an der Mietsache feststellt. Für die Einhaltung dieser Verpflichtungen ist der Mieter auch bei Abwesenheit verantwortlich. Wenn er verreist, muss er dafür Sorge tragen, dass auch während seiner Abwesenheit, zum Beispiel im Winter, eine ausreichende Beheizung und Belüftung der Mietsache erfolgt. Darüber hinaus muss der Mieter bei extremen Witterungsverhältnissen dafür sorgen, dass Fenster und Türen geschlossen sind.

Der Mieter ist in diesem Zusammenhang jedoch nicht verpflichtet, dem Vermieter oder Hausverwalter einen Schlüssel zu überlassen, damit dieser während seiner Abwesenheit für die Einhaltung der nötigen Sorgfalts- und Obhutspflicht sorgen kann.

Beispiel !

Hortet der Mieter Abfälle in der Wohnung oder lagert er Gegenstände, Zeitungen und Ähnliches in der Wohnung, sodass Befall mit Ungeziefer zu befürchten ist bzw. Brandgefahr besteht oder auch aus statischen Gründen eine Gefährdung der Bausubstanz droht, liegt ein Verstoß gegen die Sorgfaltspflicht vor.

Die Grenze zwischen noch vertragsgemäßen Gebrauch sowie persönlicher Lebensgestaltung einerseits und Verstoß gegen vertragliche bzw. gesetzliche Verpflichtungen andererseits, ist in der Praxis schwer zu ziehen. Hier kommt es jedenfalls auf die Umstände des Einzelfalls an. Insbesondere sind die Belästigungen der Mitbewohner durch Geruch und sonstige Immissionen oder auch der Zustand der Wohnung und hierdurch bedingte Beeinträchtigungen für das Anwesen und die Bausubstanz zu berücksichtigen.

Feuchte- bzw. Schimmelschäden

In den vergangenen Jahren haben Auseinandersetzungen zwischen Vermietern und Mietern bezüglich des Auftretens und der Ursache von Feuchte- und Schimmelschäden deutlich zugenommen. Aus Sicht des Mieters werden diese Schäden mit der schlechten Bausubstanz, fehlender Dämmung oder mangelhaft funktionierender Heizungsanlage begründet mit der Folge, dass hieraus Minderungsansprüche oder auch Schadenersatzansprüche wegen Gesundheitsgefährdung geltend gemacht werden. Aus Sicht des Vermieters wird dem Mieter falsches Heiz- und Lüftverhalten als Schadensursache vorgehalten.

Für die rechtliche Beurteilung und die sich daraus ergebenden Konsequenzen kommt es daher ganz entscheidend auf die Ursache dieser Schäden an. Sind sie auf Baumängel zurückzuführen, so ergeben sich hieraus Gewährleistungsansprüche zugunsten des Mieters, zum Beispiel Mietminderung, Schadenersatz oder Kündigung; ist die Ursache im falschen Heiz- und Lüftverhalten des Mieters begründet, so kann der Vermieter Unterlassung oder Schadenersatz verlangen. In Extremfällen kann der Vermieter das Mietverhältnis auch kündigen.

Mit letzter Sicherheit wird die Ursache von Feuchtigkeitsschäden und Schimmelbefall nur durch die Einschaltung eines Sachverständigen geklärt werden können.

Als Anhaltspunkt für unsachgemäßes Heiz- und Lüftverhalten des Mieters kommen folgende Indizien infrage:

- wesentlich geringere Heizkosten als der Durchschnittsverbrauch des Anwesens bzw. der letzten Heizperiode,
- Wäschetrocknung in der Wohnung,
- zugestellte Fenster und Heizkörper,
- zahlreiche Pflanzen in der Wohnung,
- Überbelegung der Wohnung,
- häufige Abwesenheit des Mieters.

Ein ausreichendes Belüften der Wohnung setzt mindestens dreimaliges Stoßlüften täglich voraus (OLG Frankfurt/M., Urteil vom 11.2.2000, 19 U 7/99, NZM 2001, 39).

Als Anhaltspunkte für bauseitig verursachte Feuchte- und Schimmelschäden kommen folgende Indizien infrage:

- Austausch alter Holzkastenfenster durch neue, isolierverglaste Kunststofffenster, dadurch verursachter geringerer oder kein Luftaustausch,
- Risse in der Fassade, Schäden am Mauerwerk,
- zu geringe Leistung der Heizanlage,
- andere bauseitige Mängel, zum Beispiel undichtes Dach oder verstopfte Regenrinnen.

Der Verstoß gegen die Obhuts- und Sorgfaltspflichten durch den Mieter stellt ein vertragswidriges Verhalten dar, dessen Unterlassung der Vermieter verlangen (§ 541 BGB) und gegebenenfalls bei Fortführung trotz vorangegangener Abmahnung mit einer Kündigung ahnden kann (siehe Kapitel 11).

ARBEITSHILFE ONLINE

MUSTER: Abmahnung wegen Verstoßes gegen die Sorgfaltspflichten

Gustav Schobert
Ottilienstr. 1
81825 München

Rolf Michaelsen
Seiffertstr. 25
81929 München

München, 1.7.2019

Abmahnung wegen Verstoßes gegen die Sorgfaltspflichten

Sehr geehrter Herr Michaelsen,

aufgrund Ihrer Mängelanzeige vom 1.6.2019 wegen Schimmelflecken im Bad- und Schlafzimmer fand eine Besichtigung Ihrer Wohnung am 15.6.2019 statt. Hierbei wurden Feuchtigkeitsschäden und Schimmelbefall wie folgt festgestellt:

1. Badezimmer: Schwarzfärbung in allen Ecken in einer Größe von ca. 25 cm × 30 cm
2. Schlafzimmer: feuchte Wände im Bereich um das Fenster an der Westseite in einer Größe von ca. 10 cm bis 15 cm.
3. ....

Anlässlich der Begehung der Wohnung wurde festgestellt, dass Sie im Schlafzimmer Wäsche zur Trocknung aufgehängt haben. Des Weiteren waren die Fenster geschlossen und die Vorhänge vor den Heizkörpern zugezogen.

Das Raumklima habe ich als feucht und kalt empfunden. Die Schimmelbildung an der Außenwand/im Fensterbereich im Schlafzimmer ist nicht auf eine Durchfeuchtung von außen zurückzuführen. Die Wand ist ausreichend gedämmt bzw. isoliert.

Die Schimmelbildung im Bad resultiert daraus, dass Sie vor dem Raumentlüfter Vorhänge angebracht haben, sodass die Funktionsweise der Lüftungsanlage völlig/teilweise eingeschränkt ist.

Die vorgefundenen Feuchtigkeitsschäden sind aufgrund dieser Feststellungen allein durch Ihr Verhalten verursacht. Sie sind verpflichtet, mindestens dreimal am Tag stoßzulüften und darauf zu achten, dass eine angemessene Zimmertemperatur vorherrscht. Das Trocknen von Wäsche in dem vorgefundenen Umfang ist ebenfalls nicht zulässig. Hierfür steht Ihnen im Haus der Waschkeller zur Verfügung.

Das Verstellen von Heizkörpern führt ebenfalls dazu, dass eine ausreichende Beheizung/ Erwärmung des Raums nicht gewährleistet wird.

Sie werden aufgefordert, Ihr Heiz- und Lüftungsverhalten zu ändern und künftig alles zu unterlassen, was zu Beschädigungen der Mieträume und Bausubstanz führt. Sie sind dafür verantwortlich, dass die Feuchte- und Schimmelschäden durch geeignete Maßnahmen beseitigt werden.

Hierfür wird Ihnen Frist bis 31.7.2019 gesetzt.

Nach Ablauf dieser Frist werde ich nochmals eine Begehung Ihrer Wohnung durchführen.

Wegen noch nicht absehbarer Folgeschäden behalte ich mir die Geltendmachung weiterer Schadenersatzansprüche vor.

Bei Nichtbeachtung der Abmahnung müssen Sie darüber hinaus mit dem Ausspruch einer Kündigung rechnen.
In Anlage erhalten Sie ein Merkblatt »Richtig heizen und lüften«. Die darin enthaltenen Empfehlungen bitte ich Sie, in Zukunft unbedingt zu beachten.

Mit freundlichen Grüßen
Gustav Schobert

9.6 Abmahnung wegen unzulässiger Nutzung

Der Mieter darf die Mieträume grundsätzlich nur zu dem vertraglich vereinbarten Zweck nutzen. Probleme tauchen unter anderem dann auf, wenn der Mieter seine Wohnung darüber hinaus beruflich oder gewerblich nutzen möchte. Hierzu bedarf es in der Regel der Erlaubnis des Vermieters.

Eine vertragswidrige Nutzung liegt jedoch dann nicht vor, wenn die berufliche bzw. gewerbliche Nutzung von untergeordneter Bedeutung ist und mit ihr keine Belästigungen der Mitbewohner oder sonstige Nachteile verbunden sind.

Die Abgrenzung ist im Einzelfall schwierig. Als Abgrenzungskriterium kann unter anderem die Gefahr einer erhöhten Abnutzung des Mietobjekts herangezogen werden. Das gilt zum Beispiel, wenn über die Hälfte der gemieteten Fläche nicht vertragsgemäß, das heißt zu anderen als Wohnzwecken, genutzt wird.

Die Einrichtung eines Arbeitszimmers und die Installation von PC, Faxgerät oder Kopierer berechtigt allein noch nicht zu der Annahme, der Mieter übt in unzulässiger Weise ein Gewerbe aus. So werden in der Regel Buchhaltungs- und Bürotätigkeiten in der Wohnung noch als vertragsgemäß eingestuft (LG Frankfurt, Urteil vom 28.7.1995, 2/17 S 42/95, WuM 1996, 532). Geschäftliche Aktivitäten des Mieters in der Wohnung, die nach außen in Erscheinung treten, muss der Vermieter grundsätzlich nicht ohne entsprechende Vereinbarung dulden. Er kann jedoch nach Treu und Glauben verpflichtet sein, die Erlaubnis zur teilgewerblichen Nutzung zu erteilen (BGH, Urteil vom 14.7.2009, VIII ZR 165/08, WuM 09/517).

Das Anbringen eines zusätzlichen Schildes an der Fassade oder Parteiverkehr im Rahmen einer beruflichen Tätigkeit des Mieters in der Wohnung stellen in der Regel einen unzulässigen Gebrauch der Mietsache dar.

Bei der Erteilung einer Erlaubnis zur gewerblichen Nutzung der Wohnung hat der Vermieter darauf zu achten, dass kein Verstoß gegen ein Zweckentfremdungsverbot besteht. Ein Verstoß hiergegen stellt eine Ordnungswidrigkeit dar und wird mit einer

Geldbuße geahndet. Ob ein Zweckentfremdungsverbot für den örtlichen Bereich besteht, in dem die Wohnung liegt, lässt sich anhand der Rechtsverordnung der jeweiligen Landesregierungen überprüfen, die durch Artikel 6 § 1 Abs. 1 des Gesetzes zur Verbesserung des Mietrechts vom 4.11.1971 (BGBl. Teil I, S. 1754) zum Erlass solcher Verordnungen ermächtigt sind.

Ist die berufliche Tätigkeit des Mieters erlaubnispflichtig, so kann der Vermieter die Erlaubnis von der Zahlung eines angemessenen Gewerbezuschlags abhängig machen.

Wenn der Mieter die vertragswidrige Nutzung der Wohnung trotz Abmahnung fortführt, so kann der Vermieter entweder gerichtlich die Unterlassung verlangen (§ 541 BGB) oder auch eine Kündigung aussprechen.

ARBEITSHILFE ONLINE

MUSTER: Abmahnung wegen unzulässiger gewerblicher Nutzung

Alexandra Wimmer
Brodstr. 7 b
81829 München

Thomas Gruber
Zamdorfer Str. 20
81677 München

München, 1.7.2019

Abmahnung wegen unzulässiger gewerblicher Nutzung

Sehr geehrter Herr Gruber,

mit schriftlichem Mietvertrag vom 15.8.2010 haben Sie die Wohnung Zamdorfer Str. 20/2. Stock links, 81667 München angemietet. Die Wohnung besteht aus zwei Zimmern, Küche und Bad und umfasst eine Wohnfläche von ca. 50 qm.
Sie haben die Wohnung ausschließlich zu Wohnzwecken angemietet. Anlässlich einer Ortsbegehung musste ich feststellen, dass Sie ein ca. 30 cm × 30 cm großes Schild an der Fassade angebracht haben, mit dem Sie auf Ihre Tätigkeit im Haus als Vermögensberater hinweisen. Erkundigungen bei den Mitbewohnern haben ergeben, dass regelmäßiger Parteiverkehr in Ihrer Wohnung stattfindet. So empfangen Sie ca. fünf bis sieben Personen täglich, um Ihre Dienste anzubieten.
Die unerlaubte gewerbliche Nutzung führt zu Beeinträchtigungen und Belästigungen der Mitbewohner; zudem ist zu befürchten, dass sich der Zustand der Wohnung durch die nicht mehr vertragsgemäße Nutzung erheblich verschlechtert.
Es liegen bereits Beschwerden vor, da von den vielen Kunden, die das Treppenhaus auch während der Mittagsruhe benutzen, erhebliche Lärmbelästigungen ausgehen. Die Verschmutzung des Treppenhauses und des Bereichs vor dem Anwesen hat erheblich zugenommen, seitdem Sie Ihre Geschäfte im Haus betreiben.
Die Größe der Wohnung und die oben geschilderten Umstände zeigen, dass Sie die Wohnung vertragswidrig, weil überwiegend gewerblich nutzen.

Sie werden daher aufgefordert, die vertragswidrige Nutzung bis 20.7.2019 einzustellen und künftig keinen vertragswidrigen Gebrauch der Mietsache mehr vorzunehmen. Ebenso haben Sie das Schild an der Fassade zu entfernen und die dadurch entstandenen Schäden zu beheben. Hierfür gilt ebenfalls die vorgenannte Frist.
Für den Fall der Nichtbeachtung dieser Abmahnung müssen Sie mit einer gerichtlichen Unterlassungsklage bzw. mit dem Ausspruch einer (außerordentlichen) Kündigung rechnen.

Mit freundlichen Grüßen
Alexandra Wimmer

ARBEITSHILFE ONLINE

MUSTER: Abmahnung wegen unzulässiger Nutzung des Gemeinschaftseigentums

Gustav Schobert
Ottilienstr. 1
81825 München

Rolf Michaelsen
Seiffertstr. 25
81929 München

München, 1.7.2019

Abmahnung wegen unzulässiger Nutzung des Gemeinschaftseigentums

Sehr geehrter Herr Michaelsen,

wie ich am Freitag, den 30.6.2019 bei einem Ortstermin im Anwesen Seiffertstraße 25 feststellen konnte, nutzen Sie den Bereich des Treppenhauses, der vor Ihrer Wohnungstür liegt, in unzulässiger Weise. Sie haben dort ein Schuhkästchen mit einer Größe von ca. 1,5 m Länge, 0,40 m Tiefe und 1,5 m Höhe abgestellt, eine Grünpflanze mit einer Höhe von ca. 1,5 m deponiert und an der Treppenhauswand vier Bilder befestigt.
Mietgegenstand ist ausschließlich Ihre Wohnung im ersten Stock, nicht jedoch das Treppenhaus oder andere Gemeinschaftsflächen oder Gemeinschaftsräume. Treppenhäuser dienen nicht nur im Brandfall als Fluchtwege. Die Möblierung beeinträchtigt in ganz erheblicher Weise die notwendigen Fluchtwege über das Treppenhaus. Darüber hinaus kann diese Möblierung auch Lieferungen oder das Begehen mit Rollstühlen, Krankentransporte und vieles mehr in erheblicher Weise behindern.
Ich fordere Sie auf, die oben genannten Gegenstände unverzüglich, spätestens jedoch bis 12.7.2019, zu entfernen und künftig nichts mehr aufzustellen.
Das Gleiche gilt für die Bilder. Diese behindern zwar nicht unmittelbar die Fluchtwege, aber persönliche Dekorationen bitte ich Sie in Ihrer Wohnung zu verwirklichen. Treppenhäuser und Ähnliches sind davon freizuhalten.
Sollten Sie die Gegenstände nicht fristgemäß entfernen, müssen Sie gegebenenfalls mit dem Ausspruch einer Kündigung des Mietverhältnisses rechnen.

Mit freundlichen Grüßen
Gustav Schobert

9.7 Abmahnung wegen Verweigerung einer Besichtigung

Ein Besichtigungsrecht der Mieträume kann sich zugunsten des Vermieters aus verschiedenen Gründen ergeben (siehe Kapitel 10). Verweigert der Mieter die Besichtigung der Mieträume, kann der Vermieter je nach Einzelfall ordentlich bzw. fristlos kündigen. In der Regel sollte jedoch eine Abmahnung gegenüber dem Mieter ausgesprochen werden.

ARBEITSHILFE ONLINE

MUSTER: Abmahnung wegen Verweigerung der Besichtigung

Gustav Schobert
Ottilienstr. 1
81825 München

Rolf Michaelsen
Seiffertstr. 25
81929 München

München, 1.7.2019

Abmahnung wegen Verweigerung der Besichtigung

Sehr geehrter Herr Michaelsen,

aufgrund Ihrer Mängelanzeige vom 1.6.2019 wegen Schimmelflecken in Bad und Schlafzimmer, habe ich Ihnen mit Schreiben vom 4.6.2019 einen Besichtigungstermin für den 10.6.2019, 10.00 Uhr angekündigt. Ich hatte Sie aufgefordert, mir diesen Termin zu bestätigen, was Sie auch taten. Gleichwohl waren Sie zu der vereinbarten Zeit nicht zu Hause. Ich habe etwa eine halbe Stunde, bis 10.30 Uhr, gewartet, aber Sie kamen nicht bzw. öffneten die Tür nicht.
Sie sind verpflichtet, eine Besichtigung des gemeldeten Schadens zu dulden. Ich fordere Sie letztmalig auf, die Besichtigung zu ermöglichen und gebe Ihnen folgende Termine zur Auswahl:
Montag, 13.7.2019 oder
Mittwoch, 15.7.2019,
jeweils um 14.00 Uhr
Sollten Sie aus triftigen Gründen beide Termine nicht wahrnehmen können, so teilen Sie mir bitte einen zeitnahen Ersatztermin mit.
Bei Nichtzustandekommen eines Termins müssen Sie mit dem Ausspruch einer ordentlichen, ggf. außerordentlichen fristlosen Kündigung rechnen

Alternativ
Bei Nichtzustandekommen eines Termins werde ich eine Klage auf Duldung des Zutritts und der Besichtigung erheben.

Für die Bestätigung bzw. Benennung eines Ersatztermins gebe ich Ihnen Frist bis **10.7.2019.**

Mit freundlichen Grüßen
Gustav Schobert

ARBEITSHILFE ONLINE

MUSTER: Abmahnung wegen Verweigerung des Zutritts zur Wohnung

Gustav Schobert
Ottilienstr. 1
81825 München

Rolf Michaelsen
Seiffertstr. 25
81929 München

München, 1.7.2019

Abmahnung wegen Verweigerung des Zutritts zur Wohnung

Sehr geehrter Herr Michaelsen,

mit einem Rundschreiben der Hausverwaltung vom 5.6.2019, welches der Hausmeister in alle Briefkästen am 10.6.2019 zugestellt hat, wurde erläutert, dass aufgrund der Bestimmungen der Bayerischen Bauordnung (Artikel 46) zwingend der Einbau bzw. die Nachrüstung von Wohnungen mit Rauchwarnmeldern vorgeschrieben ist.
Die Wohnungseigentümergemeinschaft hatte in der Eigentümerversammlung vom 30.3.2019 beschlossen, dass die Ausstattung mit den erforderlichen Rauchwarnmeldern durch die Hausverwaltung veranlasst und an eine Fremdfirma vergeben wird. Mit vorbezeichnetem Rundschreiben wurden drei Termine mitgeteilt, an denen durch die Firma »BRANDFIX« diese Geräte in den einzelnen Wohnungen montiert werden sollten.
Trotz dieser Ankündigung und der Bitte, bei Abwesenheit zu diesen Terminen die Hausverwaltung zu informieren, war der Zugang zu Ihrer Wohnung nicht möglich.
Als Montagetermin wird nunmehr der 15.7.2019 vorgegeben. Sollten Sie wiederum unentschuldigt den Termin nicht wahrnehmen, so müssen Sie damit rechnen, auf Zutritt zur Wohnung verklagt zu werden, und die weiteren anfallenden Kosten tragen.

Mit freundlichen Grüßen
Gustav Schobert

10 Wann darf der Vermieter die Mieträume besichtigen?

Da der Mieter in den angemieteten Räumen das Hausrecht auch gegenüber dem Vermieter genießt, hat der Vermieter nur bei Vorliegen eines triftigen Grundes einen Anspruch auf Besichtigung der vermieteten Wohnung. Er darf nur in Absprache mit dem Mieter die Mieträume betreten. Ein triftiger Grund liegt vor, wenn konkrete Mängel überprüft oder behoben werden sollen. Einen Anspruch des Vermieters auf Besichtigung ohne konkreten Anlass kann der Mieter ablehnen.

Eine formularmäßige Klausel im Mietvertrag, wonach der Vermieter die Mietwohnung regelmäßig betreten darf, ist unwirksam (LG München II, Urteil vom 21.7.2008, 12 S 1118/08, ZMR 2009, 371). Danach sind Routinekontrollen zum Zwecke der Untersuchung der Wohnung auf ihren Allgemeinzustand grundsätzlich unzulässig. Der Mieter muss – nach entsprechender Vorankündigung – den Zutritt zu seiner Wohnung nur dann gewähren, wenn es hierfür einen konkreten sachlichen Grund gibt (BGH, Urteil vom 4.6.2014, VIII ZR 289/13, WuM 2014, 495).

Nach dem Urteil des AG München vom 8.1.2016 (461 C 19626/15, ZMR 2016, 297) darf der Vermieter aber nicht dauerhaft von seinem Eigentum ausgeschlossen werden. Er muss die Möglichkeit haben, den Zustand der Wohnung zu prüfen, um festzustellen, ob zur Substanzerhaltung Maßnahmen erforderlich sind. Nach Auffassung des AG München kann der Vermieter alle fünf Jahre eine Besichtigung der Mietwohnung verlangen, ohne dass ein bestimmter Anlass vorliegt. Eine Wohnungsbesichtigung alle fünf Jahre ist auch keine Routinekontrolle, wie man dies bei Besichtigungen alle ein oder zwei Jahre annehmen könnte, sondern eine Besichtigung, die einer ordnungsgemäßen Bewirtschaftung entspricht.

Soll das Mietobjekt verkauft oder neu vermietet werden, weil das Mietverhältnis gekündigt wurde, darf der Vermieter mit Miet- bzw. Kaufinteressenten die Mieträume besichtigen. Es bestehen keine gesetzlichen Regelungen über ein Besichtigungs- und Betretungsrecht des Vermieters. Soweit keine vertraglichen Vereinbarungen existieren, gesteht die Rechtsprechung dem Vermieter ein Besichtigungs- und Betretungsrecht nur in engen Grenzen zu. Danach darf der Vermieter die Räume betreten, wenn dies notwendig ist, damit er seiner Verpflichtung zur Erhaltung eines vertragsgemäßen Gebrauchs nachkommen kann (Reparatur, Wartungsarbeiten und Ähnliches).

Wenn ein konkreter Anlass wie ein Schimmel- oder Wasserschaden vorliegt, kann der Vermieter in aller Regel auf einen kurzfristigen Besichtigungstermin bestehen. Das Hinzuziehen eines Fachmanns kann der Mieter nicht ablehnen, da dessen Anwesenheit ihm zumutbar ist.

Wenn ein wichtiger Anlass zur Besichtigung vorliegt, hat der Vermieter einen Rechtsanspruch auf Gestattung der Besichtigung. Sollte die Besichtigung die Befürchtungen (zum Beispiel Verwahrlosung der Mietsache) bestätigen, kann nach erfolgloser Abmahnung das Mietverhältnis unter Umständen fristlos gekündigt werden.

ARBEITSHILFE ONLINE

MUSTER: Aufforderung zur Gestattung der Besichtigung wegen Mängeln mit Handwerkern

Sven Berger
Markgrafenstr. 22
81827 München

Michael Karger
Samosastr. 32
81827 München

München, ...

Vereinbarung eines Besichtigungstermins wegen Mängeln

Sehr geehrter Herr Karger,

mit Schreiben vom .... teilten Sie mir mit, dass an der Schlafzimmeraußenwand ein Schimmelschaden aufgetreten ist. Aufgrund Ihrer Mängelanzeige möchte ich Ihre Wohnung besichtigen, um die Ursache dieses Feuchtigkeitsschadens feststellen zu können.
Ich schlage daher als Besichtigungstermin folgende Tage vor:
Montag, den .... zwischen 9.00 und 11.00 Uhr oder
Mittwoch, den .... zwischen 8.00 und 10.00 Uhr oder
Freitag, den .... zwischen 10.00 und 12.00 Uhr
Die Besichtigung muss am Tag erfolgen, da ich den Bausachverständigen Herrn Achenbach mitbringen werde. Dessen Teilnahme ist notwendig, da ich nicht die berufliche Qualifikation besitze, um die Schadensursache herauszufinden.
Bitte teilen Sie mir bis zum .... mit, welcher Termin infrage kommt.
Sollten Sie an allen genannten Terminen verhindert sein, bitte ich um Bekanntgabe eines zeitnahen Ersatztermins.

Mit freundlichen Grüßen
Sven Berger

ARBEITSHILFE ONLINE

MUSTER: Aufforderung zur Gestattung der Besichtigung wegen vertragswidrigen Gebrauchs (Gesundheitsgefahr)

Sven Berger
Markgrafenstr. 22
81827 München

Thomas Krause
Possartstr. 9
81679 München

München, ...

Vereinbarung einer Wohnungsbesichtigung

Sehr geehrter Herr Krause,

seit Wochen geben Sie Anlass zu Beschwerden mehrerer Hausbewohner. Aus Ihrer Wohnung dringt Gestank von Abfallbergen ins Treppenhaus. Es wurde mir berichtet, dass Ihre Wohnung mit Unrat und vor allem Essensresten übersät ist. Sobald Sie Ihre Wohnungstür öffnen, verbreitet sich bestialischer Geruch. Es ist zu befürchten, dass durch die Essensreste und den angehäuften Abfall Ungeziefer angezogen wird.
Aus diesem Grund muss ich Sie bitten, mir die Besichtigung Ihrer Wohnung am .... um 15.00 Uhr zu gestatten.
Sollten Sie an diesem Termin verhindert sein, bitte ich Sie, mir einen zeitnahen Ersatztermin zu benennen. Sollten Sie weder meinen Termin noch einen Ersatztermin ermöglichen, weise ich Sie darauf hin, dass ich eine Klage auf Besichtigung der Wohnung erheben werde.

Mit freundlichen Grüßen
Sven Berger

ARBEITSHILFE ONLINE

MUSTER: Aufforderung zur Gestattung der Besichtigung mit Kaufinteressenten

Sven Berger
Markgrafenstr. 22
81827 München

Ulrike Mastrich
Huchenstr. 40
81825 München

München, ...

Vereinbarung eines Besichtigungstermins in Ihrer Wohnung mit einem Kaufinteressenten

Sehr geehrte Frau Mastrich,

wie ich Ihnen bereits vor einiger Zeit mitgeteilt habe, beabsichtige ich, die an Sie vermietete Wohnung zu verkaufen. Aufgrund mehrerer Inserate stehen nun drei Kaufinteressenten zur Verfügung. Bezug nehmend auf § .... des Mietvertrags vom .... möchte ich Sie bitten, die Besichtigung der Wohnung durch die Kaufinteressenten zu gestatten. Als Besichtigungstermine schlage ich vor:
Montag, den .... zwischen 19.00 und 20.00 Uhr
Freitag, den .... zwischen 18.00 und 19.00 Uhr
Ich möchte Sie bitten, an diesen Terminen die Besichtigungen zu ermöglichen. Da Sie nicht persönlich anwesend sein müssen, können Sie selbstverständlich eine Person beauftragen, die zu diesen Zeiten den Zugang ermöglicht.

Mit freundlichen Grüßen
Sven Berger

Anmerkung

Bei Verkauf des Mietobjekts hat der Vermieter einen Rechtsanspruch auf Gewährung des Zutritts. Nach LG Kiel (Urteil vom 1.6.1992, 1 S 26/91, WuM 1993, 52) muss der Mieter bei Vorstellung von Kaufinteressenten die Wohnung grundsätzlich einmal wöchentlich zur Besichtigung freigeben, allerdings ist auf die Berufstätigkeit des Mieters Rücksicht zu nehmen. Der Mieter ist auch nicht berechtigt, Kaufinteressenten der Wohnung ungefragt seine Vermutungen zum Zustand des Hauses und der Mietsache mitzuteilen und das Kaufobjekt in unsachlicher Weise schlecht zu machen. Dies stellt eine eklatante Vertragsverletzung das und kann den Vermieter insbesondere bei Hinzutreten weiterer Umstände zur fristlosen Kündigung nach § 543 BGB berechtigen (LG Hannover, Urteil vom 2.6.1995, 9 S 199/94, WuM 1995, 538).

ARBEITSHILFE ONLINE

MUSTER: Aufforderung zur Gestattung der Besichtigung mit Mietinteressenten

Alexandra Wimmer
Brodstr. 7 b
81829 München

Mechthild Gärtner
Preziosastr. 17/4. Stock
81927 München

München, ...

Vereinbarung eines Besichtigungstermins in Ihrer Wohnung mit einem Mietinteressenten

Sehr geehrte Frau Gärtner,

das zwischen uns bestehende Mietverhältnis über die Wohnung Preziosastr. 17, 4. Stock, 81927 München wurde zum .... gekündigt. Es stehen mehrere Mietinteressenten zur Verfügung. Ich möchte Sie daher bitten, gemäß § .... des Mietvertrags vom 1.5.1998 mir die Besichtigung unter Begleitung der Mietinteressenten zu gestatten. Ich stelle Ihnen drei Termine zur Auswahl:
Montag, den .... zwischen 17.00 und 18.00 Uhr
Mittwoch, den .... zwischen 18.00 und 19.00 Uhr
Freitag, den .... zwischen 16.00 und 17.00 Uhr
Sollten Sie an einem dieser Termine verhindert sein, bitte ich um umgehende Mitteilung und Benennung eines Ersatztermins.

Mit freundlichen Grüßen
Alexandra Wimmer

11 Wie wird ein Mietverhältnis beendet?

Soll das Mietverhältnis durch eine Kündigung des Vermieters beendet werden, ist sowohl bei der ordentlichen als auch bei der außerordentlichen fristlosen Kündigung Folgendes zu beachten.

11.1 Form der Kündigung

Bei einem Mietverhältnis über Wohnraum muss die Kündigung schriftlich erfolgen (§ 568 Abs. 1 BGB). Dagegen ist die Kündigung eines Mietverhältnisses über Räume, die nicht zu Wohnzwecken vermietet wurden (zum Beispiel Geschäftsräume), grundsätzlich formlos, zum Beispiel auch auf mündlichem Weg möglich, wenn nicht vertraglich eine andere Form, zum Beispiel Schriftform, vereinbart wurde.

Gemäß § 126 Abs. 1 BGB kann die vorgeschriebene schriftliche Form einer Kündigung durch die elektronische Form ersetzt werden, wenn sich nicht aus dem Gesetz etwas anderes ergibt. Da in den mietrechtlichen Bestimmungen keine Vorschrift existiert, wonach die schriftliche Form nicht durch die elektronische Form ersetzt werden darf, ist dies grundsätzlich möglich. § 126a BGB regelt, wie eine entsprechende Erklärung in elektronischer Form auszusehen hat. Danach muss der Aussteller der Erklärung dieser seinen Namen hinzufügen und das elektronische Dokument mit einer qualifizierten elektronischen Signatur nach dem Signaturgesetz versehen. »Qualifizierte elektronische Signaturen« sind elektronische Signaturen, die auf einem zum Zeitpunkt ihrer Erzeugung gültigen qualifizierten Zertifikat beruhen und mit einer Signaturerstellungseinheit erzeugt werden (§ 2 Nr. 3 Signaturgesetz). Der Kündigende muss somit ein derart gestaltetes Zertifikat mit einer sicheren eindeutig zuordenbaren Signaturerstellungseinheit besitzen.

Eine Kündigung per E-Mail stellt grundsätzlich keine qualifizierte elektronische Form im Sinne des § 126a BGB in Verbindung mit dem Signaturgesetz dar.

Als Kündigung kann auch gelten, wenn der Mieter nach Räumung der Wohnung die Schlüssel an den Vermieter zurückgibt, weil dadurch für den Vermieter klar und deutlich erkennbar ist, dass der Mieter das Mietverhältnis endgültig beenden will. Nach Treu und Glauben (§ 242 BGB) sei der Mieter in diesem Fall daher so zu stellen, als hätte er im Zeitpunkt der Schlüsselrückgabe eine schriftliche ordentliche Kündigung erklärt. Somit beginnt die Kündigungsfrist mit der Schlüsselübergabe zu laufen (LG Wuppertal, Urteil vom 8.7.2005, 10 S 16/05, WuM 2005, 585).

11.1.1 Kündigung durch einen Bevollmächtigten

Bei der Kündigung durch einen Bevollmächtigten (zum Beispiel Hausverwalter, Rechtsanwalt, Haus- und Grundbesitzerverein) muss das Kündigungsschreiben einen klaren Hinweis auf das Vertretungsverhältnis enthalten, zum Beispiel durch die Formulierung: »Namens und in Vollmacht des Vermieters Herrn X kündige ich das Mietverhältnis über die Räume ....«

Gemäß § 174 BGB ist die Kündigung unwirksam, wenn der Bevollmächtigte eine Vollmachtsurkunde nicht vorgelegt hat und der andere die Kündigung aus diesem Grund unverzüglich, das heißt ohne schuldhaftes Zögern (§ 121 BGB), zurückweist. In der Regel wird die Zurückweisung innerhalb einer Woche, maximal aber innerhalb von zwei Wochen erfolgen müssen.

Dies bedeutet, dass eine Kündigung ohne Vorlage einer Vollmachtsurkunde zwar nicht unwirksam ist, der Kündigungsempfänger jedoch die Möglichkeit der Zurückweisung der Kündigung hat und die Kündigung daher unwirksam wird, wenn der Kündigungsempfänger die Kündigung aus diesem Grund unverzüglich zurückweist.

§ 174 BGB ist nicht anwendbar, das heißt eine Vollmacht muss nicht vorgelegt werden, wenn sich die Vertretungsmacht aus dem Gesetz oder aus einem öffentlichen Register ergibt, zum Beispiel bei Kündigung durch den Geschäftsführer einer GmbH (§ 35 GmbHG), den Vorstand eines Vereins (§ 26 BGB), den Gesellschafter einer OHG (§ 125 HGB), den Vorstand einer AG (§ 78 AktG) oder den Vorstand einer Genossenschaft (§ 24 GenG).

Dagegen ergibt sich bei einer Gesellschaft bürgerlichen Rechts (GbR, zum Beispiel einer Eigentümer-, Erbengemeinschaft) die Vertretungsmacht weder aus dem Gesetz noch aus einem öffentlichen Register, sodass der Vertretungsberechtigte seine Vertretungsmacht nachweisen muss, zum Beispiel durch Beifügung einer von den anderen Gesellschaftern unterschriebenen Vollmacht oder Erklärung bzw. Vorlage des Gesellschaftsvertrags, wenn sich daraus die Alleinvertretungsbefugnis ergibt (BGH, Urteil vom 9.11.2001, LwZR 4/01, NZM 2002, 163).

Erfolgt die Zurückweisung nicht, nicht unverzüglich oder nicht ausdrücklich wegen der fehlenden Vollmacht, ist die Kündigung auch ohne Vollmachtsvorlage wirksam. Die Zurückweisung der Kündigung wegen fehlender Vollmacht ist ausgeschlossen, wenn der Vollmachtgeber den Kündigungsempfänger von der Bevollmächtigung in Kenntnis gesetzt hatte (§ 174 S. 2 BGB).

Der Umfang der Vollmacht sollte genau definiert sein. Eine Vollmacht zur außerordentlichen fristlosen Kündigung wegen Zahlungsverzugs bevollmächtigt zum Beispiel nicht zur hilfsweise erklärten ordentlichen Kündigung des Mietverhältnisses (LG Berlin, Urteil vom 8.10.2001, 61 S 608/00, GE 2002, 331).

11.1.2 Kündigung bei Personenmehrheit

Bei Personenmehrheiten (zum Beispiel bei Erbengemeinschaft auf der Vermieterseite oder Ehegatten auf der Mieterseite) ist die Kündigung grundsätzlich von allen an alle zu richten, das heißt, die Kündigungserklärung hat sowohl als Adressat als auch als Absender sämtliche Vertragspartner zu enthalten und ist von allen Absendern zu unterzeichnen. Dies gilt auch dann, wenn der Mietvertrag nur mündlich geschlossen wurde (LG Düsseldorf, DWW 1991, 24).

Wird eine Immobilie von mehreren Eigentümern (zum Beispiel einem Ehepaar) gemeinsam vermietet, bleibt ein Miteigentümer auch dann Vermieter, wenn er seinen Miteigentumsanteil an den anderen übertragen hat. § 566 BGB, wonach der Käufer mit allen Rechten und Pflichten in ein bestehendes Mietverhältnis eintritt, ist weder direkt noch analog anwendbar, da § 566 BGB den Verkauf an einen **Dritten** voraussetzt, der bis zum Erwerb nicht Vermieter war. Die Kündigung des Mietverhältnisses muss daher auch von dem ehemaligen Miteigentümer unterzeichnet werden. Eine von dem jetzigen Alleineigentümer ausgesprochene Kündigung ist unwirksam (BGH, Beschluss vom 9.1.2019, VIII ZB 26/17).

Weigert sich ein Mitvermieter, an der Kündigung mitzuwirken, kann er von den anderen verklagt und vom Gericht zur Mitwirkung verurteilt werden, da mehrere Eigentümer im Innenverhältnis eine Gemeinschaft im Sinne des § 741 BGB bilden und jeder Teilhaber die Aufhebung dieser Gemeinschaft verlangen kann (§ 749 Abs. 1 BGB; OLG Hamburg, Urteil vom 1.6.2001, 11 U 47/01; NZM 2002, 521).

Kündigt ein Berechtigter zugleich im Namen der anderen, muss dies unter Angabe des Vertretungsverhältnisses und Vorlage einer Originalvollmacht erfolgen; anderenfalls ist die Kündigung unwirksam und entfaltet keine Rechtswirkungen.

Wird durch Umwandlung eines Mietwohnhauses in eine Wohnungseigentumsanlage Sondereigentum an einem Nebenraum (zum Beispiel am mitvermieteten Speicherabteil, Kellerraum) begründet und der Nebenraum an einen anderen als den Eigentümer der vermieteten Wohnung verkauft, kann die Teilkündigung des Nebenraums nur gemeinschaftlich durch dessen (neuen) Eigentümer und den (neuen) Eigentümer der Wohnung erfolgen, da eine Mehrheit von Vermietern entsteht, wenn Teile der Mietsache, die ursprünglich Gegenstand eines einheitlichen Mietvertrags (zum Beispiel über Wohnung und Speicherabteil) waren, an verschiedene Erwerber veräußert werden

(OLG Celle, Urteil vom 11.10.1995, WuM 1996, 222; LG Hamburg, Urteil vom 15.7.1999, 333 S 30/99, ZMR 1999, 765; vgl. auch BayObLG, WuM 1991, 78).

Dagegen ist der Erwerber der vermieteten Eigentumswohnung alleiniger Vermieter und kann die Wohnung einschließlich des Nebenraums auch alleine kündigen, wenn der Nebenraum nach der Teilungserklärung lediglich im Gemeinschaftseigentum aller Wohnungseigentümer steht (BGH, Urteil vom 28.4.1999, NZM 1999, 553).

Empfangsvollmachten, wonach sich die Mieter zur Entgegennahme von Erklärungen, zum Beispiel von Kündigungen, bevollmächtigen, können wirksam vereinbart werden (zum Beispiel im Mietvertrag, siehe Kapitel 2.1, MV § 14). Diese Klausel erspart dem Vermieter zwar die Zustellung der Kündigung an jeden einzelnen Mieter, nicht jedoch, diese an alle Mieter zu adressieren. Dagegen können sich Mieter jedenfalls formularvertraglich nicht zur Abgabe von Kündigungserklärungen bevollmächtigen.

11.1.3 Zugang der Kündigung

Die Kündigung wird als einseitige, empfangsbedürftige Willenserklärung wirksam, wenn sie dem Kündigungsempfänger zugeht (§ 130 Abs. 1 BGB). Dies ist der Fall, wenn sie so in den Bereich des Empfängers gelangt ist, dass dieser unter normalen Verhältnissen die Möglichkeit hat, vom Inhalt der Erklärung Kenntnis zu nehmen (BGH, NJW 1980, 990; 1983, 930). Einer Annahme durch den Kündigungsempfänger bedarf es nicht.

Zum Bereich des Empfängers gehören auch die von ihm zur Entgegennahme von Erklärungen bereitgehaltenen Einrichtungen, zum Beispiel der Briefkasten. Ist ein solcher nicht vorhanden, kann die Zustellung auch durch Anheften des Schreibens an die Eingangstüre oder mittels Durchschieben unter der Türe bewerkstelligt werden.

Bei einer GmbH, die ihren Sitz ins Ausland verlegt hat, kann die Kündigung auch durch Einlegen des Kündigungsschreibens in das private Postfach des Geschäftsführers wirksam zugestellt werden (§§ 130 Abs. 1 S. 1, 164 BGB; BGH, Beschluss vom 31.7.2003, III ZR 353/02).

Nimmt ein Dritter für den Empfänger das Schreiben entgegen, hängt ein wirksamer Zugang davon ab, ob der Dritte nach der Verkehrsanschauung als Empfangsbote angesehen werden kann. Leben Ehegatten in einer gemeinsamen Wohnung, sind sie nach der Verkehrsanschauung grundsätzlich füreinander als Empfangsboten anzusehen. Daher gelangt eine an einen Ehegatten gerichtete Willenserklärung (zum Beispiel Kündigung) grundsätzlich auch dann in dessen Macht- und Zugriffsbereich, wenn sie dem anderen Ehegatten außerhalb der Wohnung übermittelt wird (BAG, Urteil vom

9.6.2011, 6 AZR 687/09, NJW 2011, 2604). Auch nahe Angehörige können grundsätzlich als Empfangsbote fungieren, da nach der Lebenserfahrung davon ausgegangen werden kann, dass diese Personen ein für den Empfänger angenommenes Schriftstück alsbald an diesen weiterleiten (so BGH, Urteil vom 17.3.1994, X ZR 80/92, NJW 1994, 2613 ff.). Daher geht dem Mieter ein Einschreiben mit der Kündigungserklärung des Vermieters auch dann zu, wenn der Postzusteller die Sendung der Schwägerin des Mieters aushändigt, die zwar im selben Mehrfamilienhaus, aber in einer anderen Wohnung wohnt (OLG Köln, Urteil vom 18.1.2006, 22 U 164/05, MDR 2006, 866).

Die Kenntnisnahme muss möglich und nach der Verkehrsanschauung zu erwarten sein. Daher geht zum Beispiel die nachts – wenn auch noch vor 24.00 Uhr – in den Briefkasten eingeworfene Kündigung erst am nächsten Morgen zu, da erst zu diesem Zeitpunkt mit einer Leerung des Briefkastens durch den Empfänger zu rechnen ist (BAG NJW 1984, 1651). Nach Auffassung des LG Berlin (Urteil vom 13.11.2001, 65 S 132/01) geht sogar ein nach 16.00 Uhr in den Briefkasten eingeworfenes Schreiben erst am nächsten Tag zu, da die Rechtsprechung, nach der ein Zugang innerhalb der gewöhnlichen Geschäftszeiten zu erwarten sei, nur für Geschäftsbriefkästen gilt und eine Privatperson nicht damit rechnen muss, dass noch nach 16.00 Uhr Post in ihren Briefkasten eingeworfen wird.

Etwas anderes kann nur ausnahmsweise gelten, wenn der Empfänger aufgrund einer besonderen Situation auch noch am Abend mit dem Zugang einer rechtsgeschäftlichen Erklärung rechnen muss (vgl. für den Einwurf in den Briefkasten um 18.05 Uhr: LG München II, Urteil vom 14.11.1991, 8 S 983/91 und Bayerischer Verfassungsgerichtshof, Urteil vom 15.10.1992, Vf. 117-VI-91, beide abgedruckt in WuM 1993, 331). Ein Schriftstück, das am 31. Dezember kurz vor 16.00 Uhr in den Briefkasten eines Bürobetriebs geworfen wird, in dem branchenüblich Silvester nachmittags nicht mehr gearbeitet wird, geht erst am nächsten Werktag zu, da mit einer Briefkastenleerung am selben Tag – auch wenn dies ein Werktag ist – nicht mehr zu rechnen ist (BGH, Urteil vom 5.12.2007, XII ZR 148/05).

Unerheblich ist, ob und wann der Empfänger tatsächlich Kenntnis genommen hat, da es ausschließlich auf die Möglichkeit der Kenntnisnahme ankommt.

Einem Zugang der Erklärung steht auch nicht entgegen, dass der Empfänger wegen Urlaub, Krankheit oder sonstiger Abwesenheit nicht in der Lage ist, vom Inhalt der Erklärung Kenntnis zu nehmen, da er Zugangshindernissen aus seinem Bereich durch geeignete Vorkehrungen begegnen muss, indem er zum Beispiel bei längerer Abwesenheit einen Bevollmächtigten bestellen oder die Nachsendung der Post veranlasst.

Die Erklärung gilt auch dann als zugegangen, wenn der Empfänger die Annahme unberechtigt verweigert (BGH, NJW 1983, 930; OLG Düsseldorf, WuM 1995, 585). Berechtigt wäre die Annahmeverweigerung zum Beispiel bei unzureichender oder fehlender Frankierung oder Adressierung.

Als zugegangen gilt eine Erklärung ferner, wenn der Empfänger den Zugang arglistig vereitelt. Dies kann zum Beispiel der Fall sein, wenn der Mieter keinen mit seinem Namen beschrifteten Briefkasten bereithält, da der Mieter aufgrund des durch Mietvertrag begründeten Dauerschuldverhältnisses die Obliegenheit hat, Vorkehrungen für den Zugang mietvertraglich relevanter Erklärungen zu treffen; anderenfalls muss er sich so behandeln lassen, als sei die Erklärung zugegangen (LG Berlin, Urteil vom 10.10.2001, 63 S 87/01, NZM 2003, 21).

Kann ein Einschreibbrief wegen Abwesenheit des Empfängers nicht zugestellt werden und hinterlässt der Postbote einen Benachrichtigungszettel mit der Aufforderung, das Einschreiben bei der Post abzuholen, bewirkt dies nach ständiger Rechtsprechung nicht den Zugang des Einschreibens (BGH, NJW 1998, 976). Das Einschreiben geht erst dann zu, wenn es bei der Post abgeholt wird. Holt der Empfänger das Einschreiben nicht ab, gilt es nach dem Grundsatz von Treu und Glauben (§ 242 BGB) nur dann als fristgerecht zugegangen, wenn der Empfänger mit dem Zugang von rechtserheblichen Erklärungen rechnen musste (zum Beispiel aufgrund einer vorausgegangenen Kündigung oder Mieterhöhung; S. LG Osnabrück, Urteil vom 16.6.2000, 12 S 1325/99, WuM 2001, 196) und auch der Erklärende alles Erforderliche und ihm Zumutbare getan hat, damit seine Erklärung den Adressaten erreichen kann.

Dazu gehört in der Regel, dass er nach Kenntnis von dem nicht erfolgten Zugang unverzüglich einen erneuten Versuch unternimmt, seine Erklärung in den Machtbereich des Empfängers zu bringen (vgl. LG Hamburg, Urteil vom 15.6.2000, 333 S 24/00, NJW-RR 2001, 586). Dies ist nur dann entbehrlich, wenn der Empfänger die Annahme grundlos verweigert oder arglistig vereitelt (BGH, a. a. O.; LG Aachen, WuM 1989, 250).

Wird der Zugang oder der Zeitpunkt des Zugangs bestritten, trifft die Beweislast für den Zugang bzw. den rechtzeitigen Zugang den Erklärenden, wobei weder für normale Postsendungen noch für Einschreiben ein Beweis des ersten Anscheins besteht, dass eine zur Post gegebene Sendung den Empfänger auch erreicht hat.

Nachgewiesen werden kann der Zugang durch Sendung per Einschreiben mit Rückschein, da auf dem Rückschein, den der Absender zurückerhält, das Datum des Zugangs und die Unterschrift des Empfängers (Empfangsbestätigung) vermerkt sind. Diese Form der Zustellung kann jedoch zu erheblichen Zeitverzögerungen (zum Beispiel bei Abwesenheit des Empfängers) führen. Daher ist eine Zustellung durch Gerichtsvollzieher (§ 132 Abs. 1 BGB) oder Boten ratsam, wenn eine Verzögerung der Zustellung zu Nachteilen führen würde (zum Beispiel bei Fristablauf).

Bote kann jede (möglichst volljährige) Person sein, die nicht Vertragspartner ist. Bei Zustellung durch einen Boten trägt das Original über der Anschrift des Empfängers den Vermerk »Zugestellt durch Boten«. Auf der Durchschrift bestätigt der Bote durch seine Unterschrift, dass er das Original dieses Schriftstücks durchgelesen und am (Datum) um (Uhrzeit) in den Briefkasten in der Wohnung (Adresse) eingeworfen hat.

Der Bote muss den Inhalt des zuzustellenden Schriftstücks kennen und dieses so in den Bereich des Empfängers bringen, dass dieser die Möglichkeit hat, vom Inhalt der Erklärung Kenntnis zu nehmen BGHZ, 67, 275; BAG, NJW 1984, 1651). Wirft der Bote des Vermieters das Schriftstück (zum Beispiel Kündigung, Mieterhöhungsverlangen), dessen Inhalt ihm bekannt ist, in den Briefkasten des Mieters ein, gilt dieses grundsätzlich auch dann als zugegangen, wenn der Empfänger wegen Abwesenheit nicht in der Lage war, vom Inhalt der Erklärung Kenntnis zu nehmen (vgl. OLG Hamm, MDR 1981, 965).

Tipp !

Die Zustellung durch einen Boten ist daher insbesondere dann zu empfehlen, wenn damit zu rechnen ist, dass der Empfänger die Annahme des Schriftstücks verweigern wird. Gleiches gilt, wenn der Empfänger die Annahme bereits verweigert hat und das Schriftstück daher von der Post zurückgesandt wurde.
Im Streitfall ist der Bote Zeuge dafür, dass und wann ein Schriftstück zugestellt wurde.

Von der Zustellung durch sogenannte Einwurf-Einschreiben muss derzeit noch abgeraten werden, da die Rechtsprechung noch nicht eindeutig bestätigt hat, dass damit der Zugang eines bestimmten Schriftstücks nachgewiesen werden kann.

Strittig ist auch, ob eine Kündigung durch Fax-Schreiben zulässig ist. Dies ist jedenfalls bei Gewerberäumen der Fall, da hier gesetzlich keine Schriftform vorgeschrieben ist (BGH, NJW-RR 1996, 866).

Wird allerdings der Zugang des Faxes vom Gegner bestritten, kann allein durch Vorlage des Sendeprotokolls ein wirksamer Zugang nicht bewiesen werden, da dieses lediglich das Zustandekommen der Verbindung belegt, nicht aber, welches Schriftstück genau gefaxt worden ist (LG Berlin, Urteil vom 22.5.2002, 64 T 34/01, ZMR 2002, 751; vgl. auch BGH, Urteil vom 4.5.1994, XII ZB 21/94, NJW 1994, 2097).

Bei Geschäftsunfähigkeit des Kündigungsgegners muss die Kündigung gegenüber dem gesetzlichen Vertreter erklärt werden (§ 131 BGB). Insofern kann der Vermieter die Bestellung eines Betreuers anregen und ist gegen die ablehnende Entscheidung des Vormundschaftsgerichts beschwerdeberechtigt (BayObLG, Urteil vom 27.2.1996, WuM 1996, 275).

Ist für den Mieter ein Betreuer (§ 1896 BGB) bestellt, muss die Kündigung an den Betreuer gerichtet werden. Dessen bloße Kenntnisnahme vom Inhalt eines Kündigungsschreibens reicht für eine wirksame Kündigung allerdings nicht aus (LG Dresden, WuM 1994, 377).

11.1.4 Widerruf und Rücknahme der Kündigung

Die Kündigung als einseitige, empfangsbedürftige Willenserklärung wird mit dem Zeitpunkt des Zugangs wirksam (§ 130 Abs. 1 S. 1 BGB); es sei denn, dem Empfänger geht vorher oder gleichzeitig ein Widerruf zu (§ 130 Abs. 1 S. 2 BGB).

Ein Widerruf oder eine Rücknahme nach Zugang ist nicht möglich. Eine solche Erklärung kann daher unter Berücksichtigung aller Umstände des Einzelfalls lediglich als Angebot zur Fortsetzung des Mietvertrags oder zur Neubegründung eines Mietverhältnisses zu den ursprünglichen Bedingungen gewertet werden, was jedoch einer zumindest schlüssigen Annahme durch den anderen Beteiligten bedarf.

11.1.5 Unzulässigkeit von Teilkündigungen

Die Kündigung sowohl durch den Vermieter als auch durch den Mieter muss sich immer auf das gesamte Mietverhältnis erstrecken. Grundsätzlich unzulässig ist die Teilkündigung eines einheitlichen Mietverhältnisses.

! **Beispiel**

Kündigung von zwei Zimmern einer Vierzimmerwohnung; Kündigung einer Garage, wenn ein einheitliches Mietverhältnis über Wohnraum und Garage vorliegt; Kündigung des Gartens bei einem Einfamilienhaus; Kündigung von Neben- oder Zubehörräume, zum Beispiel Speicher-, Kellerabteil, Waschküche und Ähnliches.

Eine Ausnahme vom Grundsatz der Unzulässigkeit von Teilkündigungen beinhaltet § 573b BGB: Danach kann der Vermieter nicht zum Wohnen bestimmte Nebenräume (etwa Speicher-, Kellerräume) oder Teile eines Grundstücks (etwa den Garten) ohne ein berechtigtes Interesse im Sinne des § 573 BGB kündigen, wenn er die Kündigung auf diese Räume oder Grundstücksteile beschränkt und sie dazu verwenden will, Wohnraum zum Zweck der Vermietung zu schaffen oder neu zu schaffenden und vorhandenen Wohnraum mit Nebenräumen oder Grundstücksteilen auszustatten (siehe Kapitel 11.4). Im Übrigen kann eine teilweise Beendigung des Mietverhältnisses nicht einseitig durch eine Kündigung, sondern nur einvernehmlich durch Abschluss eines Mietaufhebungsvertrags erfolgen (siehe Kapitel 11.7).

Einer Kündigung bedarf es jedoch nicht, wenn der Nebenraum (zum Beispiel Kellerraum) dem Mieter mangels Erwähnung im schriftlichen Mietvertrag nicht mitvermietet, sondern dessen Nutzung dem Mieter lediglich gestattet wurde. Eine solche Gestattung ist grundsätzlich widerruflich, sodass der Vermieter die Herausgabe solcher nicht vermieteter Räume verlangen kann; es sei denn, das Herausgabeverlangen würde aufgrund besonderer Umstände gegen Treu und Glauben verstoßen. Gleiches gilt für den Fall einer leihweisen Überlassung der Räume (LG Saarbrücken, WuM 1996, 468; vgl. auch Sternel, I 213, II 180).

Dementsprechend begründet selbst die Nutzung eines mit der Wohnung nicht mitvermieteten Raums über mehrere Jahre weder ein Recht zum Besitz noch einen Anspruch auf Zur-Verfügung-Stellung eines entsprechenden Raums, wenn der fragliche Raum an einen anderen Mieter vermietet ist oder wird (AG Lichtenberg, Urteil vom 29.5.2002, 7 C 570/01, NZM 2003, 714).

11.2 Die ordentliche Kündigung

Der Vermieter von Wohnraum kann – von wenigen Ausnahmen abgesehen – das Mietverhältnis nur dann kündigen, wenn er ein berechtigtes Interesse an der Beendigung des Mietverhältnisses hat (Kündigungsgrund, § 573 BGB).

Eine Ausnahme besteht nur bei folgenden Arten von Mietverhältnissen (§ 549 Abs. 2, § 573a, b BGB):

- Bei Mietverhältnissen über Wohnraum, der nur zum vorübergehenden Gebrauch vermietet ist (§ 549 Abs. 2 Nr. 1 BGB).
- Bei Mietverhältnissen über Wohnraum, der Teil der vom Vermieter bewohnten Wohnung ist und den dieser überwiegend mit Einrichtungsgegenständen auszustatten hat, sofern der Wohnraum dem Mieter nicht zum dauernden Gebrauch mit seiner Familie oder mit Personen überlassen ist, mit denen er einen auf Dauer angelegten Haushalt führt (§ 549 Abs. 2 Nr. 2 BGB).
- Bei Mietverhältnissen über Wohnraum in einem Studenten- oder Jugendwohnheim (§ 549 Abs. 3 BGB).
- Bei Mietverhältnissen über Wohnraum, den eine juristische Person des öffentlichen Rechts oder ein anerkannter privater Träger der Wohlfahrtspflege angemietet hat, um ihn Personen mit dringendem Wohnungsbedarf zu überlassen, wenn sie den Mieter bei Vertragsschluss auf die Zweckbestimmung des Wohnraums und die Ausnahme von den genannten Vorschriften hingewiesen hat (§ 549 Abs. 2 Nr. 3 BGB).
- Bei einem Mietverhältnis über eine Wohnung in einem vom Vermieter selbst bewohnten Zweifamilienhaus (siehe Kapitel 11.2) sowie bei Wohnraum innerhalb der vom Vermieter selbst bewohnten Wohnung (§ 573a BGB).

- Bei Nebenräumen oder Teilen eines Grundstücks (zum Beispiel Garten), wenn der Vermieter die Kündigung auf diese Räume bzw. diese Grundstücksteile beschränkt und sie dazu verwenden will, Wohnraum zum Zweck der Vermietung zu schaffen oder den neu zu schaffenden und den vorhandenen Wohnraum mit Nebenräumen oder Grundstücksteilen auszustatten (§ 573b BGB; S. 11.2).

Die Kündigungsvorschrift des § 573 BGB gilt ferner nicht für Mietverhältnisse über Räume, die zu anderen als Wohnzwecken vermietet sind. Diese können ohne Vorliegen eines berechtigten Interesses gekündigt werden.

Gleiches gilt, wenn durch einheitlichen Vertrag sowohl Wohnraum als auch gewerblich genutzte Räume vermietet sind (Mischmietverhältnisse) und die gewerbliche Nutzungsart überwiegt (OLG Schleswig, Urteil vom 8.6.1982, DWW 1982, 302). Der gewerbliche Teil in einem Mischmietverhältnis überwiegt jedenfalls dann, wenn die Fläche der vermieteten Gewerberäume und die auf sie entfallende Miete ein Vielfaches der entsprechenden Größe der Wohnräume darstellen und sich eine hiervon abweichende rechtliche Einordnung des Vertrags aus vertraglichen Erklärungen der Parteien nicht ergibt. Der Umstand allein, dass die Wohnung den Lebensmittelpunkt des Mieters bildet, führt nicht dazu, dass auf den Wohnraumteil die Bestimmung des § 573 Abs. 1 BGB anzuwenden ist. Die nur wirtschaftliche Teilbarkeit des Mietobjekts in Gewerberäume und Wohnräume erlaubt es jedenfalls dann nicht, auf den Wohnraumteil die Bestimmung des § 573 Abs. 1 BGB anzuwenden, wenn aufgrund des Parteiwillens von einer rechtlichen Einheit des Mietverhältnisses auszugehen ist (OLG Schleswig, a. a. O.).

Zur Verhinderung einer Umgehung dieses Bestandschutzes durch Abschluss von zeitlich begrenzten Mietverträgen können Zeitmietverträge nur unter bestimmten Voraussetzungen abgeschlossen werden (§ 575 BGB).

Diese Bestimmungen sind vertraglich nicht abänderbar und gelten daher selbst dann, wenn der Mietvertrag ausdrücklich erleichterte Kündigungsvoraussetzungen für den Vermieter vorsehen sollte.

Die Formulierung »insbesondere« in § 573 Abs. 2 BGB, bedeutet aber, dass die in den Nummern 1 bis 3 genannten Gründe nicht abschließend sind und auch andere – gleichwertige – Gründe ein berechtigtes Interesse darstellen können.

Danach kommen als Kündigungsgründe in Betracht:
- Eigenbedarf durch den Vermieter oder seine Angehörigen (§ 573 Abs. 2 Nr. 2 BGB),
- Schuldhafte Vertragsverletzungen durch den Mieter (§ 573 Abs. 2 Nr. 1 BGB),
- Hinderung der wirtschaftlichen Verwertbarkeit der Mietsache (§ 573 Abs. 2 Nr. 3 BGB).

Eine ordentliche Kündigung ist nur bei einem unbefristeten Mietverhältnis möglich. Befristete Mietverhältnisse, das heißt Mietverhältnisse, die für eine bestimmte Dauer fest abgeschlossen sind, können während ihrer Laufzeit – auch bei Vorliegen von gesetzlichen Kündigungsgründen – nicht ordentlich, sondern nur außerordentlich (siehe Kapitel 11.3) gekündigt werden.

Gleiches gilt, wenn der Vermieter auf sein ordentliches Kündigungsrecht für eine bestimmte Dauer verzichtet hat. Ein solcher Verzicht kann sowohl zugunsten des Vermieters als auch des Mieters vereinbart werden (siehe Kapitel 2.1).

Bei der ordentlichen Kündigung von Wohnraum muss der Vermieter nach § 573 Abs. 3 BGB im Kündigungsschreiben die Kündigungsgründe angeben; anderenfalls ist die Kündigung unwirksam und kann auch nicht durch Nachschieben von Gründen geheilt werden, sondern muss – unter erneuter Einhaltung der Kündigungsfrist – nochmals durchgeführt werden (ständige Rechtsprechung vgl. zum Beispiel LG Düsseldorf, WuM 1990, 505; LG Köln, WuM 1990, 155). Nur für nachträglich entstandene Gründe ist ein Nachschieben möglich, sodass eine wirksame Kündigung auch dann wirksam bleibt, wenn die angegebenen Gründe zwar nach Ausspruch der Kündigung entfallen sind, jedoch neue – nachträglich entstandene – Gründe die Kündigung stützen können.

Im Kündigungsschreiben sind sämtliche Gründe, die als berechtigtes Interesse des Vermieters für die ausgesprochene Kündigung berücksichtigt werden sollen, grundsätzlich auch dann nochmals anzugeben, wenn sie dem Mieter bereits zuvor mündlich oder schriftlich mitgeteilt worden sind (BayObLG, Urteil vom 14.7.1981, DWW 1981, 234; Urteil vom 17.12.1984, WuM 1985, 50).

Tipp !

Da erfahrungsgemäß die Mehrzahl der Kündigungen nicht am Fehlen der Kündigungsgründe, sondern an einer unzureichenden Form der Kündigung scheitern, ist dringend zu empfehlen, im Kündigungsschreiben alle für eine Beendigung des Mietverhältnisses sprechende Umstände möglichst ausführlich, verständlich und substantiiert darzustellen.

Die vorstehenden Ausführungen gelten nicht für Mietverhältnisse über Geschäftsräume. Im Kündigungsschreiben brauchen daher Gründe selbst dann nicht genannt zu werden, wenn solche tatsächlich vorliegen müssen (zum Beispiel bei einer außerordentlichen Kündigung).

11.2.1 Kündigungsfristen

Bei der ordentlichen Kündigung des unbefristeten Mietverhältnisses sind die gesetzlichen Kündigungsfristen einzuhalten.

Für Mietverhältnisse über Wohnraum gelten folgende Kündigungsfristen: Sind seit Überlassung des Wohnraums noch keine fünf Jahre vergangen, ist die ordentliche Kündigung spätestens am dritten Werktag eines Kalendermonats zum Ablauf des übernächsten Monats zulässig (zum Beispiel spätestens am dritten Werktag im Februar zum 30. April), das heißt, die Kündigungsfrist beträgt für beide Parteien drei Monate (§ 573c Abs. 1 S. 1 BGB).

Mit dem Mietrechtsreformgesetz wurden sogenannte asymmetrische, das heißt ungleiche, Kündigungsfristen für Vermieter und Mieter eingeführt. Danach verlängert sich die Frist nur für den Vermieter nach fünf und acht Jahren seit der Überlassung des Wohnraums um jeweils drei Monate (§ 573c Abs. 1 S. 2 BGB). Dies bedeutet, dass die Kündigungsfrist für den Vermieter ab einer Mietdauer von fünf Jahren sechs Monate und ab acht Jahren neun Monate beträgt, während es für den Mieter auch in diesen Fällen bei einer Kündigungsfrist von drei Monaten bleibt.

Diese Fristen verlängern sich für den Vermieter um weitere drei Monate, wenn er von seinem Sonderkündigungsrecht im Zweifamilienhaus Gebrauch macht (§ 573a Abs. 1 S. 2 BGB; S. 11.2).

Für den Wohnraum, der Teil der von dem Vermieter selbst bewohnten Wohnung ist und den der Vermieter überwiegend mit Einrichtungsgegenständen auszustatten hat, gilt die Sonderregelung des § 573c Abs. 3 BGB, wenn der Wohnraum dem Mieter nicht zum dauernden Gebrauch mit seiner Familie oder mit Personen überlassen ist, mit denen er einen auf Dauer angelegten gemeinsamen Haushalt führt. Danach ist die Kündigung spätestens am 15. eines Monats zum Ablauf dieses Monats zulässig (14-tägige Kündigungsfrist).

Bei einem Mietverhältnis über Wohnraum sind alle zum Nachteil des Mieters abweichenden Vereinbarungen unwirksam (§ 573c Abs. 4 BGB), zum Beispiel die Vereinbarung von kürzeren Fristen für den Vermieter oder von längeren Fristen für den Mieter. Eine kürzere Kündigungsfrist kann nur vereinbart werden, wenn der Wohnraum zu vorübergehendem Gebrauch vermietet worden ist (§ 573c Abs. 2 BGB).

Im Kündigungsschreiben sollte immer der Beendigungstermin unter Einhaltung der jeweiligen Kündigungsfrist genannt sein. Geht die Kündigung unvorhergesehen erst nach dem dritten Werktag eines Monats zu, berührt dies die Wirksamkeit der Kündigung nicht; vielmehr wirkt diese dann zum nächstzulässigen Termin.

Längere Kündigungsfristen, die in »Altmietverträgen«, das heißt in solchen, die vor Inkrafttreten der Mietrechtsreform am 1.9.2001 geschlossen wurden, enthalten sind, galten nach der Übergangsvorschrift des Art. 229 § 3 Abs. 10 EGBGB aus Vertrauensschutzgründen weiter, wenn die Fristen zwischen den Parteien seinerzeit »durch Vertrag« vereinbart worden sind.

Der BGH hat entschieden, dass in diesem Fall auch der Mieter an die längeren Fristen gebunden bleibt, unabhängig davon, ob diese individuell vereinbart, das heißt, ausgehandelt wurden oder in einer vorgedruckten Klausel des Formularmietvertrags enthalten sind, die letztlich nur die früher geltenden gesetzlichen Kündigungsfristen wörtlich oder sinngemäß wiedergibt (BGH, Urteil vom 18.6.2003, WuM 2003, 462).

Diese Rechtsprechung wurde durch den Gesetzgeber mit dem am 1.6.2005 in Kraft getretenen Gesetz über die Kündigungsfristen bei Altmietverträgen unterlaufen. Danach sind längere Kündigungsfristen in Altmietverträgen für den Mieter nur noch dann verbindlich, wenn sie seinerzeit individuell vereinbart, also ausgehandelt wurden. Sind die längeren Fristen dagegen nur in einer vorgedruckten Klausel eines Formularmietvertrags enthalten, liegt keine wirksame Vereinbarung vor. Dann muss der Mieter auch bei Kündigung eines Altmietvertrags, unabhängig von der Mietdauer, immer nur die neue gesetzliche Kündigungsfrist von drei Monaten einhalten. Für die Praxis wird dies dazu führen, dass grundsätzlich nur noch die neue gesetzliche Kündigungsfrist von drei Monaten zur Anwendung kommen wird, da der Vermieter den ihm obliegenden Beweis des »Aushandelns« der längeren Kündigungsfrist in aller Regel nicht erbringen kann.

Für die Berechnung der Dauer des Mietverhältnisses ist der Zeitpunkt des Zugangs der Kündigung und nicht der Kündigungstermin entscheidend. Dabei ist auch diejenige Zeit, in der der jetzige Mieter aufgrund eines Mietvertrags seines früheren Ehegatten die Wohnung berechtigt bewohnt hat, mit zu berücksichtigen (OLG Stuttgart, Urteil vom 30.12.1983, DWW 1984, 106).

Ein Vermieterwechsel, zum Beispiel infolge eines Verkaufs, hat keinen Einfluss auf die Berechnung der Kündigungsfristen, da der neue Vermieter mit allen Rechten und Pflichten in das bestehende Mietverhältnis eintritt. Auch beim Abschluss eines neuen Mietvertrags über dieselbe Wohnung bemisst sich die Kündigungsfrist nicht nach der Laufzeit des Mietvertrags, sondern nach der gesamten Überlassungsdauer (vgl. LG Zwickau, WuM 1998, 158, m. w. N.).

Wird die Kündigungsfrist nicht eingehalten, ist die Kündigung zu diesem Termin zwar unwirksam, kann jedoch in eine Kündigung zum nächstzulässigen Termin umgedeutet werden (§ 140 BGB).

Die Kündigungsfrist beginnt mit dem Zugang der Kündigung zu laufen (§§ 130 bis 132 BGB).

§ 193 BGB, wonach an die Stelle eines Samstags, Sonn- oder Feiertags der nächste Werktag tritt, wenn an einem bestimmten Tag oder innerhalb einer Frist eine Kündigung zu erklären oder eine Leistung (zum Beispiel Räumung) zu bewirken ist und der bestimmte Tag oder der letzte Tag der Frist auf einen Samstag, Sonn- oder Feiertag fällt, gilt nicht für gesetzliche Kündigungsfristen, da für sie kein bestimmter Tag vorgesehen ist und sie dem Gekündigten zu seinem Schutz ungekürzt zur Verfügung stehen müssen.

! **Beispiel**

Soll mit einer Frist von sechs Monaten zum September gekündigt werden, muss die Kündigung dem Empfänger spätestens am 31. März zugehen, auch wenn dieser Tag ein Samstag, Sonn- oder Feiertag ist. Eine Verlängerung über den 31. März hinaus bis zum nächsten Werktag findet entgegen § 193 BGB nicht statt.
Das Gleiche gilt, wenn das Ende des Mietverhältnisses auf einen Sonn- oder Feiertag fällt. Das Mietverhältnis verlängert sich dann nicht bis zum nächsten Werktag; jedoch wird die Räumungsverpflichtung erst am nächsten Werktag fällig mit der Folge, dass der Mieter für diese Zeit keine Nutzungsentschädigung zahlen muss.

Dagegen ist § 193 BGB anwendbar, wenn eine Karenzzeit kraft Gesetz (§ 580a Abs. 1 Nr. 3 und § 573c Abs. 1 BGB – »spätestens am dritten Werktag eines Kalendermonats«) oder Vereinbarung gilt und der dritte Tag auf einen Samstag, Sonn- oder Feiertag fällt. Ist zum Beispiel die Miete spätestens »am dritten Werktag des jeweiligen Kalendermonats« zu zahlen oder eine Kündigung dem Vertragspartner »bis zum dritten Werktag« zuzustellen und fällt der letzte Tag dieser Karenzzeit auf einen Samstag, ist die Zahlung der Miete bzw. der Zugang der Kündigung am nächsten Werktag, das heißt am Montag, noch fristgerecht. Gleiches gilt, wenn der letzte Tag der Frist auf einen Sonn- oder Feiertag fällt (§ 193 BGB).

Fällt dagegen der erste oder zweite Tag der Karenzzeit auf einen Samstag, ist dieser nach einem Urteil des LG Aachen als normaler Werktag anzusehen und mitzuzählen, da der Samstag dann nicht »der letzte Tag der Frist« im Sinne von § 193 BGB ist.

! **Beispiel**

Fällt der erste Tag eines Monats auf den Samstag, gilt dieser als erster Werktag, der darauf folgende Montag als zweiter Werktag und der Dienstag (Fristablauf) als dritter Werktag.

Der Grundsatz, wonach der Samstag als Werktag anzusehen ist, ergibt sich ferner aus der arbeitsrechtlichen Bestimmung des Bundesurlaubsgesetzes (§ 3 Abs. 2 BUrlG; LG Aachen, Beschluss vom 22.10.2003, 6 T 67/03, WuM 2004, 32).

11.2.2 Kündigungssperrfristen

Wurde an den vermieteten Wohnräumen nach Überlassung an den Mieter Wohnungseigentum begründet (»Umwandlung«) und das Wohnungseigentum veräußert, kann sich der Erwerber auf Eigenbedarf erst nach Ablauf von drei Jahren seit der Veräußerung berufen (Kündigungssperrfrist, § 577a Abs. 1 BGB).

Die Sperrfrist gilt auch zugunsten eines Angehörigen des Mieters, der mit diesem zum Zeitpunkt der Umwandlung in der Wohnung gelebt hat und dann mit dem Tod des Mieters kraft Gesetz (§ 563 Abs. 2 BGB) in das Mietverhältnis eingetreten ist (BGH, Urteil vom 9.7.2003, VIII ZR 26/03, WuM 2003, 569).

Diese Frist beträgt bis zu zehn Jahre, wenn die ausreichende Versorgung der Bevölkerung mit Mietwohnungen zu angemessenen Bedingungen in einer Gemeinde oder einem Teil einer Gemeinde besonders gefährdet ist und die Landesregierung von ihrer Ermächtigung Gebrauch gemacht hat, diese Gebiete sowie die Frist durch Rechtsverordnung für die Dauer von jeweils höchstens zehn Jahren zu bestimmen (§ 577a Abs. 2 BGB).

Von dieser Ermächtigung hat zum Beispiel das Bundesland Bayern Gebrauch gemacht. Gemäß der Wohngebieteverordnung vom 15.5.2012 (GVBl. 2012, 189) gilt in 115 Städten und Gemeinden vom 1.7.2012 bis zum 30.6.2022 eine Kündigungssperrfrist von zehn Jahren. In Bundesländern, die von dieser Ermächtigung keinen Gebrauch gemacht haben, gilt lediglich die allgemeine Sperrfrist von drei Jahren (§ 577a Abs. 1 BGB)

Vor Abfassung der Kündigung einer umgewandelten Wohnung sollte daher bei der zuständigen Gemeinde bzw. Stadtverwaltung angefragt werden, ob in dem betreffenden Gebiet eine verlängerte Kündigungssperrfrist gilt.

Die Vorschriften über die Kündigungssperrfrist sind auch anzuwenden, wenn keine Umwandlung in Wohnungseigentum, sondern eine Realteilung erfolgt, zum Beispiel wenn vermietete Reihenhäuser durch Realteilung des Gesamtgrundstücks in einzelne selbstständige Grundstücke aufgeteilt werden. Die Interessenlage ist nämlich in beiden Fällen der Rechtsänderung im Wesentlichen gleich. Aus Sicht des Mieters macht es keinen Unterschied, ob das von ihm gemietete Reihenhaus in Wohnungseigentum umgewandelt oder durch reale Teilung Bestandteil eines selbstständigen Grundstücks wird. In beiden Fällen steht dem Mieter nach einem Verkauf ein neuer Vermieter gegenüber, der sich – soweit die sonstigen Voraussetzungen gegeben sind – auf Eigenbedarf berufen könnte (BGH, Urteil vom 28.5.2008, VIII ZR 126/07, WuM 2008, 415).

Seit Inkrafttreten des Mietrechtsänderungsgesetzes (BGBl., S. 434 ff.) am 1.5.2013 sind die Vorschriften über die Kündigungssperrfrist auch beim Erwerb eines vermieteten Anwesens durch eine Personenmehrheit (zum Beispiel Gesellschaft bürgerlichen

Rechts, GbR) anzuwenden, wenn diese zwar keine Aufteilung in Wohnungseigentum vornimmt, jedoch wegen Eigenbedarfs eines Miteigentümers kündigt. Eine Ausnahme besteht nur dann, wenn die Gesellschafter oder Erwerber derselben Familie oder demselben Haushalt angehören oder vor Überlassung des Wohnraums an den Mieter Wohnungseigentum bereits begründet war (§ 577a Abs. 1a BGB).

Eine zusätzliche Kündigungssperrfrist muss nicht eingehalten werden, wenn das Wohnungseigentum bereits vor Überlassung an den Mieter begründet war oder wenn nur eine Teilung, aber keine Weiterveräußerung vorgenommen wurde (Beispiel: der Eigentümer eines Mietshauses wandelt die Wohnungen in Eigentumswohnungen um und kündigt dann einem Mieter wegen Eigenbedarfs für seinen Sohn).

Der Zuschlag von Wohnungseigentum im Wege der Zwangsversteigerung ist als Veräußerung im Sinne von § 577a Abs. 1 BGB anzusehen. Das bedeutet, dass nicht nur der Käufer, sondern auch der Ersteigerer einer umgewandelten Eigentumswohnung die Kündigung wegen Eigenbedarfs erst nach Ablauf der Sperrfrist aussprechen kann.

Dies gilt auch dann, wenn das Mietverhältnis unter Einhaltung der gesetzlichen Frist von drei Monaten gekündigt wird (§ 57a ZVG). Maßgebend für eine Kündigung ist dann der Termin, zu dem das Mietverhältnis erstmals nach dem Ende der Sperrfrist unter Beachtung der gesetzlichen Frist gekündigt werden kann (BayObLG, Urteil vom 10.6.1992, WuM 1992, 424).

Auch die Übertragung von Wohnungseigentum in Erfüllung eines Vermächtnisses (§ 2147 BGB) ist als Veräußerung im Sinne von § 577a Abs. 1 BGB anzusehen, da es sich auch insofern – wie bei Kauf, Schenkung oder Tausch – um einen rechtsgeschäftlichen Erwerbsvorgang handelt, der auf einer freiwilligen Entscheidung (Testierwillen des Erblassers) beruht (BayObLG, Urteil vom 29.6.2001, RE-Miet 1/01, WuM 2001, 390). Bei einer Kündigung des Mietverhältnisses sind somit auch hier die Kündigungssperrfristen zu beachten.

Ist in den Fällen des § 577a Abs. 1 BGB die Sperrfrist einzuhalten, beginnt sie mit der Eintragung des ersten Erwerbers des (nach Überlassung des Wohnraums an den Mieter begründeten und sodann veräußerten) Wohnungseigentums im Wohnungsgrundbuch. Weitere Erwerber treten in diese Frist ein (§ 566 BGB), für sie beginnt die Frist nicht neu zu laufen (BayObLG, Urteil vom 24.11.1981, NJW 1982, 451).

Eine Kündigung des Erwerbers wegen Eigenbedarfs kann erst nach Ablauf der Sperrfrist und somit nicht zu deren Ablauf ausgesprochen werden. Für die nach Ablauf der Frist ausgesprochene Kündigung gelten die gesetzlichen Fristen.

Die Bestimmung des § 577a BGB über die Einhaltung zusätzlicher Kündigungssperrfristen gilt nur bei der Kündigung wegen Eigenbedarfs (§ 573 Abs. 2 Nr. 2 BGB) oder wegen Hinderung der wirtschaftlichen Verwertbarkeit (§ 573 Abs. 2 Nr. 3 BGB). Auf andere ordentliche Kündigungen ist § 577a BGB weder direkt noch analog anwendbar. Bei einer Kündigung wegen eines allgemeinen berechtigten Interesses an der Beendigung des Mietverhältnisses gemäß § 573 Abs. 1 BGB oder wegen schuldhafter Vertragsverletzungen des Mieters (§ 573 Abs. 2 Nr. 1 BGB) muss daher keine zusätzliche Sperrfrist eingehalten werden (BGH, Urteil vom 11.3.2009, VIII ZR 127/08).

11.2.3 Die Sozialklausel (§ 574 BGB)

Zu beachten sind ferner die Vorschriften über die Sozialklausel (§ 574 BGB). Der Mieter von Wohnraum ist bei einer Kündigung durch den Vermieter – abgesehen von wenigen Ausnahmefällen – in doppelter Hinsicht geschützt.

Dies zum einen dadurch, dass der Vermieter grundsätzlich nur beim Vorliegen eines berechtigten Interesses an der Beendigung des Mietverhältnisses kündigen kann (§ 573 BGB) und zum anderen durch die Sozialklausel des § 574 BGB, wonach der Mieter selbst dann, wenn der Vermieter ein berechtigtes Interesse an der Beendigung des Mietverhältnisses dargelegt und bewiesen hat, unter bestimmten Voraussetzungen die Fortsetzung des Mietverhältnisses verlangen kann.

Ausgenommen vom Anwendungsbereich der Sozialklausel sind gemäß § 549 Abs. 2 Nummer 2 BGB folgende Mietverhältnisse:

- Wohnraum, der nur zu vorübergehendem Gebrauch vermietet ist,
- Wohnraum der Teil der vom Vermieter selbst bewohnten Wohnung ist und den der Vermieter überwiegend mit Einrichtungsgegenständen auszustatten hat, sofern der Wohnraum dem Mieter nicht zum dauernden Gebrauch mit seiner Familie oder mit Personen überlassen ist, mit denen er einen auf Dauer angelegten gemeinsamen Haushalt führt,
- Wohnraum, den eine juristische Person des öffentlichen Rechts oder ein anerkannter privater Träger der Wohlfahrtspflege angemietet hat, um ihn Personen mit dringendem Wohnungsbedarf zu überlassen, wenn sie den Mieter bei Vertragsschluss auf die Zweckbestimmung des Wohnraums und die Ausnahme von den genannten Vorschriften hingewiesen hat.

Nach § 574 Abs. 1 BGB kann der Mieter der Kündigung eines Mietverhältnisses über Wohnraum widersprechen und vom Vermieter die Fortsetzung des Mietverhältnisses verlangen, wenn die Beendigung des Mietverhältnisses für den Mieter, seine Familie oder einen Angehörigen seines Haushalts eine Härte bedeuten würde, die auch unter Würdigung der berechtigten Interessen des Vermieters nicht zu rechtfertigen ist. Eine

Härte liegt auch vor, wenn angemessener Ersatzwohnraum zu zumutbaren Bedingungen nicht beschafft werden kann (§ 574 Abs. 2 BGB).

Eine Abwägung der beiderseitigen Interessen hat jedoch erst nach dem Widerspruch des Mieters stattzufinden und nicht bereits bei der Prüfung der berechtigten Interessen des Vermieters an der Beendigung des Mietverhältnisses, da § 573 BGB ausdrücklich auf die Interessen allein des Vermieters abstellt.

Voraussetzung für den Widerspruch des Mieters ist, dass die Beendigung des Mietverhältnisses für ihn, seine Familie oder einen anderen Angehörigen seines Haushalts eine Härte bedeuten würde. Zur Familie des Mieters gehören der Ehegatte (oder Lebenspartner) sowie Haushaltszugehörige, Verwandte und Verschwägerte. Angehörige des Haushalts des Mieters können zum Beispiel der Lebensgefährte, dessen Kinder oder Pflegekinder sein (vgl. Begründung des Gesetzentwurfs, abgedruckt in NZM 2000, 450).

Eine Härte kann sich insbesondere auch aus einem hohen Alter oder einer langen Mietdauer ergeben, wobei einer dieser Gründe allein noch keinen Härtegrund darstellt, unter Umständen aber das kumulative Vorliegen dieser Gründe (LG Köln, WuM 1992, 247) oder das Hinzutreten weiterer Gründe, zum Beispiel Gebrechlichkeit, Krankheit oder die besondere Verwurzelung des alten Menschen mit seiner Umgebung, die einen Umzug als unzumutbar erscheinen lassen.

Andererseits können auch die Interessen eines betagten, multipel schwer Erkrankten und seit 40 Jahren in der für den Eigenbedarf beanspruchten Wohnung lebenden Mieters im Einzelfall durch ein vorrangiges Vermieterinteresse überlagert sein, zum Beispiel wenn sich der gewünschte Umzug der Kinder des Vermieters in die eigene, größere Wohnung für die weitere Entwicklung der beiden Kinder des Vermieters als äußerst vorteilhaft darstellt. Dies gilt insbesondere dann, wenn der Mieter trotz seines Alters und seiner Krankheit noch ausreichend mobil und orientiert ist und ein Umzug nicht zu einer drastischen dauerhaften Verschlechterung seiner Lebenssituation bzw. einer akuten Gefährdung seiner Gesundheit führen wird (LG Frankfurt/M., Urteil vom 23.8.2011, 2-11 S 110/11, NZM 2011, 744).

Behauptet der Mieter, dass mit dem Umzug erhebliche gesundheitliche Risiken verbunden sind, muss er diese substantiiert vortragen und im Bestreitensfall auch beweisen. Allein die Vorlage eines Schwerbehindertenausweises genügt nicht. Auch ärztliche Berichte, die lediglich gesundheitliche Beschwerden attestieren, beweisen nicht generell, dass der Umzug für den Mieter mit einer Gesundheitsgefährdung verbunden ist (OLG Köln, Urteil vom 10.3.2003, 16 U 72/02, WuM 2003, 465).

Eine Härte liegt auch vor, wenn angemessener Ersatzwohnraum zu zumutbaren Bedingung nicht beschafft werden kann. Der Ersatzwohnraum ist auch dann angemessen, wenn er mit dem gekündigten nicht gleichwertig ist. Jedoch muss der Mieter keine wesentliche Verschlechterung akzeptieren. Die Beurteilung hängt im Wesentlichen von den konkreten Umständen des Einzelfalls ab. Zwar kann der Mieter nicht grundsätzlich verlangen, dass die Ersatzwohnung in dem bisherigen Wohngebiet liegt (vgl. LG München I, WuM 1989, 296), eine solche Anforderung kann im Einzelfall dennoch gestellt werden, wenn dies zum Beispiel zur Pflege von alten oder kranken Menschen durch Personen in der Nachbarschaft erforderlich ist.

Der Ersatzwohnraum muss hinsichtlich Lage, Größe und Ausstattung bestimmten Anforderungen genügen, wobei auch den bisherigen Lebensgewohnheiten des Mieters (zum Beispiel Trennung von Schlaf- und Wohnraum) und gegebenenfalls dem Bedürfnis zur Aufnahme einer Pflegeperson Rechnung zu tragen ist. Der Mieter ist grundsätzlich auch nicht verpflichtet, sich auf die Unterbringung in einem Alters- oder Pflegeheim verweisen zu lassen.

Eine Ausnahme kann bestehen, wenn der Wille des Mieters, in der Wohnung zu verbleiben, unrealistisch ist, zum Beispiel wegen einer fortgeschrittenen Gebrechlichkeit und Pflegebedürftigkeit (BVerfG, Urteil vom 27.1.1994, WuM 1994, 255).

Die Beurteilung, welche Bedingungen dem Mieter zumutbar sind, hängt insbesondere von der wirtschaftlichen Leistungsfähigkeit des Mieters im Einzelfall ab, wobei die Möglichkeit des Bezugs von Wohngeld oder Sozialhilfe durch den Mieter zu berücksichtigen ist.

Der Mieter muss im Streitfall darlegen und beweisen, dass er ab Zugang der Kündigung alle erforderlichen und zumutbaren Schritte zur Erlangung einer Ersatzwohnung unternommen hat (LG Bonn, WuM 1992, 16).

Der Mieter darf die Ersatzwohnraumsuche grundsätzlich nicht auf das bisherige Wohngebiet beschränken (LG Hamburg, Urteil vom 9.1.2003, 307 S 118/02, ZMR 2003, 265). Er muss daher substantiiert vortragen, welche Stadtteile in die Suche einbezogen wurden, wann die Anmietbemühungen aufgenommen wurden und warum die Anmietung der aufgeführten Wohnungen nicht möglich bzw. nicht zumutbar war (LG Hamburg, a. a. O.). Ferner sind vom Mieter gegebenenfalls die tragbare Miete und ein eventueller Wohngeldanspruch darzulegen (OLG Köln, Urteil vom 10.3.2003, 16 U 72/02, WuM 2003, 465).

Diese Verpflichtung hat der Mieter zum Beispiel nicht erfüllt, wenn er innerhalb eines Zeitraums von sechs Monaten lediglich auf drei Chiffre-Anzeigen in einer Tageszeitung schriftlich geantwortet hat (vgl. LG Mannheim, DWW 1992, 87). Keinesfalls ausreichend ist es, wenn sich der Mieter nur auf die angespannte Situation auf dem Wohnungsmarkt beruft (LG Mannheim, DWW 1993, 140). Zur Erlangung einer Ersatzwohnung ist dem Mieter auch der Einsatz von Geldmitteln in einem bei der Suche nach einer Wohnung üblichen Umfang zumutbar, zum Beispiel für Inserate und Makler.

Eine Härte kann sich auch aus persönlichen, wirtschaftlichen oder sozialen Gründen, insbesondere aus einem hohen Alter oder einer langen Mietdauer ergeben, wobei einer dieser Gründe allein noch keinen Härtegrund darstellt, unter Umständen aber das kumulative Vorliegen dieser Gründe oder das Hinzutreten weiterer Gründe, zum Beispiel Gebrechlichkeit, Krankheit oder die besondere Verwurzelung eines alten Menschen mit seiner Umgebung, die einen Umzug als unzumutbar erscheinen lassen.

Behauptet der Mieter, dass mit dem Umzug erhebliche gesundheitliche Risiken verbunden sind, muss er diese substantiiert vortragen und im Bestreitensfall auch beweisen. Dabei kann von einem Mieter, der sein Krankheitsrisiko als Härte geltend macht, verlangt werden, dass er sich in zumutbarer Weise um die Verringerung seines Krankheitsrisikos bemüht (BVerfG, Urteil vom 12.2.1993, WuM 1993, 172). Besonders gelagerte berufliche Verhältnisse (zum Beispiel Prüfungsvorbereitungen) oder Ausbildungserschwernisse für die Kinder (zum Beispiel umzugsbedingter Schulwechsel oder Erschwerungen beim Schulbesuch) können im Einzelfall ebenso einen Härtegrund darstellen wie auch eine Schwangerschaft (LG Dortmund, WuM 1966, 40) oder besonderer Kinderreichtum in Bezug auf die Schwierigkeiten bei der Ersatzwohnraumbeschaffung (LG Wuppertal, WuM 1968, 109).

Hat der Mieter mit dem ausdrücklichen oder stillschweigenden Einverständnis des Vermieters wirtschaftliche Aufwendungen für die Erhaltung und Verbesserung der Mietsache gemacht, zu denen er vertraglich nicht verpflichtet war, kann die vertragsgemäße Beendigung des Mietverhältnisses eine Härte bedeuten, wenn der Mieter besonderer Umstände wegen mit einer frühen Kündigung des Mietverhältnisses nicht zu rechnen hatte, die Aufwendungen erheblich sind, für einen erheblichen Teil davon beim Auszug kein Ersatz verlangt werden kann und die Aufwendungen durch die Mietzeit auch noch nicht abgewohnt sind, sodass es im Ergebnis zu einem wesentlichen Verlust für den Mieter kommen würde. Dabei kommt es grundsätzlich nicht darauf an, ob die Aufwendungen notwendig, nützlich oder überflüssig waren. Entscheidend ist der Vertrauenstatbestand, den der Vermieter durch sein Verhalten für den Mieter geschaffen hat (OLG Frankfurt, Urteil vom 23.6.1971, WuM 1971, 168; LG Kiel, WuM 1992, 690).

Dagegen kann der Verlust besonderer Vorteile, die der Mieter aus der Nutzung der Wohnung gezogen hatte (zum Beispiel Einkünfte aus Untervermietung) eine Härte grundsätzlich nicht begründen. Ebenso nicht der Umstand, dass der Mieter mit Einverständnis des Vermieters ein Hobby in der Wohnung ungestört ausüben konnte, dass er in den meisten anderen Wohnungen nicht betreiben kann.

Liegen Härtegründe vor, findet eine Abwägung der Interessen des Mieters am Bestand des Mietverhältnisses mit den Interessen des Vermieters an der Beendigung des Mietverhältnisses statt. Dabei ist es zum Beispiel nicht zu beanstanden, wenn den existenziellen Belangen der vierköpfigen Familie des Vermieters mit zwei kleinen Kindern Vorrang vor den Interessen auch eines erheblich erkrankten Mieters eingeräumt wird (BVerfG, Urteil vom 12.2.1993, WuM 1993, 172).

Bei Würdigung der berechtigten Interessen des Vermieters werden jedoch nur die im Kündigungsschreiben angegebenen Gründe berücksichtigt, außer wenn die Gründe nachträglich entstanden sind (§ 574 Abs. 3 BGB). Die Erklärung des Mieters, mit der er der Kündigung widerspricht und die Fortsetzung des Mietverhältnisses verlangt, bedarf der schriftlichen Form (§ 574b Abs. 1 BGB).

Eine Begründung des Widerspruchs ist nicht zwingend vorgeschrieben, jedoch soll der Mieter auf Verlangen des Vermieters über die Gründe des Widerspruchs unverzüglich Auskunft erteilen. Anderenfalls können ihm im Räumungsprozess, selbst wenn die Klage des Vermieters wegen des Widerspruchs abgewiesen oder der Vermieter zur Fortsetzung des Mietverhältnisses verurteilt wird, die Prozesskosten ganz oder teilweise auferlegt werden (§ 93b ZPO).

Der Vermieter kann die Fortsetzung des Mietverhältnisses ohne Rücksicht auf die sachliche Begründetheit des Widerspruchs ablehnen, wenn der Mieter den Widerspruch nicht spätestens zwei Monate vor der Beendigung des Mietverhältnisses dem Vermieter gegenüber erklärt hat (§ 574b Abs. 2 BGB).

Insofern hat der Vermieter die Obliegenheit, den Mieter auf die Form und Frist des Widerspruchs rechtzeitig hinzuweisen (§ 568 Abs. 2 BGB). Der Hinweis muss noch vor Ablauf der Zweimonatsfrist des § 574b Abs. 2 S. 1 BGB und so lange vorher erteilt werden, dass der Mieter noch angemessene Zeit überlegen, einen Widerspruch abfassen und fristgerecht zuleiten kann. Unterlässt der Vermieter diesen Hinweis, ist die Kündigung zwar nicht unwirksam, jedoch kann der Mieter den Widerspruch noch bis zum Schluss des ersten Termins im Räumungsrechtsstreit erklären (§§ 220 ZPO; 574 b Abs. 2 S. 2 BGB).

Will der Vermieter daher möglichst bald Klarheit darüber haben, ob der Mieter der Kündigung widerspricht, sollte er den Mieter bereits im Kündigungsschreiben auf die Form und Frist des Widerspruchs hinweisen. Dies kann zum Beispiel durch Wiedergabe des Gesetzestextes im Kündigungsschreiben erfolgen.

Wenn nach dem Widerspruch des Mieters keine Einigung mit dem Vermieter über eine Fortsetzung des Mietverhältnisses zustande, muss das Gericht hierüber durch Urteil entscheiden. Wird auf Fortsetzung des Mietverhältnisses erkannt, trifft das Gericht sowohl über die Dauer der Fortsetzung des Mietverhältnisses als auch über die Bedingungen, nach denen es fortgesetzt wird, eine Entscheidung.

Das Gericht hat dabei den voraussichtlichen Zeitraum, in dem ein Härtegrund bestehen wird, abzuschätzen und seiner Entscheidung zugrunde zu legen.

Auf unbestimmte Zeit darf das Mietverhältnis nur verlängert werden, wenn sich aus der Art des Härtegrundes ergibt, dass er nicht nur vorübergehend ist, zum Beispiel Gebrechlichkeit, schwere Erkrankung (LG Hamburg, WuM 1989, 238) und ein Umzug in absehbarer Zeit ausgeschlossen ist oder nicht festgestellt werden kann, ob und wann die maßgeblichen Härtegründe wegfallen werden (LG Freiburg, WuM 1992, 436).

Dadurch ist das Recht des Vermieters zur ordentlichen Kündigung nicht schlechthin ausgeschlossen. Sie führt jedoch nur zum Ziel, wenn sich die Umstände, die für die Fortsetzung durch Gerichtsurteil entscheidend waren, verändert haben, wobei unerhebliche Veränderungen außer Betracht bleiben.

Widerspricht der Mieter der Kündigung, was formlos ohne Einhaltung einer Frist und ohne Begründung zulässig ist, muss der Vermieter beweisen, dass sich die auf der Mieterseite liegenden Umstände, die zur Verlängerung des Mietverhältnisses auf unbestimmte Zeit geführt haben, verändert haben. Kann dieser Beweis geführt werden, findet eine erneute Interessenabwägung statt (vgl. § 574c Abs. 2 BGB).

Bei Fortsetzung des Mietverhältnisses auf bestimmte Zeit kann der Mieter eine weitere Fortsetzung aufgrund der Härteklausel nur dann verlangen, wenn dies durch eine wesentliche Änderung der Umstände aufgrund neuer, nicht vorhergesehener Tatsachen gerechtfertigt ist. Das Gleiche gilt, wenn Umstände nicht eingetreten sind, deren vorgesehener Eintritt für die Dauer der Fortsetzung bestimmend war (§ 574c Abs. 1 BGB), zum Beispiel, wenn die Ersatzwohnung ohne Verschulden des Mieters nicht zum geplanten Termin bezugsfertig geworden ist.

Eine weitere Verlängerung des Mietverhältnisses kommt nicht in Betracht, wenn der Mieter den Fortbestand der Härtegründe selbst zu vertreten hat (so zum Beispiel wenn er sich nicht ernsthaft um Ersatzwohnraum bemüht hat).

Während der befristeten Dauer der Fortsetzung des Mietverhältnisses ist die ordentliche Kündigung des Vermieters ausgeschlossen, nicht aber die außerordentliche Kündigung.

Eine Verlängerung des Mietverhältnisses auf Lebenszeit des Mieters ist unzulässig.

Ist dem Vermieter nicht zuzumuten, das Mietverhältnis nach den bisher geltenden Vertragsbedingungen fortzusetzen, kann eine Fortsetzung nur unter einer angemessenen Änderung der Vertragsbedingungen verlangt werden (§ 574a Abs. 1 S. 2 BGB). Einigen sich die Parteien nicht, ist auch insofern durch Urteil zu entscheiden, zum Beispiel über eine höhere Miete oder Änderung des Mietgegenstands.

Für Form und Frist des erneuten Fortsetzungsverlangens gelten ebenfalls die Regelungen über den Widerspruch (§ 574b BGB), das heißt der Mieter muss seinen Anspruch auf erneute Fortsetzung des Mietverhältnisses spätestens zwei Monate vor der Beendigung des fortgesetzten Mietverhältnisses schriftlich gegenüber dem Vermieter geltend machen.

Eine Vereinbarung, die zum Nachteil des Mieters von seinem Recht zum Widerspruch gegen eine Kündigung des Vermieters abweicht, ist unwirksam (§§ 574 Abs. 4, 574 a Abs. 3, 574 b Abs. 3, 574 c Abs. 3 BGB).

Die in der Praxis wichtigsten Kündigungsgründe wegen Eigenbedarfs und schuldhafter Vertragsverletzungen durch den Mieter sowie die Sonderregelung für eine Kündigung in einem Zweifamilienhaus werden nachfolgend anhand von Musterschreiben ausführlich erläutert.

11.2.4 Kündigung wegen Eigenbedarfs (§ 573 Abs. 2 Nr. 2 BGB)

Eigenbedarf liegt vor, wenn der Vermieter die Räume als Wohnung für sich, seine Familienangehörigen oder Angehörige seines Haushalts benötigt. Bei einer Mehrheit von Vermietern genügt es, wenn der Eigenbedarf für einen von ihnen besteht (LG Berlin, Urteil vom 10.10.2000, 64 S 121/00, NZM 2001, 583).

Die vermieteten Räume müssen daher zu Wohnzwecken benötigt werden. Ein Benötigen zu anderen, zum Beispiel gewerblichen oder beruflichen Zwecken stellt keinen Eigenbedarf dar, wobei jedoch die Nutzung eines Zimmers einer Wohnung als Arbeitszimmer einem Eigenbedarf nicht entgegensteht (vgl. LG Hamburg, Urteil vom 19.12.1985, WuM 1986, 87).

Benötigt der Vermieter die Räume nur teilweise für Wohnzwecke, überwiegend aber für gewerbliche bzw. berufliche Zwecke (zum Beispiel Architekturbüro), kann der Vermieter die Kündigung zwar nicht auf Eigenbedarf gemäß § 573 Abs. 2 Nr. 2 BGB, aber auf ein allgemeines berechtigtes Interesse im Sinne von § 573 Abs. 1 BGB stützen, da der Wunsch des Vermieters, seine Wohnung überwiegend für eigene berufliche Zwecke zu nutzen, im Hinblick auf die durch Artikel 12 GG geschützte Berufsfreiheit grundsätzlich zu beachten ist. Das allgemeine berechtigte Interesse des Mieters nach § 573 Abs. 1 BGB ist nicht geringer zu bewerten als der in § 573 Abs. 2 Nr. 2 BGB geregelte Eigenbedarf des Vermieters (BGH, Urteil vom 5.10.2005, VIII ZR 127/05, WuM 2005, 779). Durch die Formulierung »insbesondere« in § 573 Abs. 2 BGB kommt zum Ausdruck, dass die Aufzählung dort nicht abschließend ist und § 573 Abs. 1 BGB auch dann als Generalklausel anwendbar bleibt, wenn die besonderen Kündigungstatbestände des § 573 Abs. 2 BGB (zum Beispiel Eigenbedarf) nicht vorliegen (LG Braunschweig, Beschluss vom 16.9.2009, 6 S 301/09).

Daher kann auch dann, wenn der Vermieter die vermietete Wohnung ausschließlich für seine berufliche Tätigkeit oder die eines Angehörigen (hier: als Anwaltskanzlei für die Ehefrau) nutzen will, ein berechtigtes Interesse an der Beendigung des Mietverhältnisses gemäß § 573 Abs. 1 BGB vorliegen. Dieses berechtigte Interesse ist aufgrund der verfassungsrechtlich geschützten Berufsfreiheit nicht geringer zu bewerten als der in § 573 Abs. 2 Nr. 2 BGB gesetzlich geregelte Eigenbedarf des Vermieters zu Wohnzwecken (BGH, Urteil vom 26.9.2012, VIII ZR 333/11). Zu beachten sind in diesem Fall allerdings örtliche Zweckentfremdungsvorschriften, wonach eine Nutzung von Wohnraum zu gewerblichen bzw. freiberuflichen Zwecken nur eingeschränkt bzw. unter bestimmten Voraussetzungen zulässig ist.

Zu den Familienangehörigen zählen die Kinder, die Enkel, der Ehegatte und die Geschwister (BGH, Urteil vom 9.7.2003, VIII ZR 276/02, DWW 2003, 258) sowie die Eltern und Großeltern, Schwiegerkinder, Schwiegereltern, Stiefkinder, Pflegekinder und Pflegeeltern. Die generelle Beschränkung des Begriffs der »Familienangehörigen« nur auf Verwandte in gerader Linie wäre eine unzulässige Einschränkung des Verfügungsrechts des Vermieters (OLG Braunschweig, Rechtsentscheid vom 1.11.1993, 1 W 26/93, WuM 1993, 731).

Entfernte Verschwägerte und Verwandte (Schwager, Neffe, Nichte, Cousine) gehören nur dann zu den Familienangehörigen, wenn besondere Umstände vorliegen, die eine enge Bindung des Vermieters zu dieser Person ergeben, oder der Vermieter ihnen rechtlich oder zumindest moralisch zur Gewährung von Unterhalt oder Fürsorge verpflichtet ist und sich daraus eine Verantwortlichkeit des Vermieters für den Wohnbedarf des Angehörigen ergibt (BGH, Beschluss vom 3.3.2009, VIII ZR 247/08, WuM 2009, 294). Gleiches gilt für Personen, die dem Vermieter persönlich nahe stehen, zum Beispiel weil familiäre Beziehungen unterhalten werden und die Überlassung der Wohnung der Pflege dieser Beziehungen dienen soll (zum Beispiel bei Stiefkindern; vgl. auch LG Ravensburg, Urteil vom 17.6.1992, 2 S 85/92, WuM 1993, 51: Kündigung für Cousine bei enger verwandtschaftlicher Bindung bzw. Cousin: LG Frankfurt/M., Urteil vom 8.5.2002, 2/17 S 196/01, WuM 2004, 209). Regelmäßige Verwandtenbesuche reichen hierfür nach Auffassung des AG Nürtingen (Urteil vom 15.5.2007, 10 C 396/07, WuM 2007, 578) nicht aus, da dies nicht über ein »normales« Verhältnis hinausgeht.

Angehörige seines Haushalts sind Personen, die der Vermieter bereits vor Ausspruch der Kündigung auf Dauer in seine Wohnung aufgenommen hat. Dazu zählen jedenfalls der Lebenspartner bzw. der -gefährte, dessen Kinder und Pflegekinder sowie Hilfspersonen. Gemäß § 18 WoFG, das am 1.1.2002 in Kraft getreten ist, sind Haushaltsangehörige der Antragsteller, der Ehegatte, der Lebenspartner und der Partner einer sonstigen auf Dauer angelegten Lebensgemeinschaft sowie deren Verwandte in gerader Linie und zweiten Grades in der Seitenlinie, Pflegekinder ohne Rücksicht auf ihr Alter und Pflegeeltern, wenn sie miteinander eine Wohn- und Wirtschaftsgemeinschaft führen. Fraglich ist, ob die Rechtsprechung eine entsprechende Anwendung dieser weit gefassten Definition auf das Mietrecht anerkennt. Die entsprechende Anwendung des Begriffs der »Familienangehörigen« in § 8 Abs. 2 II. WoBauG, das am 31.12.2001 außer Kraft getreten ist, wurde von der Rechtsprechung abgelehnt (OLG Oldenburg, Rechtsentscheid vom 16.12.1992, 5 UH 1/92, DWW 1993, 171; NJW-RR 1993, 526).

Ein »Benötigen« der vermieteten Räume (§ 573 Abs. 2 Nr. 2 BGB) ist gegeben, wenn der Vermieter vernünftige und nachvollziehbare Gründe für die Inanspruchnahme der Wohnräume für sich oder eine begünstigte Person angeben kann (BGH, Urteil vom 20.1.1988, DWW 1988, 78). Dies ist der Fall,

- wenn die vermietete Wohnung größer, günstiger geschnitten oder gelegen oder besser ausgestattet ist, als die derzeitige Wohnung des Vermieters (so zum Beispiel LG Landau, WuM 1993, 678).
- wenn ein volljähriges Kind des Vermieters, das noch bei seinen Eltern wohnt, zwecks Gründung eines eigenen Hausstands in die vermietete Wohnung einziehen will (vgl. zum Beispiel LG München I, WuM 1994, 538). In der Kündigung wegen Eigenbedarfs für ein volljähriges Kind, das (erstmals) einen eigenen Hausstand gründen will, braucht nur dies ausgeführt zu werden. In diesem Fall ist es ausnahmsweise nicht erforderlich, die zur Zeit der Kündigung bestehenden konkreten Wohnverhältnisse darzustellen. Ferner müssen Umstände, die dem Mieter bereits zuvor mitgeteilt wurden oder ihm sonst bekannt sind, im Kündigungsschreiben nicht wiederholt werden (BGH, Urteil vom 6.7.2011, VIII ZR 317/10).
- wenn ein Mieter eine vermietete Wohnung zum Selbstbezug gekauft hat (BVerfG, Urteil vom 11.11.1993, WuM 1993, 729).
- wenn der Vermieter eine Wohnung als Altersruhesitz erworben hat (vgl. zum Beispiel LG Kiel, WuM 1991, 490). Allerdings bedarf es einer eingehenden Begründung der Kündigung, wenn der in einem eigenen Einfamilienhaus wohnende Vermieter eine wesentlich kleinere Etagenwohnung als Altersruhesitz nutzen will. Insofern ist im Kündigungsschreiben auch darzulegen, ob die gekündigte Wohnung lediglich als Zweitwohnung genutzt werden soll (LG München I, Urteil vom 25.7.2001, 14 S 2887/01, NZM 2002, 340).

- wenn sich durch Bezug der Wohnung die Entfernung zum Arbeitsplatz bzw. der Betriebsstätte des Vermieters erheblich verkürzt (BVerfG, Urteil vom 20.5.1999, 1 BvR 29/99, NZM 1999, 659).
- wenn nur in der vermieteten Wohnung die Möglichkeit zur Schaffung eines notwendigen Arbeitszimmers besteht (LG Heidelberg, WuM 1994, 682).
- wenn der Vermieter nur in der herausverlangten Wohnung eine dringend benötigte Pflegeperson unterbringen kann (LG Karlsruhe, DWW 1995, 144).
- wenn der Vermieter eine im Erdgeschoss liegende Wohnung kündigen will, weil er aufgrund seines Gesundheitszustands seine im oberen Geschoss liegende Wohnung nur noch mit Mühe erreichen kann (LG Karlsruhe, a. a. O.).
- wenn der Vermieter ernsthaft beabsichtigt, eine räumliche Trennung von seinem Ehegatten herbeizuführen und in Zukunft ohne den Ehegatten in der vermieteten Wohnung zu wohnen. Insoweit ist auch nicht erforderlich, dass die Ehegatten eine Trennung im familienrechtlichen Sinn innerhalb ihrer bisherigen Ehewohnung (§ 1567 Abs. 1 Satz 2 BGB) bereits vollzogen haben oder dass sie definitiv die Scheidung beabsichtigen. Vernünftige, nachvollziehbare Gründe für den Umzug eines Ehegatten in eine eigene Wohnung liegen bereits dann vor, wenn die Ehegatten sich ernsthaft entschieden haben, sich zu trennen und ihre häusliche Gemeinschaft zumindest vorläufig aufzuheben. Insofern dürfen an die Begründungspflicht keine zu strengen Anforderungen gestellt werden, da es sich dabei um »innere Tatsachen« handelt, deren Erforschung weder möglich noch erforderlich ist (LG Heidelberg, Urteil vom 14.12.2012, 5 S 42/12, GE 2013, 123; LG Köln, Urteil vom 22.8.1996, 1 S 27/96, WuM 1997, 48).
- wenn der Vermieter jedem seiner beiden Kinder ein eigenes, abgeschlossenes Zimmer zur Verfügung stellen will (LG Hamburg, WuM 1991, 38).
- wenn der Vermieter einen Angehörigen, zum Beispiel seinen Bruder in die Wohnung aufnehmen will, dies aber nur in der größeren, vermieteten Wohnung möglich ist (LG Hamburg, a. a. O.).
- wenn der Vermieter zwei Wohnungen – die selbst genutzte und die vermietete Nachbarwohnung – zusammenlegen will (BVerfG, Urteil vom 23.12.1993, 1 BvR 853/93, DWW 1994, 75; zur Zusammenlegung von Wohnungen vgl. auch BVerfG, WuM 1989, 114).

Auch eine Nutzung der Wohnung nur für begrenzte Zeit kann jedenfalls dann einen Eigenbedarf begründen, wenn sie für »mehrere Jahre« beabsichtigt ist (BayObLG, Urteil vom 23.3.1993, WuM 1993, 252; vgl. hierzu LG München I, WuM 1993, 677; mindestens drei Jahre). Bei einer kürzeren Nutzung wird ein Eigenbedarf nur dann als begründet angesehen, wenn der Vermieter einen erheblichen Mehraufwand darlegen kann, der ihm gerade durch eine anderweitige Unterbringung entstehen wird, zum Beispiel weil seine bisherige Wohnung nicht mehr zur Verfügung steht. Je kürzer der Zeitraum der beabsichtigten Nutzung ist, desto triftigere Gründe wird der Vermieter für den Nachweis eines berechtigten Interesses vorzubringen haben.

Jedoch kann auch von Bedeutung sein, ob der genaue Zeitpunkt, zu dem der Vermieter die Wohnung wieder freigeben kann, noch nicht feststeht und daher die Möglichkeit gegeben ist, dass er über den vorgesehenen Termin hinaus in der Wohnung bleiben muss (BayObLG, a. a. O.).

Auch bei der Nutzung als Zweitwohnung wird Eigenbedarf grundsätzlich nur anerkannt, wenn dem Vermieter anderenfalls erhebliche Nachteile drohen. Nicht ausreichend ist zum Beispiel nach Auffassung des LG Berlin (NJW-RR 1997, 74), wenn eine Viereinhalbzimmerwohnung nur einmal pro Woche zum Übernachten genutzt werden soll. Dagegen hat das LG Hamburg (Urteil vom 1.3.1994, WuM 1994, 431) unter Hinweis auf den Rechtsentscheid des BayObLG (a. a. O.) entschieden, dass der auswärts wohnende Vermieter Eigenbedarf geltend machen kann, wenn er sich aus beruflichen Gründen an wenigstens acht bis zehn Arbeitstagen im Monat am Ort der Mietwohnung zeitweise aufhält und es ihm nicht zuzumuten ist, jeweils ein Hotel aufzusuchen.

Ferner hat das LG Hamburg in einem neueren Urteil vom 1.3.2001 (307 S 114/00, ZMR 2001, 620) entschieden, dass der Eigenbedarf auch dann begründet ist, wenn der Vermieter die gekündigte Wohnung nur als »Stadtwohnung« nutzen will, das heißt, seinen Lebensmittelpunkt nicht in diese Wohnung verlegt, und sich vorwiegend in der derzeitigen Wohnung aufhält.

Benötigt der Vermieter nur einen Teil der vermieteten Wohnung, kann er das Mietverhältnis nicht wegen Eigenbedarfs, sondern nur nach der allgemeinen Vorschrift des § 573 Abs. 1 BGB (berechtigtes Interesse an der Beendigung des Mietverhältnisses) kündigen (OLG Karlsruhe, Urteil vom 3.3.1997, 3 RE-Miet 1/97, WuM 1997, 202). Voraussetzung ist jedoch, dass die Interessen des Mieters dadurch nicht unzumutbar beeinträchtigt werden, zum Beispiel weil sich der Wohnraumbedarf deutlich verringert hat und der vom Vermieter beanspruchte Teil abtrennbar ist.

Das Kündigungsschreiben

Im Kündigungsschreiben muss der Vermieter sämtliche für den Eigenbedarf sprechende Gründe detailliert anführen. Dies gilt selbst dann, wenn dem Mieter die Gründe bereits bekannt sind. Die bloße Wiedergabe des Gesetzestextes genügt den Anforderungen an die Begründungspflicht nicht. Der Mieter muss zum frühestmöglichen Zeitpunkt Klarheit über seine Rechtsposition bekommen und die Erfolgsaussichten eines Vorgehens gegen die Kündigung abschätzen können (BVerfG, Urteil vom 8.4.1994, ZMR 1994, 252).

Das Kündigungsschreiben muss daher Angaben über die Person enthalten (Name, Alter, Anschrift), für die Eigenbedarf geltend gemacht wird (LG München I, WuM 1991, 490). Ferner muss ein konkreter Lebenssachverhalt geschildert werden, auf den das berechtigte Interesse an der Erlangung der Wohnung gestützt wird. Dies bedeutet, dass insbesondere die derzeitigen Wohnverhältnisse des Berechtigten geschildert sowie sämtliche Vorteile vorgetragen werden müssen, die mit dem Bezug der gekündigten Wohnung verbunden sind (BayObLG, Urteil vom 14.7.1981, DWW 1981, 234; 17.12.1984, WuM 1985, 50), zum Beispiel Größe, Ausstattung, Lage, Arbeitsplatznähe, wirtschaftliche Belastung, gesundheitliche Gründe und Ähnliches (vgl. BVerfG, Urteile vom 20.10.1988, WuM 1989, 483 und vom 18.7.1988, WuM 1989, 484). Die bloße Angabe des Wortes »Eigenbedarf« ist nicht ausreichend. Ebenso wenig Formulierungen wie »Die Wohnung wird für die 24-jährige Tochter benötigt« (LG Göttingen, NJW-RR, 1990, 592) oder »Die Tochter des Vermieters will mit ihrem Partner die Wohnung beziehen« (LG Gießen, WuM 1991, 39).

Sollen mehrere Personen in die gekündigte Wohnung einziehen (zum Beispiel Sohn des Vermieters mit Lebensgefährtin) ist strittig, ob auch insofern Angaben zur Person und den Lebensumständen notwendig sind. Entsprechend der Tendenz in der Rechtsprechung, auch Angaben zu den weiteren Personen zu fordern, ist dies in jedem Fall zu empfehlen (vgl. LG München I, Urteil vom 20.6.2001, 14 S 18674/00, NZM 2001, 807, wonach die Tatsache, dass die Lebensgefährtin des Vermieters, die mit ihm in die gekündigte Wohnung einziehen will, noch verheiratet ist, den Vermieter nicht von der Pflicht entbindet, die Lebensgefährtin im Kündigungsschreiben namentlich zu benennen).

Jedoch ist es nicht erforderlich, dass bereits das Kündigungsschreiben die gerichtliche Feststellung erlaubt, dass die Kündigung begründet ist. Dies hat aufgrund einer umfassenden Prüfung der Begründetheit der Räumungsklage zu erfolgen (BVerfG, Beschluss vom 4.6.1998, 1 BvR 1575/94, NJW 1998, 2662). Die Anforderungen an den Inhalt des Kündigungsschreibens dürfen daher nicht überspannt werden. Vom Vermieter dürfen keine Angaben verlangt werden, die über das anerkennenswerte Informationsinteresse des Mieters hinausgehen, weil sie für seine Entscheidung, der Kündigung zu widersprechen oder diese hinzunehmen, nicht von Bedeutung sind. Ausreichend ist, dass sich für den Mieter das Vermieterinteresse an der Kündigung aus dem Kündigungsschreiben ergibt und somit der in einem eventuellen Räumungsprozess zu prüfende Sachverhalt festgelegt ist.

So muss zum Beispiel das Vorbringen des Vermieters, er erziele mit der Vermietung der Eigentumswohnung weniger als er selbst an Miete zahlen muss, nicht bereits im Kündigungsschreiben durch betragsmäßige Angaben untermauert werden. Auch die Darlegung eines bestimmten Nutzungswunsches erfordert grundsätzlich keine Substantiierung durch Hilfstatsachen. Das Gericht kann daher nicht einfach annehmen, dass die Aussage des Vermieters, er benötige ein zweites Arbeitszimmer, substanzlos ist.

Begründet der Vermieter die Eigenbedarfskündigung mit Familienzuwachs, kann das Gericht auch nicht verlangen, dass dieser durch eine zum Zeitpunkt der Kündigung oder während eines längeren Räumungsprozesses eintretende Schwangerschaft konkretisiert wird. Auch sachverhaltsrelevante Vorkenntnisse muss der Mieter gelten lassen und kann daher zum Beispiel nicht die fehlende Namensnennung der mit einziehenden Lebensgefährtin des Vermieters beanstanden, wenn ihm deren Person und die Zugehörigkeit zum Vermieter bereits bekannt ist (BVerfG, Beschluss vom 3.2.2003, 1 BvR 619/02, WuM 2003, 435).

Kündigt der Vermieter, weil er nicht länger selbst zur Miete, sondern im eigenen Haus wohnen will, muss er im Kündigungsschreiben nicht auch die derzeitigen Wohnverhältnisse der Familienangehörigen und der sonstigen Personen darlegen, die mit ihm in die gekündigten Räume einziehen werden. Denn in diesem Fall ist es unerheblich, ob diese Personen im Eigentum oder zur Miete wohnen (BVerfG, Urteil vom 23.11.1993, NJW 1994, 311; vgl. dazu auch BVerfG, Urteil vom 11.11.1993, WuM 1993, 729).

Kündigt der Vermieter, der selbst zur Miete wohnt, mit der Begründung, er wolle in die eigene Wohnung einziehen, da seine Mietwohnung erhebliche Mängel aufweist, kann ihm nicht entgegengehalten werden, er könne von seinem Vermieter Mängelbeseitigung verlangen (BVerfG, ZMR 1993, 507).

Wird Eigenbedarf jedoch mit einer Belastung des Grundstücks begründet, sind Lasten und Einkünfte des Grundstücks im Kündigungsschreiben nachvollziehbar darzulegen (BVerfG, Urteil vom 17.7.1992, WuM 1993, 231).

Verfügt der Vermieter über keine anderen vergleichbaren freien, frei werdenden oder gekündigten Wohnungen, in denen der Eigenbedarf in gleicher Weise realisiert werden kann, sollte der Mieter im Kündigungsschreiben auch darüber informiert werden.

Ein Auswechseln von Kündigungsgründen hinsichtlich der Person, deretwegen Eigenbedarfs geltend gemacht wird, ist grundsätzlich unzulässig (LG Düsseldorf, WuM 1992, 130). Dies bedeutet, dass zum Beispiel eine Kündigung wegen Eigenbedarfs für den Sohn nicht nachträglich auf einen Eigenbedarf für die Tochter gestützt werden kann, wenn der Eigenbedarf für den Sohn nicht mehr besteht. Vielmehr muss die Kündigung in diesem Fall erneut unter Einhaltung der gesetzlichen Fristen und einer auf die Lebensumstände der Tochter zugeschnittenen Begründung ausgesprochen werden.

Etwas anderes gilt jedoch, wenn der Eigenbedarf für eine Hilfs- oder Pflegeperson geltend gemacht wurde, da der Eigenbedarf insofern lediglich an die Person des Vermieters, nicht aber an die Wohnverhältnisse der Pflegeperson gebunden ist und ein Austausch dieser Person daher die Interessenlage nicht verändert hat (LG Ellwangen, NJWE 1996, 124).

Aufgrund nachträglicher Erkenntnisse darf die Begründung einer Kündigung auch modifiziert werden. Wird zum Beispiel die Kündigung der Wohnung für eine Pflegeperson darauf gestützt, dass der Pflegebedarf aufgrund einer ärztlichen Stellungnahme Tag und Nacht besteht und stellt sich nachträglich heraus, dass die Pflege im Wesentlichen nur tagsüber erforderlich ist, kann der Vermieter seinen Eigenbedarfswunsch trotzdem aufrechterhalten (BVerfG, Urteil vom 9.2.2000, 1 BvR 889/99, WuM 2000, 232).

Kommt der Vermieter dieser Begründungspflicht nicht nach, ist die Kündigung trotz objektiven Vorliegens der Eigenbedarfsvoraussetzungen aus formalen Gründen unwirksam.

Nur bei einer erneuten Kündigung, die zum Beispiel wegen Zweifel an der Wirksamkeit einer bereits erfolgten Kündigung ausgesprochen wird, ist es ausreichend, dass sich die erneute Kündigung ausdrücklich auf die in dem früheren Kündigungsschreiben genannten Gründe bezieht, wenn seitdem insoweit keine Änderungen eingetreten sind (BVerfG, Urteil vom 10.7.1992, 1 BvR 658/92, NJW 1992, 2752).

Wurde die Wohnung in vermietetem Zustand erworben und haben der ehemalige Eigentümer und der Mieter eine Beschränkung der Kündigungsmöglichkeit des Vermieters vereinbart (zum Beispiel Ausschluss oder Erschwerung der Kündigung wegen Eigenbedarfs), wirkt diese Beschränkung auch zulasten des Käufers (§ 566 BGB; OLG Karlsruhe, Rechtsentscheid vom 21.1.1985, 3 RE-Miet 8/84, ZMR 1985, 123). Etwas anderes gilt nur dann, wenn aus der Vereinbarung der generelle Wille der Vertragsschließenden zu entnehmen ist, dass sie die Kündigungsbeschränkung zeitlich bis zur Veräußerung der Wohnung begrenzen und damit den Übergang der vereinbarten Mieterschutzrechte zulasten eines Wohnungskäufers ausschließen wollten (OLG Karlsruhe, a. a. O.).

Sollen sämtliche Wohnungen eines Anwesens von Familienangehörigen bezogen werden, bedarf es im Kündigungsschreiben keiner starren Zuteilung von bestimmten Personen zu einer bestimmten Wohnung, da sich die Begründung der Eigenbedarfskündigung nicht ändert, wenn Verschiebungen zwischen den einzelnen Personen stattfinden (OLG Köln, Urteil vom 10.3.2003, 16 U 72/02, WuM 2003, 465).

ARBEITSHILFE ONLINE

MUSTER: Ordentliche Kündigung wegen Eigenbedarfs

Sigrid Sommer
Stefan Sommer
Seidlstr. 20
80345 München

Durch Boten
Frau Renate Winter
Herrn Gerhard Winter
Albert-Roßhaupter-Str. 33/3. Stock
81375 München

München, 15.3.2019

Mietverhältnis Albert-Roßhaupter-Straße 33, 81375 München
Kündigung wegen Eigenbedarfs

Sehr geehrte Frau Winter,
sehr geehrter Herr Winter,

mit Mietvertrag vom 17.8.2007 haben Sie die Wohnung Albert-Roßhaupter-Str. 33, 3. Stock in 81375 München gemietet.
Gemäß § 573 Abs. 2 Nr. 2 BGB kann der Vermieter das Mietverhältnis wegen Eigenbedarfs kündigen, wenn er die Räume als Wohnung für sich, seine Familienangehörigen oder für Angehörige seines Haushalts benötigt.
Wir sehen uns leider veranlasst, das vorbezeichnete Mietverhältnis unter Einhaltung der gesetzlichen Kündigungsfrist von sechs Monaten wegen Eigenbedarfs

zum 30.9.2019

zu kündigen.
Zur Begründung führen wir Folgendes aus:
Unsere Tochter Julia ist 25 Jahre alt und bewohnt derzeit ein gemietetes Einzimmerappartement mit einer Wohnfläche von 30 qm in der Adalbertstraße 75, 5. Stock in 80335 München. Sie will zusammen mit ihrem Lebensgefährten Herrn Helmut Herbst, der derzeit noch im Anwesen seiner Eltern wohnt, einen Hausstand gründen und benötigt daher größere Räumlichkeiten.
Die von Ihnen bewohnte Dreizimmerwohnung ist für die Nutzung durch unsere Tochter geeignet und bietet ihr neben der größeren Wohnfläche zahlreiche Vorteile, unter anderem getrennte Wohn- und Schlafräume sowie einen Balkon. Unsere Tochter hat ihre Berufsausbildung zur Gymnasiallehrerin abgeschlossen und wird ab September 2019 am Ludwigsgymnasium, Fürstenrieder Straße in 81375 München unterrichten, sodass sich durch den Bezug der von Ihnen gemieteten Wohnung auch der Weg zur Arbeitsstätte erheblich verkürzt.
Rein vorsorglich weisen wir darauf hin, dass andere vergleichbare freistehende oder frei werdende Wohnungen sich nicht in unserem Eigentum befinden.
In Erfüllung der gesetzlichen Belehrungspflicht weisen wir darauf hin, dass Sie dieser Kündigung gemäß § 574 BGB widersprechen können. Der Widerspruch ist schriftlich zu erklären und muss spätestens zwei Monate vor Ablauf der Kündigungsfrist bei uns eingegangen sein.

Einer Verlängerung des Mietverhältnisses über den 30.9.2019 hinaus wird bereits jetzt widersprochen.
Wir bitten, die Wohnung einschließlich des zugehörigen Kellerabteils und der Garage bis spätestens 30.9.2019 vollständig geräumt und in vertragsgemäßem Zustand (siehe hierzu insbesondere §§ 9 Abs. 2 und 12 des Mietvertrags) mit allen Schlüsseln zurückzugeben und sich vor Rückgabe mit uns zur Vereinbarung eines Abnahmetermins in Verbindung zu setzen.
Wir erlauben uns bereits jetzt darauf hinzuweisen, dass wir bei nicht rechtzeitiger Rückgabe der Mieträume eine Nutzungsentschädigung gemäß § 546a Abs. 1 BGB in Höhe der vereinbarten Miete bzw. der höheren, bei einer Neuvermietung zulässigen Miete (10 % über der ortsüblichen Vergleichsmiete) einfordern werden. Die Geltendmachung von weitergehenden Schadenersatzansprüchen bei schuldhaft verspäteter Rückgabe bleibt vorbehalten.

Mit freundlichen Grüßen
Sigrid Sommer, Stefan Sommer

11.2.5 Kündigung wegen schuldhafter Vertragsverletzungen durch den Mieter (§ 573 Abs. 2 Nr. 1 BGB)

Ein berechtigtes Interesse des Vermieters an der Beendigung des Mietverhältnisses liegt vor, wenn der Mieter seine vertraglichen Verpflichtungen schuldhaft nicht unerheblich verletzt hat, zum Beispiel durch Zahlungsrückstände bzw. -verzögerungen, Belästigungen und Störungen des Hausfriedens oder vertragswidrigen Gebrauch der Mietsache.

Diese Kündigung ist daher auch bei einer schuldhaften Vertragsverletzung geringeren Gewichts möglich, die für sich genommen noch nicht zur fristlosen Kündigung berechtigen würde (LG Berlin, Urteil vom 17.11.2000, 64 S 291/00, NZM 2002, 338; S. hierzu 11.2).

Praktisch relevant ist dies insbesondere bei Vorliegen von Mietrückständen. Während der Vermieter zur außerordentlichen fristlosen Kündigung (gemäß § 543 Abs. 2 Nr. 3 BGB) erst dann berechtigt ist, wenn der Mieter mit zwei Monatsmieten in Verzug ist, liegt für den Vermieter ein Grund zur ordentlichen Kündigung des Mietverhältnisses bereits dann vor, wenn der Rückstand eine Monatsmiete übersteigt und die Verzugsdauer mindestens einen Monat beträgt. Ein solcher Rückstand stellt nach der Rechtsprechung des BGH eine nicht unerhebliche Verletzung der Zahlungspflicht durch den Mieter dar, die den Vermieter zur ordentlichen Kündigung des Mietverhältnisses berechtigt (BGH, Urteil vom 10.10.2012, VIII ZR 107/12). In diesem Fall kann der Vermieter bei Berechnung der Zahlungsrückstände auch zum Beispiel Nachforderungen aus Betriebskostenabrechnungen mit einbeziehen, da § 573 BGB im Gegensatz zu § 543 Abs. 2 Nr. 3 BGB (fristlose Kündigung) keine Beschränkung auf periodisch wiederkehrende Leistungen enthält.

Ein Kündigungsgrund ist auch gegeben, wenn der Mieter zwar nur eine, aber (durch Urteil bzw. Vollstreckungsbescheid) titulierte Monatsmiete nicht zahlt, da dies einen elementaren Pflichtenverstoß darstellt, der bereits für sich gesehen die Vertrauensgrundlage zwischen den Mietvertragsparteien nachhaltig stört und das Festhalten des Vermieters an dem Mietverhältnis unzumutbar macht (LG Wiesbaden, Urteil vom 14.2.2003, 3 S 94/02, NJW-RR 2003, 1096).

ACHTUNG

Die ordentliche Kündigung wegen Zahlungsverzugs nach § 573 Abs. 2 Nr. 1 BGB kann der Mieter auch nicht durch nachträgliche Zahlung unwirksam machen, da die für die fristlose Kündigung geltende Vorschrift des § 569 Abs. 3 Nr. 2 BGB (»Schonfrist«, vgl. Kapitel 11.3) nicht analog auf die ordentliche Kündigung anwendbar ist (BGH, Urteil vom 1.7.2015, VIII ZR 278/13, WuM 2015, 555).

Die Kündigung nach § 573 Abs. 2 Nr. 1 BGB wegen laufender unpünktlicher Mietzahlungen setzt zwar nicht zwingend eine vorherige erfolglose Abmahnung der Zahlungsweise mit Hinweis auf die bevorstehende Kündigung voraus (OLG Oldenburg, Urteil vom 18.7.1991, WuM 1991, 467), jedoch neigt die Rechtsprechung dazu, bei leichteren Verstößen (geringe Verspätung, geringer Rückstand) eine Erheblichkeit erst dann anzunehmen, wenn das vertragswidrige Verhalten trotz Abmahnung fortgesetzt wird. Eine vorherige Abmahnung des Mieters ist daher in jedem Fall ratsam.

Ein vertragswidriger Gebrauch zum Beispiel durch unbefugte Gebrauchsüberlassung oder Vernachlässigung der Mietsache stellt unstreitig einen Kündigungsgrund nach § 573 BGB dar, wenn die Voraussetzungen des § 543 Abs. 2 Nr. 2 BGB für eine fristlose Kündigung erfüllt sind (vgl. Kapitel 11.3).

Jedoch können auch Vertragsverletzungen geringeren Ausmaßes – sofern sie nicht unerheblich sind – einen Kündigungsgrund nach § 573 BGB darstellen. Selbst dann, wenn eine Beeinträchtigung der Rechte des Vermieters (zum Beispiel Beschädigung der Mietsache) nicht eingetreten ist, da § 573 BGB im Gegensatz zu § 543 Abs. 2 Nr. 2 BGB nicht auf die Auswirkungen der Vertragsverletzung (erhebliche Verletzung der Rechte des Vermieters), sondern lediglich auf die Vertragswidrigkeit der Handlung bzw. Unterlassung selbst (nicht unerhebliche Pflichtverletzung) abstellt.

Bei der unerlaubten Gebrauchsüberlassung der Wohnung bzw. eines Teils an einen Dritten schließt ein bestehender Rechtsanspruch des Mieters auf Erteilung der Erlaubnis zwar die fristlose Kündigung nach § 543 Abs. 2 Nr. 2 BGB (vgl. Kapitel 11.3), jedoch nicht eine ordentliche Kündigung nach § 573 Abs. 2 Nr. 1 BGB aus (BayObLG, Urteil vom

26.4.1995, RE-Miet 3/94, WuM 1995, 378). Diese ist begründet, wenn die unerlaubte Gebrauchsüberlassung eine schuldhafte und nicht unerhebliche Pflichtverletzung darstellt. Dies ist der Fall, wenn sich der Mieter bewusst über die Verfahrensregelungen des § 553 Abs. 1 BGB hinwegsetzt (Einholung der Erlaubnis des Vermieters), die der Gesetzgeber für den Ausgleich der widerstreitenden Interessen der Vertragsparteien getroffen hat (BayObLG, a. a. O.).

Belästigungen des Vermieters und Störungen des Hausfriedens, zum Beispiel laufende Ruhestörungen durch Lärm, Gerüche oder Verletzungen der Hausordnung, stellen ebenfalls Vertragsverletzungen im Sinne des § 573 Abs. 2 Nr. 1 BGB dar. Im Gegensatz zur fristlosen Kündigung nach § 543 Abs. 1 BGB (siehe Kapitel 11.3) ist für eine Kündigung nach § 573 Abs. 1 BGB jedoch nicht erforderlich, dass das Ausmaß der Vertragsverletzung eine Unzumutbarkeit der Fortsetzung des Mietverhältnisses für den Vermieter zur Folge hat. Andererseits ist die Kündigung nach § 573 Abs. 1 BGB nur begründet, wenn die Vertragsverletzung erheblich war. Bei geringfügigen Verstößen kann sich die Erheblichkeit aus der Fortsetzung des vertragswidrigen Verhaltens nach einer entsprechenden Abmahnung ergeben, sodass in diesem Fall eine Abmahnung erforderlich ist, obwohl sie von § 573 BGB tatbestandlich nicht vorausgesetzt wird. Setzt der Mieter trotz Abmahnung sein vertragswidriges Verhalten fort, zum Beispiel die nach dem Mietvertrag unerlaubte Tierhaltung, so kann dies eine Kündigung nach § 573 Abs. 2 Nr. 1 BGB rechtfertigen. Der Vermieter ist nicht gehalten, vor einer Kündigung des Mietvertrags eine Unterlassungsklage zu erheben (vgl. LG Berlin, ZMR 1999, 28).

Eine erhebliche Vertragsverletzung liegt ebenfalls vor, wenn der Mieter trotz Verurteilung (zum Beispiel zur Unterlassung bestimmter Handlungen, Einhaltungen der Hausordnung) dem Urteilsspruch nicht nachkommt (vgl. AG Hamburg, WuM 1998, 286).

Die Unterlassung von vertraglich vereinbarten Schönheitsreparaturen kann nur in Ausnahmefällen einen Kündigungsgrund wegen schuldhafter Vertragsverletzung darstellen, wenn der Mieter sich beharrlich und unberechtigt weigert, die erforderlichen Schönheitsreparaturen auszuführen, und die Kündigung mit der Folge der Räumung das allein angemessene Mittel ist, um das Interesse des Vermieters zu schützen (vgl. LG Hamburg, Urteil vom 2.3.1982, 16 S 287/81, ZMR 1984, 90). Entsprechend den Grundsätzen von Treu und Glauben ist zu prüfen, ob dem Vermieter andere, weniger einschneidende Maßnahmen zugemutet werden können, um seine Belange zu wahren. Nach Ansicht des LG Münster (Urteil vom 30.10.1990, 8 S 363/90, WuM 1991, 33) rechtfertigt die Vertragsverletzung durch Unterlassung fälliger Schönheitsreparaturen keine Kündigung des Mietverhältnisses, solange die Mietsache nicht gefährdet wird.

Anders ist es zu bewerten, wenn der Mieter seit mehr als zehn Jahren keine Schönheitsreparaturen durchgeführt hat und aufgrund der finanziellen Lage des Mieters bei seinem Tod nicht damit gerechnet werden kann, dass die Schönheitsreparaturen ausgeführt werden. In diesem Fall ist für die Kündigung eine Substanzverletzung der Wohnung nicht erforderlich (AG Hamburg, Urteil vom 15.11.2001, 41 B C 90/01, NZM 2002, 735).

Die Unerheblichkeit einer Vertragsverletzung wird von den Instanzgerichten häufig unterstellt, wenn die Kündigung erst längere Zeit danach erfolgt, wobei jedoch dann bei einem erneuten Vertragsverstoß auch weiter zurückliegende Vorgänge in die Gesamtbewertung mit einbezogen werden (LG Berlin, ZMR 2000, 529).

Die Verletzung der vertraglichen Pflichten durch den Mieter muss schuldhaft, das heißt vorsätzlich oder fahrlässig (§ 276 Abs. 1 S. 1 BGB), erfolgt sein.

§ 573 Abs. 2 Nr. 1 BGB erfordert grundsätzlich ein eigenes Verschulden des Mieters. Das Verschulden von Erfüllungsgehilfen, zum Beispiel von Familienangehörigen, Hausangestellten oder Handwerkern, kann dem Mieter daher nicht zugerechnet werden (KG Berlin, Urteil vom 15.6.2000, 16 RE-Miet 10611/99, NZM 2000, 905). Allerdings kann ein eigenes Verschulden des Mieters vorliegen, wenn er wiederholtes und damit für ihn erkennbares künftiges Fehlverhalten seiner Erfüllungsgehilfen nicht unterbindet. Ferner kommt bei einem besonders gravierenden Fehlverhalten eines Erfüllungsgehilfen des Mieters ein Kündigungsgrund für den Vermieter nach der allgemeinen Vorschrift des § 573 Abs. 1 BGB in Betracht (KG Berlin, a. a. O.).

Das Verschulden eines Dritten, dem der Mieter den Gebrauch der Mietsache überlassen hat, zum Beispiel des Untermieters, hat der Mieter selbst dann zu vertreten, wenn der Vermieter die Erlaubnis zur Überlassung erteilt hat (§ 540 Abs. 2 BGB).

Der Auszug des störenden Mieters bzw. Familienangehörigen nach Ausspruch der Kündigung kann nichts mehr an der Gestaltungswirkung der Kündigung (Beendigung des Mietverhältnisses) ändern (vgl. BGH, ZMR 1988, 16). Das Aufrechterhalten des Räumungsverlangens ist in diesem Fall grundsätzlich auch nicht rechtsmissbräuchlich (LG Düsseldorf, DWW 1989, 393).

Bei einer Kündigung wegen Vertragsverletzungen muss bereits im Kündigungsschreiben das beanstandete Verhalten des Mieters zeitlich, örtlich und sachlich konkret angegeben werden (Ort, Datum, Uhrzeit, Art der Vertragsverletzung). Ist der Kündigung eine Abmahnung vorausgegangen, muss sich aus dem Kündigungsschreiben auch ergeben, welche Vertragsverletzungen der Mieter nach dem Zugang der Abmahnung begangen hat.

Der Mieter kann weder die Beseitigung noch eine Unterlassung der Abmahnung verlangen. Ein solcher Anspruch ist im Mietvertragsrecht nicht geregelt und lässt sich auch nicht aus anderen gesetzlichen Bestimmungen herleiten, da eine unberechtigte Abmahnung den Mieter noch nicht in seinen Rechten verletzt. Der Vermieter erlangt auch keinen Beweisvorsprung für einen späteren Rechtsstreit. Letztlich besteht im Mietrecht im Gegensatz zum Arbeitsrecht keine vergleichbare Fürsorgepflicht des Vertragspartners (BGH, Urteil vom 20.2.2008, VIII ZR 139/07, WuM 2008, 217).

Eine Kündigung, die nur auf das Abmahnschreiben Bezug nimmt, ist unwirksam, weil Kündigungsgrund eben die erst nach der Abmahnung liegende Vertragsverletzung ist (LG Bonn, WuM 1992, 18).

!

Tipp

Nachdem Räumungsklagen, die auf eine Kündigung wegen laufender Vertragsverletzungen gestützt werden, häufig wegen eines unsubstantiierten Vorbringens des Vermieters abgewiesen werden, ist zu empfehlen, bei Vertragsverletzungen des Mieters Ort, Datum, Uhrzeit, Art und Umfang der Vertragsverletzung sowie die Beweismittel (zum Beispiel Zeugen) schriftlich zu fixieren und im Kündigungsschreiben vollständig anzuführen.

ARBEITSHILFE ONLINE

MUSTER: Ordentliche Kündigung wegen schuldhafter Vertragsverletzung durch den Mieter

Sigrid Sommer
Stefan Sommer
Seidlstr. 20
80543 München

Durch Boten
Frau Christine Herbst
Herrn Karsten Herbst
Hufelandstr. 10/2. Stock
80543 München

München, 10.5.2019

Mietverhältnis Hufelandstr. 10, 80543 München
Kündigung wegen laufender Vertragsverletzung

Sehr geehrte Frau Herbst,
sehr geehrter Herr Herbst,

mit Mietvertrag vom 28.9.2013 haben Sie die Wohnung Hufelandstr. 10, 2. Stock in 80543 München gemietet. Gemäß § 573 Abs. 2 Nr. 1 BGB kann der Vermieter das Mietverhältnis kündigen, wenn der Mieter seine vertraglichen Verpflichtungen schuldhaft nicht unerheblich verletzt hat.
Wir sehen uns leider veranlasst, das vorbezeichnete Mietverhältnis unter Einhaltung der gesetzlichen Kündigungsfrist von drei Monaten wegen laufenden schuldhaften und nicht unerheblichen Vertragsverletzungen gemäß § 573 Abs. 2 Nr. 1 BGB

zum 31.8.2019

zu kündigen.

Zur Begründung führen wir Folgendes aus: Mit Schreiben vom 10.1.2019 und 31.3.2019 haben wir Sie abgemahnt, weil Sie durch mehrfache Ruhestörung den Hausfrieden erheblich gestört haben. In diesen Abmahnungen, die Ihnen jeweils am gleichen Tag durch Boten nachweisbar zugestellt worden sind, haben wir die einzelnen Vertragsverstöße detailliert aufgelistet und für den Fall weiterer Verstöße die Kündigung des Mietverhältnisses angedroht. Trotzdem kam es am 30.4.2019 gegen 2.00 Uhr morgens sowie am 3.5.2019 gegen 23.00 Uhr wiederholt zu erheblichen Ruhestörungen durch laute Musik, Geschrei und Getrampel in Ihrer Wohnung. In beiden Fällen kehrte erst wieder Ruhe ein, nachdem sich Herr Reinhold Bauer aus der unter Ihrer Wohnung gelegenen Wohnung bei Ihnen beschwert hat. Herr Bauer steht im Streitfall als Zeuge zur Verfügung.

In den vorbezeichneten Abmahnschreiben von 10.1.2019 und 31.3.2019 wurden Sie ferner darauf hingewiesen, dass Sie entgegen Ihrer vertraglichen Verpflichtung zur Reinigung des Treppenhauses im Turnus mit den anderen Mietern des Anwesens diese Arbeiten seit geraumer Zeit nicht bzw. nur unzureichend ausführen. Einzelheiten entnehmen Sie bitte den vorbezeichneten Abmahnschreiben.

Trotz der Aufforderung, diese Arbeiten künftig ordnungsgemäß und vollständig durchzuführen, haben Sie die Reinigung sowohl in der 16. Kalenderwoche als auch in der 20. Kalenderwoche, in denen Sie für die Reinigung eingeteilt waren, nicht ausgeführt. Auch hierfür stehen Zeugen zur Verfügung.

Aufgrund der geschilderten Vertragsverletzungen besteht für uns ein berechtigtes Interesse an der Beendigung des Mietverhältnisses im Sinne von § 573 Abs. 2 Nr. 1 BGB.

In Erfüllung der gesetzlichen Belehrungspflicht weisen wir Sie darauf hin, dass Sie dieser Kündigung gemäß § 574 BGB widersprechen können. Der Widerspruch ist schriftlich zu erklären und muss spätestens zwei Monate vor Ablauf der Kündigungsfrist bei uns eingegangen sein.

Einer Verlängerung des Mietverhältnisses über den 31.8.2019 hinaus wird bereits jetzt widersprochen. Wir bitten, die Wohnung einschließlich des zugehörigen Kellerabteils und der Garage bis spätestens 31.8.2019 vollständig geräumt und in vertragsgemäßem Zustand (siehe hierzu insbesondere §§ 9 Abs. 2 und 12 des Mietvertrags) mit allen Schlüsseln zurückzugeben und sich vor Rückgabe mit uns zur Vereinbarung eines Abnahmetermins in Verbindung zu setzen.

Mit freundlichen Grüßen
Sigrid Sommer, Stefan Sommer

11.2.6 Kündigung im Zweifamilienhaus (§ 573a BGB)

Der Vermieter kann ein Mietverhältnis über eine Wohnung in einem von ihm selbst bewohnten Wohngebäude mit nicht mehr als zwei Wohnungen auch ohne Vorliegen eines berechtigten Interesses kündigen.

Voraussetzung ist, dass der Vermieter selbst im Anwesen wohnt. Besteht die Vermieterseite aus einer Personenmehrheit (zum Beispiel einer Erbengemeinschaft), ist ausreichend, dass eine Person darin wohnt. Ferner stellt § 573a BGB ausschließlich auf den Vermieter ab, sodass Vermieter und Eigentümer nicht identisch sein müssen. Hat zum Beispiel der Nießbraucher als Vermieter den Mietvertrag geschlossen, ist es unerheblich, ob auch der Eigentümer in dem Anwesen wohnt.

Ein »Bewohnen« im Sinne des § 573a BGB setzt zwar nicht voraus, dass sich der Vermieter überwiegend in dem Anwesen aufhält (vgl. LG Hamburg, WuM 1983, 23), jedoch muss er dort das Zentrum seiner privaten Lebensführung haben (LG Wuppertal, WuM 1990, 156). Der Vermieter muss nicht bereits bei Abschluss des Mietvertrags in dem Anwesen gewohnt haben. Ausreichend ist, wenn dies zum Zeitpunkt des Zugangs der Kündigung der Fall ist (OLG Koblenz, Urteil vom 25.5.1981, 4 W-RE 277/81, ZMR 1981, 371; BayObLG, Urteil vom 31.1.1991, RE-Miet 3/90, WuM 1991, 249).

Die Voraussetzungen des § 573a Abs. 1 BGB sind nur erfüllt, wenn das Gebäude nicht mehr als zwei Wohnungen hat. Existieren neben den zwei Wohnungen zusätzliche Räume, ist entscheidend, ob darin die zur Führung eines selbstständigen Haushalts erforderlichen Versorgungseinrichtungen wie Wasser- und Energieanschluss sowie ein Abfluss vorhanden sind (AG Miesbach, Urteil vom 9.1.2003, 2 C 1026/02, WuM 2003, 91; LG Lübeck, WuM 1992, 616). Einzelne Wohnräume (zum Beispiel im Dach- oder Kellergeschoss) außerhalb der zwei getrennten Wohnungen schließen das Kündigungsrecht nicht aus (Palandt, Anm. 3a zu § 564b BGB a. F.).

Nicht erforderlich ist, dass Mieter und Vermieter in dem Wohngebäude eine Gelegenheit zum Zusammentreffen haben. Insbesondere ist nicht erforderlich, dass ein gemeinsames Treppenhaus, ein gemeinsamer Hauseingang oder sonstige gemeinschaftlich zu nutzende Räume oder Flächen vorhanden sind (OLG Saarbrücken, Urteil vom 2.7.1992, DWW 1992, 310).

Das erleichterte Kündigungsrecht besteht auch dann, wenn sich in einem Wohngebäude außer den zwei Wohnungen, die vom Mieter und Vermieter bewohnt werden, Gewerberäume befinden und diese vom Vermieter für eigene betriebliche Belange selbst genutzt werden (OLG Karlsruhe, Urteil vom 25.11.1991, DWW 1992, 49) oder leer stehen (LG Stuttgart, WuM 1993, 404).

Ferner besteht das erleichterte Kündigungsrecht auch dann, wenn zwar weitere Räume vorhanden sind, die sich für eine Nutzung als (dritte) Wohnung eignen und früher auch als Wohnung genutzt wurden, diese weiteren Räume aber schon bei Abschluss des Mietvertrags vom Vermieter als gewerbliche Räume genutzt worden sind (BGH, Urteil vom 25.6.2008, VIII ZR 307/07, NZM 2008, 682).

Dagegen entfällt das erleichterte Kündigungsrecht, wenn die Gewerberäume an einen Dritten vermietet sind (OLG Frankfurt, Urteil vom 2.11.1981, DWW 1981, 322).

Ferner besteht kein erleichtertes Kündigungsrecht, wenn eine von drei Wohnungen eines Wohngebäudes leer steht (LG Köln, WuM 1985, 63) oder entgegen den baurechtlichen Vorschriften errichtet wurde (LG Aachen, WuM 1993, 616; LG Bochum, WuM 1984, 133).

Entscheidender Zeitpunkt für das Vorliegen der Voraussetzung, dass sich in dem Gebäude nicht mehr als zwei Wohnungen befinden, ist nach dem Rechtsentscheid des OLG Hamburg vom 7.4.1982 (NJW 1983, 182) in der Regel derjenige der Begründung des Mietverhältnisses und nicht der des Ausspruchs der Kündigung, da anderenfalls der Bestandsschutz durch nachträgliche Umbauten ausgehöhlt werden könnte.

Befinden sich in dem Gebäude drei Wohnungen und integriert der Vermieter eine Wohnung (zum Beispiel die Einliegerwohnung des Anwesens) in seinen Wohnbereich, kann er sich deshalb nicht auf das erleichterte Kündigungsrecht berufen, da das Anwesen auch dann immer noch drei Wohnungen hat (BGH, Urteil vom 17.11.2010, VIII ZR 90/10, ZMR 2011, 363).

Ein erleichtertes Kündigungsrecht besteht auch für Mietverhältnisse über Wohnraum innerhalb der vom Vermieter selbst bewohnten Wohnung (§ 573a Abs. 2 BGB).

Mietverhältnisse über Wohnraum innerhalb der vom Vermieter selbst bewohnten Wohnung sind vom Kündigungsschutz bereits nach § 549 Abs. 2 Nr. 2 BGB ausgenommen, wenn der Wohnraum überwiegend möbliert und dem Mieter nicht zum dauernden Gebrauch mit seiner Familie oder mit Personen überlassen ist, mit denen er einen auf Dauer angelegten gemeinsamen Haushalt führt.

Der Regelungsbereich des § 573a Abs. 2 BGB beschränkt sich daher auf Wohnraum innerhalb der Wohnung des Vermieters, der leer oder nicht überwiegend möbliert ist oder dem Mieter zum dauernden Gebrauch mit seiner Familie oder mit oben genannten Personen überlassen ist. Insofern kommt es nicht darauf an, wie viele Wohnungen das Wohngebäude hat, sodass das Sonderkündigungsrecht auch in einem Mehrfamilienhaus gilt (KG Berlin, Urteil vom 21.4.1981, NJW 1981, 2470). Im Übrigen gelten die Ausführungen zu § 573a Abs. 1 entsprechend.

Im Kündigungsschreiben muss angegeben werden, dass die Kündigung auf die Voraussetzungen des § 573a Abs. 1 oder Abs. 2 BGB gestützt wird (§ 573a Abs. 3 BGB).

Bei Ausübung des erleichterten Kündigungsrechts verlängert sich die jeweils geltende Kündigungsfrist um drei Monate (§ 573a Abs. 1 S. 2 BGB).

Liegen die Voraussetzungen des § 573a BGB und zusätzlich ein berechtigtes Interesse (im Sinne von § 573 Abs. 1 oder 2 BGB, zum Beispiel Eigenbedarf) vor, hat der Vermieter ein Wahlrecht, ob er unter Berufung auf berechtigte Interessen (mit normaler Kündigungsfrist) kündigt oder von seinem erleichterten Kündigungsrecht (mit verlängerter Frist) Gebrauch macht.

Die Kündigung kann auch in erster Linie auf § 573a BGB und hilfsweise auf berechtigte Interessen nach § 573 Abs. 1 oder 2 BGB (zum Beispiel Eigenbedarf) gestützt werden (OLG Hamburg, Urteil vom 7.4.1982, NJW 1983, 182).

Der Vermieter darf auch noch innerhalb der laufenden Kündigungsfrist von seinem erleichterten Kündigungsrecht Gebrauch machen, nachdem der Mieter einer auf berechtigte Interessen gestützten Kündigung widersprochen hat.

Voraussetzung ist jedoch, dass in dem Kündigungsschreiben zweifelsfrei zum Ausdruck gebracht wird, dass die Kündigung nicht mehr auf berechtigte Interessen nach § 573 Abs. 1 BGB, sondern auf die Voraussetzungen des § 573a Abs. 1 oder Abs. 2 (erleichtertes Kündigungsrecht) gestützt wird (vgl. OLG Karlsruhe, Rechtsentscheid vom 27.10.1981, 3 RE-Miet 10/81, DWW 1982, 54).

Auch bei einer Kündigung nach § 573a BGB verbleibt es bei der Obliegenheit des Vermieters, den Mieter auf die Möglichkeit des Widerspruchs nach § 574 BGB sowie auf die Form und die Frist des Widerspruchs hinzuweisen (§ 568 Abs. 2 BGB) und bei dem Recht des Mieters, der Kündigung nach § 574 BGB zu widersprechen, wenn die vertragsgemäße Beendigung des Mietverhältnisses für den Mieter, seine Familie oder einen anderen Angehörigen seines Haushalts eine Härte bedeuten würde.

Dementsprechend findet § 574 Abs. 3 BGB auch auf die Kündigung des Vermieters nach § 573a Abs. 1 BGB Anwendung (OLG Hamm, Rechtsentscheid vom 16.3.1992, 30 RE-Miet 6/91, DWW 1992, 208). Dies bedeutet, dass im Rahmen der Interessenabwägung, die nach dem Widerspruch des Mieters zu erfolgen hat, nur die Interessen des Vermieters Berücksichtigung finden, die im Kündigungsschreiben genannt wurden.

! **Tipp**

Neben dem Hinweis, dass die Kündigung auf die Voraussetzungen des erleichterten Kündigungsrechts gestützt wird, sollten im Kündigungsschreiben daher die vorliegenden berechtigten Interessen unter Bezugnahme auf die Vorschrift des § 574 BGB für den Fall des Widerspruchs des Mieters vorgetragen werden.

Bei einer auf das Sonderkündigungsrecht des § 573a BGB gestützten Kündigung gilt nicht die Kündigungssperrfrist des § 577a BGB. Eine analoge Anwendung der für die Eigenbedarfskündigung geltenden Kündigungssperrfrist auf eine auf § 573a BGB gestützte Kündigung kommt mangels Bestehen einer planwidrigen Regelungslücke nicht in Betracht, auch wenn vor der Kündigung eine Realteilung des zu Wohnzwecken vermieteten Zweifamilienhauses stattgefunden hat (BGH, Urteil vom 23.6.2010, VIII ZR 325/09, WuM 2010, 513).

ARBEITSHILFE ONLINE

MUSTER: Ordentliche Kündigung im Zweifamilienhaus

Karla Schwarz
Andreas Schwarz
Menzingerstr. 18/EG
82325 München

Durch Boten
Frau Christa Braun
Herrn Anton Braun
Menzinger Straße 18/1. Stock
81325 München

München, 20.3.2019

Mietverhältnis Menzinger Str. 18/1. Stock in 82325 München

Sehr geehrte Frau Braun,
sehr geehrter Herr Braun,

mit Mietvertrag vom 12.10.2012 haben Sie die Wohnung im ersten Stock unseres Zweifamilienhauses Menzinger Str. 18, 81325 München gemietet.
Gemäß § 573a Abs. 1 BGB kann der Vermieter eine Wohnung in einem von ihm selbst bewohnten Wohngebäude mit nicht mehr als zwei Wohnungen auch ohne Vorliegen eines gesetzlichen Kündigungsgrundes kündigen. Wir sehen uns leider veranlasst, das vorbezeichnete Mietverhältnis unter Einhaltung der verlängerten gesetzlichen Kündigungsfrist von neun Monaten

zum 31.12.2019

zu kündigen. Die Kündigung wird auf die Voraussetzungen des Sonderkündigungsrechts im Zweifamilienhaus (§ 573a Abs. 1 BGB) gestützt.
In Erfüllung der gesetzlichen Belehrungspflicht weisen wir darauf hin, dass Sie dieser Kündigung gemäß § 574 BGB widersprechen können. Der Widerspruch ist schriftlich zu erklären und muss spätestens zwei Monate vor Ablauf der Kündigungsfrist bei uns eingegangen sein.
Einer Verlängerung des Mietverhältnisses über den 31.12.2019 hinaus wird bereits jetzt widersprochen. Für den Fall Ihres Widerspruchs tragen wir Folgendes vor:
Trotz entsprechender Aufforderung mit Schreiben vom 20.1.2019 und 24.2.2019 kommen Sie Ihrer vertraglichen Verpflichtung zur wöchentlichen Reinigung des Hausflurs im Erdgeschoss und der Treppe zum Obergeschoss nicht nach. Ferner halten Sie seit Anfang Dezember 2018 ohne unsere Einwilligung einen Hund in Ihrer Wohnung und haben diesen trotz Aufforderung mit Schreiben vom 14.12.2018 nicht aus der Wohnung entfernt. Somit liegen auch berechtigte Interessen vor, die einer Fortsetzung des Mietverhältnisses entgegenstehen.

Wir bitten, die Wohnung einschließlich des zugehörigen Kellerabteils und der Garage bis spätestens 31.12.2019 vollständig geräumt und in vertragsgemäßem Zustand (siehe hierzu insbesondere §§ 9 Abs. 2 und 12 des Mietvertrags) mit allen Schlüsseln zurückzugeben und sich vor Rückgabe mit uns zur Vereinbarung eines Abnahmetermins in Verbindung zu setzen.

Mit freundlichen Grüßen
Karla Schwarz, Andreas Schwarz

11.3 Die außerordentliche fristlose Kündigung

Durch eine außerordentliche fristlose Kündigung kann der Vermieter in den gesetzlich vorgesehenen Fällen auch ein Mietverhältnis von bestimmter Dauer vorzeitig beenden. Eine außerordentliche fristlose Kündigung kann nur bei Vorliegen eines wichtigen Grundes (§ 543 Abs. 1 BGB) erfolgen. Eine Vereinbarung, nach welcher der Vermieter von Wohnraum zur Kündigung ohne Einhaltung einer Kündigungsfrist aus anderen als den im Gesetz genannten Gründen berechtigt sein soll, ist unwirksam (§ 569 Abs. 5 BGB). Dagegen können bei einem Mietverhältnis über andere Räume, zum Beispiel Geschäftsräume, weitere Kündigungsgründe vereinbart werden.

Ein wichtiger Grund, der den Vermieter zur fristlosen Kündigung berechtigt, liegt vor, wenn ihm unter Berücksichtigung aller Umstände des Einzelfalls, insbesondere eines Verschuldens des Mieters, und unter Abwägung der beiderseitigen Interessen die Fortsetzung des Mietverhältnisses bis zum Ablauf der Kündigungsfrist oder bis zur sonstigen Beendigung des Mietverhältnisses nicht zugemutet werden kann, zum Beispiel bei nachhaltigen Störungen des Hausfriedens (vgl. auch § 569 Abs. 2 BGB).

Nach dieser seit 1.9.2001 geltenden Bestimmung kann das Mietverhältnis nicht nur bei schuldhaften Vertragsverletzungen des Mieters (entspricht § 554a BGB a. F.), sondern auch bei nicht schuldhaftem Verhalten gekündigt werden (entspricht der bisherigen Rechtsprechung zu den §§ 242, 626 BGB), da es in erster Linie auf die Unzumutbarkeit für den Vermieter ankommt. Allerdings sind die Anforderungen an die Unzumutbarkeit bei nicht schuldhaftem Verhalten des Mieters höher als bei schuldhaftem Verhalten, das heißt, dass das Maß des Verschuldens bei der Interessenabwägung berücksichtigt werden muss. Die neue Regelung soll im Wesentlichen der bisherigen Rechtslage entsprechen (siehe Begründung der Beschlussempfehlung des Rechtsausschusses BTDrucks. 14/5663 sowie Begründung des Gesetzentwurfs in NZM 2000, 433).

Zur Bestimmung des Anwendungsbereichs der neuen Regelung kann daher die zu den §§ 242, 626 BGB sowie zu § 554a BGB a. F. ergangene Rechtsprechung herangezogen werden (vgl. Kraemer, WuM 2001, 171). Danach gilt Folgendes: Die Vertragsverletzung durch den Mieter muss so gravierend sein, dass dem Vermieter die Fortsetzung des

Mietverhältnisses bis zum Ablauf der Kündigungsfrist oder bis zur sonstigen Beendigung des Mietverhältnisses nicht zugemutet werden kann. Diese Beurteilung ist nach objektiven Kriterien anhand der konkreten Umstände des Einzelfalls zu treffen und unterliegt im Prozess der tatrichterlichen Würdigung.

Die praktisch bedeutsamsten Gründe für eine fristlose Kündigung durch den Vermieter, die nachfolgend im Einzelnen erläutert werden, sind:

- Zahlungsverzug mit der Miete,
- laufend verspätete Mietzahlung,
- vertragswidriger Gebrauch der Mieträume.

Ferner kann ein Kündigungsgrund nach § 543 Abs. 1 BGB in folgenden Fällen gegeben sein:

- Bei nachhaltigen Störungen des Hausfriedens, zum Beispiel durch laufende Verletzung der Hausordnung oder erhebliche Ruhestörungen, etwa wiederholte nächtliche Ruhestörungen durch laute Musik trotz Abmahnung, auch wenn nach der Kündigung keine Störungen mehr auftreten (LG Coburg, 11 C 977/07).
- Nichtbefolgen eines rechtskräftigen Urteils durch den Mieter, zum Beispiel zur Unterlassung oder Beseitigung (vgl. BVerfG, Urteil vom 18.1.1996, WuM 1996, 263).
- Bei Straftaten (schwere Beleidigung des Vermieters oder des Hausverwalters, vgl. LG Köln, Urteil vom 21.1.1993, 1 S 365/92: »Götz-Zitat« zweimal hintereinander; »Vermieter ist dusselig und soll sein Spatzenhirn anstrengen«, AG München, Urteil vom 21.10.2008, 415 C 20663/08).
- Bei einem tätlichen Angriff auf den Vermieter oder auf die Mitbewohner.
- Verleumdung, üble Nachrede zum Nachteil des Vermieters.
- Unsachliche Äußerungen über den Zustand der Wohnung gegenüber Kaufinteressenten (LG Hannover, WuM 1995, 538).
- Brandstiftung (vgl. DWW 1976, 33).
- Vorsätzliche Sachbeschädigung durch Eintreten der Wohnungstür des Mitmieters (LG Berlin, GE 1984, 83), wobei der Vermieter bei erheblichen Streitigkeiten unter den Mietern demjenigen Mieter kündigen kann, nach dessen Auszug er sich am ehesten wieder Ruhe im Haus versprechen kann (LG Duisburg, WuM 1975, 209).
- Diebstahl, auch sogenannter Stromdiebstahl, das heißt Entnahme von Strom aus der Leitung eines Mietshauses für eigene Zwecke (LG Köln, NJW-RR 1994, 909; AG Potsdam, WuM 1995, 40).
- Versuchte Täuschung des Vermieters, zum Beispiel durch die Behauptung des Mieters, die unsachgemäße Montage von Teilen der Mietsache (hier: Heizkörper) habe zur Verletzung des Mieters oder eines Dritten geführt, obwohl der Mieter weiß, dass dies nicht zutreffend ist und der Schaden durch den Mieter oder durch den Dritten selbst verursacht wurde (OLG Düsseldorf, Urteil vom 21.3.2011, I-24 U 102/10, GE 2012, 204).

- Veranlassung von mehreren Polizeieinsätzen innerhalb kurzer Zeit durch den Mieter oder durch eine in die Wohnung aufgenommene Person (vgl. LG Mannheim, DWW 1994, 50).
- Wiederholte Verursachung einer Brandgefahr (vgl. LG Duisburg, DWW 1991, 342) oder
- erheblicher Wasserschäden (AG Görlitz, WuM 1994, 668).
- Eigenmächtige Durchführung größerer baulicher Änderungen durch den Mieter, zum Beispiel Beseitigung des Kachelofens mit Durchbruch von Wänden und Verlegung von Wasserleitungen (AG Berlin-Neukölln, 8 C 71/04); nicht genehmigte Entfernung einer Wand (hier: zwischen Bad und Gäste-WC; LG Berlin, Urteil vom 3.9.2012, 67 S 514/11, WuM 2012, 624); Ausbau des Dachbodens zu Wohnzwecken (LG Hamburg, Urteil vom 26.4.1991, 311 S 1/91, WuM 1992, 190), Einbau einer »Katzenklappe« (13 × 16 cm großes Loch in der Eingangstür) und Verweigerung des Rückbaus (LG Berlin, 63 S 199/04).
- Unrichtige Selbstauskunft (vgl. AG München, WuM 1986, 245).
- Anbau von Cannabispflanzen auf dem Balkon einer Mietwohnung, aus denen nicht nur geringe THC-Mengen im Sinne des Betäubungsmittelgesetzes gewonnen werden können (hier: 14 Pflanzen mit einer THC-Menge von 15,8 Gramm entsprechend 1.041 Konsumeinheiten; vgl. LG Ravensburg, Urteil vom 6.9.2001, 4 S 127/01, WuM 2001, 608).
- Handeln mit Heroin in der Wohnanlage (AG Pinneberg, Urteil vom 29.8.2002, 68 C 23/02, NZM 2003, 553: keine vorherige Abmahnung erforderlich).
- »Bombardement« mit Mängelrügeschreiben aller Art (174 Schreiben in ca. 14 Wochen; vgl. LG Bielefeld, Urteil vom 26.7.2001, 22 S 240/01, WuM 2001, 553).
- Bei Geschäftsraum der nachhaltige Verstoß gegen die vertragliche Betriebspflicht, zum Beispiel durch erhebliche Reduzierung der vertraglich festgelegten Öffnungszeiten (OLG Köln, Urteil vom 28.7.2000, 19 U 184/99 und 17/00, NZM 2002, 345) oder durch Ausverkauf und Einstellung des Geschäftsbetriebs.
- Bei vereinbarter Umsatzpacht die Angabe fehlerhafter Umsatzzahlen, wobei Fahrlässigkeit seitens des Pächters genügt und es unerheblich ist, ob der Verpächter den Fehler leicht hätte erkennen können (OLG Düsseldorf, Urteil vom 14.11.2000, 24 U 34/00, NZM 2001, 1033).
- Unberechtigte fristlose Kündigung durch den Mieter: Eine solche Kündigung kann den Vermieter seinerseits zur fristlosen Kündigung berechtigen, da dies eine ernsthafte Erfüllungsverweigerung und damit eine Vertragsverletzung durch den Mieter darstellt (OLG Düsseldorf, Urteile vom 8.2.2001, 10 U 202/99, NZM 2002, 292 und vom 26.6.1997, 10 U 95/96, WuM 1997, 556 m. w .N.).
- Vorsätzliche oder leichtfertige Strafanzeigen gegen den Vermieter berechtigen den Vermieter zur fristlosen Kündigung ohne vorherige Abmahnung (§ 543 Abs. 3 Nr. 2 BGB, vgl. LG Wiesbaden, WuM 1995, 707; LG Frankfurt/M., WuM 1994, 15; BVerfG, Urteil vom 20.10.1993, WuM 1994, 16). Aber auch, wenn der angezeigte Sachverhalt in objektiver Hinsicht zutreffend sein sollte, kann eine fristlose Kündi-

gung gerechtfertigt sein, falls der Mieter dem Vermieter leichtfertig Betrugsabsicht unterstellt, ohne dass Anhaltspunkte für ein vorsätzliches Verhalten des Vermieters bestehen (zum Beispiel bei Berechnung der Miete, vgl. BVerfG, Urteil vom 2.10.2001, 1 BvR 1372/01, WuM 2002, 22).

Bei Personenmehrheiten auf der Mieterseite ist die Vertragsverletzung durch einen Mieter für die Kündigung des Mietverhältnisses ausreichend (OLG Düsseldorf, ZMR 1987, 423). Die Kündigung nur des störenden Mieters ist allerdings nicht möglich. Dem Vermieter steht es frei, mit den vertragstreuen Mietern einen neuen Mietvertrag abzuschließen; ein Rechtsanspruch der Mieter besteht jedoch nicht.

Die Kündigung nach §543 Abs. 1 BGB setzt voraus, dass die Vertragsverletzung zu einer Unzumutbarkeit der Fortsetzung des Mietverhältnisses geführt hat.

Unbegründet wurde die Kündigung daher angesehen, zum Beispiel

- bei einmaliger Beleidigung des Vermieters (vgl. LG Münster, WuM 1991, 688; bei vorangegangenem Wortwechsel).
- bei Beleidigung von anderen Hausbewohnern, die sich auch unkorrekt verhalten haben (LG Mannheim, WuM 1981, 17).
- bei Beschimpfungen eines Bewohners des Nachbarhauses (LG Lüneburg, WuM 1995, 706).
- bei unzuträglichem Geruch in der Mietwohnung durch Ansammlung von Gegenständen, sofern dadurch kein Ungeziefer angelockt wird und auch Mieter des Anwesens (zum Beispiel durch Gerüche im Treppenhaus) nicht belästigt werden (AG München, Urteil vom 12.12.2002, 453 C 29264/02, NZM 2003, 475).
- bei Aushängen von Plakaten zur politischen Meinungsäußerung (LG Darmstadt, ZMR 1983, 13).
- bei Aufhängen von Hitler-Bildern durch den Mieter im Treppenhaus des ausschließlich vom Mieter genutzten Zweifamilienhauses; selbst dann, wenn dies während der Verkaufsbemühungen des Vermieters und Besichtigung durch Kaufinteressenten erfolgt (AG München, Urteil vom 19.1.2009, 424 C 18547/08, ZMR 2009, 378; siehe auch BGH, Urteil vom 19.8.2010, 3 StR 301/10, ZMR 2011, 274, wonach kein strafbares öffentliches Verwenden von Kennzeichen verfassungswidriger Organisationen vorliegt, wenn der Mieter aus Verärgerung über eine Kündigung mit dem Gummiendstück seines Krückstocks im Hausflur ein Hakenkreuz an die Wand malt, das nur Mitbewohner wahrnehmen können).
- beim Lagern von Waffen in der Wohnung, da die bloße abstrakte Gefahr, die mit der Lagerung von Waffen in der Wohnung verbunden ist, diese Lagerung nicht zu einer vertragswidrigen Nutzung der Wohnung macht (LG Hannover, Urteil vom 28.10.2010, 1 S 30/10, ZMR 2011, 211).
- bei Information der Öffentlichkeit über ein unlauteres Verhalten des Vermieters unter Angabe des Namens (OLG Frankfurt, WuM 1983, 84). Ein Verhalten des Mie-

ters, das unterhalb der Schwelle der Schmähkritik angesiedelt und vom Grundrecht auf freie Meinungsäußerung gedeckt ist, kann eine fristlose Kündigung nicht rechtfertigen, wie zum Beispiel das Abwerfen bzw. Auslegen von Zetteln mit Aufschriften »Mieter wehren sich erfolgreich«, mit denen der Mieter Wohnungskaufinteressenten über einen schwelenden Streit zwischen den Mietern und der Eigentümerseite informieren will (BerlVerfGH, Beschluss vom 22.1.2008, VerfGH 70/06, NJW 2008, 2244).

- bei unerlaubter Hundehaltung durch den Mieter (LG Gießen, ZMR 1976, 147).
- bei Weigerung des Mieters, die zum Verkauf stehende Wohnung besichtigen zu lassen (AG Erkelenz, WuM 1986, 251).
- bei Hinweis durch den Mieter an den potenziellen Käufer, er werde nicht freiwillig räumen (AG Gummersbach, WuM 1982, 209).
- bei wahrheitswidriger Behauptung des Mieters, er habe die rückständige Miete für einen bestimmten Monat bereits überwiesen (OLG Hamburg, WuM 1997, 216).

Die Kündigung nach §543 BGB muss in einem engen zeitlichen Zusammenhang mit dem Vertragsverstoß erfolgen, da es gegen die Unzumutbarkeit der Fortsetzung des Mietverhältnisses spricht, wenn die Kündigung erst längere Zeit nach der Vertragsverletzung ausgesprochen wird (Verwirkung, vgl. §314 Abs. 3 BGB in der seit 1.1.2002 geltenden Fassung, wonach der Berechtigte nur innerhalb einer angemessenen Frist kündigen kann, nachdem er vom Kündigungsgrund Kenntnis erlangt hat; vgl. auch BGH, NJW 1985, 1894; OLG Düsseldorf, DWW 1991, 78). Anhaltspunkte für die Rechtzeitigkeit der fristlosen Kündigung kann zum Beispiel die (arbeitsrechtliche) Frist des §626 Abs. 2 BGB (14 Tage) geben (vgl. OLG Frankfurt/M., WuM 1991, 475). Eine Kündigung sechs Monate nach dem Vorfall ist jedenfalls verspätet (OLG München, Urteil vom 28.2.2001, 3 U 5169/00, MDR 2001, 745; ebenso nach vier Monaten: LG Berlin, ZMR 2000, 529). Anders lautende Formularklauseln, wonach keine Verwirkung des Kündigungsrechts eintreten kann, sind wegen Verstoßes gegen §307 BGB (bis 31.12.2001: §9 AGBG) unwirksam (OLG München, a. a. O.).

Eine fristlose Kündigung, die vom Gericht mangels Schwere des Vertragsverstoßes als unbegründet angesehen wurde, kann in eine ordentliche Kündigung nach §573 Abs. 2 Nr. 1 BGB (siehe Kapitel 11.3) umgedeutet werden. Dabei können auch zurückliegende Vorfälle, die für sich genommen eine Kündigung nach §543 BGB nicht rechtfertigen, berücksichtigt werden (LG Berlin, ZMR 2000, 529).

Die Neuregelung des §543 Abs. 1 BGB, der durch das Mietrechtsreformgesetz eingefügt worden ist, ersetzt auch das bislang aus allgemeinen Rechtssätzen hergeleitete fristlose Kündigungsrecht aus wichtigem Grund, das Bedeutung hatte, wenn Störungen nicht schuldhaft erfolgt sind. Da die neue Regelung im Wesentlichen der bisherigen Rechtslage entsprechen soll, liegt ein Kündigungsgrund auch weiterhin vor, wenn das gegenseitige Vertrauensverhältnis so nachhaltig zerrüttet ist, dass ein gedeihliches Zusammenwirken der Vertragspartner nicht mehr zu erwarten ist (BGH, ZMR 1978, 207; OLG Düsseldorf, ZMR 1990, 57), wobei der Vermieter jedoch keinen Kündigungsgrund aus einem Umstand herleiten kann, den er selbst verursacht hat (BGH, WuM 1986, 69) bzw. der in seiner Risikosphäre liegt (vgl. BGH, NJW 1996, 714, wonach der Vermieter nicht zur Kündigung aus wichtigem Grund berechtigt ist, wenn er in einer Wohnungseigentumsanlage Räume zu Zwecken, zum Beispiel zum Betrieb eines Cafés, vermietet, die nach der Gemeinschaftsordnung bzw. Teilungserklärung nicht erlaubt sind, und er daraufhin von einem anderen Eigentümer auf Unterlassung in Anspruch genommen wird).

Ein Kündigungsgrund besteht ferner bei erheblichen und unzumutbaren Belästigungen durch schuldunfähige Personen, wobei es darauf ankommt, ob die Fortsetzung des Mietverhältnisses für den Vermieter noch zumutbar ist (vgl. zum Beispiel LG Berlin, Urteil vom 11.6.2001, 62 S 570/00, NZM 2002, 733, wenn ein Mieter aufgrund einer Psychose wiederholt nächtliche Polizeieinsätze veranlasst). Dementsprechend kann auch ein geschäftsunfähiger Mieter wegen Nichtzahlung der Miete gekündigt werden, obwohl wegen seiner Geschäftsunfähigkeit kein Verschulden und damit kein Verzug vorliegt (LG Hamburg, WuM 1996, 271).

Auch bei der außerordentlichen fristlosen Kündigung ist der zur Kündigung führende wichtige Grund im Sinne des § 543 Abs. 1 BGB (zum Beispiel Zahlungsverzug) anzugeben (§ 569 Abs. 4 BGB). An diese Begründung dürfen jedoch keine zu hohen und übertrieben formalistischen Anforderungen gestellt werden. Es soll dadurch lediglich sichergestellt sein, dass der Mieter erkennen kann, welcher Umstand zur fristlosen Kündigung geführt hat (vgl. Begründung der Beschlussempfehlung des Rechtsausschusses, BTDrucks. 14/5663).

Eine wirksame fristlose Kündigung beendet das Mietverhältnis mit Zugang beim Mieter. Nach Zugang der Kündigung besteht daher kein Mietverhältnis mehr. Bleibt der Mieter trotzdem in der Wohnung, zum Beispiel bis zum freiwilligen Auszug oder der Zwangsräumung, hat er anstelle der Miete eine Nutzungsentschädigung (in der Regel in Höhe der bisherigen Miete) zu zahlen. Eine außerordentliche Kündigung, die nicht mit sofortiger Wirkung, sondern zu einem anderen Zeitpunkt ausgesprochen wird (zum Beispiel bis ein anderer Mieter gefunden ist oder bis andere Räume bezogen werden können) ist unwirksam (BGH, Urteil vom 22.10.2003, XII ZR 112/02, NZM 2004, 66).

Da der Mieter aber in der Regel nicht sofort aus der Wohnung ausziehen kann, ist ihm mit der Kündigung eine angemessene Räumungsfrist zu gewähren (etwa zwei bis drei Wochen). Nach Auffassung der Rechtsprechung befindet sich der Mieter erst nach Ablauf der Räumungsfrist in Verzug und gibt dementsprechend erst dann Anlass für die Erhebung einer Räumungsklage. Die sofortige Erhebung der Räumungsklage kann zu Kostennachteilen für den Vermieter führen.

Mit Gewährung der Räumungsfrist bringt der Vermieter gleichzeitig seinen der Fortsetzung des Gebrauchs der Mietsache entgegenstehenden Willen zum Ausdruck (§ 545 BGB; OLG Schleswig, Beschluss vom 23.11.1981, NJW 1982, 449).

11.3.1 Fristlose Kündigung wegen Zahlungsverzugs (§ 543 Abs. 2 Nr. 3 BGB)

Der Vermieter kann das Mietverhältnis ohne Einhaltung einer Kündigungsfrist kündigen, wenn der Mieter für zwei aufeinander folgende Termine mit der Entrichtung der Miete oder eines nicht unerheblichen Teils in Verzug ist (§ 543 Abs. 2 Nr. 3 a BGB) oder in einem Zeitraum, der sich über mehr als zwei Termine erstreckt, mit der Entrichtung der Miete in Höhe eines Betrags in Verzug gekommen ist, der die Miete für zwei Monate erreicht (§ 543 Abs. 2 Nr. 3 b BGB). Dies gilt sowohl für Wohn- als auch für Geschäftsräume und ist unabhängig davon, ob die Miete monatlich oder in längeren Zeitabschnitten (zum Beispiel jährlich) zu entrichten ist (BGH, Urteil vom 17.9.2008, XII ZR 61/07).

Gleiches gilt nach der Neufassung des § 569 Abs. 2 a BGB (durch das Mietrechtsänderungsgesetz vom 11.3.2013, BGBl. Teil I, S. 434 ff.), wenn der Mieter mit der Zahlung der vertraglich vereinbarten Kaution mit einem Betrag in Verzug ist, der der zweifachen Monatsmiete (ohne Vorauszahlungen bzw. Pauschalen für Betriebskosten) entspricht.

Das neue Kündigungsrecht wegen Zahlungsverzugs mit der Kaution besteht jedoch nur bei Mietverhältnissen, die nach Inkrafttreten des Mietrechtsänderungsgesetzes am 1.5.2013 abgeschlossen worden sind.

Bei Vorliegen von Mietrückständen kann der Vermieter das Mietverhältnis statt fristlos auch ordentlich, das heißt unter Einhaltung der gesetzlichen Kündigungsfrist (drei bis neun Monate abhängig von der Mietdauer) kündigen. Für eine solche ordentliche Kündigung (gemäß § 573 Abs. 2 Nr. 1 BGB) ist bereits ausreichend, dass der Mietrückstand eine Monatsmiete übersteigt und die Verzugsdauer mindestens einen Monat beträgt (BGH, Urteil vom 10.10.2012, VIII ZR 107/12; siehe Kapitel 2.1).

Bei der fristlosen Kündigung ist zu unterscheiden, ob sich der Verzug auf zwei aufeinander folgende Termine (Nr. 3a) oder auf einen Zeitraum von mehr als zwei Terminen (Nr. 3b) bezieht.

Bei vereinbarter monatlicher Mietzahlung in einem Mietverhältnis über Geschäftsräume ist der Rückstand jedenfalls dann nicht unerheblich, wenn er den Betrag von einer Monatsmiete übersteigt (BGH, Urteil vom 23.7.2008, XII ZR 134/06, WuM 2008, 595).

Bei Wohnraummietverhältnissen (außer der Wohnraum ist nur zum vorübergehenden Gebrauch vermietet) ist die Erheblichkeitsgrenze gesetzlich definiert (§ 569 Abs. 3

Nr. 1 BGB). Auch danach ist der rückständige Teil der Miete nur dann nicht als unerheblich anzusehen, wenn er mindestens 50 11 % der monatlichen Miete beträgt und der Gesamtrückstand die Miete für einen Monat übersteigt.

Ein solcher Rückstand reicht für eine außerordentliche fristlose Kündigung gemäß Nr. 3a nur dann aus, wenn er aus zwei aufeinander folgenden Zahlungszeiträumen (hier: Monaten) resultiert. Wenn dies nicht der Fall ist und der Rückstand (auch) aus anderen Zahlungszeiträumen herrührt (zum Beispiel weil der Mieter die Miete längere Zeit zu Unrecht um kleinere Beträge gemindert hat), ist eine Kündigung nur möglich, wenn der Rückstand die Höhe von zwei Monatsmieten erreicht hat (§ 543 Abs. 2 S. 1 Nr. 3b BGB, BGH, Urteil vom 23.7.2008, a. a. O.).

Unter Miete sind die periodisch wiederkehrenden Zahlungen des Mieters und somit auch die monatlichen Betriebskostenpauschalen und -vorauszahlungen zu verstehen; darunter fallen jedoch nicht Nachforderungen aus der Betriebskostenabrechnung (OLG Koblenz, Urteil vom 26.7.1984, WuM 1984, 269) sowie andere einmalige Leistungen (zum Beispiel Schadenersatz oder Kaution).

Für die Zahlungspflicht des Mieters ist in der Regel ein fester Termin bestimmt (vgl. § 556b Abs. 1 BGB – dritter Werktag im Monat), sodass der Mieter ohne Mahnung in Verzug kommt (§ 286 Abs. 2 Nr. 1 BGB). Nach der neuen Rechtsprechung des BGH muss der Mieter bis zu diesem Zeitpunkt lediglich die Leistungshandlung vorgenommen, das heißt, seiner Bank den Zahlungsauftrag für die Überweisung der Miete erteilt haben. Der Vermieter kann – entgegen der bisherigen Rechtsprechung – nicht mehr uneingeschränkt verlangen, dass die Miete bis zum dritten Werktag auf seinem Konto eingegangen sein muss (BGH, Urteil vom 5.10.2016, VIII ZR 222/15).

Formularklauseln in Wohnungsmietverträgen, die – abweichend von den gesetzlichen Bestimmungen – den **Eingang** der Miete auf dem Konto des Vermieters generell bis zum dritten Werktag bestimmen, sind nach Auffassung des BGH **unwirksam**. Eine solche Klausel würde dem Mieter das Risiko von Zahlungsverzögerungen im Überweisungsverkehr auferlegen, die durch den Zahlungsdienstleister verursacht wurden, und den Mieter unangemessen benachteiligen.

Hat der Mieter den Zahlungsauftrag ordnungsgemäß, das heißt unter Angabe der zutreffenden Bankdaten, spätestens am dritten Werktag des Monats erteilt und ist auch das Konto des Mieters ausreichend gedeckt, kann der Vermieter aus einem verspäteten Zahlungseingang keine Rechte (zum Beispiel Abmahnung, Kündigung) herleiten (BGH, a. a. O.).

Leistet der Mieter nicht rechtzeitig, kommt er nach § 286 Abs. 2 Nr. 1 BGB in **Verzug**, ohne dass es einer Mahnung durch den Vermieter bedarf.

!

Beispiel

Bestimmt der Mietvertrag, dass die Miete spätestens am dritten Werktag eines Kalendermonats im Voraus an den Vermieter zu zahlen ist, ist ein Mieter, der zum Beispiel die Septembermiete nicht bezahlt hat, bereits mit Ablauf des dritten Werktags im Oktober mit der Mietzahlung für zwei aufeinander folgende Termine in Verzug und kann gemäß § 543 Abs. 2 Nr. 3 BGB fristlos gekündigt werden, ohne dass es einer Mahnung oder Abmahnung bedarf (§ 543 Abs. 3 S. 2 Ziff. 3 BGB).

Eine vorherige Mahnung kann ausnahmsweise erforderlich sein, wenn der Vermieter über einen längeren Zeitraum unpünktliche Mietzahlungen des Mieters rügelos hingenommen hat (LG Hamburg, ZMR 1996, 327) oder die Nichtzahlung erkennbar auf einem Versehen beruht (OLG Hamm, WuM 1998, 485) oder besondere Umstände vorliegen, wonach die sofortige Kündigung gegen den Grundsatz von Treu und Glauben verstoßen würde, zum Beispiel wenn in einem seit 25 Jahren bestehenden Mietverhältnis nach dem Tod des Mieters erstmals ein Zahlungsverzug eingetreten ist (OLG Düsseldorf, Urteil vom 28.3.2002, 10 U 17/01, ZMR 2002, 818).

Aus einer eventuellen Kenntnis des Vermieters von den schlechten finanziellen Verhältnissen des Mieters bei Vertragsschluss kann jedenfalls kein Verzicht des Vermieters auf vertragsgemäße Erfüllung hergeleitet werden. Ferner verliert der Vermieter auch durch Duldung von verspäteten Zahlungen über einen längeren Zeitraum nicht sein Recht zur fristlosen Kündigung (OLG Düsseldorf, Urteil vom 8.7.2008, I-24 U 177/07, MDR 2008, 1386).

Gemäß den §§ 568, 569 Abs. 4 BGB muss in dem Kündigungsschreiben der zur Kündigung führende wichtige Grund angegeben werden. Sinn und Zweck dieser Bestimmung ist, dass der Mieter erkennen kann, welcher Umstand zur fristlosen Kündigung geführt hat. Es genügt daher, dass der geltend gemachte Sachverhalt ausreichend von vergleichbaren anderen Sachverhalten abgegrenzt wird (so die Begründung des Rechtsausschusses zum Mietrechtsreformgesetz, BTDrucks. 14/5663, 82, abgedruckt in NZM 2001, 798).

Die Gerichte dürfen an den Inhalt des Kündigungsschreibens keine übertrieben formalistischen Anforderungen stellen. Daher genügt jedenfalls bei klarer und einfacher Sachlage, wenn der Vermieter im Kündigungsschreiben den Zahlungsverzug als Kündigungsgrund benennt und den Gesamtbetrag der rückständigen Miete beziffert. Die Angabe weiterer Einzelheiten wie Datum des Verzugseintritts oder Aufgliederung der Mietrückstände für einzelne Monate ist entbehrlich (BGH, Beschluss vom 22.12.2003, VIII ZB 94/03, WuM 2004, 97).

!

Tipp

Zur Vermeidung von Auseinandersetzungen über die formelle Wirksamkeit der Kündigung sowie zur Information des Mieters über die vorliegenden Rückstände ist es empfehlenswert, die jeweiligen Rückstände im Kündigungsschreiben detailliert anzugeben.

Eine weitergehende Begründungspflicht kann sich jedoch ergeben, wenn sich der Rückstand erst durch umfangreiche Berechnungen aus einer Vielzahl unterschiedlicher Positionen (zum Beispiel bei Mietminderungen für einzelne Monate) ergibt (siehe zum Beispiel AG Dortmund, Beschluss vom 31.3.2003, 125 C 11799/02, WuM 2003, 273, wonach sich aus dem Kündigungsschreiben ergeben muss, mit welchen Beträgen für welche Monate der Mieter in Verzug ist).

Das für den Eintritt des Verzugs notwendige Verschulden wird vermutet (vgl. §286 Abs. 4 BGB). Die Beweislast für fehlendes Verschulden trifft daher den Mieter.

Ein Verschulden liegt zum Beispiel nicht vor, wenn der Mieter plötzlich so schwer erkrankt ist, dass er keinen Dritten mit der Zahlung beauftragen konnte (vgl. Schmidt-Futterer/Blank, §554 BGB a. F., Rn. 13) oder sich der Mieter in einem entschuldbaren Irrtum über seine Berechtigung zur (teilweisen) Zahlungsverweigerung befunden hat, zum Beispiel sich entschuldbar über die richtige Bemessung der Minderungsquote geirrt hat (vgl. LG Mannheim, WuM 1987, 317; LG Hannover, WuM 1994, 463).

Der Mieter ist jedoch nicht grundsätzlich entschuldigt, wenn er die Auskunft eines Rechtsanwalts eingeholt hat und von diesem unzutreffend beraten wurde (OLG München, ZMR 1996, 371). Vielmehr muss sich der Mieter das Verschulden seines Rechtsberaters zurechnen lassen und befindet sich daher in verschuldetem Zahlungsverzug (vgl. OLG Köln, WuM 1998, 23; LG München I, Urteil vom 10.7.1996, 14 S 2176/96 für Mieterverein; LG Berlin, NZM 1998, 573 für städtische Rechtsberatungsstelle). Dagegen wird dem Mieter das Verschulden eines Dritten, der die Zahlungspflicht übernommen hat (zum Beispiel des Sozialamts), grundsätzlich nicht über §278 BGB zugerechnet (BGH, Urteil vom 21.10.2009, VIII ZR 64/09, WuM 2009, 736).

Der Vermieter ist nicht verpflichtet, die rückständige Miete zuvor in einem gesonderten gerichtlichen Verfahren gegen den Mieter geltend zu machen (BVerfG, Urteil vom 15.3.1989, WuM 1989, 278).

Soweit tatsächlich eine Berechtigung zur Mietminderung oder ein Zurückbehaltungsrecht bestand, liegt kein Verzug vor. Gleiches gilt, wenn der Mieter zur Wahrung seiner Ansprüche wegen Mängel der Mietsache die Zahlung nur unter Vorbehalt leistet (LG Hannover, MDR 1966, 511; LG München I, WuM 1987, 223).

Ist der Mieter rechtskräftig zur (Zustimmung zur) Zahlung einer erhöhten Miete nach den §§ 558 bis 560 BGB verurteilt worden, kann der Vermieter das Mietverhältnis wegen Zahlungsverzugs des Mieters nicht vor Ablauf von zwei Monaten nach rechtskräftiger Verurteilung kündigen, wenn nicht die Voraussetzungen der außerordentlichen fristlosen Kündigung schon wegen der bisher geschuldeten Miete erfüllt sind (§ 569 Abs. 3 Nr. 3 BGB). Der Mieter soll damit ausreichend Zeit haben, die aufgelaufenen Erhöhungsbeträge zu zahlen, um eine außerordentliche Kündigung zu vermeiden.

Ferner ist nach Auffassung des AG Dortmund (Urteil vom 30.4.2002, 125 C 532/02, NZM 2002, 949) trotz Rechtskraft des Zustimmungsurteils eine Mahnung des Mieters erforderlich, da anderenfalls kein Verzug eintreten soll.

§ 569 Abs. 3 Nr. 3 BGB ist nicht entsprechend anwendbar, wenn sich der Mieter durch Prozessvergleich zur Zahlung verpflichtet hat (OLG Hamm, Urteil vom 27.12.1991, DWW 1992, 51).

Die Kündigung ist auch ausgeschlossen, wenn der Vermieter vor Zugang der Kündigung (§ 130 BGB) vollständig befriedigt wird (§ 543 Abs. 2 S. 2 BGB). Eine Teilzahlung des Mieters hindert das Wirksamwerden der Kündigung nicht (BGH, Urteil vom 27.9.2017, VIII ZR 193/16, WuM 2017, 644).

Dem Mieter obliegt im Streitfall die Beweislast dafür, dass er vollständig bezahlt hat (vgl. BGH, MDR 1960, 1006). Die Befriedigung des Vermieters kann auch durch Aufrechnung erfolgen, soweit dies nicht vertraglich wirksam ausgeschlossen wurde.

Nach Zugang der Kündigung wird diese unwirksam, wenn sich der Mieter von seiner Schuld durch Aufrechnung befreien konnte und unverzüglich, das heißt ohne schuldhaftes Zögern (§ 121 BGB), nach der Kündigung die Aufrechnung erklärt (§ 543 Abs. 2 S. 3 BGB). Dies gilt nur dann, wenn die Aufrechnung vertraglich zulässig war und den gesamten Rückstand abdeckt (LG Frankfurt, WuM 1974, 28).

Darüber hinaus kann der Mieter von Wohnraum die mit ihrem Zugang bereits wirksam gewordene Kündigung nachträglich unwirksam machen, indem er den Vermieter spätestens bis zum Ablauf von zwei Monaten nach Eintritt der Rechtshängigkeit des Räumungsanspruchs hinsichtlich der fälligen Miete und der fälligen Entschädigung befriedigt oder sich eine öffentliche Stelle zur Befriedung verpflichtet (§ 569 Abs. 3 Nr. 2 S. 1 BGB). Danach muss die Befriedigung des Vermieters spätestens bis zum Ablauf von zwei Monaten nach Zustellung der Räumungsklage (§ 261 ZPO) vollständig erfolgt sein, das heißt, der Mieter muss bis zu diesem Zeitpunkt (Ablauf der »Schonfrist«) nicht nur sämtliche Mietrückstände gezahlt haben – unabhängig davon, ob sie im Kündigungsschreiben erwähnt wurden (LG München I, WuM 1987, 153) –, sondern auch die laufende Nutzungsentschädigung, die ab dem Zugang der Kündigung anstelle der Miete zu entrichten ist.

Die Kündigung kann nur dann nicht mehr durchgesetzt werden, wenn der Vermieter vor der Kündigung vollständig befriedigt wurde (LG Köln, Urteil vom 20.2.2002, 10 S 325/01, ZMR 2002, 428), das heißt, nur eine vollständige Begleichung der Rückstände kann zur Unwirksamkeit der Kündigung führen. Unschädlich ist lediglich das Fehlen von wenigen Cents, nicht aber ein offen bleibender Restbetrag von 5 % der Monatsmiete, wobei der Mieter auch das Risiko einer fehlerhaften Kalkulation trägt (LG Hamburg, Urteil vom 16.11.2000, 334 S 53/00, WuM 2001, 80).

Der Befriedigung des Vermieters steht gleich, wenn sich eine öffentliche Stelle, zum Beispiel das Wohnungsamt oder das Sozialamt, durch verbindliche oder bedingungslose Erklärung zur Zahlung verpflichtet. Die Verpflichtungserklärung muss jedoch ebenfalls bis zum Ablauf von zwei Monaten nach Eintritt der Rechtshängigkeit (Zustellung der Räumungsklage) dem Vermieter oder dessen Prozessvertreter zugegangen sein. Es genügt nicht, dass die Erklärung innerhalb der Frist abgegeben wird oder dass sie dem Mieter oder dem mit dem Räumungsrechtsstreit befassten Gericht zugeht (BayObLG, Urteil vom 7.9.1994, ZMR 1994, 557).

Da es sich bei der Schonfrist des § 569 Abs. 3 Nr. 2 S. 1 BGB um eine materiell-rechtliche Frist handelt, ist gegen ihre Versäumung eine Wiedereinsetzung unstatthaft, das heißt, sie kann nicht rückwirkend verlängert werden (LG München I, WuM 1983, 141).

Bereits vor Ablauf der zweimonatigen Schonfrist kann gegen den Mieter im schriftlichen Vorverfahren ein Versäumnisurteil auf Räumung erlassen werden, wenn er die Frist für die Verteidigungsanzeige ohne Reaktion verstreichen lässt (LG Hamburg, Beschluss vom 5.3.2003, 311 T 16/03, WuM 2003, 275; vgl. auch LG Kiel, WuM 2002, 149; LG Stuttgart, DWW 2002, 340). Die gegenteilige vom OLG Hamburg in einer älteren Entscheidung vertretene Auffassung (ZMR 1988, 225) dürfte im Hinblick auf die seit 1.9.2001 geänderte Rechtslage (Verlängerung der Schonfrist von ein auf zwei Monate) überholt sein (LG Hamburg, a. a. O.).

Eine fristlose Kündigung des Vermieters wegen Zahlungsverzugs kann nicht mehr unwirksam gemacht werden, wenn der Kündigung vor nicht länger als zwei Jahren bereits eine Kündigung vorausgegangen war, die der Mieter durch vollständige Nachzahlung der Miete unwirksam gemacht hat (§ 569 Abs. 3 Nr. 2 S. 2 BGB). Dabei ist auf den Zeitpunkt des Zugangs der früheren Kündigung zurückzurechnen. Dies bedeutet, dass der Mieter nur alle zwei Jahre einmal diese Heilungsmöglichkeit hat.

War oder wurde die frühere Kündigung jedoch nicht infolge Nachzahlung der Miete, sondern aus anderen Gründen unwirksam, zum Beispiel wegen Aufrechnung durch den Mieter oder infolge freiwilligen Verzichts des Vermieters auf die Erhebung der Räumungsklage, kann der Mieter eine erneute Kündigung auch innerhalb der Zweijahresfrist durch Nachzahlung unwirksam machen (LG Bremen, WuM 1997, 265). Gleiches gilt, wenn nach der ersten fristlosen Kündigung das Mietverhältnis einvernehmlich fortgesetzt bzw. neu begründet wurde, wobei dies auch durch schlüssiges Verhalten erfolgt sein kann (LG Berlin, WuM 1992, 607; LG Frankfurt, WuM 1991, 34).

Will der Vermieter das Mietverhältnis wegen des Zahlungsverzugs des Mieters unbedingt beenden, sollte er neben der fristlosen Kündigung zusätzlich und hilfsweise die ordentliche Kündigung des Mietverhältnisses gemäß § 573 Abs. 2 Nr. 1 BGB aussprechen, da der Mieter die ordentliche Kündigung nicht durch Nachzahlung der Miete unwirksam machen kann (BGH, Urteile vom 1.7.2015, VIII ZR 278/13, WuM 2015, 555 und vom 19.9.2018, VIII ZR 231/17, 261/17). Allerdings kann sich der Mieter bei der ordentlichen Kündigung – anders als bei der fristlosen Kündigung – auf eine unverschuldete Zahlungsunfähigkeit infolge unvorhergesehener wirtschaftlicher Engpässe berufen. Ferner kann die Nachzahlung der Miete ein etwaiges Fehlverhalten des Mieters und das Maß seines Verschuldens abmildern (BGH, a. a. O.). Insofern muss der Rückstand jedoch binnen kurzer Zeit ausgeglichen werden. Ein knappes halbes Jahr zwischen dem Zugang der Kündigung und der Zahlung ist zu lang (KG Berlin, Urteil vom 24.7.2008, 8 U 26/08). Die Beweislast für das fehlende Verschulden an den Zahlungsschwierigkeiten trägt der Mieter. Der Vortrag des Mieters, er sei arbeitslos und lebe von Arbeitslosengeld II, genügt insofern nicht (KG Berlin, a. a. O.).

Bei Kündigung durch einen Bevollmächtigten muss die Vollmacht dann aber auch die ordentliche Kündigung umfassen (siehe hierzu Kapitel 11.2).

Bei einem Mietverhältnis über Wohnraum sind alle zum Nachteil des Mieters abweichenden Vereinbarungen unwirksam (§ 569 Abs. 5 BGB). Dagegen können bei allen anderen Mietverhältnissen, zum Beispiel über Geschäftsraum, abweichende Vereinbarungen getroffen werden, zum Beispiel, dass der Vermieter bereits bei Zahlungsverzug mit einer Monatsmiete zur fristlosen Kündigung berechtigt sein soll. Eine entsprechende formularmäßige Bestimmung soll jedoch wegen Verstoßes gegen § 9 AGBG (seit 1.1.2002: § 307 BGB) unwirksam sein (BGH, ZMR 1987, 292; OLG Düsseldorf, WuM 1996, 411).

Der Mieter von Geschäftsräumen ist nach der fristlosen Kündigung wegen Zahlungsverzugs zur sofortigen Räumung verpflichtet. Ihm steht keine Zeit zur Einstellung des Geschäftsbetriebs zur Verfügung, da dem Vermieter angesichts der Zahlungsrückstände jede Verzögerung unzumutbar ist und dem Geschäftsraummieter – im Gegensatz zum Wohnraummieter – keine Räumungsfrist gemäß § 721 ZPO zu gewähren ist. Diese Verpflichtung zur sofortigen Räumung ist bei der Prüfung, ob ein sofortiges

Anerkenntnis im Sinne von § 93 ZPO vorliegt, zu würdigen (OLG München, Urteil vom 23.11.2000, 3 W 2228/00, ZMR 2001, 616).

ARBEITSHILFE ONLINE

MUSTER: Fristlose Kündigung wegen Zahlungsverzugs mit der Miete

Sabine Richter
Franz Richter
Seidlstr. 25
80345 München

Durch Boten
Frau Karla Reiber
Herrn Markus Reiber
Hufelandstr. 10/2. Stock
80543 München

München, 10.3.2019

Mietverhältnis Hufelandstr. 10, 80543 München
Fristlose Kündigung wegen Zahlungsverzugs

Sehr geehrte Frau Reiber,
sehr geehrter Herr Reiber,

gemäß § 4 Abs. 7 des Mietvertrags vom 22.7.2014 ist die monatliche Miete spätestens am dritten Werktag des Kalendermonats im Voraus zu zahlen.
Sie befinden sich derzeit mit der Entrichtung der Mieten für die Monate Februar und März 2019 in Höhe von insgesamt 1.600 EUR in Verzug.
Wegen dieses Zahlungsverzugs

kündigen

wir das Mietverhältnis über die Wohnung Hufelandstr. 10, 2. Stock, in 80543 München

außerordentlich und fristlos

gemäß § 543 Abs. 2 Nr. 3 BGB.
Wir fordern Sie auf, die Wohnung einschließlich des zugehörigen Kellerabteils und der Garage

bis spätestens 31.3.2019

vollständig geräumt und in vertragsgemäßem Zustand (siehe hierzu insbesondere §§ 9 Abs. 2 und 12 des Mietvertrags) sowie mit sämtlichen Schlüsseln zurückzugeben und sich vor der Rückgabe mit uns in Verbindung zu setzen; anderenfalls werden wir ohne weitere Mahnung Räumungsklage einreichen.
In gleicher Frist erwarten wir die Zahlung der rückständigen Mieten in Höhe von insgesamt 1.600 EUR.
Einer stillschweigenden Verlängerung des Mietverhältnisses im Sinne von § 545 BGB wird bereits jetzt widersprochen.
Rein vorsorglich und hilfsweise kündigen wir das vorbezeichnete Mietverhältnis auch ordentlich unter Einhaltung der gesetzlichen Kündigungsfrist von drei Monaten

zum 30.6.2019.
Die Kündigung erfolgt gemäß § 573 Abs. 2 Nr. 1 BGB, da der Zahlungsverzug mit zwei Monatsmieten eine schuldhafte, nicht unerhebliche Vertragsverletzung im Sinne dieser Bestimmung darstellt.
In Erfüllung der gesetzlichen Belehrungspflicht weisen wir darauf hin, dass Sie der ordentlichen Kündigung gemäß § 574 BGB widersprechen können. Der Widerspruch ist schriftlich zu erklären und muss spätestens zwei Monate vor Ablauf der Kündigungsfrist bei uns eingegangen sein.

Mit vorzüglicher Hochachtung
Sabine Richter, Franz Richter

11.3.2 Fristlose Kündigung wegen laufend verspäteter Mietzahlungen

Laufend verspätete Mietzahlungen durch den Mieter stellen einen wichtigen Grund im Sinne des § 543 Abs. 1 BGB für eine fristlose Kündigung durch den Vermieter dar.

Allerdings ist die Rechtsprechung zur Frage, bei welcher Anzahl von Verspätungen eine Kündigung begründet ist, uneinheitlich, da für die Beurteilung der »Unzumutbarkeit« die gesamten Umstände des Mietverhältnisses zu berücksichtigen sind und es daher auch darauf ankommt, ob und wie lange das Mietverhältnis schon störungsfrei besteht. In der Regel wird eine Kündigung als begründet angesehen, wenn der Mieter vier- bis siebenmal verspätet zahlt, dann abgemahnt wird und trotzdem wieder verspätet zahlt (BGH, ZMR 1988, 16; OLG Hamm, Urteil vom 3.12.1991, 7 U 145/91; LG München I, Urteil vom 27.6.2008, 14 S 15785/07, ZMR 2010, 968).

In der Abmahnung muss dargelegt werden, welche Miete nicht pünktlich eingegangen ist und wie lange der Zeitraum der Verzögerung war, damit der Mieter die Möglichkeit hat, die Verspätungen abzustellen. Eine lediglich formelhafte Beanstandung, zum Beispiel dass die Miete nicht rechtzeitig eingegangen ist, reicht daher nicht aus (so LG Frankfurt/M., WuM 1992, 370; siehe im Einzelnen Kapitel 9.2).

Soll aufgrund eines erneuten Vertragsverstoßes nach Abmahnung eine Kündigung ausgesprochen werden, muss ein zeitlicher Zusammenhang zwischen der Abmahnung und der erneuten Vertragsverletzung bestehen. Ist daher zum Beispiel nach der Abmahnung wegen laufender unpünktlicher Zahlung ein längerer Zeitraum verstrichen, in dem der Mieter pünktlich gezahlt hat, muss bei wiederum unpünktlicher Zahlung eine erneute Abmahnung ausgesprochen werden.

Dementsprechend kann der Vermieter von seinem Kündigungsrecht wegen laufender unpünktlicher Zahlung auch dann noch Gebrauch machen, wenn er über längere Zeit unpünktliche Zahlungen seines Mieters stillschweigend hingenommen hat. Jedoch muss er den Mieter vorher im Wege einer Abmahnung deutlich darauf hinweisen, dass er in Zukunft pünktliche Zahlungen erwartet (OLG Hamm, Urteil vom 9.9.1994, ZMR 1994, 560).

Einer Kündigung wegen nur einer nach Abmahnung unpünktlich gezahlten Miete steht grundsätzlich nicht entgegen, dass der Vermieter bis zur Abmahnung unpünktliche Mietzahlungen über einen längeren Zeitraum nicht beanstandet hat. Die Hinnahme unpünktlicher Mietzahlungen ist nämlich nicht geeignet, einen entsprechenden Vertrauenstatbestand für den Mieter zu begründen (BGH, Urteil vom 14.9.2011, VIII ZR 301/10, NZM 2012, 22). Nur in ganz besonders gelagerten Fällen kann für die fristlose Kündigung eine unpünktliche Zahlung nach Abmahnung ausnahmsweise nicht ausreichend sein, wenn es der Vermieter über einen sehr langen Zeitraum (hier: 24 Jahre) widerspruchslos hingenommen hat, dass der Mieter die Miete unpünktlich, zum Beispiel statt am dritten Werktag immer erst zur Monatsmitte, zahlt und er den Mieter daraufhin erstmals abgemahnt hat (BGH, Urteil vom 4.5.2011, VIII ZR 191/10, NJW 2011, 2201).

Bei unpünktlichen Zahlungen einer schuldunfähigen Partei wird gemäß § 278 BGB auf das Verschulden ihres Betreuers, demgegenüber auch die Abmahnung und gegebenenfalls die Kündigung zu erfolgen hat, als Abwägungsfaktor abzustellen sein.

Ein nachträgliches vertragsgemäßes Verhalten des Mieters, zum Beispiel pünktliche Zahlung nach Ausspruch der Kündigung, kann an der Gestaltungswirkung der Kündigung (Beendigung des Mietverhältnisses mit Zugang) nichts mehr ändern, sodass der Vermieter grundsätzlich auf eine Räumung bestehen kann (vgl. BGH, ZMR 1988, 16).

ARBEITSHILFE ONLINE

MUSTER: Fristlose Kündigung wegen laufend unpünktlicher Mietzahlungen

Sabine Richter
Franz Richter
Seidlstr. 25
80345 München

Durch Boten
Anneliese Schmidt
Albert Schmidt
Wörthstr. 28/3. Stock
81667 München

München, 20.5.2019

Mietverhältnis Wörthstr. 28, 81667 München
Fristlose Kündigung wegen laufend unpünktlicher Mietzahlungen

Sehr geehrte Frau Schmidt,
sehr geehrter Herr Schmidt,

gemäß § 543 Abs. 1 BGB kann der Vermieter das Mietverhältnis aus wichtigem Grund fristlos kündigen, wenn ihm die Fortsetzung des Mietverhältnisses bis zum Ablauf der Kündigungsfrist oder bis zur sonstigen Beendigung des Mietverhältnisses nicht zugemutet werden kann. Laufend unpünktliche Mietzahlungen stellen nach ständiger Rechtsprechung einen wichtigen Grund für die fristlose Kündigung dar.
Mit Schreiben vom 15.3.2019 wurden Sie wegen der laufend unpünktlichen Mietzahlungen abgemahnt und auf die Rechtsfolgen hingewiesen.
Trotz dieser Abmahnung, die Ihnen am 16.3.2019 nachweisbar zugestellt worden ist, ist die Miete für den Monat April 2019 erst am 22.4.2019 und die Miete für den Monat Mai erst am 17.5.2019 bei uns eingegangen.
Wegen dieser laufend unpünktlichen Mietzahlungen

kündigen

wir das Mietverhältnis über die Wohnung Wörthstr. 28, 3. Stock in 81667 München außerordentlich und fristlos

gemäß § 543 Abs. 1 BGB.

Wir fordern Sie auf, die Wohnung einschließlich des zugehörigen Kellerabteils und der Garage

bis spätestens 10.6.2019

vollständig geräumt und in vertragsgemäßem Zustand (siehe hierzu insbesondere §§ 9 Abs. 2 und 12 des Mietvertrags) sowie mit sämtlichen Schlüsseln zurückzugeben und sich vor Rückgabe mit uns zur Vereinbarung eines Abnahmetermins in Verbindung zu setzen; anderenfalls werden wir ohne weitere Mahnung Räumungsklage einreichen.
Einer stillschweigenden Verlängerung des Mietverhältnisses im Sinne von § 545 BGB wird bereits jetzt widersprochen.

Mit vorzüglicher Hochachtung
Sabine Richter, Franz Richter

11.3.3 Fristlose Kündigung wegen vertragswidrigen Gebrauchs (§ 543 Abs. 2 Nr. 2 BGB)

Ein wichtiger Grund, der den Vermieter zur fristlosen Kündigung des Mietverhältnisses berechtigt, liegt vor, wenn der Mieter die Rechte des Vermieters dadurch in erheblichem Maße verletzt, dass er die Mietsache durch Vernachlässigung der ihm obliegenden Sorgfalt erheblich gefährdet oder sie unbefugt einem Dritten überlässt (vertragswidriger Gebrauch; § 543 Abs. 2 Nr. 2 BGB).

Ein vertragswidriger Gebrauch liegt vor, wenn der Mieter die Räume entgegen den vertraglichen Vereinbarungen nutzt, zum Beispiel Wohnräume zu gewerblichen Zwecken. Zur fristlosen Kündigung ist der Vermieter aber nur berechtigt, wenn durch den vertragswidrigen Gebrauch seine Rechte in erheblichem Maße verletzt werden. Das ist der Fall, wenn die geschäftlichen (freiberuflichen oder gewerblichen) Aktivitäten des Mieters nach außen hin in Erscheinung treten und der Mieter keinen Anspruch auf Gestattung durch den Vermieter hat. Im Einzelfall kann der Vermieter nach Treu und Glauben verpflichtet sein, eine Erlaubnis zu einer teilgewerblichen Nutzung zu erteilen, zum Beispiel wenn es sich nach Art und Umfang um eine Tätigkeit handelt, von der auch bei einem etwaigen Publikumsverkehr keine weitergehenden Einwirkungen auf die Mietsache oder die Mitmieter ausgehen als bei einer üblichen Wohnungsnutzung. Werden jedoch für die geschäftliche Tätigkeit Mitarbeiter des Mieters in der Wohnung beschäftigt, kommt bereits aus diesem Grund ein Anspruch auf Gestattung regelmäßig nicht in Betracht (BGH, Urteil vom 14.7.2009, VIII ZR 165/08). Führt der vertragswidrige Gebrauch nicht zu einer erheblichen Verletzung der Rechte des Vermieters, ist der Vermieter auf die Erhebung einer Unterlassungsklage (§ 541 BGB) beschränkt.

Gleiches kann bei der Nutzung von gewerblichen Räumen zum ständigen Wohnen gelten (OLG Düsseldorf, ZMR 1987, 423).

Auch durch die Änderung der Branche kann eine Verletzung der Rechte des Vermieters eintreten, wenn der Vermieter ein erhebliches Interesse an der vertraglich vereinbarten Nutzung hat.

Ferner kann auch die Überbelegung einer Wohnung einen vertragswidrigen Gebrauch darstellen. Dies gilt selbst dann, wenn die Überbelegung durch die Geburt von Kindern oder die Aufnahme von Familienangehörigen oder des Ehegatten eingetreten ist (BGH, Urteil vom 14.7.1993, VIII ARZ 1/93, NJW 1993, 2529; BayObLG, Urteil vom 14.9.1983, WuM 1983, 309).

Wann eine Überbelegung der Wohnung vorliegt, richtet sich nach den jeweiligen Umständen des Einzelfalls (vgl. OLG Hamm, Urteil vom 6.10.1982, DWW 1982, 335). Dementsprechend uneinheitlich ist auch die Rechtsprechung. So hat zum Beispiel das

LG Oldenburg (Urteil vom 2.7.1993, 13 S 285/93) eine Überbelegung angenommen, wenn eine 70 qm große Vierzimmerwohnung während des Nachmittags und am Abend von vier Erwachsenen und drei Kindern genutzt wird (bestätigt durch BVerfG, Urteil vom 18.10.1993, WuM 1994, 119). Überbelegung wurde auch bei einer fünfköpfigen Familie in einer 23 qm großen Wohnung festgestellt (LG Düsseldorf, WuM 1983, 141). Dagegen galt es nicht als Überbelegung, wenn eine 20 qm große Wohnung von einem Ehepaar mit einem Kind bewohnt wird (LG Köln, WuM 1983, 237).

Eine fristlose Kündigung wegen Überbelegung der Wohnung setzt neben der Abmahnung (§ 543 Abs. 3 BGB; S. 9.3) eine erhebliche, durch die Überbelegung verursachte Verletzung der Vermieterrechte voraus, die sich allerdings nicht allein aus der Überbelegung ergibt (BGH, Urteil vom 14.7.1993, VIII ARZ 1/93, a. a. O.). Daher ist grundsätzlich anhand der konkreten Umstände des Einzelfalls durch Interessenabwägung zu prüfen, ob die Rechte des Vermieters durch die Überbelegung erheblich verletzt sind (BGH, a. a. O.). Dabei ist zum Beispiel zu berücksichtigen, ob anderen Hausbewohnern infolge der Überbelegung Nachteile entstehen, zum Beispiel Lärmstörungen oder Störungen des Hausfriedens (BVerfG, Urteil vom 18.10.1993, a. a. O.).

Bei einer Kündigung wegen Überbelegung sollten daher nicht nur die Umstände vorgetragen werden, aus denen sich die Überbelegung ergibt, sondern auch die Auswirkungen der Überbelegung auf die Vermieterrechte.

Bei unerlaubten baulichen Veränderungen durch den Mieter kann ebenfalls ein vertragswidriger Gebrauch vorliegen, wobei eine erhebliche Verletzung der Vermieterrechte insbesondere dann gegeben ist, wenn der Mieter einer entsprechenden Abmahnung nicht nachkommt und der Vermieter nunmehr von dritter Seite, zum Beispiel von einer Behörde, auf Beseitigung in Anspruch genommen wird (LG Gießen, WuM 1994, 681).

Eine unbefugte Gebrauchsüberlassung liegt vor, wenn der Mieter die Sachherrschaft über die Räume aufgibt und nicht mehr in der Lage ist, unmittelbar die Obhut über die Wohnung auszuüben, zum Beispiel wenn

- der Mieter unter Mitnahme seines Hausrats in eine andere Wohnung zieht und die angemietete Wohnung einer dritten Person überlässt bzw. nur noch ein Arbeitszimmer in der Wohnung behält (vgl. LG Cottbus, WuM 1995, 38),
- sich der Mieter auf Dauer ins Ausland begibt (LG Frankfurt, WuM 1989, 237),
- der Mieter die Wohnung dem nichtehelichen Lebenspartner überlässt (anders bei Überlassung an den Ehegatten, da Ehegatten aufgrund ihrer Verpflichtung zur ehelichen Lebensgemeinschaft – § 1353 Abs. 1 BGB – zur Gebrauchsüberlassung der Wohnung nicht nur berechtigt, sondern sogar verpflichtet sind; LG Berlin, WuM 1995, 38),

- Eltern die Wohnung einem (volljährigen) Kind überlassen, das heißt dem Kind ein selbstständiges Gebrauchsrecht an der Wohnung einräumen, sodass es die Wohnung frei von Weisungen nutzen und die Eltern vom Gebrauch ausschließen kann (LG Frankfurt/M., Urteil vom 25.1.2000, 2/11 S 211/99, WuM 2002, 92; LG Lüneburg, WuM 1995, 704) oder
- die Wohnung von den Eltern nur noch zweimal wöchentlich zu einem begrenzten Aufenthalt aufgesucht wird (AG Neuss, NZM 1999, 309).

Dagegen soll keine unbefugte Gebrauchsüberlassung vorliegen, wenn Eltern zwar eine andere Wohnung anmieten und die Mietwohnung ihren volljährigen Kindern überlassen, jedoch einen gemeinsamen Haushalt in der Mietwohnung aufrechterhalten (AG Köln, MDR 1973, 764; vgl. auch LG Berlin, HmbGE 1990, 99) oder nur vorübergehend ins Altersheim gehen (LG Kiel, WuM 1988, 125). Gleiches gilt, wenn der Mieter einer dritten Person lediglich den Mitbesitz einräumt, diese zum Beispiel in die Wohnung aufnimmt, ohne selbst die Wohnung zu verlassen.

Kann der Vermieter im Räumungsprozess seine Behauptung, der Mieter sei aus der Wohnung ausgezogen und habe diese vollständig einem Dritten zum alleinigen Gebrauch überlassen, durch hinreichende Anhaltspunkte erhärten (zum Beispiel durch Darlegung eigener Nachforschungen zum neuen Wohnsitz), kann sich der Mieter nicht auf einfaches Bestreiten beschränken, sondern muss einen konkreten Vortrag zum eigenen Wohnverhalten entgegenstellen (Prinzip der sekundären Behauptungslast; LG München I, Urteil vom 15.5.2002, 14 S 21649/01, WuM 2002, 379).

Ohne die Erlaubnis des Vermieters darf der Mieter (neben Haushaltsangestellten und Pflegepersonen) lediglich die nächsten Familienangehörigen in die Wohnung aufnehmen. Dazu gehören der Ehegatte, die gemeinschaftlichen Kinder und Stiefkinder, der eingetragene (gleichgeschlechtliche) Lebenspartner (gemäß § 11 Lebenspartnerschaftsgesetz vom 16.2.2001), unter Umständen die Enkel (LG Wuppertal, MDR 1971, 49), nicht aber die Geschwister des Mieters (BayObLG, Urteil vom 29.11.1983, WuM 1984, 13). Bei den Eltern des Mieters kommt es auf die Umstände des Einzelfalls an, insbesondere auf die Art und Größe der Wohnung, deren Belegung und Eignung für die Aufnahme weiterer Personen sowie auf die Gründe und Motive für die Aufnahme der Eltern (vgl. BayObLG, Urteil vom 6.10.1997, WuM 1997, 603).

Zu beachten ist aber, dass der Mieter von Wohnraum unter gewissen Voraussetzungen einen Anspruch auf Erteilung der Erlaubnis haben kann (§ 553 Abs. 1 BGB) mit der Folge, dass in diesem Fall die vom Vermieter wegen einer unerlaubten Gebrauchsüberlassung erklärte außerordentliche fristlose Kündigung unwirksam ist (BayObLG, Urteil vom 26.10.1990, WuM 1991, 18; vgl. aber AG Hamburg, Urteil vom 23.7.2002, 41 a C 121/02, ZMR 2003, 42, wonach der Gesetzgeber auch im Rahmen der Mietrechtsreform nicht bestimmt hat, dass ein Anspruch des Mieters auf Erteilung der Erlaubnis das außerordentliche Kündigungsrecht ausschließen soll). Jedenfalls schließt der Anspruch auf Erteilung der Erlaubnis eine ordentliche Kündigung nach § 573 Abs. 1, Abs. 2 Nr. 1 BGB (siehe Kapitel 11.2) wegen unerlaubter Gebrauchsüberlassung nicht aus, da ein Mieter, der eine Untervermietung vornimmt, ohne vorher die erforderliche Erlaubnis seines Vermieters einzuholen, seine vertraglichen Pflichten auch dann verletzt, wenn er einen gesetzlichen Anspruch auf Erteilung der Erlaubnis hat (BGH, Urteil vom 2.2.2011, VIII ZR 74/10, WuM 2011, 169). Ob ein derartiger Vertragsverstoß des Mieters ein die ordentliche Kündigung des Mietverhältnisses rechtfertigendes Gewicht hat, ist unter Würdigung der konkreten Umstände des Einzelfalls zu beurteilen. Hierbei kommt es auch auf die Gründe an, die den Mieter dazu veranlassten, einem Dritten ohne Genehmigung des Vermieters den Gebrauch der Mietsache zu überlassen; insbesondere eine bewusste Missachtung der Belange oder der Person des Vermieters kann die Vertragsverletzung als gravierend erscheinen lassen (BGH, Urteil vom 2.2.2011, a. a. O.). Hat der Mieter eine Erlaubnis zur Untervermietung vom Vermieter rechtzeitig erbeten und war der Vermieter zur Erteilung der Erlaubnis verpflichtet, ist eine auf die fehlende Erlaubnis gestützte Kündigung des Vermieters rechtsmissbräuchlich, wenn der Vermieter auf die Anfrage des Mieters nicht reagiert hat und ihm somit selbst eine Vertragsverletzung zur Last fällt (BGH, Urteil vom 2.2.2011, a. a. O.).

Hat der Vermieter die Erlaubnis zur Gebrauchsüberlassung berechtigterweise nur befristet erteilt (zum Beispiel weil sich der Mieter sechs Monate im Ausland aufhält), wird die Gebrauchsüberlassung nach Fristablauf nicht automatisch unbefugt und somit vertragswidrig. Die Fortdauer der Gebrauchsüberlassung kann jedoch eine schuldhafte Vertragsverletzung darstellen und zur Kündigung nach § 573 Abs. 2 Nr. 1 BGB (siehe Kapitel 11.2) berechtigen (LG Stuttgart, WuM 1992, 122).

Duldet der Vermieter einmal die vertragswidrige Untervermietung durch den Mieter, so folgt daraus nicht dessen Recht, erneut ein Untermietverhältnis außerhalb des Vertragszwecks zu begründen (OLG Düsseldorf, Urteil vom 5.9.2002, 24 U 207/01, WuM 2003, 136).

Bei gewerblichen Räumen liegt eine unzulässige Gebrauchsüberlassung vor, wenn der Mieter einen Geschäftspartner in den Betrieb aufnimmt und mit ihm eine Gesellschaft gründet, die die Räume übernimmt, der Mieter einen Dritten in das von ihm betriebene Unternehmen aufnimmt und ihm den Mitgebrauch überlässt (BGH, ZMR 1959, 8) oder die Räume an eine juristische Person, zum Beispiel GmbH, überlassen werden, deren Inhaber oder Geschäftsführer als gesetzlicher Vertreter nicht mit dem Mieter identisch ist.

Im Mietvertrag mit einer OHG oder KG stellt eine Änderung des Gesellschafterbestands keine unzulässige Gebrauchsüberlassung dar, da dies die Identität der Mietpartei nicht berührt.

Sind gewerbliche Räume an eine Gesellschaft (zum Beispiel GmbH, OHG, KG, AG) verpachtet und überträgt die Gesellschaft ihr Vermögen durch Verschmelzung (gemäß den Vorschriften des Umwandlungsgesetzes) auf eine andere Gesellschaft, stellt dies keine unzulässige Gebrauchsüberlassung an Dritte dar und berechtigt den Vermieter daher nicht zur Kündigung des Mietverhältnisses; es sei denn, die Verschmelzung ist vertraglich untersagt (BGH, Urteil vom 26.4.2002, LwZR 20/01, NZM 2002, 660). Macht der Vermieter glaubhaft, dass durch die Verschmelzung die Erfüllung des Pachtvertrags gefährdet ist, kann er gemäß § 22 UmwG eine Sicherheitsleistung verlangen.

Eine nicht genehmigte Untervermietung berechtigt den Vermieter nicht zur fristlosen Kündigung, wenn er nach den vertraglichen Vereinbarungen seine Zustimmung nur aus wichtigem Grund hätte versagen können und ein solcher nicht vorgetragen ist (OLG Düsseldorf, Urteil vom 5.9.2002, 10 U 105/01, DWW 2003, 155).

Die Vernachlässigung der dem Mieter obliegenden Sorgfalt, die zu einer erheblichen Gefährdung der Mietsache führt, bedingt regelmäßig auch eine erhebliche Verletzung der Vermieterrechte und berechtigt den Vermieter daher zur fristlosen Kündigung (vgl. Kraemer, WuM 2001, 169).

Die Mietsache kann erheblich gefährdet werden, zum Beispiel durch Verletzung der Anzeigepflicht, durch wiederholte Wasserschäden größeren Umfangs (vgl. AG Aachen, DWW 1974, 237), durch unzureichende Vorbeugemaßnahmen gegen Schädigungen durch Frost oder Schimmel.

Die Kündigung ist grundsätzlich erst dann zulässig, wenn der Mieter trotz Abmahnung (§ 543 Abs. 3 BGB; S. 9.3) und Setzen einer angemessenen Frist zur Beseitigung des vertragswidrigen Zustands, nicht den vertragsgemäßen Zustand wieder herstellt. Die Länge dieser Frist bestimmt sich nach den Umständen des Einzelfalls, wobei dem Mieter jedoch ausreichend Zeit bleiben muss, der Abmahnung Rechnung zu tragen. Daher kann es bei der unbefugten Gebrauchsüberlassung an einen Dritten erforderlich sein, die Abmahnfrist so zu bemessen, dass auch der Mieter die gesetzlich vorgeschriebenen Kündigungsfristen gegenüber seinem Untermieter einhalten kann (vgl. zum Beispiel LG Hamburg, WuM 1994, 356).

Eine Abmahnung ist nicht erforderlich, wenn diese offensichtlich keinen Erfolg verspricht oder die sofortige Kündigung aus besonderen Gründen unter Abwägung der beiderseitigen Interessen gerechtfertigt ist (§ 543 Abs. 3 S. 2 BGB).

Sowohl die Abmahnung als auch die fristlose Kündigung ist möglichst umgehend auszusprechen, nachdem der Vermieter von der Vertragsverletzung bzw. der Nichtabhilfe nach Abmahnung Kenntnis erlangt hat, da das Kündigungsrecht auch verwirkt werden kann, wenn es nicht angemessene Zeit nach der Vertragsverletzung ausgeübt wird. Anhaltspunkte für die Rechtzeitigkeit der fristlosen Kündigung kann zum Beispiel die (arbeitsrechtliche) Frist des §626 Abs. 2 BGB (14 Tage) geben (vgl. OLG Frankfurt/M., WuM 1991, 475; siehe auch BGH, NJW 1985, 1894 ff.; NJW 1982, 2432 ff.; OLG Düsseldorf, DWW 1991, 78).

ARBEITSHILFE ONLINE

MUSTER: Fristlose Kündigung wegen vertragswidrigen Gebrauchs der Mieträume

Marion Schreiber
Richard Schreiber
Ickstattstr. 28
80469 München

Durch Boten
Sandra Wagner
Michael Wagner
Elbestr. 5/2. Stock
81677 München

München, 10.5.2019

Mietverhältnis Elbestr. 5, 81677 München
Fristlose Kündigung wegen vertragswidrigen Gebrauchs der Mieträume

Sehr geehrte Frau Wagner,
sehr geehrter Herr Wagner,

gemäß §543 Abs. 2 Nr. 2 BGB kann der Vermieter das Mietverhältnis aus wichtigem Grund fristlos kündigen, wenn der Mieter die Wohnung unbefugt einem Dritten überlässt. Mit Schreiben vom 8.1.2019 haben wir Sie abgemahnt, weil Sie aus der gemieteten Wohnung ausgezogen und diese ohne unsere Erlaubnis Herrn Manfred Herbst zur alleinigen Nutzung überlassen haben. Unserer Aufforderung, diesen vertragswidrigen Zustand bis spätestens 30.4.2019 zu beenden, haben Sie trotz Androhung der fristlosen Kündigung keine Folge geleistet.
Wegen des vertragswidrigen Gebrauchs der Wohnung

kündigen

wir das Mietverhältnis über die Wohnung Elbestr. 5/2. Stock in 81677 München außerordentlich und fristlos

gemäß §543 Abs. 2 Nr. 2 BGB.

Wir fordern Sie auf, die Wohnung einschließlich des zugehörigen Kellerabteils und der Garage

bis spätestens 31.5.2019

vollständig geräumt und in vertragsgemäßem Zustand (siehe hierzu insbesondere §§9 Abs. 2 und 12 des Mietvertrags) sowie mit sämtlichen Schlüsseln zurückzugeben und sich vor Rückgabe mit uns zur Vereinbarung eines Abnahmetermins in Verbindung zu setzen; anderenfalls werden wir ohne weitere Mahnung Räumungsklage einreichen.

Einer stillschweigenden Verlängerung des Mietverhältnisses im Sinne von § 545 BGB wird bereits jetzt widersprochen.

Mit vorzüglicher Hochachtung
Marion Schreiber, Richard Schreiber

11.4 Teilkündigung von Nebenräumen

Grundsätzlich ist eine Teilkündigung einzelner Räume oder einer Teilfläche unwirksam. Wird zum Beispiel eine Wohnung zusammen mit einer Garage vermietet, handelt es sich um ein einheitliches Mietverhältnis mit der Folge, dass weder Vermieter noch Mieter die Garage einzeln kündigen können. Bei Abschluss eines Garagenmietvertrags ist darauf zu achten – falls gleichzeitig eine Wohnung vermietet wird –, dass die Garage rechtlich selbstständig gewertet wird, indem für die Garage eigene Kündigungsfristen vereinbart werden, die von dem Hauptmietvertrag über die Wohnung abweichen.

Eine Ausnahme von dem Grundsatz, dass Teilkündigungen unzulässig sind, bildet die Vorschrift des § 573b BGB. Diese Regelung soll die Schaffung neuen Wohnraums und die Neuausstattung neuen oder vorhandenen Wohnraums begünstigen. Die Teilkündigung kommt nur durch den Vermieter, nicht durch den Mieter in Betracht. Die Teilkündigung des Vermieters ist nur bei Wohnraum, nicht bei Gewerberaum möglich.

Der Vermieter kann ausnahmsweise eine Teilkündigung für Wohnraummietverhältnisse unter folgenden Voraussetzungen aussprechen: Es dürfen nur nicht zum Wohnen bestimmte Nebenräume (Abstellraum, Speicher, Werkstatt, Atelier oder Keller) oder andere Teile des Grundstücks (Gartenanteil, Außenstellplatz, Garage, Spielplatz usw.) gekündigt werden. Die Teilkündigung dient dazu,

- Wohnraum zum Zwecke der Neuvermietung zu schaffen oder
- den neu zu schaffenden oder den bereits vorhandenen Wohnraum mit Nebenräumen oder Grundstücksteilen auszustatten.

Die Kündigung muss auf die von ihr erfassten Grundstücksteile oder Nebenräume beschränkt und begründet werden. Der neu geschaffene Wohnraum muss zur Vermietung bestimmt sein, also nicht etwa zur Schaffung von Eigentumswohnungen. Kündigt der Vermieter in der Absicht, die neu geschaffenen Räume selbst zu nutzen, ist die vorgeschriebene Verwendungsabsicht nicht gegeben. Bezieht der Vermieter die neu errichtete Wohnung und stellt seine alte Wohnung dem Mietmarkt zur Verfügung, ist die Teilkündigung zulässig.

Weiterer Verwendungszweck ist gemäß § 573b Abs. 2 Nr. 1 BGB die Ausstattung neu zu schaffenden oder vorhandenen Wohnraums mit Nebenräumen oder Grundstücksteilen. Soll beispielsweise das Dachgeschoss aufgestockt oder das Souterrain ausgebaut werden, kann der vorhandene Kellerraum neu aufgeteilt werden. Entscheidend ist, dass die Baumaßnahmen durch den Vermieter durchgeführt werden. Der Vermieter darf nicht zugunsten eines künftigen Erwerbers kündigen, der bereits mit der Baumaßnahme beginnen möchte.

ACHTUNG

Die Kündigungsfrist beträgt **drei Monate** unabhängig von der Vertragsdauer, wobei der Zugang bis zum dritten Werktag des Kalendermonats ausreicht.

Die bauliche Maßnahme muss zulässig sein, sie muss also durchgeführt und baurechtlich genehmigt werden können. Die Durchführbarkeit und Genehmigungsfähigkeit müssen bei Ausspruch der Kündigung vorliegen, während die notwendige Baugenehmigung spätestens zum Ablauf der Kündigungsfrist vorhanden sein muss.

Der Mieter kann bei einer Teilkündigung eine angemessene Senkung der Miete verlangen. Der Vermieter muss dies in der Kündigung allerdings nicht anbieten. In der Regel wird sich diese Senkung auf 20 bis 50 EUR beschränken.

ARBEITSHILFE ONLINE

MUSTER: Teilkündigung

Michael Graufuß
Möhlstr. 12
81675 München

Einschreiben/Rückschein
Frau
Annemarie Greinder
Stolzingerstr. 27
81927 München

München, ...

Mietverhältnis Stolzingerstr. 27, 81927 München
Teilkündigung

Sehr geehrte Frau Greinder,

den mit Ihnen abgeschlossenen Mietvertrag vom .... kündige ich teilweise, soweit es sich um das zu Ihrer Wohnung gehörende Speicherabteil handelt.
Gemäß § 573b BGB kann der Vermieter ein Mietverhältnis kündigen, wenn er ein berechtigtes Interesse an der Beendigung des Mietverhältnisses hat. Als ein berechtigtes Interesse ist es

insbesondere anzusehen, wenn der Vermieter nicht zum Wohnen bestimmte Nebenräume eines Gebäudes zu Wohnraum zum Zwecke der Vermietung ausbauen will und die Kündigung auf diese Räume beschränkt wird.
Der Speicher wird zu Wohnraum ausgebaut und anschließend vermietet werden. Die Baugenehmigung liegt bereits vor.

Alternativ
Die erforderliche Baugenehmigung wurde beantragt. Nach den gesetzlichen Bestimmungen ist mit der Erteilung der Baugenehmigung bis zum Wirksamwerden dieser Kündigung zu rechnen. Ich werde Sie informieren, sobald die Baugenehmigung vorliegt.
Die gesetzliche Kündigungsfrist von drei Monaten endet zum ....
Einer stillschweigenden Fortsetzung des Mietverhältnisses über diesen Termin hinaus widerspreche ich.
Sie können dieser Kündigung gemäß § 574 BGB schriftlich bis zum .... widersprechen, wenn Sie sich auf eine Härte für Sie, Ihre Familie oder einen anderen Angehörigen Ihres Haushalts berufen können, die auch unter Würdigung meiner berechtigten Interessen nicht zu rechtfertigen ist. In diesem Fall bitte ich um Angabe der Gründe für den Widerspruch.

Mit freundlichen Grüßen
Michael Graufuß

11.5 Kündigung von gewerblichen und Garagenmietverhältnissen

Abweichend von der Kündigung von Wohnraummietverhältnissen bedarf die Kündigung eines gewerblichen Mietverhältnisses nicht der Schriftform, sie kann also auch mündlich ausgesprochen werden. Nur wenn im Geschäftsraummietvertrag ausdrücklich Schriftform vereinbart wurde, muss dies beachtet werden. Aus Beweisgründen sollte eine Kündigung immer schriftlich und mit Zustellungsnachweis (Einschreiben mit Rückschein oder Zustellung per Boten) erfolgen.

Geschäftsraummietverhältnisse unterliegen nicht dem Kündigungsschutz, sodass die ordentliche Kündigung eines unbefristeten Geschäftsraummietvertrags grundsätzlich auch ohne Vorliegen eines berechtigten Interesses und ohne Angabe von Kündigungsgründen zulässig ist. Bei befristeten Gewerbemietverträgen ist die ordentliche Kündigung während der Laufzeit ausgeschlossen.

Nur wenn der gewerbliche Mietvertrag keine vertraglich frei vereinbarten Kündigungsfristen enthält, gelten die gesetzlichen Kündigungsfristen gemäß § 580a Abs. 2 BGB. Danach ist die ordentliche Kündigung spätestens am dritten Werktag eines Kalendervierteljahres zum Ablauf des nächsten Kalendervierteljahres zulässig. Damit besteht eine Kündigungsfrist von sechs Monaten.

Die Kündigung eines Garagenmietvertrags ist nur möglich, wenn ein eigenständiger Garagenmietvertrag abgeschlossen wurde. Wurde mit der Garage gleichzeitig eine Wohnung vermietet und nur ein gemeinsamer Mietvertrag abgeschlossen, handelt es sich um ein einheitliches Mietverhältnis. In diesem Fall wäre eine separate Kündigung der Garage ausgeschlossen. Wenn ein eigenständiger unbefristeter Garagenmietvertrag besteht, kann dieser ohne Angabe von Gründen ordentlich gekündigt werden.

Die Kündigungsfrist richtet sich vorrangig nach den vertraglichen Vereinbarungen. Wurde im Garagenmietvertrag keine Regelung bezüglich der Kündigungsfristen getroffen, gilt die gesetzliche Kündigungsfrist. Nach § 580 Abs. 1 BGB kann das Mietverhältnis spätestens am dritten Werktag eines Kalendermonats zum Ablauf des übernächsten Monats gekündigt werden (Frist von drei Monaten). Die verlängerte Kündigungsfrist des § 580a Abs. 2 BGB gilt nicht für Garagen, da es sich bei der Garage nicht um Geschäftsräume im Sinne dieser Vorschrift handelt. Sowohl im Kündigungsschreiben für Geschäftsräume als auch für Garagen sollte ein Fortsetzungswiderspruch enthalten sein, da § 545 BGB auf alle Mietverhältnisse Anwendung findet (siehe Kapitel 11.6).

ARBEITSHILFE ONLINE

MUSTER: Ordentliche Kündigung eines Geschäftsraummietverhältnisses

Alexandra Wimmer
Brodstr. 7 b
81829 München

Zustellung per Boten
Martin Sumtra
Haferweg 8
81929 München

München, ...

Ordentliche Kündigung der Ladenräume

Sehr geehrter Herr Sumtra,

hiermit kündige ich das bestehende gewerbliche Mietverhältnis über die Ladenräume im Anwesen Haferweg 8, 81929 München, gemäß schriftlichem Mietvertrag vom .... mit der gesetzlichen Kündigungsfrist von sechs Monaten zum ....
Das Mietobjekt ist zu diesem Zeitpunkt zu räumen und in vertragsgemäßem Zustand an mich zurückzugeben.
Einer Fortsetzung des Mietverhältnisses über diesen Zeitpunkt hinaus widerspreche ich ausdrücklich.

Mit freundlichen Grüßen
Alexandra Wimmer

11.6 Räumungsaufforderung und Fortsetzungswiderspruch

!

Beispiel

Fall 1: Der Vermieter hat das Mietverhältnis wirksam gekündigt und der Mieter zieht trotzdem nicht aus.
Fall 2: Der Mieter hat gekündigt und zieht nach Ablauf der Kündigungsfrist nicht aus.

In beiden Fällen muss der Vermieter reagieren. Gemäß § 545 BGB verlängert sich das Mietverhältnis auf unbestimmte Zeit, wenn der Mieter nach Ablauf der Mietzeit den Gebrauch der Mietsache fortsetzt, sofern der Vermieter nicht innerhalb von zwei Wochen der Fortsetzung widerspricht.

Schweigt der Vermieter, lebt das bereits gekündigte Mietverhältnis wieder auf und zwar zu den bestehenden Konditionen. Das Mietverhältnis müsste erneut gekündigt werden, wenn der Fortsetzungswiderspruch nicht rechtzeitig erfolgt ist. Deshalb ist dem Vermieter dringend anzuraten, einen Fortsetzungswiderspruch zu erklären, wenn der Mieter keine Anstalten macht, die Wohnung nach Ablauf der Kündigungsfrist zu räumen.

Fordert der Vermieter den Mieter zur Räumung auf oder wird die Räumungsklage dem Mieter innerhalb der Zweiwochenfrist erhoben, wird dies als Widerspruch gegen die stillschweigende Verlängerung gewertet. Zur Fristwahrung genügt es aber nicht, dass die Klage innerhalb der Frist erhoben wurde. Der Zeitpunkt der Zustellung der Klage ist maßgeblich.

Empfehlenswerterweise wird der Vermieter bereits im Kündigungsschreiben höchstvorsorglich einen Fortsetzungswiderspruch erklären. Bei einer fristlosen Kündigung besteht ohne weiteres ein enger zeitlicher Zusammenhang zwischen Kündigung und Beendigung des Mietverhältnisses. Bei einer ordentlichen Kündigung dagegen sollte unbedingt nach Ablauf der Kündigungsfrist der Fortsetzungswiderspruch wiederholt werden, weil unter Umständen eine lange Zeit zwischen Kündigung und Beendigung des Mietverhältnisses vergeht. Teilweise wird in der Rechtsprechung die Auffassung vertreten, dass bei einer dreimonatigen Kündigungsfrist der zeitliche Zusammenhang nicht mehr gewahrt ist, sodass der Fortsetzungswiderspruch zu wiederholen ist.

ARBEITSHILFE ONLINE

MUSTER: Fortsetzungswiderspruch

Alexandra Wimmer
Brodstr. 7 b
81829 München

Zustellung per Boten
Goldhahn GmbH
Martin Sumtra
Haferweg 8
81929 München

München, ...

Meine Kündigung vom ....
Fortsetzungswiderspruch

Sehr geehrter Herr Sumtra,

mit Schreiben vom .... habe ich Ihnen das Mietverhältnis über die Wohnung Haferweg 8, 81929 München, zum .... gekündigt. Leider haben Sie die Mieträume nicht fristgerecht geräumt. Ich widerspreche hiermit einer stillschweigenden Fortsetzung des Mietverhältnisses.
Sollten Sie die Wohnung nicht spätestens bis zum .... geräumt haben, werde ich unverzüglich Räumungsklage gegen Sie erheben.
Bis zu Ihrem Auszug sind Sie verpflichtet, eine monatliche Nutzungsentschädigung in Höhe Ihrer bisherigen Miete zu bezahlen.
Die Geltendmachung eines eventuellen weiteren Schadens behalte ich mir ausdrücklich vor.

Mit freundlichen Grüßen
Alexandra Wimmer

11.7 Mietaufhebungsvereinbarung und Widerrufsrecht des Mieters

Mietverträge können nicht nur durch Kündigung oder (bei Zeitmietverträgen) durch Zeitablauf enden, sie können auch einvernehmlich durch einen Mietaufhebungsvertrag aufgelöst werden.

In der Regel kann die Mietaufhebungsvereinbarung formlos oder sogar ohne Schriftform abgeschlossen werden. Aber schon aus Beweisgründen sollte der Aufhebungsvertrag schriftlich niedergelegt werden. Ein Aufhebungsvertrag empfiehlt sich, wenn ein Zeitmietvertrag vorzeitig aufgehoben werden soll oder ein Vermieter einen langjährigen Mieter mit einer Ablösesumme zu einer entsprechenden Mietaufhebung bewegen kann. Der Abschluss eines Mietaufhebungsvertrags ist freiwillig.

Für alle Vertragsänderungen während des laufenden Mietverhältnisses, also auch für Aufhebungsverträge, Parteiwechselvereinbarungen etc., gelten seit dem 13.6.2014 die neuen Verbraucherrechte (Gesetz zur Umsetzung der Verbraucherrechte-Richtlinien).

Das Gesetz räumt Verbrauchern **Widerrufsrechte** in Verträgen mit Unternehmern dann ein, wenn bestimmte Arten von Verträgen vorliegen. Das gilt besonders für Verträge außerhalb von Geschäftsräumen gemäß § 312b BGB (früher »Haustürwiderrufsgeschäft«) oder für Fernabsatzverträge gemäß § 312c BGB.

Beim **Fernabsatzvertrag** erfolgt der Vertragsabschluss ausschließlich mittels Fernkommunikation wie zum Beispiel Brief, Telefax, E-Mail oder SMS. Hier ergibt sich die Schutzbedürftigkeit des Verbrauchers aus der »Unsichtbarkeit« des Vertragspartners und des Produkts. Der Gesetzgeber will den Verbraucher vor übereilten Schritten schützen.

Verbraucher ist jeder, der nicht gewerblich oder selbstständig tätig ist.

Das Widerrufsrecht des Mieters als Verbraucher besteht, wenn der Vermieter als **»Unternehmer«** handelt. Ein Vermieter, der lediglich eine Wohnung vermietet, handelt regelmäßig nicht gewerblich, sondern betreibt lediglich Vermögensverwaltung. Ab welcher Anzahl von Wohnungen auch ein privater Vermieter als Unternehmer eingestuft wird, ist strittig. Das LG Köln (Urteil vom 12.3.2009, 1 S 202/07, WuM 2009, 730) stuft einen Vermieter von sieben Wohnungen bereits als Unternehmer im Sinne des § 312 BGB ein. Nach Ansicht des LG Waldshut-Tiengen (Urteil vom 30.4.2008, 1 S 27/07, ZMR 2009, 372) ist der Vermieter von acht Wohnungen noch nicht zwangsläufig Unternehmer. Das AG Neukölln (3.3.2016, 16 C 135/15, DWW 2016, 301) sieht den Vermieter von zwölf Wohnungen nicht als Unternehmer im Sinne des § 312 BGB, wenn die Immobilie der privaten Vermögensverwaltung dient. Dagegen kommt das AG Lichtenberg (Urteil vom 21.6.2007, 10 C 69/07) zu dem Schluss, dass bereits die Vermietung einer einzigen Eigentumswohnung zum Zwecke der Gewinnerzielung den Begriff des Unternehmers erfülle. Der BGH (Urteil vom 23.10.2001, XI ZR 63/01, MDR 2002, 222) verlangt ein planmäßiges und dauerhaftes Angebot von Dienstleistungen gegen Entgelt. Auf den Umfang und die Regelmäßigkeit komme es dabei nicht an. Da die Rechtsprechung zur Unternehmereigenschaft des privaten Vermieters unklar ist, sollte im Zweifel angenommen werden, dass jeder Vermieter Unternehmer im Sinne des § 312 BGB ist.

Ein **Fernabsatzgeschäft** liegt vor, wenn der Vertrag ausschließlich durch die Verwendung von Brief/Fax/E-Mail etc. zustande gekommen ist und ein für den Fernabsatz organisiertes Vertriebs- und Dienstleistungssystem vorliegt (§ 312c BGB). Nach dem BGH unterliegen alle traditionellen Kommunikationsmittel uneingeschränkt dem Anwendungsbereich des Fernabsatzes (BGH, Urteil vom 17.10.2018, VIII ZR 94/17, NZM

2018, 1011). Die Kommunikation mit den Mietern per Post stuft der BGH regelmäßig als Fernabsatzgeschäft ein.

Zu den Vereinbarungen, die somit zukünftig widerrufbar sind, gehören insbesondere Mietaufhebungs- und Parteiwechselvereinbarungen, wenn eine Fernabsatzsituation vorliegt.

Haustürgeschäft

Nach § 312 BGB kann es sich auch um einen sogenannten Verbrauchervertrag handeln, wenn ein »Haustürgeschäft« vorliegt. Nach der Gesetzesbegründung sollen durch die neuen Verbraucherrechte unter anderem auch die Fälle erfasst werden, in denen ein Vermieter einen Mieter bei einem unangemeldeten Besuch zur Abrede einer Mieterhöhung oder zum Abschluss eines Aufhebungsvertrags drängt. Aufgrund der Druck- bzw. Überrumpelungsgefahr führt der Besuch beim Mieter auch zur Widerrufbarkeit. Ausgenommen sind lediglich die Situationen, in denen der Mieter eine Vereinbarung **in den Geschäftsräumen** des Vermieters unterschreibt.

Widerrufsrecht

Die auf Abschluss einer Mietrechtsänderungsvereinbarung gerichtete Willenserklärung kann vom Mieter unter Umständen **widerrufen** werden. Für Vertragsänderungen, die sich während des laufenden Mietverhältnisses ergeben und die außerhalb der Geschäftsräume des Vermieters zwischen den Mietvertragsparteien getroffen werden, und bei Fernabsatzverträgen besteht für den Mieter ein **Widerrufsrecht**. Das betrifft insbesondere Mieterhöhungen, Mietaufhebungsvereinbarungen, Parteiwechselvereinbarungen und Modernisierungsvereinbarungen (BGH, Urteil vom 17.5.2017, VIII ZR 29/16, GE 2017, 825). Wenn dem Mieter ein Widerrufsrecht zusteht, muss der Vermieter den Mieter darüber informieren (§ 312d BGB in Verbindung mit Art. 246a § 1 II, III EGBGB). Belehrt der Vermieter seinen Mieter beim Abschluss des Mietaufhebungsvertrags über sein Widerrufsrecht, beträgt die **Widerrufsfrist 14 Tage** ab Erhalt der Belehrung. Belehrt der Vermieter seinen Mieter erst nach Vereinbarung beispielsweise der einvernehmlichen Mieterhöhung, beträgt die Widerrufsfrist einen Monat. Fehlt die Widerrufsbelehrung, verlängert sich die Widerrufsfrist auf ein Jahr und 14 Tage (§ 356 Abs. 3 S. 2 BGB).

In jedem Fall sollte der Vermieter den Mieter über sein Widerrufsrecht entsprechend dem im Bundesgesetzblatt abgedruckten Muster-Widerrufsformular belehren (BGBl. 2013, Teil I Nr. 58, S. 3665).

Inhaltlich sollte eine Aufhebungsvereinbarung möglichst alle gegenseitigen Verpflichtungen zwischen Vermieter und Mieter vollständig regeln. Als Checkliste können folgende Punkte dienen:

- Mietparteien,
- Bezugnahme auf den Mietvertrag,

- konkreter Termin für die Beendigung des Mietverhältnisses,
- Räumung der Mietsache.
- Rückgabezustand (Schönheitsreparaturen),
- Nachmieter,
- Betriebskosten,
- Kautionsabrechnung,
- Ausgleichszahlungen für Investitionen des Mieters,
- Abstands- oder Ablösezahlung,
- Fortsetzungswiderspruch gemäß § 545 BGB,
- gegebenenfalls Hinweis auf Widerrufsrecht.

ARBEITSHILFE ONLINE

MUSTER: Mietaufhebungsvereinbarung

Mietaufhebungsvereinbarung
zum Mietvertrag vom ....
über ....

zwischen
- [Vermieter[1])] -
und
- [Mieter[1])] -

1. Die Vertragsparteien vereinbaren einvernehmlich, dass das Mietverhältnis über die Wohnung ...., ... zum 31.8.2019[2)] endet.
2. Der Mieter verpflichtet sich, die Wohnung bis zu diesem Termin zu räumen und sämtliche Schlüssel dem Vermieter herauszugeben[3)]
3. Der Mieter ist jederzeit berechtigt, vor dem in Ziffer 2 genannten Zeitpunkt auszuziehen. Seine Verpflichtung zur Mietzahlung endet mit dem Ablauf des Monats, in dem der Auszug stattfindet, sofern er den Auszug einen Monat zuvor schriftlich angekündigt hat.
4. Der Mieter verpflichtet sich, bis zum Auszug sämtliche Schönheitsreparaturen (Streichen aller Decken und Wände, Anstrich der Fenster, Fensterrahmen, Türen, Türrahmen, Heizkörper und Heizröhre) fachgerecht auszuführen.[4)]

Alternativ

1. Der Mieter darf die Mieträume unrenoviert zurückgeben.[4)]
2. Von dieser Vereinbarung unberührt bleiben Ansprüche des Vermieters gegen den Mieter wegen Beschädigung der Mietsache. Deren Umfang wird beim Auszug im Rahmen einer gemeinsamen Wohnungsübergabe festgestellt.[3)]
3. Der Vermieter verpflichtet sich, über die Kaution nebst Zinsen sowie die Betriebskosten abzurechnen, sobald diese Leistungen abrechnungsfähig und

Alternativ

1. Auf die Abrechnung der Betriebskosten wird verzichtet. Über die Kaution nebst Zinsen wird der Vermieter innerhalb eines Monats nach Auszug abrechnen und diese auszahlen.[4)]

2. Der Vermieter zahlt dem Mieter eine einmalige Abstands- und Umzugskostenpauschale in Höhe von .... Zug um Zug gegen Rückgabe der Wohnung nach Schlüsselrückgabe. Zieht der Mieter nicht fristgerecht bis zum 31.8.2018 aus, verfällt diese Pauschale.[5)]
3. Eine Verlängerung des Mietverhältnisses nach § 545 BGB durch Gebrauchsfortsetzung über den Auszugstermin hinaus wird abgelehnt.[6)]
4. Ergänzungen dieses Vertrags bedürfen der Schriftform.[7)]

)..................................., den ....

[Ort, Datum]

....

....

[Vermieter]

....

....

[Mieter]

Hinweis auf Ihr Widerrufsrecht[8)]

Widerrufsbelehrung

Widerrufsrecht

Sie haben das Recht, binnen 14 Tagen ohne Angabe von Gründen diesen Vertrag zu widerrufen. Die Widerrufsfrist beträgt 14 Tage ab dem Tag Ihrer Unterzeichnung der Aufhebungsvereinbarung.

Um Ihr Widerrufsrecht auszuüben, müssen Sie gegenüber

Herrn/Frau

[Name und Anschrift des Vermieters]

mittels einer eindeutigen Erklärung per Brief, Fax oder E-Mail über Ihren Entschluss, diesen Vertrag zu widerrufen, informieren. Sie können dafür das beigefügte Muster-Widerrufsformular verwenden, das ist jedoch nicht vorgeschrieben. Zur Wahrung der Widerrufsfrist reicht es aus, dass Sie die Mitteilung über die Ausübung des Widerrufsrechts vor Ablauf der Widerrufsfrist absenden.

Folgen des Widerrufs

Wenn Sie diesen Vertrag widerrufen, haben wir Ihnen alle Zahlungen, die wir von Ihnen erhalten haben, unverzüglich und spätestens binnen 14 Tagen ab dem Tag zurückzuzahlen, an dem die Mitteilung über Ihren Widerruf dieses Vertrags beim Vermieter eingegangen ist. Für die Rückzahlung verwenden wir dasselbe Zahlungsmittel, das Sie eingesetzt haben, es sei denn, es wurde mit Ihnen ausdrücklich etwas vereinbart.

[Ort, Datum]

....

[Mieter]

Widerrufsformular
(Wenn Sie den Vertrag widerrufen wollen, dann füllen Sie bitte dieses Formular aus und senden Sie es zurück.)
An ....
[Name und Anschrift des Vermieters]

Hiermit widerrufe(n) ich/wir(*) die mit mir/uns(*) abgeschlossene Mietaufhebungsvereinbarung.
Der Aufhebungsvertrag wurde am .... unterzeichnet.
Name des/der Verbraucher(s): ....
Anschrift des/der Verbraucher(s): ....
Unterschrift des/der Verbraucher(s) (nur bei Mitteilung auf Papier): ....
....
Datum: ....

(*) Unzutreffendes streichen

[Ort, Datum]
....
[Unterschrift des/der Mieter(s)]

Anmerkungen zum Mietaufhebungsvertrag

[1] Der Vertrag muss von allen am Mietvertrag Beteiligten geschlossen werden.

[2] Notwendiger Inhalt einer Aufhebungsvereinbarung ist, dass ein bestimmtes Mietverhältnis zu einem bestimmten Zeitpunkt aufgehoben werden soll.

[3] Notwendiger Inhalt der Vereinbarung ist auch die Erklärung, dass der Mieter die Wohnung geräumt und auch die Schlüssel zurückgibt.

[4] Über die weiteren Ansprüche können die Parteien Vereinbarungen treffen. Wenn keine weiteren Vereinbarungen festgelegt werden, empfiehlt sich die Formulierung: »Im Übrigen gelten die Vereinbarungen des Mietvertrags vom ...«. In einem Aufhebungsvertrag können die Bedingungen abweichend vom Mietvertrag geregelt werden. So kann der Mieter im Aufhebungsvertrag zur Durchführung von Schönheitsreparaturen verpflichtet werden, obwohl die mietvertragliche Regelung unwirksam ist oder der Mietvertrag keine entsprechende Verpflichtung enthält.

[5] Eine Vereinbarung über eine Ablösesumme ist zulässig. Bei der Vereinbarung sollte sich aus dem Vertrag ergeben, ob die Ablöse für den pünktlichen Auszug oder für die Vertragsaufhebung geschuldet wird. Dies ist wichtig, falls der Mieter die Wohnung verspätet zurückgibt und dennoch Zahlung beansprucht. Wird beispielsweise der Aufhe-

bungsvertrag geschlossen, weil der Vermieter keinen Kündigungsgrund hat, steht die Räumung im Vordergrund, sodass der Mieter auch bei Verspätung die Ablöse beanspruchen kann. Soll dagegen die Zahlung bewirken, dass der Mieter die Wohnung schneller zurückgibt, entfällt die Ablöse bei verspäteter Rückgabe.

[6)] Es empfiehlt sich, eine Regelung über den Fortsetzungsausschluss zu treffen, da es umstritten ist, ob sich auch bei einer Mietaufhebungsvereinbarung nach 14 Tagen das Mietverhältnis fortsetzt, wenn der Mieter nicht auszieht.

[7)] Die Schriftformklausel dient der Beweissicherung. Es soll ausgeschlossen werden, dass mündliche Nebenabreden zu diesem Vertrag abgeschlossen werden.

[8)] Für den Mietaufhebungsvertrag gilt das Widerrufsrecht. Voraussetzung ist, dass der Vermieter geschäftsmäßig handelt. Dies wird bei einem Vermieter, der nur zwei Wohnungen hat, zu verneinen sein. Ferner muss der Vertrag an einem in § 312 BGB aufgeführten Orte abgeschlossen sein, wobei hier die Privatwohnung des Mieters in Betracht kommt. Dabei ist die Vorschrift allerdings nicht anzuwenden, wenn der Vermieter auf Wunsch des Mieters in die Wohnung kommt.

Liegen die Voraussetzungen vor, muss die Belehrung über das Widerrufsrecht klar und eindeutig sein. Die Widerrufsfrist beträgt zwei Wochen. Erst nach Ablauf dieser Frist wird der Vertrag wirksam. Der Mieter muss die Belehrung unterschreiben, dann erst beginnt die Frist zu laufen. Da die Rechtsprechung zur Unternehmereigenschaft des privaten Vermieters unklar ist, sollte im Zweifel angenommen werden, dass der Vermieter Unternehmer im Sinne des § 312 BGB ist. In diesem Fall sollte der Vermieter den Mieter über sein Widerrufsrecht entsprechend dem im Bundesgesetzblatt abgedruckten Muster-Widerrufsformulars belehren (BGBl. 2013, Teil I, Nr. 58, S. 3665):

ARBEITSHILFE ONLINE

MUSTER: Widerrufsformular

Wenn Sie den Vertrag widerrufen wollen, dann füllen Sie bitte dieses Formular aus und senden es zurück an (hier ist der Name, die Anschrift und ggf. die Telefaxnummer und E-Mail-Adresse des Unternehmers vom Unternehmer einzufügen).
Hiermit widerrufe(n) ich/wir den von mir/uns(*) abgeschlossenen Vertrag über den Kauf der folgenden Waren(*)/die Erbringung der folgenden Dienstleistung(*)

- Bestellt am(*)/erhalten am(*)
- Name des/der Verbraucher(s)
- Anschrift des/der Verbraucher(s)
- Unterschrift des/der Verbraucher(s) nur bei Mitteilung auf Papier
- Datum

(*)Unzutreffendes streichen

11.8 Parteiwechsel

Vermieter- oder Mieterstellung können auf eine dritte Person übergehen, und zwar durch Gesamt- oder Einzelrechtsnachfolge, kraft Gesetzes oder durch eine Vereinbarung.

11.8.1 Gesamtrechtsnachfolge

Die Gesamtrechtsnachfolge tritt kraft Gesetzes beim Tod einer Mietpartei ein. Mit dem Tod einer Mietpartei endet das Mietverhältnis regelmäßig nicht, vielmehr treten die Erben an die Stelle der verstorbenen Vertragspartei.

11.8.2 Einzelrechtsnachfolge

11.8.2.1 Kraft Gesetzes

Veräußert der Vermieter das Grundstück, so gilt der Grundsatz »Kauf bricht nicht Miete« (§ 566 BGB). Der Erwerber tritt im Fall der Veräußerung des Grundstücks nach der Überlassung an den Mieter an die Stelle des Vermieters in die sich aus dem Mietverhältnis ergebenden Rechte und Pflichten. Dasselbe gilt bei Tausch, Schenkung, Vermächtnis oder Einbringen in eine Gesellschaft. Der Erwerber hat gegenüber dem Mieter keinen Anspruch auf Abschluss eines auf seinen Namen lautenden Mietvertrags.

11.8.2.2 Kraft Vereinbarung

Mietrechtsvereinbarung

Durch Vertrag kann ein Dritter in das Mietverhältnis eintreten. Ein solcher Parteiwechsel kann auf Vermieter- oder Mieterseite erfolgen. Voraussetzung ist, dass beide Vertragsparteien einverstanden sind. Solche Vereinbarungen sollten grundsätzlich schriftlich fixiert werden.

Beispiel !

Mieter A heiratet, seine Ehegattin B zieht in seine Wohnung ein. Der Mieter A hat keinen Anspruch darauf, dass seine Ehefrau in den Mietvertrag mitaufgenommen wird. Andererseits kann der Vermieter auch nicht verlangen, dass der Ehegatte des ursprünglich ledigen Mieters als Mitmieter dem Vertrag beitreten muss.

ARBEITSHILFE ONLINE

MUSTER: Mieteintrittsvereinbarung

Zusatzvereinbarung
zum Mietvertrag vom ....

zwischen
– *[Vermieter]* –
und
– *[Mieter]* –

1. Die Vertragsparteien vereinbaren, dass Frau B als weitere Mietpartei mit Wirkung ab dem .... in das Mietverhältnis über die Wohnung .... eintritt. Ab diesem Termin haften beide Mietparteien A und B als Gesamtschuldner.
2. Alle übrigen Vereinbarungen des Mietvertrags vom .... bleiben unverändert.

...., den ....
[Ort, Datum]
....
....
[Vermieter]

....
[Bisheriger Mieter]
....
[Neuer Mieter]

Hinweis auf Ihr Widerrufsrecht
Die Erklärungen der vorstehenden Mieteintrittsvereinbarung können innerhalb von zwei Wochen schriftlich widerrufen werden. Es genügt die rechtzeitige Absendung des Widerrufs an den Vermieter.

Zum Hinweis auf das Widerrufsrecht siehe Kapitel 11.7.

Ausscheiden eines Vertragspartners

!

Beispiel

Die Wohnung wird von zwei Mietern, Mieter A und Mieter B, angemietet. Beide Mieter haben den Mietvertrag unterzeichnet. Sie haften als Gesamtschuldner. Nach einiger Zeit trennen sich die Mieter. Mieter A zieht aus, Mieter B möchte in der Wohnung bleiben.

In diesem Fall sind die folgenden Lösungsmöglichkeiten denkbar.

1. Gemeinsame Kündigung: Nur eine Kündigung, die von beiden Mietparteien unterschrieben wurde, ist wirksam. Anschließend würde mit dem verbleibenden Mieter ein neuer Mietvertrag abgeschlossen. Der Vermieter ist aber zu einem neuen Ver-

tragsabschluss mit dem Mieter, der in der Wohnung bleiben möchte, nicht verpflichtet. Es besteht also kein Anspruch gegenüber dem Vermieter auf Neuabschluss eines Vertrags mit ihm als alleinigem Mieter. Sobald die Kündigungsfrist endet, muss der verbliebene Mieter B ausziehen.

2. Pflicht des Mitmieters zur Mitwirkung der Kündigung: Kündigt nur eine Mietpartei, kann der Vermieter die Kündigung als unwirksam zurückweisen. Will der ausgezogene Mieter nicht länger gesamtschuldnerisch haften, muss er seinen Anspruch auf Mitwirkung an einer ordentlich Kündigung gegenüber dem verbliebenen Mieter notfalls im Weg einer Klage auf Abgabe einer Willenserklärung gerichtlich durchsetzen.
3. Mieterwechselvereinbarung: Ist der Vermieter bereit, den verbleibenden Mieter als alleinigen Mieter zu akzeptieren und den ausgezogenen Mieter aus der Haftung zu entlassen, weil der verbleibende Mieter solvent genug ist, sollte zwischen den Vertragsparteien eine entsprechende schriftliche dreiseitige Vereinbarung getroffen werden.

ARBEITSHILFE ONLINE

MUSTER: Ausscheiden eines Mieters

Zusatzvereinbarung

zum Mietvertrag vom ....

zwischen

– [Vermieter] –

und

– [Mieter A und Mieter B] –

1. Die Vertragsparteien vereinbaren, dass der Mietvertrag vom .... über die Wohnung .... vom Mieter B als alleinigen Mieter mit Wirkung ab dem .... fortgesetzt wird. Er tritt damit in sämtliche Rechte und Pflichten aus dem Mietvertrag vom .... ein.
2. Mieter A wird mit Wirkung ab diesem Tag aus dem Mietverhältnis entlassen.
3. Für die bis zu diesem Tag entstandenen Forderungen des Vermieters haften die Mieter A und B gesamtschuldnerisch weiter.

Alternativ

1. Mieter B übernimmt auch die bis zu diesem Tag entstandenen Forderungen.
2. Der Anspruch auf Rückzahlung der Kaution steht allein Mieter B zu. Mieter A verzichtet gegenüber dem Vermieter auf jegliche Ansprüche aus der Kautionsrückzahlung. Die Mieter haben sich intern über die Kaution bereits auseinandergesetzt.
3. Alle übrigen Vereinbarungen des Mietvertrags vom .... gelten zwischen dem Vermieter und dem Mieter B weiter.

...., den ....

[Ort, Datum]

....

....

[Vermieter]

....

[Mieter A]

....

[Mieter B]

Hinweis auf Ihr Widerrufsrecht
Die Erklärungen der vorstehenden Zusatzvereinbarung können innerhalb von zwei Wochen schriftlich widerrufen werden. Es genügt die rechtzeitige Absendung des Widerrufs an den Vermieter.

Zum Hinweis auf das Widerrufsrecht siehe Kapitel 11.7.

Mieterwechsel
Besteht ein befristeter Mietvertrag und hat der Mieter triftige Gründe für eine vorzeitige Aufhebung des Mietverhältnisses, ist er verpflichtet, einen geeigneten Nachmieter zu suchen. Der Vermieter hat dann das Wahlrecht, ob er mit dem Nachmieter einen neuen Mietvertrag abschließen will oder ob der Nachmieter in den bestehenden Mietvertrag im Rahmen einer entsprechenden Zusatzvereinbarung eintreten soll. Bei einer solchen Vereinbarung handelt es sich um einen dreiseitigen Vertrag, wobei unter Beibehaltung des bisherigen Mietvertrags lediglich die Mietparteien ausgewechselt werden.

ARBEITSHILFE ONLINE

MUSTER: Parteiwechselvereinbarung

Zusatzvereinbarung
zum Mietvertrag vom ....

zwischen
– *[Vermieter]* –
und
– *[A (als bisherigem Mieter)]* –
und
– *[B (als neuem Mieter)]* –

Der Mietvertrag vom .... über die Wohnung .... wird von Mieter B mit Wirkung ab dem .... fortgesetzt.

1. Mieter A wird mit Wirkung ab dem .... aus dem Mietverhältnis entlassen.
2. Für die bis zu diesem Tag entstandenen Forderungen des Vermieters einschließlich der sich aus einer noch zu fertigenden Betriebskostenabrechnung ergebenden Forderungen haftet der bisherige Mieter A weiter.
3. Der Anspruch auf Rückzahlung der von Mieter A geleisteten Kaution steht allein Mieter B zu. Mieter A verzichtet gegenüber dem Vermieter auf jegliche Ansprüche aus der Kautionsrückzahlung.

4. Zum Zustand der Wohnung wird einvernehmlich festgestellt:
   a) Schäden: ....
   Der bisherige Mieter A verpflichtet sich, die Kosten der Schadensbehebung zu tragen. Diese werden hiermit einvernehmlich auf .... EUR festgelegt. Dieser Betrag ist bis zum .... an den Vermieter zu zahlen.

   Alternativ
   Der bisherige Mieter A verpflichtet sich, die Kosten der Schadensbehebung zu tragen. Diese werden durch einen Kostenvoranschlag der Fachfirma Y ermittelt und sind nach dessen Zusendung binnen zwei Wochen vom bisherigen Mieter A an den Vermieter zu zahlen.
   (Eine Überprüfung der Mietsache auf eventuelle Schäden ist erforderlich, weil gegen den bisherigen Mieter Schadenersatzansprüche nur innerhalb von sechs Monaten geltend gemacht werden können. Der neue Mieter ist nicht für Schäden verantwortlich, die vor seiner Mietzeit entstanden sind.)
   b) Der neue Mieter B löst die Einbauküche des bisherigen Mieters A ab. Der neue Mieter B übernimmt als eigene Verpflichtung die Pflicht, bei Mietende die Einbauküche zu entfernen und den ursprünglichen Zustand wiederherzustellen.
5. Alle übrigen Vereinbarungen des Mietvertrags vom .... gelten zwischen dem Vermieter und dem Mieter B weiter.

...., den ....
[Ort, Datum]
....
....
[Vermieter]

....
[Mieter A]
....
[Mieter B]

Die Erklärungen der vorstehenden Parteiwechselvereinbarung können innerhalb von zwei Wochen schriftlich widerrufen werden. Es genügt die rechtzeitige Absendung des Widerrufs an den Vermieter.

Zum Hinweis auf das Widerrufsrecht siehe Kapitel 11.7.

12 Was ist bei Rücknahme der Mieträume zu beachten?

Ist das Mietverhältnis durch Kündigung, Zeitablauf oder Mietaufhebungsvertrag beendet, so ist der Mieter verpflichtet, die Mietsache zurückzugeben (§ 546 BGB). Der Mieter hat dem Vermieter den unmittelbaren Besitz an der Mietsache zu verschaffen. Dies setzt einerseits die Räumung des Mietobjekts und andererseits die Übergabe desselben voraus.

Die Räumungsverpflichtung erstreckt sich auf das angemietete Objekt, inklusive Nebenräume wie Garagen, Keller und Speicher. Sie umfasst auch die Verpflichtung des Mieters, bauliche Veränderungen zurückzubauen sowie Einrichtungen oder auch Anpflanzungen, sofern Baumschutzverordnungen nicht entgegenstehen, zu entfernen.

Die Übergabe des Mietobjekts wird in der Regel dadurch bewirkt, dass der Mieter dem Vermieter sämtliche Schlüssel, auch selbst angefertigte, überreicht. Hierfür ist es nicht zwingend erforderlich, dass der Mieter der Verpflichtung persönlich nachkommt. Er kann die Schlüssel auch an den Vermieter versenden. Es besteht daher kein Anspruch auf persönliche Durchführung einer Abnahme.

Räumt der Mieter nicht rechtzeitig und übergibt die Mietsache verspätet, kann der Vermieter den Mieter auf Zahlung einer Nutzungsentschädigung für die Dauer der Vorenthaltung in Anspruch nehmen (§ 546a Abs. 1 BGB).

Wenn umgekehrt der Mieter vorzeitig auszieht, ohne dem Vermieter seine neue Adresse mitzuteilen und ohne dem Vermieter den Zugang zu den Mieträumen zu ermöglichen, haftet der Mieter für den Mietausfall.

12.1 Abnahmeprotokoll

Ist das Mietverhältnis beendet, findet in der Regel ein Abnahmetermin zwischen den Vertragsparteien statt. Dabei stellt sich die Frage, ob ein Abnahmeprotokoll zu erstellen ist. Eine gesetzliche Verpflichtung hierzu gibt es nicht. Die Erstellung eines Protokolls dient jedoch der Beweiserleichterung und soll den Zustand der Mietsache bei Beendigung des Mietverhältnisses dokumentieren. Wurde bei Beginn des Mietverhältnisses ein Übergabeprotokoll erstellt, so kann durch Vergleich der beiden Protokolle eine Verschlechterung des Zustands der Mietsache in der Regel leichter nachgewiesen werden. Anhand der getroffenen Feststellungen kann sodann überprüft werden, ob Ansprüche gegenüber der Mietpartei bestehen.

Sind Schäden an der Mietsache festgestellt worden und kann der Vermieter beweisen, dass die Schadensursache nicht in seinem Verantwortungsbereich liegt, haftet der Mieter für die Verschlechterungen, es sei denn, er kann den Nachweis führen, dass die im Protokoll aufgenommenen Schäden und Verschlechterungen nicht von ihm zu vertreten sind, zum Beispiel weil vertragsgemäße Abnutzung vorliegt. Dem Mieter obliegt somit der Entlastungsbeweis. Veränderungen oder Verschlechterungen, die durch den vertragsgemäßen Gebrauch herbeigeführt werden, hat der Mieter nämlich nicht zu vertreten (§ 538 BGB).

!

Tipp

Die Entscheidung, ob eine Verschlechterung der Mietsache durch vertragswidrige Nutzung oder durch normalen Verschleiß eingetreten ist, gestaltet sich in der Praxis häufig schwierig. Im Zweifel sollte hier ein Fachmann, Sachverständiger, zugezogen werden. Kurz gesagt: Je länger ein Mietverhältnis gedauert hat, desto eher handelt es sich bei einer Verschlechterung noch um eine vertragsgemäße Abnutzung. Je kürzer ein Mietverhältnis gedauert hat, desto eher handelt es sich bei einer Verschlechterung um eine nicht mehr vertragsgemäße Nutzung und somit um eine Beschädigung.

In dem Abnahmeprotokoll soll der Zustand des Mietobjekts so detailliert wie möglich, getrennt nach Räumen und Bauteilen, Fenster, Türen, Wände, Decken etc., festgehalten werden. Es ist äußerst wichtig, sich bei der Abfassung des Protokolls Zeit zu lassen und eine genaue Prüfung der Räumlichkeiten und Einrichtungen vorzunehmen. Hat der Vermieter das Protokoll unterzeichnet, kann er nämlich nachträglich festgestellte Mängel an der Mietsache dem Mieter gegenüber nicht mehr geltend machen. Die Unterzeichnung des Protokolls hat für den Vermieter dann die Bedeutung eines deklaratorischen Schuldanerkenntnisses.

Umgekehrt kann ein Mieter, der seine Unterschrift unter das Abnahmeprotokoll gesetzt hat, hinterher nicht mehr behaupten, die aufgeführten Mängel hätten gar nicht bestanden. Die Unterschrift des Mieters hat aber nicht automatisch zur Folge, dass sich der Mieter auch zur Beseitigung der im Protokoll aufgeführten Mängel verpflichtet. Eine Verpflichtung zur Schadensbehebung kann nur dann angenommen werden, wenn sich der Mieter im Protokoll ausdrücklich zur Ausführung bestimmter Arbeiten verpflichtet.

Sind sich die Vertragsparteien bei der Abnahme des Mietobjekts über den Umfang der Schäden und darüber, wer diese zu beheben hat, einig, so sollte dies unbedingt als Vereinbarung in das Abnahmeprotokoll aufgenommen werden und durch Unterschrift beider Parteien fixiert werden.

Kommt es anlässlich der Abnahme zu keiner Einigung zwischen den Vertragsparteien oder verweigert der Mieter die Unterschrift unter das Protokoll, so sollte auch dies schriftlich festgehalten werden. Denn damit wird unter Umständen die Entbehrlichkeit einer Fristsetzung zur Schadensbehebung oder Nacherfüllung dokumentiert und der Vermieter kann unter Umständen sofort Fachfirmen mit der Beseitigung der Schäden beauftragen (§ 281 Abs. 2 BGB).

Unabhängig davon empfiehlt es sich, jedenfalls zur Abnahme eine dritte Person, Hausverwalter oder Hausmeister, hinzuzuziehen, um gegebenenfalls einen Zeugen in einem gerichtlichen Verfahren zur Seite zu haben.

12.2 Ablesung von Zählerständen

Neben einer detaillierten Wohnraum- bzw. Mietraumbeschreibung sollten auch die Zählerstände abgelesen werden und durch Unterschrift beider Vertragsparteien bestätigt werden. Gemäß § 9b Abs. 1 HeizKV besteht für den Gebäudeeigentümer sogar die Verpflichtung, bei einem Nutzerwechsel innerhalb des Abrechnungszeitraums eine **Zwischenablesung** vorzunehmen. Dies betrifft die Erfassungsgeräte für Heizung und Warmwasser. Es besteht zwar eine Verpflichtung, die Zählerstände abzulesen, jedoch muss **keine Zwischenabrechnung** erstellt werden. Der Vermieter kann mit der Abrechnung der Betriebskosten den Ablauf des Abrechnungszeitraums abwarten. Allerdings können sich die Parteien über die Erstellung einer Zwischenabrechnung einigen. Es sollte dann eine Regelung über die Kostentragung getroffen werden.

Es war lange strittig, inwieweit ein Mieter verpflichtet war, bei Auszug aus der Wohnung die Kosten für Zwischenablesung bzw. -abrechnung (sogenannte Nutzerwechselgebühren) zu bezahlen, sofern im Vertrag keine wirksamen Vereinbarungen getroffen wurden. Der BGH hat mit einer Entscheidung vom 14.11.2007 (VIII ZR 19/07, WuM 08, 85) klargestellt, dass es sich bei den Kosten der Verbrauchserfassung und Abrechnung von Betriebskosten, die wegen des Auszugs eines Mieters vor Ablauf der Abrechnungsperiode entstehen, nicht um Betriebskosten handelt, sondern um Verwaltungskosten. Als solche hat der Vermieter diese grundsätzlich zu tragen (§ 9b Abs. 1 HeizkV). Allerdings kann (formular-)mietvertraglich eine hiervon abweichende Vereinbarung getroffen werden (§ 9b Abs. 4 HeizkV).

Es wird daher empfohlen, in Mietverträge entsprechende Klauseln aufzunehmen, die die Umlagefähigkeit dieser Kosten auf den Mieter regeln. Formulierungsvorschlag:

»Entstehen durch eine vorzeitige Vertragsbeendigung, die durch den Mieter veranlasst ist, Kosten für die Zwischenablesung bzw. -abrechnung betreffend Heizung, Warm- und Kaltwasser, so trägt der Mieter diese Kosten.«

ARBEITSHILFE ONLINE

Arbeitshilfe online

Das Muster eines Abnahmeprotokolls steht als Arbeitshilfe online zur Verfügung.

12.3 Nachfristsetzung bei Schönheitsreparaturen

Mangels gegenteiliger Vereinbarung gehört die regelmäßige Durchführung von Schönheitsreparaturen zu der dem Vermieter gemäß §535 Abs. 1 S.2 BGB obliegenden Erhaltungspflicht. Der Vermieter ist danach unter anderem verpflichtet, die Mietsache während der Mietzeit in einem vertragsgemäßen Zustand zu erhalten. Veränderungen oder Verschlechterungen der Mietsache, die durch den vertragsgemäßen Gebrauch herbeigeführt werden, hat der Mieter grundsätzlich nicht zu vertreten (§538 BGB).

ACHTUNG

Für preisgebundene Wohnungen enthält §28 Abs. 4 II. BV eine Definition des Begriffs der »Schönheitsreparaturen«. Danach umfassen diese das Tapezieren, Anstreichen oder Kalken der Wände und Decken, das Streichen der Fußböden, der Heizkörper einschließlich Heizrohre, der Innentüren sowie der Fenster und Außentüren von innen.

Diese Definition des Begriffs der Schönheitsreparaturen wird entsprechend auch für den Bereich des frei finanzierten Wohnungsbaus verwendet. Die Frage, ob, und wenn ja, wie ein Mieter bei Beendigung des Mietverhältnisses Schönheitsreparaturen durchzuführen hat, richtet sich ausdrücklich nach den vertraglichen Vereinbarungen und deren Wirksamkeit.

12.3.1 Übertragung der Schönheitsreparaturen auf den Mieter

Eine gesetzliche Regelung oder auch ein Gewohnheitsrecht, wonach der Mieter verpflichtet ist, die Schönheitsreparaturen zu tragen, existiert nicht. Es bedarf vielmehr einer wirksamen vertraglichen Vereinbarung, um die Verpflichtung zur Durchführung der Schönheitsreparaturen auf die Mietpartei zu übertragen. Eine sogenannte Schönheitsreparaturklausel kann grundsätzlich einzel- bzw. individualrechtlich oder auch formularmäßig in den Mietvertrag aufgenommen werden.

Umfang und Fälligkeit der Schönheitsreparaturen bestimmen sich allein nach den vertraglichen Bestimmungen. Es ist deshalb von großer Bedeutung, dass die entsprechenden Klauseln wirksam vereinbart werden. Die hierzu ergangene Rechtsprechung ist sehr umfangreich (siehe Kapitel 2).

Die Vereinbarung einer Individualklausel setzt voraus, dass sie ausschließlich für den zwischen den Parteien zustande kommenden Vertrag verwendet wird und von den Vertragsparteien ausgehandelt wurde. Das ist nur dann der Fall, wenn dem jeweils anderen Vertragspartner die Möglichkeit gegeben ist, auf den Inhalt der Klausel Einfluss zu nehmen. »Aushandeln« ist mehr als bloßes »Verhandeln« (BGH, Urteil vom 27.3.1991, IV ZR 90/90, NJW 1991, 1678).

In der Regel erfolgt die Übertragung der Schönheitsreparaturen jedoch durch eine Formularklausel. Als allgemeine Geschäftsbedingung ist deren Wirksamkeit an den Vorgaben der §§ 305 ff. BGB zu überprüfen. Die hierzu ergangene Rechtsprechung ist sehr umfangreich, im Folgenden werden daher nur häufig verwendete Klauseln besprochen (ausführlich Stürzer/Koch, »Vermieter-Lexikon«, 16. Auflage 2019, Stichwort »Schönheitsreparaturen«).

Bedarfsklausel

Zumeist in älteren Verträgen finden sich Klauseln, die eine Renovierungspflicht des Mieters nach Bedarf festlegen, zum Beispiel »Notwendig werdende Schönheitsreparaturen hat der Mieter durchzuführen«. Derartige Bedarfsklauseln sind grundsätzlich wirksam und stellen keine unangemessene Benachteiligung des Mieters dar (BGH, Urteil vom 30.10.1984, VIII, 1/84, WuM 85/65). Solche Vertragsvereinbarungen sind dahingehend auszulegen, dass der Mieter die Schönheitsreparaturen in den Zeitabständen vorzunehmen hat, innerhalb derer nach allgemeiner Erfahrung die vermieteten Räume durch vertragsgemäßen Gebrauch renovierungsbedürftig werden (BayObLG, Urteil vom 12.5.1997, RE-Miet 1/96, WuM 1997, 362).

Anders stellt sich die Rechtslage dann dar, wenn die Mietsache bei Beginn des Mietverhältnisses unrenoviert an die Mietpartei übergeben wurde. In diesem Fall stellt die Bedarfsklausel eine unangemessene Benachteiligung des Mieters dar, wenn er dadurch zu einer Anfangsrenovierung der Wohnung verpflichtet wird (OLG Stuttgart, Urteil vom 17.2.1989, 8 RE-Miet 2/88, WuM 1989, 121; siehe hierzu auch Kapitel 2.1.12).

Fristenregelung

Danach ist die Mietpartei verpflichtet, die Schönheitsreparaturen nach einem bestimmten Fristenplan durchzuführen. Ist ein sogenannter starrer Fristenplan vereinbart worden, so ist diese Klausel unwirksam. Der BGH hat diese Rechtsauffassung in mehreren Entscheidungen bestätigt (Urteile vom 23.6.2004, VIII ZR 361/03, WuM 2004, 465 und vom 5.4.2006, VIII ZR 178/05, WuM 2006, 248 sowie VIII ZR 152/05, WuM 06, 308). Der BGH begründet seine Auffassung damit, dass eine unangemessene Benachteiligung des Mieters vorliegt, wenn Renovierungspflichten nach festen Zeiten und nicht nach Bedarf geregelt werden (siehe Kapitel 2.1.12). Eine Formularklausel ist nur dann wirksam, wenn die genannten Fristen flexibel sind und auf den tatsächlichen

Renovierungsbedarf abstellen. Das ist dann der Fall, wenn die Schönheitsreparaturen zum Beispiel »im Allgemeinen« nach Zeitabständen durchzuführen sind.

Allerdings hat der BGH nunmehr in einer Entscheidung vom 18.3.2015 (VIII ZR 185/14, WuM 2015, 338) die Auffassung vertreten, dass Renovierungsklauseln nur dann wirksam sein können, wenn dem Mieter keine unrenovierte bzw. renovierungsbedürftige Wohnung überlassen wird, ohne dass er hierfür einen angemessenen Ausgleich vom Vermieter erhält. Denn dann müsste der Mieter nach Einzug innerhalb kürzester Zeit renovieren, ohne dass er für diese Abnutzung verantwortlich ist (siehe Kapitel 2.1.12).

End-/Anfangsrenovierungsklausel
Bei der Vereinbarung von Schönheitsreparaturen ist auf klare, eindeutige Formulierungen zu achten. Die Rechtsprechung setzt sehr hohe Maßstäbe an die Wirksamkeit solcher Vertragsklauseln. So sind Formularklauseln, die den Mieter von Wohnraum zu einer Anfangs- oder Endrenovierung verpflichten, grundsätzlich unwirksam. Durch eine Formularklausel kann dem Mieter allenfalls die Verpflichtung laufender Schönheitsreparaturen auferlegt werden. Es ist darauf zu achten, dass sich widersprechende Vereinbarungen im Mietvertrag zu vermeiden sind. Wird zum Beispiel eine an sich wirksame Bedarfsklausel mit einer Klausel, die den Mieter zur Durchführung einer Anfangs- bzw. Endrenovierung verpflichtet, verknüpft, so führt dieser Summierungseffekt zu einer unangemessenen Benachteiligung des Mieters mit der Folge, dass beide Klauseln unwirksam sind (BGH, Urteile vom 5.4.2006, VIII ZR 163/05 WuM 2006, 306 und vom 14.5.2003, VIII ZR 308/02; OLG Hamm, Urteil vom 5.7.2002, 7 U 94/01, NZM 02, 988, m. w. N.; siehe Kapitel 2.1.12).

Quotenklausel
Diese soll den Mieter verpflichten, einen prozentualen, seiner Mietzeit entsprechenden Anteil an den Renovierungskosten zu zahlen, falls das Mietverhältnis vor Fälligkeit der Schönheitsreparaturen endet. Nach Auffassung des BGH sind solche Quotenabgeltungsklauseln jedoch, entgegen seiner früheren Rechtsprechung, unwirksam. Sie führen zu einer unangemessenen Benachteiligung des Mieters, da durch die flexibel gestalteten Renovierungsfristen und die daran anknüpfende Quotenregelung aus Sicht des Mieters bei Vertragsabschluss nicht sicher abgeschätzt werden kann, welche Kostenlast auf ihn bei Beendigung des Mietverhältnisses zukommt (BGH, Urteil vom 18.5.2015, VIII ZR 242/13, WuM 2015, 343; siehe Kapitel 2.1.12).

12.3.2 Umfang und Ausführung der Schönheitsreparaturen

Was man unter dem Begriff »Schönheitsreparaturen« versteht, kann, wie schon erwähnt, § 28 Abs. 4 S. 5 II. BV entnommen werden. Neben den darin aufgezählten Arbeiten hat der Mieter auch notwendige Vorarbeiten bzw. geringfügige Ausbesserungsarbeiten durchzuführen. Nicht jedoch sind vom Mieter Reparaturen oder Instandsetzungen zu übernehmen.

Das Abschleifen und Versiegeln von Parkettböden zählt nicht zu den Schönheitsreparaturen, ebenso wenig das Erneuern oder Reinigen von Teppichböden (OLG Düsseldorf, Urteil vom 16.10.2003, I 10 U 46/03, WuM 03, 621 f.).

Dagegen vertritt der BGH die Auffassung, dass bei der Übertragung der Schönheitsreparaturen in einem gewerblichen Mietvertrag auch die Grundreinigung des Teppichbodens zu den Schönheitsreparaturen zählt (BGH, Urteil vom 8.10.2008, XII ZR 15/07, WuM 09/225).

Schönheitsreparaturen bezüglich der Fenster beziehen sich lediglich auf den Innenanstrich. Bei Doppelfenstern ist daher der innere Fensterflügel beidseitig, der äußere Fensterflügel lediglich innen zu streichen.

Ist nichts anderes vereinbart, so schuldet der Mieter die Arbeiten »fachgerecht in mittlerer Art und Güte« (§ 243 Abs. 1 BGB). Eine Klausel, die den Mieter verpflichtet die Arbeiten durch einen Fachhandwerker ausführen zu lassen, ist unwirksam. Der Mieter ist berechtigt, die Arbeiten selbst auszuführen, wobei es ausreicht, wenn diese einen ordnungsgemäßen Standard haben, das heißt, dass kleinere Mängel vom Vermieter zu akzeptieren sind.

12.3.3 Verzug oder Nichterfüllung bei Mietende

Kommt der Mieter mit der Durchführung der Schönheitsreparaturen während der Mietzeit in Verzug, so kann ihn der Vermieter auf Erfüllung verklagen oder auch die Bezahlung eines Vorschusses in Höhe der voraussichtlichen Renovierungskosten verlangen (BGH, Urteil vom 6.4.2005, VIII ZR 192/04, WuM 05/383).

In der Praxis von großer Bedeutung ist jedoch die Nichterfüllung der Schönheitsreparaturverpflichtung des Mieters bei Beendigung des Mietvertrags. Voraussetzung hierfür ist zum einen, dass der Mietvertrag eine wirksame Schönheitsreparaturklausel enthält, und zum anderen, dass die Durchführung der Schönheitsreparaturen bei Vertragsende fällig ist. Hat der Mieter diese nicht, nur teilweise oder schlecht ausgeführt, so kann der Vermieter statt der Durchführung Schadenersatz in Geld verlangen (§§ 280, 281 BGB; siehe auch BGH, Urteil vom 21.10.2008, VIII ZR 189/07, WuM 2009, 36).

Die Geltendmachung eines Schadenersatzanspruches setzt jedoch voraus, dass der Vermieter dem Mieter eine angemessene Nachfrist zur Leistung gesetzt hat.

WICHTIG

Die Frist sollte nicht zu kurz bemessen sein; in der Regel genügt es dem Mieter eine Frist von 14 Tagen zu setzen. Die Fristsetzung ist nur dann ausnahmsweise entbehrlich, wenn der Mieter die Durchführung der Schönheitsreparaturen ernsthaft und endgültig verweigert oder wenn besondere Umstände vorliegen, die unter Abwägung der beiderseitigen Interessen die sofortige Geltendmachung des Schadenersatzanspruchs rechtfertigen (§ 281 Abs. 2 BGB).

Das Aufforderungsschreiben an den Mieter hat die vom Vermieter beanstandeten bzw. noch auszuführenden Arbeiten detailliert und eindeutig zu bezeichnen. Es genügt nicht, wenn der Mieter allgemein aufgefordert wird, die nicht ordnungsgemäß durchgeführten Malerarbeiten nachzubessern. Die Instanzgerichte stellen hohe inhaltliche Anforderungen an ein entsprechendes Schreiben. Daher sollten die Beanstandungen mithilfe von Fotos oder eines Abnahmeprotokolls so genau wie möglich beschrieben und erläutert werden.

Der sogenannten Ablehnungsandrohung, wie vor der Schuldrechtsreform gemäß § 326 BGB a. F. noch vorgesehen, bedarf es nunmehr grundsätzlich nicht, um einen Schadenersatz zu begründen. Es empfiehlt sich gleichwohl, dem Mieter für den Fall der Nichteinhaltung der Fristsetzung die rechtlichen Konsequenzen mitzuteilen, zum Beispiel Ersatzvornahme und Geltendmachung von Schadenersatz.

ARBEITSHILFE ONLINE

MUSTER: Nachfristsetzung bei mangelhaft oder nur teilweise ausgeführten Schönheitsreparaturen

Karl Steiger
Füssstr. 16
81827 München

Marion Hübsch
Dianastr. 78/2. Stock
85540 München

München, 1.7.2019

Nachfristsetzung für Schönheitsreparaturen

Sehr geehrte Frau Hübsch,

aufgrund Ihrer/unserer Kündigung vom 26.2.2019 ist das Mietverhältnis über die Wohnung im zweiten Stock des Anwesens Dianastr. 78, 85540 München zum 31.5.2019 beendet gewesen. Die Abnahme hat am 31.5.2019 um 17.00 Uhr stattgefunden.
Gemäß § 9 unseres Mietvertrags vom 1.1.2002 sind Sie verpflichtet, die Schönheitsreparaturen nach Bedarf auszuführen. Das Mietverhältnis mit Ihnen hat über 15 Jahre gedauert. Die

Wohnung wurde Ihnen bei Beginn des Mietverhältnisses frisch renoviert übergeben, was im Übergabeprotokoll dokumentiert wurde. Der jetzige Zustand der Mieträume zeigt, dass die Durchführung der Schönheitsreparaturen notwendig und daher fällig ist.
Es wurden von Ihnen keinerlei/nur teilweise Schönheitsreparaturen durchgeführt.
Anlässlich der Abnahme wurde festgestellt, dass folgende Arbeiten nicht/nur teilweise bzw. mangelhaft erledigt wurden.
Folgende Arbeiten sind von Ihnen nicht durchgeführt worden und daher noch zu erledigen:

- Badezimmer: Die Decke ist zu streichen.
- Küche: Sämtliche Wände und die Decke sind zu streichen, vorher sind die Dübellöcher zu verschließen.
- Die Küchentür weist im unteren Drittel erhebliche Kratzspuren auf, die ebenfalls durch geeignete Maßnahmen zu entfernen sind. Die Durchführung der Schönheitsreparaturen betrifft auch das Streichen von Türen und Türrahmen. Die Küchentür und Türrahmen sind daher noch zu streichen.
- Wohnzimmer: An der Decke blättert in der Südostecke die Farbe ab.
- Schlafzimmer: Der Heizkörper am Fenster ist vollkommen verdreckt. Er ist daher zu säubern und zu lackieren.
- Die Wände von Kinder- und Wohnzimmer sind stark verschmutzt, teilweise sind Farbspuren vorhanden.
- Die Ecken in allen Zimmern weisen dunkle Verfärbungen auf.
- ....
- ....

Folgende Arbeiten sind von Ihnen mangelhaft erledigt worden:

- Arbeitszimmer: Der Wandanstrich ist fleckig, die Nikotinverfärbungen sind nach wie vor zu erkennen. Der Anstrich ist mit geeigneter Farbe und fachmännisch zu wiederholen. An der Zimmertür sind durch unsachgemäßen Lackanstrich Farbnasen über eine Länge von ...... cm zu erkennen. Darüber hinaus sind Farbabplatzungen im Bereich des Türgriffs vorhanden. Die Tür ist gegebenenfalls abzuschleifen und neu zu lackieren.
- Im Flur haben Sie nur vereinzelt Flecken, Abplatzungen und Löcher übermalt. Dies ist keine fachgerechte Renovierungsarbeit. Sämtliche Wände und die Decke sind daher mit weißer Dispersionsfarbe zu streichen.
- Kinderzimmer: Der farbige Wandanstrich (rosa) ist nicht flächendeckend überstrichen worden, bitte holen Sie dies nach.
- ....

Für die Durchführung dieser Arbeiten, welche ebenfalls im Protokoll (siehe Anlage) aufgeführt sind, habe ich Ihnen Frist bis

25.7.2019

zu setzen. Nach ergebnislosem Ablauf der Frist werde ich Schadenersatz verlangen/die Arbeiten in Auftrag geben und die hierfür entstehenden Kosten Ihnen gegenüber als Schadenersatz geltend machen/mit der Kaution verrechnen.
Die Schlüssel können Sie werktags zwischen 8.00 Uhr und 12.00 Uhr bei mir abholen.
Sollte die Weitervermietung dadurch verzögert werden, behalte ich mir weitere Ansprüche vor.

Mit freundlichen Grüßen
Karl Steiger

12.3.4 Aufforderung zur Beseitigung von Schäden und Rückbau

Der Mieter ist grundsätzlich verpflichtet, bei Beendigung des Mietverhältnisses Einbauten und Einrichtungen, mit denen er die Wohnung ausgestattet hat, zu entfernen und Gebrauchsspuren, die über die normale vertragliche Abnutzung hinausgehen, zu beseitigen. Der Mieter muss den ursprünglichen Zustand wiederherstellen. Die Wohnungsabnahme dient der Feststellung, ob und welche Ansprüche bei der Beendigung des Mietverhältnisses entstehen. Zu empfehlen ist die sorgfältige Erstellung eines Rückgabeprotokolls (vgl. Kapitel 12.1), in dem der Zustand der Mieträume festgehalten wird. Wichtig ist die detaillierte Beschreibung von Beschädigungen (zum Beispiel die genaue Anzahl der Dübellöcher, in welchem Zimmer, Anzahl und Ausmaß von Flecken im Teppichboden usw.).

Können sich die Parteien über die Beseitigung von Schäden einigen, sollte eine entsprechende Vereinbarung in das Rückgabeprotokoll aufgenommen und von beiden Vertragspartnern unterzeichnet werden.

ARBEITSHILFE ONLINE

MUSTER: Zusatz zum Rückgabeprotokoll bei einvernehmlicher Regelung

Vereinbarung zwischen Vermieter .... [Name] und Mieter .... [Name]/Auftragsvergabe an den Vermieter

Die Mietpartei beauftragt den Vermieter, die folgenden im Rückgabeprotokoll vom .... festgestellten Mängel und Beschädigungen sowie folgende vom Mieter vorgenommenen baulichen Veränderungen zu beseitigen bzw. den ursprünglichen Zustand wieder herzustellen und die hierfür notwendigen Arbeiten zu veranlassen.

1. ....
2. ....
3. ....

Die voraussichtlichen Kosten in Höhe von .... EUR wird der Mieter dem Vermieter erstatten/verrechnet der Vermieter mit der Kaution.

...., den ....

[Ort, Datum]

....

[Mieter]

....

[Vermieter]

Hinweis auf Ihr Widerrufsrecht

(Siehe hierzu ausführlich Kapitel 11.7)

...., den ....

[Ort, Datum]

....

[Mieter]

Eventuell kann auch über die Höhe der Kosten eine einvernehmliche Regelung erzielt werden, wenn zum Beispiel schon ein Kostenangebot vorliegt. Eine Vereinbarung spart dem Vermieter viel Zeit, da er keine Fristsetzung zur Mängelbeseitigung mehr einräumen muss. Ist eine einvernehmliche Regelung nicht möglich, muss der Vermieter den Mieter unter Fristsetzung zur Wiederherstellung des ursprünglichen Zustands, zur Beseitigung von Mängeln und Beschädigungen auffordern. Die Frist zur Behebung der Mängel muss ausreichend und angemessen sein. Nach Ablauf der gesetzten Frist kann der Vermieter Schadenersatz statt der Leistung verlangen.

Der Mieter kann ebenfalls verpflichtet sein, die vom Vormieter übernommenen Einbauten nach Beendigung des Mietverhältnisses zu entfernen.

ARBEITSHILFE ONLINE

MUSTER: Aufforderung zur Wiederherstellung des ursprünglichen Zustands/Mängelbeseitigung

Michael Graufuß
Möhlstr. 12
81675 München

Zustellung per Boten
Lara Meinekens
Dirk Meinekens
Menzelstr. 4 a/2. Stock
81679 München

München, 1.7.2019

Mängelbeseitigung

Sehr geehrte Frau Meinekens
sehr geehrter Herr Meinekens,

bei der Rückgabe der Wohnung am 31.5.2019 wurde ein Übergabeprotokoll erstellt, welches Sie unterschrieben haben und Ihnen ausgehändigt wurde. Ich nehme Bezug auf die im Protokoll festgehaltenen Einzelheiten:

- Der von Ihnen im Schlafzimmer verlegte Teppichboden ist samt Kleberesten zu entfernen.
- Die durch das Anbringen Ihrer Markise an der Außenwand entstandenen Löcher sind fachgerecht zu verschließen.
- Die Holzdecke im Wohnzimmer, welche Sie vom Vormieter abgelöst haben, ist zu entfernen. Dies wurde mit Ihnen im Mietvertrag vereinbart.
- Der Elektroherd, insbesondere der Backofen, wurde in einem verunreinigten Zustand zurückgegeben.

Für die Erledigung der vorgenannten Arbeiten gebe ich Ihnen eine Frist bis zum 15.7.2019. Den Wohnungsschlüssel können Sie nach telefonischer Absprache bei mir abholen. Sollten die Arbeiten nicht fristgerecht ausgeführt werden, werde ich die Arbeiten ausführen lassen und Sie auf Schadenersatz in Anspruch nehmen/die Kosten mit der Kaution verrechnen. Sollte die Weitervermietung dadurch verzögert werden, behalte ich mir weitere Ansprüche vor.

Mit freundlichen Grüßen
Michael Graufuß

13 Wie wird ein Mietverhältnis abgewickelt?

13.1 Abrechnung der Mietkaution

Nach Beendigung des Mietverhältnisses und Rückgabe der Mietsache ist der Vermieter verpflichtet, dem Mieter die geleistete Kaution einschließlich eventueller Erträge, zum Beispiel Zinsen, zurückzuerstatten, falls keine Gegenforderungen des Vermieters aus dem Mietverhältnis bestehen; anderenfalls muss über die Kaution in nachvollziehbarer Art und Weise abgerechnet werden.

Dazu ist dem Vermieter jedoch eine Prüfungs- und Überlegungsfrist zuzubilligen, die nach der Rechtsprechung im Regelfall drei Monate, im Einzelfall bis zu sechs Monaten und in besonders gelagerten Fällen auch über sechs Monate nach Beendigung des Mietverhältnisses betragen kann. Vor Ablauf dieser Fristen hat der Mieter keinen Anspruch auf Rückzahlung der Kaution. Der Mieter ist somit nicht berechtigt, die Rückgabe der Mietsache bzw. der Schlüssel von der Abrechnung und Auszahlung der Kaution abhängig zu machen. Verweigert der Mieter trotzdem die Rückgabe, hat er dem Vermieter den dadurch entstehenden Schaden (zum Beispiel den Nutzungsausfall) zu ersetzen.

Der Vermieter bzw. die Hausverwaltung sollte sich keinesfalls darauf einlassen, dem Mieter zur Erlangung der Schlüssel die Kaution sofort auszuzahlen oder die Auszahlung zuzusagen, da nach der Rechtsprechung in der vorbehaltlosen Rückzahlung der Kaution die schlüssige Erklärung des Vermieters gesehen werden kann, dass keine Forderungen aus dem Mietverhältnis mehr bestehen (vgl. zum Beispiel OLG München, NJW-RR 1990, 20; AG Berlin, GE 1999, 987).

In der Kautionsabrechnung ist der vom Mieter geleistete Kautionsbetrag zuzüglich der Kautionszinsen anzusetzen.

In Abzug können sämtliche Gegenforderungen des Vermieters aus dem Mietverhältnis gebracht werden, zum Beispiel Schadenersatzansprüche wegen Schäden an der Mietsache oder unterlassener Schönheitsreparaturen. Insofern hat sich in der Praxis bewährt, bereits der Kautionsabrechnung Kopien der Kostenvoranschläge bzw. der Rechnungen von entsprechenden Fachfirmen beizufügen (zum Beispiel des Sanitärfachbetriebs über die Kosten der Erneuerung des vom Mieter beschädigten Waschbeckens).

Zum Nachweis der Höhe des vom Mieter zu ersetzenden Schadens ist grundsätzlich der Kostenvoranschlag einer Fachfirma ausreichend. Der Mieter bzw. dessen Haftpflichtversicherung kann die Bezahlung der Kosten nicht von der Vorlage einer Reparaturkostenrechnung abhängig machen, da es dem geschädigten Vermieter nach ständiger Rechtsprechung freisteht, ob er den Schaden auf Basis der sogenannten fiktiven Reparaturkosten (zum Beispiel gemäß eines Kostenvoranschlags) oder auf Basis der tatsächlichen Reparaturkosten (zum Beispiel gemäß einer Reparaturkostenrechnung) abrechnen will. Wird die Höhe der im Kostenvoranschlag ausgewiesenen Reparaturkosten bestritten, muss diese gegebenenfalls durch gerichtliche Beweissicherung festgestellt werden. Ferner ist der Vermieter in der Verwendung des Schadenersatzbetrags frei und muss diesen nicht zur Reparatur der Mietsache verwenden (vgl. zum Beispiel BGH, NJW 1990, 2376).

Hat der Mieter (zum Beispiel bei der Wohnungsabnahme) bereits zum Ausdruck gebracht, dass er sein Verschulden an dem Schaden bestreiten werde (zum Beispiel durch die Behauptung, es läge normaler Verschleiß und kein unsachgemäßer Gebrauch vor), sollte der Kostenvoranschlag bzw. die Rechnung der Fachfirma auch eine konkrete Stellungnahme über die Ursache des Schadens enthalten. Gleiches gilt für die Frage der Ordnungsgemäßheit von Schönheitsreparaturen oder anderen vom Mieter durchgeführten Maßnahmen, baulichen Veränderungen etc.

!

Tipp

Eine solche fachkundige Stellungnahme kann oftmals zur Überzeugung des Mieters führen und eine kostenintensive Ausweitung des Streits über die Ursache des Schadens oder der Qualität der Arbeiten (zum Beispiel durch gerichtliche Beweissicherung) vermeiden.

Sofern der Mieter nicht zum Ersatz des Neuwerts, sondern nur zum Ersatz des Zeitwerts der beschädigten Sache verpflichtet ist (zum Beispiel bei Beschädigung eines fünf Jahre alten Teppichbodens), sollte die Abrechnung auch eine nachvollziehbare Ermittlung des Zeitwerts enthalten. Die kann zum Beispiel in Form einer vergleichenden Gegenüberstellung der normalen durchschnittlichen Nutzungsdauer der beschädigten Sache mit dem Alter der Sache zum Zeitpunkt der Beendigung des Mietverhältnisses und dem daraus zu ermittelnden Zeitwert geschehen.

!

Beispiel

Neuwert des beschädigten Teppichbodens einschließlich Verlegekosten: 1.000 EUR. Durchschnittliche Nutzungsdauer: zehn Jahre
Alter im Zeitpunkt der Beendigung des Mietverhältnisses: drei Jahre
Zeitwert: 1.000 EUR ./. 30 11 % = 700 EUR

Von dem Kautionsbetrag können auch rückständige Mieten sowie bisher nicht geleistete Nachzahlungen aus bereits durchgeführten Betriebskostenabrechnungen abgezogen werden.

Steht bei Beendigung des Mietverhältnisses eine Abrechnung der Betriebskosten (zum Beispiel für das laufende Jahr) noch aus und ist unter Berücksichtigung der Höhe der Betriebskosten der vergangenen Jahre mit einer Nachzahlung durch den Mieter zu rechnen, sollte der voraussichtliche Nachzahlungsbetrag zuzüglich eines angemessenen Sicherheitszuschlags (wegen zu erwartender Kostensteigerungen) einbehalten werden. Insofern kann der entsprechende Teilbetrag der Kosten auch länger als sechs Monate einbehalten werden, wenn dem Vermieter mangels Vorliegen der entsprechenden Belege und Bescheide eine Abrechnung zu einem früheren Zeitpunkt nicht möglich ist (vgl. BGH, NJW 1987, 2372).

Zahlt der Vermieter die Kaution vorbehaltlos zurück, kann darin die schlüssige Erklärung zu sehen sein, dass keine weiteren Forderungen aus dem Mietverhältnis, zum Beispiel Nachzahlungsansprüche aus einer Betriebskostenabrechnung, bestehen. Dementsprechend verliert der Vermieter möglicherweise noch bestehende Ansprüche, wenn diese bereits vor der Auszahlung erkennbar waren (AG Berlin, Urteil vom 19.1.2006, 5 C 194/05, MM 2007, 183).

Gleiches gilt bei Vorliegen von Mängeln. Aus Sicht des Mieters gibt der Vermieter nämlich schlüssig zu erkennen, dass er den Zustand der Mietsache als vertragsgemäß anerkennt und deshalb auf die Geltendmachung von Ansprüchen verzichtet, wenn er trotz erkannter oder zumindest leicht erkennbarer Mängel die Kaution ohne Vorbehalt zurückzahlt (so bereits OLG München, NJW-RR 1990, 20).

Ergibt die Kautionsabrechnung ein Saldo zugunsten des Mieters, sollte dem Mieter das Guthaben möglichst umgehend ausgezahlt oder auf sein Konto überwiesen werden.

Bei einem Saldo zugunsten des Vermieters, das heißt, wenn die Gegenforderungen des Vermieters den Kautionsbetrag einschließlich Zinsen übersteigen, ist dem Mieter eine angemessene Frist zur Zahlung zu setzen.

Zu beachten ist, dass Ansprüche des Vermieters wegen Veränderungen oder Verschlechterungen der Mietsache bereits nach sechs Monaten ab Rückgabe der Mietsache verjähren (§ 548 BGB) und diese Verjährungsfrist durch schriftliche Anmahnungen des Saldos nicht unterbrochen wird.

Bei drohender Verjährung der Ansprüche sollte daher ohne weiteren Schriftverkehr ein Mahnbescheid beantragt, Klage auf Zahlung des Saldos erhoben oder ein selbstständiges Beweisverfahren (Beweissicherung, § 204 Abs. 1 Nr. 7 BGB) beantragt werden, um den Eintritt der Verjährung zu verhindern bzw. zu hemmen.

De Anspruch des Mieters auf Abrechnung der Kaution verjährt drei Jahre nach Entstehen des Rückzahlungsanspruchs, das heißt drei Jahre, nachdem es dem Vermieter möglich gewesen wäre, über noch offene Ansprüche, zu deren Sicherheit die Kaution dient, abzurechnen (OLG Düsseldorf, Beschluss vom 22.4.2005, I-24 W 16/05, MDR 2005, 981).

ARBEITSHILFE ONLINE

MUSTER: Abrechnung der Mietkaution

Sigrid Sommer
Stefan Sommer
Seidlstr. 20
80345 München

Durch Boten
Frau Renate Winter
Herrn Gerhard Winter
Hufelandstr. 10
80543 München

München, 22.2.2019

Mietverhältnis Neumarkterstr. 30, 80678 München

Sehr geehrte Frau Winter, sehr geehrter Herr Winter,

nach Beendigung des Mietverhältnisses können wir über die von Ihnen geleistete Kaution wie folgt abrechnen:

Kaution einschließlich Zinsen gemäß Bestätigung der Hausbank München vom 20.1.2019	2.347,85 EUR
abzüglich Gegenforderungen, mit denen in der angegebenen Reihenfolge aufgerechnet wird:	
Einbehalt wegen zu erwartender Nachzahlung aus der Betriebskostenabrechnung für den Zeitraum vom 1.1. bis 31.12.2018	450,00 EUR
Reparaturkosten der beschädigten Badewanne gemäß beiliegendem Kostenvoranschlag der Fachfirma Huber vom 20.1.2019	425,00 EUR
Kosten der Erneuerung der zerbrochenen Fensterscheibe in der Küche gemäß Rechnung der Fachfirma Maier vom 2.2.2019	226,60 EUR
Saldo	**1.246,25 EUR**

Diesen Betrag haben wir auf Ihr Konto Nr. 16348 bei der Raiffeisenbank München, BLZ 700 123 45 überwiesen.
Wir bedanken uns für die reibungslose Abwicklung des Mietverhältnisses und wünschen Ihnen und Ihrer Familie alles Gute.

Mit freundlichen Grüßen
Sigrid Sommer, Stefan Sommer

13.2 Besonderheiten bei Bürgschaften und verpfändeten Sparguthaben

Hat der Mieter dem Vermieter als Mietsicherheit ein Sparguthaben verpfändet oder eine Bürgschaft gestellt und bestehen bei Beendigung des Mietverhältnisses keine Gegenforderungen des Vermieters, ist der Vermieter verpflichtet, dem Mieter das Sparbuch bzw. dem Bürgen die Bürgschaftsurkunde zurückzugeben.

Bei bestehenden Gegenforderungen sollte der Vermieter dem Mieter bzw. dem Bürgen eine detaillierte und nachvollziehbare Forderungsaufstellung zuleiten und das Sparguthaben in Höhe des Forderungsbetrags in Anspruch nehmen bzw. gegenüber dem Bürgen die Rückgabe der Bürgschaftsurkunde von dem vollständigen Ausgleich seiner Gegenforderung abhängig machen.

Ist eine selbstschuldnerische Bürgschaft vereinbart (siehe hierzu Kapitel 2.1, MV § 5) kann der Vermieter sofort den Bürgen in Anspruch nehmen und muss nicht erst gegen den Mieter als Hauptschuldner vorgehen.

Nach Beendigung des Mietverhältnisses wird der Anspruch des Mieters auf Rückgabe der geleisteten Bürgschaft erst nach Ablauf der Prüfungs- und Überlegungsfristen (siehe Kapitel 13.1) fällig. Auch bei einem Zugriff des Vermieters auf die Bürgschaft hat der Mieter erst nach Ablauf dieser Fristen Anspruch auf Erteilung einer endgültigen Abrechnung (OLG Düsseldorf, ZMR 2000, 602).

Nach Beendigung des Mietverhältnisses und Erlöschen der Bürgschaftsverpflichtung kann nur der Bürge die Herausgabe der Bürgschaftsurkunde verlangen (§ 371 BGB). Der Mieter ist für eine entsprechende Klage nicht aktiv legitimiert. Er kann aus eigenem Recht nur Klage auf Rückgabe der Urkunde an den Bürgen erheben (LG Düsseldorf, DWW 2000, 26).

Der besondere Gerichtsstand des § 29a Abs. 1 ZPO, wonach das Gericht, in dessen Bezirk sich die Räume befinden, ausschließlich zuständig ist, gilt nicht für die Haftung des Bürgen. Insofern verbleibt es bei dem allgemeinen Gerichtsstand des § 13 ZPO, wonach das Gericht am Wohnsitz des Beklagten (hier: des Bürgen) zuständig ist (BayObLG, Beschluss vom 13.9.1999, 4 Z AR 27/99, WuM 2000, 137).

Die Autorinnen und Autoren

Rudolf Stürzer ist Rechtsanwalt und Vorsitzender des Haus- und Grundbesitzervereins München. Er ist Autor zahlreicher Fachbücher zum Thema Mietrecht. HAUS und GRUND München ist mit ca. 35.000 Mitgliedern der größte örtliche Verein im Bundesgebiet.

Michael Koch ist Fachanwalt für Miet- und Wohnungseigentumsrecht und Berater beim Haus- und Grundbesitzerverein München. Er ist Autor zahlreicher Fachbücher zum Thema Mietrecht.

Birgit Noack ist Rechtsanwältin und seit über 25 Jahren als Beraterin beim Haus- und Grundbesitzerverein München mit dem Schwerpunkt Mietrecht tätig. Sie ist Autorin zahlreiche Fachbücher zum Thema Mietrecht und gibt im Rahmen ihrer Tätigkeit als Rechtsanwältin Seminare für Vermieter.

Martina Westner ist Rechtsanwältin und seit über 25 Jahren als Beraterin beim Haus- und Grundbesitzerverein München mit dem Schwerpunkt Mietrecht tätig. Sie ist Autorin zahlreicher Fachbücher zum Thema Mietrecht und gibt im Rahmen ihrer Tätigkeit als Rechtsanwältin Seminare für Vermieter.

Arbeitshilfenverzeichnis

Stichwortverzeichnis

Inklusive Arbeitshilfen online

Exklusiv für Buchkäufer!

Ihre Arbeitshilfen zum Download:

- **http://mybook.haufe.de/**
- **Buchcode:** ZYI-9187